中文版 Office 2016 三合一办公基础教程

凤凰高新教育　李俭霞◎编著

北京大学出版社
PEKING UNIVERSITY PRESS

图书在版编目(CIP)数据

中文版Office 2016三合一办公基础教程 / 李俭霞编著. — 北京：北京大学出版社，2016.12

ISBN 978-7-301-27621-1

Ⅰ. ①中… Ⅱ. ①李… Ⅲ. ①办公自动化—应用软件—教材 Ⅳ. ①TP317.1

中国版本图书馆CIP数据核字(2016)第235014号

内容提要

微软公司的 Office 是市面上使用最广泛的办公软件之一，Office 2016 是微软在 2015 年推出的最新版办公软件集合，新版本在保持以往版本强大功能的基础上，又增加了许多新功能，深受广大用户的喜爱。

本书以案例为引导，系统并全面地讲解了 Office 2016 中 Word、Excel、PowerPoint 三个常用组件的办公技能。内容包括 Word 2016 办公文档的录入、编辑与排版技能，Excel 2016 电子表格的编辑、数据计算、统计与分析相关技能，PowerPoint 2016 幻灯片的创建、编排、动画设置及放映设置等技能。本书的第 12 章是综合案例，通过本章内容的学习，可以提高读者的 Office 办公应用的综合实战技能。

全书内容安排由浅入深，语言写作通俗易懂，实例题材丰富多样，每个操作步骤的介绍都清晰准确。特别适合广大计算机培训学校作为相关专业的教材用书，同时也适合作为广大 Office 2016 初学者、商务办公爱好者的学习参考书。

书　　名	中文版Office 2016三合一办公基础教程 ZHONGWEN BAN Office 2016 SAN HE YI BANGONG JICHU JIAOCHENG
著作责任者	凤凰高新教育　李俭霞　编著
责任编辑	尹　毅
标准书号	ISBN 978-7-301-27621-1
出版发行	北京大学出版社
地　　址	北京市海淀区成府路205 号　100871
网　　址	http://www.pup.cn　　新浪微博：@北京大学出版社
电子信箱	pup7@pup.cn
电　　话	邮购部62752015　发行部62750672　编辑部62580653
印 刷 者	北京大学印刷厂
经 销 者	新华书店
	787毫米×1092毫米　16开本　20.75印张　406千字
	2016年12月第1版　2017年12月第4次印刷
印　　数	8001-11000册
定　　价	45.00元

Preface 前言

微软公司的 Office 是市面上使用最广泛的办公软件之一，Office 2016 是微软在 2015 年推出的最新版办公软件集合，新版本在保持以往版本强大功能的基础上，又增加了许多新功能，深受广大用户的喜爱。

本书内容介绍

本书以案例为引导，系统并全面地讲解了 Office 2016 中 Word、Excel、PowerPoint 三个常用组件的办公技能。内容包括 Word 2016 办公文档的录入、编辑与排版技能，Excel 2016 电子表格的编辑、数据计算、统计与分析相关技能，PowerPoint 2016 幻灯片的创建、编排、动画设置及放映设置等技能。本书的第 12 章是综合案例，通过本章内容的学习，可以提高读者的 Office 办公应用的综合实战技能。

本书内容共分 12 章，具体内容如下。

第 1 章　初识 Office 2016

第 2 章　Word 文本录入与编辑

第 3 章　文档格式设置

第 4 章　图文混排和表格制作

第 5 章　Excel 基本操作

第 6 章　Excel 公式和函数基础

第 7 章　分析和管理 Excel 数据

第 8 章　使用 Excel 图表

第 9 章　PowerPoint 基本操作

第 10 章　幻灯片的动画和交互

第 11 章　放映与输出演示文稿

第 12 章　综合案例

附录 A　Office 常用快捷键

附录 B　综合上机实训题

附录 C　知识与能力总复习题 1

附录 D　知识与能力总复习题 2

附录 E　知识与能力总复习题 3

本书相关特色

（1）全书内容安排由浅入深，语言写作通俗易懂，实例题材丰富多样，每个操作步骤的介绍都清晰准确。特别适合广大计算机培训学校作为相关专业的教材用书。同时也适合作为广大 Office 办公初学者的学习参考用书。

（2）内容全面，轻松易学。本书内容翔实，系统全面。在写作方式上，采用“步骤讲述＋配图说明”的方式进行编写，操作简单明了，浅显易懂。图书配有一张多媒体教学光盘，包括本书中所有案例的素材文件与最终结果文件。同时还配有与书中内容同步讲解的多媒体教学视频，让读者轻松学会 Office 办公的相关技能。

（3）案例丰富，实用性强。全书安排了 35 个“课堂范例”，帮助初学者认识和掌握相关工具、命令的实战应用；安排了 33 个“课堂问答”，帮助初学者解决学习过程的疑难问题；安排了 10 个“上机实战”和 10 个“同步训练”的综合实例，旨在提升初学者的实战技能水平；并且每章后面都安排有“知识能力测试”的习题，认真完成这些测试习题，可以帮助初学者巩固知识技能（提示：相关习题答案在光盘文件中）。

本书知识结构图

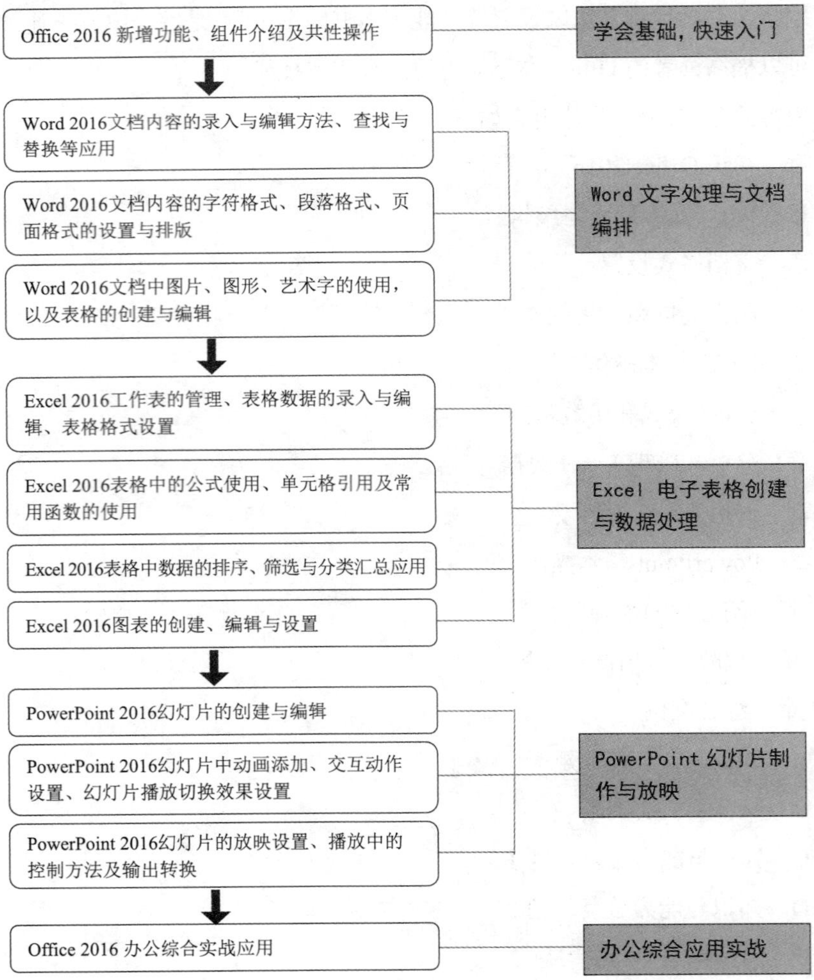

教学课时安排

本书综合了Office办公软件的功能应用，现给出本书教学的参考课时（共55个课时），主要包括教师讲授35课时和学生上机实训20课时两部分，具体如下表所示。

章节内容	课时分配	
	教师讲授	学生上机实训
第1章 初识Office 2016	1	1
第2章 Word文本录入与编辑	2	2
第3章 文档格式设置	4	2
第4章 图文混排和表格制作	5	3
第5章 Excel基本操作	2	1
第6章 Excel公式和函数基础	4	2
第7章 分析和管理Excel数据	4	2
第8章 使用Excel图表	2	1
第9章 PowerPoint基本操作	2	1
第10章 幻灯片的动画和交互	3	2
第11章 放映与输出演示文稿	2	1
第12章 综合案例	4	2
合计	35	20

光盘内容说明

本书附赠了一张超值多媒体光盘，具体内容如下。

1．素材文件

指本书中所有章节实例的素材文件。全部收录在光盘中的“素材文件”文件夹中。读者在学习时，可以参考图书讲解内容，打开对应的素材文件进行同步操作练习。

2．结果文件

指本书中所有章节实例的最终结果文件。全部收录在光盘中的“结果文件”文件夹中。读者在学习时，可以打开结果文件，查看其实例效果，为自己在学习中的练习操作提供帮助。

3．视频教学文件

本书为读者提供了长达480分钟的与书同步的视频教程。读者可以通过相关的视频播放软件（Windows Media Player、暴风影音等）打开每章中的视频文件进行学习。并且有语音讲解，非常适合无任何基础的初学者学习。

4．PPT 课件

本书为教师们提供了非常方便的 PPT 教学课件，以方便各位教师教学使用。

5．习题答案

光盘中的“习题答案汇总”文件，主要为教师及学生提供了每章后面的“知识能力测试”习题的参考答案，还包括本书 3 套“知识与能力总复习题”的参考答案。

6．其他赠送资源

本书为了提高读者对软件的实际应用水平，特别整理了 1000 个 Office 常用模板、200 个 Office 常用技巧汇总、Excel 函数查询手册、Office 十大实战应用技巧、高效能人士效率倍增手册等超值资源，供读者学习使用。

创作者说

在本书的编写过程中，我们竭尽所能地为您呈现最好、最全的实用功能，但仍难免有疏漏和不妥之处，敬请广大读者不吝指正。若您在学习过程中产生疑问或有任何建议，可以通过 E-mail 或 QQ 群与我们联系。

投稿信箱：pup7@pup.cn

读者信箱：2751801073@qq.com

读者交流群：218192911（办公之家）、363300209

编　　者

CONTENTS 目录

第 3 章 文档格式设置

第 4 章 图文混排和表格制作

第 5 章 Excel 基本操作

第 6 章 Excel 公式和函数基础

第7章 分析和管理 Excel 数据

第8章 使用 Excel 图表

第 9 章 PowerPoint 基本操作

第 10 章 幻灯片的动画和交互

第 11 章 放映与输出演示文稿

第 12 章 综合案例

附录 A Office 常用快捷键

附录 B 综合上机实训题

附录 C 知识与能力总复习题 1

附录 D 知识与能力总复习题2（内容见光盘）

附录 E 知识与能力总复习题3（内容见光盘）

Office
2016

第1章 初识 Office 2016

Office 2016 是微软在 2015 年推出的最新版办公软件集合，新版本在保持以往版本强大功能的基础上，又增加了许多新功能。本书将详细介绍 Office 2016 中常用的三大组件——Word、Excel 和 PowerPoint。

学习目标

- 了解 Office 2016 各组件的新增功能
- 熟悉 Office 2016 中三大常用组件的操作界面
- 熟练掌握三大组件的共性操作

1.1 了解 Office 2016 新特色

随着 Windows 10 的正式面世，微软旗下的另一大支柱产品 Office 也迎来了全新升级。Office 2016 在原有功能的基础上完善了协同办公、云存储等功能，还增加了跨设备办公功能，以全新的方式让用户在更短的时间完成工作。下面就一起来了解 Office 2016 的新增功能。

1.1.1 Word 2016 新增功能

在新版的 Office 2016 中，Word 组件的功能菜单和界面布局与旧版没有太大区别，对其他两个常用组件来说，新增功能和改动都比较少。下面详细了解一下 Word 2016 与旧版有什么不同。

1. 丰富的彩色主题

Word 2016 的启动过程与旧版相比无太大的变化，首先是显示欢迎界面，接着是选取模板，然而打开 Word 2016 的操作界面，最后看到的是其操作界面由之前默认的白色变为蓝色，这就是 Word 2016 的新增功能——蓝色主题。

在程序的界面布局上，Word 2016 与以前的版本没有太大的差别，不同的是文档中默认的字体由传统的宋体变为等线体。这种字体是 Windows 8 开始的标准默认系统字体，在高分辨率的屏幕上，会给用户更舒适的视觉感受。

2. 实时协作编辑

当用户通过 OneDrive 云存储共享文档后，即可同他人共同编辑同一个文档，并实时查看另一个用户在文档中编辑的内容及光标位置。协作编辑功能不仅适用于 Word 2016，还适用于 OneNote 2016。

> 温馨提示
> 在 Word 2016 中使用实时协作编辑功能时，所有用户都必须拥有编辑权限并同意。

1.1.2 Excel 2016 新增功能

Excel 作为各行业最常用的办公软件，这次在新版 Office 2016 中算是改动最大的一个组件，虽然 Excel 2016 的界面布局没有太大的变化，但新增和优化了不少功能，下面就进行具体介绍。

1. 丰富的彩色主题

Office 2016 对各组件的主题颜色进行了丰富，前面讲了 Word 2016 的主题颜色为蓝色，同样地，Excel 2016 的主题颜色也发生了变化，更改为绿色。如果用户不满意绿色主题，还可以将主题颜色更改为深灰色或白色。

与 Word 2016 相同，Excel 2016 中单元格默认的字体由传统的宋体变为等线体，这是因为在高分辨率的屏幕上，等线体会给用户更舒适的视觉感受。

2．新增多个图表

Excel 2016 中增加了多个新的图表类型，如反应数据间差异的瀑布图、表示层级关系的树状图和旭日图，以及用于统计分析的直方图和箱形图。这些图表极大地丰富了财务或层级信息的可视化，并揭示出数据中的统计特性，从而让工作变得更加轻松。

新增的图表不仅可以在 Excel 2016 中使用，在 Word 2016 和 PowerPoint 2016 等组件中也同样可以使用。

3．内置 Power Map 插件

在 Excel 2013 中添加并安装 Power Map 插件后，即可使用地图功能，而新版的 Excel 2016 则自带了 Power Map 插件，不仅如此，它还将二维和三维地图完美对接，从而形成了如电影中的拉伸镜头般的高端视觉效果，如图 1-1 所示。

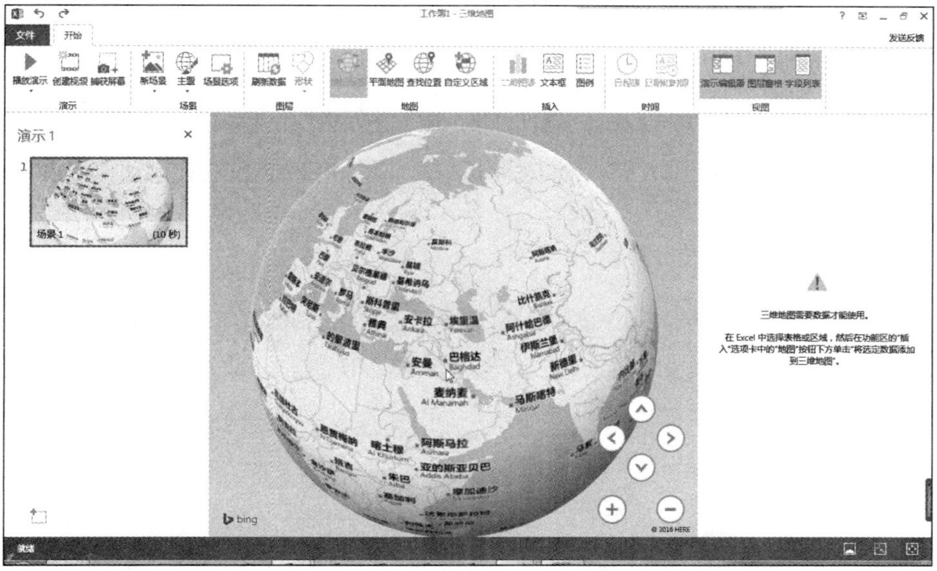

图 1-1　三维地图

4．内置 Power Query 插件

Power Query 是 Excel 中的一个插件，其用途是帮助用户提供数据发现和数据转换的体验，在 Excel 2010 和 Excel 2013 版本中，若有需要，用户需要单独安装 Power Query 插件，而 Excel 2016 则已经内置了这一功能，用户可以直接加载启用。

使用 Power Query 插件，不仅可以从文件或数据库中快速查询数据，还可以将需要的数据直接转换成表格。

5．新增预测功能

在 Excel 2016 的“数据”选项卡中新增了一个“预测工作表”按钮，同时还新增了几个预测函数。可以通过“预测工作表”功能对工作表中的一组数据进行分析，并对后续数据进行预测。

6．改进的数据透视表功能

Excel 2016 新增了数据透视表字段列表搜索功能，如果数据透视表中的数据源字段数量较多，这时候使用搜索功能查找需要的字段就十分方便了。

1.1.3 PowerPoint 2016 新增功能

PowerPoint 2016 在界面布局上没有太大的变化，只是为了更好的协同办公，在原有功能的基础上增加和改进了部分功能，下面就为大家介绍。

1．丰富的彩色主题

新版 Office 2016 中的所有组件默认都应用了彩色主题，PowerPoint 2016 也不例外，其默认的主题颜色为红色。此外，还可以根据需要将主题颜色更改为深灰色或白色。

2．协作冲突解决方法

“协作冲突解决方法”是 PowerPoint 2016 新增功能中的一大亮点，当使用 PowerPoint 2016 与他人协作时，如果所做的更改与其他用户所做的更改之间发生了冲突，此时可看到相互冲突的更改幻灯片的并排比较，这时就可以轻松选择想要保留的演示文稿版本。

3．墨迹书写功能

PowerPoint 2016 新增了墨迹书写功能，使用此功能后，光标会变为一个黑色的墨点，此时即可在演示文稿中随意的写写画画。如果觉得默认的黑色墨迹不美观，还可以使用荧光笔或其他颜色进行书写。

4．屏幕录制功能

如果要介绍某个操作，常用的方法是使用录屏软件进行录屏，然后再用播放软件进行放映。新版 PowerPoint 2016 新增了屏幕录制功能，对于简单的操作步骤介绍，在演示文稿中即可轻松实现，十分方便快捷。

1.1.4 其他新增功能

对于 Office 2016 的新增功能，除了各组件独有的新功能外，许多新增功能在多个组件中都是共有的，下面就为大家介绍部分共有的新功能。

1．新增“Tell Me”功能

打开 Office 2016 中任意组件的操作界面，在选项卡右侧可以看到新增了一个搜索框，这就是新增的“Tell Me”功能。将光标定位在“Tell Me”框中，在展开的下拉列表框中将显示该组件的一些常用命令，单击即可快速找到对应的命令。此外，还可以在其中直接输入关键字，“Tell Me”即可直接执行需要的命令或功能。

2．跨设备的 Office 办公

用户将文档保存到 OneDrive 云存储空间后，用户可以从计算机到 Apple 和 Android 手机及平板电脑等任何设备上对 Office 2016 文档进行审阅、编辑、分析和演示。通过此功能，用户可以轻松在设备间进行切换，而不必担心文档内容丢失。

3．改良的后台设置

从 Office 2007 版本以来，微软重点对程序后台进行推广，在新版的 Office 2016 中，则重点对“打开”和“另存为”两个界面进行了优化，优化后的操作界面，无论从存储位置排列，还是浏览功能、当前位置和最近使用文件的排列，都变得更加清晰。

1.2 认识 Office 2016 常用组件的界面

随着 Windows 10 的正式面世，微软旗下的另一大支柱产品 Office 也迎来了全新升级。Office 2016 在原有功能的基础上完善了协同办公、云存储等功能，还增加了跨设备办公功能，以全新的方式让用户在更短的时间完成工作。下面就一起来了解 Office 2016 的新增功能。

1.2.1 Word 2016 的操作界面

要使用 Word 2016 编辑文档，首先需要启动该程序，单击桌面左下角的【开始】按钮，在【开始】菜单中依次选择【所有程序】→【Word 2016】命令即可，如图 1-2 所示。

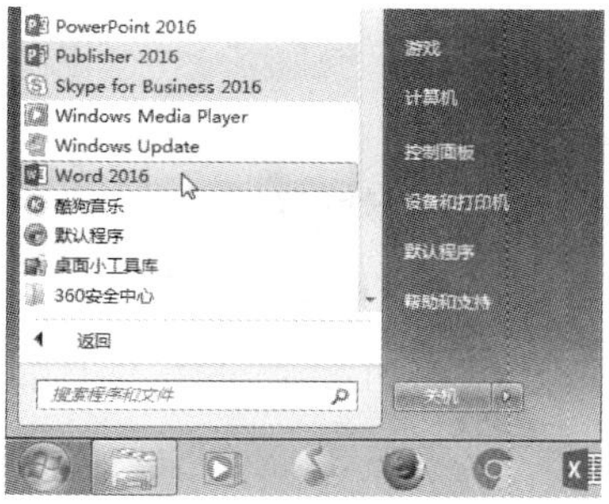

图 1-2　启动 Word 2016

技能拓展

Windows 系统提供了应用程序与相关文档的关联关系，当用户安装 Word 2016，双击文档即可自动启动 Word 2016 打开文档。

启动 Word 2016 后，首先显示的是软件启动画面，接下来打开的窗口便是操作界面。Word 2016 默认的界面主题颜色为蓝色，其操作界面主要由标题栏、功能区、文档编辑区和状态栏四部分组成，如图 1-3 所示。

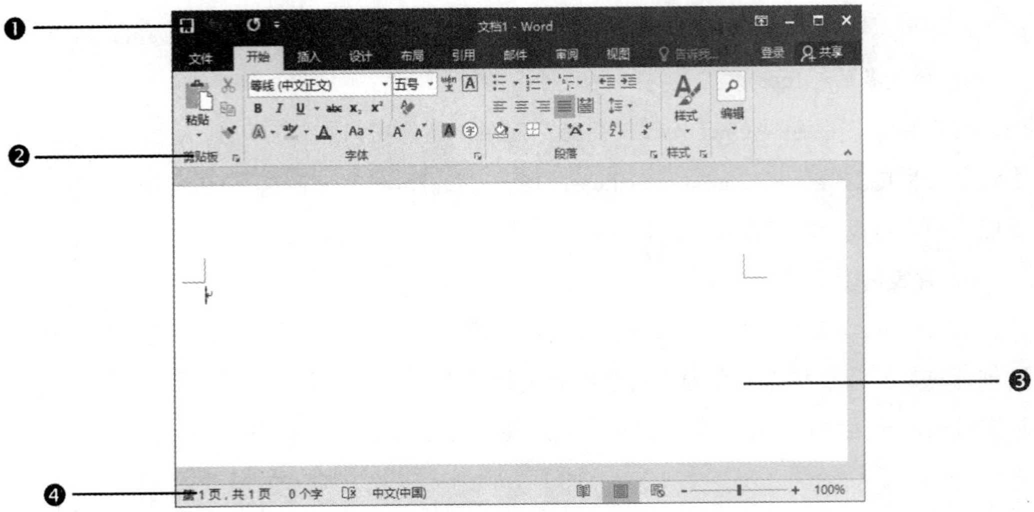

图 1-3　Word 2016 操作界面

❶ 标题栏	标题栏位于程序窗口的最上方，从左到右依次为快速访问工具栏、文档名称、程序名称和窗口控制按钮
❷ 功能区	功能区位于标题栏下方，默认包含“文件”“开始”“插入”“设计”“布局”“引用”“邮件”“审阅”和“视图”9 个选项卡，单击选项卡可将其展开
❸ 文档编辑区	文档编辑区位于窗口的中央，是输入文字、编辑文本和处理图片的工作区域
❹ 状态栏	状态栏位于窗口底端，用于显示当前文档的页数 / 总页数、字数、输入语言，以及输入状态等信息。状态栏右端的视图切换按钮用于选择文档的视图方式，显示比例调节工具 100% 用于调整文档的显示比例

1.2.2 Excel 2016 的操作界面

启动 Excel 2016 的操作与启动 Word 2016 的操作类似，首先显示的是软件启动画面，接下来打开的窗口中将显示最近使用的文档和程序自带的模板缩略图预览，此时按下【Enter】键或【Esc】键即可跳转到空白工作簿界面，Excel 2016 的操作界面如图 1-4 所示。

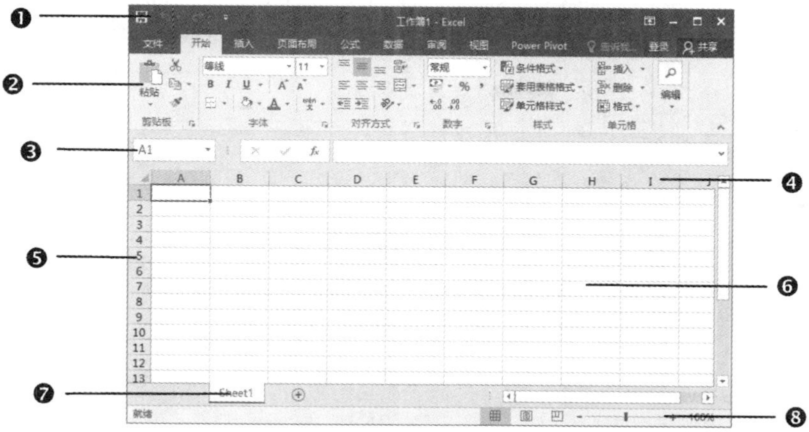

图 1-4 Excel 2016 操作界面

❶ 标题栏	标题栏位于程序窗口的最上方，从左到右依次为快速访问工具栏、文档名称、程序名称和窗口控制按钮
❷ 功能区	功能区位于标题栏下方，默认包含“文件”“开始”“插入”“页面布局”“公式”“数据”“审阅”“视图”和“Power Pivot”9 个选项卡，单击选项卡可将其展开
❸ 数据编辑栏	数据编辑栏位于工作表编辑区的正上方，用于显示和编辑当前单元格中的数据或公式。数据编辑栏由单元格名称框、按钮组和编辑框三部分组成
❹ 行标 /❺ 列标	在工作表编辑区左侧显示的阿拉伯数字为行标，上方显示的大写英文字母为列标，它们的用途是确定单元格的位置。例如单元格“C2”表示它处于工作表中第 C 列的第 2 行
❻ 单元格	单元格是工作表编辑区中的矩形小方格，用于显示和存储用户输入的所有内容。单元格是组成 Excel 表格的基本单位，一个工作表由多个单元格构成
❼ 切换工作条	切换工作条位于工作表编辑区的左下方，用于切换工作表，由滚动显示按钮、工作表标签和插入工作表按钮三部分组成
❽ 状态栏	状态栏位于窗口底端，用于对当前选定的一组数据进行统计，如平均值、计数和求和。状态栏右端的视图切换按钮用于选择工作表的视图方式，显示比例调节工具用于调整文档的显示比例

1.2.3 PowerPoint 2016 的操作界面

启动 PowerPoint 2016 的操作与启动 Word 2016 和 Excel 2016 的操作一样，首先显示软件启动画面，在接下来打开的窗口中按下【Enter】键或【Esc】键即可跳转到空白演示文稿界面，PowerPoint 2016 的工作界面如图 1-5 所示。

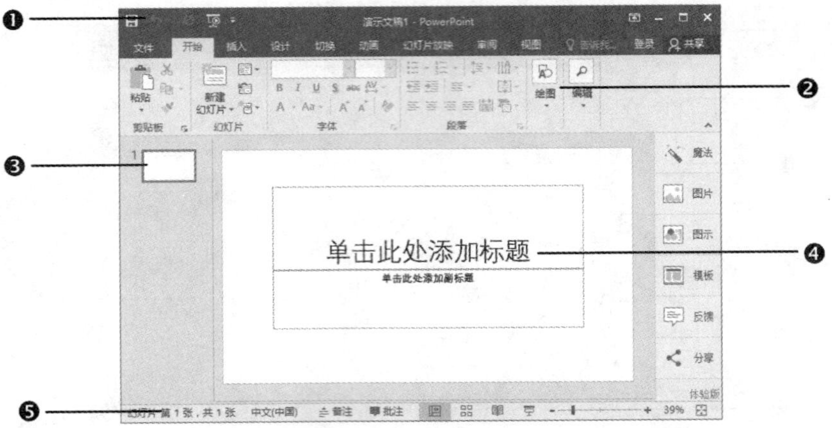

图 1-5　PowerPoint 2016 的操作界面

❶ 标题栏	标题栏位于程序窗口的最上方，从左到右依次为快速访问工具栏、文档名称、程序名称和窗口控制按钮
❷ 功能区	功能区位于标题栏下方，默认包含“文件”“开始”“插入”“设计”“切换”“动画”“幻灯片放映”“审阅”和“视图”9 个选项卡，单击选项卡可将其展开
❸ 视图窗格	视图窗格位于幻灯片编辑区左侧，用来显示演示文稿的幻灯片数量及位置
❹ 幻灯片编辑区	PowerPoint 窗口中间的白色区域为幻灯片编辑区，主要用于显示和编辑当前显示的幻灯片
❺ 状态栏	状态栏位于窗口底端，用于显示当前演示文稿的页数 / 总页数、输入语言及输入状态等信息。右端依次为“备注”按钮、“批注”按钮、视图切换按钮和显示比例调节工具 74%

课堂范例——将常用工具按钮添加到快速访问工具栏

步骤 01 启动 Office 2016 组件，如“Word 2016”，在打开的程序界面中单击“快速访问工具栏”右侧的下拉按钮，在弹出的下拉列表中选择想要添加的命令，即可将该工具按钮添加到快速访问工具栏，如图 1-6 所示。

步骤 02 如果需要添加其他工具按钮，可选择【其他命令】选项，弹出【Word 选项】对话框，在【从下列位置选择命令】下拉列表框中选择命令类型，在下面的列表框中选择需要添加的按钮，单击【添加】按钮，如图 1-7 所示。

步骤 03 在【Word 选项】对话框右侧列表框中可看到添加的命令，设置完成后单击【确定】按钮，如图 1-8 所示。

步骤 04 返回 Word 窗口，可看到快速访问工具栏中添加的工具按钮，如图 1-9 所示。

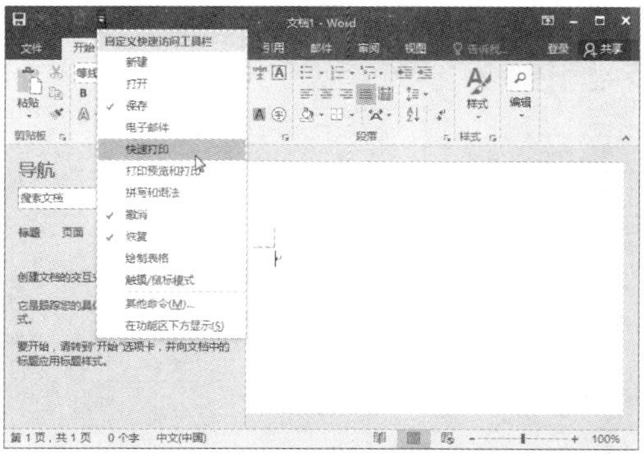

图 1-6 选择要添加的常用工具按钮

图 1-7 添加其他常用工具按钮

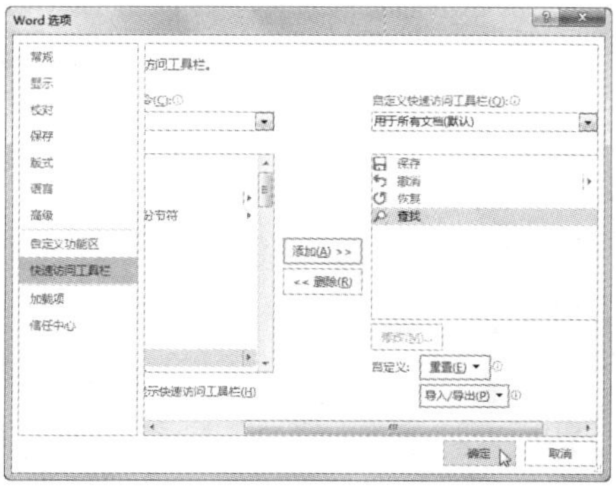

图 1-8 确定添加工具按钮

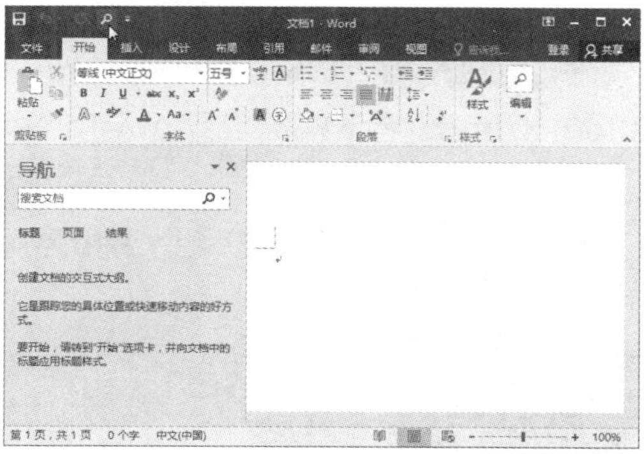

图 1-9 常用工具按钮添加成功

1.3 Office 2016 常用组件的共性操作

Office 包含多个组件，这些组件的功能虽然不同，但在基本操作上多少是相同的，如新建、保存和打开等操作。本节将以 Word 2016 为例，为大家介绍 Office 2016 三大常用组件的共性操作。

1.3.1 新建文档

文本的输入和编辑都是在文档中进行的，要进行文本操作必须先新建一个 Word 文档。可以新建一个空白文档，还可以根据 Word 中的模板创建带有固定内容和格式的文档。

1．新建空白文档

启动 Word 2016 程序后，系统会自动创建一个名为“文档 1”的空白文档。再次启动该程序，系统会以“文档 2”“文档 3”……这样的顺序对新文档命名。

如果要通过【新建】命令创建文档，首先在 Word 窗口中切换到“文件”选项卡，在左侧窗格选择“新建”命令，然后在右侧窗格选择【空白文档】选项即可，如图

1-10 所示。

2．基于模板创建文档

Word 2016 为用户提供了多种模板类型，利用这些模板可快速创建各种专业的文档，具体操作步骤如下。

步骤 01　启动 Word 2016，在打开的程序窗口右侧可看到程序自带的模板缩略图预览，选择需要的模板选项，如图 1-11 所示。

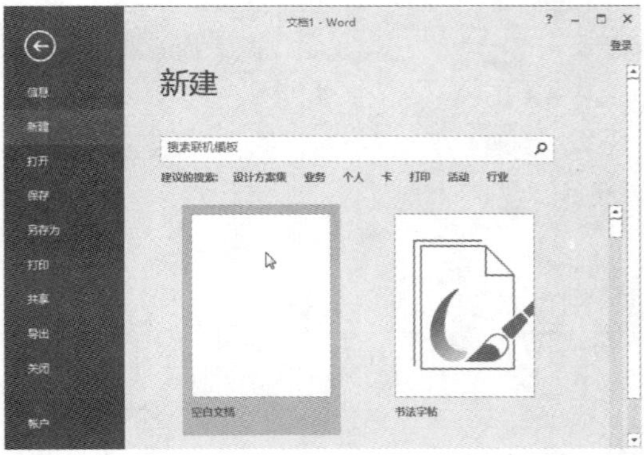

图 1-10　新建空白文档

步骤 02　打开的窗口中可放大显示该模板，若符合需要，直接单击【创建】按钮，如图 1-12 所示。待下载成功后，Word 会自动新建一篇基于模板的新文档。

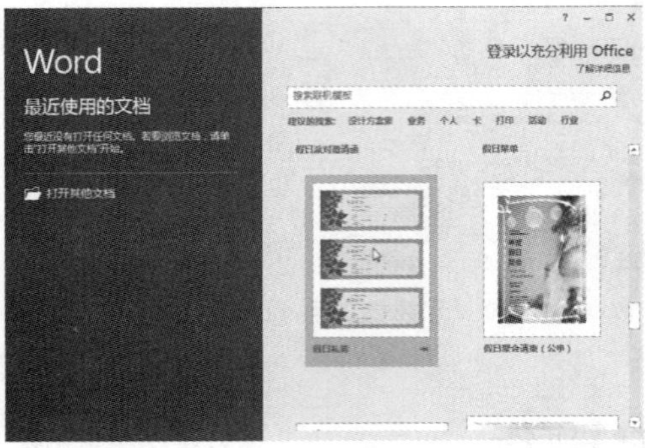

图 1-11　选择模板

图 1-12　【创建】基于模板的新文档

1.3.2 保存文档

对文档进行相应的编辑后，可通过 Word 的保存功能将其存储到计算机中，以便以后查看和使用。文档的保存涉及两个方面，一是对新建文档的保存，二是对已有文档编辑后保存。

1．保存新建文档

在 Word 2016 中保存新建文档的具体操作如下。

步骤 01　在新建的文档中，单击快速访问工具栏中的【保存】按钮，如图 1-13 所示。

步骤 02　在程序窗口中将显示常用的保存位置，若要保存到其他路径，可单击【浏览】按钮，如图 1-14 所示。

步骤 03　弹出【另存为】对话框，设置好文档的保存路径、文件名及保存类型，然后单击【保存】按钮，即可将文档保存到指定位置，如图 1-15 所示。

除了上述操作，还可通过以下两种方式进入文档保存界面。

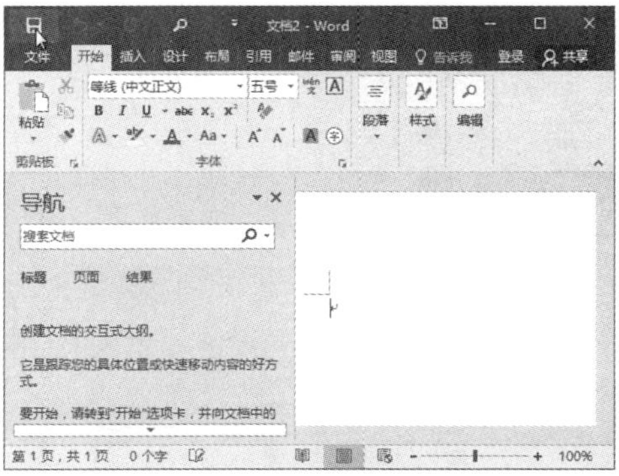

图 1-13　单击【保存】按钮

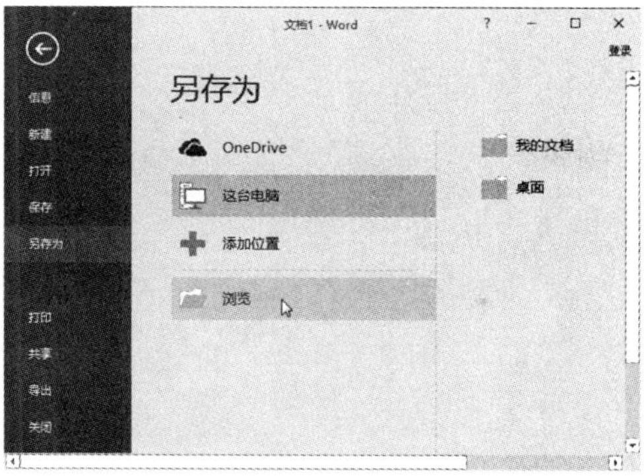

图 1-14　单击【浏览】按钮

（1）切换到【文件】选项卡，然后选择左侧窗格的【保存】命令或【另存为】命令。

（2）按【Ctrl+S】组合键或【Shift+F12】组合键。

2. 保存已有文档

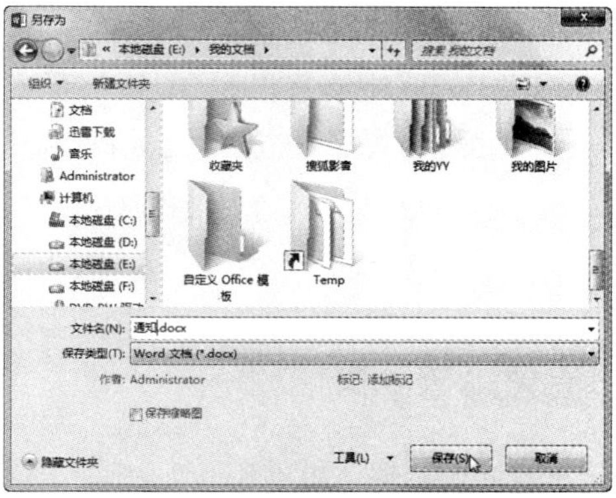

图 1-15　保存文档

对于已有的文档，若对其进行了编辑，如果不希望改变原文档的内容，可将修改后的文档重命名后再另存。此外，为了防止文档的意外丢失，也可将原文档进行另存，即对文档进行备份。

将文档另存的操作方法为：在要进行另存的文档中切换到【文件】选项卡，然后选择【另存为】命令，在展开的右侧窗格中的单击【浏览】按钮，在打开的【另存为】对话框中设置与原文档不同的保存位置、不同的保存名称或不同的保存类型，设置完成后单击【保存】按钮即可。

1.3.3 打开文档

若要对计算机中已有的文档进行编辑，需要先将其打开。一般情况下，首先进入该文档的存放路径，然后双击文档图标即可将其打开。此外，还可通过【打开】命令打开文档，具体操作步骤如下。

步骤 01　在 Word 窗口中切换到【文件】选项卡，然后在左侧窗格中选择【打开】命令，单击右侧窗格的【浏览】按钮，如图 1-16 所示。

步骤 02　弹出【打开】对话框，找到并选中要打开的文档，单击【打开】按钮即可，如图 1-17 所示。

图 1-16　单击【浏览】按钮

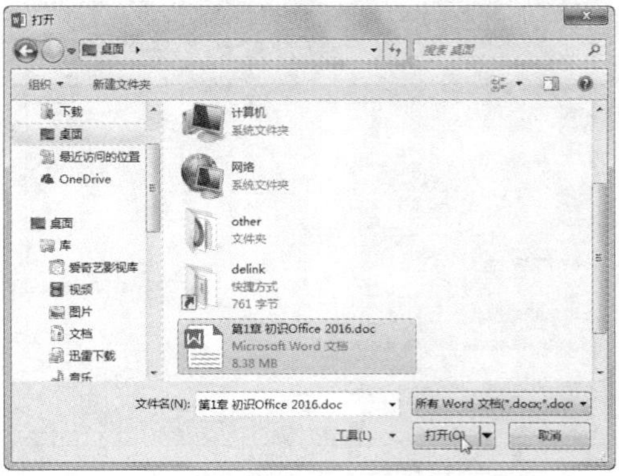

图 1-17　【打开】对话框

技能拓展

在【打开】对话框中选中需要打开的文档后，单击“打开”按钮右侧的下拉按钮，在弹出的下拉列表中选择文档的打开方式，如只读方式、副本方式等。

1.3.4 关闭文档

对文档进行编辑操作并保存后，如果不需要再对文档进行任何操作，可将其关闭，以减少所占用的系统内存。关闭文档的方法有以下几种。

（1）在要关闭的文档中，单击右上角的“关闭”按钮×即可。

（2）在要关闭的文档中，切换到【文件】选项卡，选择左侧窗格中的【关闭】命令。

（3）在要关闭的文档中，在标题栏上右击，在弹出的快捷菜单中选择【关闭】命令即可。

（4）关闭 Word 文档时，如果没有对编辑操作进行保存，则执行关闭操作后，系统会弹出提示对话框，询问用户是否对文档所做的修改进行保存，如图 1-18 所示，此时可进行如下操作。

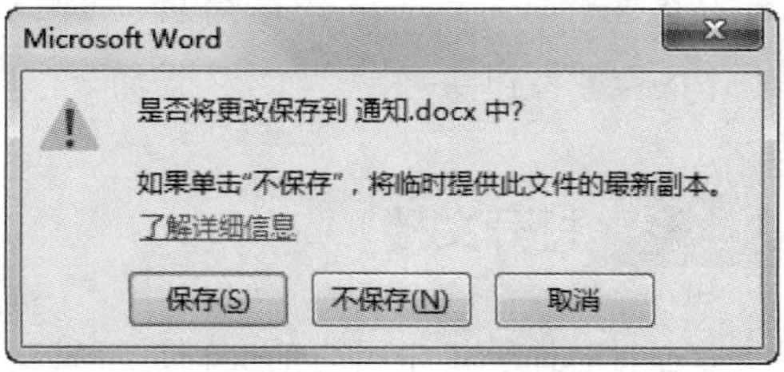

图 1-18　提示对话框

①单击【保存】按钮：可保存当前文档，同时关闭该文档。

②单击【不保存】按钮：直接关闭文档，则不会对当前文档进行保存，即文档中所作的更改都会被放弃。

③单击【取消】按钮：将关闭该提示对话框并返回文档，此时用户可根据实际需要进行相应的操作。

课堂范例——将 Word 文档保存为 PDF 格式的文档

步骤 01 打开“光盘\素材文件\第 1 章\个人简历.docx”文档，切换到【文件】选项卡，如图 1-19 所示。

步骤 02 在左侧窗格中选择【导出】命令，在中间窗格默认选择【创建 PDF/XPS 文档】选项，在右侧窗格中单击【创建 PDF/XPS】按钮，如图 1-20 所示。

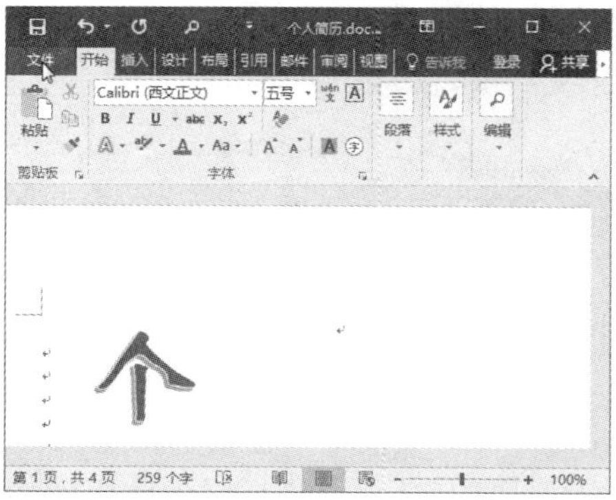

图 1-19 切换到【文件】选项卡

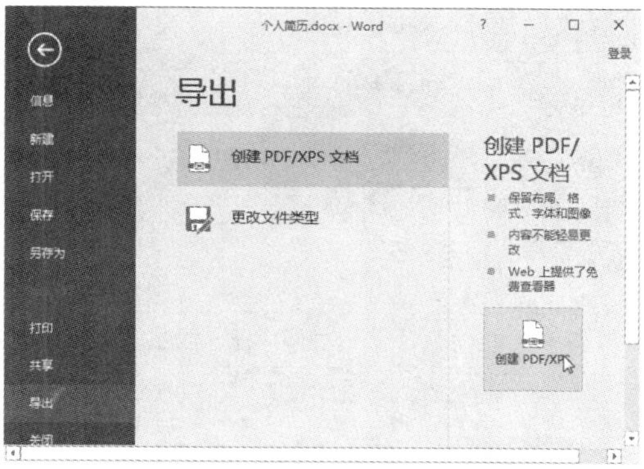

图 1-20 单击【创建 PDF/XPS】按钮

步骤 03 弹出【发布为 PDF 或 XPS】对话框，设置好文件的保存路径和保存名称，单击【发布】按钮，即可将该 Word 文档快速保存为 PDF 文件，如图 1-21 所示。

图 1-21 发布为 PDF 文件

> **温馨提示**
>
> PDF 意为【便携式文档格式】，它是以 PostScript 语言图象模型为基础，无论用哪种打印机打印，都可以逼真地展现原稿中的每一个字符、颜色和图像。PDF 文件还有一个其他电子文档无法比拟的优点——与操作系统平台无关，即无论在 Windows、Unix 还是 Mac OS 操作系统中都是通用的。

课堂问答

通过本章内容的讲解，大家对 Office 2016 的基础操作有了一定的了解，下面列出一些常见的问题供学习参考。

问题❶：如何对文档进行加密保存？

答：对文档进行加密保存的具体操作步骤如下。

步骤 01 在文档中切换到【文件】选项卡，执行【另存为】→【浏览】命令，如图 1-22

所示。

步骤 02 弹出【另存为】对话框，单击下方的【工具】按钮右侧的下拉按钮，在弹出的下拉列表中选择【常规选项】命令，如图 1-23 所示。

图 1-22　另存文档

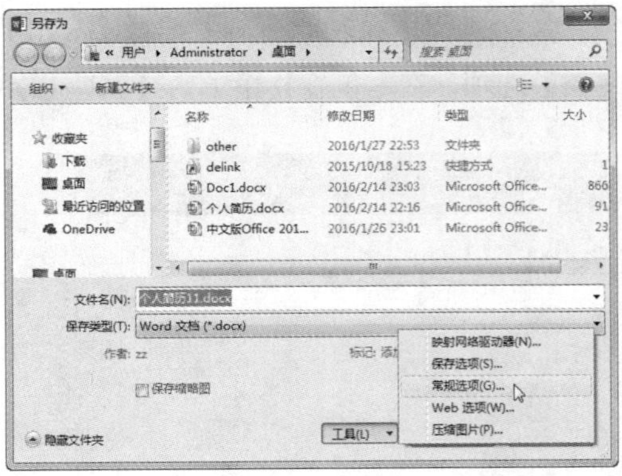

图 1-23　【另存为】对话框

步骤 03 弹出【常规选项】对话框，在【打开文件时的密码】文本框中设置好密码，单击【确定】按钮，如图 1-24 所示。

步骤 04 弹出【确认密码】对话框，再次输入刚才设置的密码，单击【确定】按钮，然后在返回的【另存为】对话框中单击【保存】按钮即可，如图 1-25 所示。

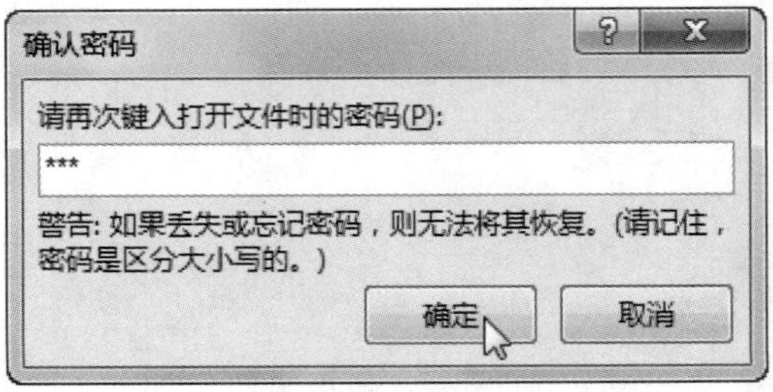

图 1-24　【常规选项】对话框　　　　图 1-25　【确认密码】对话框

问题 ❷：如何将文档保存为低版本的兼容模式？

答：在【另存为】对话框中单击【保存类型】右侧的下拉按钮，在打开的下拉列表中选择【Word 97-2003 文档】选项，可将 Word 2016 制作的文档存为 Word 97-2003 的兼容模式，从而通过早期版本打开并编辑文档。

问题 ❸：如何更改文档的默认保存路径？

答：更改文档默认保存路径的具体操作步骤如下。

步骤 01　在 Word 2016 工作环境中切换到【文件】选项卡，在左侧窗格中选择【选项】命令，如图 1-26 所示。

步骤 02　弹出【Word 选项】对话框，切换到【保存】选项卡，在右侧【保存文档】栏可看到 Word 的默认文件保存位置，此时单击【浏览】按钮，如图 1-27 所示。

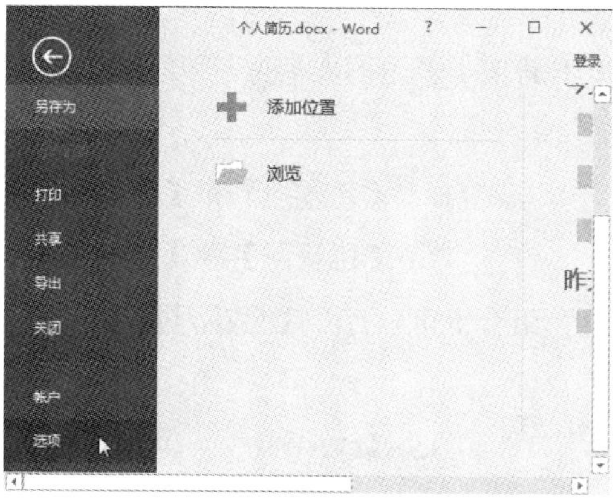

图 1-26　选择【选项】命令

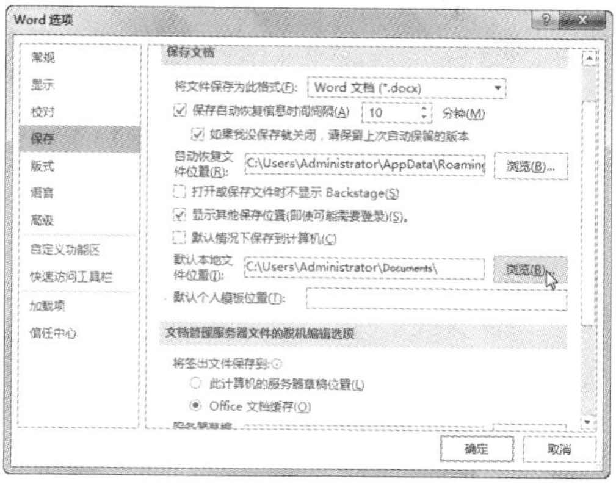

图 1-27　单击【浏览】按钮

步骤 03　弹出【修改位置】对话框，重新设置 Word 的默认保存位置，单击【确定】按钮，如图 1-28 所示，然后在返回的【Word 选项】对话框中单击【确定】按钮即可。

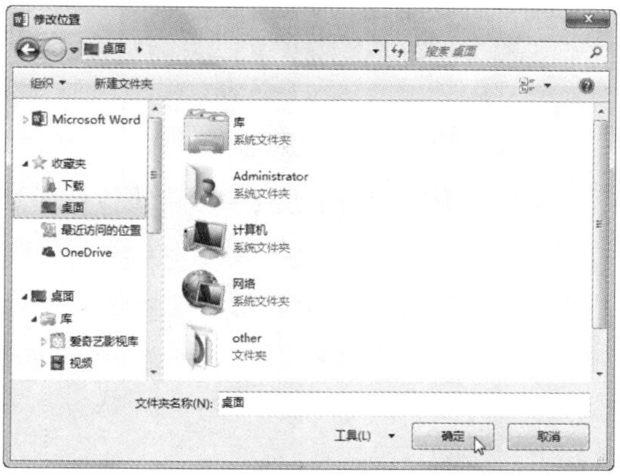

图 1-28　【修改位置】对话框

知识能力测试

本章讲解了 Office 2016 常用三大组件的新增功能和共性操作，为对知识进行巩固和考核，布置相应的练习题。

一、填空题

1. 新版 Office 2016 中的所有组件默认都应用了彩色主题，其中 Word 2016 的默认主题颜色为______，Excel 2016 的默认主题颜色为______，PowerPoint 2016 的默认主题颜色为______。

2．在 Excel 工作表中，数据编辑栏位于工作表编辑区的正上方，用于显示和编辑当前单元格中的数据或公式，由_____、_____和_____三部分组成。

3．PowerPoint 2016 的功能区主要由_____、_____、_____、_____、_____、_____、_____、_____和_____等选项卡构成。

二、选择题

1．为了更好地帮助用户统计数据，Excel 2016 新增了多个图表类型，以下图表中，（　　）不是 Excel 2016 新增的图表类型。

A．【瀑布图】和【树状图】　　B．【直方图】和【箱形图】

C．【雷达图】和【散点图】　　D．【树状图】和【旭日图】

2．在新建的 Word 2016 文档中，按下（　　）组合键可以打开【另存为】对话框对文档进行保存操作。

A．【Ctrl+A】　　B．【Ctrl+S】

C．【Shift+C】　　D．【Shift+S】

3．通过【开始】菜单或快捷方式启动 PowerPoint 2016 时，首先显示的是软件启动画面，在打开的窗口中按下（　　）键可快速跳转到空白演示文稿界面。

A．【Ctrl】　　B．【Delete】

C．【Tab】　　D．【Enter】

三、简答题

1．在 Word 2016 中，保存文档的方法有哪几种？

2．在 Office 2016 中，有些组件增加的功能多，有些组件增加的功能少，请介绍部分共有的新功能及其用途。

Office 2016

第 2 章 Word 文本录入与编辑

Word 是一款功能强大的文字处理和排版工具，因此文本的录入和编辑也是最重要且最基本的操作。本章将详细介绍 Word 2016 的文本输入、选择、复制、移动、查找和替换等操作，以便为以后的学习打下坚实的基础。

学习目标

- 学会文字和符号的输入方法
- 熟练掌握文本的移动和复制方法
- 熟练掌握文本的查找和替换操作
- 熟练掌握文本的撤销和恢复方法

2.1 输入文本

Word 最基本的功能就是文字处理，因此掌握文本内容的输入方法是必须的。本节主要介绍文本和符号的输入方法。

2.1.1 定位光标

启动 Word 2016 后，在文档编辑区中不停闪动的光标“|”就是光标插入点，光标插入点所在的位置即为输入文本的位置。在 Word 文档中可以通过下面几种方式定位光标插入点。

1．通过鼠标定位

使用鼠标定位光标插入点是最常用的方法，此时分在空白文档中操作和已有文本的文档中操作两种情况。

（1）在空白文档中定位光标插入点。在新建的空白文档中，光标插入点就在文档的开始处，此时可直接输入文本内容。

（2）在已有文本的文档中定位光标插入点。若文档中已有内容，如文字、图片等，当需要在某一具体位置输入文本时，可将鼠标指针指向该处，当鼠标指针呈“I”形状时单击鼠标左键即可定位。

2．通过键盘定位

使用键盘定位光标插入点主要有以下几种方法。

（1）按下光标移动键（↑、↓、→或←），光标插入点将向相应的方向移动。

（2）按下【Home】键，光标插入点将向左移动至当前行的行首位置；按下【End】键，光标插入点将向右移动至当前行的行末位置。

（3）按下【Page Up】键，光标插入点将向上移动一页；按下【Page Down】键，光标插入点将向下移动一页。

（4）按下【Ctrl+Home】组合键，光标插入点将移至整篇文档的开头位置；按下【Ctrl+End】组合键，光标插入点将移至整篇文档的末尾。

2.1.2 输入文本内容

定位好光标后，切换到中文输入法，就可以进行文本输入了。在文本输入过程中，光标插入点将自动向右移动，当一行文本输入完后，插入点将自动跳转到下一行。

在文本录入过程中，经常会遇到一行文字未输到行末就开始另一个新段落的情况，此时可直接按下【Enter】键进行换行，同时上一段的段末会出现段落标记↵，其效果如图 2-1 所示。

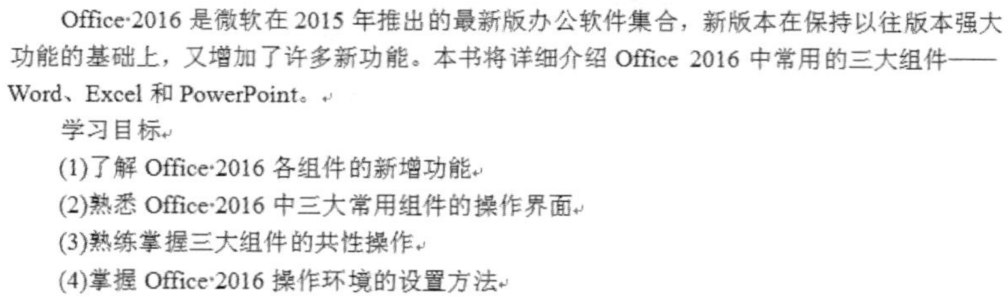
Office 2016 是微软在 2015 年推出的最新版办公软件集合，新版本在保持以往版本强大功能的基础上，又增加了许多新功能。本书将详细介绍 Office 2016 中常用的三大组件——Word、Excel 和 PowerPoint。↵
学习目标↵
(1)了解 Office 2016 各组件的新增功能↵
(2)熟悉 Office 2016 中三大常用组件的操作界面↵
(3)熟练掌握三大组件的共性操作↵
(4)掌握 Office 2016 操作环境的设置方法↵

图 2-1　输入文本内容

如果需要在已有内容的文档任意位置输入文本，可通过“即点即输”功能实现，操作方法为：将鼠标指针指向需要输入文本的位置，当鼠标指针呈“I”形状时单击鼠标左键，即可在当前位置定位光标插入点，此时便可输入需要的文本内容了。

2.1.3 在文档中插入符号

无论是中文还是英文，都需要用标点符号来对语句进行隔断，此外，还可能遇到需要输入特殊符号的情况。

1．输入普通符号

在 Word 2016 中编辑文档时，通过键盘可以快速输入普通符号。

（1）例如，在英文状态下，按下键盘上对应的键，可输入“，”“.”“/”“’”“[”等符号，按住【Shift】键的同时按下键盘上对应的键可输入“<”“>”“：”“””“?”等符号。

（2）在中文状态下，按下键盘上对应的键，可输入“，”“。”“、”“’”“【”等符号，按住【Shift】键的同时按下键盘上对应的键可输入“《”“》”“：”“””“？”等符号。

2．输入特殊符号

在编辑文档的过程中，除了输入文本和普通标点符号，偶尔还会遇到需要输入特殊符号的情况，此时可以通过下面的操作实现。

步骤 01　将鼠标光标定位在需要插入特殊符号的位置，切换到【插入】选项卡，单击【符号】组中的【符号】下拉按钮，在弹出的下拉列表中选择【其他符号】命令，如图 2-2 所示。

步骤 02　弹出【符号】对话框，单击【字体】右侧的下拉按钮，在弹出的下拉列表中选择需要的符号类型，在出现的符号中选中要插入的特殊符号，单击【插入】按钮，如图 2-3 所示。

图 2-2　选择【插入符号】命令

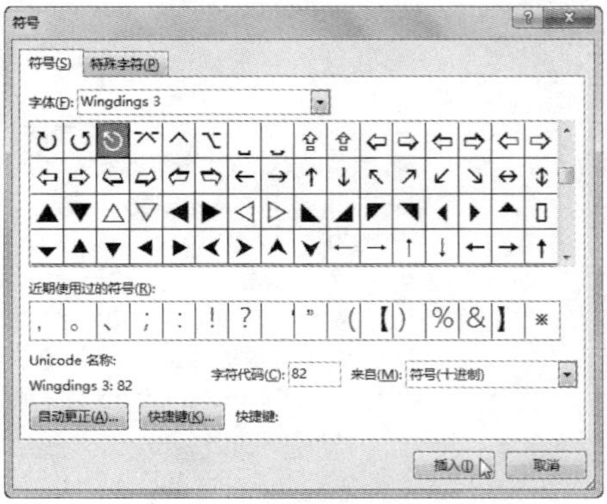

图 2-3　插入特殊符号

步骤 03　此时【符号】对话框中的【取消】按钮将变为【关闭】按钮，单击该按钮可关闭对话框，然后在返回的文档中即可看到插入的特殊符号了。

课堂范例——删除文本

使用 Word 2016 编辑文档时，难免会遇到不小心输入错误或多余内容的情况，此时就涉及删除文本操作。按下键盘上的【BackSpace】键，可删除光标插入点前的一个字符；按下键盘上的【Delete】键，可删除光标插入点后的一个字符。如图 2-4 ～图 2-6 所示分别为原文、使用【BackSpace】键删除和使用【Delete】键删除文本的效果。

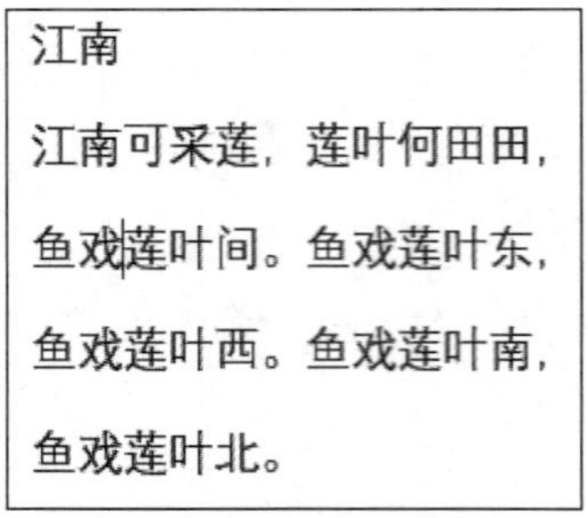

图 2-4　原文

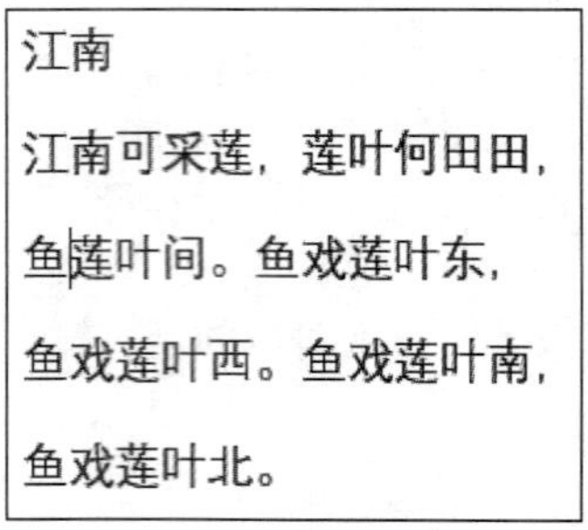

图 2-5　按【BackSpace】删除文本

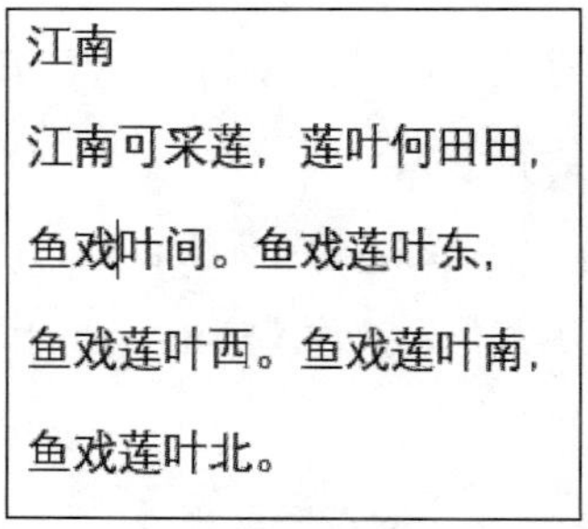

图 2-6　按【Delete】键删除文本

技能拓展

Word 2016 中还有一些删除文本的快捷组合键，如按下【Ctrl+Delete】组合键，可删除光标插入点后的一个单词或短语；按下【Ctrl+BackSpace】组合键，可删除光标插入点前的一个单词或短语。

2.2 选择文本

在 Word 文档中输入文本内容后，如果需要对文本进行格式设置或者复制等操作，首先需要选中文本。在 Word 2016 中，文本的选择包括选择部分文本内容和整篇文档两种情况，下面分别介绍。

2.2.1 定位光标选择部分文本

在文档编辑过程中，使用鼠标选择文本是常用的操作，主要分以下几种情况。

（1）选择任意文本。将光标插入点定位到需要选择的文本起始处，按住鼠标左键不放并拖动，直至需要选择的文本结尾处释放鼠标即可将其选中，此时选中的文本将以蓝色背景显示，如图 2-7 所示。

（2）选择词组。双击需要选择的词组即可，如图 2-8 所示。

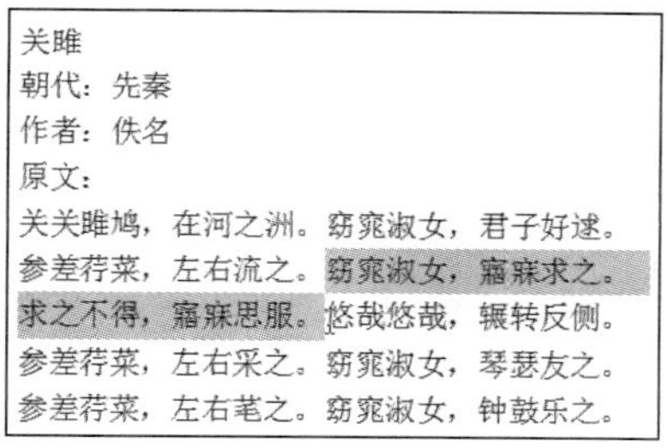
关雎
朝代：先秦
作者：佚名
原文：
关关雎鸠，在河之洲。窈窕淑女，君子好逑。
参差荇菜，左右流之。窈窕淑女，寤寐求之。
求之不得，寤寐思服。悠哉悠哉，辗转反侧。
参差荇菜，左右采之。窈窕淑女，琴瑟友之。
参差荇菜，左右芼之。窈窕淑女，钟鼓乐之。

图 2-7 选择任意文本

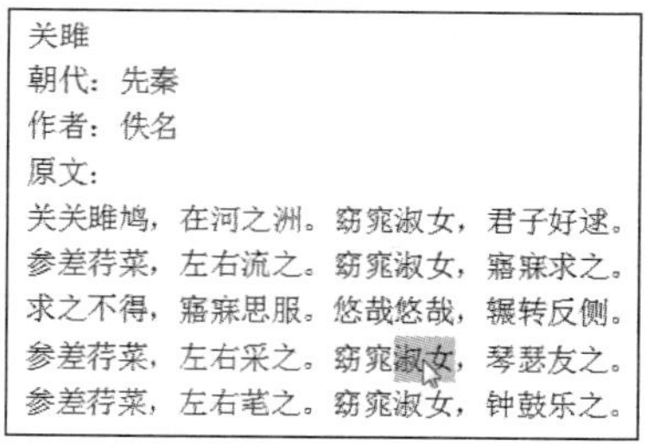
关雎
朝代：先秦
作者：佚名
原文：
关关雎鸠，在河之洲。窈窕淑女，君子好逑。
参差荇菜，左右流之。窈窕淑女，寤寐求之。
求之不得，寤寐思服。悠哉悠哉，辗转反侧。
参差荇菜，左右采之。窈窕淑女，琴瑟友之。
参差荇菜，左右芼之。窈窕淑女，钟鼓乐之。

图 2-8 选择词组

（3）选择一行。将鼠标指针指向需要选择的某行左边的空白处，当鼠标指针呈“↗”形状时，单击鼠标左键即可选中该行全部内容，如图 2-9 所示。

（4）选择一段文本。将鼠标指针指向需要选择的某个段落左侧的空白处，当指针呈“↗”形状时，双击鼠标左键即可选中当前段落，如图 2-10 所示。此外，将光标插入点定位到某段文本的任意位置，然后连续单击鼠标左键 2 次也可选中该段落。

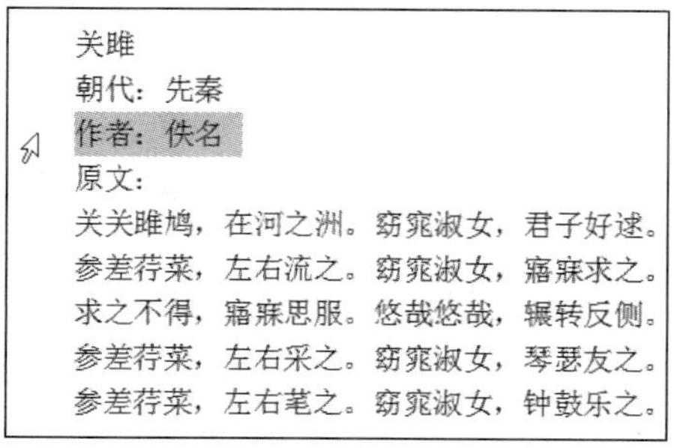
关雎
朝代：先秦
作者：佚名
原文：
关关雎鸠，在河之洲。窈窕淑女，君子好逑。
参差荇菜，左右流之。窈窕淑女，寤寐求之。
求之不得，寤寐思服。悠哉悠哉，辗转反侧。
参差荇菜，左右采之。窈窕淑女，琴瑟友之。
参差荇菜，左右芼之。窈窕淑女，钟鼓乐之。

图 2-9 选择一行内容

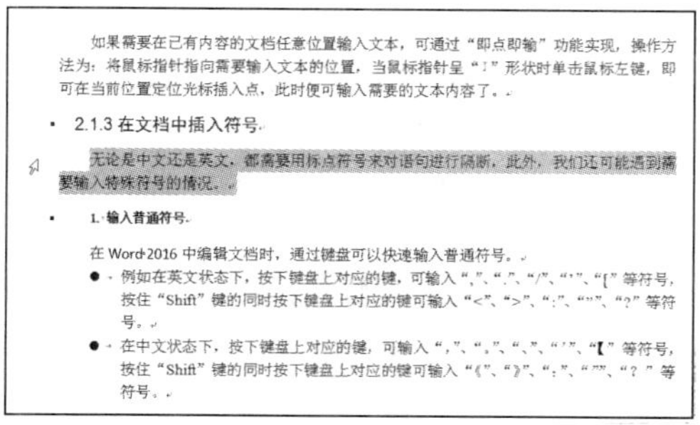
如果需要在已有内容的文档任意位置输入文本，可通过“即点即输”功能实现，操作方法为：将鼠标指针指向需要输入文本的位置，当鼠标指针呈“I”形状时单击鼠标左键，即可在当前位置定位光标插入点，此时便可输入需要的文本内容了。
2.1.3 在文档中插入符号
无论是中文还是英文，都需要用标点符号来对语句进行隔断，此外，我们还可能遇到需要输入特殊符号的情况。
1. 输入普通符号
在 Word 2016 中编辑文档时，通过键盘可以快速输入普通符号。
例如在英文状态下，按下键盘上对应的键，可输入“,”、“.”、“/”、“'”、“[”等符号，按住“Shift”键的同时按下键盘上对应的键可输入“<”、“>”、“:”、“"”、“?”等符号。
在中文状态下，按下键盘上对应的键，可输入“，”、“。”、“、”、“’”、“【”等符号，按住“Shift”键的同时按下键盘上对应的键可输入“《”、“》”、“：”、“”、“？”等符号。

图 2-10 选择一段文本

（5）选择分散文本。拖动鼠标选中第一个文本区域，接着按住【Ctrl】键的同时拖动鼠标选择其他不相邻的文本，选择后释放【Ctrl】键即可，如图 2-11 所示。

（6）选择垂直文本：按住【Alt】键的同时按住鼠标左键拖动出一个矩形区域，选择完成后释放【Alt】键，即可将所选区域中的文本全部选中，如图 2-12 所示。

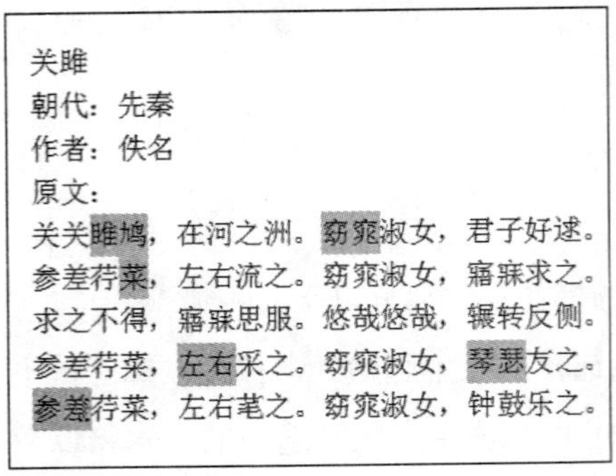
关雎
朝代：先秦
作者：佚名
原文：
关关雎鸠，在河之洲。窈窕淑女，君子好逑。
参差荇菜，左右流之。窈窕淑女，寤寐求之。
求之不得，寤寐思服。悠哉悠哉，辗转反侧。
参差荇菜，左右采之。窈窕淑女，琴瑟友之。
参差荇菜，左右芼之。窈窕淑女，钟鼓乐之。

图 2-11　选择分散文本

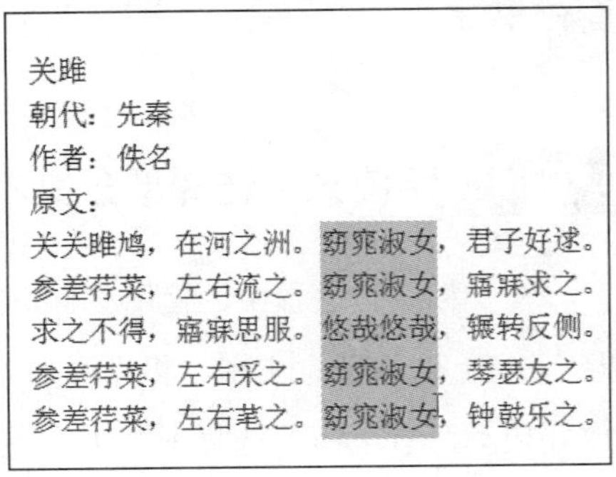
关雎
朝代：先秦
作者：佚名
原文：
关关雎鸠，在河之洲。窈窕淑女，君子好逑。
参差荇菜，左右流之。窈窕淑女，寤寐求之。
求之不得，寤寐思服。悠哉悠哉，辗转反侧。
参差荇菜，左右采之。窈窕淑女，琴瑟友之。
参差荇菜，左右芼之。窈窕淑女，钟鼓乐之。

图 2-12　选择垂直文本

2.2.2 选择整篇文本

在 Word 2016 中，如果需要一次性选中整篇文档，可通过下面几种方法实现。

（1）在【开始】选项卡的【编辑】组中单击【选择】右侧的下拉按钮，在弹出的下拉列表中选择【全选】命令即可，如图 2-13 所示。

（2）按下【Ctrl+A】组合键，或者【Ctrl+5】组合键即可。

（3）将鼠标指针指向编辑区左侧空白处，当鼠标指针呈“↗”形状时，按住【Ctrl】键的同时单击鼠标左键即可。

（4）将鼠标指针指向编辑区左侧空白处，当鼠标指针呈“↗”形状时，连续单击鼠标左键 3 次即可，如图 2-14 所示。

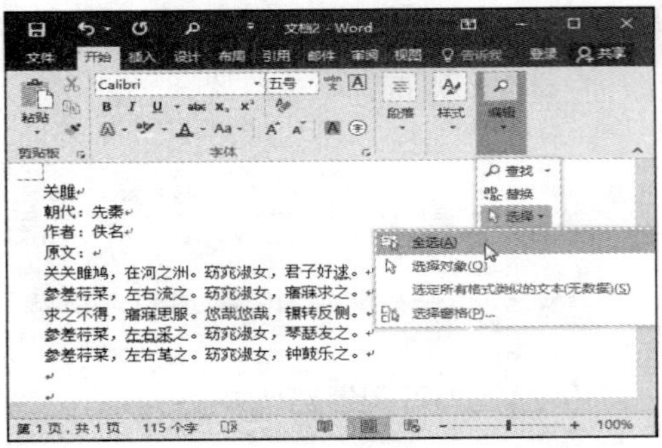

图 2-13　选择【全选】命令

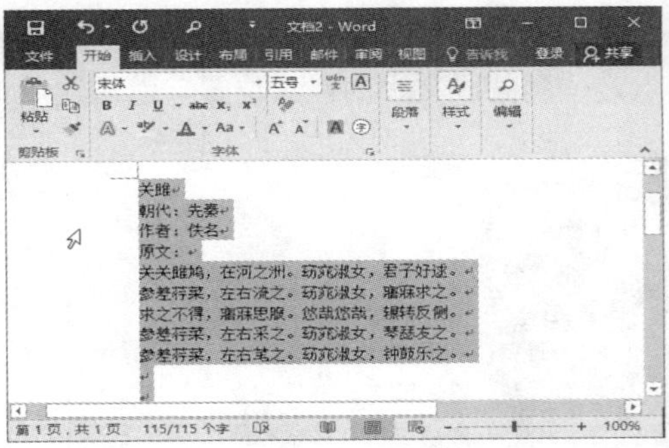

图 2-14　连击鼠标左键 3 次选择全文

2.3 移动和复制文本

在文档编辑过程中，经常会遇到需要重复输入部分内容，或者将某些文本移动到其他位置的情况，此时通过复制或移动操作可以大大提高文档的编辑效率。

2.3.1 移动文本

编辑文档过程中，如果需要将某个词语或段落移动到其他位置，可通过下面的方法实现。

步骤 01 打开“文本操作 .docx”文档，选中要移动的文本内容，在【开始】选项卡的【剪贴板】组中单击【剪切】按钮✂，如图 2-15 所示。

步骤 02 将光标插入点定位在要移动的目标位置，然后单击【剪贴板】组中的【粘贴】按钮即可，如图 2-16 所示。

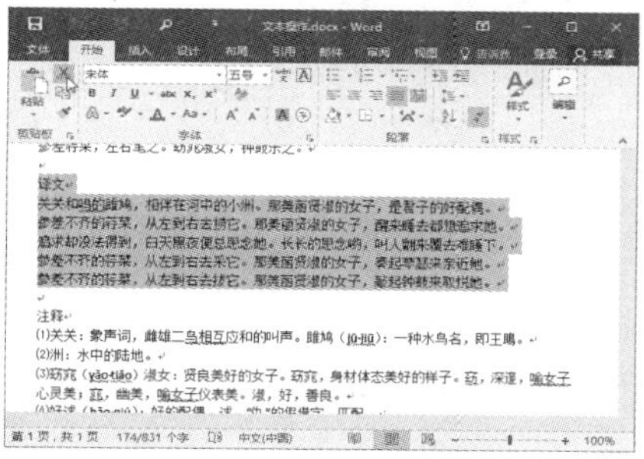
图 2-15 剪切文本

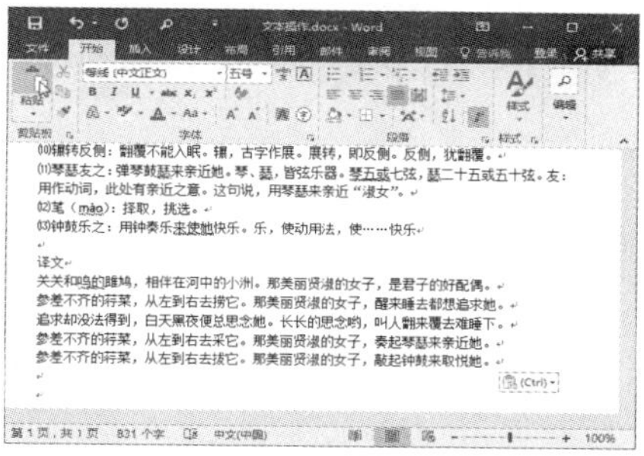
图 2-16 粘贴文本

技能拓展

选中文本后按住鼠标左键不放并进行拖动，当拖动至目标位置后释放鼠标，可快速实现文本的移动操作。

2.3.2 复制文本

文档编辑过程中，如果遇到需要重复输入一大段文本的情况，通过复制操作可以大大提高工作效率，具体操作如下。

步骤 01 打开“文本操作 .docx”文档，选中要复制的文本内容，在【开始】选项卡的【剪贴板】组中单击【复制】按钮，如图 2-17 所示。

步骤 02 将光标插入点定位在要重复输入的目标位置，然后单击【剪贴板】组中的【粘贴】按钮即可，如图 2-18 所示。

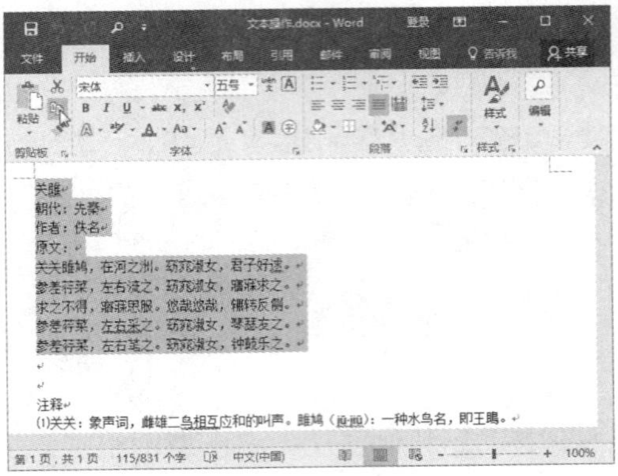
文本操作.docx - Word
文件 开始 插入 设计 布局 引用 邮件 审阅 视图
关雎
朝代：先秦
作者：佚名
原文：
关关雎鸠，在河之洲。窈窕淑女，君子好逑。
参差荇菜，左右流之。窈窕淑女，寤寐求之。
求之不得，寤寐思服。悠哉悠哉，辗转反侧。
参差荇菜，左右采之。窈窕淑女，琴瑟友之。
参差荇菜，左右芼之。窈窕淑女，钟鼓乐之。
注释
第1页，共1页 115/831个字 中文(中国) 100%

图 2-17 复制文本

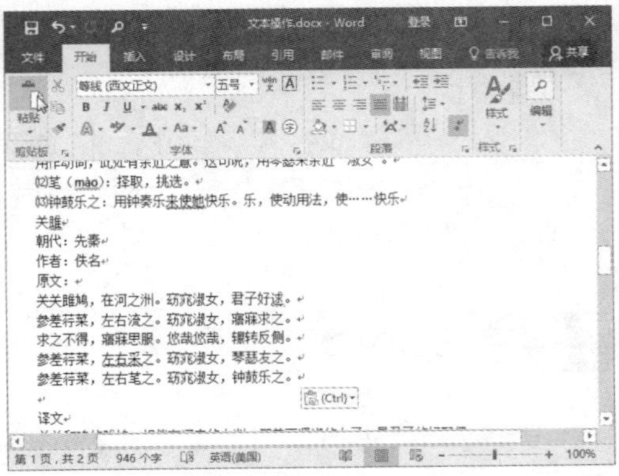
文本操作.docx - Word
文件 开始 插入 设计 布局 引用 邮件 审阅 视图
关雎
朝代：先秦
作者：佚名
原文：
关关雎鸠，在河之洲。窈窕淑女，君子好逑。
参差荇菜，左右流之。窈窕淑女，寤寐求之。
求之不得，寤寐思服。悠哉悠哉，辗转反侧。
参差荇菜，左右采之。窈窕淑女，琴瑟友之。
参差荇菜，左右芼之。窈窕淑女，钟鼓乐之。
(Ctrl)
译文
第1页，共2页 946个字 英语(美国) 100%

图 2-18 粘贴文本

技能拓展

在选中文本上右击，在弹出的快捷菜单中选择“复制”命令，或者按下【Ctrl+C】组合键，可执行复制操作，然后在光标插入点所在位置上右击，在弹出的快捷菜单中选择“粘贴”命令，或者按下【Ctrl+V】组合键，可执行粘贴操作。

2.3.3 使用剪贴板

剪贴板是计算机中暂时存放内容的区域，为了更方便地使用系统剪贴板，Office 2016 提供了剪贴板工具，具体操作如下。

步骤 01 在【开始】选项卡的“剪贴”组中单击【剪贴板】按钮，打开【剪贴板】窗格，如图 2-19 所示。

步骤 02 在文档中选中需要复制或剪切的文本，然后按下【Ctrl+C】组合键执行复制操作，或者按下【Ctrl+X】组合键执行剪切操作，此时剪切的对象将根据操作的先后顺序放置于【剪切板】窗格中，如图 2-20 所示。

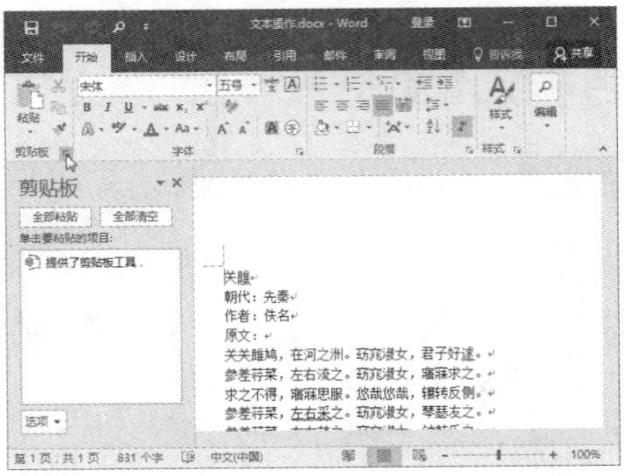
文本操作.docx - Word
剪贴板
全部粘贴 全部清空
单击要粘贴的项目：
提供了剪贴板工具。
关雎
朝代：先秦
作者：佚名
原文：
关关雎鸠，在河之洲。窈窕淑女，君子好逑。
参差荇菜，左右流之。窈窕淑女，寤寐求之。
求之不得，寤寐思服。悠哉悠哉，辗转反侧。
参差荇菜，左右采之。窈窕淑女，琴瑟友之。
选项
第1页，共1页 831个字 中文(中国) 100%

图 2-19 单击【剪贴板】按钮

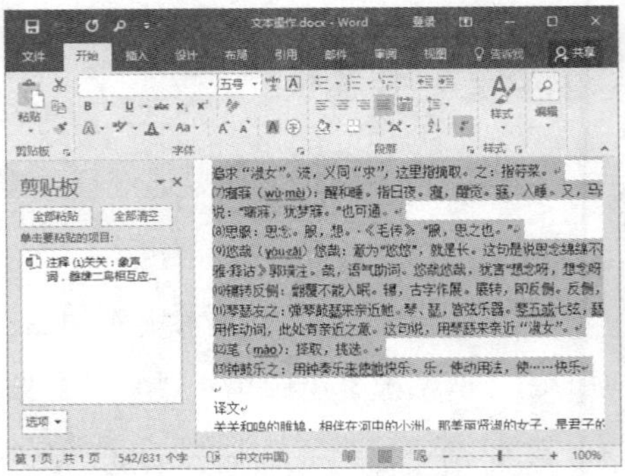
文本操作.docx - Word
剪贴板
全部粘贴 全部清空
单击要粘贴的项目：
注释 (1)关关：象声词，雌雄二鸟相互应...
译文
选项
第1页，共1页 542/831个字 中文(中国) 100%

图 2-20 执行复制或剪切操作

步骤 03 将插入点光标置于需要粘贴文本的位置，在【剪贴板】窗格中单击需要粘贴的文本，如图 2-21 所示，即可将其粘贴到所选位置。

步骤 04 完成文本粘贴操作后，如果该文本不再使用，可单击粘贴文本右侧的下拉按钮，在弹出的下拉列表中选择【删除】命令即可，如图 2-22 所示。

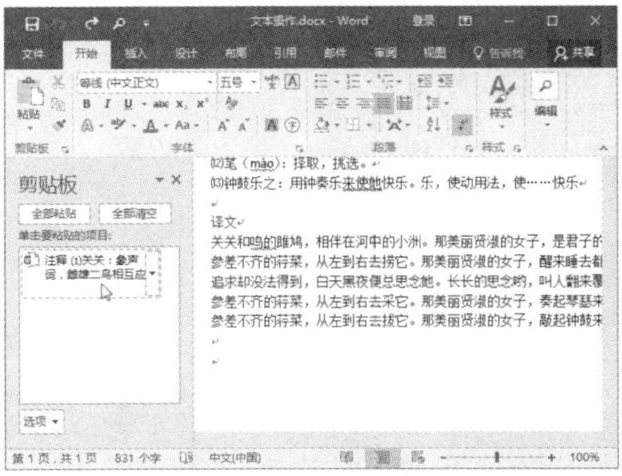

图 2-21 单击粘贴文本

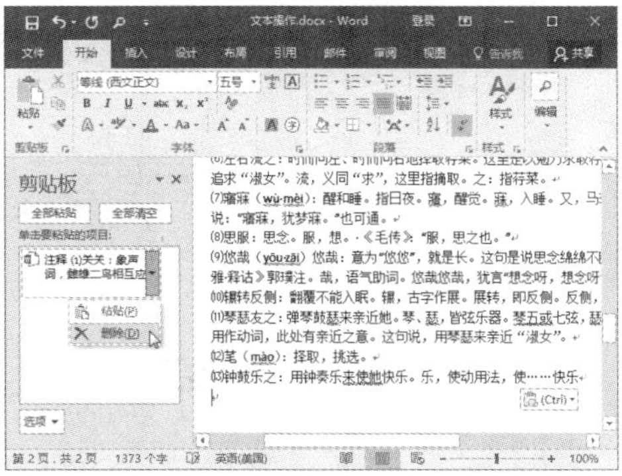

图 2-22 删除粘贴文本

课堂范例——无格式粘贴复制的文本

步骤 01 打开“光盘\素材文件\第 2 章\文本操作 .docx”文档，选中要复制的文本，在【开始】选项卡的【剪贴板】组中单击【复制】按钮复制文本，如图 2-23 所示。

步骤 02 将光标定位在需要粘贴的位置，单击【开始】选项卡中的【粘贴】下拉按钮，在弹出的下拉列表中选择【选择性粘贴】命令，如图 2-24 所示。

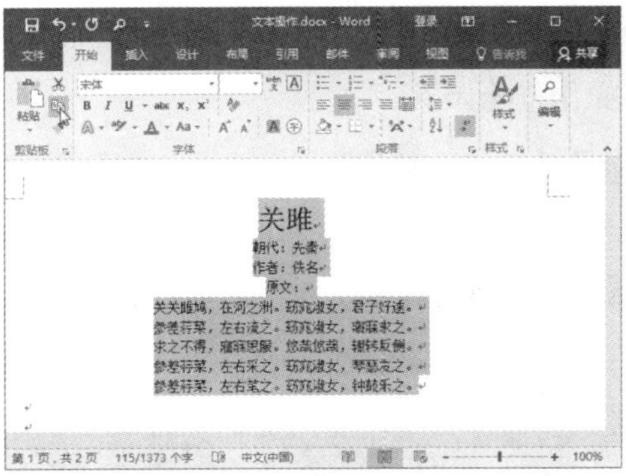

图 2-23 复制文本

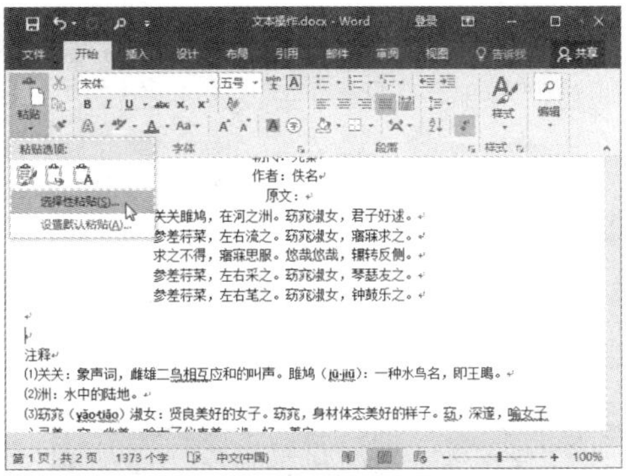

图 2-24 选择【选择性粘贴】命令

步骤 03 弹出【选择性粘贴】对话框，在【形式】列表框中选择【无格式文本】选项，单击【确定】按钮，如图 2-25 所示。

步骤 04 在返回的 Word 文档中，即可看到无格式粘贴的内容了，如图 2-26 所示。

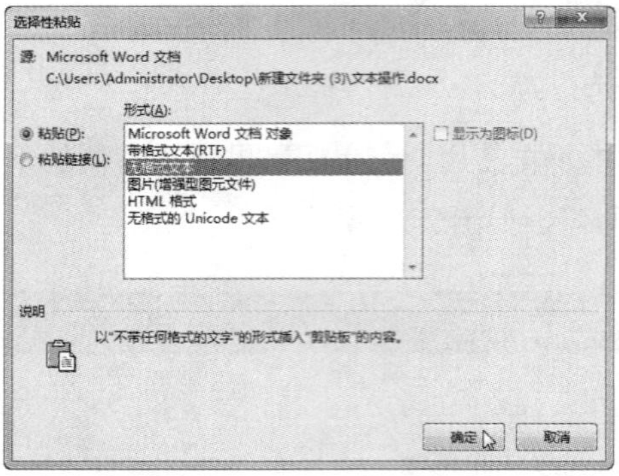

图 2-25 【选择性粘贴】对话框

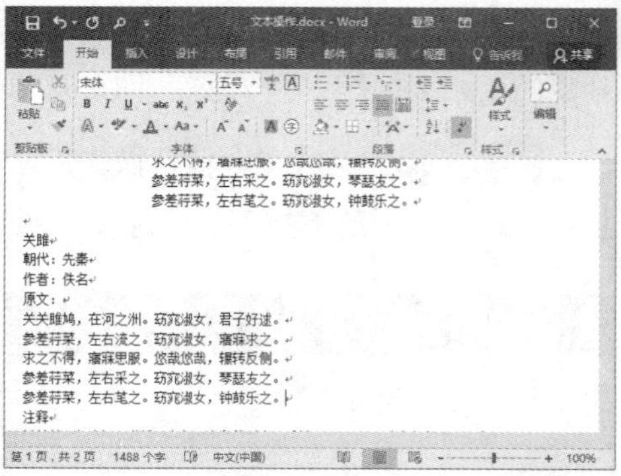

图 2-26 无格式粘贴效果

2.4 查找和替换文本

Word 2016 提供了查找和替换功能，可以方便用户快速查找长文档中的某个词句，以及批量替换词语，大大提供了用户的工作效率。

2.4.1 查找文本

如果想要知道某个字、词或一句话是否出现在文档中及出现的位置，可用 Word 中的“查找”功能进行查找。

1．通过“导航”窗格查找

Word 2016 提供了“导航”窗格，该窗格替代了以往版本中的“文档结构图”窗格，通过“导航”窗格可实现文本的快速查找，具体操作方法如下。

步骤 01 打开要查找内容的文档，在【开始】选项卡中的【编辑】组中单击【查找】按钮，如图 2-27 所示。

步骤 02 在打开的【导航】窗格的搜索框中输入要查找的文本内容，此时文档中将突出显示要查找的全部内容，如图 2-28 所示。

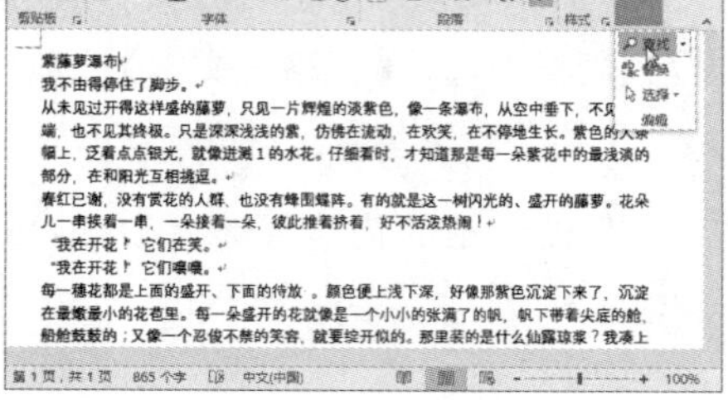

图 2-27 单击【查找】按钮

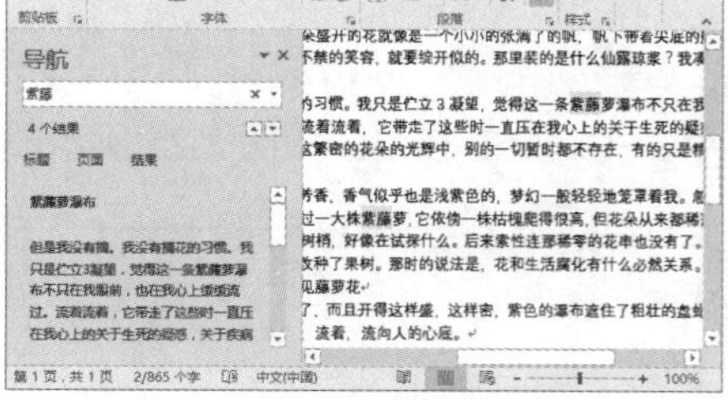

图 2-28 输入查找内容

温馨提示

当在“导航”窗格中，若单击搜索框右侧的下拉按钮，在弹出的下拉列表中选择“选项”命令，可在弹出的【“查找”选项】对话框中设置更精确的查找条件，如区分大小写、全字匹配等。

2．通过对话框查找

除了通过“导航”窗格查找文本，还可以通过“查找和替换”对话框进行查找，具体操作如下。

步骤 01 在 Word 文档的【开始】选项卡中，单击【编辑】组中的【查找】下拉按钮，在弹出的下拉列表中选择【高级查找】命令，如图 2-29 所示。

步骤 02 弹出【查找和替换】对话框，输入要查找的文本内容，单击【查找下一处】按钮，如图 2-30 所示。此时 Word 会自动从光标插入点所在位置开始查找，当找到第一个位置时，并以选中的形式显示。

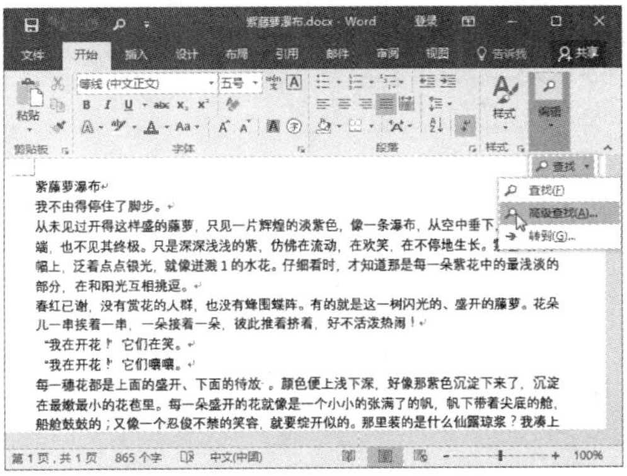

图 2-29 选择【高级查找】命令

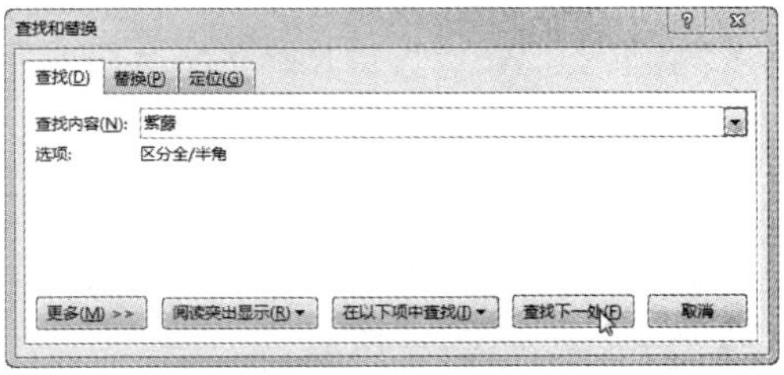

图 2-30 输入查找的文本内容

步骤 03 若继续单击【查找下一处】按钮，Word 会继续查找，当查找完成后会弹出提示对话框提示完成搜索，单击【确定】按钮，如图 2-31 所示。

步骤 04 在返回的【查找和替换】对话框中，单击【关闭】按钮关闭该对话框，如图 2-32 所示。

图 2-31 提示对话框

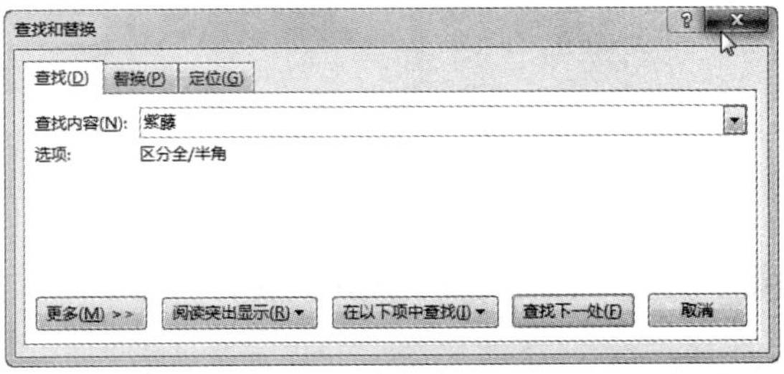

图 2-32 关闭【查找和替换】对话框

2.4.2 替换文本

当发现某个字或词全部输错了，还可通过 Word 的“替换”功能进行替换，以避免逐一修改的烦琐，具体操作如下。

步骤 01 打开要进行替换操作的文档，将光标插入点定位在文档的起始处，在【开始】选项卡的【编辑】组中选择【替换】命令，如图 2-33 所示。

步骤 02 弹出【查找和替换】对话框，并自动定位在【替换】选项卡，在【查找内容】文本框中输入查找内容，在【替换为】文本框中输入替换后的内容，单击【全部替换】按钮，如图 2-34 所示。

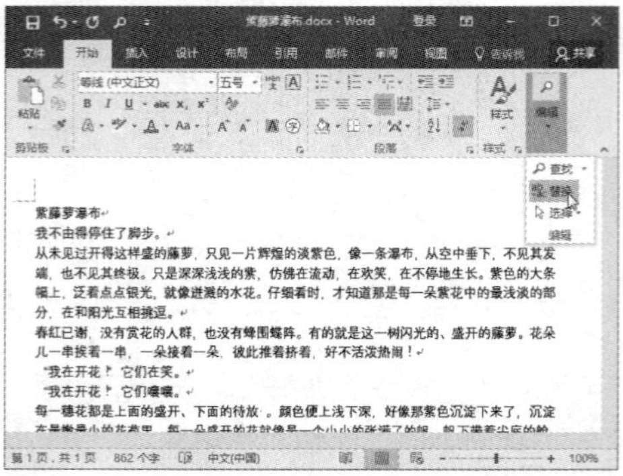

图 2-33 选择【替换】命令

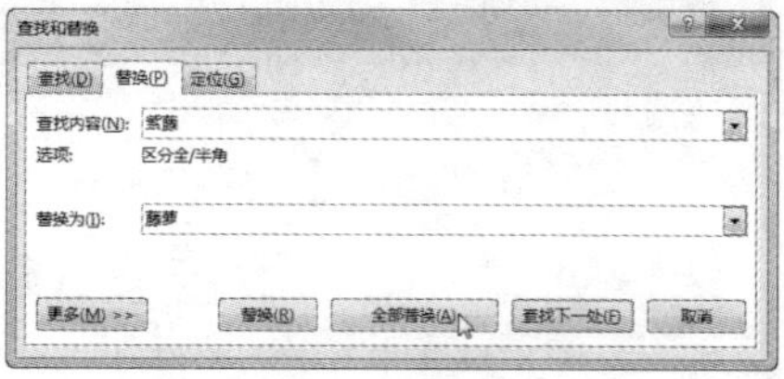

图 2-34 【替换】选项卡

步骤 03 Word 将自动进行替换操作，替换完成后，在弹出的提示对话框中单击【确定】按钮，如图 2-35 所示。

步骤 04 返回【查找和替换】对话框，单击【关闭】按钮关闭该对话框，如图 2-36 所示，然后在返回的文档中即可查看替换文本后的效果。

图 2-35 替换完成

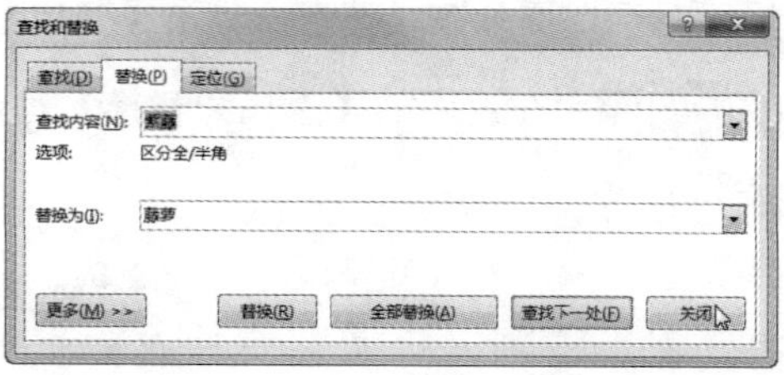

图 2-36 关闭【查找和替换】对话框

课堂范例——快速替换多余空行

步骤 01 打开“光盘 \ 素材文件 \ 第 2 章 \ 紫藤萝瀑布 .docx”文档，在【开始】选项卡的【编辑】组中单击【查找】右侧的下拉按钮，在弹出的下拉列表中选择【替换】选项，如图 2-37 所示。

步骤 02 弹出【查找和替换】对话框，在【查找内容】文本框中输入搜索代码“^P^P”，单击【全部替换】按钮，如图 2-38 所示。

技能拓展

在 Word 2016 中，除了查找文本和特殊格式，在搜索框中还可以通过使用搜索代码查找文档中的特殊对象，例如，本例中“^P”表示段落标记，而“^P^P”则用于搜索空行。此外，还有一些常用的通配符，如“^$”表示任意英文字母、“^?”表示任意单个字符、“^#”表示任意数字、“^g”表示图形等。

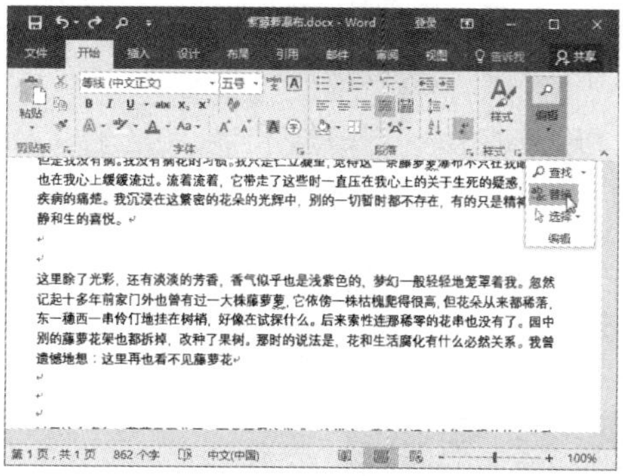

图 2-37 选择【替换】选项

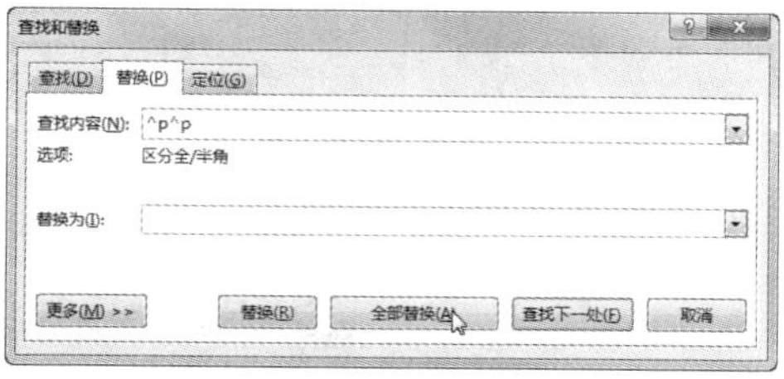

图 2-38 单击【全部替换】按钮

步骤 03 替换完成后，在弹出的对话框中单击【确定】按钮，如图 2-39 所示。

步骤 04 返回【查找和替换】对话框，单击【关闭】按钮，然后在返回的文档中即可查看多余空行被替换后的效果，如图 2-40 所示。

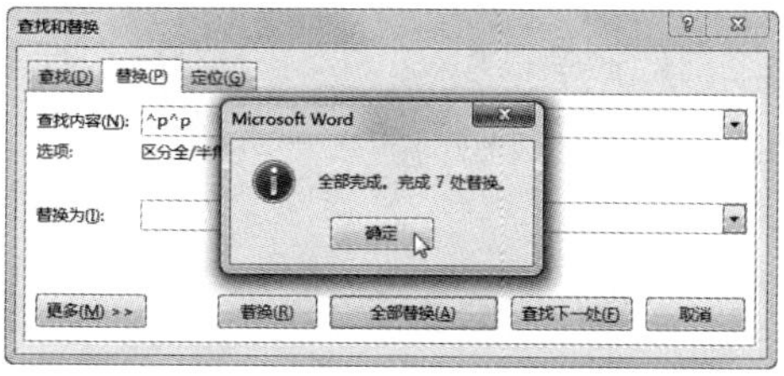

图 2-39 全部完成替换

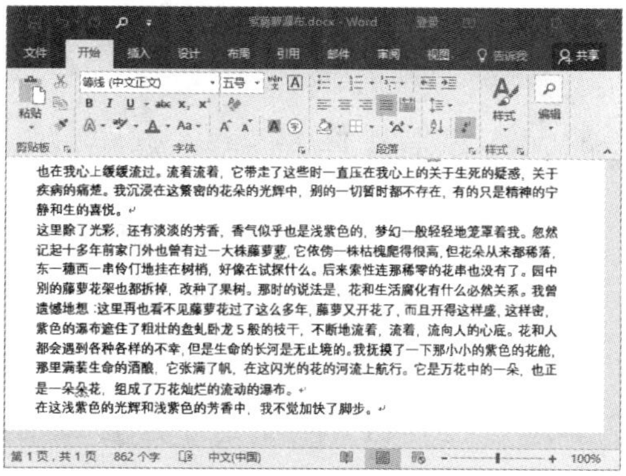

图 2-40 查看多余空行被替换后的效果

2.5 撤销与恢复操作

使用 Word 2016 编辑文档时，程序会自动记录执行过的操作，当执行了错误操作时，可通过“撤销”功能来撤销上一步的操作；当误撤销了某些操作时，可通过“恢复”功能取消之前的撤销操作，从而使文档恢复到撤销操作前的状态。

2.5.1 撤销操作

编辑文档过程中，若出现误操作，如误删了一段文本、替换了不该替换的内容等，都可利用 Word 提供的“撤销”功能来执行撤销操作，其方法有以下几种。

（1）单击快速访问工具栏上的【撤销】按钮，可撤销上一步操作，继续单击该按钮，可撤销多步操作。

（2）单击【撤销】按钮右侧的下拉按钮，在弹出的下拉列表中可选择撤销到某一指定的操作，如图 2-41 所示。

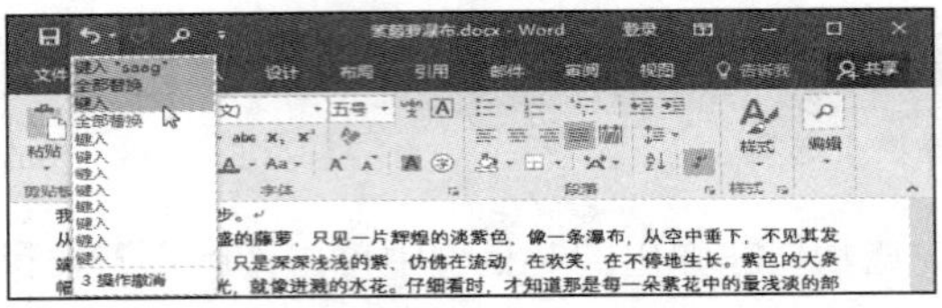

图 2-41　撤销某一指定操作

（3）按【Ctrl+Z】组合键或【Alt+BackSpace】组合键，可撤销上一步操作，继续按下该组合键可撤销多步操作。

2.5.2 恢复操作

撤销某一操作后，通过“恢复”功能可以取消之前的撤销操作，其方法有以下两种。

（1）单击快速访问工具栏中的【恢复】按钮，可恢复被撤销的上一步操作，继续单击该按钮，可恢复被撤销的多步操作。

（2）按下【Ctrl+Y】组合键可恢复被撤销的上一步操作，继续按下该组合键可恢复被撤销的多步操作。

2.5.3 重复操作

在没有进行任何撤销操作的情况下，“恢复”按钮会显示为“重复”按钮，对其单击可重复上一步操作。

例如，输入“紫藤”一词后，单击“重复”按钮可重复输入该词，如图 2-42 所示。再如，对某文本设置字号后，再选中其他文本，单击“重复”按钮，可对所选文本设置同样的字号，如图 2-43 所示。

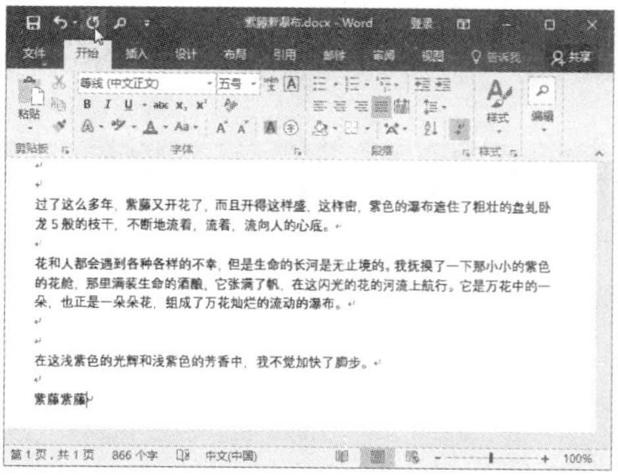

图 2-42　重复输入文字

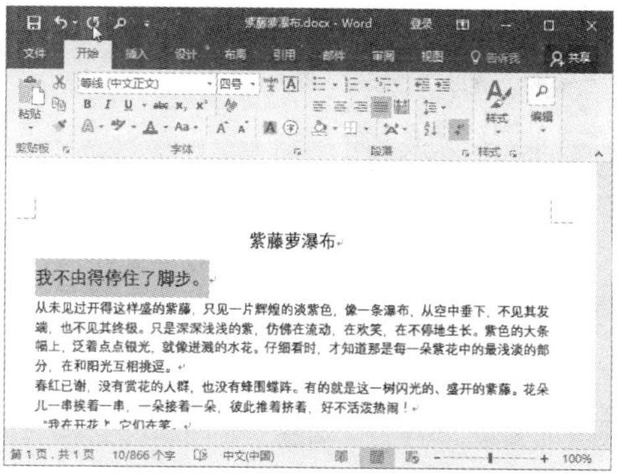
紫藤萝瀑布
我不由得停住了脚步。

图 2-43　重复设置字体格式

课堂问答

通过本章内容的讲解，大家对在 Word 2016 中输入、移动、复制、替换和撤销文本等知识点有了一定的了解，下面列出一些常见的问题供学习参考。

问题❶：如何让英文在单词中间换行?

答：编辑文档过程中，经常会输入一段英文字母的情况，当前行不能完全显示时会自动跳转到下一行，而当前行中文字的间距就会变得很宽，从而影响了文档的美观。

针对上述情况，可通过设置让英文在单词中间进行换行，首先选中需要设置的段落，单击【段落】组中的【功能扩展】按钮，然后在弹出的【段落】对话框中切换到【中文版式】选项卡，在【换行】选项组中勾选【允许西文在单词中间换行】复选框，最后单击【确定】按钮即可。

问题❷：如何输入上标或下标?

答：编辑 Word 文档时，很可能遇到需要输入平方数或分子式等情况，此时就涉及上标和下标符号的输入，方法很简单：选中要设置为上标或下标的数字或符号，在【字体】组中单击【上标】按钮或【下标】按钮即可。例如，输入【H2O】，选中数字【2】，单击【下标】按钮，随即变为【H_2O】。

问题❸：如何一次性清除所有格式?

答：对文本设置各种格式后，如果需要还原为默认格式，可通过“清除格式”功能实现，首先选中需要清除格式的文本，然后单击【字体】选项组中的【清除格式】按钮，之前设置的所有字体、颜色等格式即可被清除掉，并还原为默认格式。

上机实战——制作通知

通过本章内容的学习，为了能巩固本章知识点，下面讲解两个技能综合案例，使大家对本章的知识有更深入的了解。

效果展示

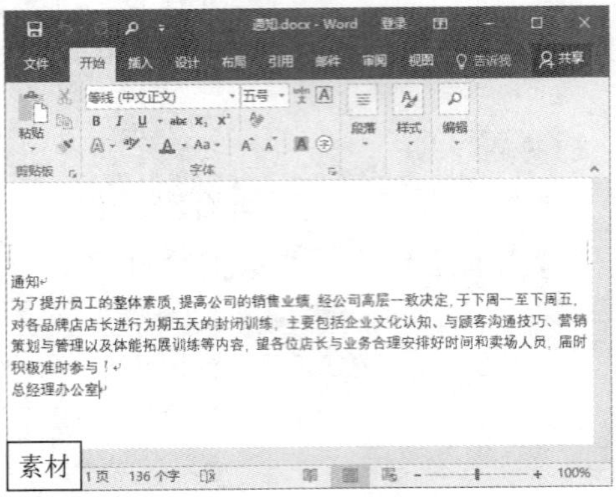
通知.docx - Word
通知
为了提升员工的整体素质，提高公司的销售业绩，经公司高层一致决定，于下周一至下周五，对各品牌店店长进行为期五天的封闭训练，主要包括企业文化认知、与顾客沟通技巧、营销策划与管理以及体能拓展训练等内容，望各位店长与业务合理安排好时间和卖场人员，届时积极准时参与！
总经理办公室
素材

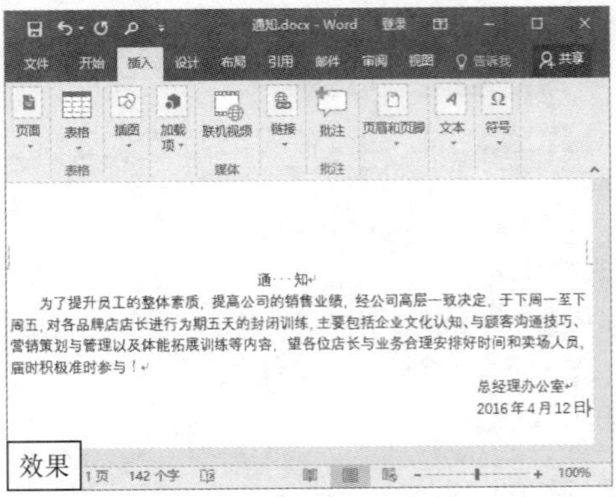
通知.docx - Word
通 知
为了提升员工的整体素质，提高公司的销售业绩，经公司高层一致决定，于下周一至下周五，对各品牌店店长进行为期五天的封闭训练，主要包括企业文化认知、与顾客沟通技巧、营销策划与管理以及体能拓展训练等内容，望各位店长与业务合理安排好时间和卖场人员，届时积极准时参与！
总经理办公室
2016年4月12日
效果

思路分析

对于简单的文本型文档，输入文本内容后，通过空格键就可以进行简单的排版操作。本例通过空格键对文档标题、正文段落和结尾进行排版，并通过【插入】对话框插入日期，完成编辑操作。

制作步骤

步骤 01 打开“光盘\素材文件\第 2 章\通知 .docx”文档，如图 2-44 所示。

步骤 02 将光标定位在文档开头处，按下空格键将标题内容居中排列，并将光标定位在“通知”二字中间，按下空格键将其隔开，如图 2-45 所示。

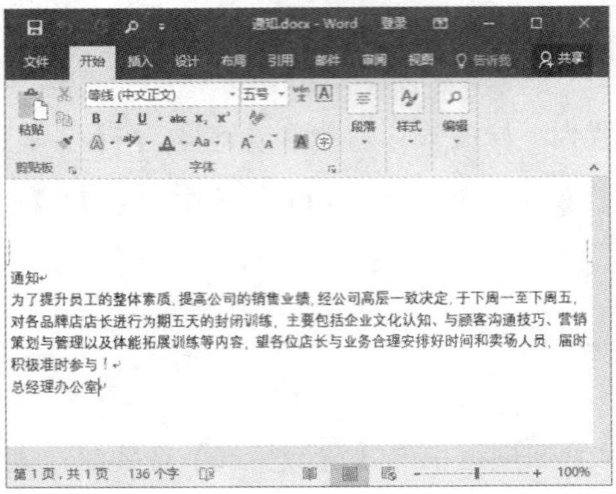

图 2-44 原文

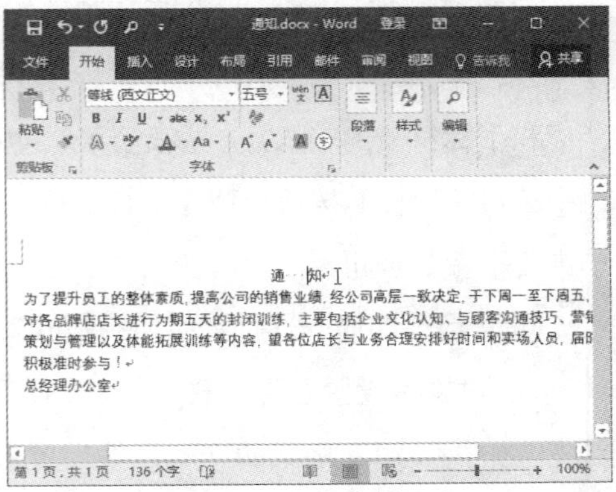

图 2-45 排列标题

步骤 03　使用同样的方法，通过空格键将正文首行开始处空出 4 个字符的位置，并将最后一行排列在行右侧，如图 2-46 所示。

步骤 04　将光标定位在文档末尾，按下【Enter】键切换到下一行，然后切换到【插入】选项卡，在【文本】组中选择【日期和时间】选项，如图 2-47 所示。

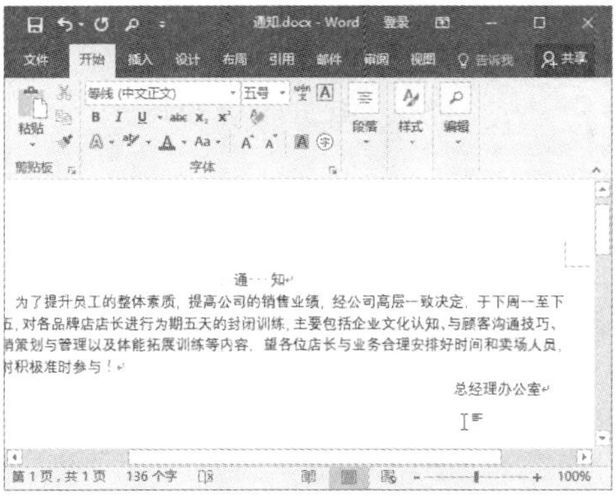

图 2-46　排列段落

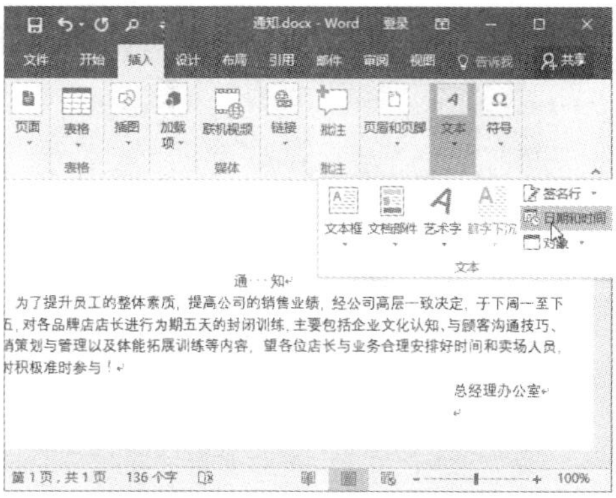

图 2-47　选择【日期和时间】选项

步骤 05　弹出【日期和时间】对话框，在【可用格式】列表框中选择需要的日期格式，单击【确定】按钮，如图 2-48 所示。

步骤 06　返回 Word 文档，即可看到最终效果，如图 2-49 所示，按下【Ctrl+S】组合键保存文档即可。

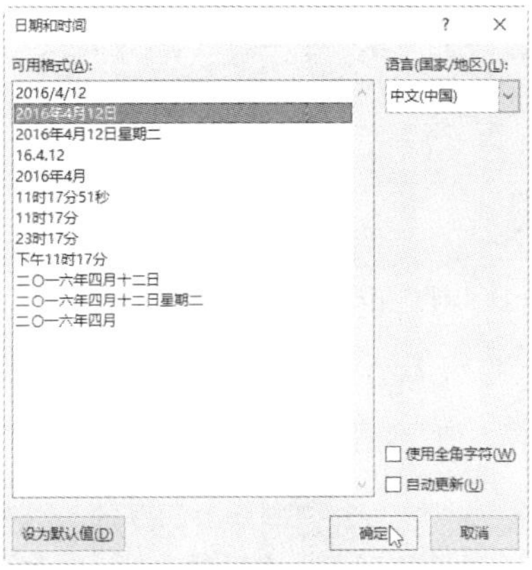

图 2-48　选择日期格式

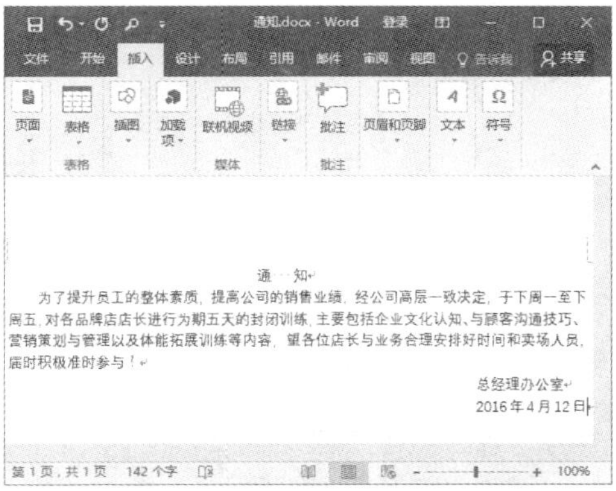

图 2-49　查看最终效果

同步训练——制作公司制度文档

通过上机实战案例的学习，为了增强大家的动手能力，下面安排一个同步训练案例，以达到举一反三、触类旁通的学习效果。

图解流程

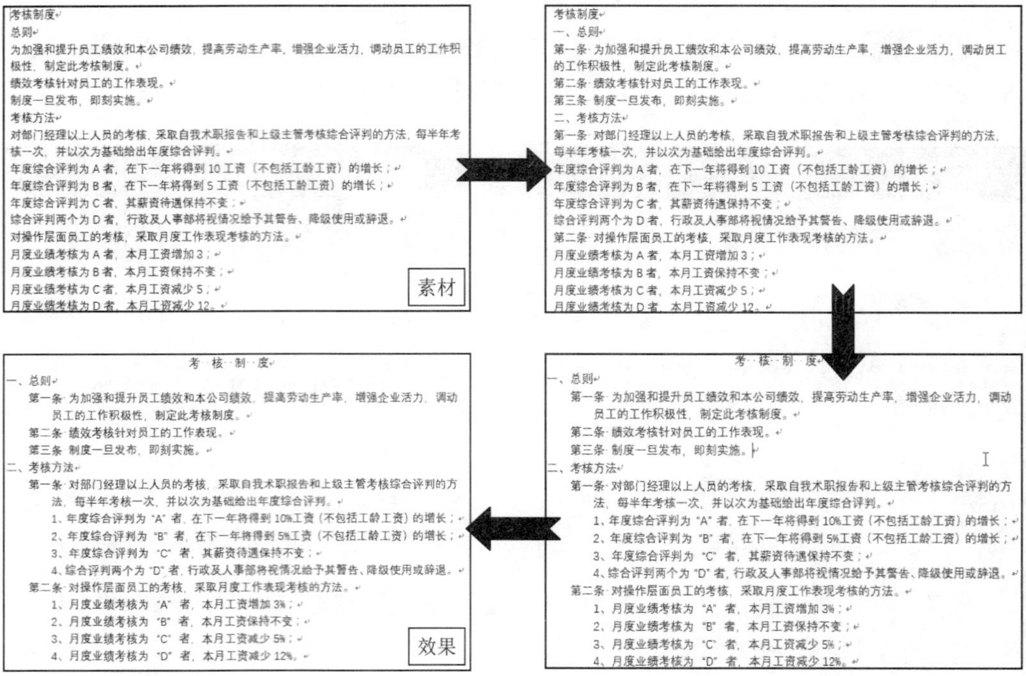

思路分析

制度类文档通常涉及许多条款，用项目符号或编号对文档排列可以让其显得条理清晰易懂。本例先对不同的内容输入不同的编号样式，接着输入符号，最后设置文档的排列方式。

关键步骤

步骤 01 打开“光盘\素材文件\第 2 章\考核制度 .docx”文档，如图 2-50 所示。

步骤 02 将光标定位在文本“总则”之前，输入【一、】，接着定位在文本“考核方法”之前，输入【二、】，完成第一级编号格式的输入，如图 2-51 所示。

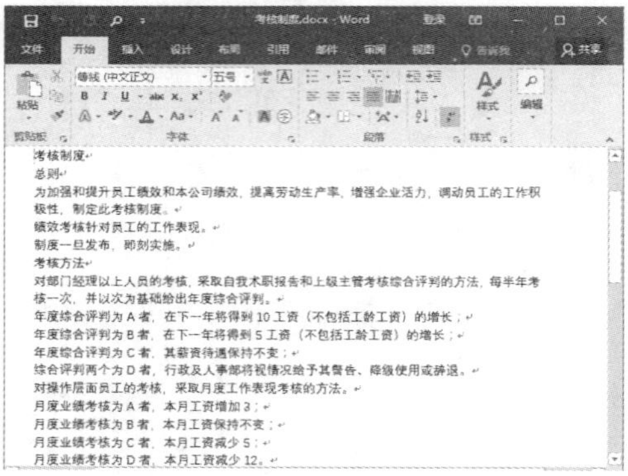

图 2-50　原文

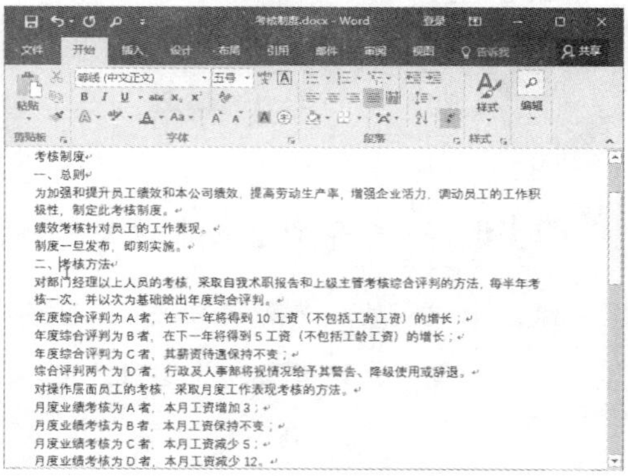

图 2-51　输入一级编号

步骤 03 将光标定位在需要的文本前，设置好第二级编号样式，效果如图 2-52 所示。

步骤 04 将光标定位在需要的文本前，设置好第三级级编号样式，效果如图 2-53 所示。

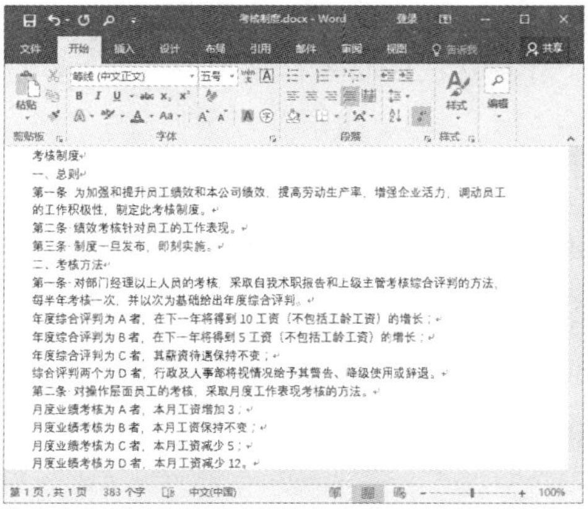

图 2-52 设置二级编号样式

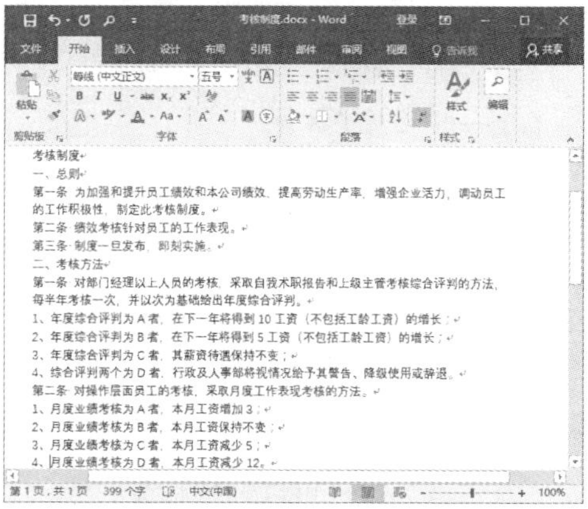

图 2-53 设置三级编号样式

步骤 05 将光标定位在需要的数字前，按下【Shift】键的同时输入需要的符号，如图 2-54 所示。

步骤 06 将光标定位在需要的文本前，键入空格键设置好排列方式，最终效果如图 2-55 所示。

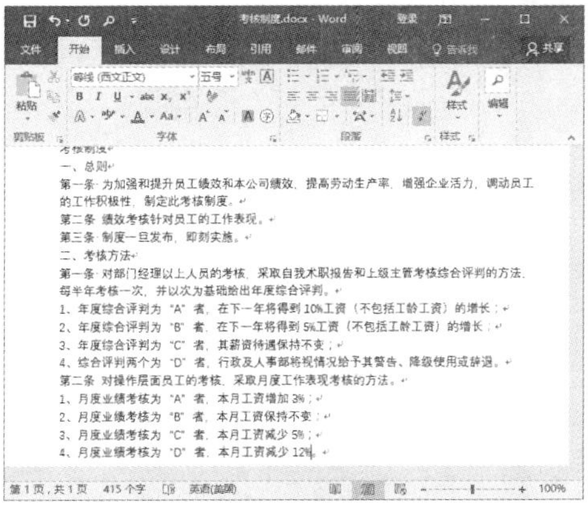

图 2-54 输入符号

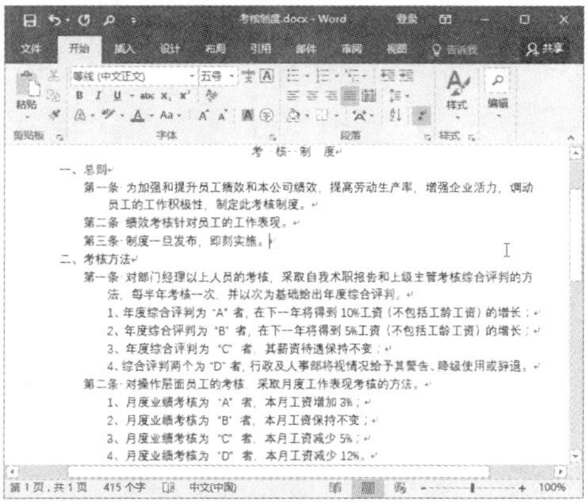

图 2-55 设置文本排列方式

知识能力测试

本章讲解了输入、选择、移动、复制、查找、撤销等文本编辑操作，为对知识进行巩固和考核，布置相应的练习题。

一、填空题

1．在 Word 2016 中，选中文本内容后，按下______组合键可快速复制当前内容，将光标定位在目标位置，按下_____组合键可快速粘贴内容。

2．在 Word 2016 中，按下______组合键可以快速将光标插入点移动至文档开头；按下_____组合键可以快速将光标插入点移动至文档末尾。

3．编辑文档时，按下_____组合键可撤销上一步操作，按下_____组合键可回复被撤销的上一步操作。

二、选择题

1．按住（　　）键不放，接着按住鼠标左键在文档中拖动出一块矩形区域，选择完成后释放该键，即可将所选区域中的文本全部选中。

A．【Alt】　　B．【Ctrl】　　C．【Shift】　　D．【Tab】

2．将鼠标指针指向编辑区左侧空白处，当鼠标指针呈“↗”形状时，连续单击鼠标左键（　　）次，可以选中整篇文档。

A．2　　B．3　　C．4　　D．5

3．使用通配符查找文档内容时，（　　）表示任意英文字母。

A．?　　B．P　　C．$　　D．#

三、简答题

1．请简单说明移动文本和复制文本的区别。

2．键盘上有很多常用的标点符号，如何输入这些常用符号？

Office
2016

第 3 章 文档格式设置

如果希望制作出的文档更加规范、条理更加清晰，在完成内容的输入后，还需要对其进行必要的格式设置，如文本格式、段落格式及页面设置等。本章具体介绍文档格式的设置方法。

学习目标

- 熟练掌握字体格式的设置方法
- 熟练掌握段落格式的设置方法
- 熟练掌握编号和项目符号的设置方法
- 熟练掌握页面的设置方法
- 熟练掌握页眉页脚的设置方法

3.1 设置字体格式

在 Word 2016 文档中输入文本后，默认显示的字体为“等线（中文正文）”，字号为“五号”，字体颜色为黑色。如果用户对 Word 默认的字体格式不满意，可以根据自己的需要自定义设置字体格式。

3.1.1 设置字体和字号

如果对程序默认的字体和字号大小不满意，可以通过下面的方式自定义设置。

步骤 01 选中要设置字体的文本，在【开始】选项卡的【字体】组中，单击【字体】文本框右侧的下拉按钮，如图 3-1 所示。

步骤 02 在弹出的下拉列表中可看到多种可选择的字体，选择需要的字体，如图 3-2 所示。

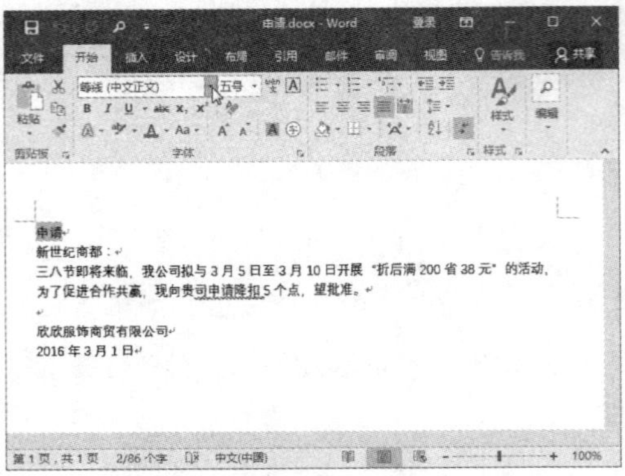

图 3-1 单击【字体】文本框右侧的下拉按钮

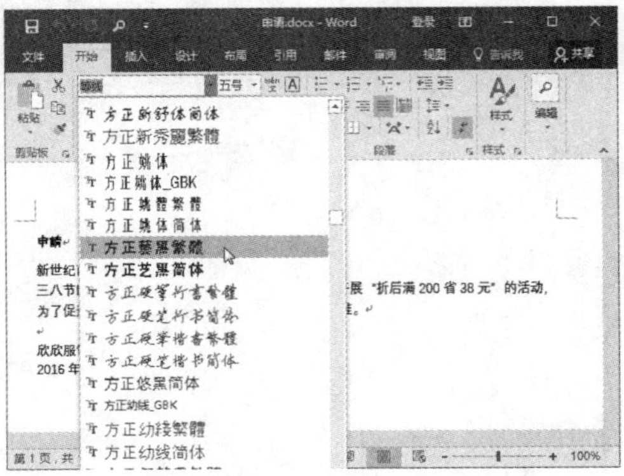

图 3-2 选择字体

步骤 03 保持当前文本的选中状态，单击【字号】文本框右侧的下拉按钮，在弹出的下拉列表中选择需要的字号，如图 3-3 所示。

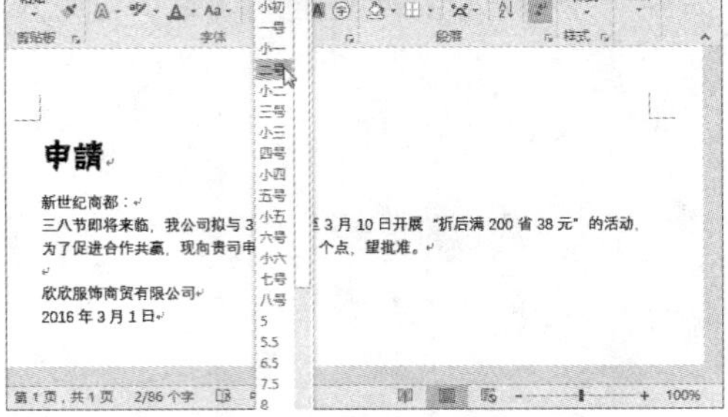

图 3-3 设置字号

除了通过“开始”选项卡进行设置外，还可以通过浮动工具栏和快捷菜单进行设置。

（1）通过快捷菜单设置：右击选中的字符，在弹出的快捷菜单中选择【字体】命令，接着在弹出的“字体”对话框中设置需要的字体和字号，然后单击“确定”按钮即可，如图3-4所示。

（2）通过浮动工具栏设置：选中需要设置格式的文本后，会自动显示浮动工具栏，单击【字体】或【字号】右侧的下拉按钮，在弹出的下拉列表中选择需要的字体、字号，如图3-5所示。

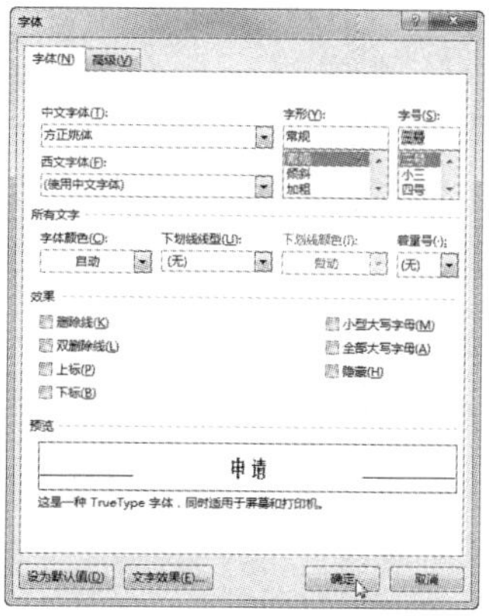
字体
申请
设为默认值(D)
文字效果(E)...
确定
取消

图 3-4 通过快捷菜单设置

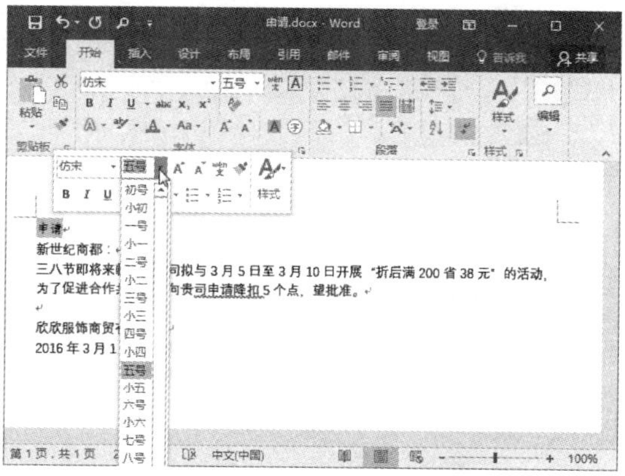
申请.docx - Word
申请
新世纪商都：
欣欣服饰商贸有限公司
2016年3月1日

图 3-5 通过浮动工具栏设置

3.1.2 设置字形

字形是文字的字符格式，Word 2016提供了多个命令按钮用于对文字的字形效果进行设置，如加粗、倾斜、下划线及字符底纹等，下面将介绍相关操作。

步骤01 选中要设置字形格式的文本内容，在【开始】选项卡的【字体】组中单击【加粗】按钮 B，如图3-6所示。

步骤02 保持当前文本的选中状态，在【字体】组中单击【倾斜】按钮 I，如图3-7所示。

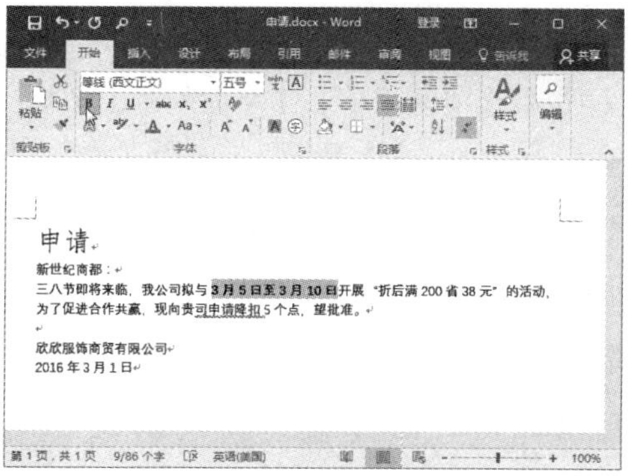
申请.docx - Word
申请
新世纪商都：
三八节即将来临，我公司拟与3月5日至3月10日开展“折后满200省38元”的活动，
为了促进合作共赢，现向贵司申请降扣5个点，望批准。
欣欣服饰商贸有限公司
2016年3月1日

图 3-6 设置加粗效果

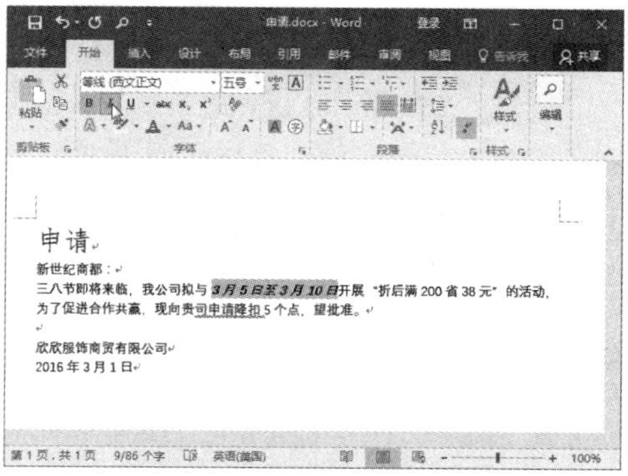
申请.docx - Word
申请
新世纪商都：
三八节即将来临，我公司拟与3月5日至3月10日开展“折后满200省38元”的活动，
为了促进合作共赢，现向贵司申请降扣5个点，望批准。
欣欣服饰商贸有限公司
2016年3月1日

图 3-7 设置倾斜效果

步骤 03　保持当前文本的选中状态，在【字体】组中单击【下划线】按钮 U 右侧的下拉按钮，在打开的列表中根据需要选择下划线类型，如图 3-8 所示。

步骤 04　保持当前文本的选中状态，单击【字体颜色】按钮 A 右侧的下拉按钮，在弹出的下拉列表中选择需要的字体颜色，如图 3-9 所示。

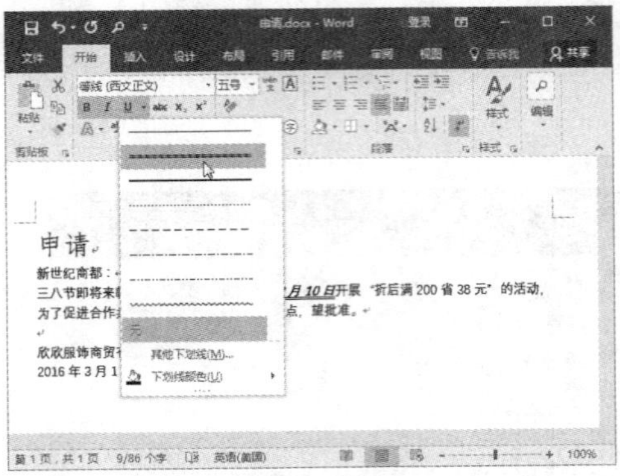

图 3-8　添加下划线

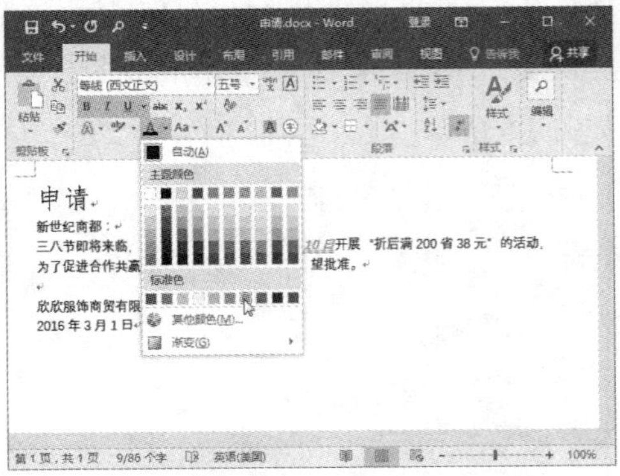

图 3-9　设置字体颜色

步骤 05　保持当前文本的选中状态，在【字体】组中单击【字符底纹】按钮 A，如图 3-10 所示。

步骤 06　选中需要添加带圈字符的文本，在【字体】组中单击【带圈字符】按钮 ㊫，如图 3-11 所示。

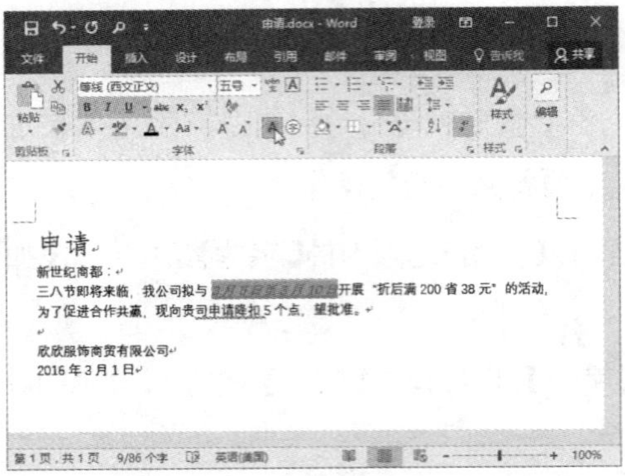

图 3-10　添加字符底纹

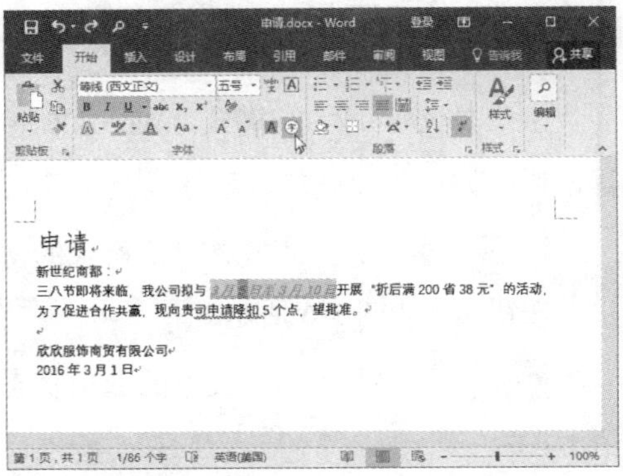

图 3-11　单击【带圈字符】按钮

步骤 07　弹出【带圈字符】对话框，在【样式】选项区域单击【增大圈号】图标，在【圈号】选项区域中选择需要的选项，完成设置后单击【确定】按钮，如图 3-12 所示。

步骤 08　返回 Word 文档，即可看到设置带圈字符后的效果，如图 3-13 所示。

步骤 09　选中需要设置字符边框的文本，在【字体】组中单击“字符边框”按钮，如图 3-14 所示。

步骤 10　设置完成后，取消选中状态即可查看最终效果，如图 3-15 所示。

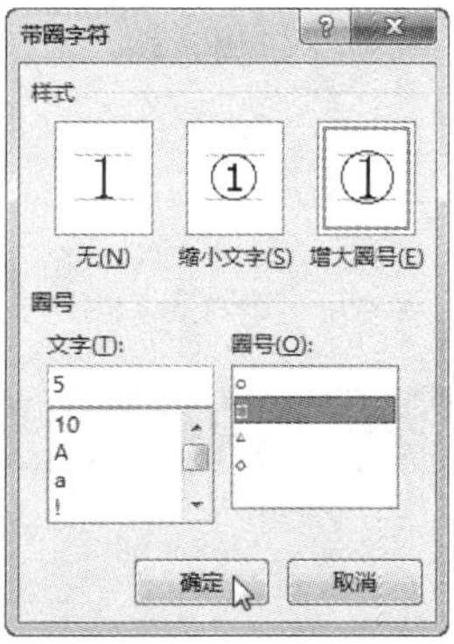

图 3-12 【带圈字符】对话框

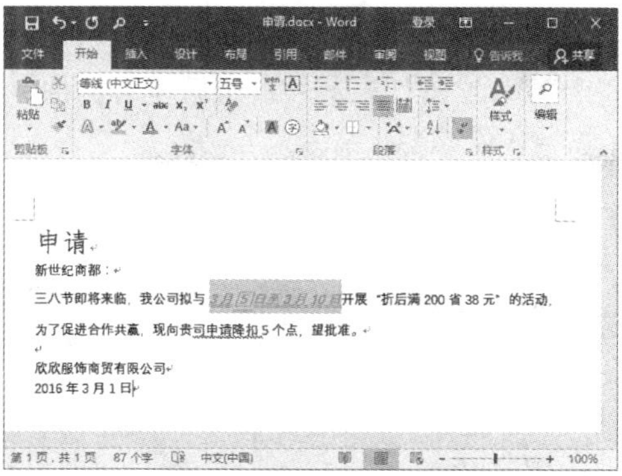

图 3-13 查看带圈字符效果

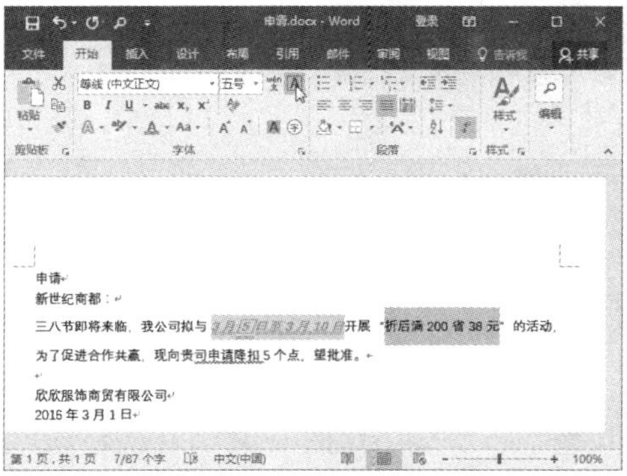

图 3-14 添加字符边框

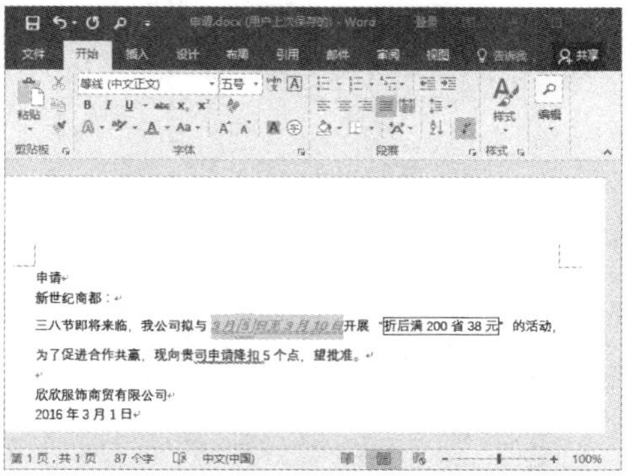

图 3-15 查看字符边框设置效果

3.1.3 设置字符间距

字符间距是指各字符间的距离，通过调整字符间距可使文字排列得更紧凑或更分散。通过设置字符间距可以让文档的版面更加协调，具体操作步骤如下。

步骤 01 选中要设置字符间距的文本，单击【字体】组中的【字体】按钮，如图 3-16 所示。

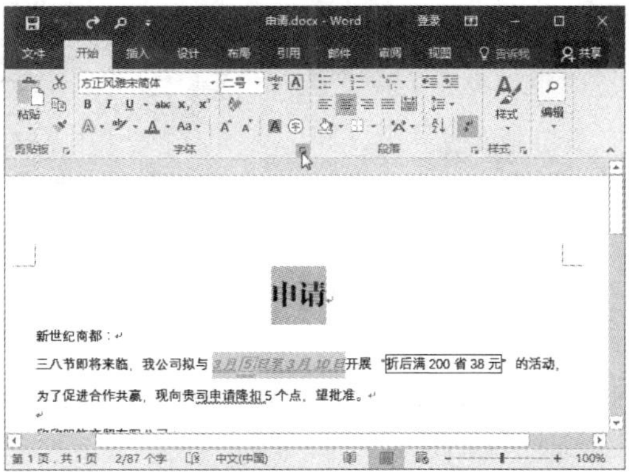

图 3-16 单击【字体】组中【字体】按钮

步骤 02　弹出【字体】对话框，切换到【高级】选项卡，在【间距】下拉列表中选择间距类型，如“加宽”，然后在右侧的“磅值”微调框中设置间距大小，设置完成后单击“确定”按钮，如图 3-17 所示。

步骤 03　设置完成后，返回 Word 文档，即可查看最终效果，如图 3-18 所示。

图 3-17　设置字符间距

图 3-18　查看字符间距设置效果

课堂范例——设置特大号字体

步骤 01　新建一个空白文档，在文档中输入需要设置特大号的字体，如“邀请函”，切换到【开始】选项卡，在【字体】组的【字号】下拉列表框中直接输入需要的字号大小，如“120”，如图 3-19 所示。

步骤 02　按下【Enter】键确认，在 Word 文档中即可看到更改字号后的效果，如图 3-20 所示。

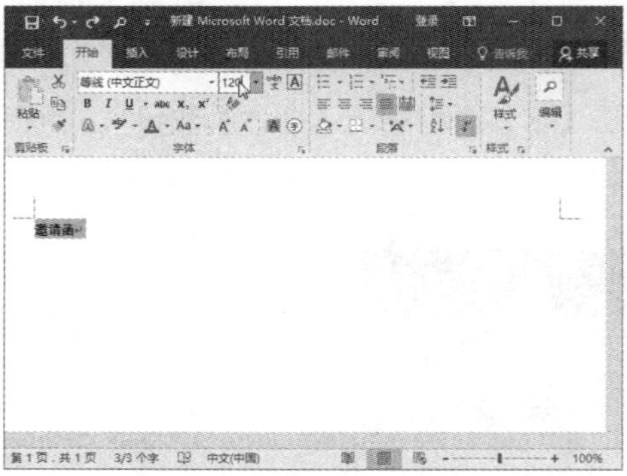

图 3-19　输入需要的字符大小

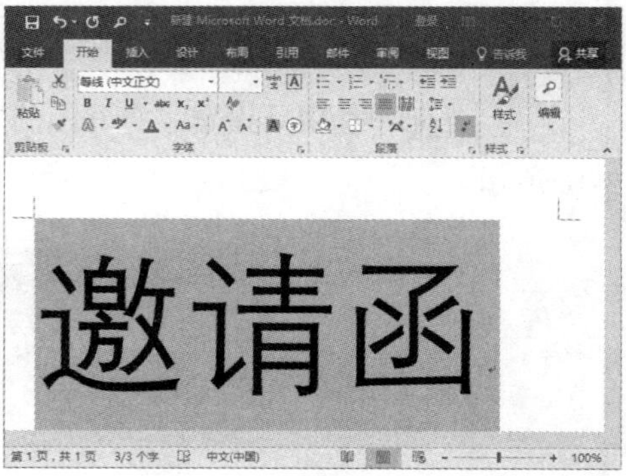

图 3-20　查看更改字号后的效果

温馨提示

【字号】下拉列表中的字号为八号到初号，或者 5 磅到 72 磅，这对于一般的办公人员来说已经足够了。但在一些特殊情况下，如打印海报、标语或大横幅时需要更大的字号，输入字号数值时只能输入磅值，且必须介于 1 ~ 1638。

3.2 设置段落格式

对文档进行排版时，通常会以段落为基本单位进行操作。段落的格式设置主要包括对齐方式、缩进、行间距、边框和底纹等，通过合理设置段落格式，可使文档结构清晰、层次分明。

3.2.1 设置段落缩进

为了增强文档的层次感，提高可阅读性，可对段落设置合适的缩进。段落的缩进方式有左缩进、右缩进、首行缩进和悬挂缩进 4 种。

（1）左缩进：指整个段落左边界距离页面左侧的缩进量。

（2）右缩进：指整个段落右边界距离页面右侧的缩进量。

（3）首行缩进：指段落首行第 1 个字符的起始位置距离页面左侧的缩进量。首行缩进是大多数文档段落的常用设置方式，缩进量通常为两个字符。

（4）悬挂缩进：指段落中除首行以外的其他行距离页面左侧的缩进量。悬挂缩进方式一般用于一些较特殊的场合，如杂志、报刊等。

下面以“首行缩进 2 字符”为例，设置方法如下。

步骤 01 在文档中选中需要设置缩进的段落，或将光标定位在要设置缩进方式的段落中，在【开始】选项卡的【段落】组中单击【段落设置】按钮，如图 3-21 所示。

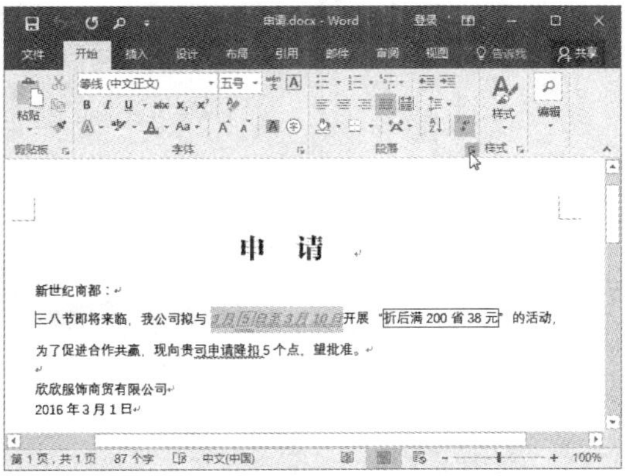

图 3-21 单击【段落设置】按钮

步骤 02 弹出【段落】对话框，在【特殊格式】下拉列表框中选择【首行缩进】选项，在【缩进值】微调框中将值设置为【2 字符】，如图 3-22 所示，设置完成后单击【确定】按钮。

步骤 03 设置完成后，返回 Word 文档，即可看到设置缩进方式后的段落效果，如图 3-23 所示。

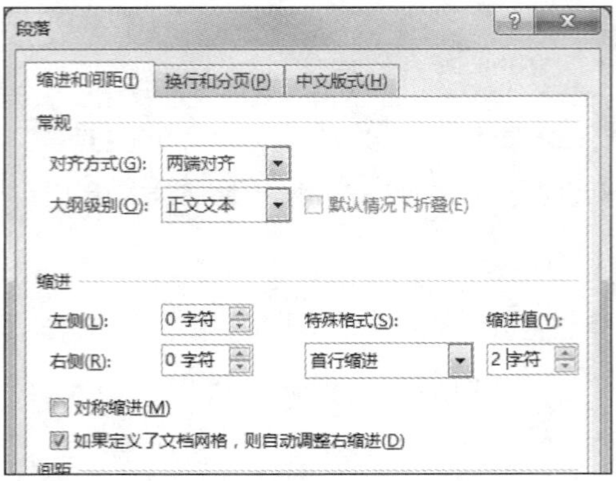
段落
缩进和间距(I)
换行和分页(P)
中文版式(H)
常规
对齐方式(G): 两端对齐
大纲级别(O): 正文文本
默认情况下折叠(E)
缩进
左侧(L): 0 字符
特殊格式(S):
缩进值(Y):
右侧(R): 0 字符
首行缩进
2 字符
对称缩进(M)
如果定义了文档网格，则自动调整右缩进(D)

图 3-22　设置缩进方式

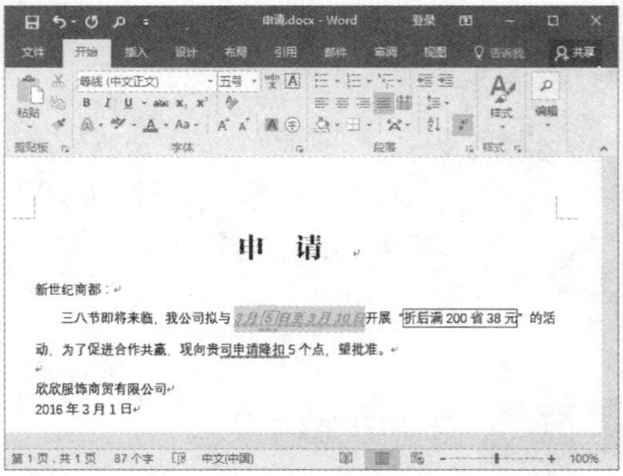
申请.docx - Word
申　请
新世纪商都：
三八节即将来临，我公司拟与 3月5日至3月10日开展“折后满 200 省 38 元”的活动，为了促进合作共赢，现向贵司申请降扣 5 个点，望批准。
欣欣服饰商贸有限公司
2016 年 3 月 1 日

图 3-23　查看设置效果

3.2.2 设置对齐方式

对齐方式是指段落在文档中的相对位置，段落的对齐方式有左对齐、居中、右对齐、两端对齐和分散对齐 5 种，不同效果如图 3-24 所示。

从表面上看，“左对齐”方式与“两端对齐”方式没有什么区别，但当行尾输入较长的英文单词而被迫换行时，这种方式的区别就出来了：使用“左对齐”方式，文字会按照不满页宽的方式进行排列；使用“两端对齐”方式，文字的距离将被拉开，从而自动填满页面。两种对齐方式的区别效果如图 3-25 所示。

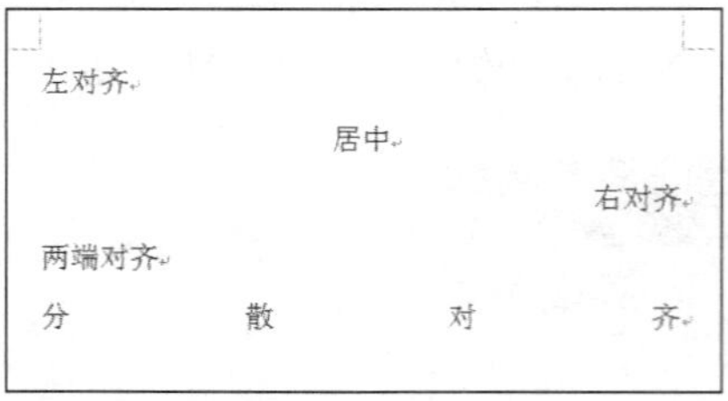
左对齐
居中
右对齐
两端对齐
分　散　对　齐

图 3-24　5 种对齐方式

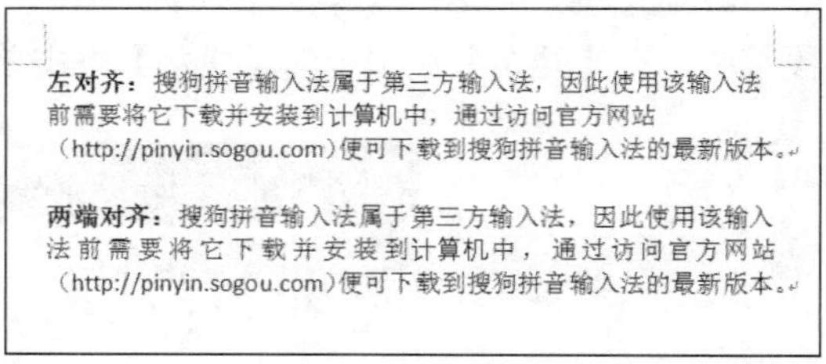
左对齐：搜狗拼音输入法属于第三方输入法，因此使用该输入法前需要将它下载并安装到计算机中，通过访问官方网站（http://pinyin.sogou.com）便可下载到搜狗拼音输入法的最新版本。
两端对齐：搜狗拼音输入法属于第三方输入法，因此使用该输入法前需要将它下载并安装到计算机中，通过访问官方网站（http://pinyin.sogou.com）便可下载到搜狗拼音输入法的最新版本。

图 3-25　左对齐和两端对齐效果

默认情况下，段落的对齐方式为两端对齐，若要更改为其他对齐方式，可通过下面的方法实现。

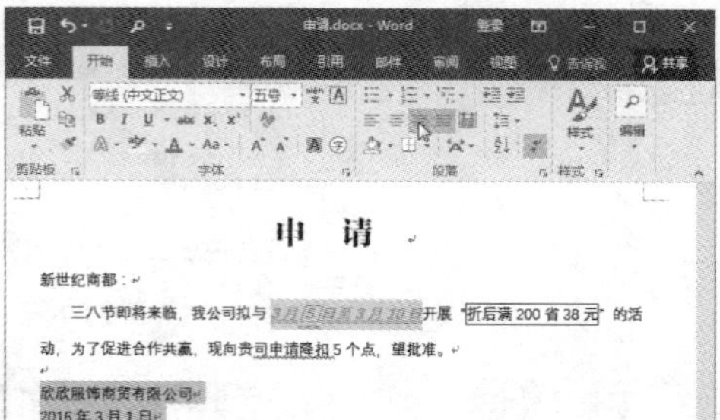
申请.docx - Word
申　请
新世纪商都：
三八节即将来临，我公司拟与 3月5日至3月10日开展“折后满 200 省 38 元”的活动，为了促进合作共赢，现向贵司申请降扣 5 个点，望批准。
欣欣服饰商贸有限公司
2016 年 3 月 1 日

图 3-26　单击【右对齐】按钮

步骤 01　打开文档，选中要设置对齐方式的段落，在【开始】选项卡的【段落】组中单击需要的对齐方式按钮，如【右对齐】按钮 ≡，如图 3-26 所示。

步骤 02　此时文档中所选文本即可快速应用所选的对齐方式，其效果如图 3-27 所示。

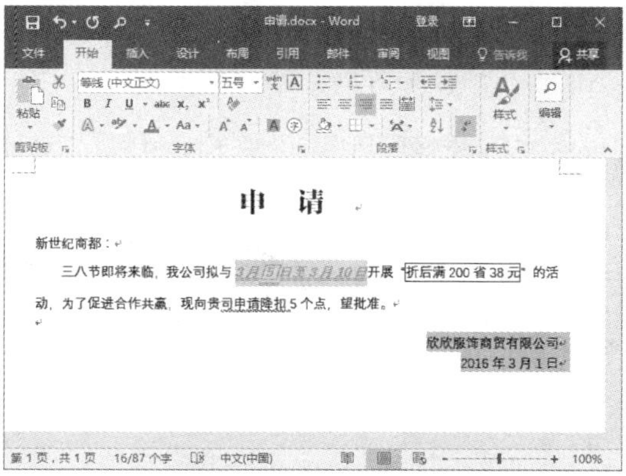

图 3-27　右对齐效果

3.2.3 设置段间距和行间距

为了使整个文档看起来疏密有致，可对段落设置合适的间距或行距。其中间距是指相邻两个段落之间的距离，行距是指段落中行与行之间的距离。

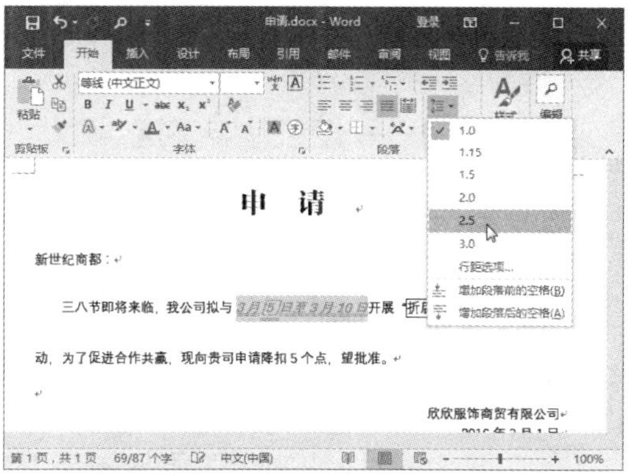

图 3-28　选择需要的行距大小

快速设置行间距的方法为：选中要设置行距的段落，单击【段落】组中的【行和段落间距】按钮，在弹出的下拉列表中选择需要的行距大小即可，如图 3-28 所示。

此外，还可以通过【段落】对话框更精确地设置段落间距和行距，具体操作如下。

步骤 01　打开文档，选中需要设置间距的段落，在【开始】选项卡的【段落】组中单击【段落设置】按钮，如图 3-29 所示。

步骤 02　弹出【段落】对话框，在【间距】栏设置段前、段后的间距，如图 3-30 所示。

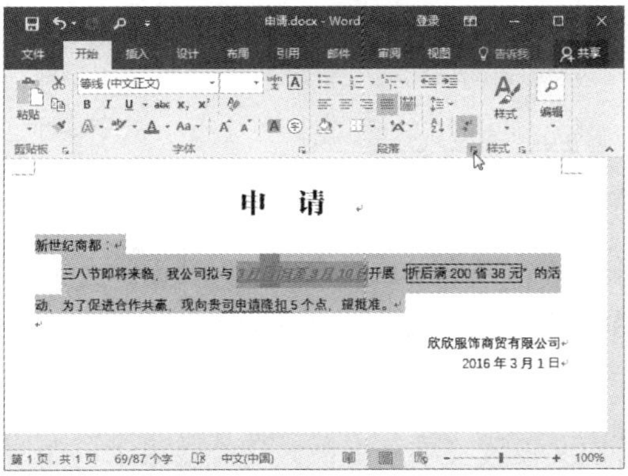

图 3-29　单击【段落设置】按钮

图 3-30　设置段前、段后间距

步骤 03 单击【行距】文本框右侧的下拉按钮，在弹出的下拉列表中选择需要的行距，单击【确定】按钮，如图 3-31 所示。

步骤 04 返回 Word 文档，即可看到设置段落间距和行距后的效果，如图 3-32 所示。

图 3-31 设置行距

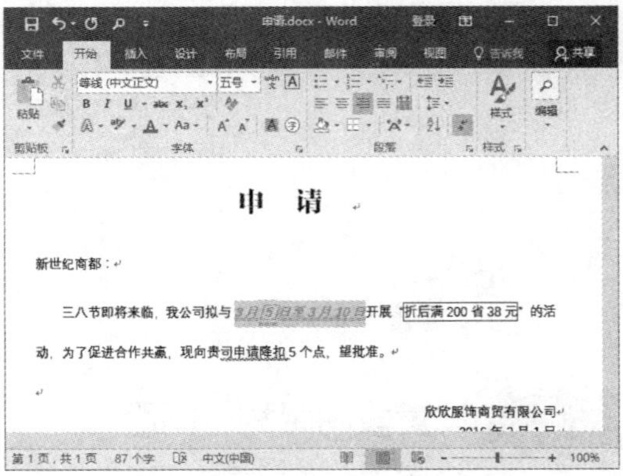

图 3-32 查看设置效果

课堂范例——设置首字下沉

步骤 01 打开“光盘 \ 素材文件 \ 第 3 章 \ 紫藤萝瀑布 .docx”文档，将光标定位在需要设置首字下沉的段落中，切换到【插入】选项卡，单击【文本】组中的【首字下沉】下方的下拉按钮，在下拉列表中选择【下沉】命令，即可快速应用首字下沉格式，如图 3-33 所示。

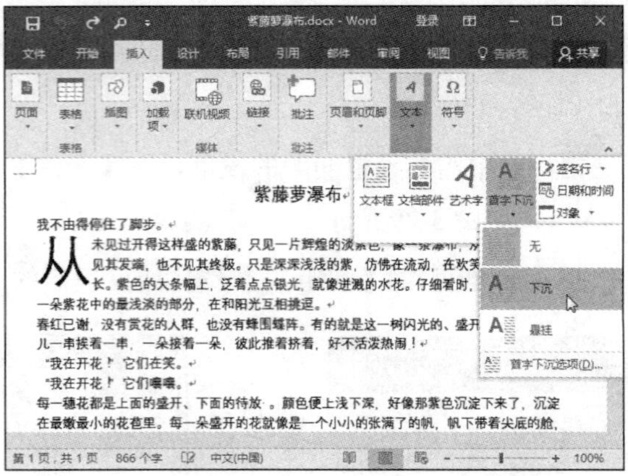

图 3-33 设置首字下沉

步骤 02 如果对默认的首字下沉样式不满意，可在下拉列表中选择【首字下沉】命令，在弹出的【首字下沉】对话框中设置首字的字体格式及下沉行数等信息，完成后单击【确定】按钮，如图 3-34 所示。

步骤 03 返回 Word 文档，即可看到自定义设置首字下沉样式后的效果了，如图 3-35 所示。

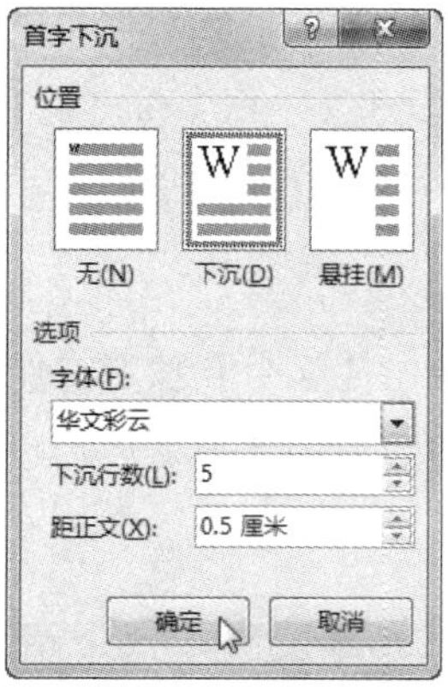

图 3-34 自定义首字下沉样式

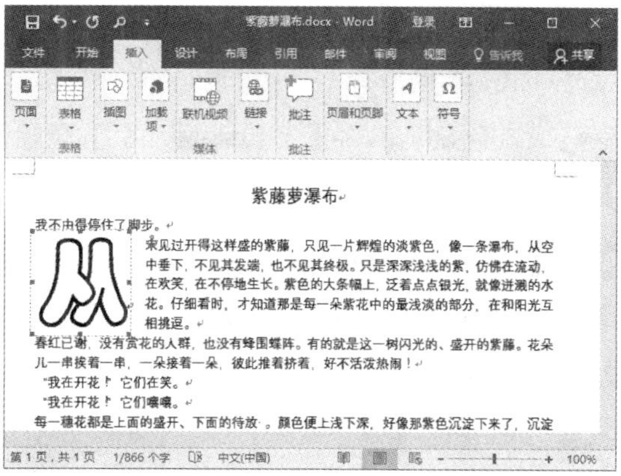

图 3-35 查看设置效果

3.3 设置项目符号和编号

为了更加清晰地显示文本之间的结构与关系，用户可在文档中的各个要点前添加项目符号或编号，以便增加文档的条理性。

3.3.1 添加编号

默认情况下，在以“1.”“一、”或“A.”等编号开始的段落中，按下【Enter】键换到下一段时，下一段会自动产生连续的编号。如果需要对已经输入好的段落添加编号，可单击【段落】组中的【编号】按钮，具体操作如下。

步骤 01 打开文档，选中需要添加编号的段落，单击【段落】组中【编号】按钮右侧的下拉按钮，在弹出的下拉列表中选择需要的编号样式，如图 3-36 所示。

步骤 02 如果下拉列表中没有合适的编号样式，可选择【定义新编号格式】命令，如图 3-37 所示。

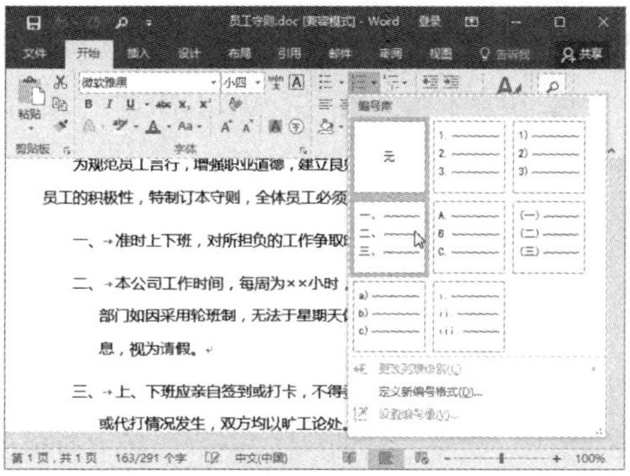

图 3-36 选择需要的编号样式

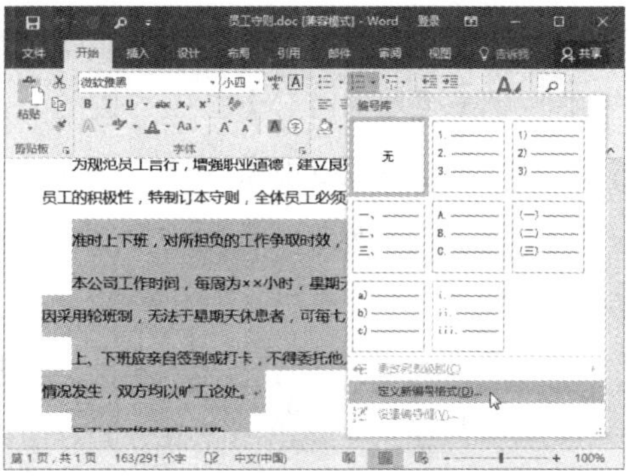

图 3-37 选择【定义新编号格式】命令

步骤 03　弹出【定义新编号格式】对话框，在【编号样式】下拉列表框中选择需要的编号样式，本例选择【一，二，三（简）…】，此时【编号格式】文本框中将出现【一.】字样，且以灰色显示，将【一】后面的【.】删除，在【一】前输入【第】字，在后面输入【条】字，单击【确定】按钮，如图 3-38 所示。

步骤 04　返回 Word 文档，保持段落选中状态，再次单击【编号】按钮右侧的下拉按钮，在弹出的下拉列表中选择之前设置的编号样式，即可查看所选段落应用自定义的编号样式的效果，如图 3-39 所示。

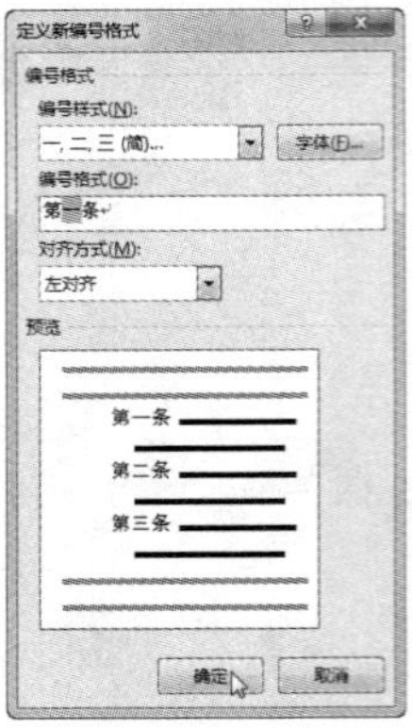

图 3-38　自定义编号样式

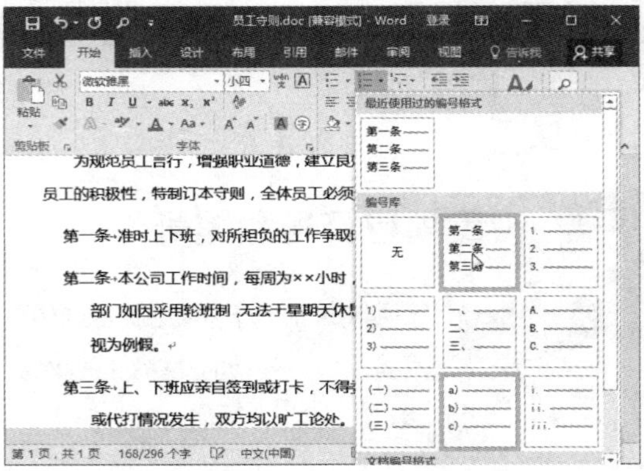

图 3-39　应用新编号样式效果

技能拓展

在出现下一个编号时，按【Ctrl+Z】组合键或再次按【Enter】键，可取消自动产生的编号。

3.3.2 添加项目符号

项目符号是指添加在段落前的符号，一般用于并列关系的段落。为段落添加项目符号，可以更加直观、清晰地查看文本，具体操作如下。

步骤 01　打开文档，选中需要添加项目符号的段落，在【开始】选项卡的【段落】组中，单击【项目符号】按钮右侧的下拉按钮。在弹出的下拉列表中，单击需要的项目符号样式图标即可应用项目符号，如图 3-40 所示。

步骤 02　如果下拉列表中没有合适的项目符号，可选择【定义新项目符号】命令，如图 3-41 所示。

步骤 03　弹出【定义新项目符号】对话框，单击【符号】按钮，如图 3-42 所示。

步骤 04　在弹出的【符号】对话框中选择需要作为项目符号的样式，单击“确定”按钮，如图 3-43 所示。

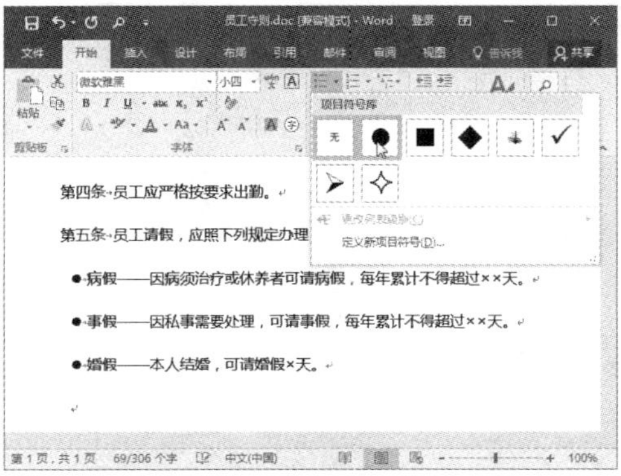

图 3-40 应用项目符号样式

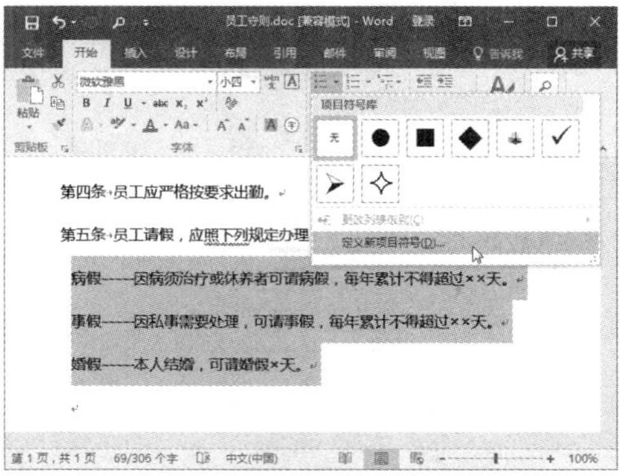

图 3-41 选择【定义新项目符号】命令

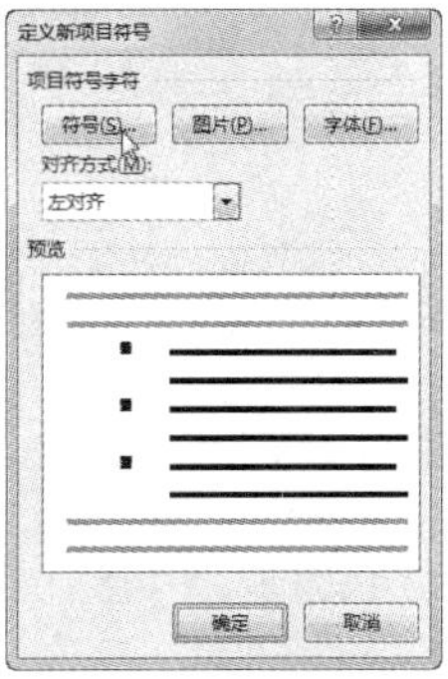

图 3-42 单击【符号】按钮

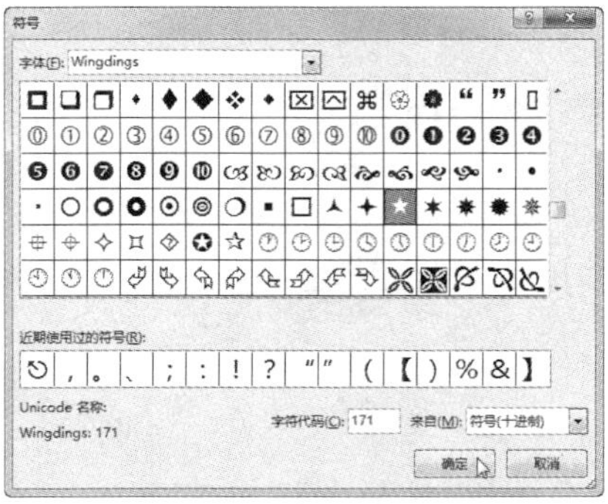

图 3-43 选择项目符号样式

步骤 05 返回【定义新项目符号】对话框，单击【字体】按钮，如图 3-44 所示。

步骤 06 在弹出的【字体】对话框中根据需要设置项目符号的颜色和字体，完成设置后单击【确定】按钮，如图 3-45 所示。

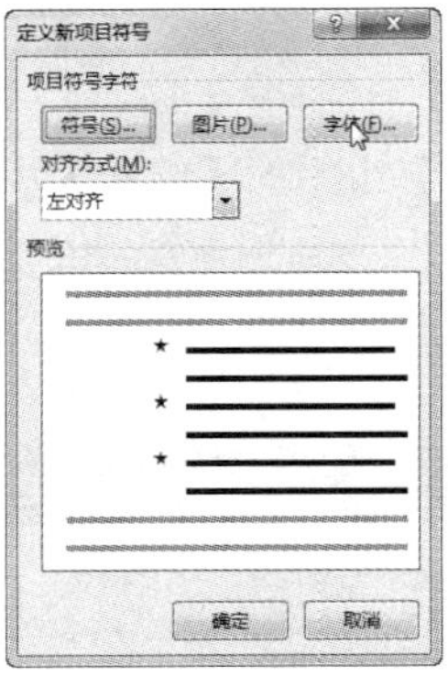

图 3-44 单击【字体】按钮

图 3-45 定义项目符号的颜色和字体

步骤 07 返回【定义新项目符号】对话框，可预览项目符号效果，单击【确定】按钮，如图 3-46 所示。

步骤 08 在返回的 Word 文档中，保持文本内容为选中状态，单击【项目符号】按钮右侧的下拉按钮，在弹出的下拉列表中单击刚定义的项目符号样式即可应用，如图 3-47 所示。

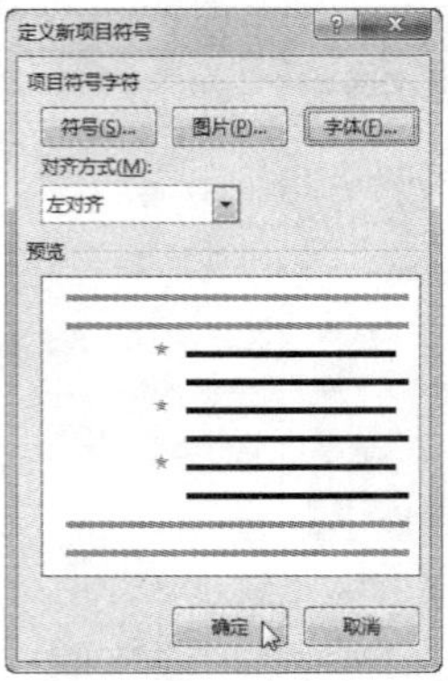

图 3-46　单击【确定】按钮

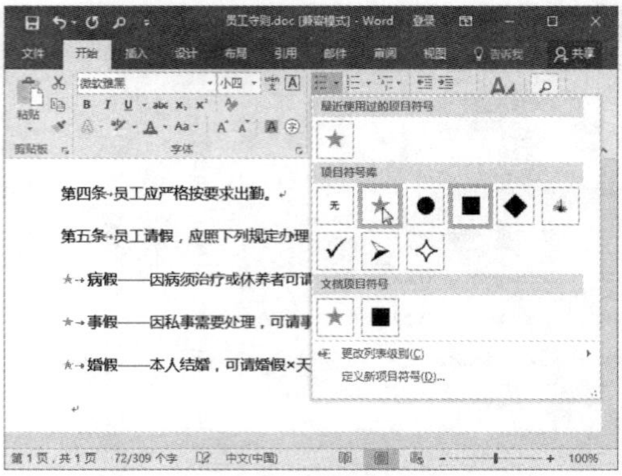

图 3-47　应用新项目符号样式

3.4 页面设置

将 Word 文档制作好后，用户可根据实际需要对页面的格式进行相应设置，主要包括设置纸张大小、纸张方向、页边距等。

3.4.1 设置纸张大小和方向

Word 2016 提供了“纵向”和“横向”两种纸张方式供用户选择，其中默认为“纵向”，如果需要更改纸张方向，方法很简单：切换到【布局】选项卡，在【页面设置】组中单击【纸张方向】右侧的下拉按钮，在弹出的下拉列表中选择需要的纸张方向，如图 3-48 所示。

此外，为了使打印后文档有不同的显示效果，还需要根据实际情况对纸张的大小进行设置，操作方法如下。

步骤 01　切换到【布局】选项卡，单击【页面设置】组中的【纸张大小】右侧的下拉按钮，在弹出的下拉列表中提供了多种不同的纸张大小，选择需要的纸张大小即可快速应用到文档中，如图 3-49 所示。

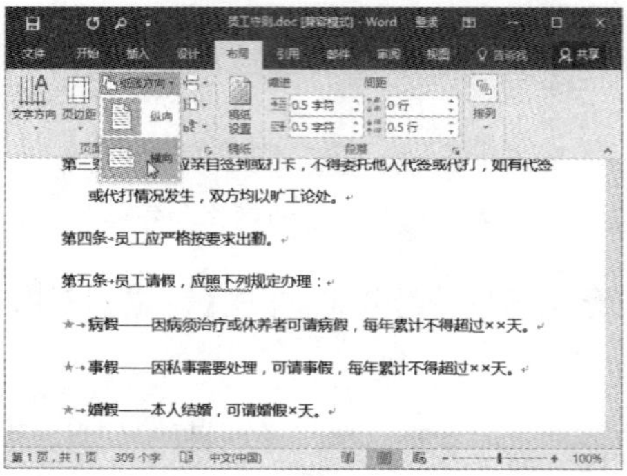

图 3-48　设置页面方向

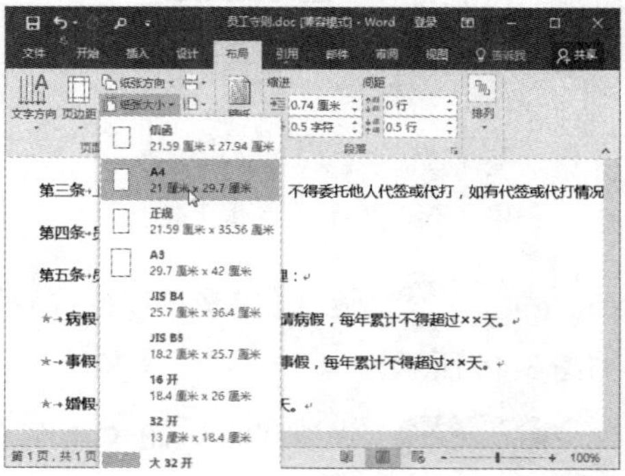

图 3-49　设置纸张大小

步骤 02 若列表中没有合适的选项，可选择【其他纸张大小】命令，如图 3-50 所示。

步骤 03 弹出【页面设置】对话框，切换到【纸张】选项卡，分别自定义调整【宽度】和【高度】微调按钮，设置完成后单击【确定】按钮即可，如图 3-51 所示。

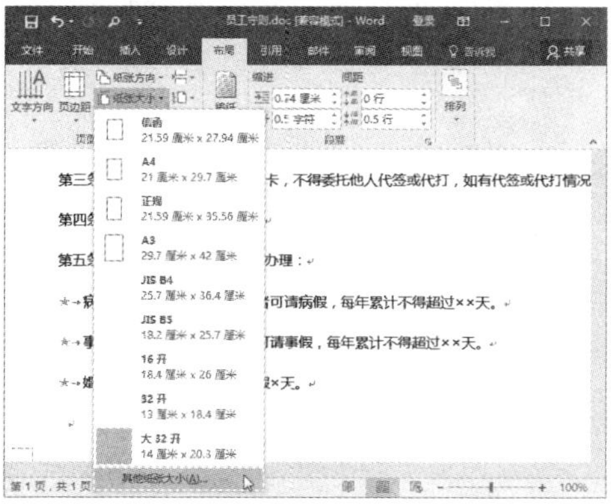

图 3-50 选择【其他纸张大小】命令

图 3-51 自定义纸张大小

3.4.2 设置页边距

文档的版心主要是指文档的正文部分，用户在设置页面属性过程中可通过对页面边距的设置达到控制版心大小的目的，具体操作方法如下。

步骤 01 单击【布局】选项卡中的【页边距】下侧的下拉按钮，此时在弹出的下拉列表中可选择页边距样式，如图 3-52 所示。

步骤 02 若需要输入精确的数值，可在弹出的下拉列表中选择【自定义边距】命令，如图 3-53 所示。

图 3-52 选择页边距样式

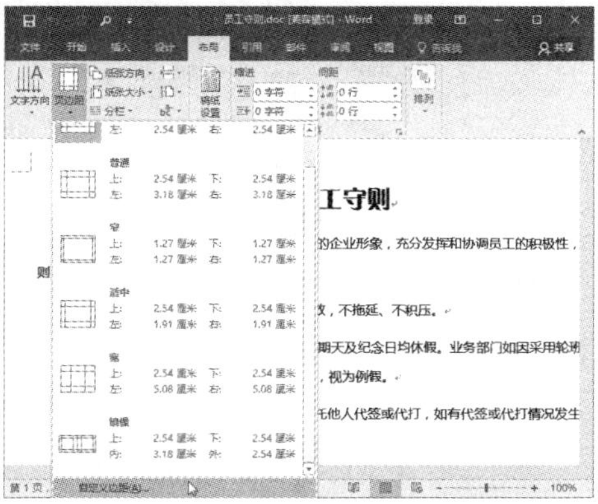

图 3-53 选择【自定义边距】命令

步骤 03 弹出【页面设置】对话框，在【页边距】栏中分别显示了上、下、左、右四个边距的数值，可直接输入数值进行更改，设置完成后单击【确定】按钮，如图 3-54 所示。

步骤 04 返回 Word 文档，即可查看自定义页边距后的效果，如图 3-55 所示。

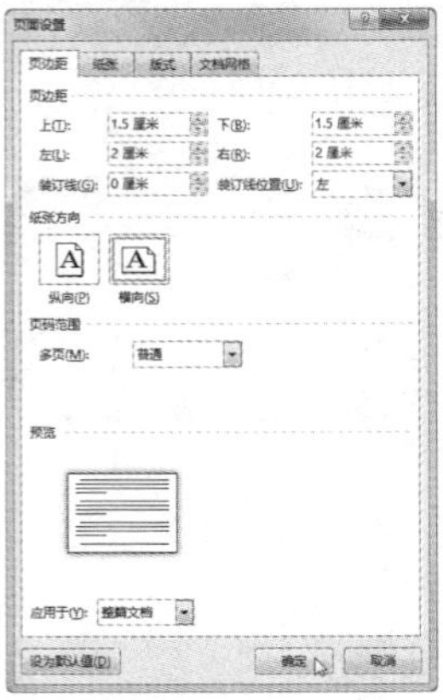

图 3-54 自定义页边距大小

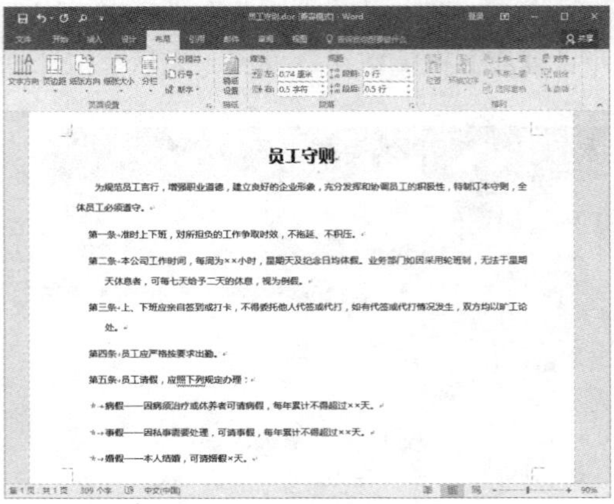

图 3-55 查看页边距效果

3.4.3 设置分栏

当文档中文字较长且不便阅读时，可以使用分栏排版的方式使版面分成多个板块，使整个页面更具观赏性。

步骤 01 打开文档，选中要设置分栏排版的部分内容，切换到【布局】选项卡，单击【页面设置】组中的【分栏】按钮，在弹出的下拉列表中选择需要的分栏形式，若需要设置更多分栏形式，可在弹出的下拉列表中选择【更多分栏】命令，如图 3-56 所示。

步骤 02 弹出【分栏】对话框，在【栏数】微调框中设置分栏栏数，然后单击【确定】按钮，如图 3-57 所示。

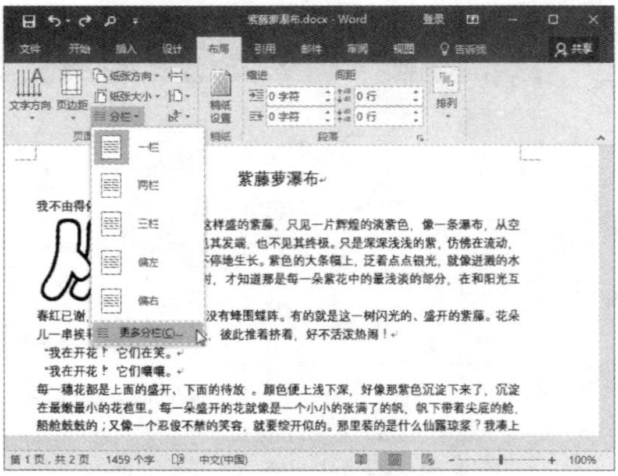

图 3-56 选择【更多分栏】命令

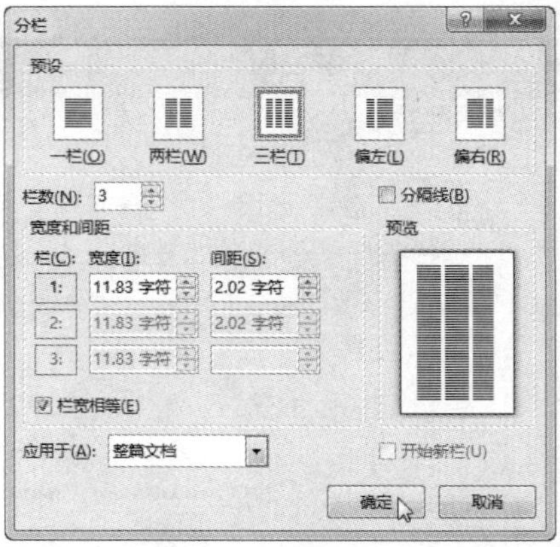

图 3-57 设置分栏栏数

步骤 03 默认情况下，分栏后每栏的宽度和间距是一样的，若需要自定义设置宽度和间距，可取消勾选【栏宽相等】复选框，然后根据需要设置每栏的宽度和间距，设置完成后单击【确定】按钮，如图 3-58 所示。

步骤 04 返回 Word 文档，即可查看应用自定义分栏后的效果，如图 3-59 所示。

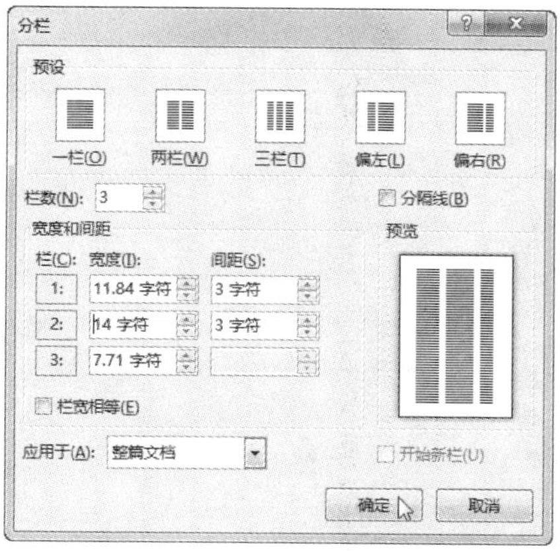

图 3-58 自定义分栏宽度和间距

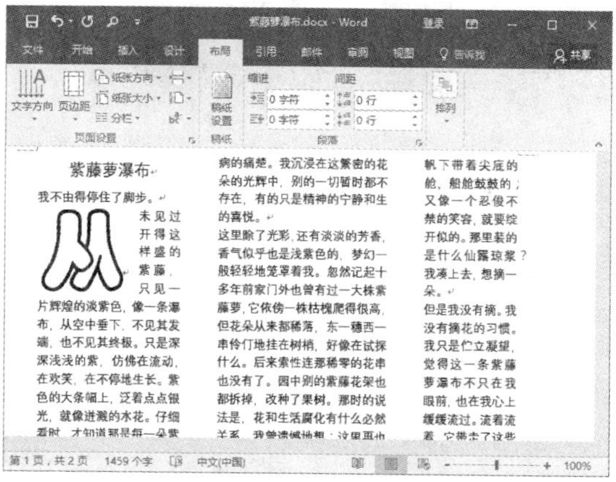

图 3-59 查看自定义分栏后的效果

课堂范例——添加页面水印

步骤 01 打开“光盘 \ 素材文件 \ 第 3 章 \ 员工守则 .docx”文档，在【设计】选项卡的【页面背景】组中单击【水印】按钮，在下拉列表中选择需要的内置水印样式，如图 3-60 所示。

步骤 02 此时，文档中将显示应用内置水印样式后的效果，如图 3-61 所示。

温馨提示

水印是指将文本或图片以水印的方式设置为页面背景。其中文字水印多用于说明文件的属性，如一些重要文档中都带有“机密文件”字样的水印；图片水印大多用于修饰文档，如某些杂志的页面背景通常为一些淡化后的图片。

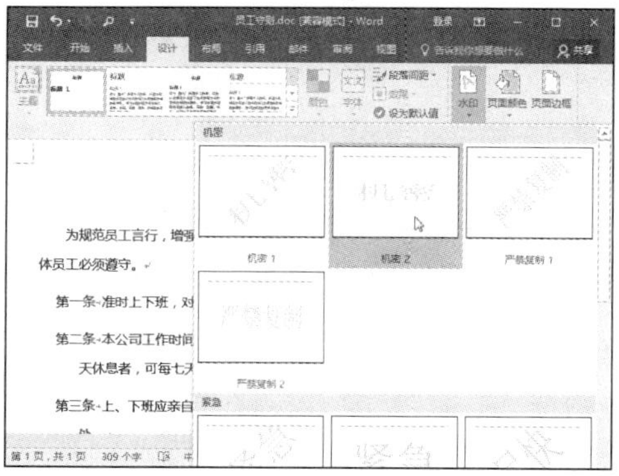

图 3-60 应用内置水印

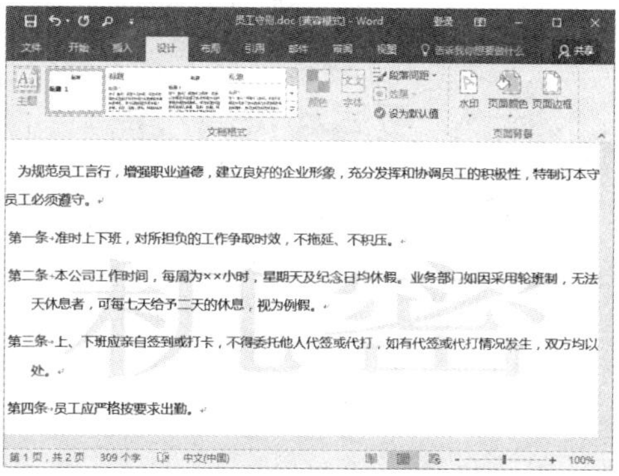

图 3-61 查看内置水印效果

步骤 03 若需要自定义水印样式，可再次单击【水印】按钮，然后在打开的【水印】下拉列表中选择【自定义水印】命令，如图 3-62 所示。

步骤 04 弹出【水印】对话框，选择水印样式，以添加文字水印为例，选中【文字水印】单选按钮，然后根据需要设置其文字、字体、文本颜色及版式等效果，设置后单击【确定】按钮，如图 3-63 所示。

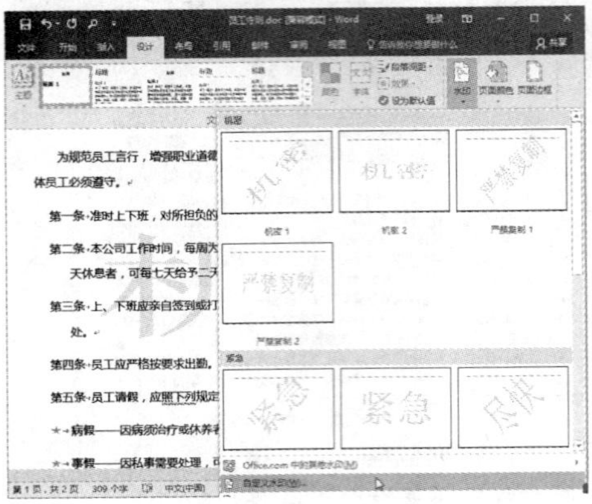

图 3-62　自定义水印

图 3-63　添加文字水印

步骤 05　返回 Word 文档，即可查看应用自定义水印后文档效果，如图 3-64 所示。

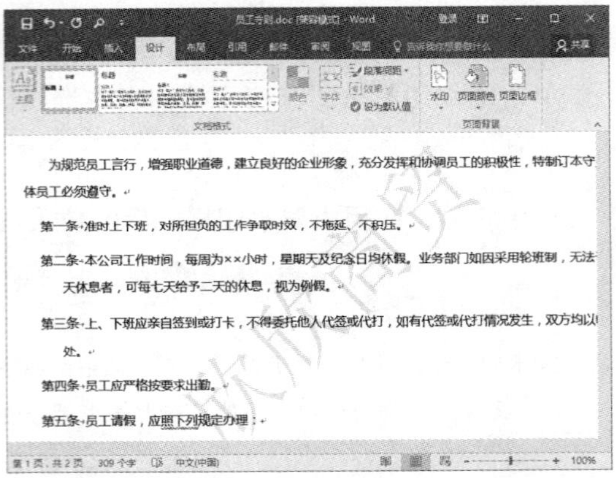

图 3-64　自定义文字水印后的效果

3.5 页眉和页脚设置

顾名思义，页眉就是页面的顶部区域，页脚就是页面的底部区域，通常情况下，页眉用来显示书名、章节，页脚常用来显示页码。通过设置页眉页脚，可起到美化文档的作用。

3.5.1 插入页眉和页脚

在 Word 2016 中，程序内置了多种实用的页眉页脚样式，套用这些内置样式，可以快速制作出专业文档。

步骤 01 打开文档，切换到【插入】选项卡，单击【页眉和页脚】组中的【页眉】按钮，在弹出的下拉列表中选择需要的页眉样式，如图 3-65 所示。

步骤 02 所选样式的页眉将添加到页面顶端，同时文档自动进入到页眉编辑区，单击占位符输入页眉内容，根据需要设置好页眉的字体格式，如图 3-66 所示。

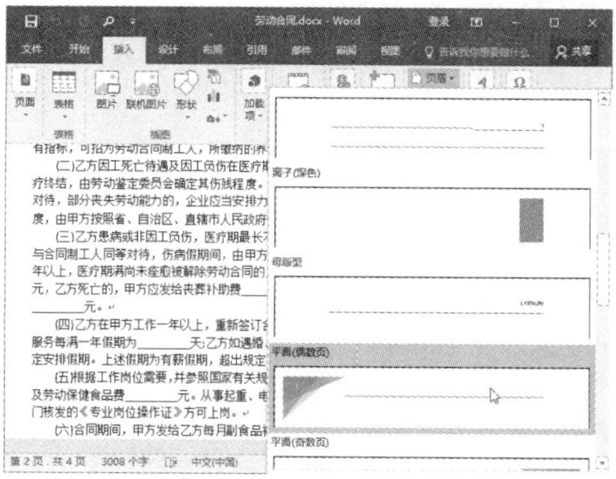

图 3-65 选择页眉样式

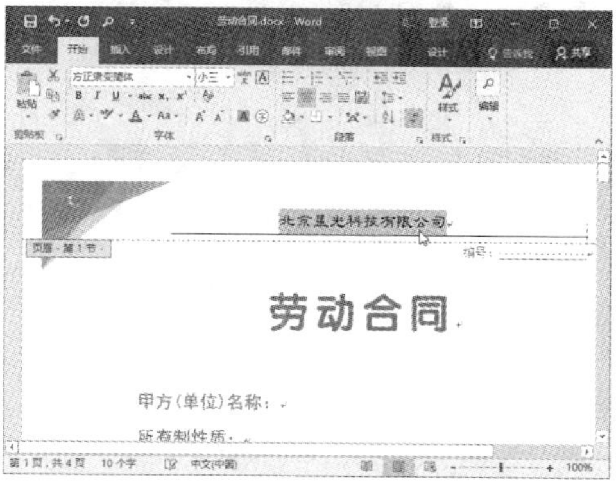

图 3-66 设置页眉的字体格式

步骤 03 单击【页眉和页脚】组中的【页脚】按钮，在弹出的下拉列表中选择需要的页脚样式，如图 3-67 所示。

步骤 04 根据需要输入页脚内容，完成编辑后，在【页眉和页脚工具 / 设计】选项卡中单击【关闭页眉和页脚】按钮即可，如图 3-68 所示。

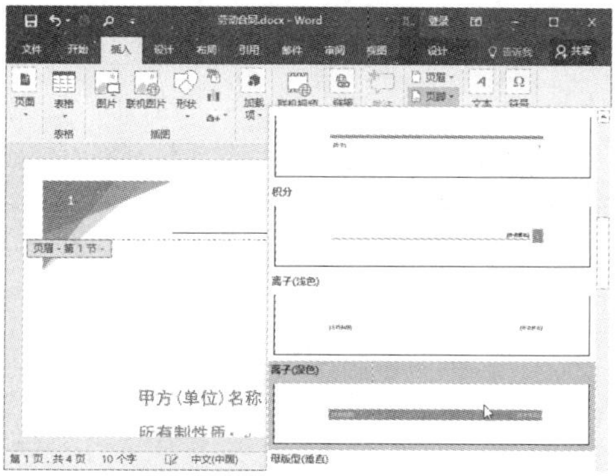

图 3-67 选择页脚样式

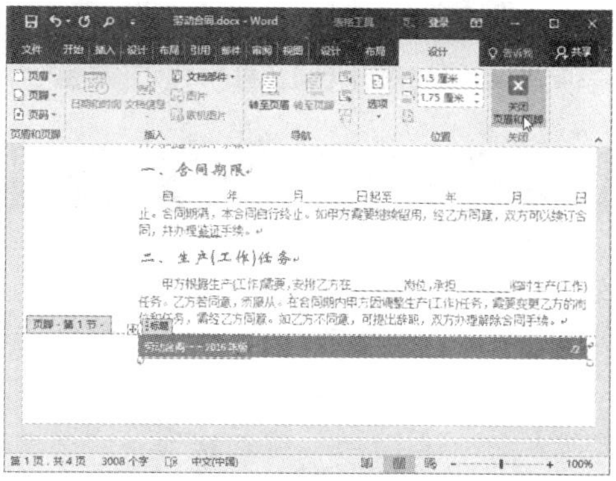

图 3-68 输入页脚内容

3.5.2 插入页码

对于长文档来说，为了便于打印后排列和阅读，应为其添加页码。Word 2016 内置的页眉页脚样式中，许多样式自带了页码，一旦插入该样式，即可自动添加页码。对于没有页码样式的文档，或是新建的空白文档，可通过下面的方法手动添加页码。

步骤 01 打开文档，切换到【插入】选项卡，单击【页眉和页脚】组中的【页码】按钮，在弹出的下拉列表中选择页码位置，在弹出的级联列表中选择需要的页码样式，如图 3-69 所示。

步骤 02　此时，页面中将显示插入的页码样式，单击【关闭页眉和页脚】按钮即可，如图 3-70 所示。

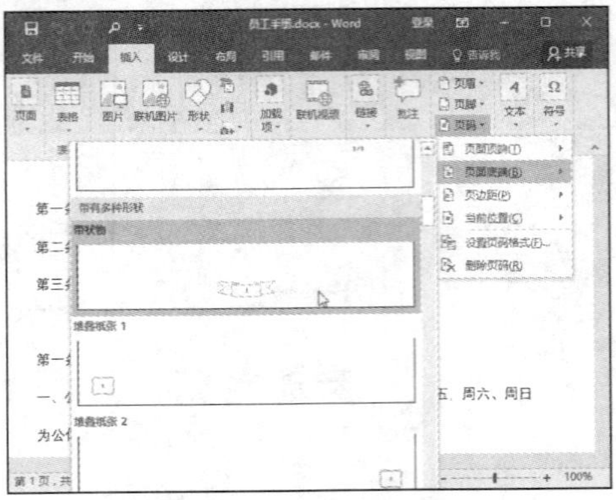

图 3-69　选择页码样式

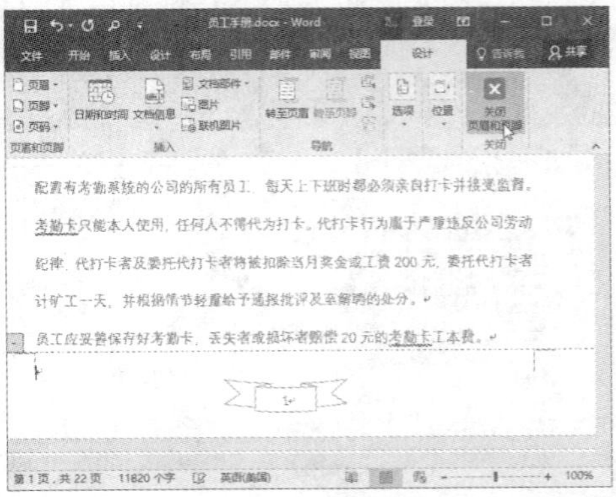

图 3-70　退出页眉页脚编辑状态

课堂范例——设置不连续页码

步骤 01　打开“光盘 \ 素材文件 \ 第 3 章 \ 劳动合同 .docx”文档，将光标定位在需要更改页码的页面的前一页结尾处，切换到【布局】选项卡，在【页面设置】组中单击【分隔符】按钮，在弹出的下拉列表中选择【下一页】命令，如图 3-71 所示。

步骤 02　双击页眉或页码，此时可看到上一页的页脚处和当前页的页眉处分别处于两个不同的节中，如图 3-72 所示。

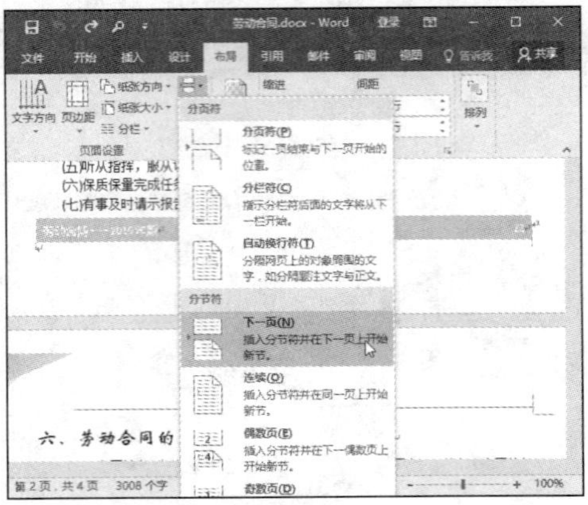

图 3-71　添加分节符

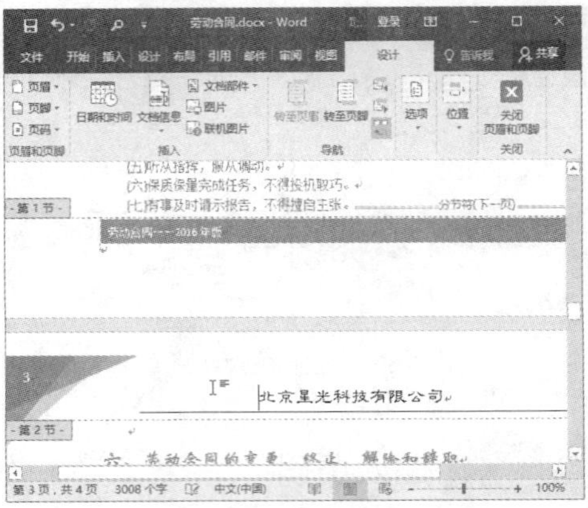

图 3-72　查看分节效果

步骤 03　选中要更改的页码，右击，在弹出的快捷菜单中选择【设置页码格式】命令，如图 3-73 所示。

步骤 04　弹出【页码格式】对话框，选中【起始页码】单选按钮，在右侧的微调框中输入需要的起始页码，单击【确定】按钮，如图 3-74 所示。

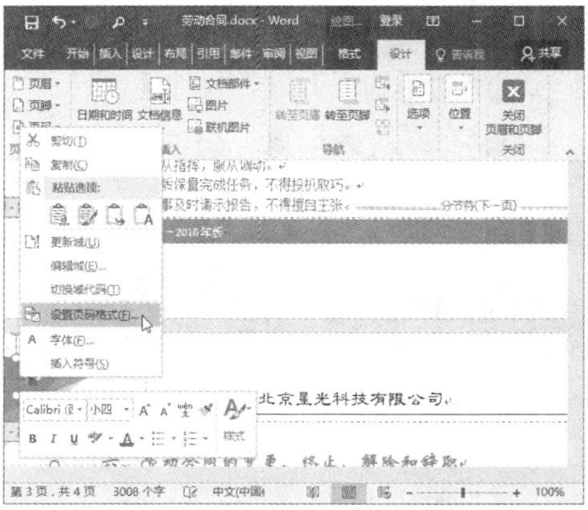

图 3-73 选择【设置页码格式】命令

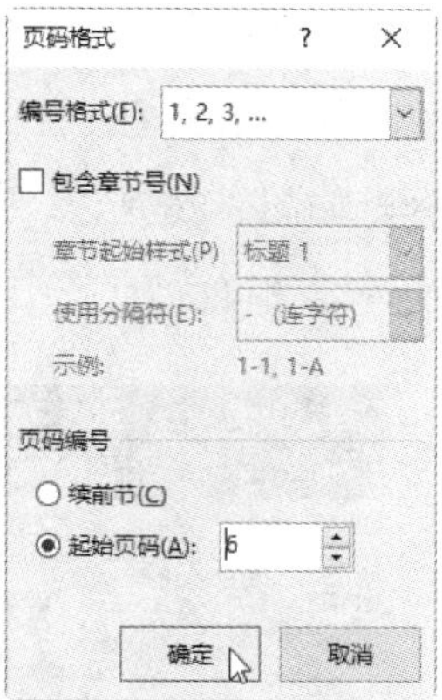

图 3-74 更改起始页码

返回 Word 文档，可看到设置后的效果，单击【关闭页眉和页脚】按钮退出页眉页脚编辑状态即可，如图 3-75 所示。

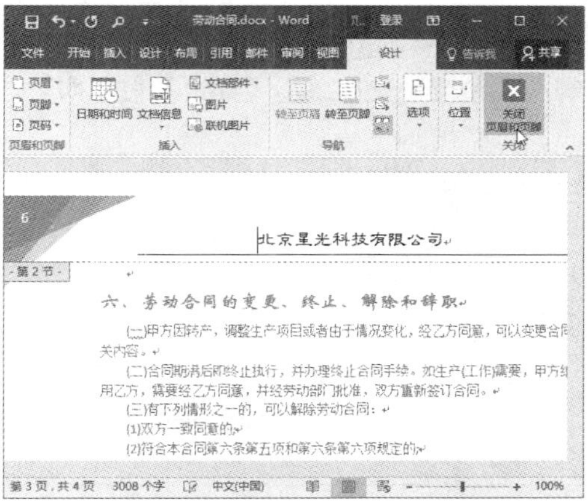

图 3-75 单击【关闭页眉和页脚】按钮

课堂问答

通过本章内容的讲解，大家对字体、段落和页面的格式设置有了一定的了解，下面列出一些常见的问题供学习参考。

问题❶：如何使用“格式刷”？

答：编辑文档时，偶尔会出现需要复制文字格式的情况，此时使用【格式刷】按钮可快速执行相关操作，方法为：选中要复制格式的文本，单击【剪贴板】组中【格式刷】按钮，此时鼠标指针呈刷子形状，按住鼠标左键不放，拖动鼠标选择需要设置相同格式的文本，即可快速应用所选格式。

问题❷：如何设置奇偶页不同的页眉和页脚？

答：通常情况下，应用内置页眉页脚样式后，每一页的页眉页脚样式都是相同的，如果要设置奇偶页不同的页眉和页脚样式，方法很简单：添加页码后，将自动进入页眉/页脚编辑状态，在【页眉和页脚工具/设计】选项卡的【选项】组中勾选【奇偶页不同】复选框，如图 3-76 所示，然后分别对奇数页与偶数页插入不同样式的页眉/页脚和编辑相应的内容即可。

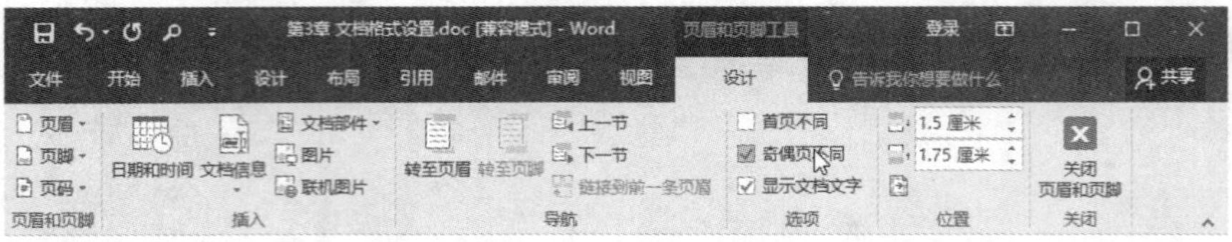

图 3-76　勾选【奇偶页不同】复选框

问题❸：如何添加页面边框？

答：除了设置字体、段落样式，还可以通过添加页面边框来美化页面，方法为：切换到【布局】选项卡，单击【页面背景】组中的【页面边框】按钮，在弹出的【边框和底纹】对话框的【样式】下拉列表或【艺术型】下拉列表中选择需要的边框样式，选择好后根据需要设置颜色、宽度等相关参数，然后单击【确定】按钮即可。

上机实战——制作员工守则

通过本章内容的学习，为了巩固本章知识点，下面讲解一个技能综合案例，使大家对本章的知识有更深入的了解。

效果展示

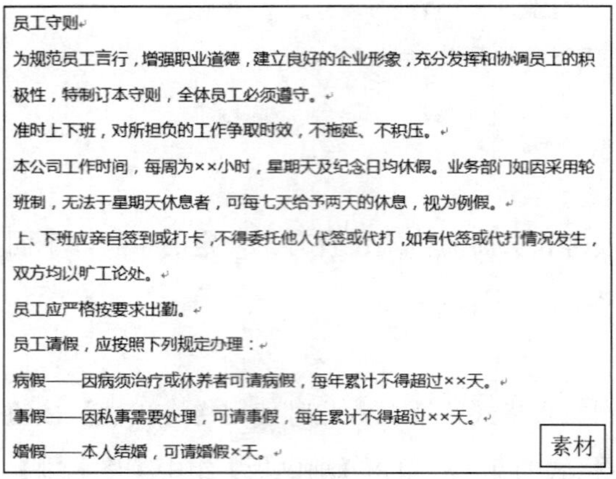

员工守则

为规范员工言行，增强职业道德，建立良好的企业形象，充分发挥和协调员工的积极性，特制订本守则，全体员工必须遵守。

准时上下班，对所担负的工作争取时效，不拖延、不积压。

本公司工作时间，每周为××小时，星期天及纪念日均休假。业务部门如因采用轮班制，无法于星期天休息者，可每七天给予两天的休息，视为例假。

上、下班应亲自签到或打卡，不得委托他人代签或代打，如有代签或代打情况发生，双方均以旷工论处。

员工应严格按要求出勤。

员工请假，应按照下列规定办理：

病假——因病须治疗或休养者可请病假，每年累计不得超过××天。

事假——因私事需要处理，可请事假，每年累计不得超过××天。

婚假——本人结婚，可请婚假×天。

素材

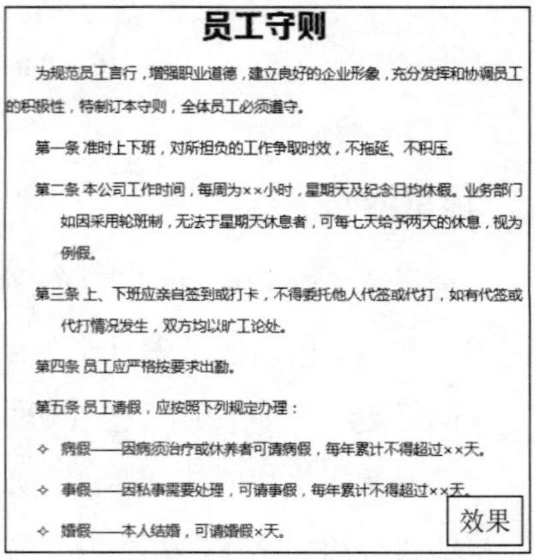

员工守则

为规范员工言行，增强职业道德，建立良好的企业形象，充分发挥和协调员工的积极性，特制订本守则，全体员工必须遵守。

第一条 准时上下班，对所担负的工作争取时效，不拖延、不积压。

第二条 本公司工作时间，每周为××小时，星期天及纪念日均休假。业务部门如因采用轮班制，无法于星期天休息者，可每七天给予两天的休息，视为例假。

第三条 上、下班应亲自签到或打卡，不得委托他人代签或代打，如有代签或代打情况发生，双方均以旷工论处。

第四条 员工应严格按要求出勤。

第五条 员工请假，应按照下列规定办理：

- ✧ 病假——因病须治疗或休养者可请病假，每年累计不得超过××天。
- ✧ 事假——因私事需要处理，可请事假，每年累计不得超过××天。
- ✧ 婚假——本人结婚，可请婚假×天。

效果

思路分析

员工守则文档通常为纯文本型文档，这类文档需要将内容清晰地列出来才能达到效果。本例通过设置项目符号和编号格式，让文档显得条理清晰。

制作步骤

步骤 01 打开“光盘\素材文件\第 3 章\员工守则 .docx”文档，如图 3-77 所示。

步骤 02 选中第一行标题文本，在【开始】选项卡的【段落】组中单击【居中对齐方式】按钮☰，如图 3-78 所示。

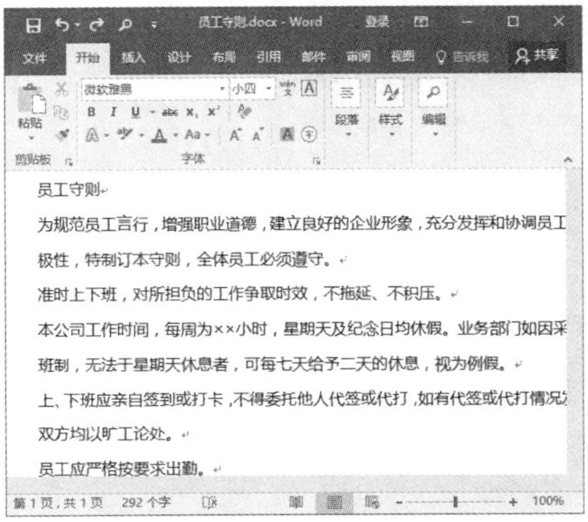
员工守则.docx - Word
文件
开始
插入
设计
布局
引用
邮件
审阅
视图
共享
员工守则
为规范员工言行，增强职业道德，建立良好的企业形象，充分发挥和协调员工
极性，特制订本守则，全体员工必须遵守。
准时上下班，对所担负的工作争取时效，不拖延、不积压。
本公司工作时间，每周为××小时，星期天及纪念日均休假。业务部门如因采
班制，无法于星期天休息者，可每七天给予二天的休息，视为例假。
上、下班应亲自签到或打卡，不得委托他人代签或代打，如有代签或代打情况
双方均以旷工论处。
员工应严格按要求出勤。
第 1 页，共 1 页
292 个字
100%

图 3-77　打开原文档

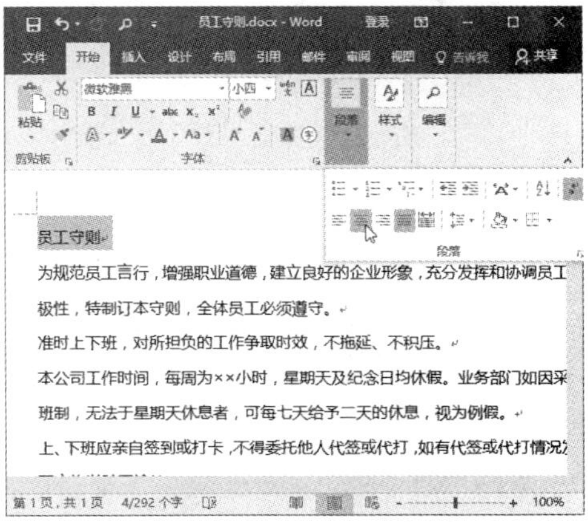
员工守则.docx - Word
段落
员工守则
为规范员工言行，增强职业道德，建立良好的企业形象，充分发挥和协调员工
极性，特制订本守则，全体员工必须遵守。
准时上下班，对所担负的工作争取时效，不拖延、不积压。
本公司工作时间，每周为××小时，星期天及纪念日均休假。业务部门如因采
班制，无法于星期天休息者，可每七天给予二天的休息，视为例假。
上、下班应亲自签到或打卡，不得委托他人代签或代打，如有代签或代打情况
第 1 页，共 1 页
4/292 个字
100%

图 3-78　将标题居中对齐

步骤 03 保持标题文字为选中状态，在【字体】组中设置字体、字号和颜色等字体格式，如图 3-79 所示。

步骤 04 选中正文内容，在【开始】选项卡的【段落】组中单击右下角的展开按钮，如图 3-80 所示。

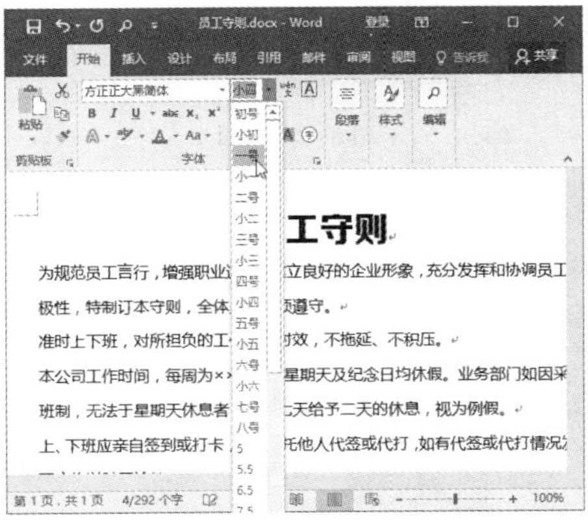
员工守则.docx - Word
方正正大黑简体
小四
初号
小初
一号
小一
二号
小二
三号
小三
四号
小四
五号
小五
六号
小六
七号
八号
工守则
为规范员工言行，增强职业
立良好的企业形象，充分发挥和协调员工
极性，特制订本守则，全体
须遵守。
准时上下班，对所担负的工
时效，不拖延、不积压。
本公司工作时间，每周为×
星期天及纪念日均休假。业务部门如因采
班制，无法于星期天休息者
七天给予二天的休息，视为例假。
上、下班应亲自签到或打卡
托他人代签或代打，如有代签或代打情况
第 1 页，共 1 页
4/292 个字
100%

图 3-79　设置标题字体格式

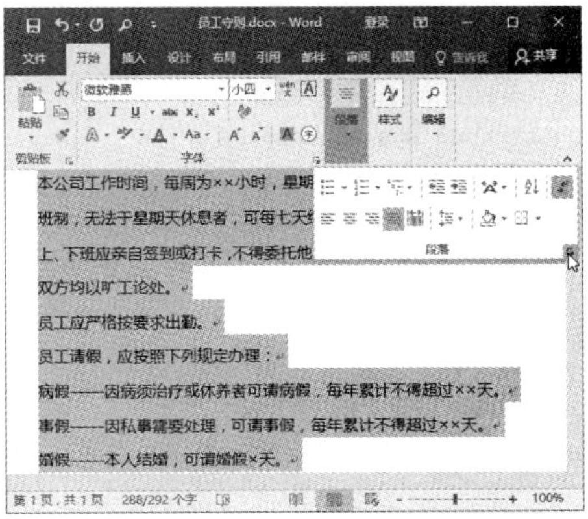
员工守则.docx - Word
段落
本公司工作时间，每周为××小时，星期
班制，无法于星期天休息者，可每七天
上、下班应亲自签到或打卡，不得委托他
双方均以旷工论处。
员工应严格按要求出勤。
员工请假，应按照下列规定办理：
病假——因病须治疗或休养者可请病假，每年累计不得超过××天。
事假——因私事需要处理，可请事假，每年累计不得超过××天。
婚假——本人结婚，可请婚假×天。
第 1 页，共 1 页
288/292 个字
100%

图 3-80　单击展开按钮

步骤 05 弹出【段落】对话框，默认切换到【缩进和间距】选项卡，在【缩进】栏中在【特殊格式】下拉列表中选择【首行缩进】选项，在右侧的【缩进值】微调框中将值设置为【2 字符】，接着在【间距】栏中设置段间距，如本例分别将【段前】和【段后】间距设置为【0.5 行】，如图 3-81 所示，设置完成后单击【确定】按钮。

步骤 06 选中要设为编号样式的文本，在【段落】组中单击【编号】下拉按钮，在弹出的下拉列表中选择需要的编号样式，如图 3-82 所示。

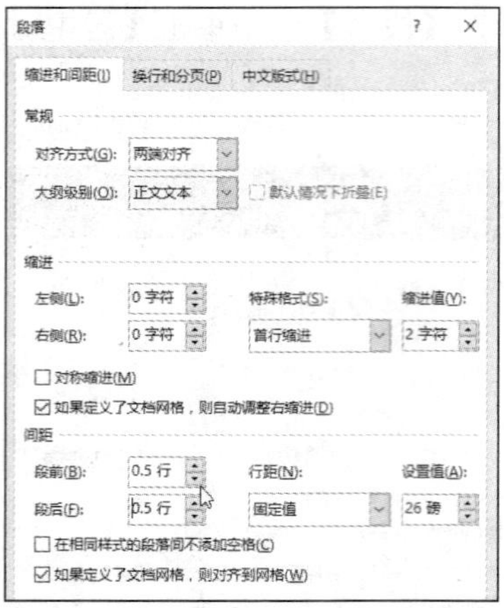

图 3-81 设置段落格式

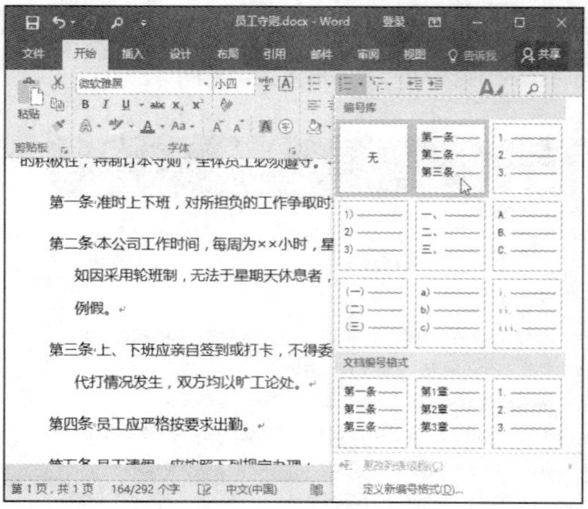

图 3-82 设置编号样式

步骤 07 选中要设为项目符号样式的文本，在【段落】组中单击【项目符号】下拉按钮，在弹出的下拉列表中选择需要的项目符号样式，如图 3-83 所示。

步骤 08 返回 Word 文档，即可看到设置后的最终效果，如图 3-84 所示。

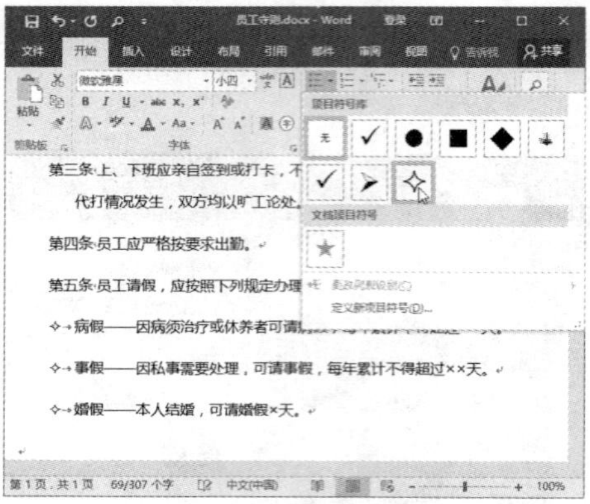

图 3-83 设置项目符号样式

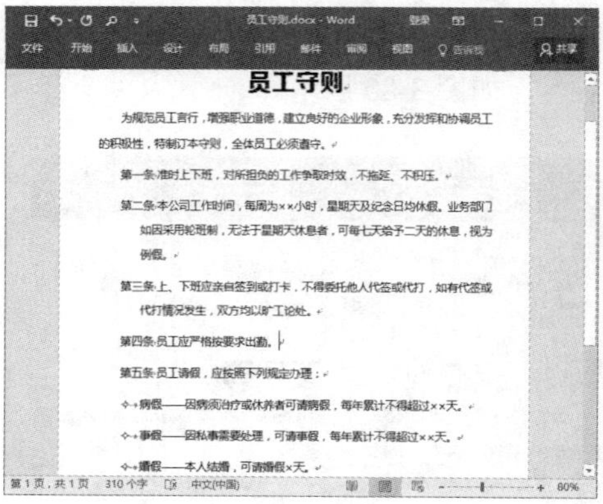

图 3-84 最终效果

同步训练——制作邀请函

通过上机实战案例的学习，为了增强大家的动手能力，下面安排一个同步训练案例，以达到举一反三、触类旁通的学习效果。

图解流程

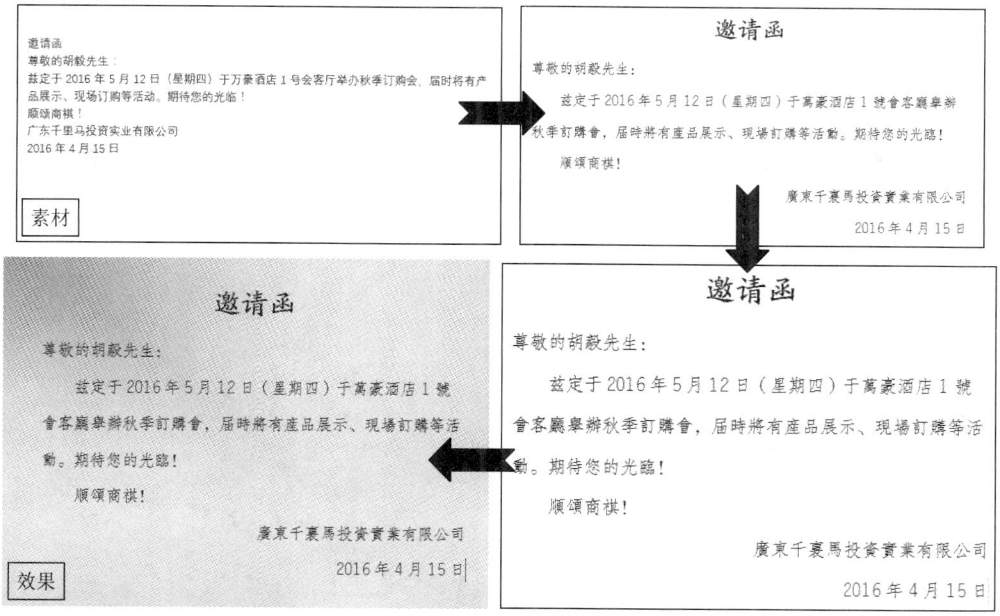
邀请函
尊敬的胡毅先生：
兹定于 2016 年 5 月 12 日（星期四）于万豪酒店 1 号会客厅举办秋季订购会，届时将有产品展示、现场订购等活动。期待您的光临！
顺颂商祺！
广东千里马投资实业有限公司
2016 年 4 月 15 日
素材
邀請函
尊敬的胡毅先生：
茲定于 2016 年 5 月 12 日（星期四）于萬豪酒店 1 號會客廳舉辦秋季訂購會，届時將有產品展示、現場訂購等活動。期待您的光臨！
順頌商祺！
廣東千裏馬投資實業有限公司
2016 年 4 月 15 日
效果

思路分析

邀请函大多只有简单的几行文字，内容简单枯燥，通过对文本和段落进行设置，可以让读者印象更加深刻。

本例首先对标题进行对齐方式和字体格式设置，然后对正文进行段落格式设置，最后设置页面版式，得到最终效果。

关键步骤

步骤 01 打开“光盘\素材文件\第 3 章\邀请函 .docx”文档，选中文本“邀请函”，在【开始】选项卡的【段落】组中单击【居中对齐方式】按钮≡，如图 3-85 所示。

步骤 02 保持文本为选中状态，在【字体】组中单击【字号】下拉按钮，在弹出的下拉列表中选择需要的字号，如图 3-86 所示。

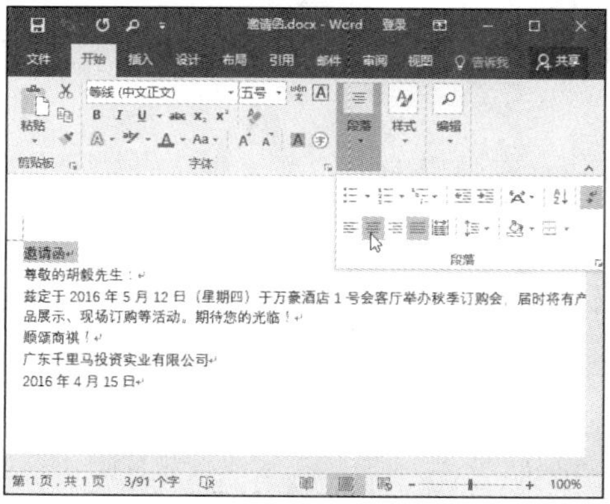

图 3-85 设置标题对齐方式

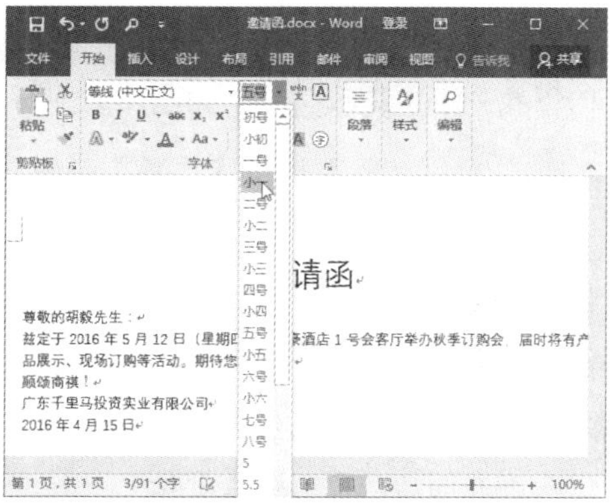

图 3-86 设置标题字号

步骤 03　保持文本为选中状态，在【字体】组中单击【字体】下拉按钮，在弹出的下拉列表中选择需要的标题字体样式，如图 3-87 所示。

步骤 04　选中要设置段落样式的正文内容，在【段落】组中单击右下角的展开按钮 ，如图 3-88 所示。

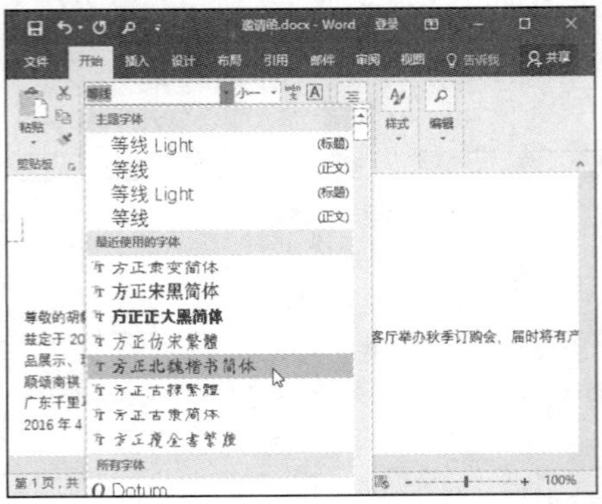

图 3-87　设置标题字体

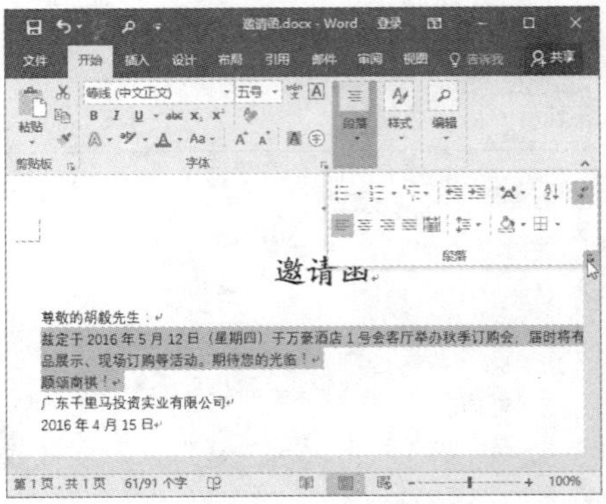

图 3-88　单击段落展开按钮

步骤 05　弹出【段落】对话框，在【缩进】组中设置【首行缩进】为【2 字符】样式，其他选项保持默认，如图 3-89 所示。

步骤 06　选中落款文本，在【段落】组中单击【右对齐】按钮，如图 3-90 所示。

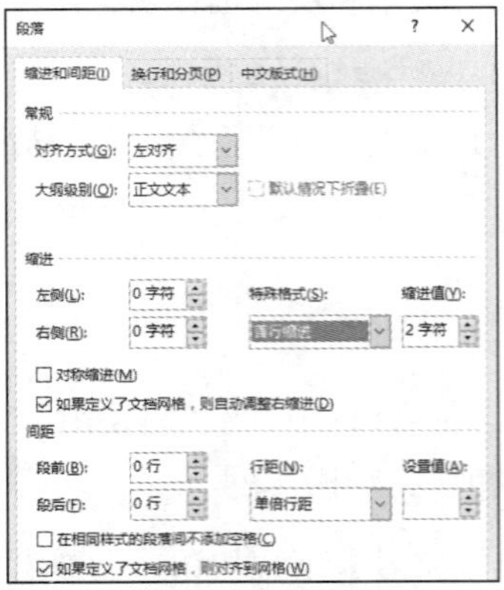

图 3-89　设置正文段落格式

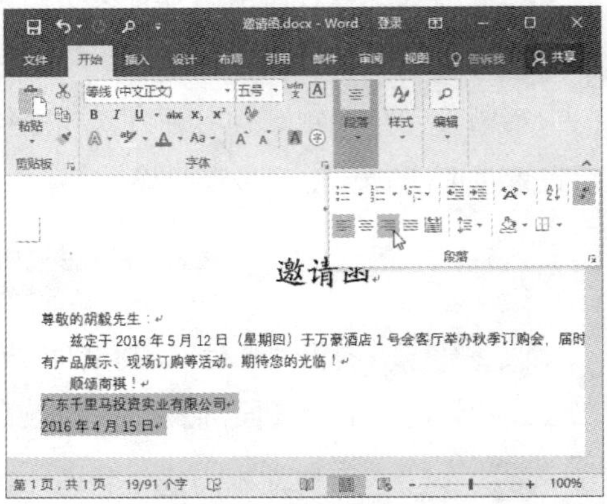

图 3-90　设置落款对齐方式

步骤 07　选中正文所有文本，在【字体】组中单击【字号】右侧下拉按钮，在弹出的下拉列表中更改字号，如图 3-91 所示。

步骤 08　接着单击【字体】右侧下拉按钮，在弹出的下拉列表中选择需要的字体，如图 3-92 所示。

步骤 09　切换到【布局】选项卡，在【页面设置】组中单击右下角的展开按钮 ，如图 3-93 所示。

步骤 10　弹出【页面设置】对话框，在【页边距】选项卡的【页边距】栏中设置上、下、左、右的边距值，在【纸张方向】栏中设置需要的纸张方向，如图 3-94 所示。

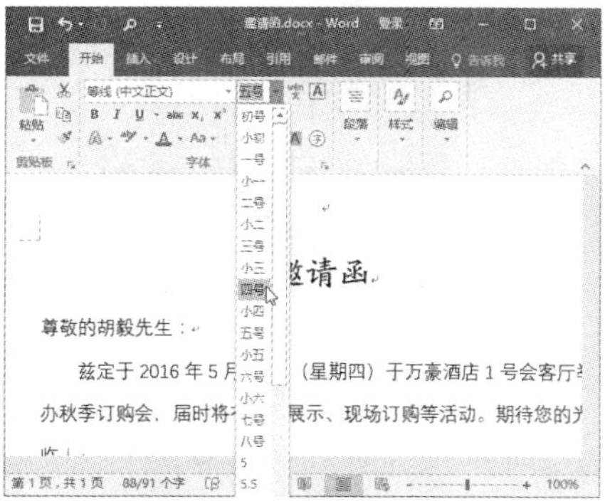

图 3-91 设置正文字号

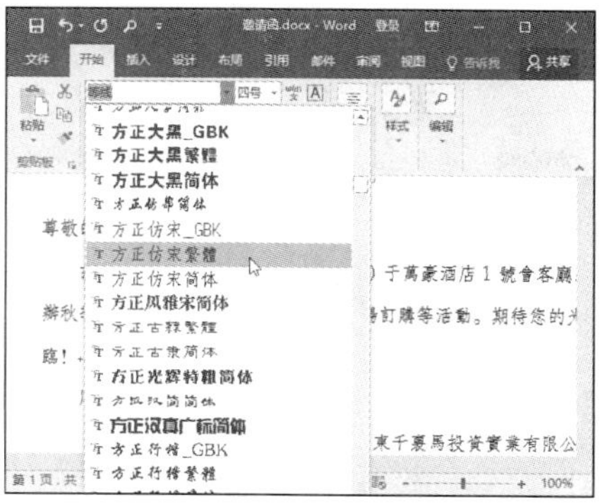

图 3-92 设置正文字体

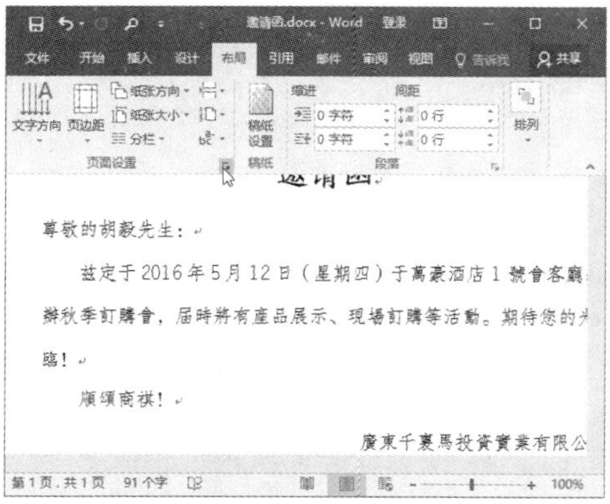

图 3-93 单击页码设置展开按钮

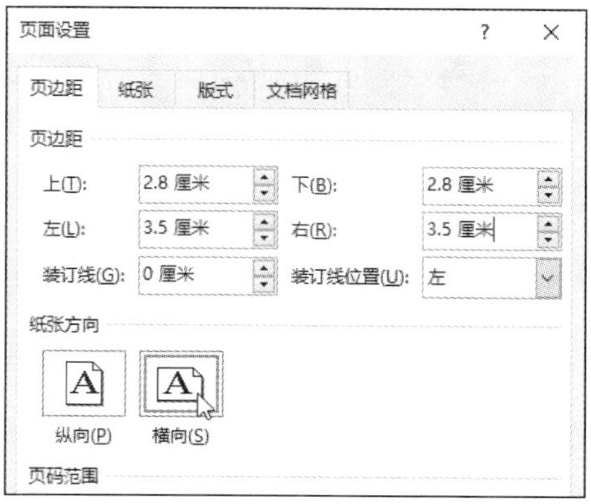

图 3-94 设置页边距和纸张方向

步骤 11 切换到【纸张】选项卡，根据需要设置纸张的宽度和高度值，如图 3-95 所示，设置完成后单击【确定】按钮。

步骤 12 切换到【设计】选项卡，在【页面背景】组中单击【页面颜色】下拉按钮，在弹出的下拉列表中选择【填充效果】命令，如图 3-96 所示。

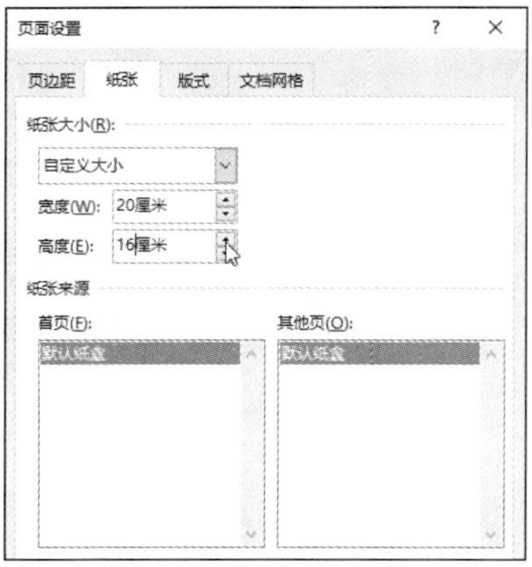

图 3-95 设置正文字号

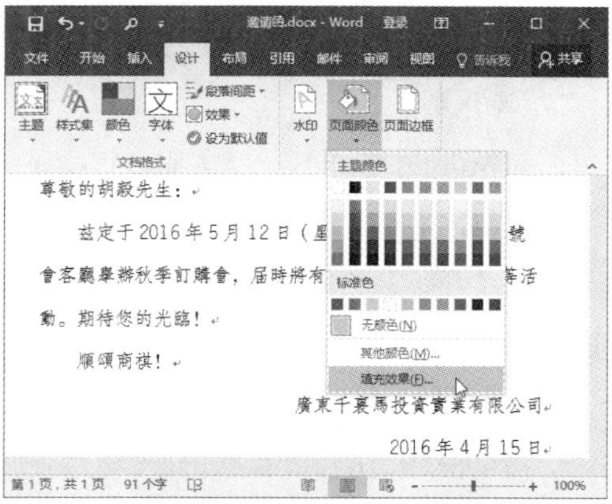

图 3-96 选择【填充效果】命令

步骤 13 弹出【填充效果】对话框，切换到需要的效果选项卡，本例设置为渐变填充效果，在【渐变】选项卡的【颜色】栏中选中【双色】单选按钮，在右侧分别设置【颜色 1】和【颜色 2】，在【底纹样式】栏中选中【脚步辐射】单选按钮，设置完成后单击

【确定】按钮，如图 3-97 所示。

步骤 14 返回 Word 文档，即可看到设置后的最终效果，如图 3-98 所示。

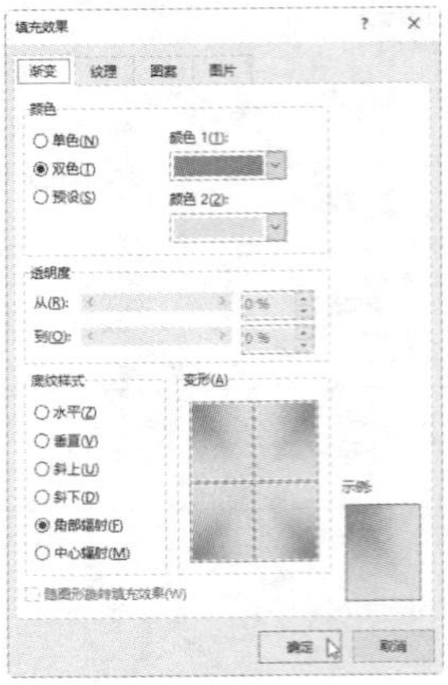

图 3-97 设置页面颜色

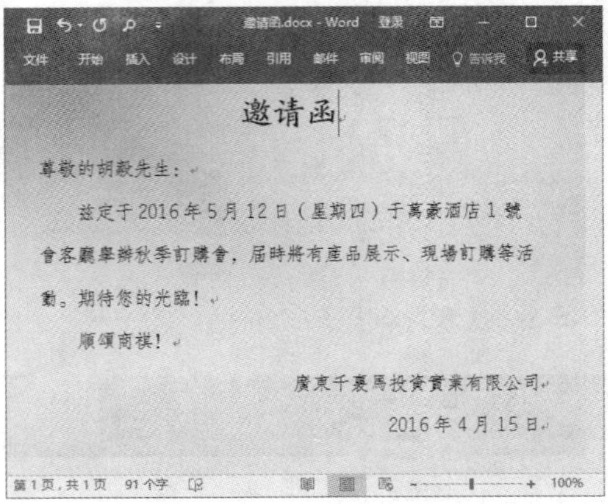

图 3-98 最终效果

知识能力测试

本章讲解了字体、段落和页面等相关设置，为对知识进行巩固和考核，布置相应的练习题。

一、填空题

1．Word 2016 中，默认显示的字体为__________，默认显示的字号为__________，默认的字体颜色为________。

2．在 Word 2016 中，段落的对齐方式分为________、__________、__________、__________和__________5 种方式。

3．为了增强文档层次感，可设置段落缩进，Word 2016 中的段落缩进方式有_____、_________、__________和____________4 种。

二、选择题

1．在 Word 中按下（　　）组合键，可快速将所选段落居中对齐。

A．【Ctrl+J】　B．【Ctrl+E】　C．【Ctrl+L】　D．【Ctrl+R】

2．在【开始】选项卡【字体】组中的【字号】下拉列表中可设置字号，通过此方法可设置最大的字号为（　　）。

A．初号　B．72 磅　C．100 磅　D．120 磅

3．在 Word 2016 中，默认的段落对齐方式是（　　）。

A．居中对齐　B．左对齐　C．两端对齐　D．分散对齐

三、简答题

1．字符底纹和段落底纹有何区别？如何设置字符底纹和段落底纹？

2. 为了让文档更美观，通常会设置背景颜色或背景图片，但是为何打印不出来呢？

Office 2016

第4章 图文混排和表格制作

要制作出一篇具有吸引力的精美文档，需要在文档中插入自选图形、图片、艺术字或表格等对象，从而实现图文混排，达到赏心悦目的效果。本章具体介绍图文混排的相关操作和表格的制作方法。

学习目标

- 熟练掌握图片的使用方法
- 熟练掌握自选图形的绘制方法
- 熟练掌握艺术字的使用方法
- 熟练掌握文本框的绘制方法
- 熟练掌握表格的制作方法

4.1 使用图片

制作办公文档时，有时会遇到需要插图配合文字解说的情况，这就需要使用Word的图片编辑功能。通过该功能，可以制作出图文并茂的文档，从而给阅读者带来精美、直观的视觉冲击。

4.1.1 插入图片

如果要将计算机中收藏的图片插入文档中，可通过单击【插图】组中的【图片】按钮实现，具体操作如下。

步骤 01 在文档中将光标插入点定位在需要插入图片的位置，切换到【插入】选项卡，然后单击【插图】组中的【图片】按钮，如图 4-1 所示。

步骤 02 在弹出的【插入图片】对话框中选择需要插入的图片，然后单击【插入】按钮即可，如图 4-2 所示。

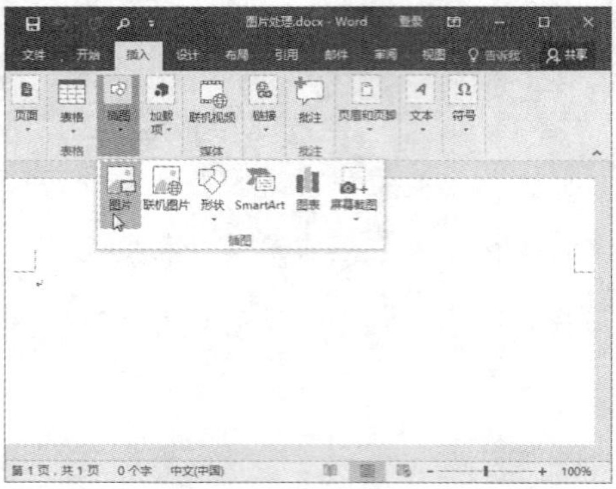

图 4-1 单击【图片】按钮

图 4-2 单击【插入】按钮

4.1.2 裁剪图片

将图片插入文档后，还可以将图片中不需要的部分裁剪掉。在 Word 2016 中裁剪图片，不仅可以按照常规的方法裁剪，还可将图片裁剪为形状。

1. 常规裁剪图片

步骤 01 选中要裁剪的图片，在【图片工具 / 格式】选项卡中单击【大小】组中的【裁剪】按钮，如图 4-3 所示。

步骤 02 此时图片四周的八个控制点上将出现黑色的竖条，单击某个竖条，按下鼠标左键并拖动，鼠标指针将变为黑色“+”形状，在合适的位置释放鼠标，如图 4-4 所示。

图 4-3　单击【裁剪】按钮

图 4-4　裁剪图片

步骤 03　按下【Enter】键确认，即可看到按照常规方式裁剪图片后的效果，如图 4-5 所示。

图 4-5　查看裁剪效果

技能拓展

设置图片格式后，若要还原为之前的状态，可在【调整】组中单击【重设图片】按钮右侧的下拉按钮，在弹出的下拉列表中进行选择：选择【重设图片】选项，将保留设置的大小，清除其余的全部格式；选择【重设图片和大小】选项，将清除对图片设置的所有格式，即还原为设置前的大小和状态。

2. 将图片裁剪为形状

步骤 01　选中要裁剪的图片，切换到【格式】选项卡，单击【大小】组中的【裁剪】下拉按钮，在弹出的下拉列表中选择【裁剪为形状】选项，在展开的级联列表中选择需要的形状样式，如图 4-6 所示。

步骤 02 返回 Word 文档，即可看到将图片裁剪为形状后的效果了，如图 4-7 所示。

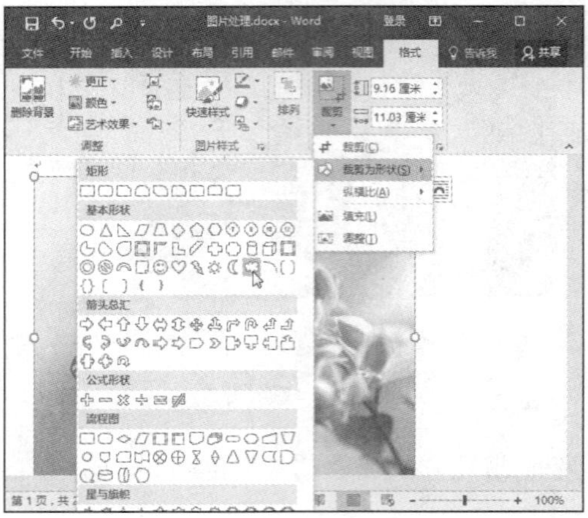

图 4-6 选择裁剪形状样式

图 4-7 裁剪为形状的效果

4.1.3 调整图片大小和旋转图片

在文档中插入图片后，可以调整图片的大小和放置的角度，使图片更契合版面外观，具体操作如下。

步骤 01 选中文档中插入的图片，当鼠标指针呈双箭头时拖动，可改变图片大小，如图 4-8 所示。

步骤 02 保持图片为选中状态，将鼠标指针放置图片框顶部的控制柄上，移动鼠标指针即可旋转图片，如图 4-9 所示。

图 4-8 调整图片大小

图 4-9 旋转图片

步骤 03 若需要精确图片的大小和旋转角度，可选中图片，在【格式】选项卡的【大小】组中单击右下角的展开按钮，如图 4-10 所示。

步骤 04 弹出【布局】对话框，在【旋转】微调框中输入数值，在【缩放】栏中调整图片【高度】和【宽度】值，设置完成后单击【确定】按钮，如图 4-11 所示。

图 4-10 单击【大小】组中右下角的展开按钮

图 4-11 精确设置

步骤 05 返回 Word 文档，即可看到精确设置图片大小和旋转角度的效果，如图 4-12 所示。

4.1.4 设置图片效果

Word 2016 内置了多种图片效果样式，如图片颜色、对比度等，通过设置图片效果可让图片变得更具感染力，具体操作如下。

步骤 01 选中图片，切换到【图片工具 / 格式】选项卡，单击【调整】组中的【颜色】右侧的下拉按钮，在弹出的下拉列表中选择需要的颜色选项，如图 4-13 所示。

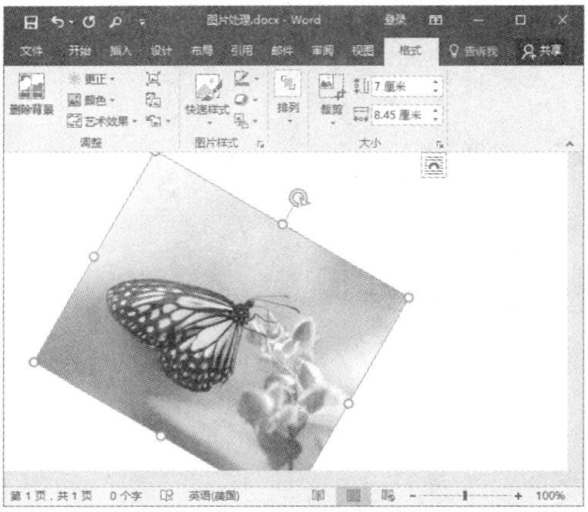

图 4-12 精确设置效果

图 4-13 设置图片颜色

步骤 02 保持图片为选中状态，在【格式】选项卡的【调整】组中，单击【更正】按钮，在弹出下拉列表的【亮度 / 对比度】栏中选择需要的选项，可调整图像的亮度和对比度，如图 4-14 所示。

步骤 03 保持图片为选中状态，在【格式】选项卡的【调整】组中，单击【艺术效果】右侧的下拉按钮，在弹出的下拉列表中选择需要的艺术效果选项，如图 4-15 所示。

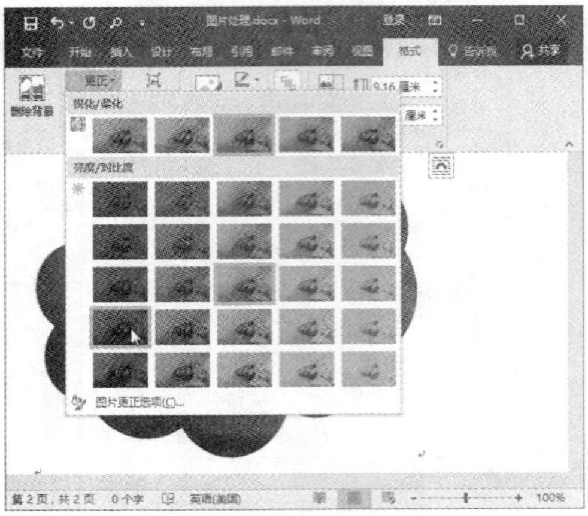

图 4-14 更改亮度和对比度

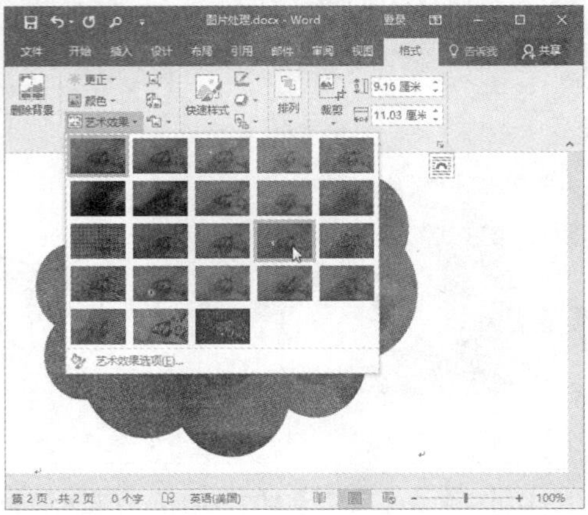

图 4-15 设置艺术效果

步骤 04 保持图片为选中状态，在【格式】选项卡的【快速样式】组中选择需要的图片样式即可，如图 4-16 所示。

步骤 05 若对设置的图片效果不满意，在【格式】选项卡的【调整】组中单击【重设图片】右侧的下拉按钮，在弹出的下拉列表中选择【重设图片】命令，如图 4-17 所示，可将图片恢复到设置效果前的状态。

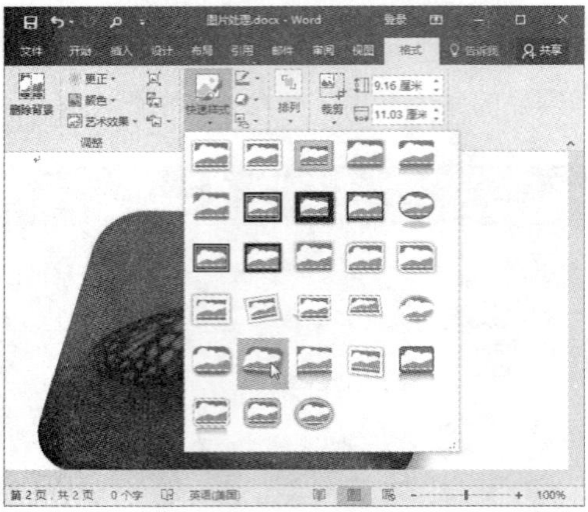

图 4-16 套用内置图片样式

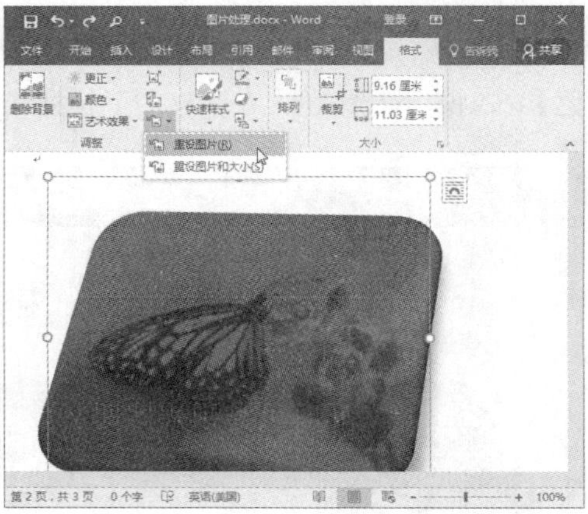

图 4-17 选择【重设图片】命令

课堂范例——插入屏幕截图

步骤 01 打开“光盘 \ 素材文件 \ 第 4 章 \ 图片处理 .docx”文档，切换到【插入】选项卡，在【插图】组中单击【屏幕截图】下拉按钮，在下拉列表中可看到当前已经开启的程序窗口，单击图片缩略图，如图 4-18 所示。

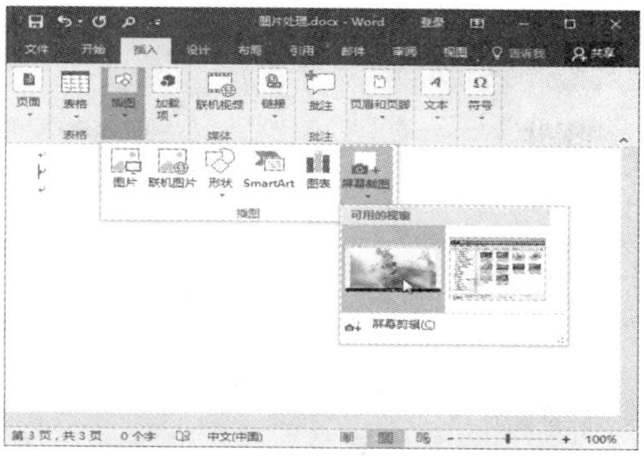
图 4-18 单击图片缩略图

步骤 02 在 Word 文档中可看到截取的程序窗口图片，如图 4-19 所示。

步骤 03 若需要在屏幕中的某区域截图，可在【插图】组中单击【屏幕截图】下拉按钮，在下拉列表中选择【屏幕剪辑】命令，如图 4-20 所示。

步骤 04 此时鼠标指针变为“+”形状，按住鼠标左键，拖动选择屏幕中要截取的区域，如图 4-21 所示。

步骤 05 在合适位置释放鼠标，截取的图片即可自动插入 Word 文档中，如图 4-22 所示。

图 4-19 截取窗口图片效果

图 4-20 选择【屏幕剪辑】命令

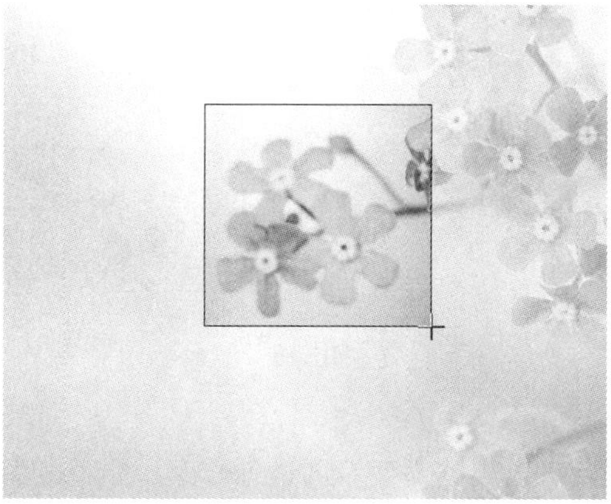
图 4-21 截取屏幕区域

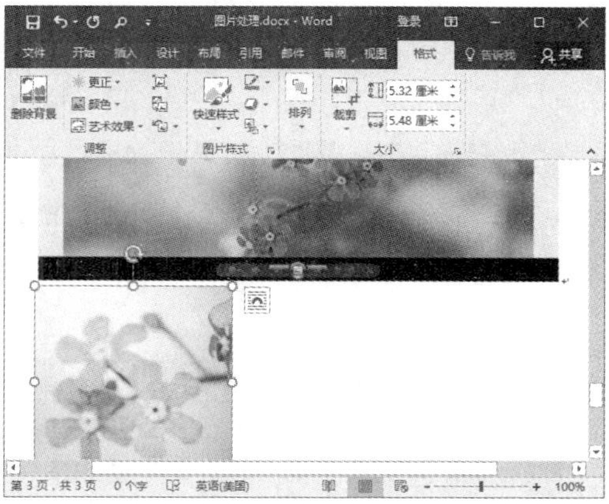
图 4-22 查看截取的屏幕图片

4.2 使用自选图形

通过 Word 2016 提供的绘制图形功能，可在文档中“画”出各种样式的形状，如线条、椭圆和旗帜等。下面将介绍自选图形的相关操作。

4.2.1 绘制自选图形

在编辑文档时，为了使文档更加美观，还可通过插入自选图形进行点缀。在 Word 2016 中绘制自选图形的具体操作如下。

步骤 01 打开文档，在【插入】选项卡中单击【插图】组中的【形状】按钮，在弹出的下拉列表中选择需要的形状，如图 4-23 所示。

步骤 02 此时鼠标指针呈“+”形状，在需要插入自选图形的位置按住鼠标左键不放，然后拖动鼠标进行绘制，当绘制到合适大小时释放鼠标即可，如图 4-24 所示。

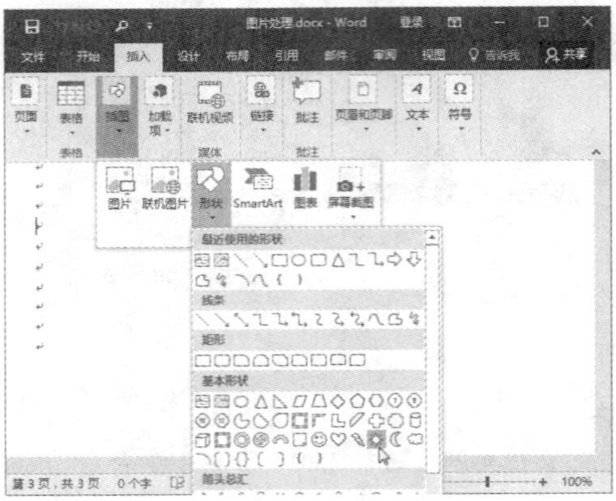

图 4-23 选择形状

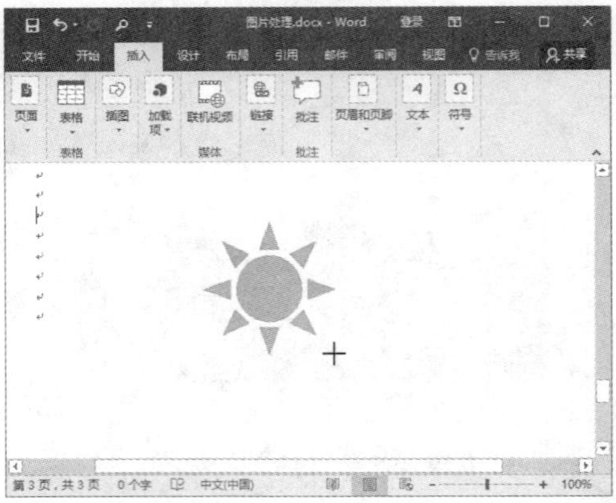

图 4-24 绘制图形

技能拓展

绘制自选图形过程中，配合【Shift】键的使用可绘制特殊图形。例如，绘制“矩形”图形的同时按住【Shift】键不放，可绘制一个正方形。

4.2.2 更改图形形状和颜色

绘制自选图形后，为了让其更加适应文档，可以根据需要对其进行修改，如更改图形的形状或颜色等。

1. 更改图形形状

如果对绘制的图形形状不满意，可以将其删除并重新绘制，或者通过下面的方法进行更改。

步骤 01 选中要更改形状的图形，在【格式】选项卡的【插入形状】组中单击【编辑形状】按钮，在弹出的下拉列表中选择【更改形状】命令，然后在弹出的级联列表中根据需要选择形状，如图 4-25 所示。

步骤 02 在返回的 Word 文档中即可看到更改形状后的效果，如图 4-26 所示。

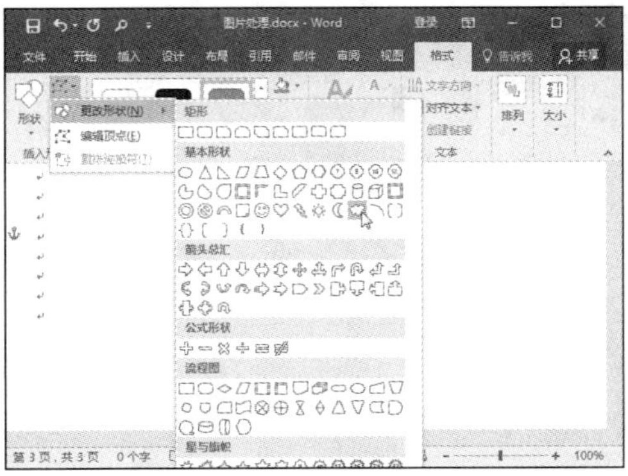

图 4-25 选择更改的形状

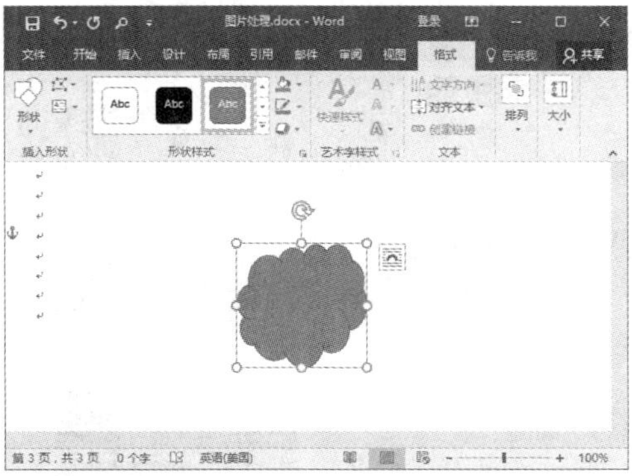

图 4-26 更改形状后的图形效果

2. 更改图形颜色

默认情况下，Word 2016 中添加的自选图形的填充颜色为蓝色，如果对默认填充颜色不满意，可将其更换为其他颜色。此外，还可用纹理、图片或渐变色彩来填充自选图形，具体操作如下。

步骤 01 选中要更改颜色的自选图形，切换到【格式】选项卡，在【形状样式】组中单击【形状填充】下拉按钮，在弹出的下拉列表中选择需要的颜色图案，如图 4-27 所示。

步骤 02 若要设置渐变填充，保持自选图形为选中状态，单击【形状填充】下拉按钮，在弹出的下拉列表中选择【渐变】选项，在展开的级联列表中选择需要的渐变样式即可，如图 4-28 所示。

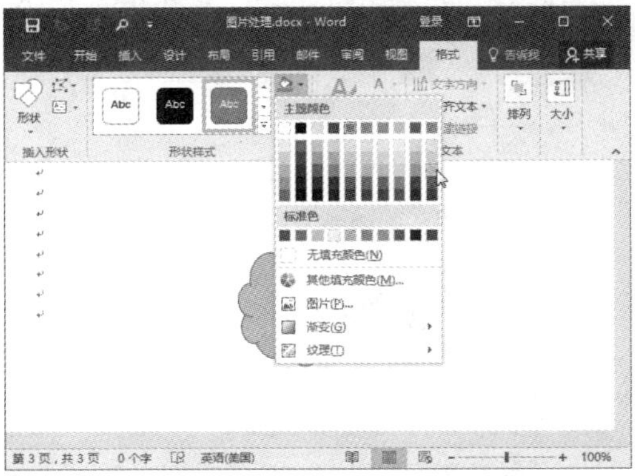

图 4-27 更改形状填充颜色

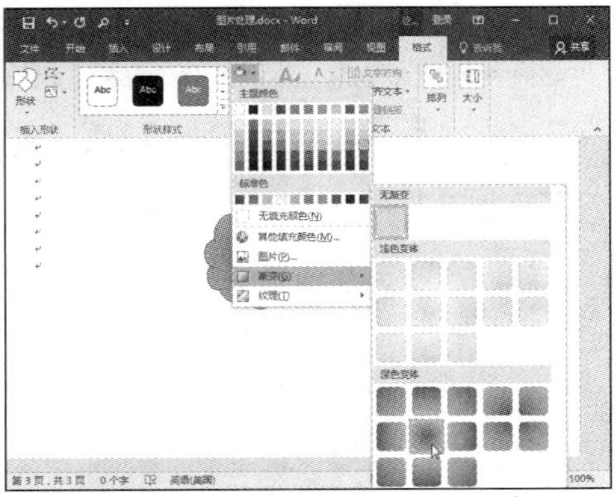

图 4-28 设置渐变填充效果

步骤 03　若需设置纹理填充样式，保持自选图形为选中状态，单击【形状填充】下拉按钮，在弹出的下拉列表中选择【纹理】选项，在展开的级联列表中选择需要的纹理样式即可，如图 4-29 所示。

步骤 04　若需用图片填充图形，可单击【形状填充】下拉按钮，在弹出的下拉列表中选择【图片】选项，如图 4-30 所示。

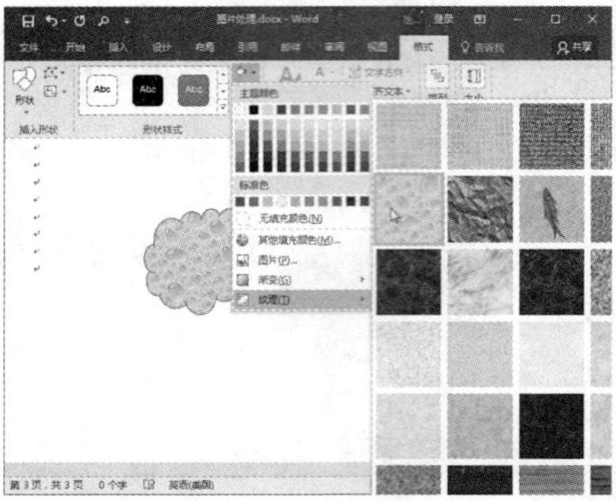

图 4-29　设置纹理填充效果

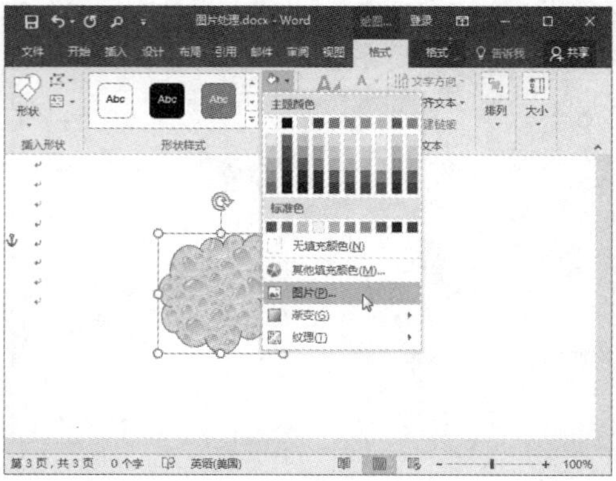

图 4-30　选择【图片】选项

步骤 05　弹出【插入图片】对话框，选择图片来源，若需要用计算机中的图片填充图形，可单击【浏览】按钮，如图 4-31 所示。

步骤 06　在【插入图片】对话框中选择要填充的图片，单击【插入】按钮即可，如图 4-32 所示。

步骤 07　在返回的文档中即可看到插入图片后的自选图形效果，如图 4-33 所示。

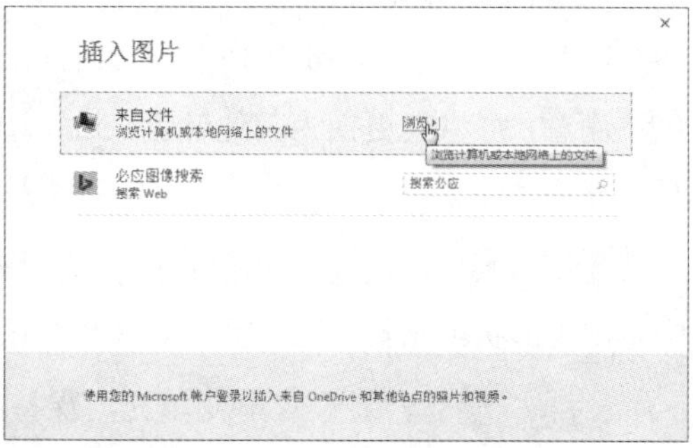

图 4-31　单击【浏览】按钮

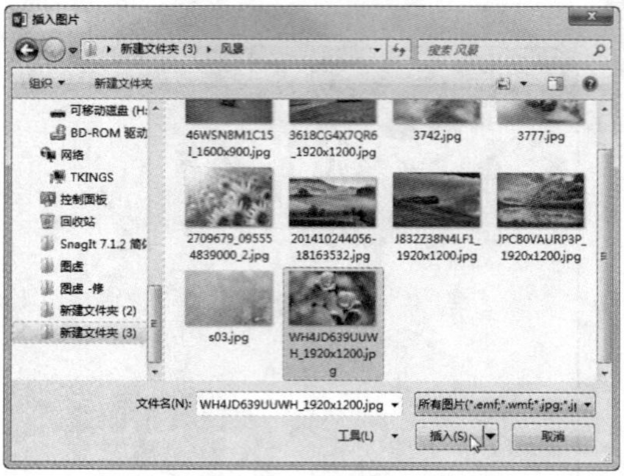

图 4-32　插入图片

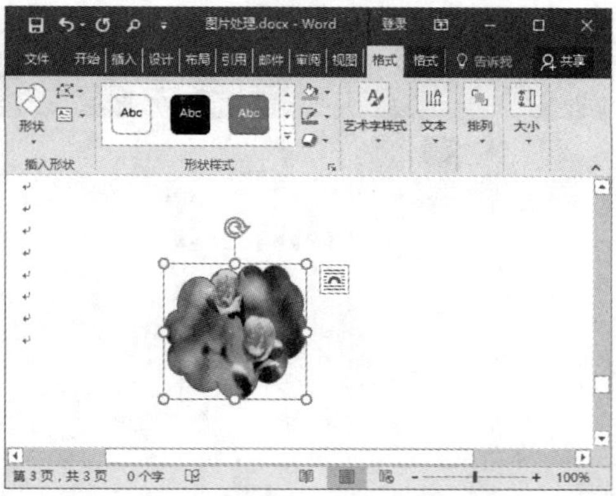

图 4-33　插入图片后的自选图形效果

4.2.3 为图形添加文字

在自选图形中添加文字，可让自选图形看起来更加生动，具体操作方法如下。

步骤 01　打开文档，右击选中的自选图形，在弹出的快捷菜单中选择【添加文字】命令，如图 4-34 所示。

步骤 02　此时可看到光标插入点定位到自选图形中，在光标插入位置输入需要的文字，如图 4-35 所示。

图 4-34　选择【添加文字】命令

图 4-35　输入文字

步骤 03　默认情况下，在自选图形中输入的文字为白色，选中输入的文本，然后根据需要在“开始”选项卡的“字体”组中设置合适的字体、字号和字体颜色，如图 4-36 所示。

步骤 04　设置完成后，其效果如图 4-37 所示。

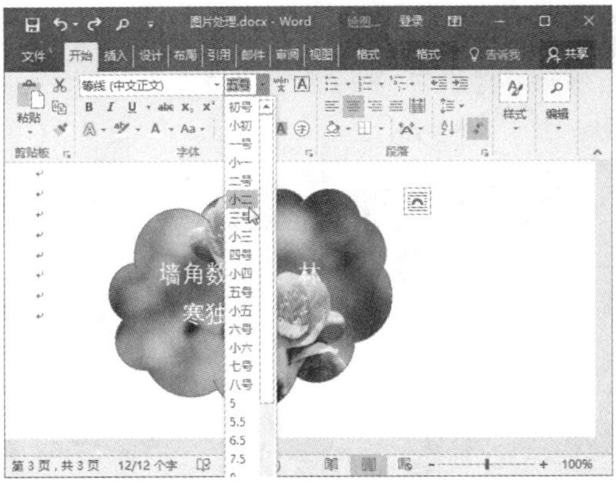

图 4-36　设置字体格式

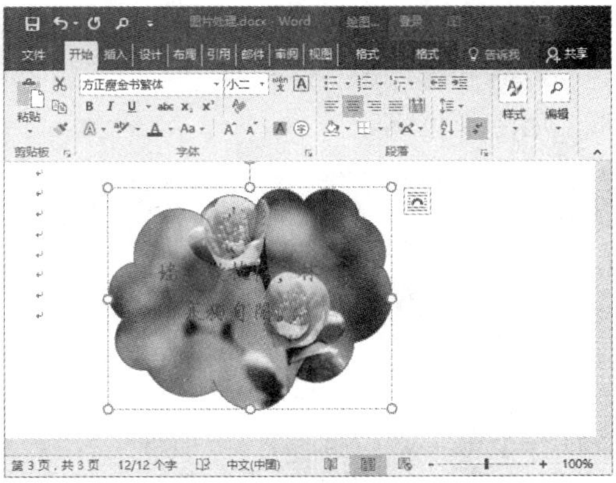

图 4-37　查看效果

课堂范例——将多个图形组合在一起

步骤 01　打开“光盘\素材文件\第 4 章\图片处理 .docx”文档，切换到【插入】

选项卡，在【插图】组中单击【形状】下拉按钮，在弹出的下拉列表中选择形状样式，如图 4-38 所示。

步骤 02 此时鼠标指针变为“+”形状，按下鼠标左键，拖动鼠标在文档中即可绘制图形，如图 4-39 所示。

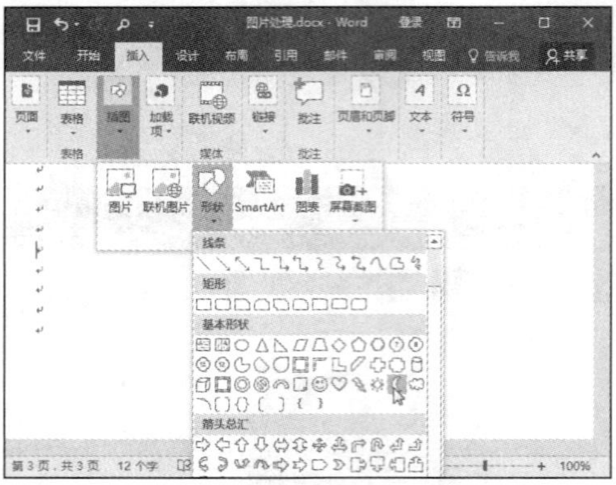

图 4-38 选择形状样式

图 4-39 绘制自选图形

步骤 03 按照前面的方法继续添加其他自选图形，完成后如图 4-40 所示。

步骤 04 按住【Shift】键的同时单击刚才插入的所有图形，可将所有自选图形选中并右击，在弹出的快捷菜单中选择【组合】选项，在展开的级联菜单中选择【组合】命令，如图 4-41 所示。

步骤 05 返回 Word 文档，再次单击任意自选图形，即可发现选中了所有自选图形，如图 4-42 所示。

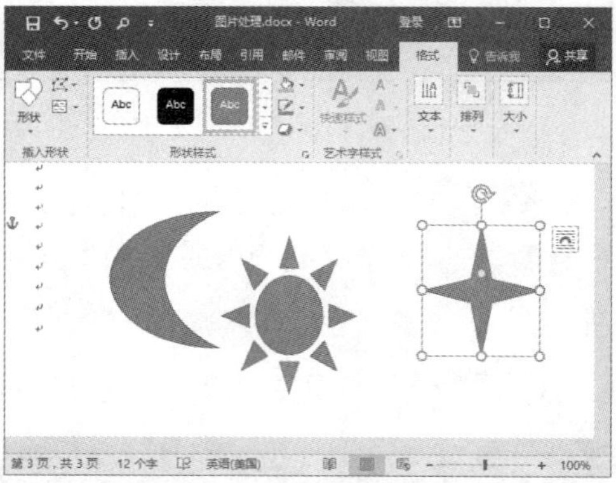

图 4-40 继续绘制自选图形

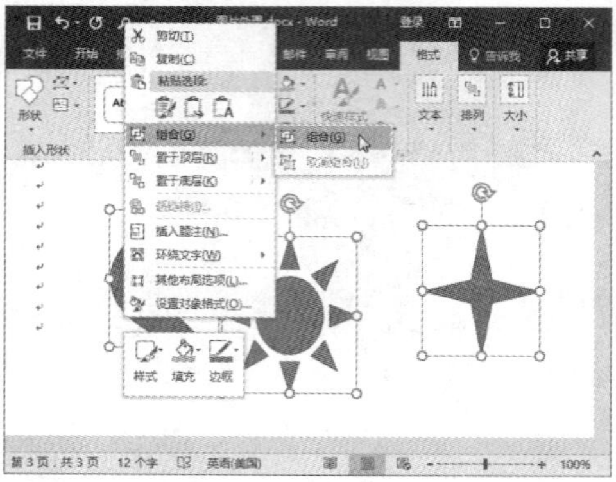

图 4-41 组合多个图形

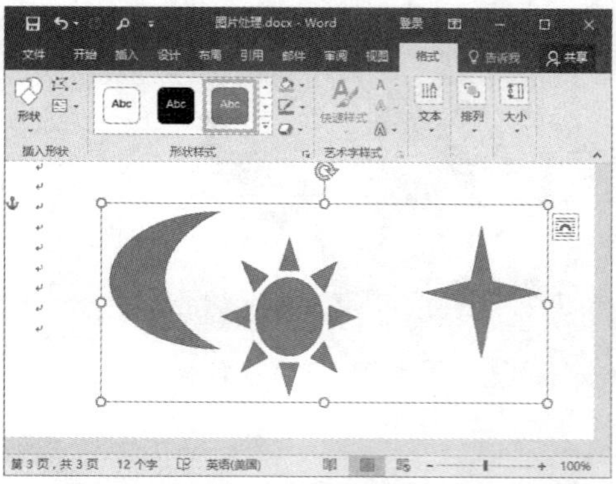

图 4-42 组合图形后的效果

4.3 使用艺术字

艺术字是具有特殊效果的文字，用来输入和编辑带有彩色、阴影和发光等效果的文字，多用作文档标题或广告宣传等用途，以达到强烈、醒目的外观效果。

4.3.1 插入艺术字

为了使文档内容更加丰富，可在其中插入艺术字，在 Word 2016 中插入艺术字的具体操作如下。

步骤 01 将光标插入点定位到需要插入艺术字的位置，切换到【插入】选项卡，单击【文本】组中的【艺术字】按钮，在弹出的下拉列表中选择需要的艺术字样式，如图 4-43 所示。

步骤 02 文档中将出现一个艺术字文本框，占位符“请在此放置您的文字”为选中状态，如图 4-44 所示。

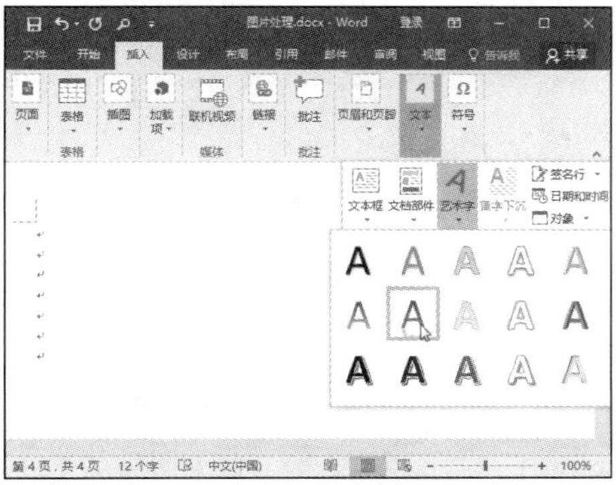

图 4-43 选择艺术字样式

图 4-44 占位符文本

步骤 03 删除占位符文本，输入需要显示的艺术字即可，如图 4-45 所示。

步骤 04 如果对默认的艺术字的字体格式不满意，可切换到【开始】选项卡，在【字体】组中根据需要设置合适的字体、字号和颜色，完成后的效果如图 4-46 所示。

图 4-45 输入艺术字

图 4-46 设置艺术字字体格式

4.3.2 编辑艺术字

插入艺术字后，为了让其更具有感染力，可根据需要对其进行编辑，如添加艺术效果、添加轮廓样式等，具体操作如下。

步骤 01 选中艺术字，切换到【格式】选项卡，单击【快速样式】下拉按钮，在弹出的下拉列表中可重新设置艺术字样式，如图 4-47 所示。

步骤 02 若需要更改艺术字颜色，可在【格式】选项卡的【艺术字样式】组中单击【文本填充】下拉按钮，在弹出的颜色面板中可更改艺术字颜色，若需要设置渐变颜色填充效果，可选择【渐变】选项，在展开的级联列表中选择需要的渐变样式，如图 4-48 所示。

图 4-47 重新设置艺术字样式

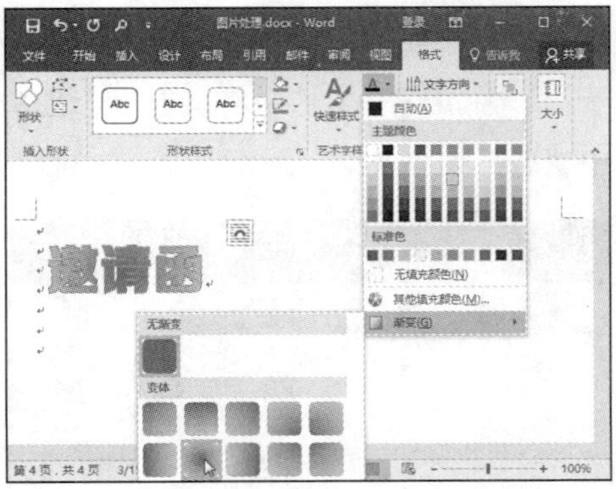

图 4-48 设置艺术字字体格式

步骤 03 若需要为艺术字添加文本轮廓，可保持艺术字为选中状态，在【格式】选项卡的【艺术字样式】组中单击【文本轮廓】下拉按钮，在弹出的下拉列表中选择【粗细】选项，在展开的级联列表中选择粗细合适的线条，如图 4-49 所示。

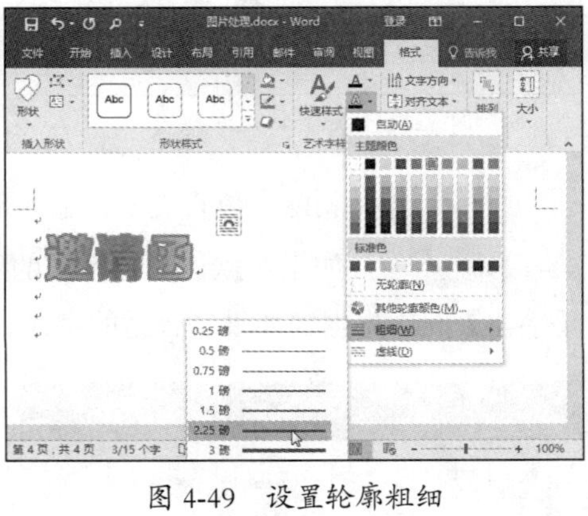

图 4-49 设置轮廓粗细

步骤 04 保持艺术字为选中状态，再次单击【文本轮廓】下拉按钮，在弹出的下拉列表中选择【虚线】选项，在展开的级联列表中选择合适的虚线样式，如图 4-50 所示。

步骤 05 若要为艺术字添加效果，可保持艺术字为选中状态，在【艺术字样式】组中单击【文字效果】下拉按钮，在弹出的下拉列表中选择效果类型，然后在展开的级联列表中选择需要的效果样式即可，如图 4-51 所示。

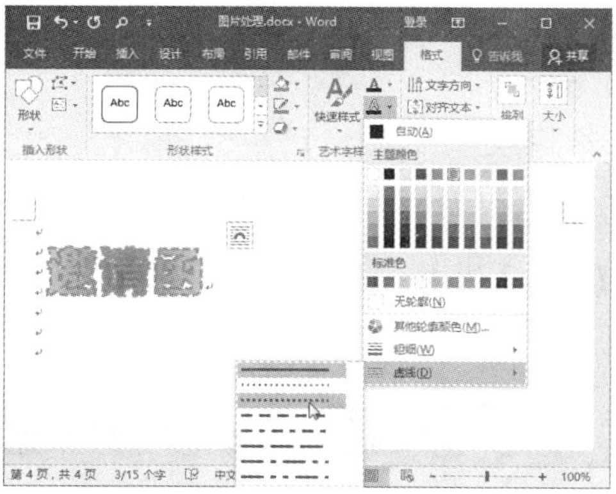

图 4-50　设置轮廓虚线样式

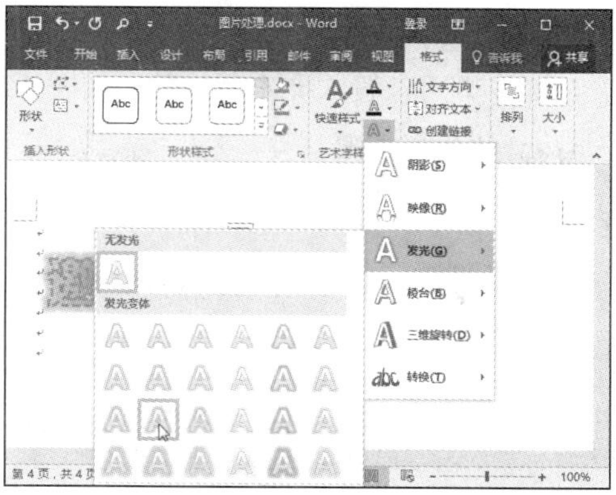

图 4-51　添加文字效果

4.4 使用文本框

若要在 Word 文档的任意位置插入文本，可通过文本框实现。通常情况下，文本框用于在图形或图片上插入注释、批注或说明性文字。

4.4.1 插入文本框

想要在文档任意位置插入文本，可通过文本框实现，在 Word 2016 中不仅可以自动插入文本框，还可以手动绘制文本框。

1．插入文本框

Word 2016 中内置了多种文本框样式，插入带样式的文本框的具体操作如下。

步骤 01　切换到【插入】选项卡，单击【文本】组中的【文本框】按钮，在弹出的下拉列表中选择需要的文本框样式，如图 4-52 所示。

步骤 02　插入文本框后，文本框内显示的提示文字为占位符，如图 4-53 所示。

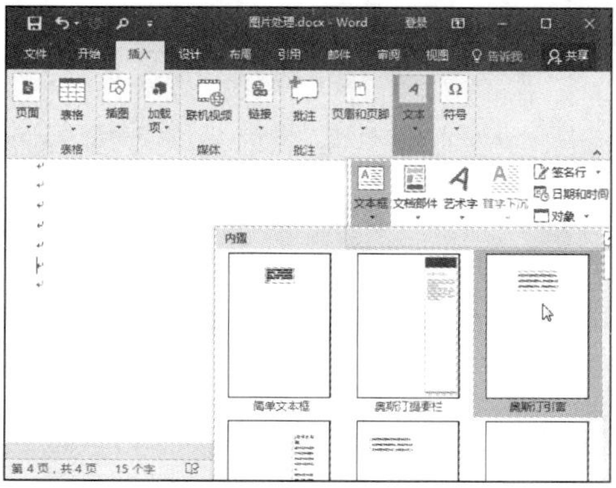

图 4-52　选择文本框样式

[使用文档中的独特引言吸引读者的注意力，
或者使用此空间强调要点。要在此页面上的
任何位置放置此文本框，只需拖动它即可。]

图 4-53　显示占位符内容

步骤 03 删除占位符，输入需要的文本内容，设置好字体格式，并调整文本框到合适大小即可，输入文本后的效果如图 4-54 所示。

2．绘制文本框

除了插入内置的文本框外，还可以自己手动绘制文本框，具体操作方法如下。

步骤 01 切换到【插入】选项卡，单击【文本】组中的【文本框】按钮后，在弹出的下拉列表中选择【绘制文本框】或【绘制竖排文本框】命令，如图 4-55 所示。

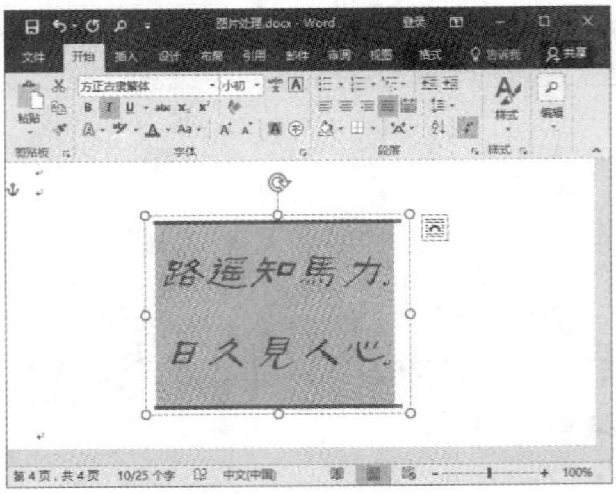
路遥知馬力，
日久見人心。

图 4-54 内置文本框效果

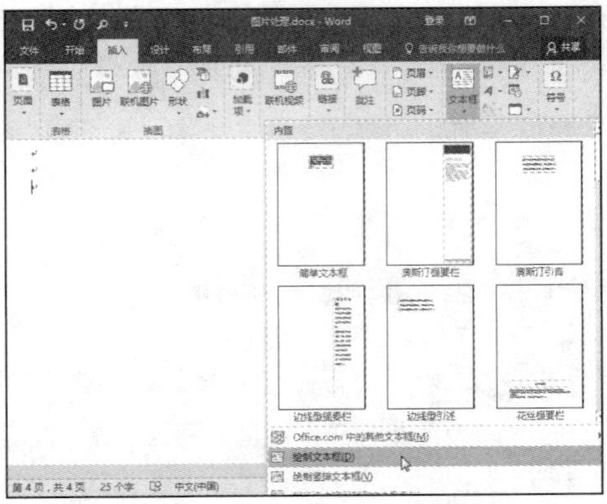

图 4-55 选择【绘制文本框】命令

步骤 02 此时鼠标指针变为“+”形状，按下鼠标左键的同时拖动鼠标即可绘制文本框，在合适的位置释放鼠标，如图 4-56 所示。

步骤 03 在文本框中输入需要的文本，并在【开始】选项卡中设置好合适的文字格式即可，如图 4-57 所示。

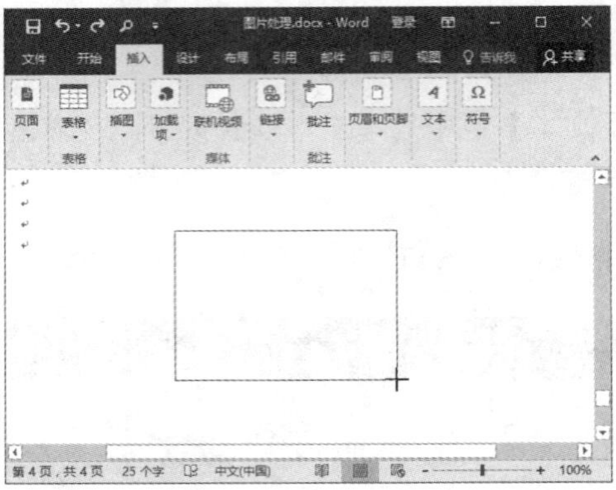

图 4-56 手动绘制文本框

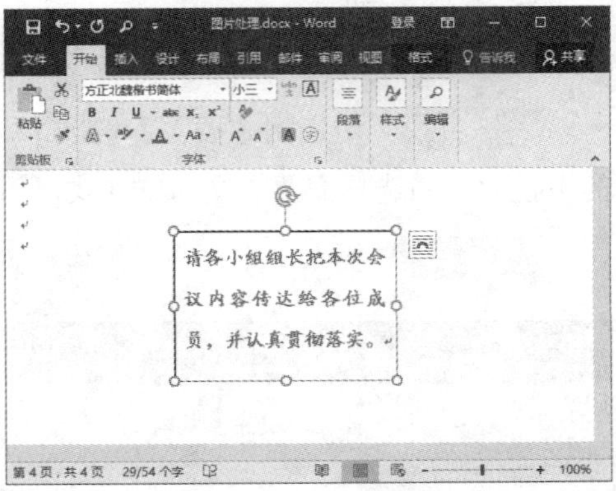
请各小组组长把本次会议内容传达给各位成员，并认真贯彻落实。

图 4-57 输入文本并设置字体格式

4.4.2 设置文本框效果

在 Word 2016 中，可以将文本框看作是一个自选图形，其设置效果的方法与设置自选图形效果的方法是相同的，此外，还可以将文本框中的文字看作艺术字来进行效果处理，具体操作如下。

步骤 01 选中文本框，在【格式】选项卡的【插入形状】组中单击【编辑形状】下拉按钮，在弹出的下拉列表中选择【更改形状】选项，然后在展开的级联列表中选择需要的形状样式，如图 4-58 所示。

步骤 02 保持文本框为选中状态，在【艺术字】组中单击【快速样式】下拉按钮，在弹出的下拉列表中选择需要的样式，可为文本框中的文字设置艺术效果，如图 4-59 所示。

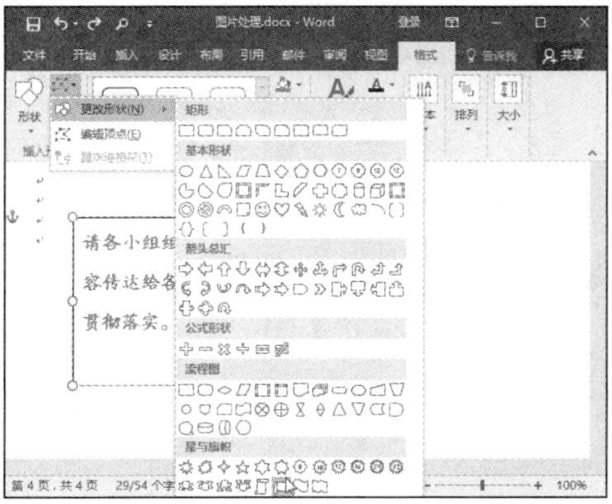

图 4-58　更改文本框形状

图 4-59　设置文字效果

步骤 03 保持文本框为选中状态，在【形状样式】组中单击【形状效果】下拉按钮，在弹出的下拉列表中选择需要的效果，然后在展开的级联列表中选择效果样式，如图 4-60 所示。

步骤 04 在 Word 文档中，即可看到设置后的文本框效果，如图 4-61 所示。

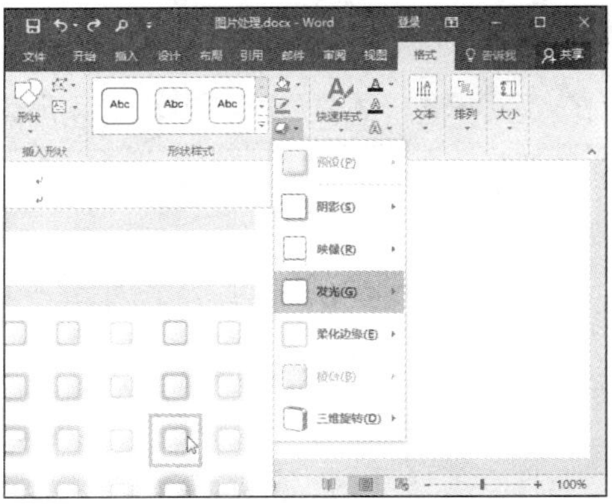

图 4-60　设置文本框形状效果

图 4-61　设置后的文本框效果

课堂范例——设置文本框背景色和边框

步骤 01 打开“光盘\素材文件\第 4 章\图片处理 .docx”文档，选中要设置的文本框并右击，在弹出的快捷菜单中选择【设置形状格式】命令，如图 4-62 所示。

步骤 02　在 Word 窗口右侧弹出【设置形状格式】窗格，且默认切换【形状选项】栏的【填充与线条】选项卡，选中【渐变填充】单选按钮，设置文本框的填充样式，如图 4-63 所示。

设置形状格式(O)...
路遥知馬力。
日久見人心。

图 4-62　选择【设置形状格式】命令

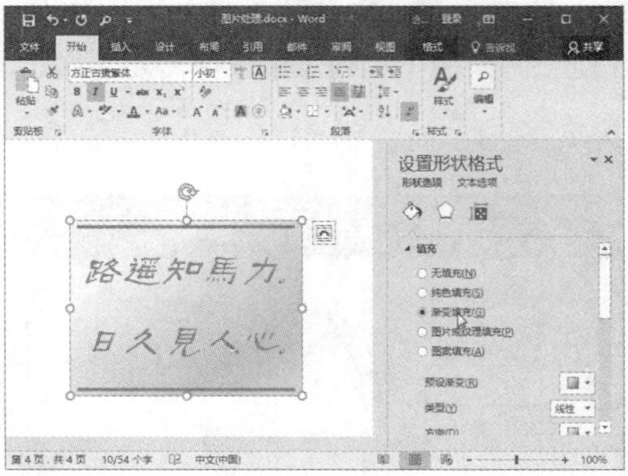
设置形状格式
路遥知馬力。
日久見人心。

图 4-63　选择文本框的填充样式

温馨提示

在【设置形状格式】窗格中切换到【效果】选项卡，可对文本框的边框效果进行设置。若单击【文本选项】选项，则可为文本框中的文字设置效果。

步骤 03　根据需要为填充样式设置预设渐变效果、渐变方向、渐变颜色及透明度和亮度等选项，如图 4-64 所示。

步骤 04　拖动窗格右侧的滚动条到下方，选择文本框边框的线条样式，如本例选中【实线】单选按钮，并根据需要设置线条颜色、宽度及线条样式等选项即可，如图 4-65 所示。

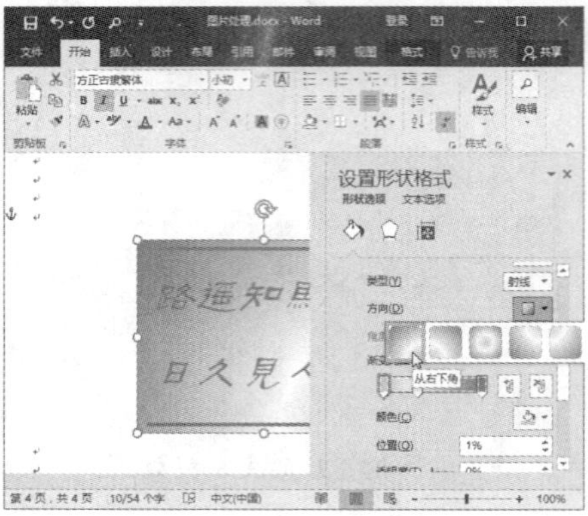
设置形状格式
日久見人

图 4-64　精确设置填充效果

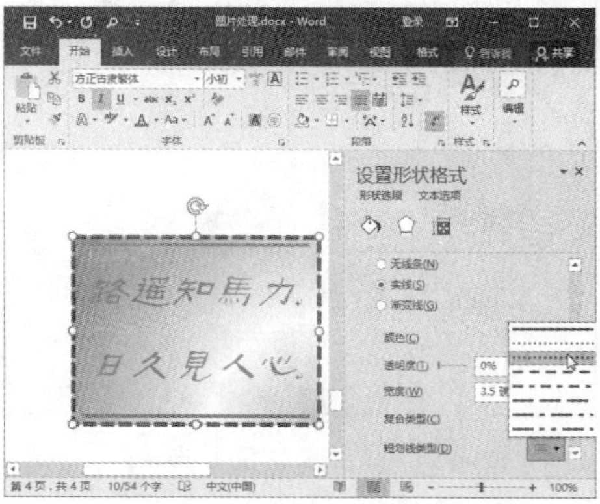
设置形状格式
路遥知馬力。
日久見人心。

图 4-65　设置文本框边框效果

4.5 使用 SmartArt 图形

SmartArt 图形主要用于各种报告和分析之类的文件，多用来表现多个对象之间的关系，并通过图形结构和文字说明有效地传达作者的观点和信息。

4.5.1 插入 SmartArt 图形

Word 2016 提供了多种样式的 SmartArt 图形，用户可根据需要选择合适的样式插入文档中，具体操作如下。

步骤 01　将光标定位在要插入 SmartArt 图形的位置，在【插入】选项卡中单击【插图】组中【SmartArt】按钮，如图 4-66 所示。

步骤 02　弹出【选择 SmartArt 图形】对话框，在左侧窗格中选择图形类型，在右侧窗格中选择具体的图形布局，单击【确定】按钮，如图 4-67 所示。

图 4-66　单击【SmartArt】按钮

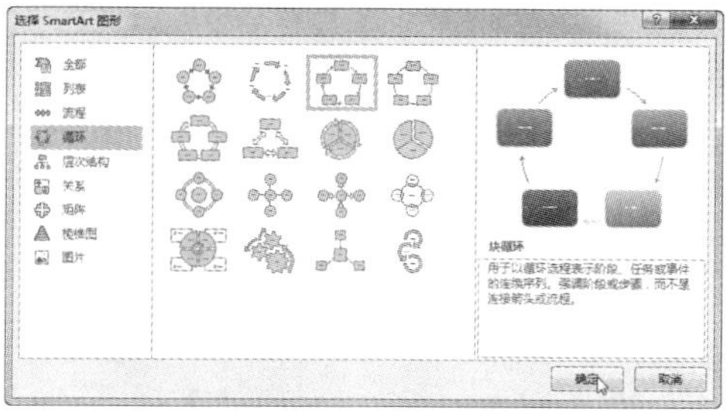

图 4-67　选择 SmartArt 图形样式

步骤 03　所选样式的 SmartArt 图形将插入到文档中，如图 4-68 所示。

步骤 04　将光标定位在某个形状内，“文本”字样的占位符将自动删除，此时可输入文本内容，输入文本后的 SmartArt 图形效果如图 4-69 所示。

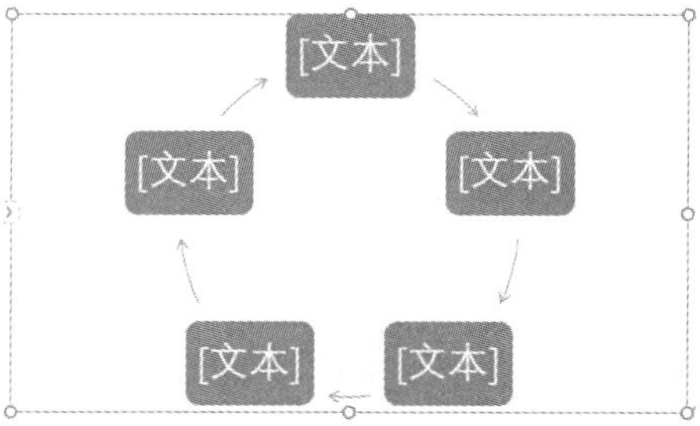

图 4-68　插入的 SmartArt 图形

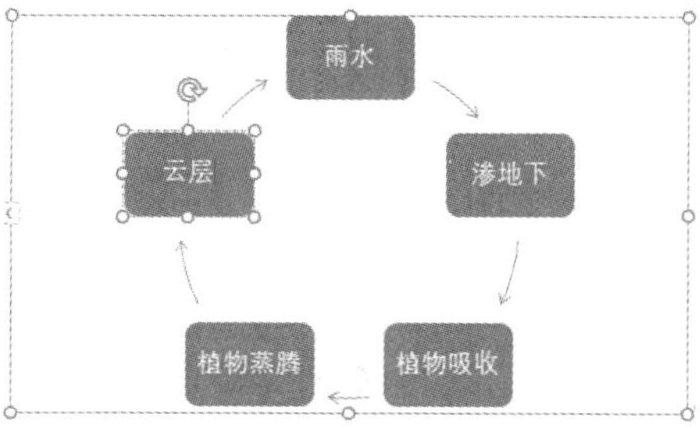

图 4-69　输入文本后的 SmartArt 图形效果

4.5.2 编辑 SmartArt 图形

插入 SmartArt 图形后，功能选项卡中将增加“SmartArt 工具 / 设计”和“SmartArt 工

具 / 格式”两个选项卡。通过这两个选项卡，可对 SmartArt 图形的布局、样式等进行编辑。

（1）更改布局：选中 SmartArt 图形，切换到【SmartArt 工具 / 设计】选项卡，单击【更改布局】下拉按钮，在弹出的下拉列表中可重新选择布局方式，如图 4-70 所示。

（2）更改颜色：选中 SmartArt 图形，切换到【SmartArt 工具 / 设计】选项卡，单击【更改颜色】下拉按钮，在弹出的下拉列表中选择喜欢的颜色，如图 4-71 所示。

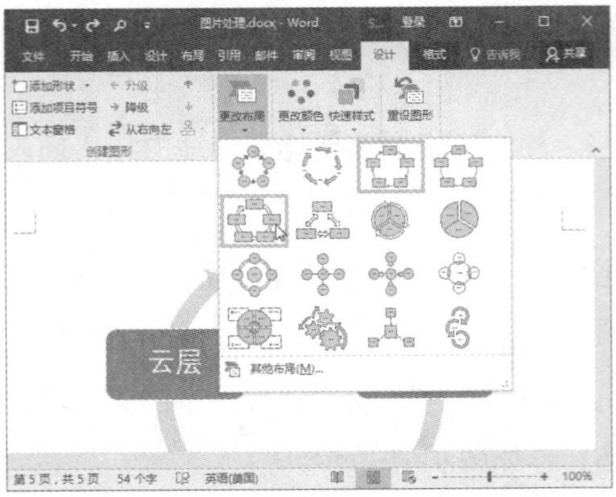

图 4-70 更改图形布局方式

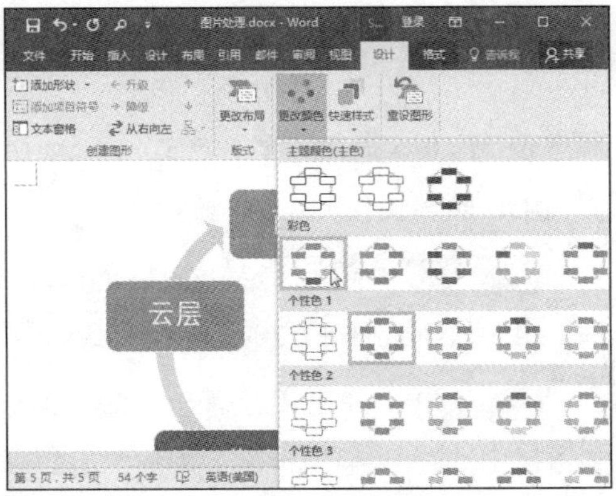

图 4-71 更改 SmartArt 形状颜色

（3）设置外观样式：选中 SmartArt 图形，切换到【SmartArt 工具 / 设计】选项卡，单击【快速样式】下拉按钮，在弹出的下拉列表中选择喜欢的图形外观样式即可，如图 4-72 所示。

（4）设置文字效果：若要为 SmartArt 图形中的文字设置效果，可选中 SmartArt 图形，切换到【SmartArt 工具 / 格式】选项卡，单击【快速样式】下拉按钮，在弹出的下拉列表中选择喜欢的文字效果即可，如图 4-73 所示。

图 4-72 设置 SmartArt 图形外观

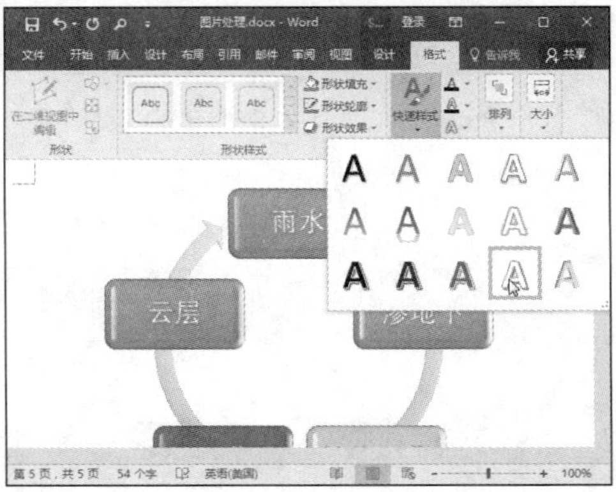

图 4-73 设置 SmartArt 文字效果

课堂范例——在 SmartArt 图形中添加和删除形状

步骤 01 打开“光盘 \ 素材文件 \ 第 4 章 \ 部门结构图 .docx”文档，选中 SmartArt

图形中要删除的形状，如图 4-74 所示。

步骤 02　按下【Delete】键，可直接将该形状删除，删除后的效果如图 4-75 所示。

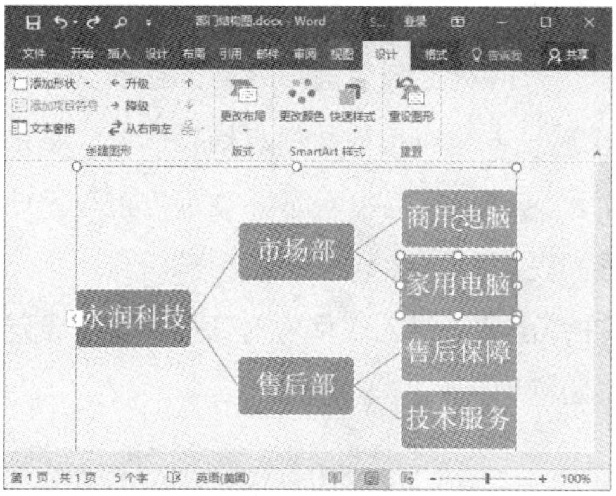

图 4-74　选中要删除的形状

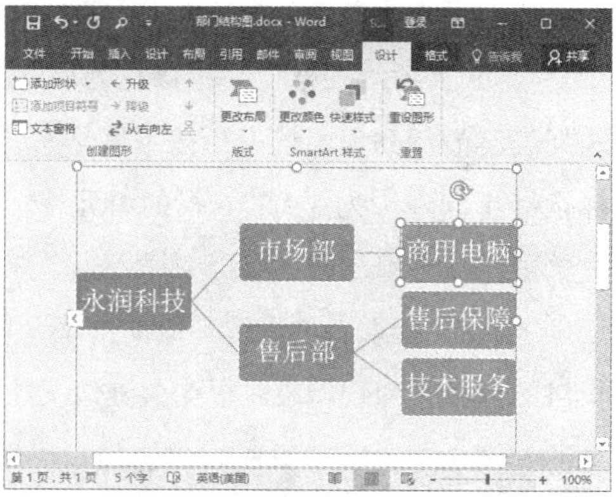

图 4-75　删除形状后的效果

步骤 03　如果需要在某个形状的前面、后面、上方或者下方添加形状，可选中该形状，在【SmartArt 工具 / 设计】选项卡的【创建图形】组中单击【添加形状】下拉按钮，在弹出的下拉列表中选择插入位置，如本例选择【在前面添加形状】命令，如图 4-76 所示。

步骤 04　插入形状后，在其中直接输入文本内容，添加形状后的效果如图 4-77 所示。

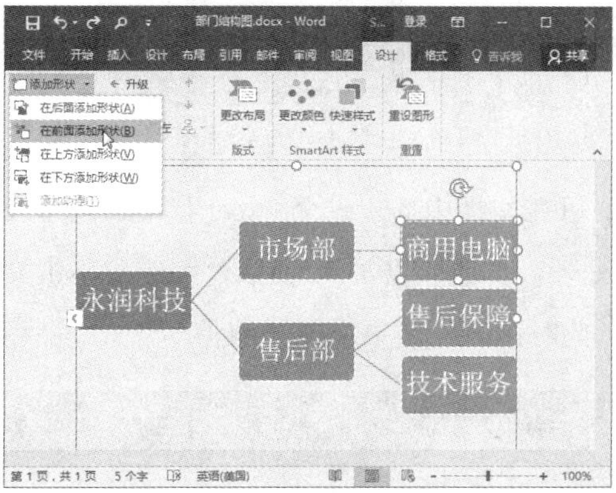

图 4-76　添加形状

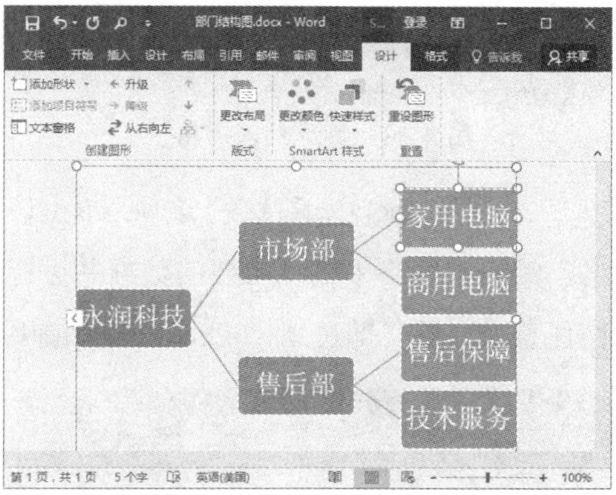

图 4-77　输入文本内容

4.6 使用表格

当需要处理一些简单的数据信息时，如简历表、课程表、通讯录等，可在 Word 2016 中使用表格来完成。本节将介绍在 Word 2016 中使用表格的相关操作。

4.6.1 插入表格

Word 2016 提供了多种创建表格的方法，灵活运用这些方法，可快速在文档中创建符合要求的表格，具体操作为：将光标定位到需要插入表格的位置，切换到“插入”选项卡，然后单击【表格】组中的【表格】下拉按钮，在弹出的下拉列表中选择相应的选项，即可通过不同的方法在文档中插入表格。

（1）“插入表格”栏：该栏为用户提供了一个 10 列 8 行的虚拟表格，移动鼠标可选择表格的行列值，选中后按下鼠标左键，可快速插入相应行列数的表格。例如，将鼠标指针指向坐标为 3 列、6 行的单元格，鼠标前的区域将呈选中状态并显示为橙色，此时单击鼠标左键，可在文档中插入一个 3 列 6 行的表格，如图 4-78 所示。

（2）“插入表格”选项：单击该选项，可在弹出的“插入表格”对话框中任意设置表格的行数和列数，还可根据实际情况调整表格的列宽，如图 4-79 所示。

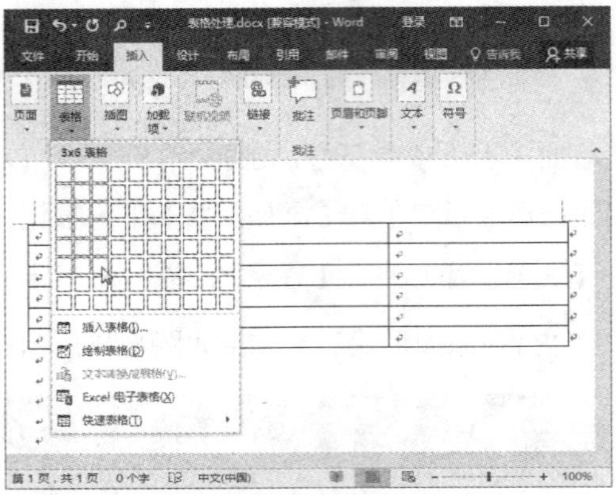

图 4-78　快速插入表格

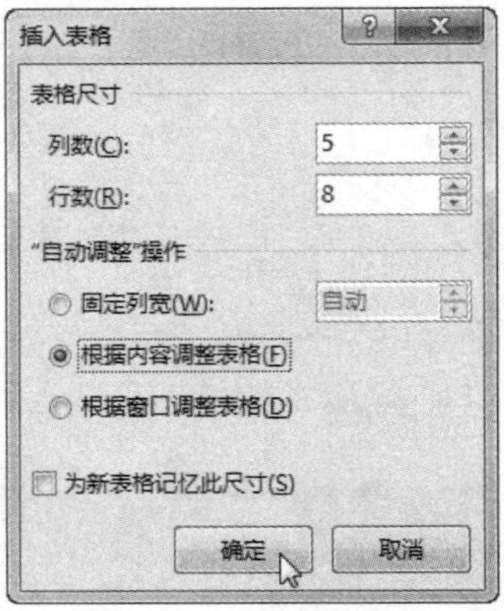

图 4-79　设置表格行列数

（3）“Excel 电子表格”选项：单击该选项，可在文档中插入一个 Excel 状态的电子表格，然后在表格中输入需要的数据并进行数据处理，如图 4-80 所示。输入完成后单击文档任意空白处，即可退出 Excel 表格编辑状态，此时的表格效果如图 4-81 所示。

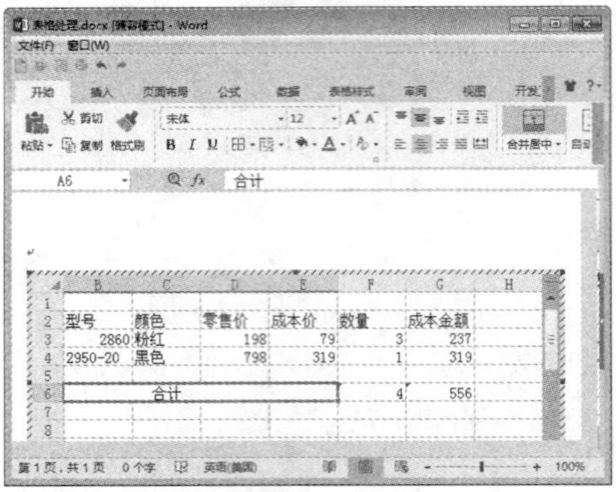

图 4-80　输入数据进行数据处理

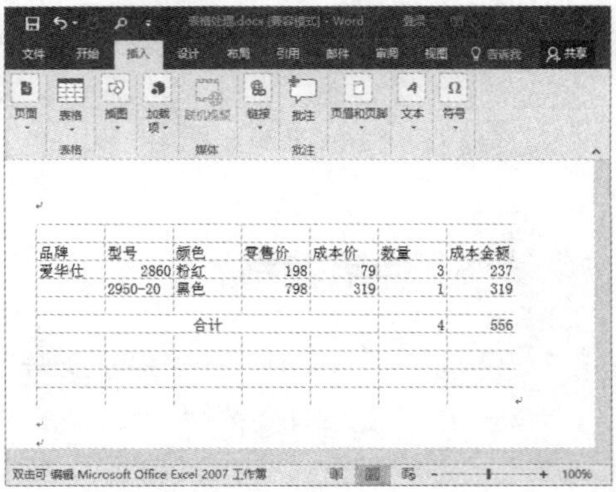

图 4-81　退出 Excel 表格编辑状态

（4）【绘制表格】选项：单击该选项，鼠标指针呈“✎”笔状，此时可根据需要画出表格，如图 4-82 所示。绘制完成后，按下【Esc】键即可退出绘制表格状态。

（5）【快速表格】选项：单击该选项，可快速在文档中插入特定类型的表格，如日历等，如图 4-83 所示。

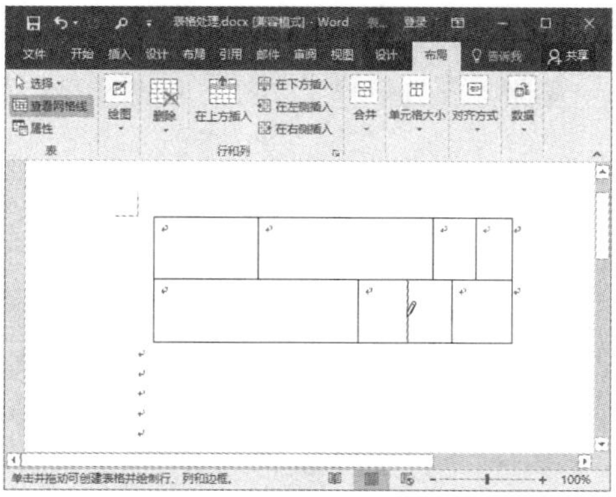

图 4-82 绘制表格

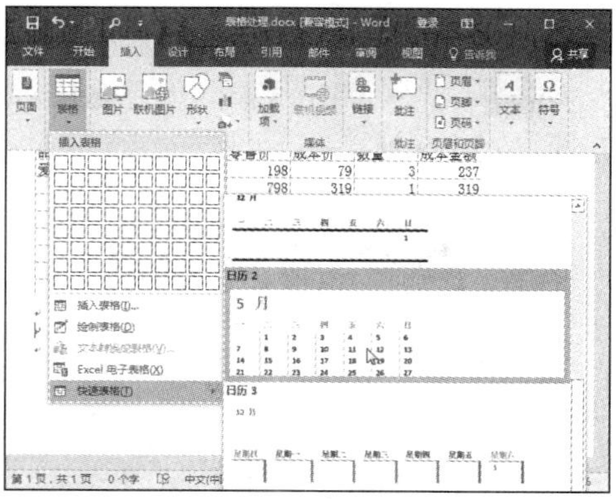

图 4-83 插入带样式的表格

4.6.2 编辑表格

插入表格后，在表格中输入文本内容的方法很简单，先将光标插入点定位在相应的单元格，然后输入需要的内容即可。在表格中输入内容与在 Word 中输入内容操作方法一样，详情请参考前面 Word 内容的输入，本节将不再详述。

输入表格内容后，有时候还需要根据实际需要对表格进行编辑，如调整行高、列宽或插入和删除行列等，具体操作如下。

1. 插入行或列

插入行和列的操作是类似的，本节以插入列为例，具体操作如下。

步骤 01 将光标定位在需要插入列的前一列或者后一列的单元格中并右击，在弹出的快捷菜单中选择【插入】选项，在展开的级联菜单中选择需要的位置命令，如图 4-84 所示。

步骤 02 在插入的列中输入需要的文本内容即可，插入列后的效果如图 4-85 所示。

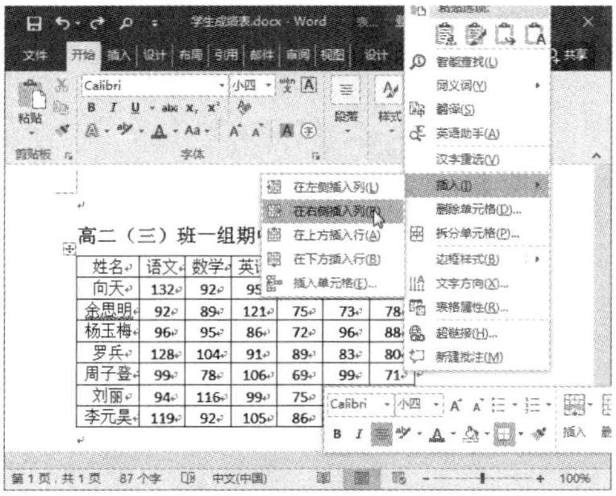

图 4-84 插入行

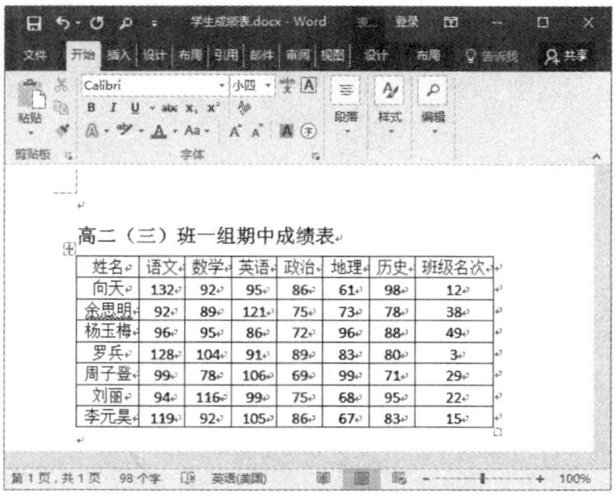

图 4-85 在新插入列中输入文本

2. 删除行、列或单元格

删除行、列和单元格的操作是类似的，本节以删除列为例，具体操作如下。

步骤 01 将光标定位在要删除的列中并右击，在弹出的快捷菜单中选择【删除单元格】命令，如图 4-86 所示。

步骤 02 弹出【删除单元格】对话框，选中【删除整列】单选按钮，单击【确定】按钮即可，如图 4-87 所示。

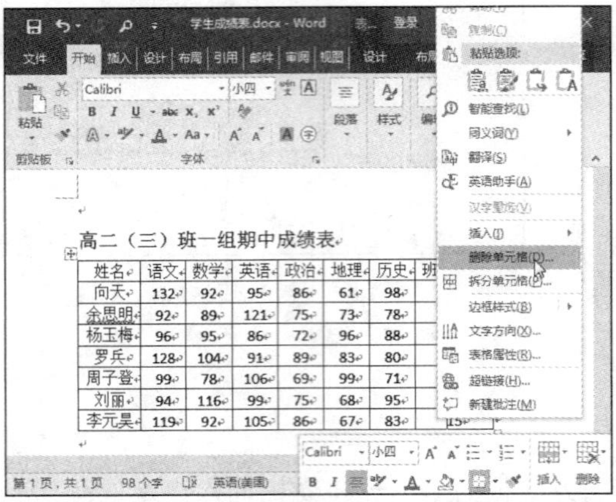

图 4-86 选择【删除单元格】命令

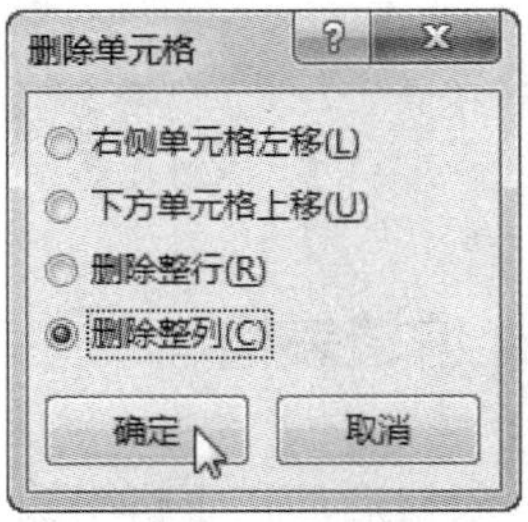

图 4-87 【删除单元格】对话框

3. 调整行高或列宽

调整行高和列宽的操作是类似的，本节以调整行高为例，具体操作如下。

步骤 01 选中要调整的某行，或者将光标定位在要调整行高的该行某个单元格中，右击，在弹出的快捷菜单中选择【表格属性】命令，如图 4-88 所示。

步骤 02 弹出【表格属性】对话框，切换到【行】选项卡，勾选【指定高度】复选框，在右侧的微调框中输入需要的行高值，单击【确定】按钮即可，如图 4-89 所示。

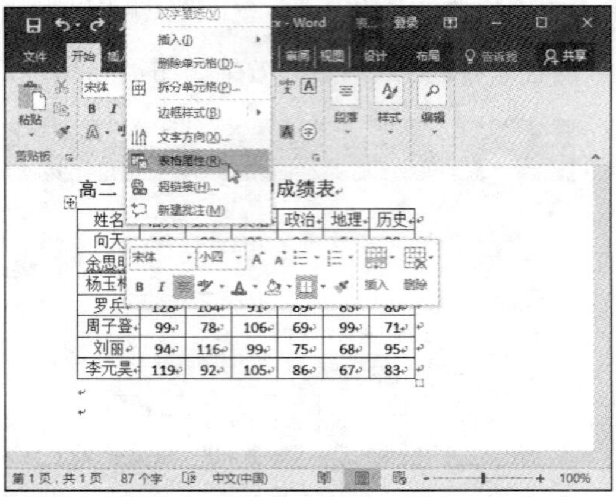

图 4-88 选择【表格属性】命令

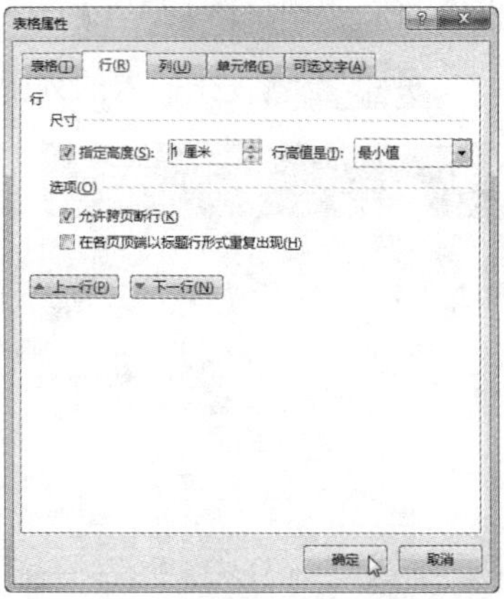

图 4-89 指定行高

4.6.3 美化表格

默认情况下，插入的表格是不带格式的，为了让表格更美观，更有说服力，可根据需要对表格的边框和底纹进行设置，具体操作如下。

步骤 01 选中要设置的表格，切换到【表格工具 / 设计】选项卡，在【表格样式】组中单击【底纹】下拉按钮，在弹出的下拉列表中选择需要的底纹颜色，如图 4-90 所示。

步骤 02 保持表格为选中状态，在【边框】组中单击【边框】→【边框样式】下拉按钮，在弹出的下拉列表中选择需要的边框样式，如图 4-91 所示。

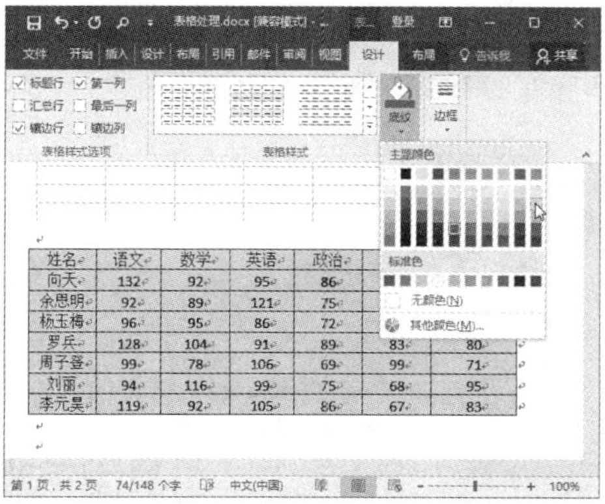

图 4-90　选择表格底纹颜色

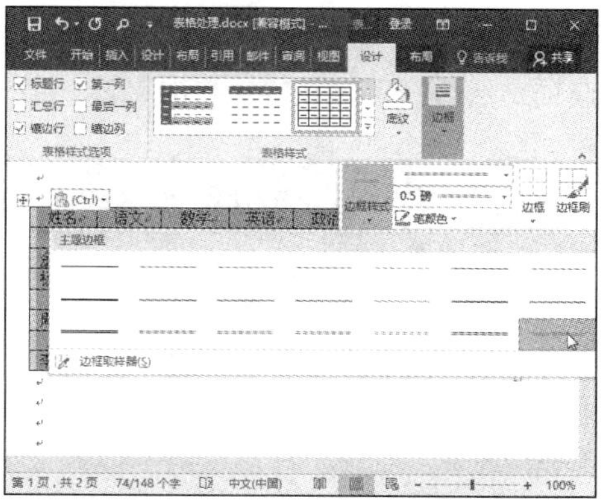

图 4-91　选择边框样式

步骤 03 再次单击【边框】组中的【边框】→【边框】下拉按钮，在弹出的下拉列表中选择需要应用边框样式的位置选项即可，如图 4-92 所示。

技能拓展

Word 2016 提供了多种内置表格样式供用户选择，快速应用表格样式的操作为：将光标定位在表格中或选中整个表格，切换到【表格工具 / 设计】选项卡，在【表格样式】组中单击【快速样式】下拉按钮，在弹出的下拉列表中选择需要的样式选项即可将其应用到表格中，如图 4-93 所示。

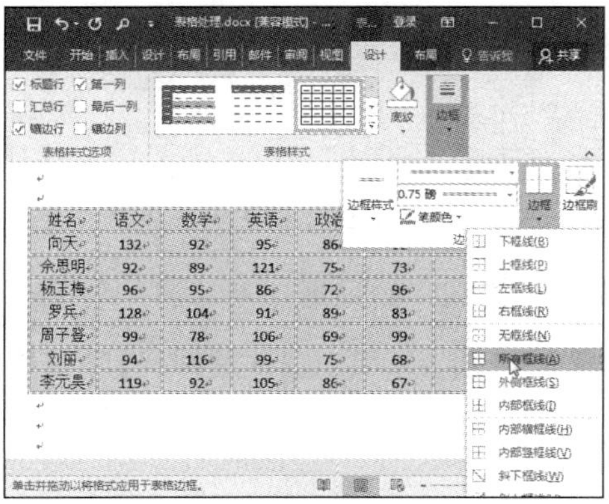

图 4-92　应用边框样式

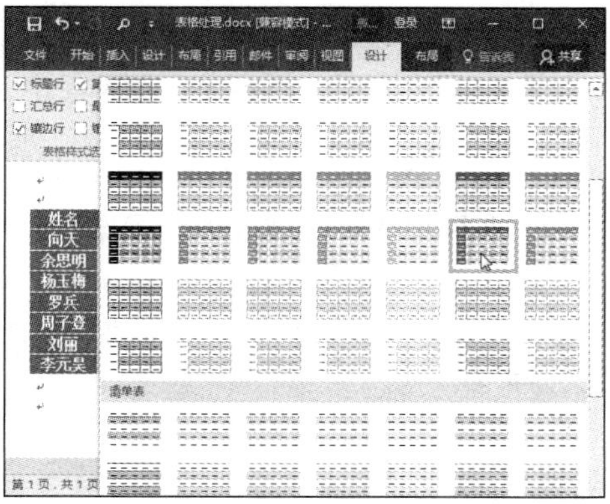

图 4-93　套用内置表格样式

课堂范例——自定义表格边框和底纹

步骤 01 打开“光盘\素材文件\第 4 章\学生成绩表 .docx”文档，将光标定位在表格中或选择整个表格，切换到【表格工具 / 设计】选项卡，在【表格样式】组中单击【快速样式】下拉按钮，在弹出的下拉列表中选择【新建表格样式】命令，如图 4-94 所示。

步骤 02 弹出【根据格式设置创建新样式】对话框，在【名称】文本框中输入新样式名称，单击【将格式应用于】右侧的下拉按钮，在弹出的下拉列表中选择【标题行】选项，然后在下方设置需要的字体、字号、边框和底纹等样式，如图 4-95 所示。

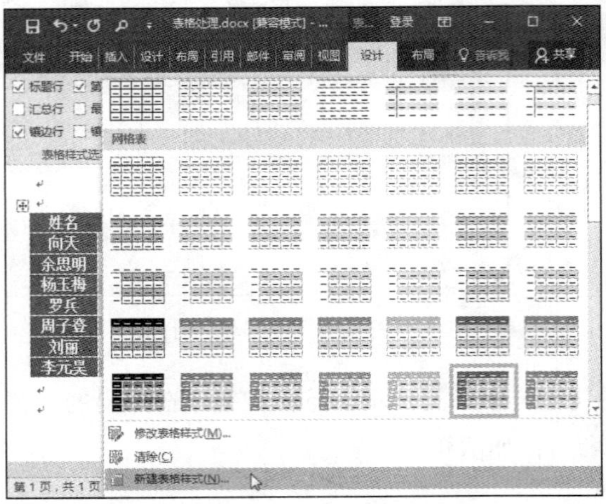

图 4-94 选择【新建表格样式】命令

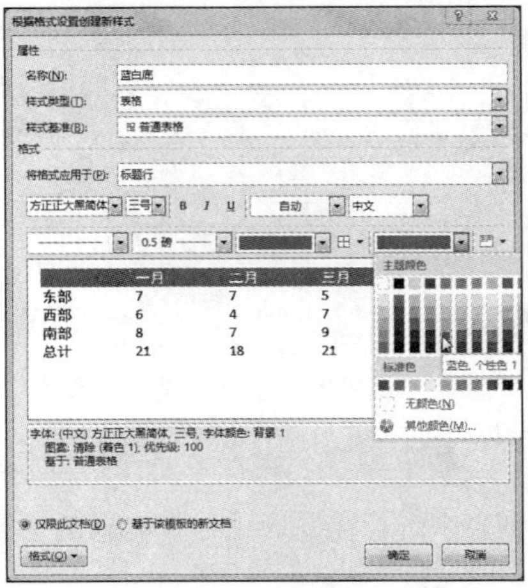

图 4-95 设置标题行样式

步骤 03 单击【将格式应用于】右侧的下拉按钮，在弹出的下拉列表中选择【首列】选项，然后在下方设置需要的字体、字号、边框和底纹等样式，如图 4-96 所示。

步骤 04 单击【将格式应用于】右侧的下拉按钮，在弹出的下拉列表中选择【奇条带行】选项，然后在下方设置需要的样式，如图 4-97 所示。

步骤 05 单击【将格式应用于】右侧的下拉按钮，在弹出的下拉列表中选择【偶条带行】选项，然后在下方设置需要的样式，设置完成后单击【确定】按钮，如图 4-98 所示。

图 4-96 设置首列样式

步骤 06 在【表格工具 / 设计】选项卡的【表格样式】组中单击【快速样式】下拉按钮，在弹出的下拉列表中选择新建的样式选项，即可快速将其应用到表格中，如图 4-99 所示。

步骤 07 返回 Word 文档，即可看到应用新建样式后的效果，如图 4-100 所示。

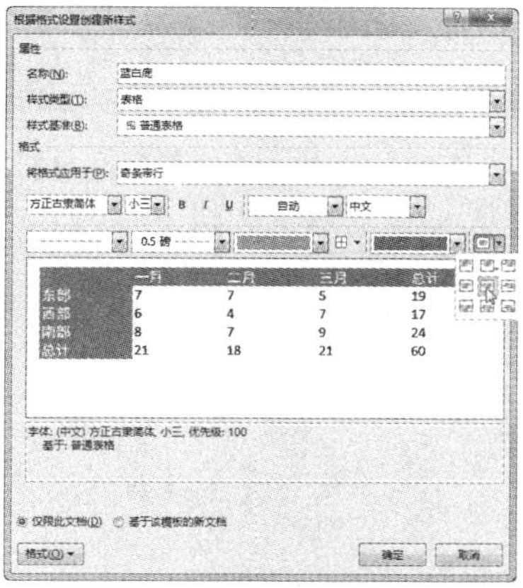

图 4-97 设置奇数行样式

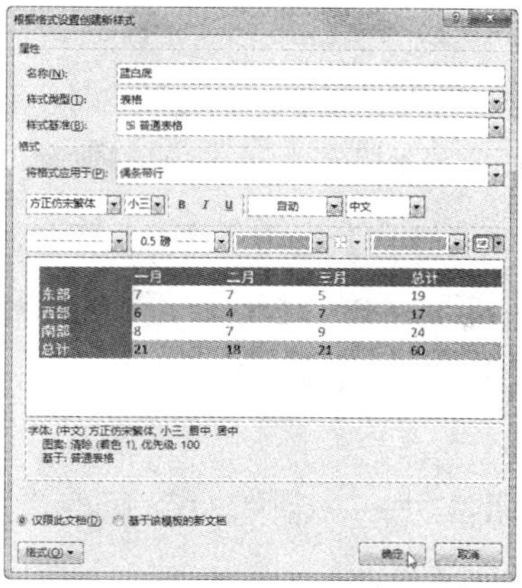

图 4-98 设置偶数行样式

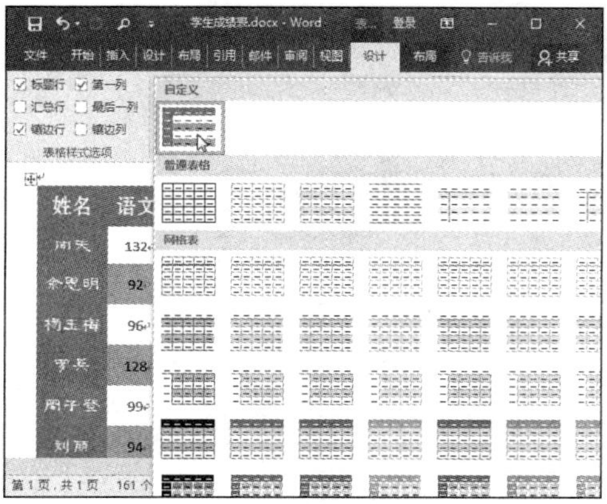

图 4-99 应用新建样式

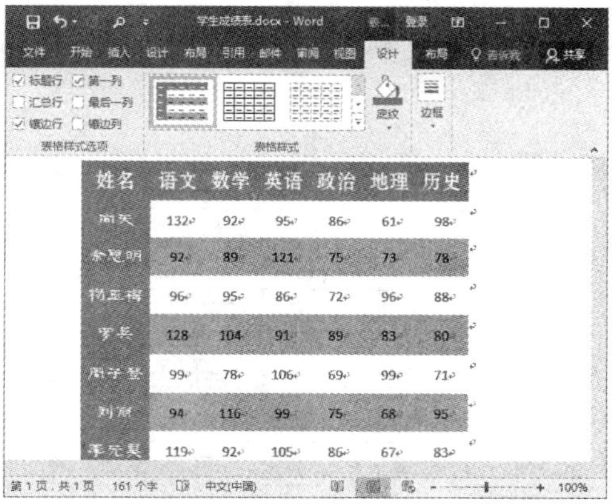

图 4-100 查看效果

课堂问答

通过本章内容的讲解，大家对在 Word 2016 文档中编辑图片、自选图形、文本框及表格等对象有了一定的了解，下面列出一些常见的问题供学习参考。

问题❶：如何为纯色图片去除背景色？

答：在 Word 文档中选中需去掉背景的图片，在【格式】选项卡中单击【删除背景】按钮，图片中被紫色覆盖的区域是清除区域，拖动矩形框控制柄，选择要保留的主题范围，完成后单击【保留更改】按钮，即可完成背景的删除操作。

问题❷：如何改变文本框和文本重叠状态？

答：在文档中插入文本框后，可能会出现文字与文本框重叠的情况，此时必须通过调整文本框的环绕方式来解决，首先选中文本框，切换到【绘图工具 / 格式】选项卡，然后在【排列】组中单击【环绕文字】下拉按钮，在弹出的下拉列表中选择除【衬于文字下方】或【浮于文字上方】两种方式外的其他任意排列方式即可。

问题❸：快速将文本内容转换为表格？

答：如果每项内容之间以逗号（英文状态下输入）、段落标记或制表位等特定符号进行间隔，这类文字可转换成表格，首先选中要转换为表格的文字，切换到【插入】选项卡，然后单击【表格】组中的【表格】按钮，在弹出的下拉列表中选择【文本转换成表格】命令，最后在弹出的【将文字转换成表格】对话框中选中【根据内容调整表格】单选按钮，设置完成后单击【确定】按钮即可。

上机实战——制作 VIP 顾客信息表

通过本章内容的学习，为了巩固本章知识点，下面讲解一个技能综合案例，使大家对本章的知识有更深入的了解。

效果展示

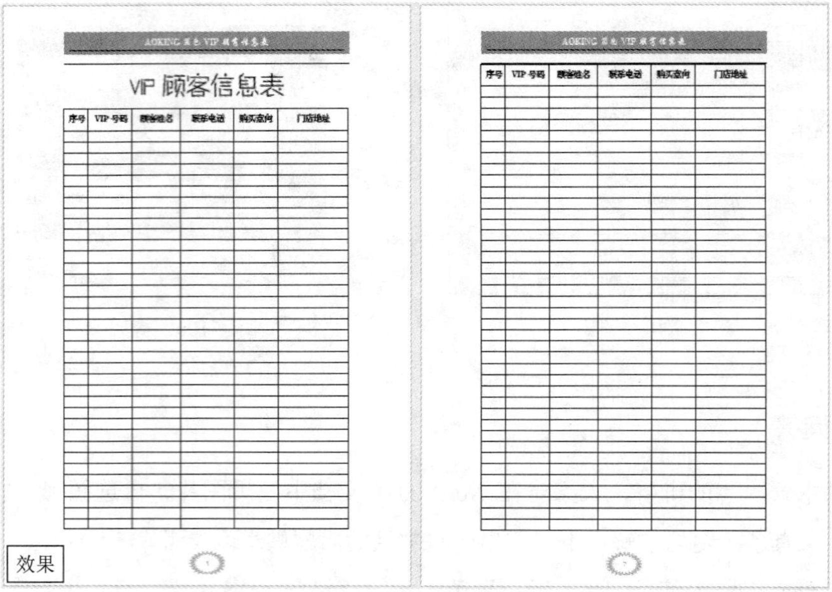

思路分析

顾客信息表通常只包含顾客姓名、联系电话等重要信息，用表格的形式进行编排不仅一目了然，而且查找起来也十分方便。

本例首先插入一个多行表格，其次对表格的单元格和字体格式进行相关设置，最后对页眉页脚进行设置，得到最终效果。

制作步骤

步骤 01　启动 Word 2016，新建一个空白文档，如图 4-101 所示。

步骤 02　在文档中输入标题内容，单击【保存】按钮，如图 4-102 所示。

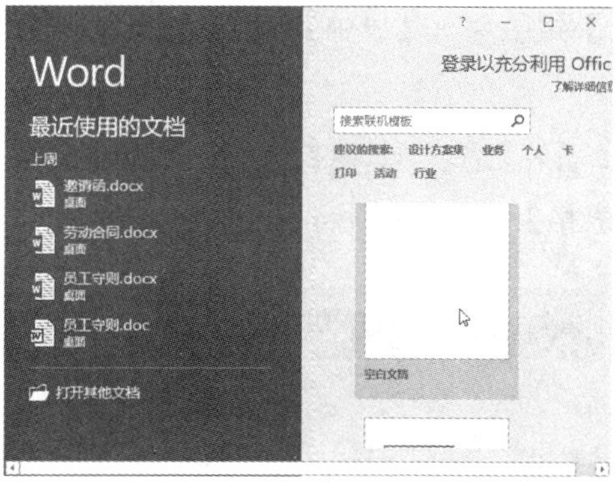

图 4-101 新建空白文档

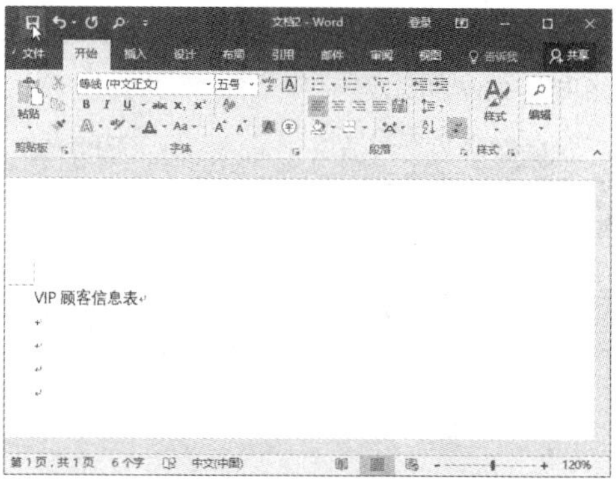

图 4-102 单击【保存】按钮

步骤 03 切换到【另存为】选项卡，单击【浏览】按钮，如图 4-103 所示。

步骤 04 设置好文档的保存路径和文件名，单击【保存】按钮保存文档即可，如图 4-104 所示。

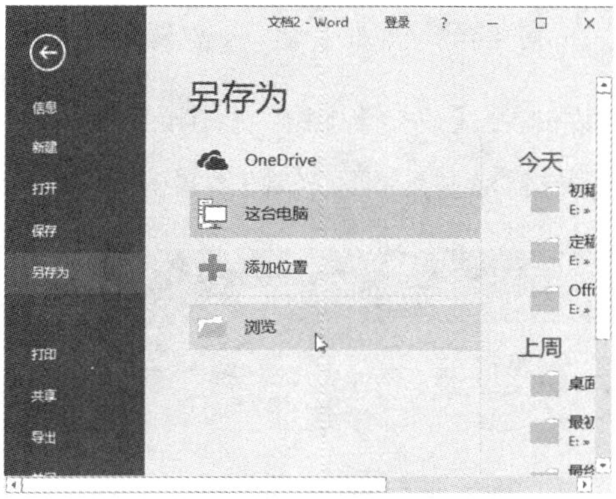

图 4-103 单击【浏览】按钮

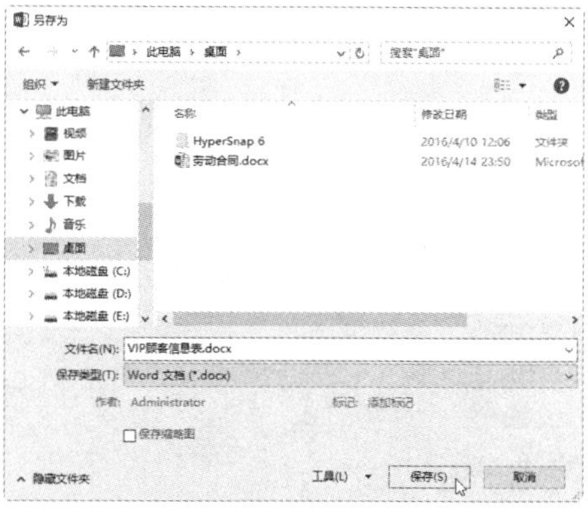

图 4-104 保存文档

步骤 05 选中标题文本，在【开始】选项卡中单击【字体】右侧的下拉按钮，在弹出的下拉列表中选择需要的字体格式，如图 4-105 所示。

步骤 06 保持文本为选中状态，单击【字号】右侧的下拉按钮，在弹出的下拉列表中选择需要的字号，如图 4-106 所示。

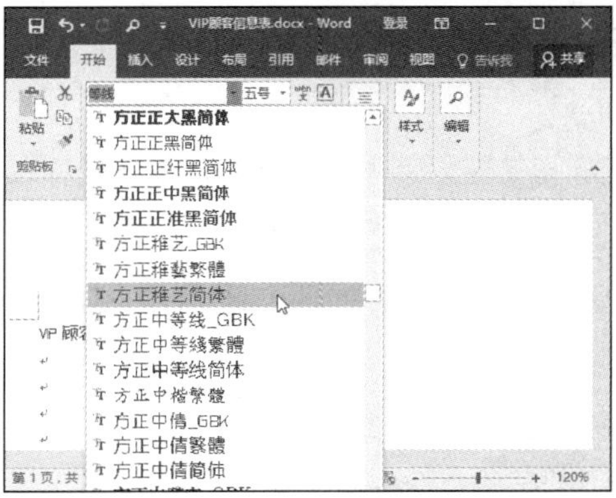

图 4-105 设置标题字体格式

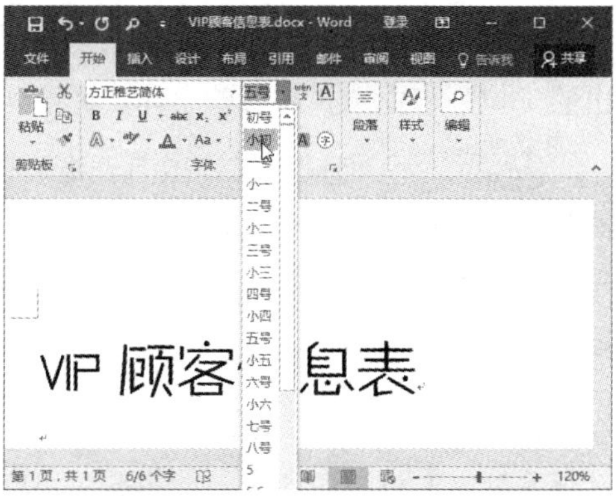

图 4-106 设置标题字号

步骤 07　保持文本为选中状态，在【段落】组中单击【居中】对齐方式按钮≡，如图 4-107 所示。

步骤 08　将光标定位到正文位置，切换到【插入】选项卡，在【表格】组中单击【表格】下拉按钮，在弹出的下拉列表中选择【插入表格】命令，如图 4-108 所示。

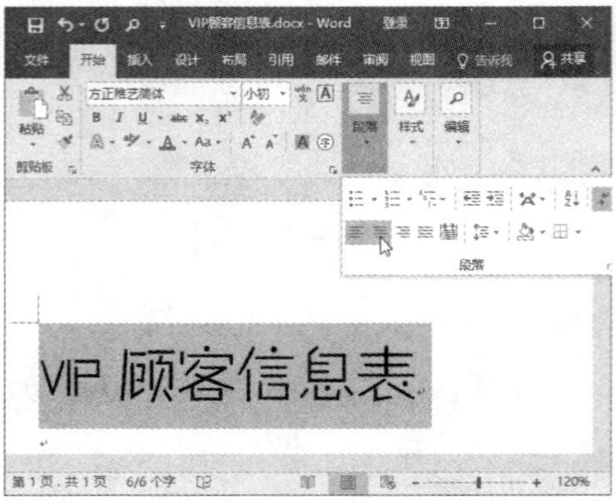

图 4-107　设置对齐方式

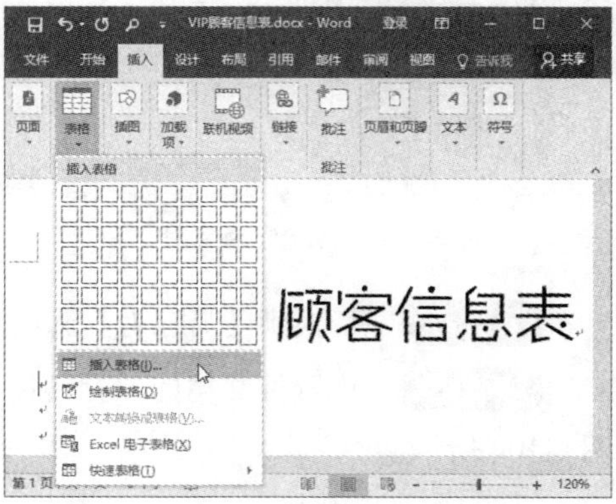

图 4-108　单击【插入表格】按钮

步骤 09　在【插入表格】对话框中设置行列数，单击【确定】按钮，如图 4-109 所示。

步骤 10　返回 Word 文档，在第一行中输入表格标题行内容，如图 4-110 所示。

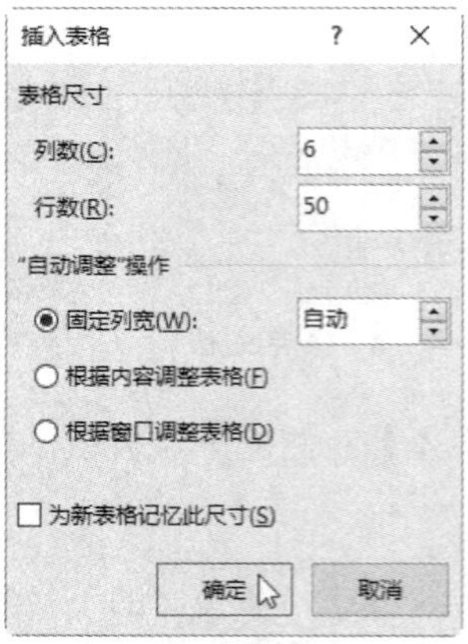

图 4-109　【插入表格】对话框

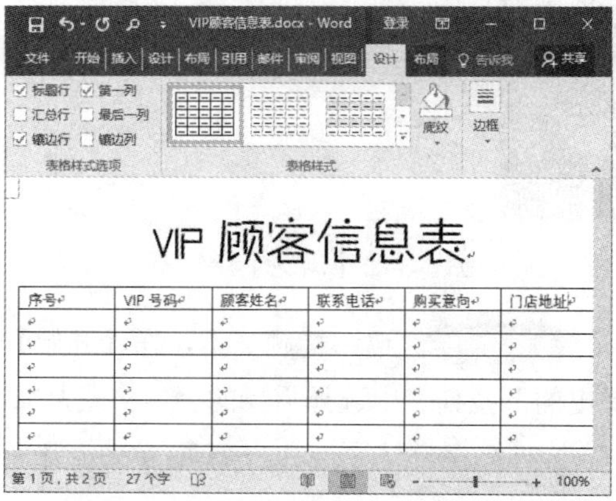

图 4-110　输入表格标题行内容

步骤 11　选中标题行，在【开始】选项卡中单击【字体】右侧的下拉按钮，在弹出的下拉列表中选择需要的字体，如图 4-111 所示。

步骤 12　将鼠标指针指向表格边框，当鼠标指针变为"+||+"形状时，按下鼠标左键并进行拖动，可调整列宽，如图 4-112 所示。

步骤 13　选中整个表格，在【段落】组中单击【居中】对齐方式按钮≡，如图 4-113 所示。

步骤 14　若需要插入行，可在表格中需要插入的位置右击，在弹出的快捷菜单中选择【插入】选项，在展开的级联菜单中选择合适的插入命令，如图 4-114 所示。

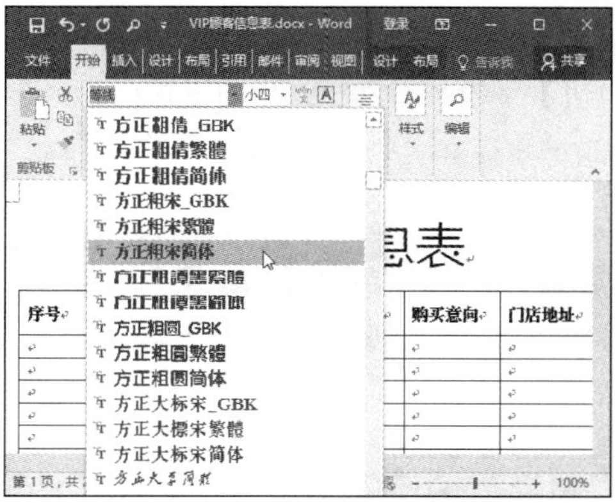

图 4-111　设置标题行字体

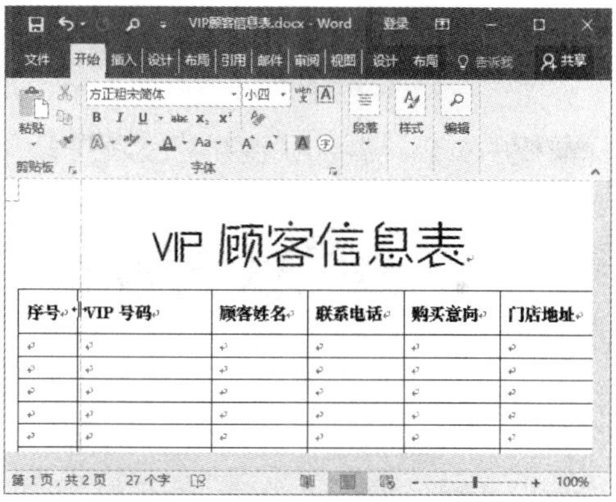

图 4-112　调整列宽

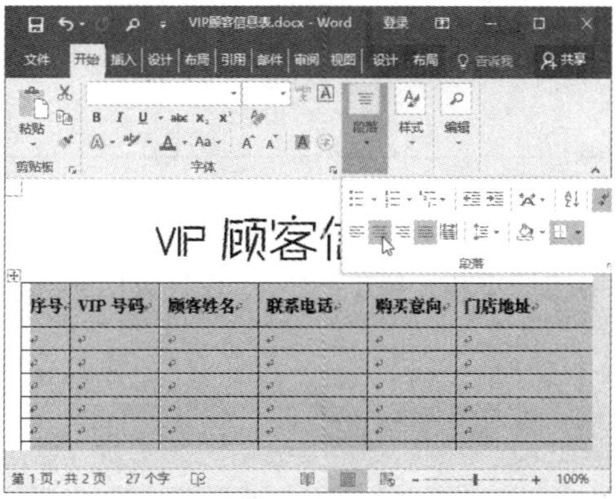

图 4-113　设置表格内容对齐方式

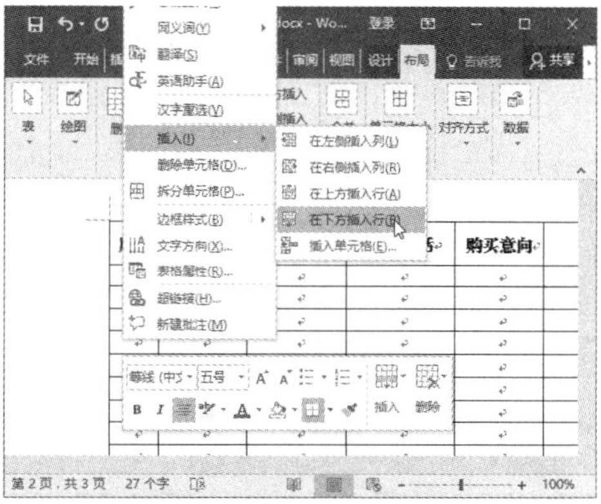

图 4-114　插入行

步骤 15　切换到【表格工具 / 布局】选项卡，在【数据】组中单击【重复标题行】按钮，如图 4-115 所示，可让标题行出现在后面每一页的首行。

步骤 16　切换到【插入】选项卡，在【页眉和页脚】组中单击【页眉】下拉按钮，在弹出的下拉列表中选择合适的页眉样式，如图 4-116 所示。

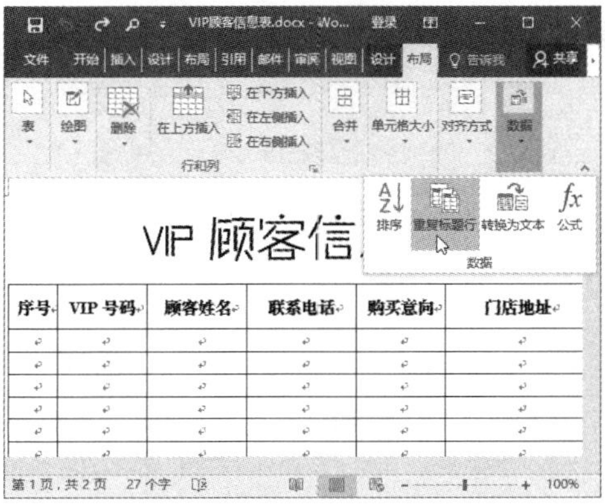

图 4-115　单击【重复标题行】按钮

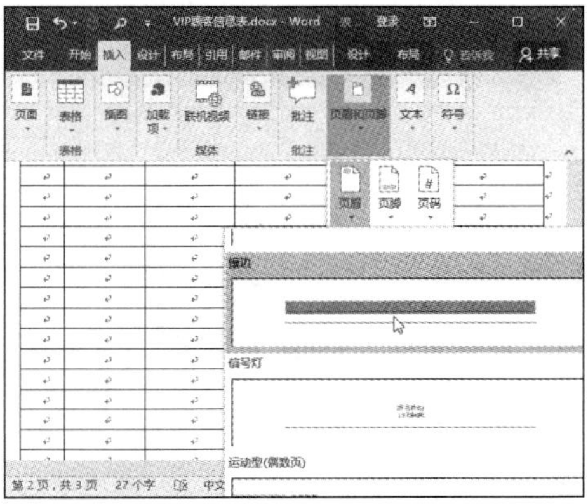

图 4-116　选择页眉样式

步骤 17 在页眉中输入需要的文本内容，并设置好字体格式，如图 4-117 所示。

步骤 18 在【页眉和页脚】组中单击【页码】下拉按钮，在弹出的下拉列表中选择需要的页码位置，在展开的级联列表中选择合适的页码样式，如图 4-118 所示。

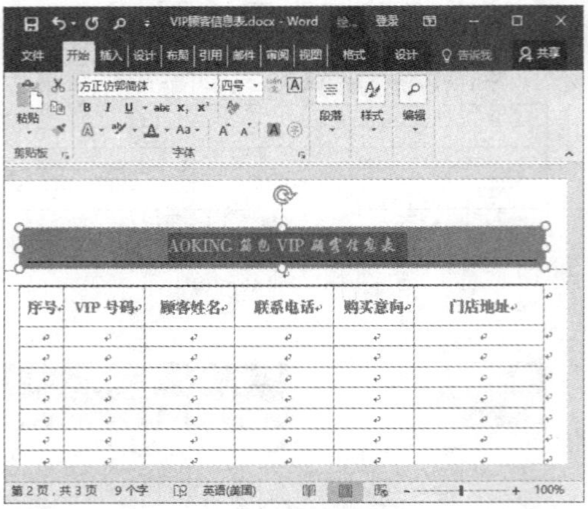

图 4-117 设置页眉内容

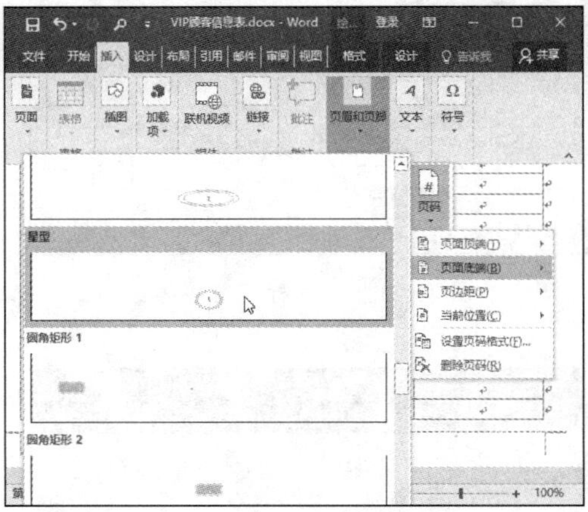

图 4-118 插入页码

步骤 19 设置好页码的字体格式，单击【关闭页眉和页脚】按钮，如图 4-119 所示，退出页眉页脚编辑状态。

步骤 20 返回 Word 文档，可看到最终效果，如图 4-120 所示。

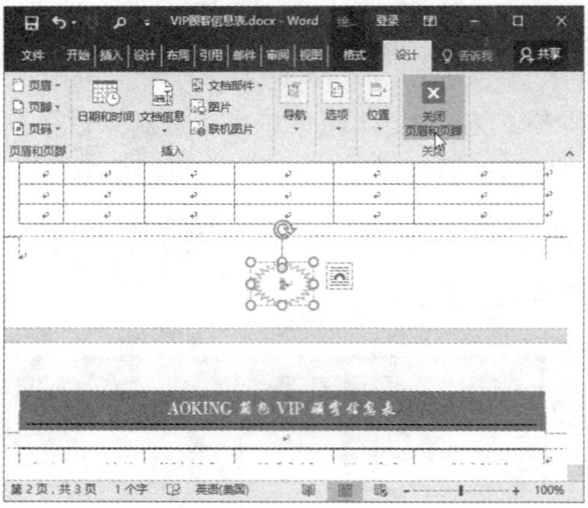

图 4-119 退出页眉页脚编辑状态

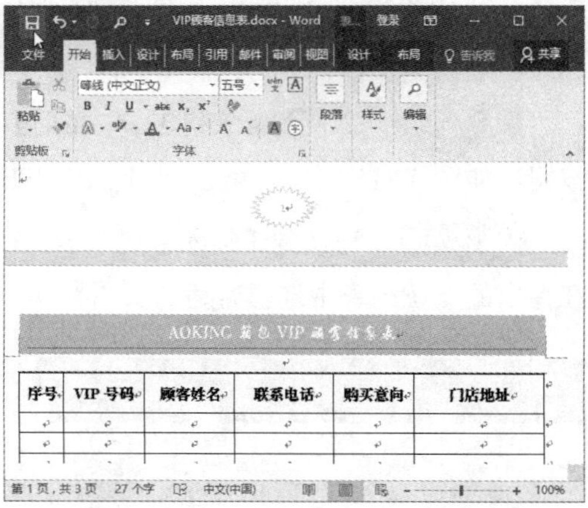

图 4-120 查看最终效果

同步训练——制作失物招领启事

通过上机实战案例的学习，为了增强大家的动手能力，下面安排一个同步训练案例，以达到举一反三、触类旁通的学习效果。

图解流程

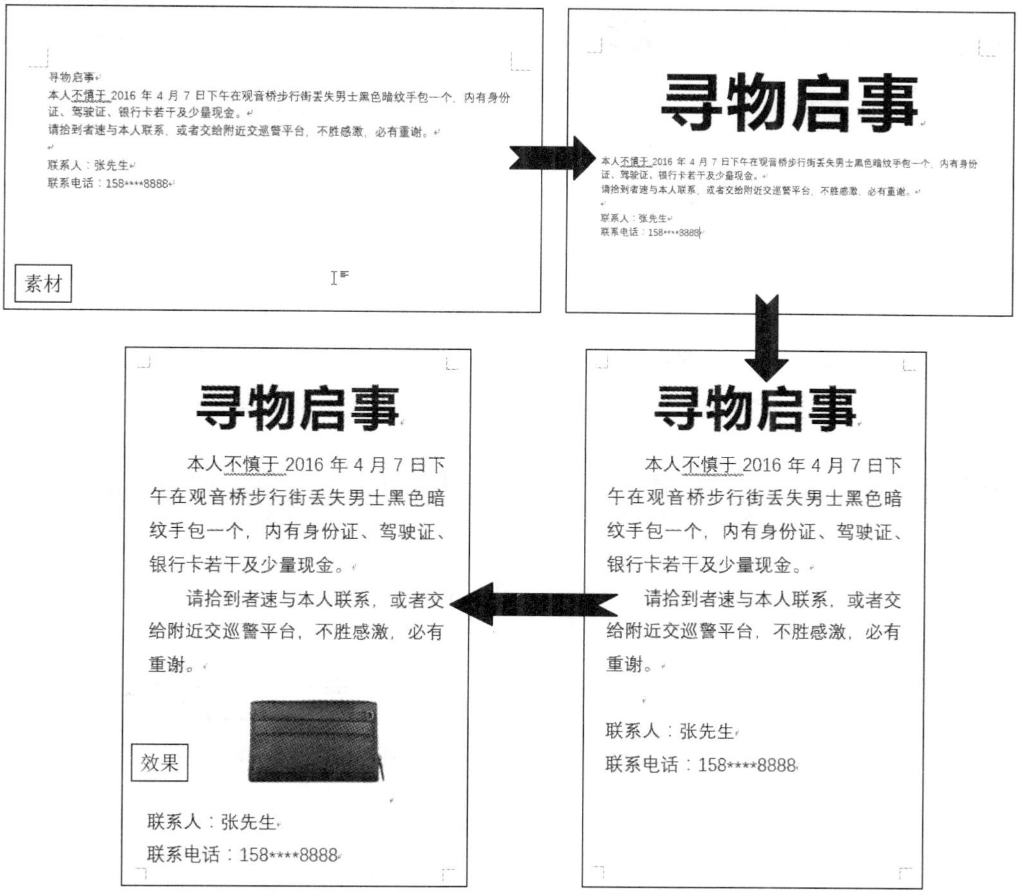

思路分析

寻物启事是常用的文档，其并不需要华丽的修饰，通常只需简洁明了地表达要寻找的物品及联系方式等信息。

本例首先对标题文本进行字体和段落设置，接着对正文进行字体和段落设置，最后插入图片并设置相关格式，得到最终效果。

关键步骤

步骤 01 打开“光盘 \ 素材文件 \ 第 4 章 \ 寻物启事 .docx”文档，如图 4-121 所示。

步骤 02 选中要设为标题的文本，在【开始】选项卡的【段落】组中单击【居中】对齐方式按钮，如图 4-122 所示。

步骤 03 保持文本为选中状态，在【字体】组中单击【字体】右侧的下拉按钮，在弹出的下拉列表中选择需要的字体，如图 4-123 所示。

步骤 04 保持文本为选中状态，在【字体】组中单击【字号】右侧的下拉按钮，在弹出的下拉列表中选择合适的字号，如图 4-124 所示。

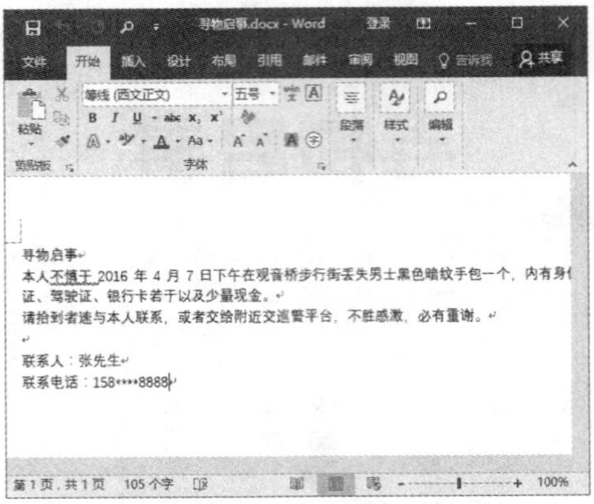
寻物启事.docx - Word
寻物启事
本人不慎于 2016 年 4 月 7 日下午在观音桥步行街丢失男士黑色暗纹手包一个，内有身份证、驾驶证、银行卡若干以及少量现金。
请拾到者速与本人联系，或者交给附近交巡警平台，不胜感激，必有重谢。
联系人：张先生
联系电话：158****8888

图 4-121　打开原文档

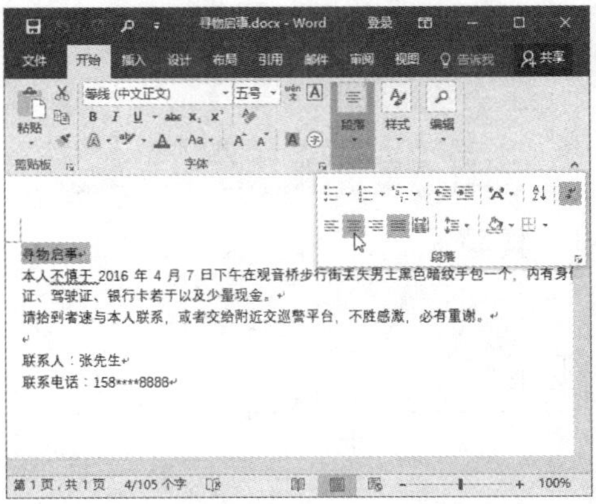
寻物启事.docx - Word
寻物启事
本人不慎于 2016 年 4 月 7 日下午在观音桥步行街丢失男士黑色暗纹手包一个，内有身份证、驾驶证、银行卡若干以及少量现金。
请拾到者速与本人联系，或者交给附近交巡警平台，不胜感激，必有重谢。
联系人：张先生
联系电话：158****8888

图 4-122　设置标题居中

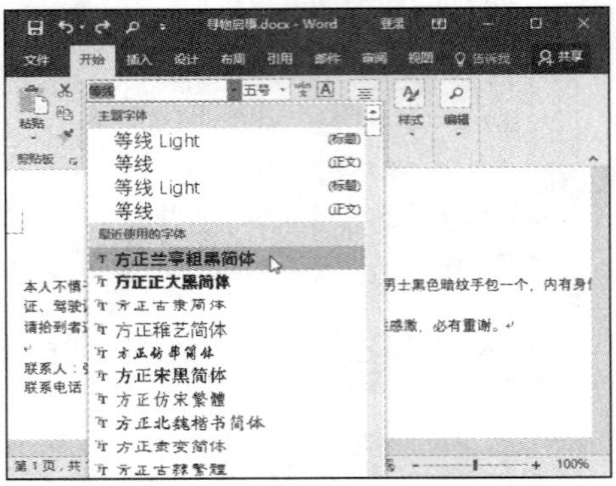
寻物启事.docx - Word
等线 Light
等线
等线 Light
等线
方正兰亭粗黑简体
方正正大黑简体

图 4-123　选择字体

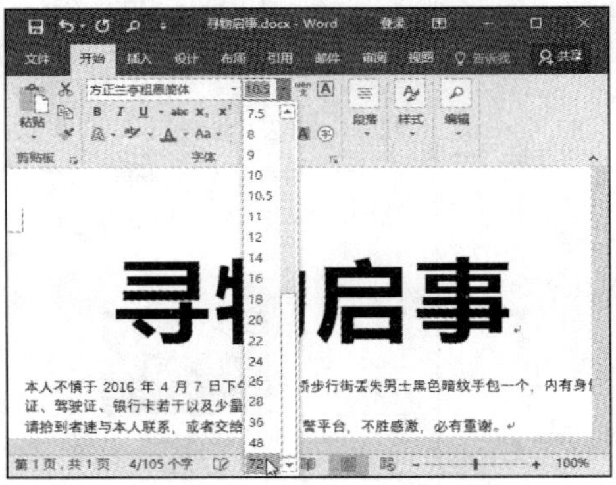
寻物启事.docx - Word
寻物启事

图 4-124　选择字号

步骤 05　选中正文所有字体，单击【字号】右侧的下拉按钮，在弹出的下拉列表中选择合适的字号，如图 4-125 所示。

步骤 06　选中要设置段落格式的文本，在【段落】组中单击右下角的展开按钮，如图 4-126 所示。

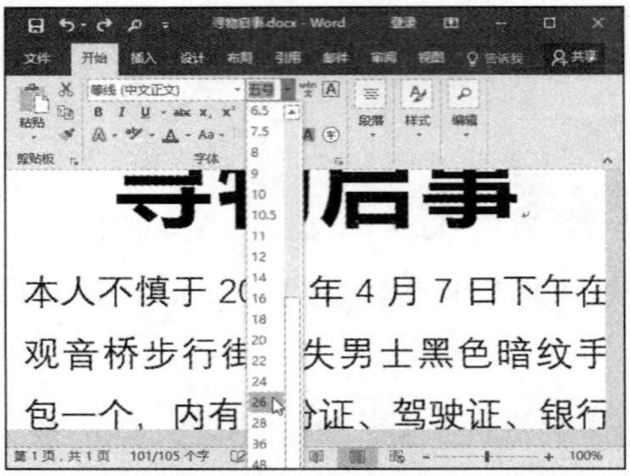
寻物启事.docx - Word
本人不慎于 20 年 4 月 7 日下午在
观音桥步行街 失男士黑色暗纹手
包一个，内有 份证、驾驶证、银行

图 4-125　设置正文字号

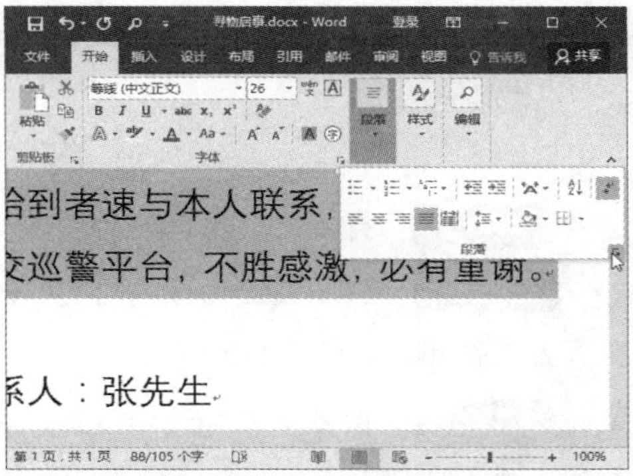
寻物启事.docx - Word
合到者速与本人联系，
交巡警平台，不胜感激，必有重谢。
系人：张先生

图 4-126　单击段落展开按钮

步骤 07 弹出【段落】对话框，在【缩进】栏的【特殊格式】下拉列表框中选择【首行缩进】选项，在【缩进值】微调框中选择【2 字符】选项，如图 4-127 所示，设置完成后单击【确定】按钮。

步骤 08 将光标定位在要插入图片的位置，切换到【插入】选项卡，在【插图】组中单击【图片】按钮，如图 4-128 所示。

图 4-127 设置正文段落格式

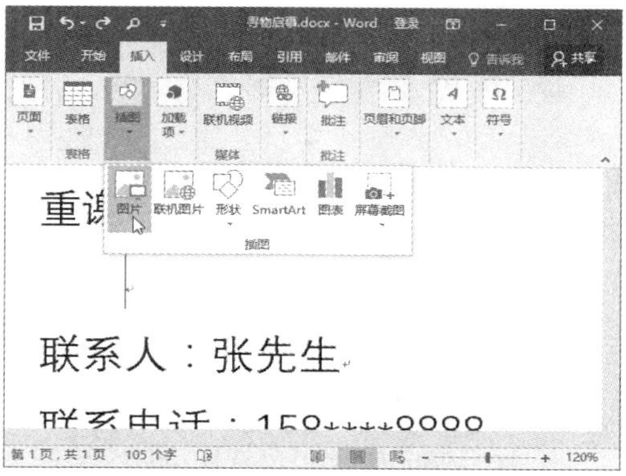

图 4-128 单击【图片】按钮

步骤 09 弹出【插入图片】对话框，选中要插入的图片文件，单击【插入】按钮，如图 4-129 所示。

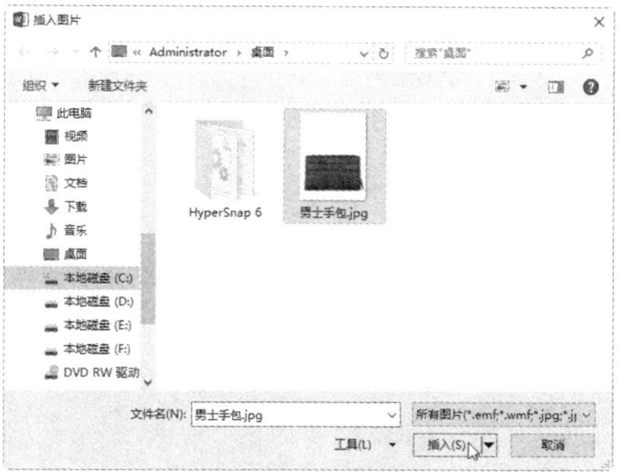

图 4-129 单击【插入】按钮

步骤 10 将鼠标指针指向图片四周的控制柄，当其变为双向箭头时按下鼠标左键进行拖动，在合适位置释放鼠标，可调整图片大小，如图 4-130 所示。

步骤 11 选中图片，单击【居中】对齐方式按钮，如图 4-131 所示，设置完成后，单击【保存】按钮保存文档即可。

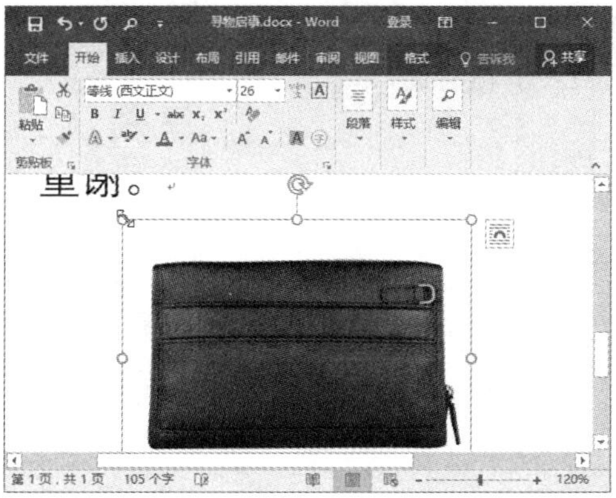

图 4-130 调整图片大小

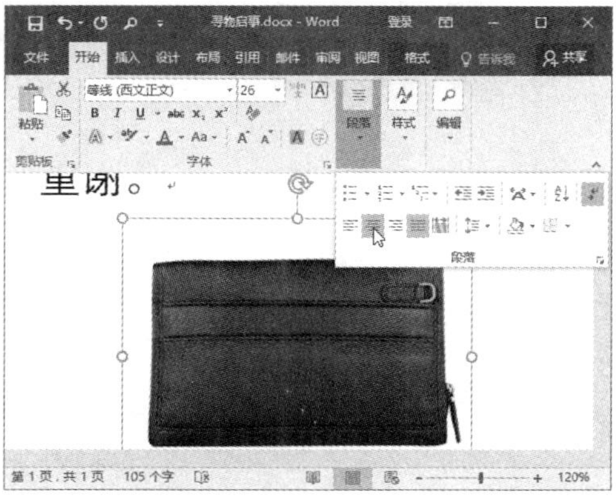

图 4-131 设置图片居中

知识能力测试

本章讲解了图片、自选图形、文本框及表格的使用和制作方法，为对知识进行巩固和考核，布置相应的练习题。

一、填空题

1．为了制作精美的文档，仅仅编排文字是不够的，还可以根据需要添加______、_________、_________、_________等图形对象来进行美化。

2．在 Word 中插入表格后，单元格中的文字有_________、_________、_________、_________、_________、_________、_________、_________和_________9 种对齐方式供用户选择。

3．Word 提供了绘制图形功能，在文档中可绘制出________、________、________、_________、_________等多种类型的自选图形。

二、选择题

1．在 Word 中绘制自选图形时，绘制矩形的同时按住（　　）键，可绘制正方形图形。

A．【Shift】　　B．【Ctrl】

C．【Tab】　　D．【Alt】

2．在 Word 中绘制的自选图形默认带有背景色，Word 2016 默认的自选图形背景色为（　　）。

A．灰色　　B．白色

C．蓝色　　D．黑色

3．裁剪图像时，调整好裁剪区域后，在该区域内双击鼠标左键，或者按（　　）键，即可将未框选的图像裁剪掉。

A．【Tab】　　B．【Shift】

C．【Alt】　　D．【Enter】

三、简答题

1．手动调整图片大小时，为什么经常出现图片“变瘦”或“变胖”的情况？

2．如何将多个对象组合在一起，以方便调整大小和位置？

Office 2016

第 5 章 Excel 基本操作

Excel 2016 是 Office 2016 软件中专门用来制作电子表格的组件，本章将为读者讲解工作簿、工作表的基本操作，以及如何在单元格中输入与编辑数据，通过本章的学习可以让读者快速掌握电子表格的制作方法。

学习目标

- 熟练掌握工作表的基本操作
- 掌握在 Excel 中输入文本和各种数据的方法
- 熟练掌握行和列的编辑方法
- 熟练掌握单元格的相关操作
- 熟练掌握单元格格式的设置方法

5.1 工作表的基本操作

工作表是由多个单元格组合而形成的一个平面二维表格。工作表的基本操作包括选择工作表、重命名工作表、插入与删除工作表、移动与复制工作表及保护工作表等。

5.1.1 插入与删除工作表

在 Excel 2016 中，默认情况下一个工作簿中仅包含 1 个工作表，这通常不能满足用户的使用需求，往往需要插入更多的工作表。要在 Excel 2016 中插入工作表，可通过以下几种方法实现。

（1）单击工作表标签栏右侧的“插入工作表”按钮⊕。

（2）在【开始】选项卡的【单元格】选项组中单击【插入】按钮，在弹出的下拉列表中选择【插入工作表】命令即可，如图 5-1 所示。

（3）按下【Shift+F11】组合键。

（4）右击工作表标签，在弹出的快捷菜单中选择【插入】命令，双击【工作表】选项，或者在弹出的【插入】对话框中选择【工作表】选项，单击【确定】按钮即可，如图 5-2 所示。

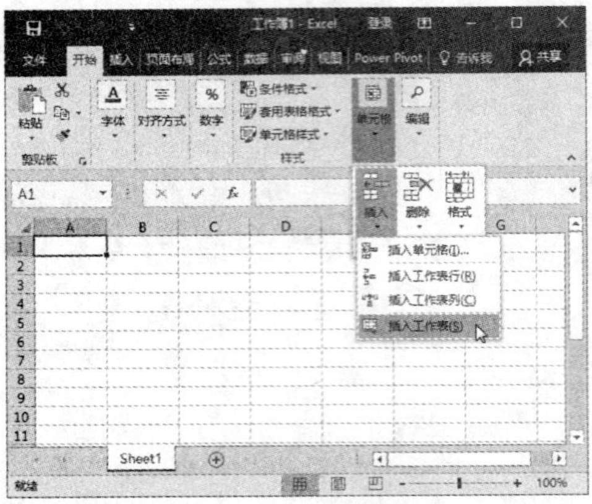

图 5-1　选择【插入工作表】命令

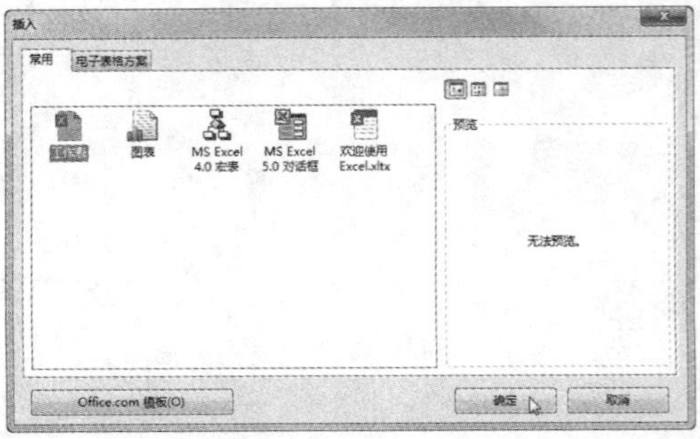

图 5-2　选择【工作表】选项

技能拓展

按住【Shift】键的同时选中多张工作表，然后在【开始】选项卡的【单元格】组中单击【插入】按钮，在弹出的下拉列表中选择【插入工作表】命令，可以一次插入多张工作表。

5.1.2 重命名工作表

默认情况下，工作表以“sheet1、sheet2、sheet3……”的形式依次命名，为了区分工作表，可以根据表格名称、创建日期、表格编号等对工作表进行重命名。在 Excel 2016 中重命名工作表的方法主要有以下两种。

（1）在 Excel 窗口中，双击需要重命名的工作表标签，此时工作表标签呈可编辑状态，直接输入新的工作表名称，然后按下【Enter】键确认即可，如图 5-3 所示。

（2）右击工作表标签，在弹出的快捷菜单中选择【重命名】命令，如图 5-4 所示，此时工作表标签呈可编辑状态，直接输入新的工作表名称后按下【Enter】键确认即可。

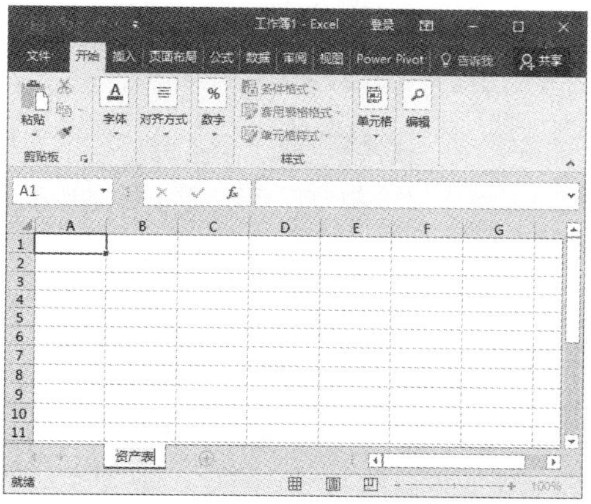

图 5-3　双击更改工作表名称

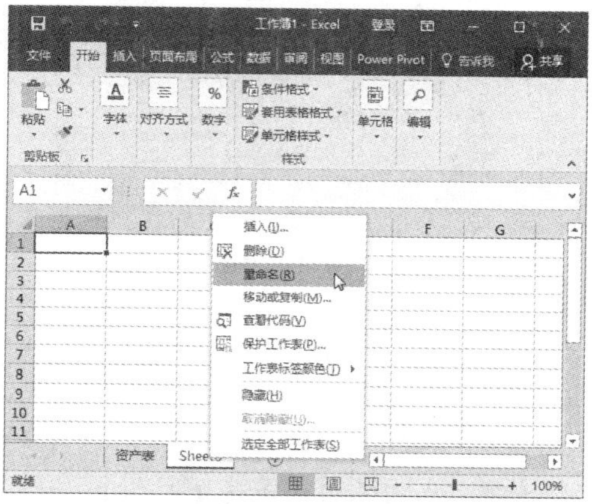

图 5-4　通过快捷菜单重命名工作表

5.1.3 移动或复制工作表

移动与复制工作表是使用 Excel 管理数据时较常用的操作，主要分工作簿内操作与跨工作簿操作两种情况，下面将分别进行介绍。

1．在同一工作簿内操作

在同一个工作簿中移动或复制工作表的方法很简单，主要是利用鼠标拖动来操作，方法如下。

（1）将鼠标指针指向需要移动的工作表的标签，按下鼠标左键将工作表标签拖动到目标位置，然后释放鼠标即可。

（2）将鼠标指针指向要复制的工作表，在拖动工作表的同时按住【Ctrl】键，至目标位置后释放鼠标即可。

2．跨工作簿操作

在不同的工作簿间移动或复制工作表方法较为复杂。下面以将“登记表”复制到“员工考勤表”工作簿中为例进行介绍，方法如下。

步骤 01　同时打开“员工考勤表.xlsx”和“员工信息表.xlsx”，在“员工信息表”工作簿中右击“登记表”标签，在出现的快捷菜单中选择【移动或复制】命令，如图 5-5 所示。

步骤 02　弹出【移动或复制工作表】对话框，在【工作簿】下拉列表框中选择【员工考勤表】选项，在【下列选定工作表之前】列表框中，选择移动后在“员工考勤表”中的位置，勾选【建立副本】复选框，然后单击【确定】按钮即可，如图 5-6 所示。

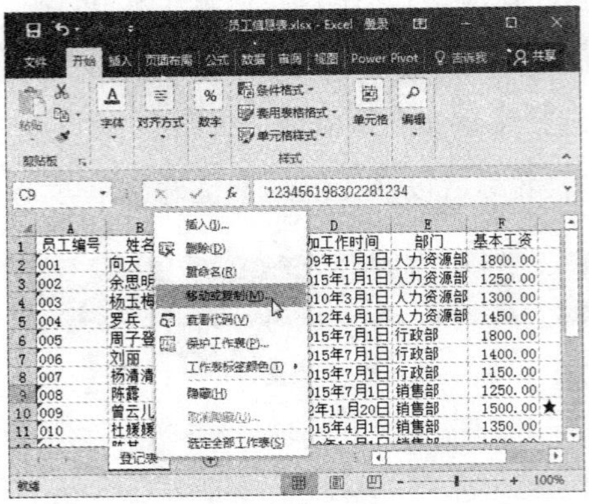

图 5-5　选择【移动或复制】命令

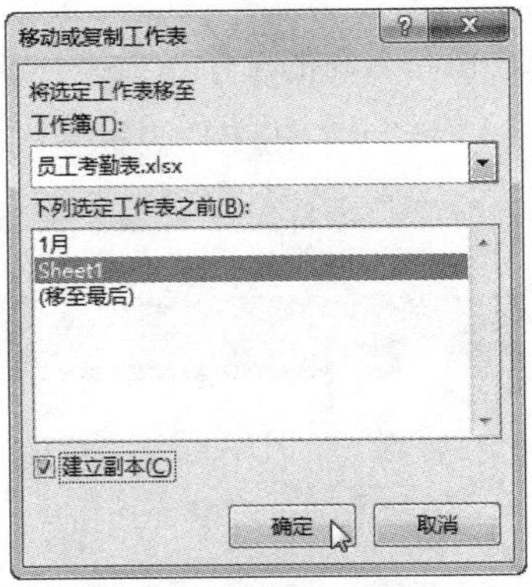

图 5-6　选择目标位置

技能拓展

在【移动或复制工作表】对话框中，若勾选【建立副本】复选框为复制工作表操作，若不勾选【建立副本】复选框则为移动工作表操作。

5.1.4 隐藏和显示工作表

为了避免别人看到工作表中的重要信息，可以将包含重要内容的工作表隐藏起来。

隐藏工作表的方法很简单：右击要隐藏的工作表的标签，在弹出的快捷菜单中选择【隐藏】命令即可，如图 5-7 所示。

隐藏工作表后，如果需要将其显示出来进行查看或编辑，首先右击隐藏了工作表的工作簿中的任意工作表标签，在弹出的快捷菜单中选择【取消隐藏】命令，在打开的【取消隐藏】对话框中选择要显示的工作表，单击【确定】按钮，如图 5-8 所示。

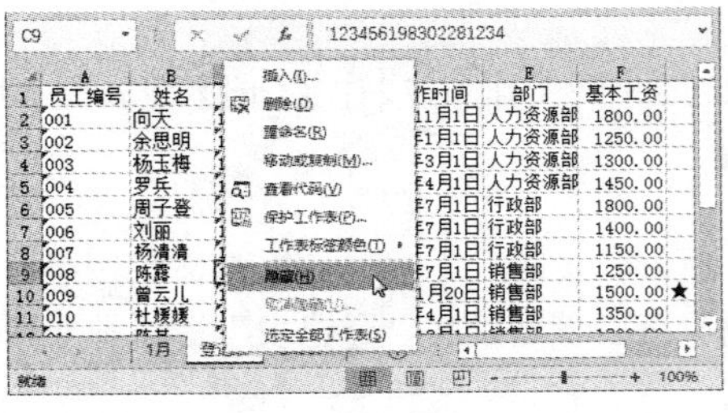

图 5-7　选择【隐藏】命令

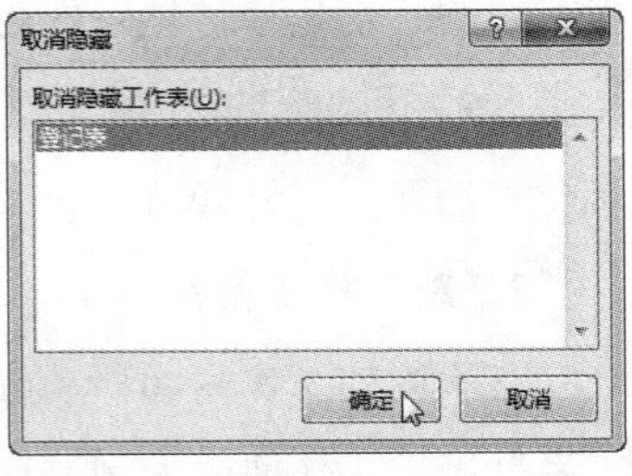

图 5-8　【取消隐藏】对话框

技能拓展

在执行了隐藏工作表操作的工作簿的任意工作表中，切换到【开始】选项卡，在【单元格】组中单击【格式】下拉按钮，在弹出的下拉列表中选择【隐藏或取消隐藏】选项，在展开的级联菜单中选择【取消隐藏工作表】命令，然后在弹出的【取消隐藏】对话框中选择要显示的工作表名称，单击【确定】按钮也可将其显示出来。

课堂范例——拆分和冻结工作表

步骤 01 打开“光盘\素材文件\第 5 章\员工考勤表 .xlsx”文件，选中目标单元格，在【视图】选项卡中单击【窗口】组中的【拆分】按钮，如图 5-9 所示。

步骤 02 将鼠标指针指向拆分条，当鼠标指针变为“÷”或“⇹”形状时，按住鼠标左键拖动拆分条，即可调整各个拆分窗格的大小，如图 5-10 所示。

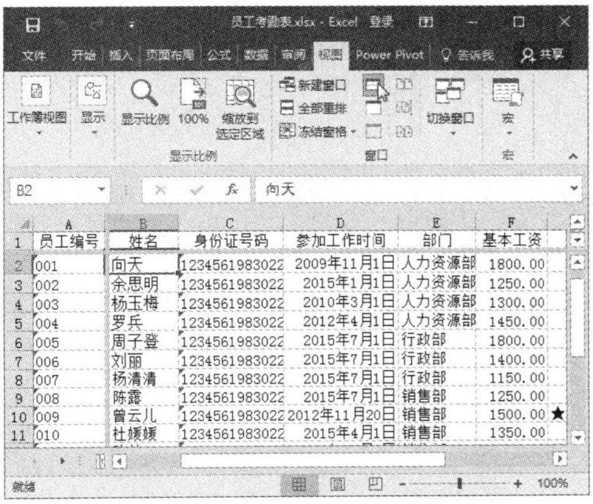

图 5-9 单击【拆分】按钮

图 5-10 调整拆分窗格的大小

步骤 03 双击水平和垂直拆分条的交叉点，或者再次单击【拆分】按钮，即可取消工作表的拆分状态，如图 5-11 所示。

步骤 04 选中目标单元格，在【视图】选项卡的【窗口】组中单击【冻结窗格】下拉按钮，在下拉列表中选择需要的命令，如图 5-12 所示。如选择【冻结拆分窗格】命令，可冻结所选单元格上方的所有行。

步骤 05 此时拖动垂直与水平滚动条，可见首行与首列保持不变，如图 5-13 所示。

步骤 06 再次单击【冻结窗格】按钮，在弹出的下拉列表中选择【取消冻结窗格】命令，即可取消冻结状态，如图 5-14 所示。

图 5-11 取消工作表的拆分状态

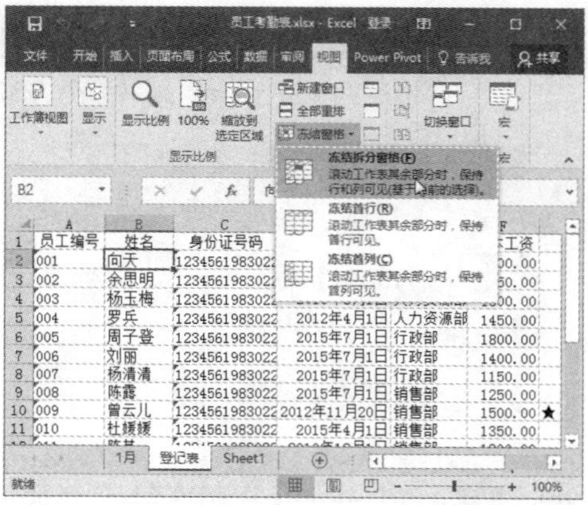

图 5-12 冻结工作表

图 5-13 查看冻结状态

图 5-14 取消冻结状态

5.2 输入和编辑数据

要进行 Excel 表格制作和数据分析，数据输入是第一步，录入数据后还需要根据实际需要对数据进行编辑。

5.2.1 输入数据

输入数据是使用 Excel 时必不可少的操作，输入表格数据包括输入普通数据、特殊数据、特殊符号等，下面将分别介绍。

1．输入文本和数字

文本和数字是 Excel 表格中重要的数据类型，在表格中输入该类数据的方法很简单：选中要输入数据的单元格，通过键盘直接输入数字即可，如图 5-15 所示；若要输入文字，可切换到中文输入法，通过键盘即可输入文字，然后单击工作表其他位置即可完成输入，如图 5-16 所示。

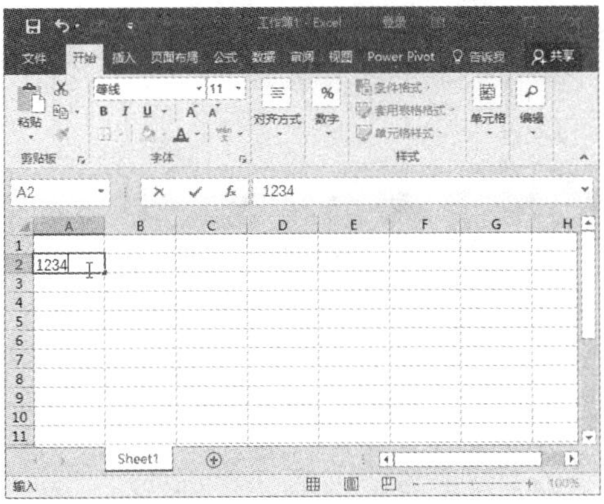

图 5-15　直接输入数字

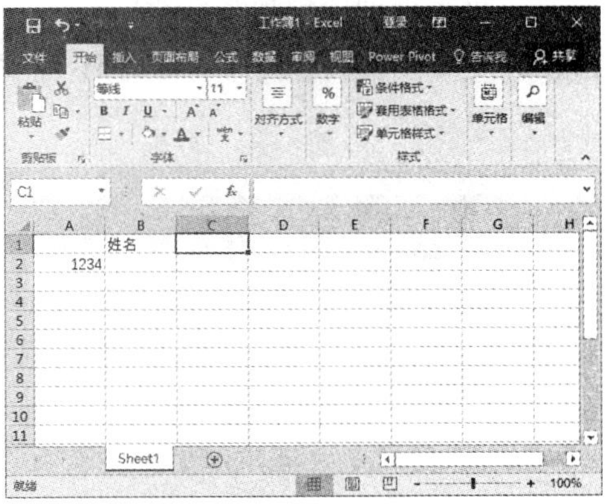

图 5-16　直接输入文字

2．输入时间和日期

如果要在单元格中输入时间，可以以时间格式直接输入，如输入“9：30：00”。在 Excel 2016 中，系统默认的是按 24 小时制输入，如果要按照 12 小时制输入，就需要在输入的时间后加上“AM”或者“PM”字样表示上午或下午，如图 5-17 所示。

输入日期的方法为：在年、月、日之间用“/”或者“-”隔开。例如，在 A4 单元格中输入“16/4/1”，按下【Enter】键后就会自动显示为日期格式“2016/4/1”，如图 5-18 所示。

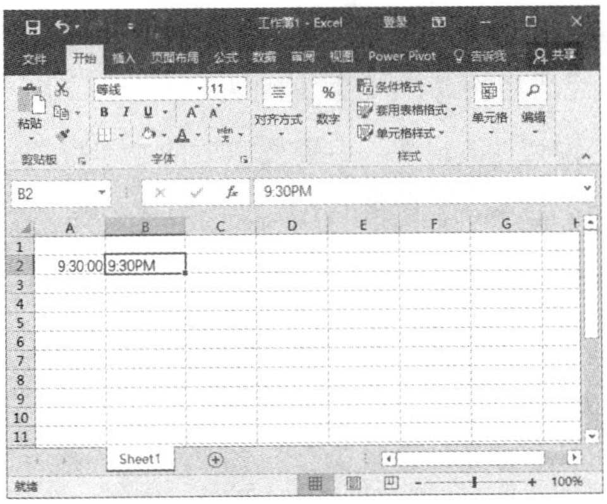

图 5-17　输入时间

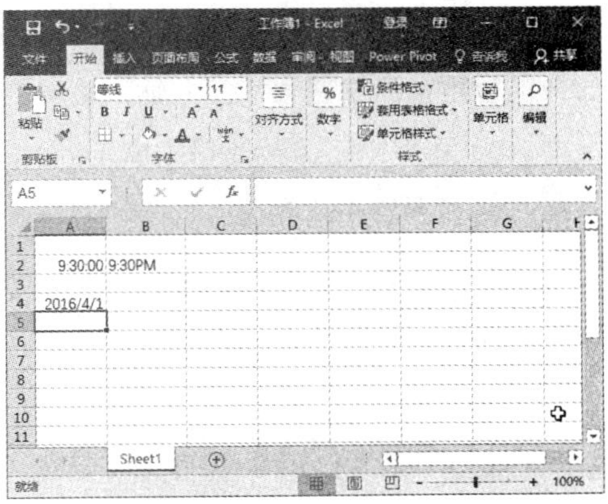

图 5-18　输入日期

3．输入特殊数据

对于一些常规的数据，选中单元格后可直接输入，如果要输入分数或“0”开头的数据等特殊数据，就需要使用特殊的方法实现。

（1）输入分数：在 Excel 2016 中不能直接输入分数，系统会默认将其显示为日期格式，如输入分数“3/4”，按下【Enter】键确认后将会显示为日期“3 月 4 日”。如果要在单元格中输入分数，需要在分数前加上一个“0”和一个空格，如图 5-19 所示。

（2）输入以“0”开头的数据：默认情况下，在 Excel 中输入“0”开头的数字时，程序会将它识别成数值型数据，直接省略掉前面的“0”。例如，输入序号“001”，Excel 会自动将其转换为“1”。此时，只需要在数据前加上英文状态下的单引号就可输入了，如图 5-20 所示。

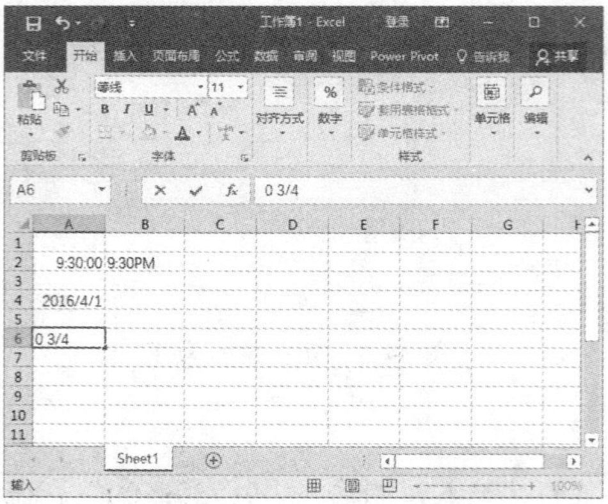

图 5-19　输入分数

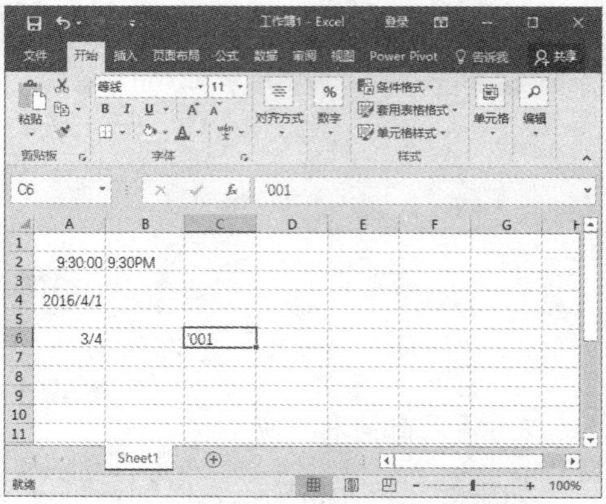

图 5-20　输入“0”开头的数据

5.2.2 修改单元格内容

在 Excel 中录入数据时，若发现输入的数据有误，可以根据实际情况进行修改。在 Excel 2016 中修改单元格内容可通过下面几种方法实现。

（1）双击需要修改数据的单元格，此时单元格处于可编辑状态，将光标定位在需要修改的位置，删除错误字符并输入正确的字符，完成后按【Enter】键确认即可。

（2）选中需要修改数据的单元格，将光标定位在“编辑栏”中需要修改的字符位置，然后将错误字符删除并输入正确的字符，完成后按【Enter】键确认即可。

（3）选中需要重新输入数据的单元格，在其中直接输入正确的数据，然后按下【Enter】键确认即可。

5.2.3 撤销与恢复数据

对工作表进行操作时，可能会因为各种原因导致表格编辑错误，此时可以使用撤销和恢复操作轻松纠正过来。

撤销操作是让表格还原到执行错误操作前的状态，方法很简单：执行错误的操作后，单击【快速访问工具栏】中的【撤销】按钮即可撤销上一步操作。

若要撤销的编辑步骤很多，可单击【撤销】按钮旁边的下拉按钮，在弹出的下拉列表中选择需要撤销的目标操作步骤，即可快速撤销多个操作了，如图 5-21 所示。

恢复操作是指让表格恢复到执行撤销操作前的状态，只有执行了撤销操作后，“恢复”

按钮才会呈可用状态。恢复操作的方法和撤销操作的方法类似，只需单击【快速访问工具栏】中的【恢复】按钮即可，如图 5-22 所示。

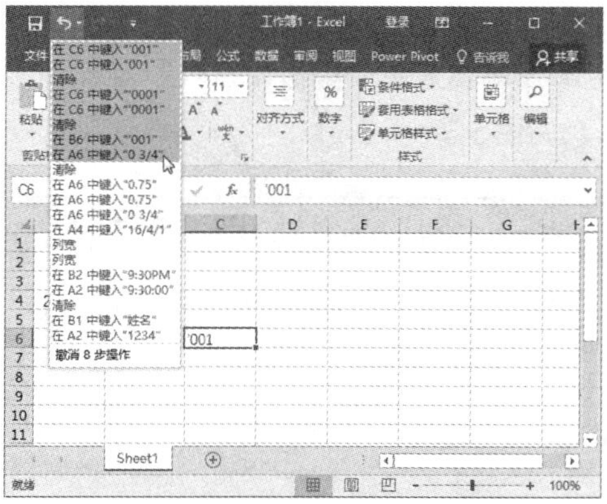

图 5-21　撤销操作

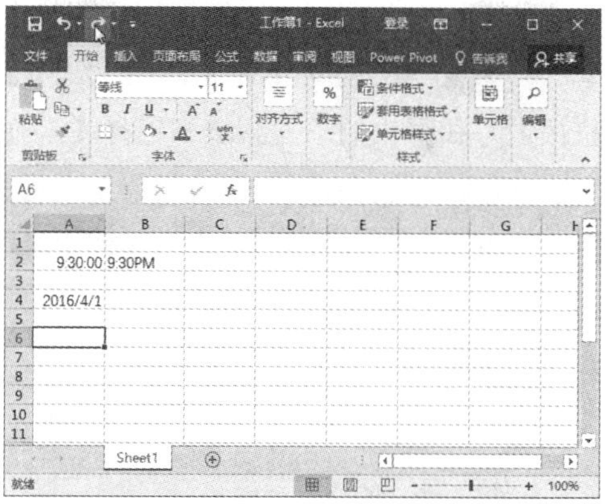

图 5-22　恢复操作

5.2.4 查找与替换数据

数据量较大的工作表中，若想手动查找并替换单元格中的数据是非常困难的，而 Excel 2016 中的查找和替换功能能够帮助用户快速进行相关操作。

1. 查找数据

在 Excel 2016 中查找数据的方法如下。

步骤 01　打开工作表，在【开始】选项卡的【编辑】组中单击【查找和选择】下拉按钮，在弹出的下拉列表中选择【查找】命令，如图 5-23 所示。

步骤 02　弹出【查找和替换】对话框，并默认切换到【查找】选项卡中，在文本框中输入要查找的内容，单击【查找全部】按钮即可，如图 5-24 所示。

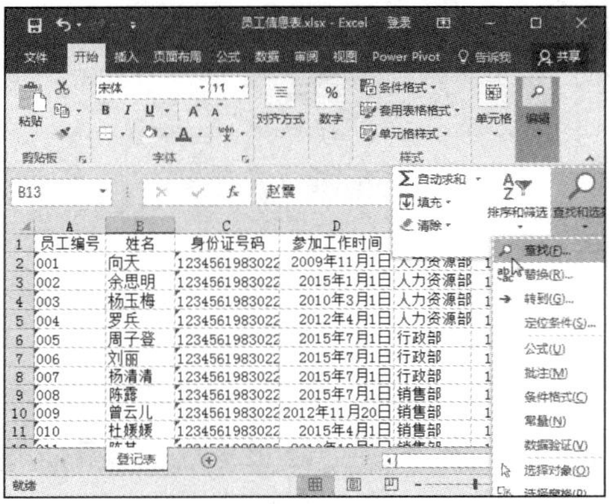

图 5-23　选择【查找】命令

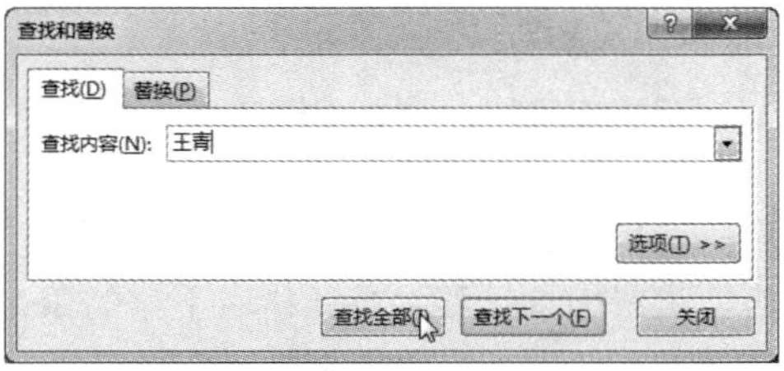

图 5-24　【查找和替换】对话框

步骤 03　在工作表中可看到定位数据在目标单元格，单击【关闭】按钮关闭对话框即可，如图 5-25 所示。

2. 替换数据

在 Excel 2016 中替换数据的方法如下。

步骤 01 打开工作表，在【开始】选项卡的【编辑】组中单击【查找和选择】下拉按钮，在弹出的下拉列表中选择【替换】命令，如图 5-26 所示。

图 5-25 显示查找效果

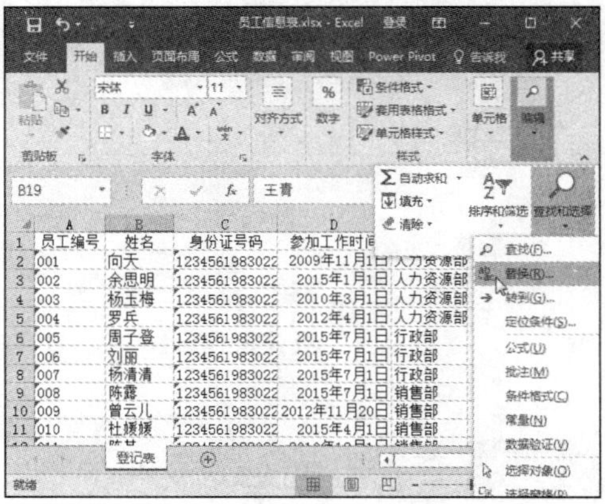

图 5-26 选择【替换】命令

步骤 02 弹出【查找和替换】对话框，并默认切换到【替换】选项卡中，在【查找内容】文本框中输入要查找的内容，在【替换为】文本框中输入要替换的内容，单击【全部替换】按钮即可，如图 5-27 所示。

步骤 03 在弹出的提示框中可看到替换的数目，单击【确定】按钮，然后在返回的【查找和替换】对话框中单击【关闭】按钮即可，如图 5-28 所示。

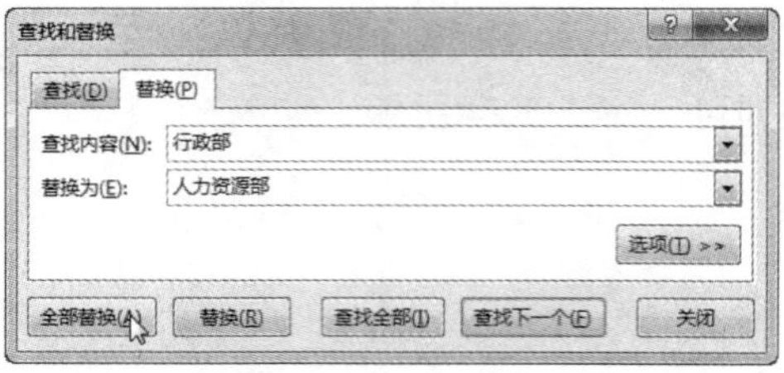

图 5-27 输入替换内容

图 5-28 替换文本成功

课堂范例——快速填充数据

步骤 01 打开“光盘 \ 素材文件 \ 第 5 章 \ 员工信息表 .xlsx”文件，选中“C2”单元格，将鼠标指针移到单元格右下角的填充柄上，鼠标指针将变为“+”形状，按住鼠标左键不放，拖动至所需位置，如图 5-29 所示，然后释放鼠标左键可复制数据。

步骤 02 选中“A2”单元格，将鼠标指针移到单元格右下角的填充柄上，按住鼠标左键进行拖动，可依次快速填充数据，如图 5-30 所示。

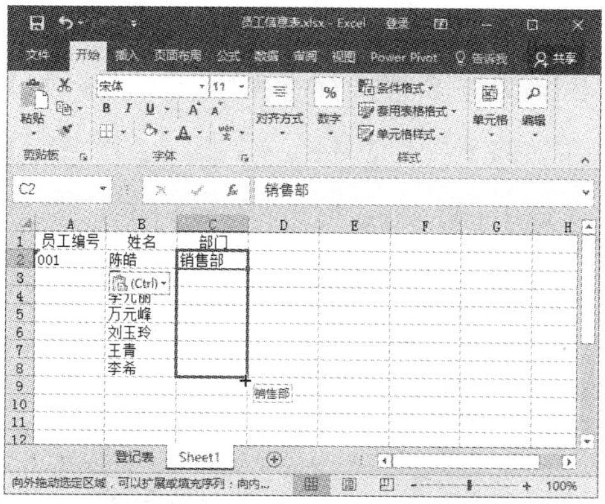

图 5-29　快速复制数据

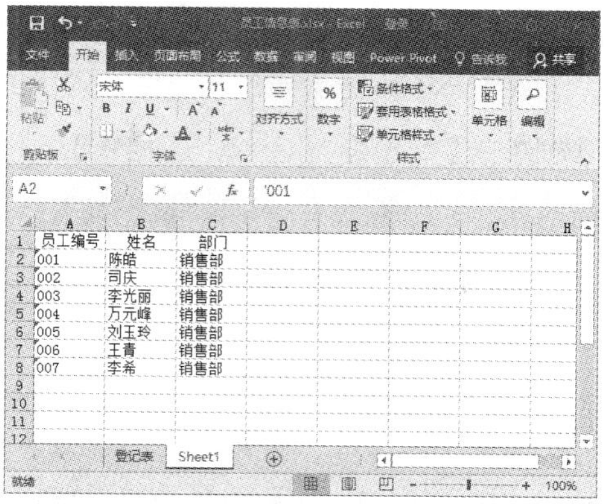

图 5-30　快速填充数据

步骤 03 若要以等差序列填充编号，可在“A2”单元格中输入编号“001”，在“A3”单元格中输入编号“004”，然后将鼠标指针移到单元格右下角的填充柄上，按住鼠标左键进行拖动，如图 5-31 所示。

步骤 04 按等差序列填充后的表格效果如图 5-32 所示。

图 5-31　设置等差序列

图 5-32　等差序列填充效果

5.3 行和列的基本操作

对表格进行编辑时，经常遇到需要对行和列进行操作的情况，行与列的基本操作包括设置行高和列宽、插入行或列、删除行或列等，本节将详细介绍这些内容。

5.3.1 插入行或列

通常情况下，工作表创建之后并不是固定不变的，用户可以根据实际情况设置工作表的结构，最常见的是插入行或列。插入行和列的操作是类似的，这里以插入“行”为例进行介绍。

1．通过功能区插入

在 Excel 2016 中通过功能区插入行或列的方法为：选中要插入行所在行号，在【开始】选项卡的【单元格】组中单击【插入】下拉按钮，在弹出的下拉列表中选择【插入工作表行】命令即可，如图 5-33 所示。执行插入操作后，将在选中行上方插入一整行空白单元格。

2．通过快捷菜单插入

在 Excel 2016 中通过快捷菜单插入行或列的方法为：右击要插入行所在的行号，在弹出的快捷菜单中选择【插入】命令即可，如图 5-34 所示。

图 5-33　选择【插入工作表行】命令

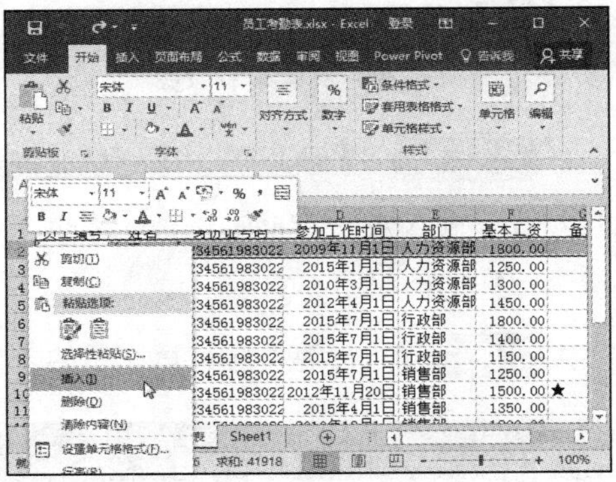

图 5-34　通过快捷菜单选择【插入】命令

5.3.2 调整行高或列宽

默认情况下，Excel 工作表中的行高与列宽是固定的，当单元格内容较多时，可能无法将其全部显示出来，这时就有必要设置单元格的行高或列宽了。

1．设置精确行高和列宽

在 Excel 2016 中，用户可以根据需要设置精确的行高值与列宽值，下面以设置行高值为例，具体操作方法如下。

步骤 01　在工作表中右击需要调整的行，在弹出的快捷菜单中选择【行高】命令，如图 5-35 所示。

步骤 02　弹出【行高】对话框，在其中输入精确的行高值，单击“确定”按钮即可，如图 5-36 所示。

图 5-35　选择【行高】命令

图 5-36　设置行高值

2.通过鼠标拖动的方式设置

除了前面介绍的方法，用户还可以通过拖动鼠标手动调整行高或列宽。操作很简单，用户只需将光标移至行号或列标的间隔线处，当鼠标指针变为“✢”或“✣”形状时按住鼠标左键不放，拖动到合适的位置后释放鼠标即可。

5.3.3 移动和复制行与列

在 Excel 2016 中，可以根据需要将选中的行与列移动或复制到同一个工作表的不同位置、不同的工作表甚至不同的工作簿中。通常可以通过剪贴操作来实现，下面以移动某行为例进行介绍，具体操作如下。

步骤 01 打开工作表，单击行号选中需要移动的行，接着在【开始】选项卡的【剪贴板】组中单击【剪切】按钮，如图 5-37 所示。

步骤 02 选中要移动到的目标位置，单击【剪贴板】组中的【粘贴】按钮即可，如图 5-38 所示。

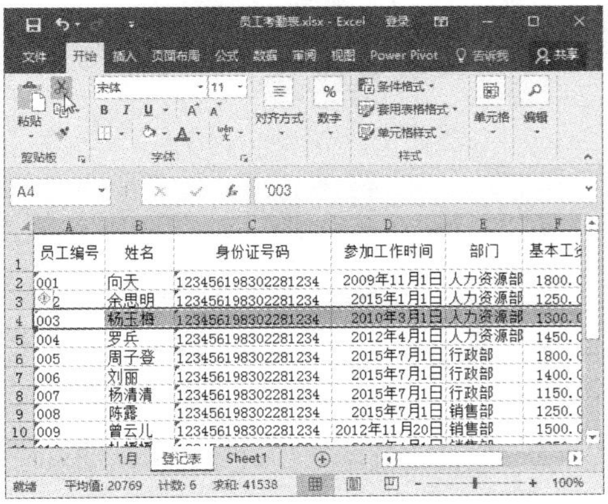

图 5-37 单击【剪切】按钮

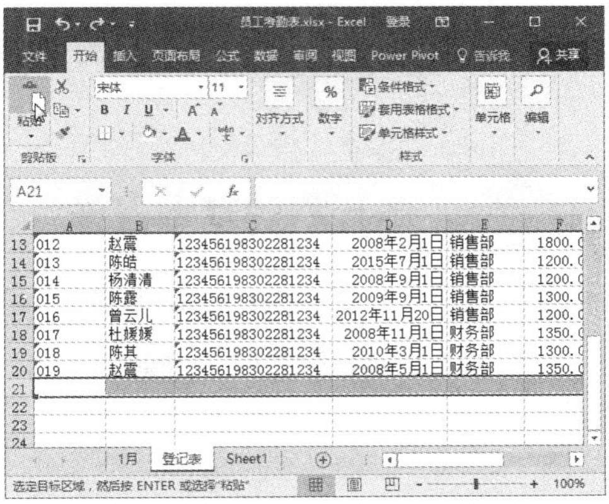

图 5-38 粘贴行

技能拓展

将行或列移动或复制到其他位置时，如果目标位置有文本内容，那么目标位置中的内容将会被替换，如果希望目标位置中的内容被保留，可执行“剪切”或“复制”操作后在目标位置右击，然后在弹出的快捷菜单中选择【插入复制的单元格】命令即可。

5.3.4 删除行或列

在 Excel 2016 中不仅可以插入行或列，还可以根据实际需要删除行或列。删除行或列的方法与删除单元格的方法非常相似，可通过下面两种方法实现。

（1）选中想要删除的行或列并右击，然后在弹出的快捷菜单中选择【删除】命令即可，如图 5-39 所示。

（2）选中想要删除的行或列所在的单元格，切换到【开始】选项卡，在【单元格】组中单击【删除】下拉按钮，在弹出的下拉列表中选择【删除工作表行】或【删除工作表列】命令即可，如图 5-40 所示。

图 5-39　通过快捷菜单删除行或列

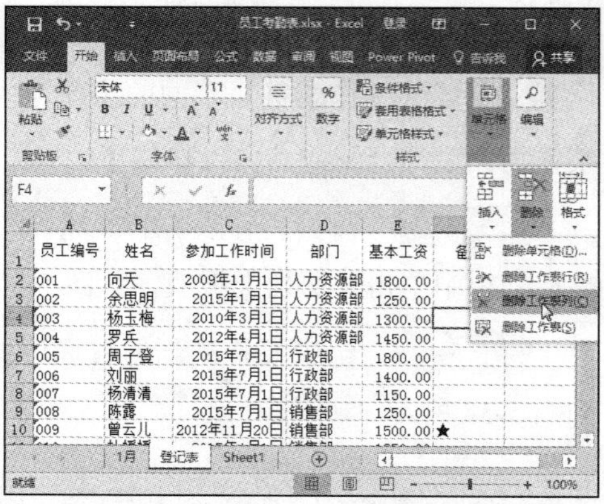

图 5-40　通过选项卡命令删除

5.4 单元格的基本操作

单元格是 Excel 工作表的基本元素，是 Excel 操作的最小单位。本节将讲解单元格的基本操作，包括选择单元格、插入单元格、删除单元格及合并与拆分单元格等。

5.4.1 选择单元格

对单元格编辑前首先要将其选中。选择单元格的方法有很多种，下面将分别进行介绍。

（1）选中单个单元格：将鼠标指针指向某个单元格，然后单击即可将其选中。

（2）选中所有单元格：单击工作表左上角的行标题和列标题的交叉处，或者按下【Ctrl+A】组合键，可快速选中整个工作表中的所有单元格。

（3）选择连续的多个单元格：选中需要选择的单元格区域左上角的单元格，然后按下鼠标左键拖动到需要选择的单元格区域右下角的单元格，释放鼠标即可。

（4）选择不连续的多个单元格：按下【Ctrl】键，用鼠标左键分别单击要选择的单元格即可。

（5）选择整行或整列：用鼠标左键单击需要选择的行或列的序号即可。

（6）选择多个连续的行或列：按住鼠标左键不放，在行序号或列序号上拖动，选择完后释放鼠标即可。

（7）选择多个不连续的行或列：按住【Ctrl】键的同时，用鼠标左键分别单击需要选择的行序号或列序号即可。

温馨提示

在 Excel 中，由若干个连续的单元格构成的矩形区域称为单元格区域。单元格区域用其对角线的两个单元格来标识。例如，从 A3 到 D12 单元格组成的单元格区域用“A3:D12”标识。

5.4.2 插入单元格

插入单元格也是 Excel 常用的操作之一，如果需要在某个单元格处插入一个空白单元格，通过快捷菜单可快速实现，具体操作如下。

步骤 01 打开工作表，右击某个单元格，在弹出的快捷菜单中选择【插入】命令即可，如图 5-41 所示。

步骤 02 弹出【插入】对话框，根据需要选择单元格的插入位置，如选中【活动单元格右移】单选按钮，单击【确定】按钮，如图 5-42 所示。

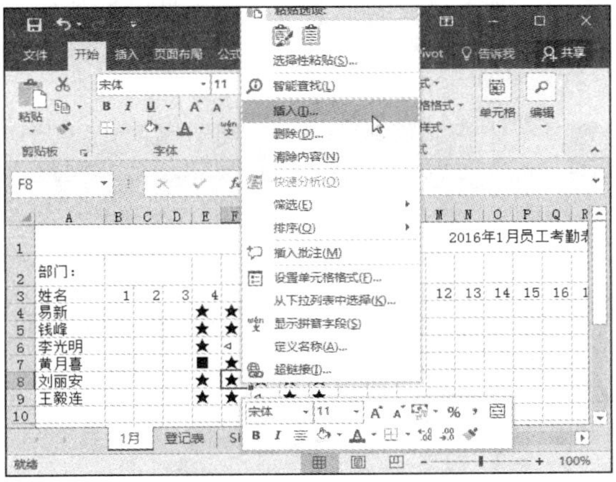

图 5-41　选择【插入】命令

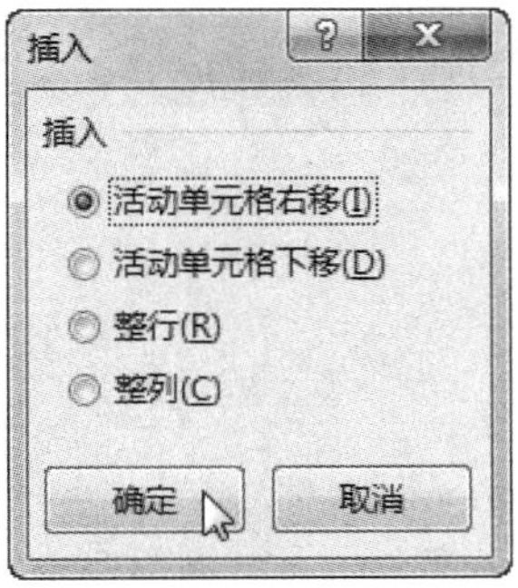

图 5-42　【插入】对话框

步骤 03 返回 Excel 工作表，可看到插入空白单元格的效果，如图 5-43 所示。

技能拓展

除了快捷菜单，还可以在【开始】选项卡的【单元格】组中选择【插入】命令，在弹出的下拉列表中选择【插入单元格】命令，也可插入空白单元格，如图 5-44 所示。

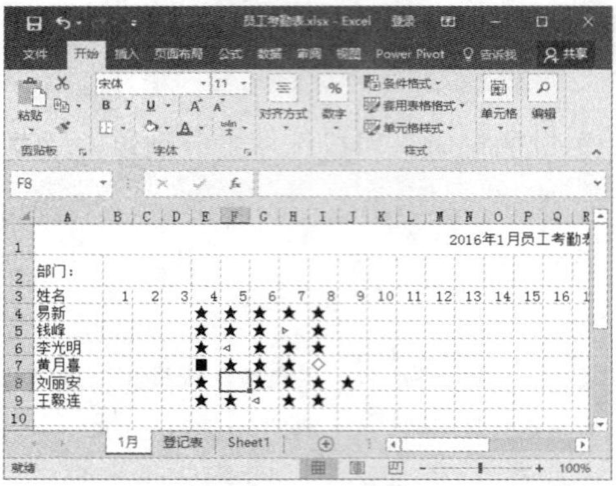

图 5-43 插入空白单元格效果

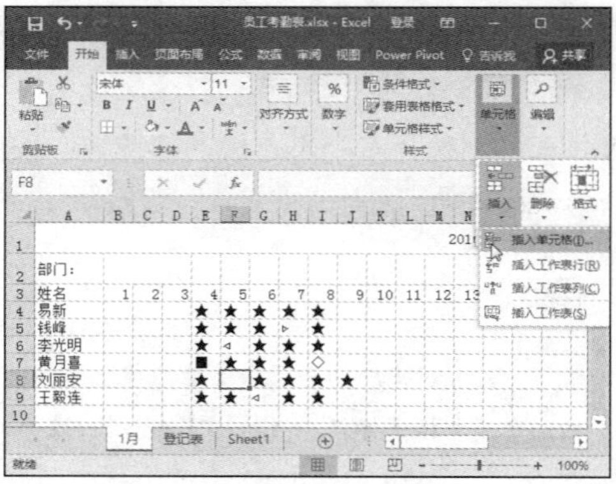

图 5-44 通过功能区选项卡命令插入

5.4.3 移动与复制单元格

在 Excel 2016 中，可以根据需要将单元格移动或复制到同一个工作表的不同位置、不同的工作表甚至不同的工作簿中。单元格的移动、复制操作与行列的移动复制操作类似，使用剪贴板移动或复制单元格的方法如下。

步骤 01 选中要移动的单元格或区域，在【开始】选项卡的【剪贴板】组中单击【剪切】或【复制】按钮，如图 5-45 所示。

步骤 02 选中要移动到的目标位置，单击【剪贴板】组中的【粘贴】按钮即可，如图 5-46 所示。

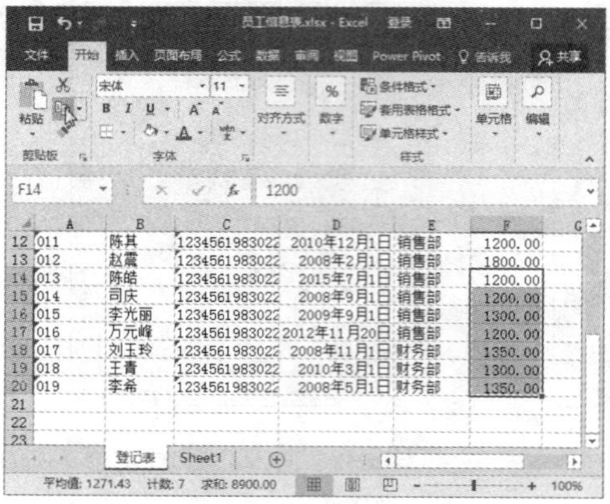

图 5-45 复制单元格

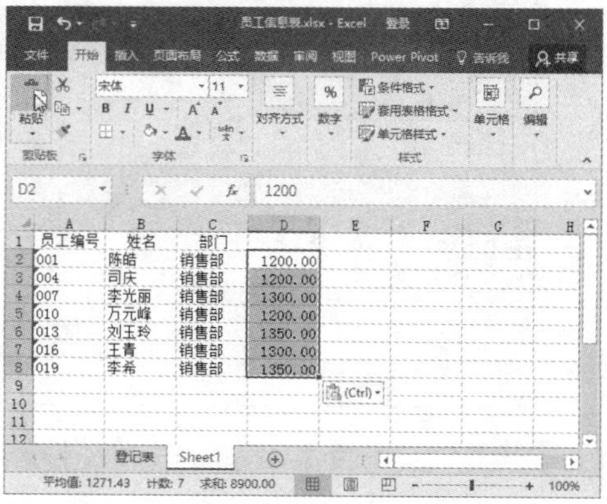

图 5-46 粘贴单元格

需要注意的是，执行“粘贴”操作时系统默认为粘贴值和源格式，如果要选择其他粘贴方式，可通过以下两种方法实现。

（1）执行“粘贴”操作时，单击“粘贴”按钮下方的下拉按钮，在弹出的下拉列表中选择不同的粘贴方式。

（2）在执行“粘贴”操作后，在粘贴内容的右下方会显示一个粘贴标记，单击此标记会弹出一个下拉菜单，用于选择不同的粘贴方式，如图 5-47 所示。

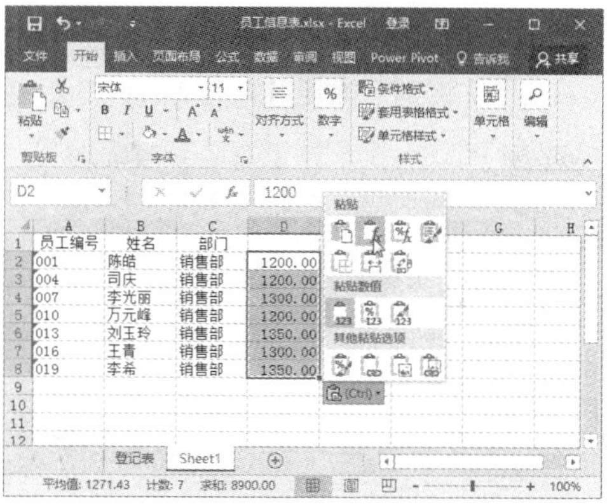

图 5-47　选择粘贴方式

5.4.4 合并与拆分单元格

合并单元格是将两个或多个单元格合并为一个单元格，操作很简单，方法为：选中要合并的单元格区域，在【开始】选项卡的【对齐方式】组中单击【合并后居中】按钮右侧的下拉按钮 ，在弹出的下拉列表中选择相应的命令即可，如图 5-48 所示。

合并单元格后，如果不满意还可以将其拆分开，方法为：选中要拆分的单元格，在【开始】选项卡的【对齐方式】组中单击【合并后居中】按钮右侧的下拉按钮 ，在弹出的下拉列表中选择【取消单元格合并】命令即可，如图 5-49 所示。

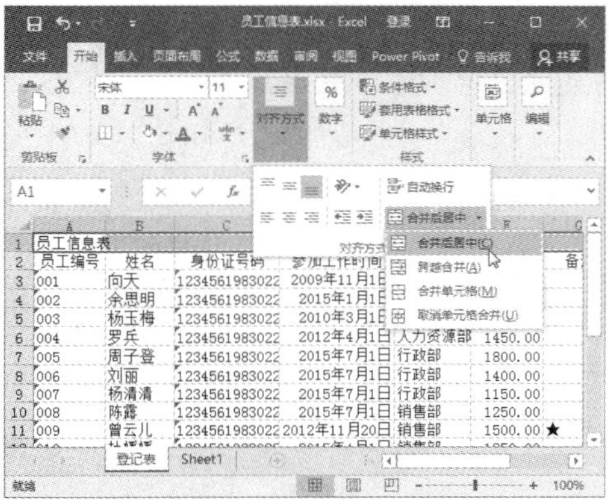

图 5-48　合并单元格

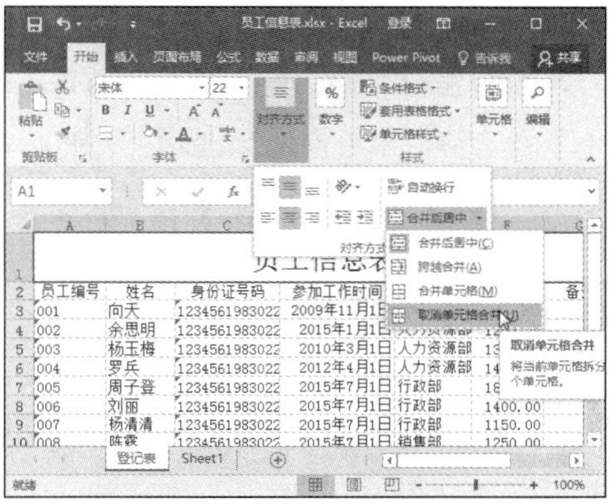

图 5-49　拆分单元格

5.4.5 删除单元格

删除单元格的操作与插入单元格的操作是类似的，都可以通过功能区和快捷菜单实现。下面以通过功能区删除单元格为例进行介绍，具体操作如下。

步骤 01　选中需要删除的单元格或单元格区域，切换到【开始】选项卡，单击【单元格】组中的【删除】下拉按钮，在弹出的下拉列表中选择【删除单元格】命令，如图 5-50

所示。

步骤 02　弹出【删除】对话框，选中【右侧单元格左移】或【下方单元格上移】单选按钮，最后单击【确定】按钮即可，如图 5-51 所示。

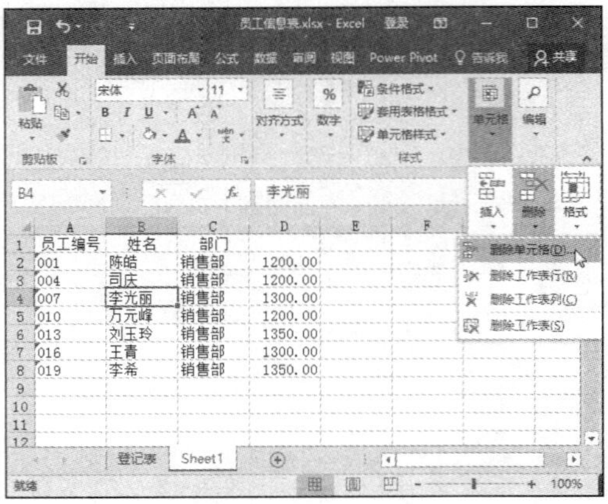

图 5-50　选择【删除单元格】命令

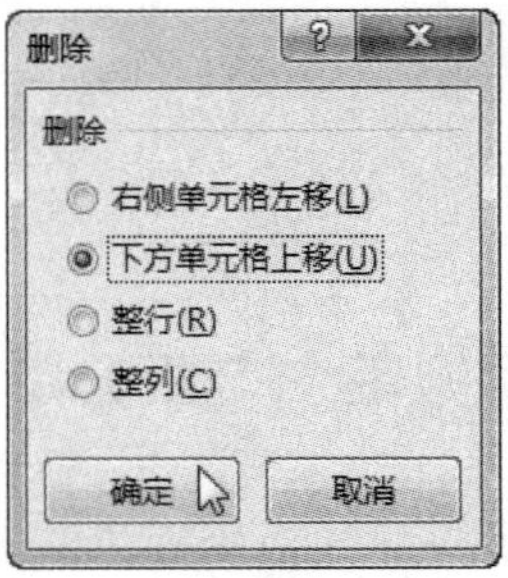

图 5-51　【删除】对话框

课堂范例——为单元格添加批注

步骤 01　打开“光盘\素材文件\第 5 章\员工信息表 .xlsx”文件，右击要添加批注的单元格，在弹出的快捷菜单中选择“插入批注”命令，如图 5-52 所示。

步骤 02　此时单元格中的批注显示出来并处于可编辑状态，根据需要输入批注内容，如图 5-53 所示。输入完成后单击工作表中的其他位置，即可退出批注的编辑状态，由于默认情况下批注为隐藏状态，此时在添加了批注的单元格的右上角会出现一个红色的小三角，将鼠标指针指向它，可显示并查看被隐藏的批注。

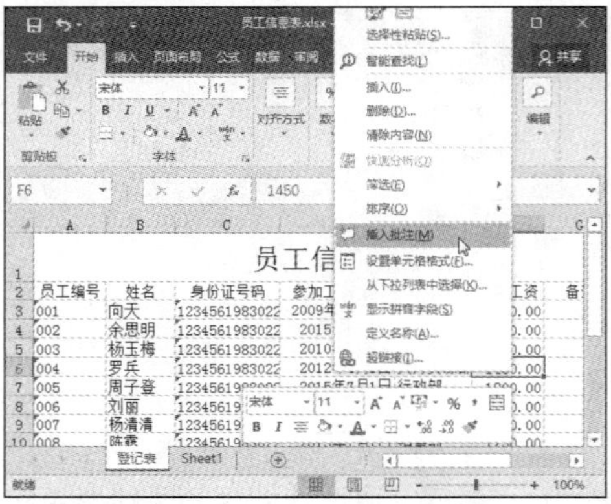

图 5-52　选择【插入批注】命令

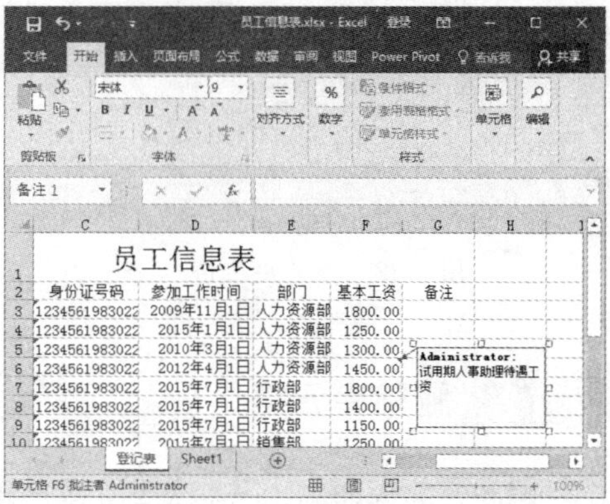

图 5-53　输入批注内容

5.5 设置单元格格式

通过对单元格格式进行设置，可以使制作出的表格更加美观大方。本节将详细介绍设置字体格式、设置数据格式及设置边框和底纹等知识。

5.5.1 设置字体格式

默认情况下，Excel 2016 中输入的文本为“11 号”“宋体”格式且为左对齐方式。为了使表格更美观，此时可以根据需要设置字体格式和对齐方式。

步骤 01 选中要设置字体格式的单元格或区域，在【开始】选项卡的【字体】组中单击【字体】右侧的下拉按钮，在弹出的下拉列表中选择需要的字体，如图 5-54 所示。

步骤 02 保持所选单元格或区域处于选中状态，在【字体】组中单击【字号】右侧的下拉按钮，在弹出的下拉列表中选择需要的字号，如图 5-55 所示。

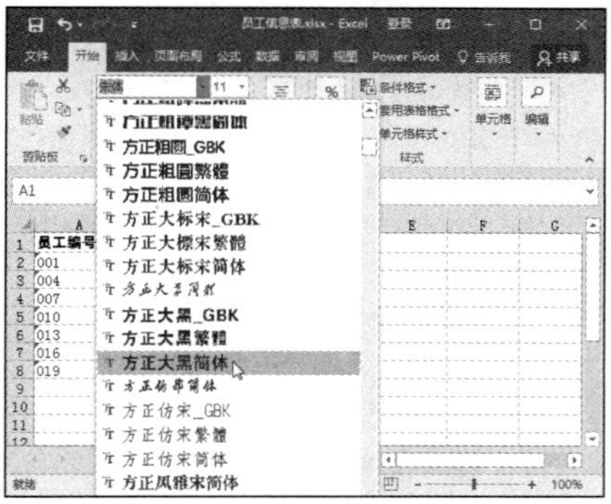

图 5-54 设置字体

图 5-55 设置字号

步骤 03 保持所选单元格或区域处于选中状态，在【字体】组中单击【颜色】下拉按钮，在弹出的下拉列表中选择需要的字体颜色，如图 5-56 所示。

步骤 04 保持所选单元格或区域处于选中状态，在【对齐方式】组中选择需要的对齐方式即可，如图 5-57 所示。

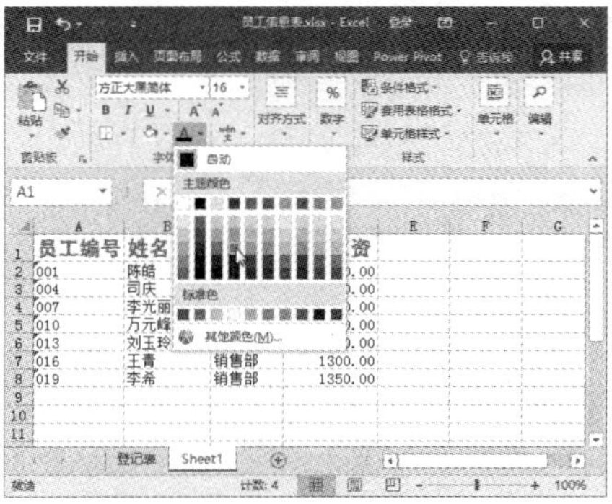

图 5-56 设置字体颜色

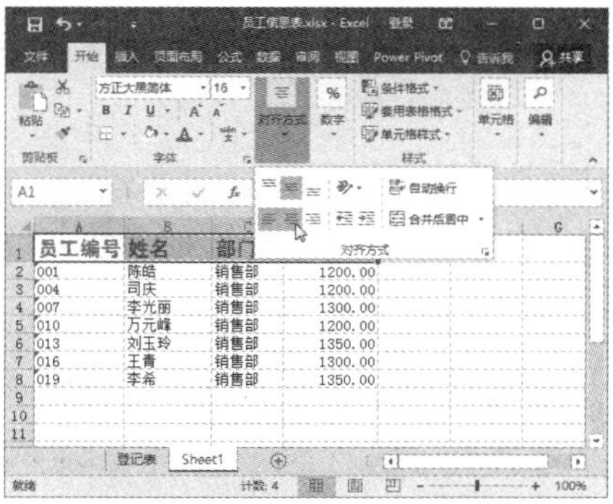

图 5-57 设置对齐方式

此外，选中单元格或区域后右击，将弹出一个浮动工具栏，通过浮动工具栏也可设置字体格式，如图 5-58 所示。

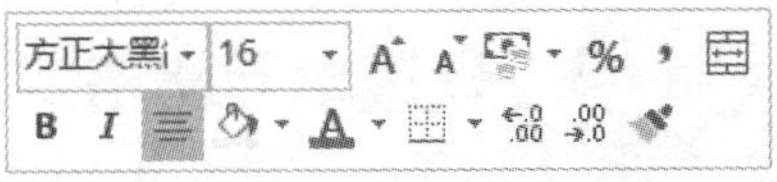

图 5-58　通过浮动工具栏设置字体格式

5.5.2 设置数据格式

Excel 2016 为用户提供了多种数据格式，如常规格式、货币格式、会计专用格式、日期格式、分数格式和百分比格式等，通过设置数据格式可以让表格看起来更专业，具体操作如下。

步骤 01 选中要设置数据格式的单元格或区域并右击，在弹出的快捷菜单中选择【设置单元格格式】命令，如图 5-59 所示。

步骤 02 弹出【设置单元格格式】对话框，在【数字】选项卡的【分类】列表框中选择需要的数据格式，如货币，在右侧的窗格中根据需要设置小数位数、货币符号和负数样式，设置完成后单击【确定】按钮即可，如图 5-60 所示。

图 5-59　选择【设置单元格格式】命令

图 5-60　设置数据格式

5.5.3 设置单元格边框和底纹

编辑表格时，可通过添加边框和单元格背景色等操作，使制作的表格轮廓更加清晰，更有整体感和层次感。

1．设置单元格边框

默认情况下，工作表的网格线是灰色的，且无法打印出来。为了使工作表看起来更加美观，在制作表格时可对其添加边框，具体操作如下。

步骤 01 选中要设置边框的单元格区域，在【开始】选项卡的【字体】组中单击【边框】下拉按钮，在弹出的下拉列表中选择【其他边框】命令，如图 5-61 所示。

步骤 02 弹出【设置单元格格式】对话框，并默认切换到【边框】选项卡，在【样式】列表框中选择需要的线条样式，在【颜色】下拉列表框中选择需要的线条颜色，单击【外边框】按钮，在下方的预览窗格中可看到应用外边框样式的效果，如图 5-62 所示。

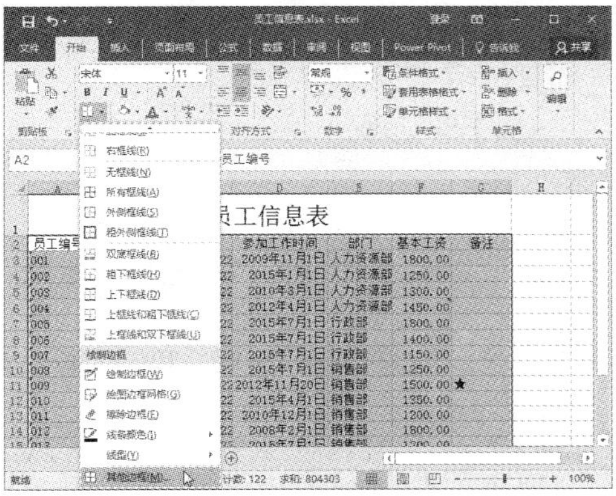

图 5-61 选择【其他边框】命令

图 5-62 设置外边框样式

步骤 03 再次设置线条样式和颜色，单击【内部】按钮，可将设置的线条样式应用于内部边框，设置完成后单击【确定】按钮，如图 5-63 所示。

步骤 04 返回 Excel 工作表，可看到设置单元格边框后的效果，如图 5-64 所示。

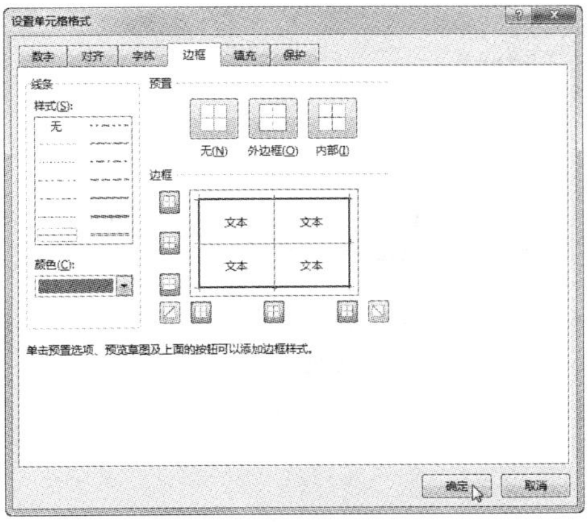

图 5-63 设置内部边框样式

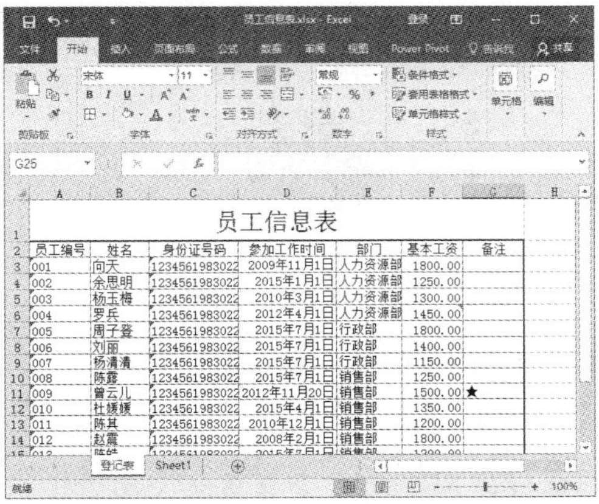

图 5-64 查看边框效果

2. 设置单元格底纹

默认情况下，工作表中的单元格的背景色为白色，为了美化表格或突出单元格中的内容，可以为单元格设置背景色，具体操作如下。

步骤 01 选中要设置底纹的单元格区域并右击，在弹出的快捷菜单中选择【设置单元格格式】命令，如图 5-65 所示。

步骤 02 弹出【设置单元格格式】对话框，切换到【填充】选项卡，在【背景色】栏中选择需要的颜色，单击【填充效果】按钮，如图 5-66 所示。

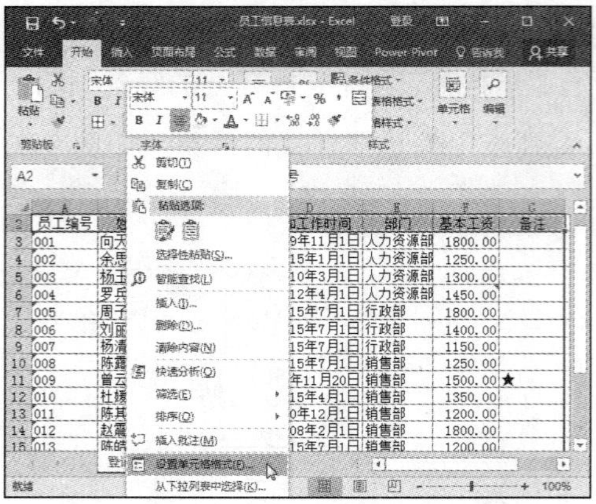

图 5-65 选择【设置单元格格式】命令

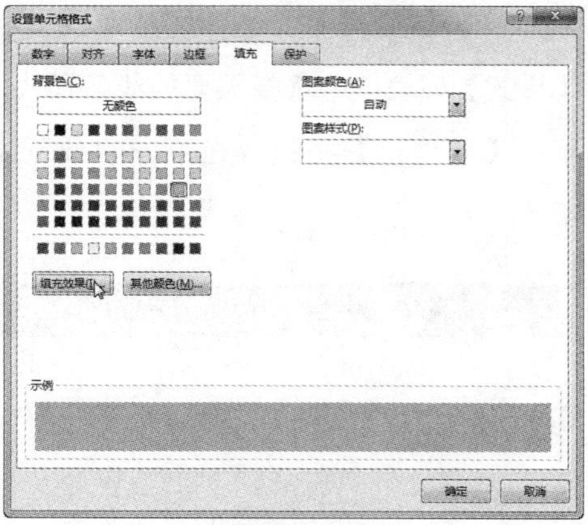

图 5-66 设置背景颜色

步骤 03 弹出【填充效果】对话框，设置渐变颜色和底纹样式，完成后单击【确定】按钮，如图 5-67 所示。

步骤 04 返回【设置单元格格式】对话框，在下方的【示例】栏中可预览设置效果，然后单击【确定】按钮即可，如图 5-68 所示。

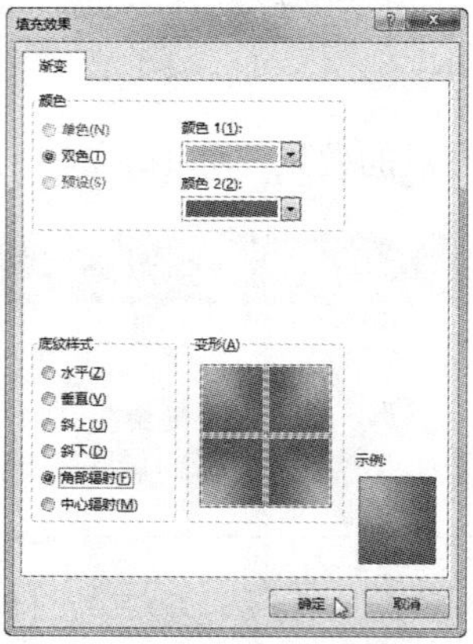

图 5-67 设置渐变颜色和底纹样式

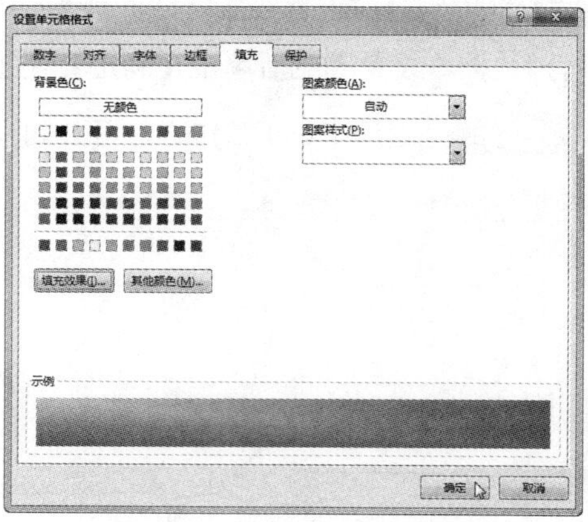

图 5-68 预览设置效果

课堂范例——设置重复值条件格式

步骤 01 打开“光盘 \ 素材文件 \ 第 5 章 \ 员工信息表 .xlsx”文件，选中要设置条件格式的列，在【开始】选项卡中单击【样式】组中的【条件格式】下拉按钮，在下拉列表中选择【突出显示单元格规则】→【重复值】命令，如图 5-69 所示。

步骤 02 弹出【重复值】对话框，默认设置为【浅红填充色深红色文本】样式，且在表格中同步显示设置效果，若满意设置则直接单击【确定】按钮，如图 5-70 所示。

步骤 03 若不满意默认设置样式，可在【重复值】对话框中单击【设置为】右侧的下拉按钮，在弹出的下拉列表中选择【自定义格式】选项，如图 5-71 所示。

图 5-69 选择【重复值】命令

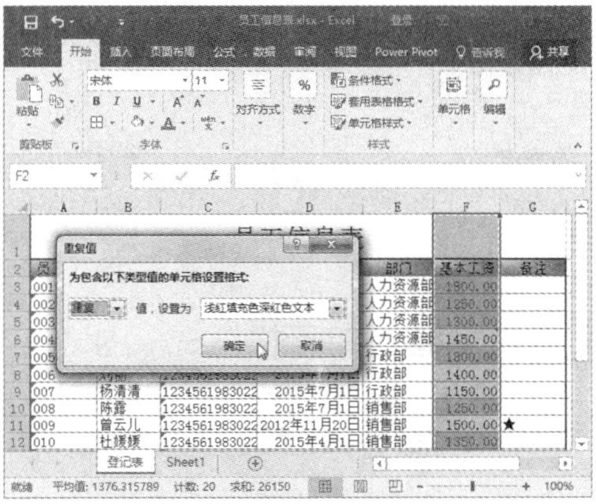

图 5-70 设置重复值条件格式

步骤 04 弹出【设置单元格格式】对话框，切换到【填充】选项卡，设置好需要的填充样式，单击【确定】按钮，如图 5-72 所示。

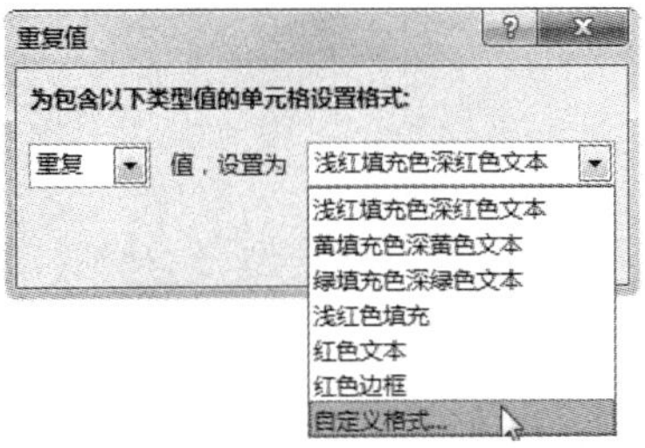

图 5-71 选择【自定义格式】选项

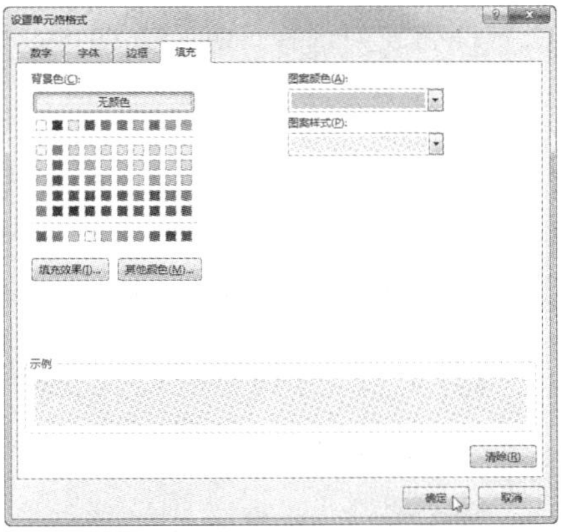

图 5-72 设置需要的填充样式

步骤 05 返回【重复值】对话框，单击【确定】按钮即可，如图 5-73 所示。

步骤 06 返回工作表，可查看自定义重复值条件样式后的效果，如图 5-74 所示。

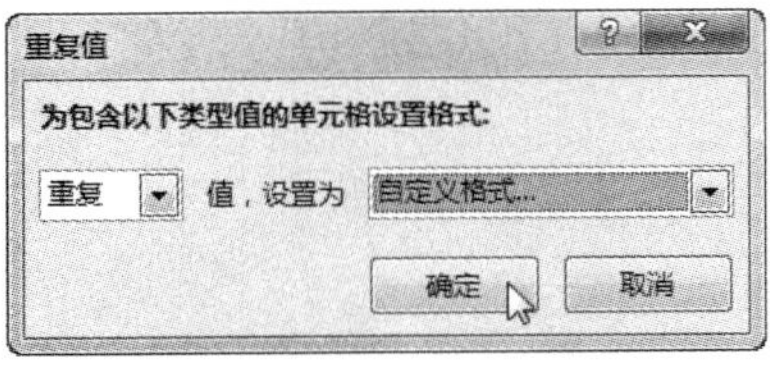

图 5-73 确认设置

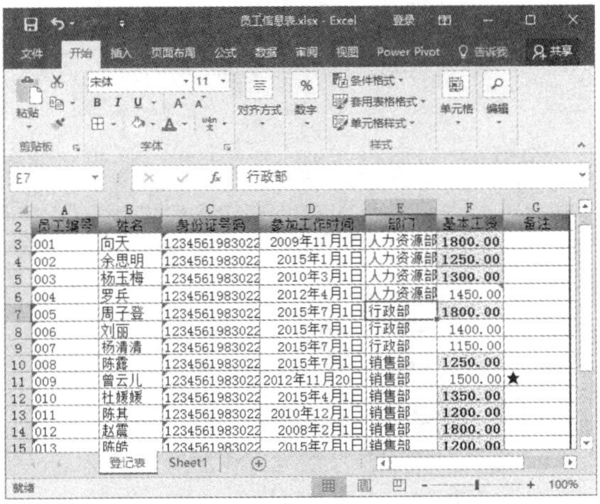

图 5-74 查看自定义重复值条件样式后的效果

5.6 套用样式

Excel 2016 中内置了多种样式，通过应用内置样式可以快速设置单元格和工作表的边框、底纹等样式，大大节约了自己动手设置的时间。

5.6.1 套用单元格样式

Excel 2016 中内置了许多现成的单元格样式，应用这些样式便可快速设置单元格格式，操作方法为：选中要套用样式的单元格或单元格区域，在【开始】选项卡的【样式】组中单击【单元格样式】下拉按钮，在打开的下拉列表中选择一种样式即可，如图 5-75 所示。

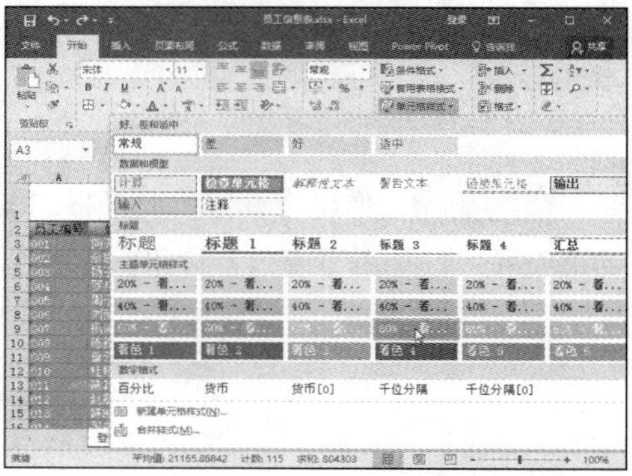

图 5-75　选择单元格样式

5.6.2 套用工作表样式

Excel 2016 中内置了多种表格样式，应用这些表格样式可快速设置工作表的样式，套用工作表样式的具体操作如下。

步骤 01　将鼠标光标定位在工作表的任意单元格中，在【开始】选项卡的【样式】组中单击【套用表格格式】下拉按钮，在打开的下拉列表中选择一种表格格式，如图 5-76 所示。

步骤 02　弹出【套用表格格式】对话框，对话框中将显示默认套用样式的单元格区域，若要更改数据源，则需单击扩展按钮▣，如图 5-77 所示。

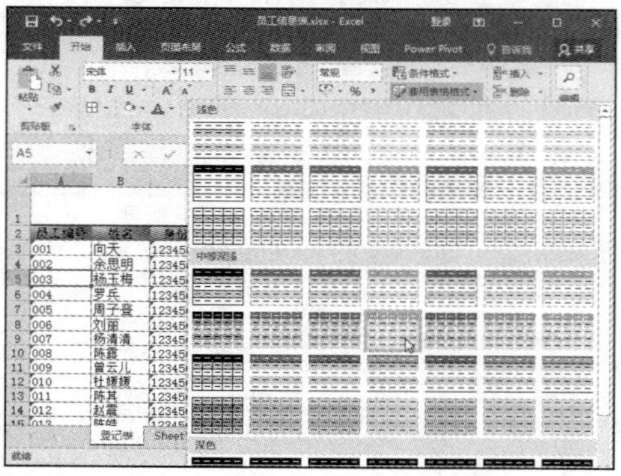

图 5-76　选择表格格式

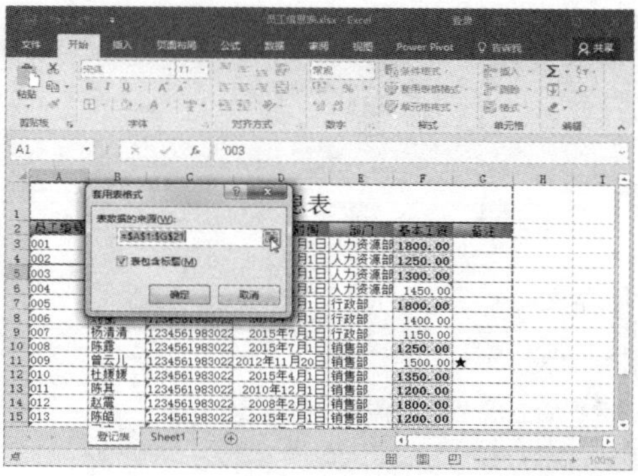

图 5-77　更改数据源

步骤 03　在工作表中框选要套用样式的单元格区域，如图 5-78 所示。

步骤 04　设置完成后再次单击扩展按钮，然后在【创建表】对话框中单击【确定】按钮，如图 5-79 所示。

步骤 05　在返回的工作表中，可看到套用工作表样式后的效果，如图 5-80 所示。

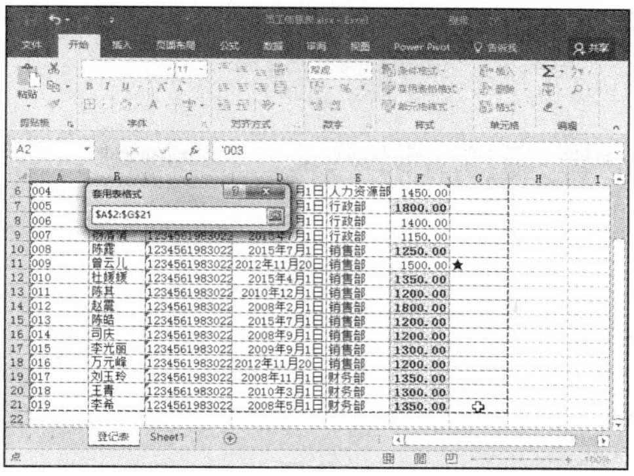

图 5-78　框选套用样式的单元格区域

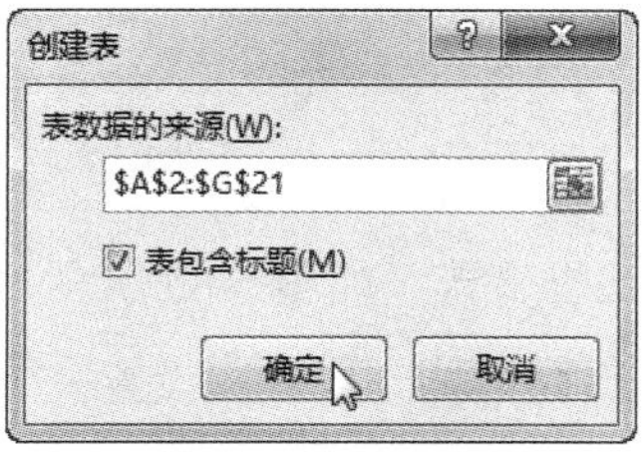

图 5-79　【创建表】对话框

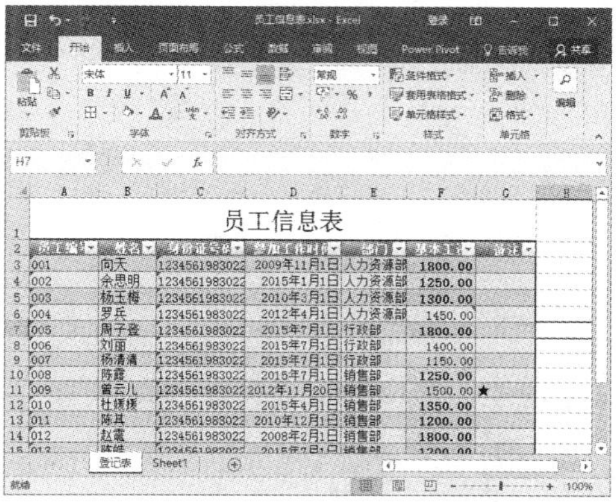

图 5-80　查看套用工作表样式后的效果

课堂范例——自定义单元格样式

步骤 01　打开“光盘 \ 素材文件 \ 第 5 章 \ 员工信息表 .xlsx”文件，在【开始】选项卡的【样式】组中单击【单元格样式】下拉按钮，在弹出的下拉列表中选择【新建单元格样式】命令，如图 5-81 所示。

步骤 02　弹出【样式】对话框，在【样式名】文本框中输入样式名称，单击【格式】按钮，如图 5-82 所示。

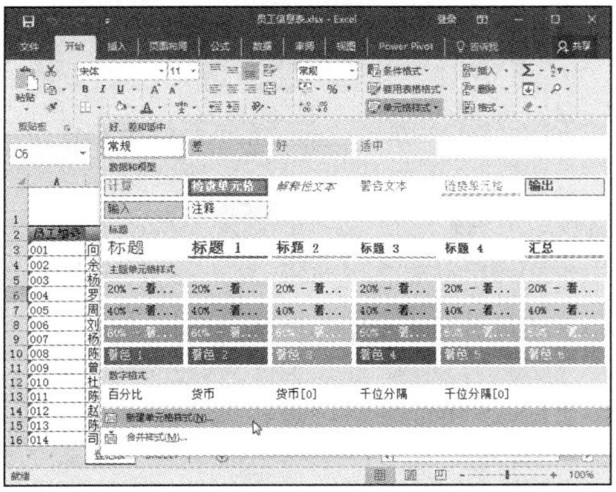

图 5-81　选择【新建单元格样式】命令

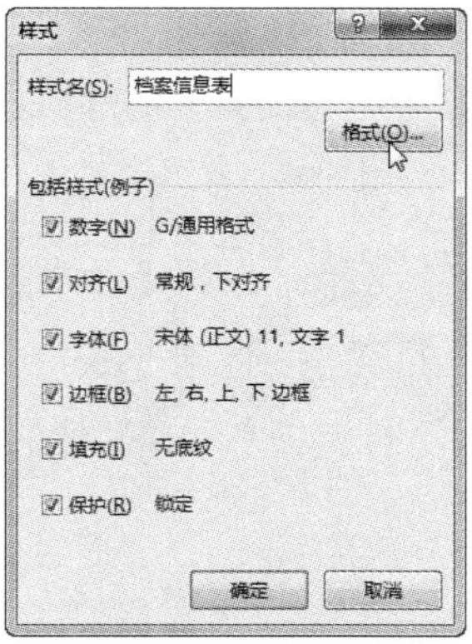

图 5-82　单击【格式】按钮

步骤 03　弹出【设置单元格格式】对话框，切换到【对齐】选项卡，设置文本的水平和垂直对齐方式，如图 5-83 所示。

步骤 04　切换到【字体】选项卡，根据需要设置字体、字形、字号和颜色等格式，如图 5-84 所示。

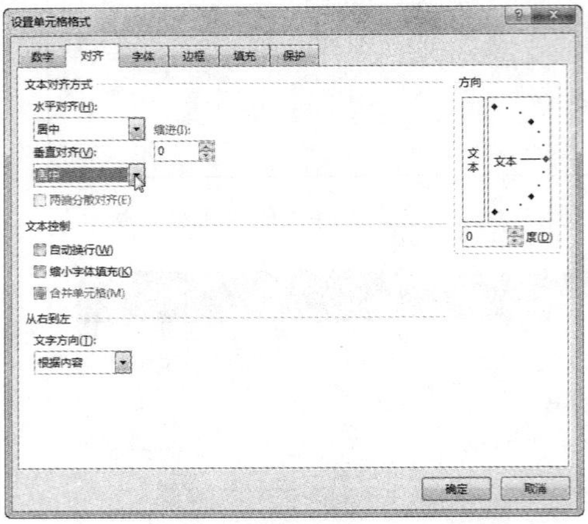

图 5-83　设置文本对齐方式

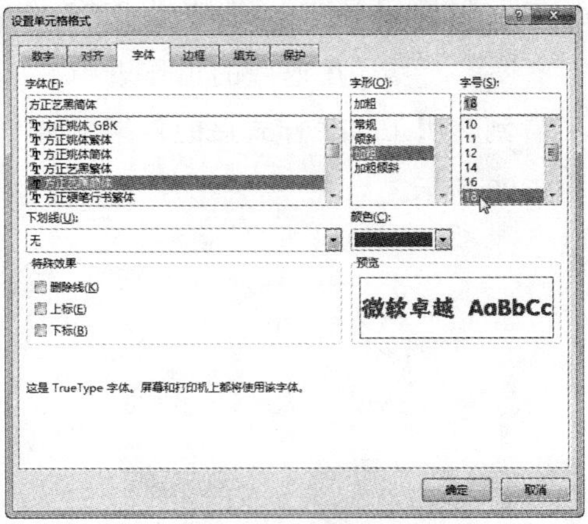

图 5-84　设置字体格式

步骤 05　切换到【边框】选项卡，根据需要设置边框样式，如图 5-85 所示。

步骤 06　切换到【填充】选项卡，根据需要设置单元格填充样式，设置完成后单击【确定】按钮，如图 5-86 所示。

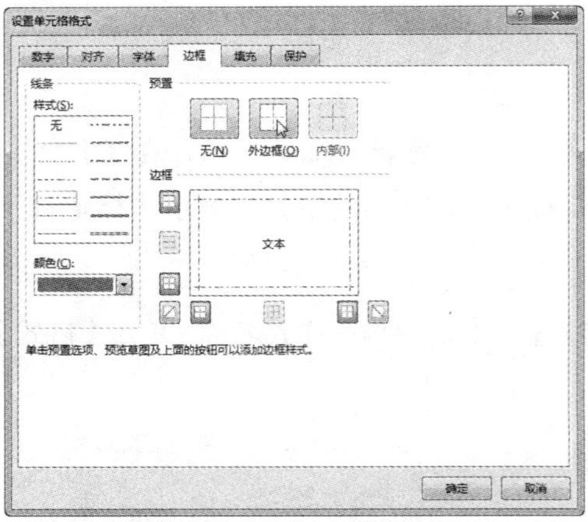

图 5-85　设置边框样式

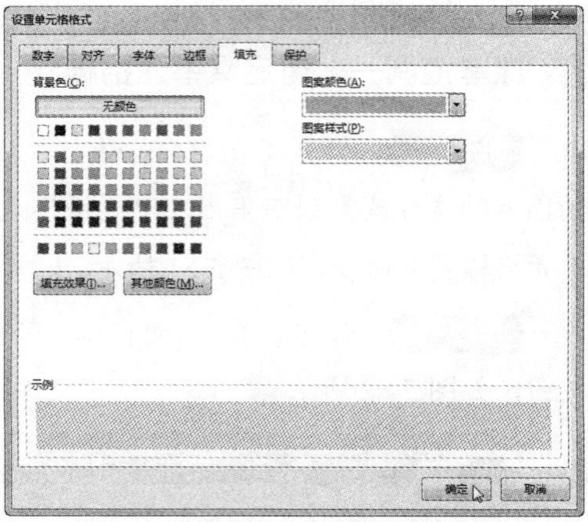

图 5-86　设置单元格填充样式

步骤 07　返回【样式】对话框，单击【确定】按钮，如图 5-87 所示。

步骤 08　返回 Excel 工作表，在【样式】组中单击【单元格样式】下拉按钮，在弹出的下拉列表中选择新建的样式即可快速应用该样式，如图 5-88 所示。

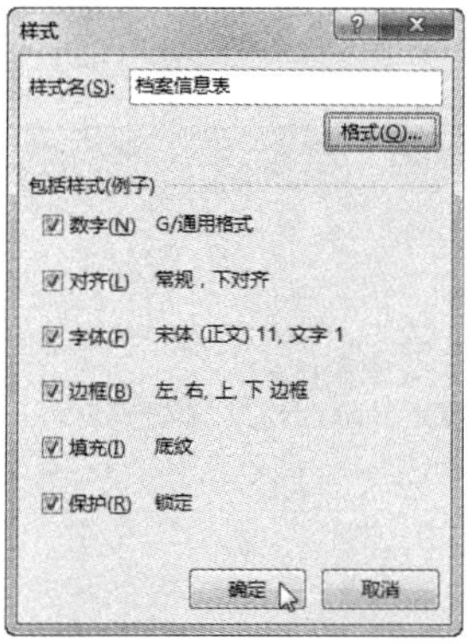

图 5-87 【样式】对话框

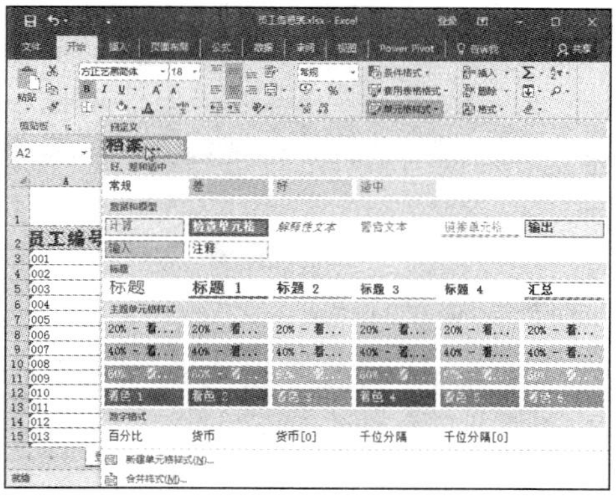

图 5-88 应用新建单元格样式

课堂问答

通过本章内容的学习，大家对工作表、行和列及单元格的基础操作有了一定的了解，下面列出一些常见的问题供学习者参考。

问题❶：如何更改工作表的标签颜色？

答：更改工作表标签颜色的方法为：右击工作表标签，在弹出的快捷菜单中选择【工作表标签颜色】命令，然后在展开的颜色面板中选择需要的颜色即可。

问题❷：如何防止他人修改或查看工作表？

答：为了防止工作表被查看或编辑，可为其设置密码保护，首先打开工作簿，切换到【文件】选项卡，默认打开【信息】子选项卡，然后选择【保护工作簿】→【用密码进行加密】命令，在弹出的【加密文档】对话框中输入要设置的密码，单击【确定】按钮，接着在弹出的【确认密码】对话框中重新输入一遍密码，单击【确定】按钮确认即可。

问题❸：如何快速打开常用文档？

答：对于一些经常浏览或编辑的文档，可以将其固定在Excel的打开列表中，以便快速找到并打开，方法为：切换到【文件】选项卡，选择【打开】命令，在“最近使用的工作簿”列表中将光标指向需要固定的文档，单击其右侧出现的【将此项目固定到列表】按钮，即可使其始终显示，被固定的文档在列表中将显示出标记。

上机实战——制作员工信息表

通过本章内容的学习，为了巩固本章知识点，下面讲解一个技能综合案例，使大家对本章的知识有更深入的了解。

效果展示

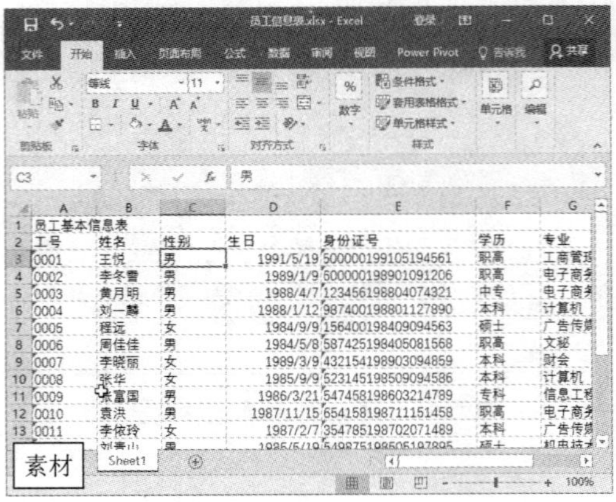

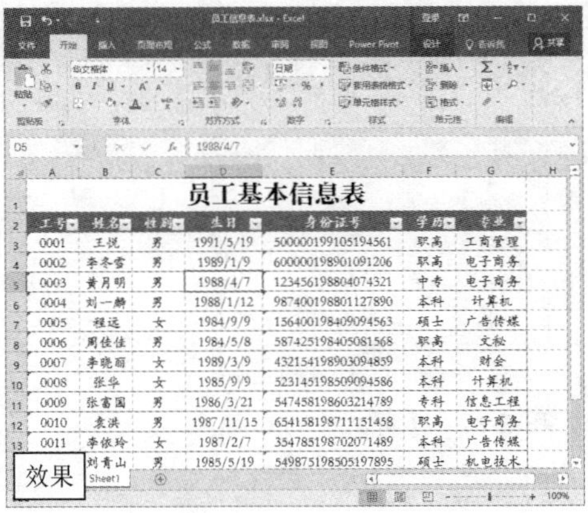

思路分析

对于纯文本型表格，由于没有漂亮的图片进行装饰，只能从字体格式和表格底纹等方面入手进行修饰，从而让读者印象深刻。

本例首先对标题文本进行字体设置，接着套用表格样式设置边框和底纹，最后对单元格内容设置字体格式，得到最终效果。

制作步骤

步骤 01 打开"光盘\素材文件\第 5 章\员工信息表 1.xlsx"文件，如图 5-89 所示。

步骤 02 选中标题文本，在【开始】选项卡的【对齐方式】组中单击【合并】下拉按钮，在弹出的下拉列表中选择【合并后居中】命令，如图 5-90 所示。

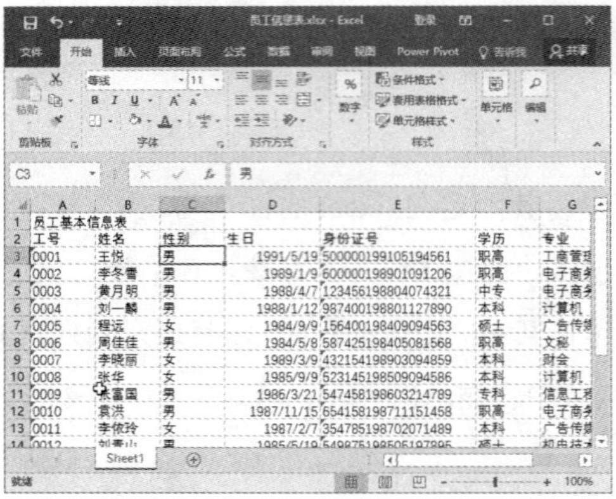

图 5-89　打开原工作表

图 5-90　设置标题居中对齐

步骤 03 保持文本为选中状态，在【字体】组中单击【字体】右侧的下拉按钮，在弹出的下拉列表中选择合适的字体样式，如图 5-91 所示。

步骤 04 保持文本为选中状态，在【字体】组中单击【字号】右侧的下拉按钮，在弹出的下拉列表中选择合适的字号，如图 5-92 所示。

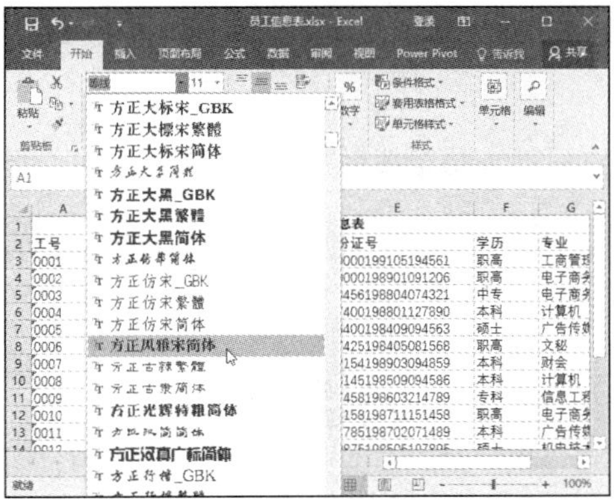

图 5-91　设置标题字体

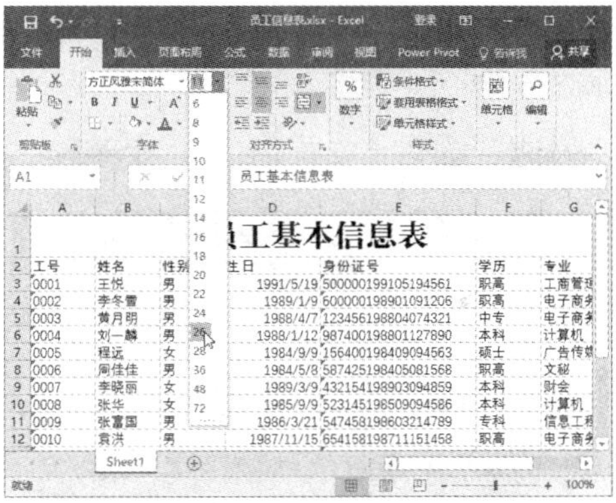

图 5-92　设置标题字号

步骤 05　选中表格正文内容，在【开始】选项卡的【样式】组中单击【套用表格格式】下拉按钮，在弹出的下拉列表中选择需要的内置样式，如图 5-93 所示。

步骤 06　弹出【套用表格式】对话框，单击【确定】按钮，如图 5-94 所示。

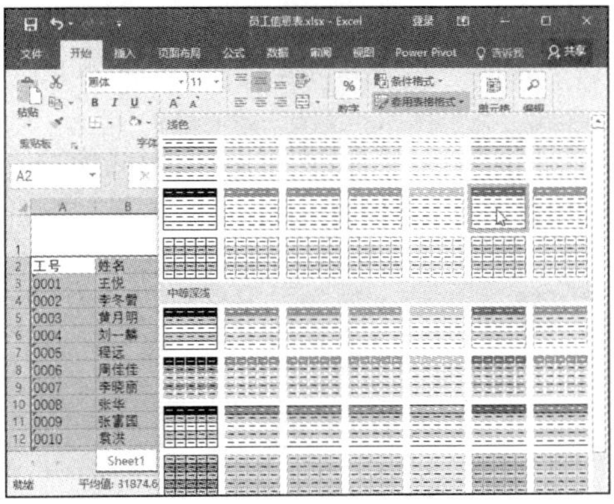

图 5-93　选择内置表格样式

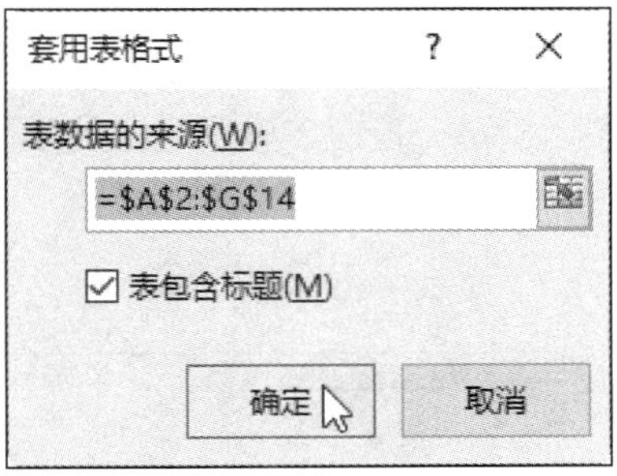

图 5-94　【套用表格式】对话框

步骤 07　保持表格内容为选中状态，单击【字体】右侧的下拉按钮，在弹出的下拉列表中选择需要的单元格字体样式，如图 5-95 所示。

步骤 08　单击【字号】右侧的下拉按钮，在弹出的下拉列表中选择合适的单元格字号，如图 5-96 所示。

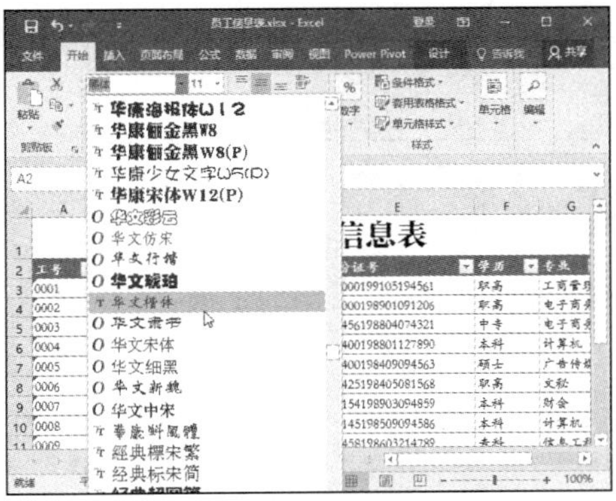

图 5-95　设置正文字体

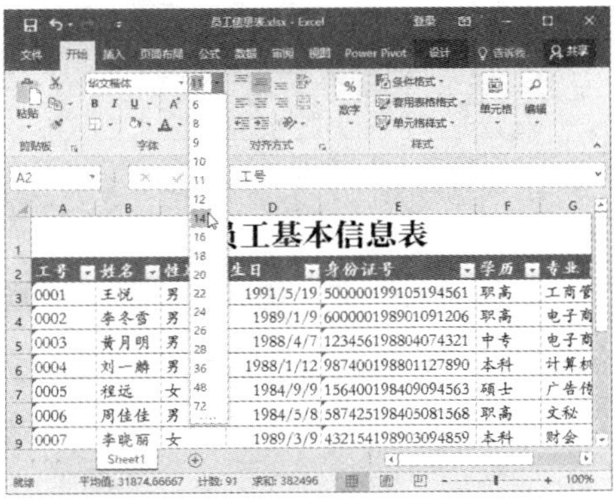

图 5-96　设置正文字号

步骤 09　保持文本为选中状态，在【对齐方式】组中单击【居中】对齐方式按钮，如图 5-97 所示。

步骤 10　返回 Excel 工作表，即可看到设置后的表格最终效果如图 5-98 所示。

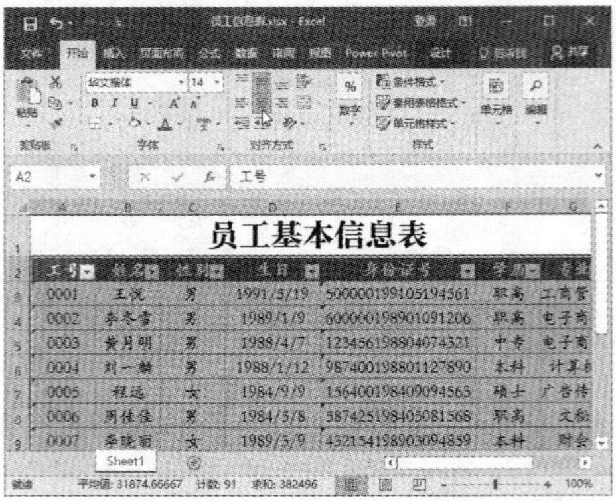

图 5-97　设置单元格正文内容居中对齐

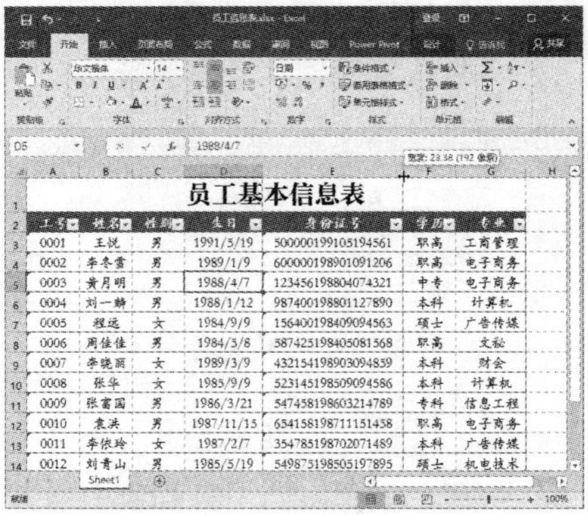

图 5-98　设置后的表格最终效果

同步训练——制作费用报销单

为了增强读者动手能力，下面安排一个同步训练案例通过上机实战案例的学习，让读者达到举一反三、触类旁通的学习效果。

图解流程

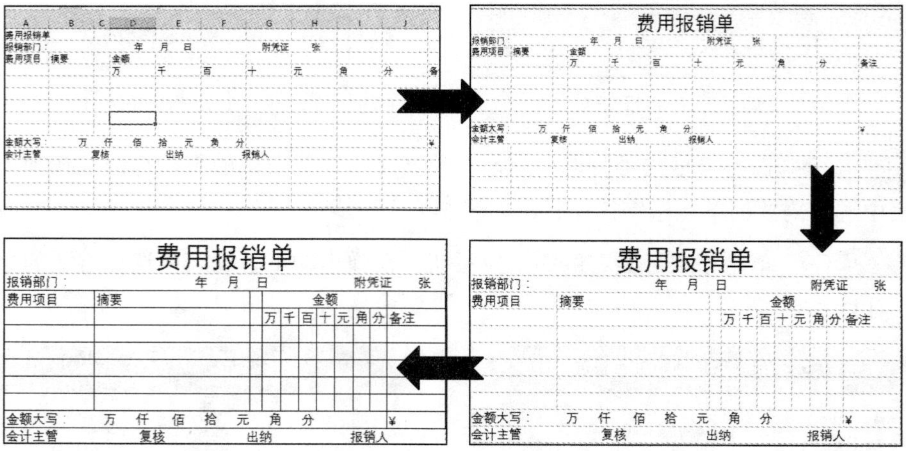

思路分析

对于某些纯文本型表格，仅仅调整一下单元格的行高和列宽，再加上简单的边框，就可以呈现不一样的视觉效果。

本例设置好标题字体格式后，首先调整单元格列宽，然后执行合并单元格操作，最后加上边框，得到最终效果。

关键步骤

步骤 01　打开“光盘 \ 素材文件 \ 第 5 章 \ 费用报销单 .xlsx”文件，如图 5-99 所示。

步骤 02　选中标题文本，在【开始】选项卡的【对齐方式】组中单击【合并】下拉按钮，在弹出的下拉列表中选择【合并后居中】命令，如图 5-100 所示。

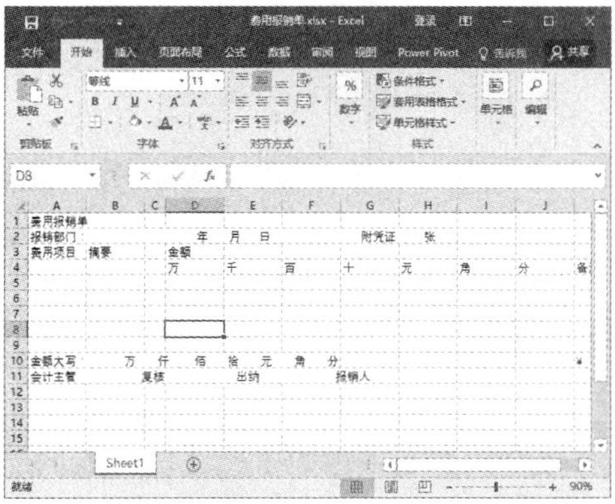

图 5-99　打开原工作表

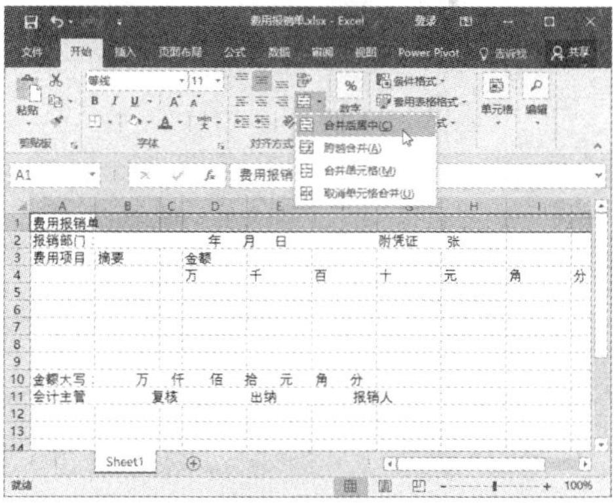

图 5-100　设置标题合并居中

步骤 03　保持文本为选中状态，在【字体】组中单击【字号】右侧的下拉按钮，在弹出的下拉列表中选择需要的字号大小，如图 5-101 所示。

步骤 04　将鼠标指针指向要调整列宽的列标间隔处，当鼠标指针变为“+”形状时按住鼠标左键不放，拖动到合适的位置后释放鼠标即可，如图 5-102 所示。

图 5-101　设置标题字号

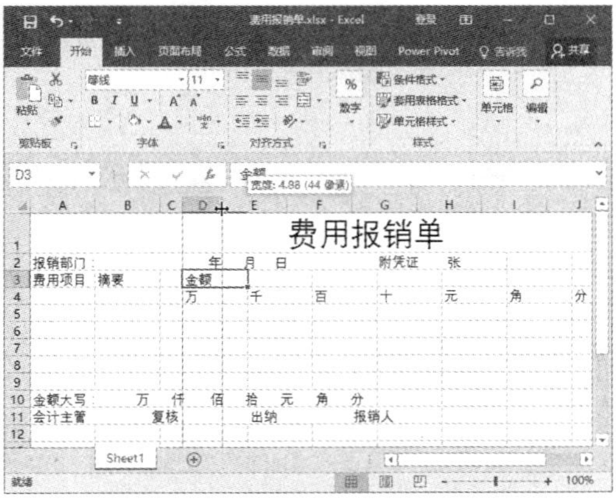

图 5-102　调整单元格列宽

步骤 05　按步骤 04的操作调整其他单元格的列宽，设置后的效果如图 5-103 所示。

步骤 06　选中要合并的多个单元格，在【合并】组中单击【合并】下拉按钮，在弹出的下拉列表中选择【合并单元格】命令，如图 5-104 所示。

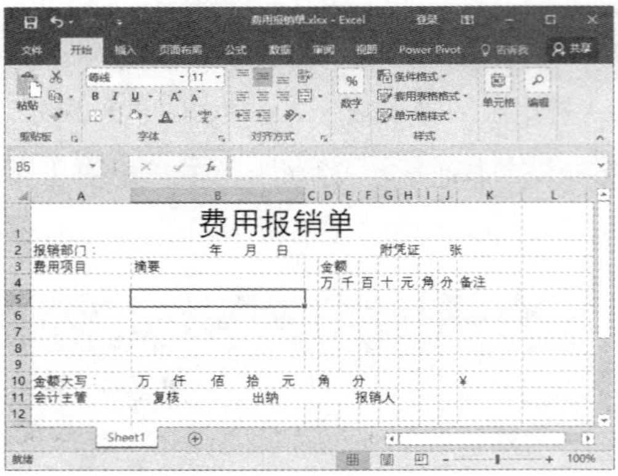

图 5-103　调整列宽后的效果

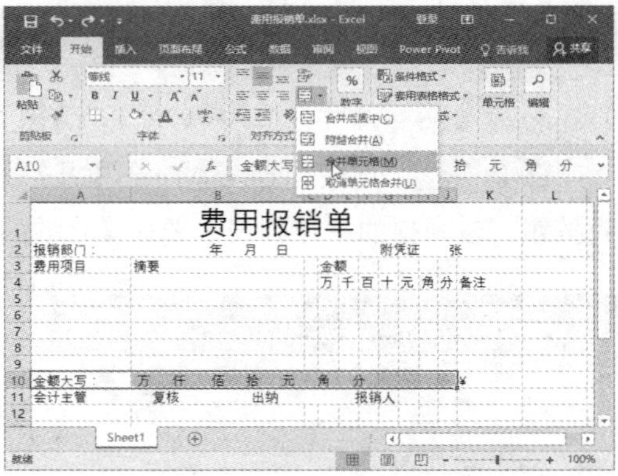

图 5-104　合并单元格

步骤 07　选中表格正文，在【字体】组中单击【字号】右侧的下拉按钮，在弹出的下拉列表中选择合适的字号，如图 5-105 所示。

步骤 08　选中要添加边框的单元格区域，在【开始】选项卡中单击【边框】下拉按钮，在弹出的下拉列表中选择【所有框线】命令，如图 5-106 所示。设置完成后保存文档即可。

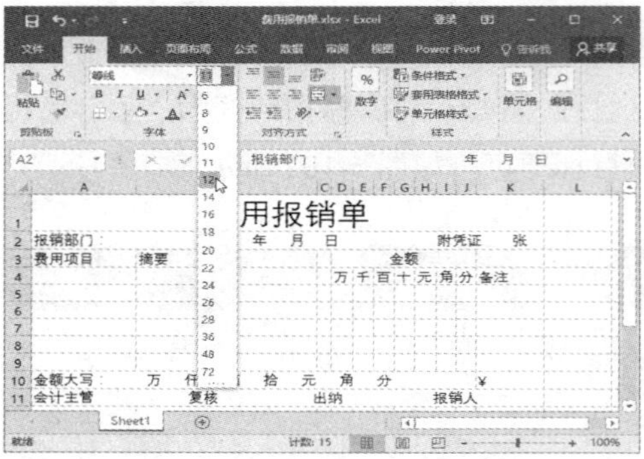

图 5-105　设置正文字号

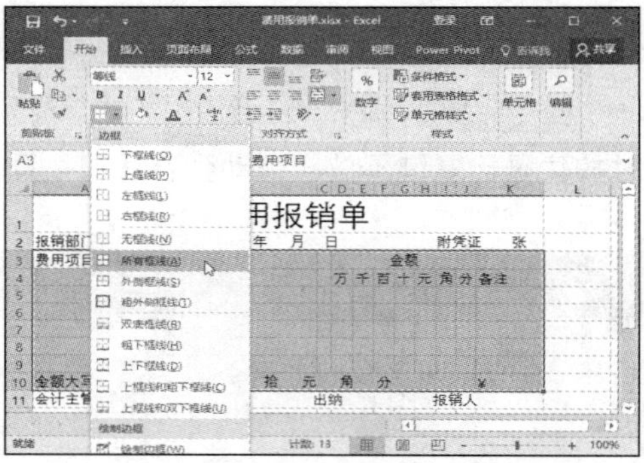

图 5-106　添加边框

知识能力测试

本章学习了工作表、单元格及行和列的基本操作等知识点，为对知识进行巩固和考核，布置如下相应的练习题。

一、填空题

1．Excel 2016 默认的字体格式为________，默认的数据字号为________，默认的单元格对齐方式为________。

2．在当前单元格中按下________键，鼠标光标将自动定位到所选单元格下方的单元格中；在当前单元格中按下________键，鼠标光标将自动定位到所选单元格右侧的单元格中。

3．在 Excel 中输入特殊数据需要使用特殊方法，如要输入分数“3/4”，应当输入________。

二、选择题

1．选中多个不连续单元格后，在最后一个单元格中输入数据，然后按下（　　）组合键，所选择的单元格将会填充相同的数据。

A．【Ctrl+C】　　B．【Alt+Enter】

C．【Ctrl+Enter】　　D．【Shift+Enter】

2．在工作表中输入身份证号码时，需要先输入（　　），然后再输入号码，否则将以科学计数方式显示。

A．英文状态下的单引号　　B．中文状态下的双引号

C．以“0”开头的数字　　D．一个空格

3．在工作表中选中某一行后，按下（　　）键的同时分别单击其他行号，即可快速选择多个不连续的行。

A．【Enter】　　B．【Shift】　　C．【Alt】　　D．【Ctrl】

三、简答题

1．修改单元格中的数据有哪几种方法？

2．复制和移动工作表时，操作上的区别在哪里？

Office
2016

第 6 章
Excel 公式和函数基础

公式和函数主要用来对数据进行运算和分析，熟练掌握公式和函数的使用方法，可以大大提高用户的办公效率。本章将具体介绍公式和函数的使用、单元格引用及常用函数的应用等知识。

学习目标

- 学会公式的使用方法
- 学会函数的使用方式
- 掌握引用单元格的操作方法
- 熟练掌握常见函数的应用

6.1 公式的使用

公式由一系列单元格的引用、函数及运算符等组成，是对数据进行计算和分析的等式。下面将简单介绍什么是运算符，以及公式的输入、复制和删除方法。

6.1.1 了解运算符

使用公式计算数据时，运算符是用于连接公式的操作符，是工作表处理数据的指令。在 Excel 2016 中，运算符分为算术运算符、比较运算符、文本运算符和引用运算符 4 种类型。

（1）常用算术运算符有：加号“+”、减号“-”、乘号“×”、除号“/”、百分号“%”及乘方“^”。

（2）常用比较运算符有：等号“=”、大于号“>”、小于号“<”、小于等于号“<=”、大于等于号“>=”、不等号“<>”。

（3）文本连接运算符只有与号“&”，该符号主要用于将两个文本值连接或串起来产生一个连续的文本值。

（4）常用引用运算符有：区域运算符“:”、联合运算符“,”及交叉运算符“ ”（即空格）。

使用公式时应注意，每个运算符的优先级是不同的：在混合运算公式中，对于不同优先级，应按照从高到低的顺序进行计算；对于相同优先级，应按照从左到右的顺序进行计算。

> **温馨提示**
> 运算符的优先级从高到低为：冒号“:”、空格“ ”、逗号“,”、负数“−”、百分号“%”、乘方“^”、乘号“×”或除号“/”、加号“+”或减号“−”、连字符“&”、比较运算符“=”“<”“>”“<=”“>=”“<>”。

6.1.2 输入公式

输入公式都是以“=”开始的，接着输入运算项和运算符，输入完毕后按下【Enter】键确认，计算结果将显示在单元格中。可通过手动输入和使用鼠标辅助输入两种方法输入公式，下面分别进行介绍。

1．手动输入公式

步骤 01　打开“销售统计表 .xlsx”工作簿，在“G2”单元格内输入公式“=E2*F2”，如图 6-1 所示。

步骤 02　按下【Enter】键，即可在“G2”单元格中显示计算结果，如图 6-2 所示。

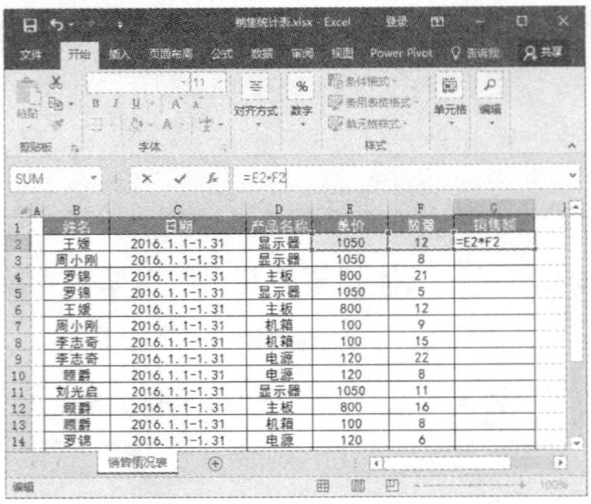

图 6-1　输入公式

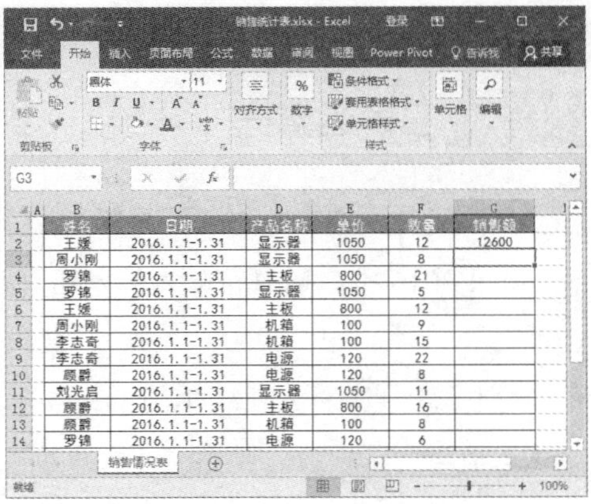

图 6-2　显示计算结果

2．使用鼠标辅助输入

步骤 01　打开“销售统计表 .xlsx”工作簿，在“G3”单元格内输入等于符号“=”，如图 6-3 所示。

步骤 02　单击“E3”单元格，此时该单元格周围出现闪动的虚线边框，可看到“E3”单元格被引用到了公式中，如图 6-4 所示。

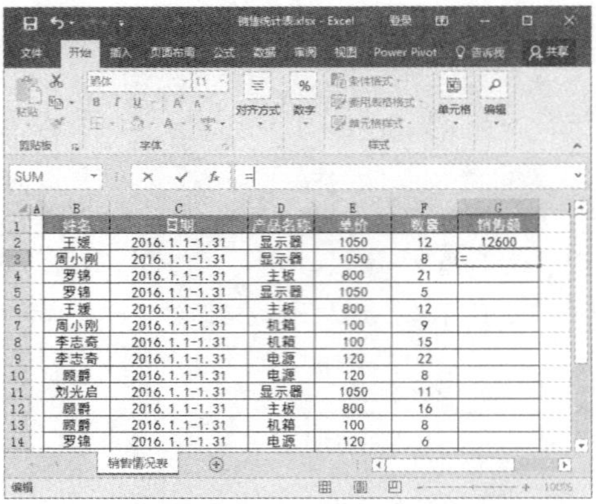

图 6-3　输入等于符号

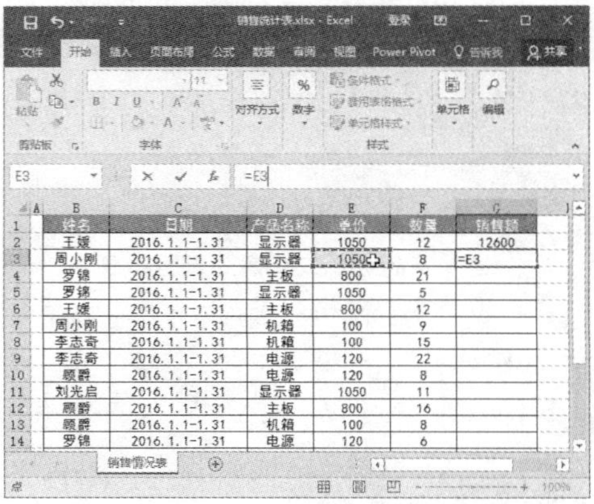

图 6-4　引用单元格“E3”

步骤 03　在“G3”单元格中输入运算符“+”，接着单击“F3”单元格，此时“F3”单元格也被引用到了公式中，如图 6-5 所示。

步骤 04　操作完毕后按下【Enter】键确认输入，此时即可得到计算结果，如图 6-6 所示。

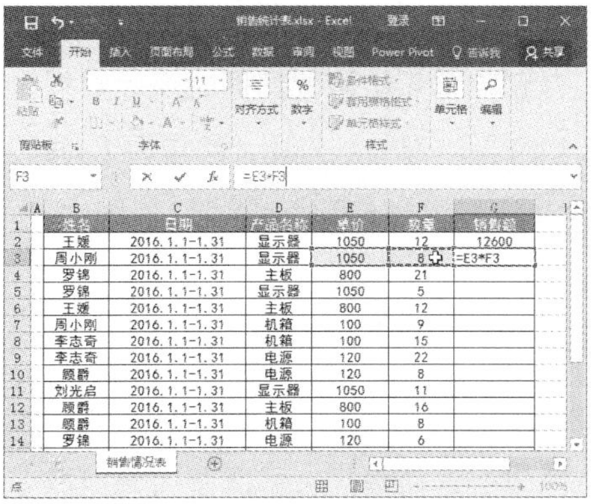

图 6-5 引用单元格“F3”

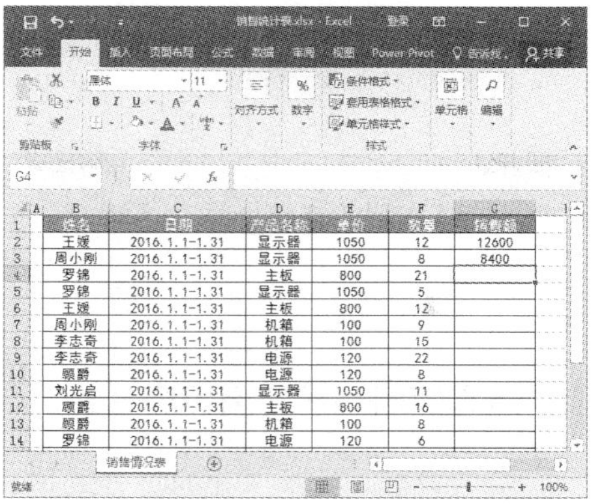

图 6-6 查看计算结果

6.1.3 复制公式

在 Excel 中创建了公式后，如果想要将公式复制到其他单元格中，可参照复制单元格数据的方法进行操作。

若将公式复制到一个单元格中，可选中要复制的公式所在的单元格，按下【Ctrl+C】组合键，然后选中需要粘贴公式的单元格，按下【Ctrl+V】组合键即可完成公式的复制，并显示出计算结果，如图 6-7 所示。

若要将公式复制到多个单元格中，可选中要复制的公式所在的单元格，将光标指向该单元格的右下角，当鼠标指针变为“+”形状时按住鼠标左键向下拖动，拖至目标单元格时释放鼠标，即可将公式复制到鼠标指针所经过的所有单元格中，并显示计算结果，如图 6-8 所示。此方法同样适用于将公式复制到一个单元格中。

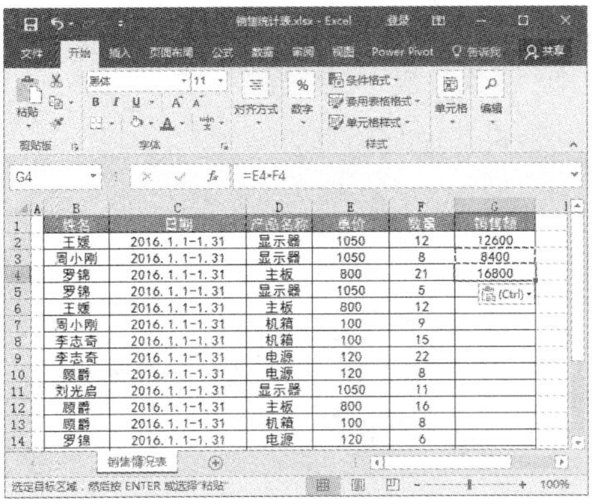

图 6-7 复制公式到一个单元格

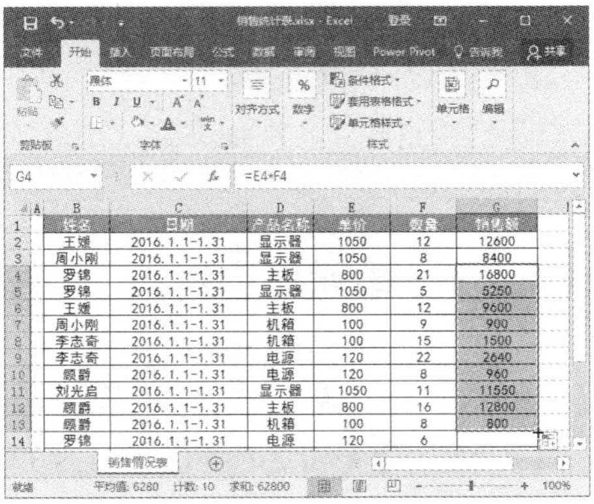

图 6-8 复制公式到多个单元格

6.1.4 删除公式

若发现输入的公式有误，可选中公式所在的单元格，然后按下【Delete】键，即可同时删除该单元格中的数据和公式。

此外，用户还可以通过复制粘贴“值”的方式在删除单元格格式的同时保留数据，具体操作方法为：选中目标单元格，按下【Ctrl+C】组合键进行复制操作，然后在【开始】选项卡的【剪贴板】组中单击【粘贴】下拉按钮，在打开的下拉列表中选择【值】选项即可，如图 6-9 所示。

课堂范例——使用数组公式

所谓数组，就是单元的集合或是一组处理的值的集合，而数组公式就是对两组或多组名为数组参数的值进行多项运算，然后返回一个或多个结果的一种计算公式。

以统计多名员工的实发工资金额为例，使用数组公式的方法为：打开“光盘\素材文件\第 6 章\工资表 1.xlsx”工作簿，在“B5”单元格中输入数组公式“=SUM(B2:F2-B3:F3)”（该公式的含义是将“B2:F2”单元格区域中的每个单元格与“B3:F3”单元格区域中的每个对应的单元格相减，然后再将每个结果加起来进行求和），最后按下【Ctrl+Shift+Enter】组合键，确认输入数组公式即可。完成后可以看到公式的两端出现一对大括号“{}”，这是数组公式的标志，如图 6-10 所示。

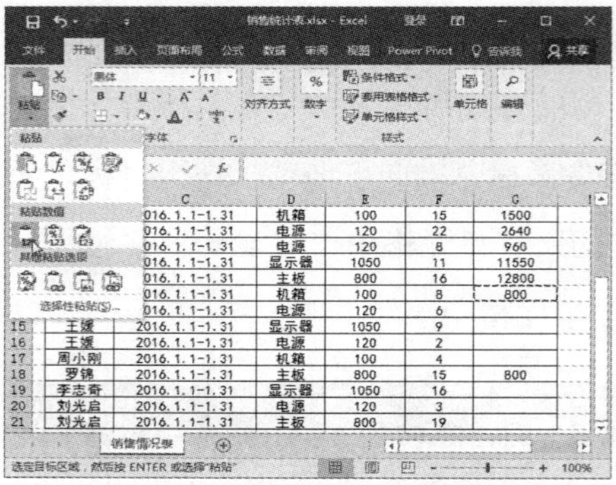

图 6-9　复制值

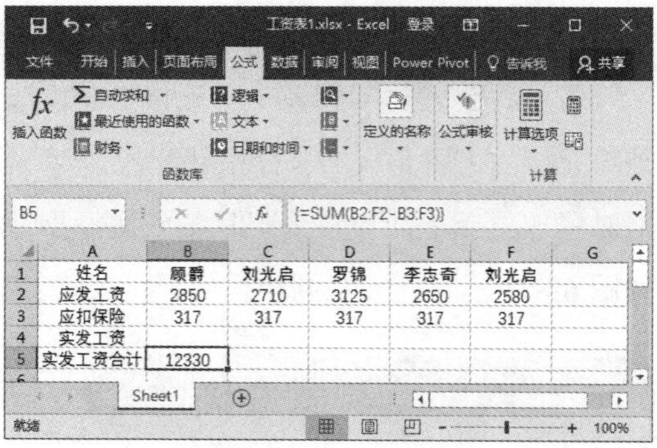

图 6-10　输入数组公式

6.2 单元格引用

引用单元格的目的是标识工作表中的单元格或单元格区域，并指明公式中所用数据在工作表中的位置。单元格引用分为相对引用、绝对引用和混合引用 3 种方式。

6.2.1 相对引用

默认情况下，Excel 2016 使用的是相对引用方式。使用相对引用时，单元格引用会随公式所在单元格的位置改变而改变。例如，在相对引用中复制公式时，公式中引用的单元格地址将被更新，指向与当前公式位置相对应的单元格。

以“销售统计表”为例，使用相对引用的方法如下。

步骤 01 在“G2”单元格输入公式“= E2*F2”，如图 6-11 所示。

步骤 02 使用【Ctrl+C】和【Ctrl+V】组合键将公式复制到“G3”单元格中，此时可看到“G3”单元格中的公式更新为“=E3*F3”，即其引用指向了与当前公式位置相对应的单元格，如图 6-12 所示。

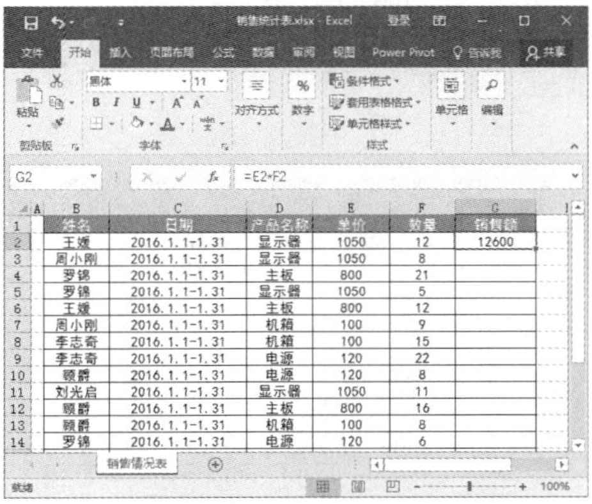

图 6-11　相对引用输入公式

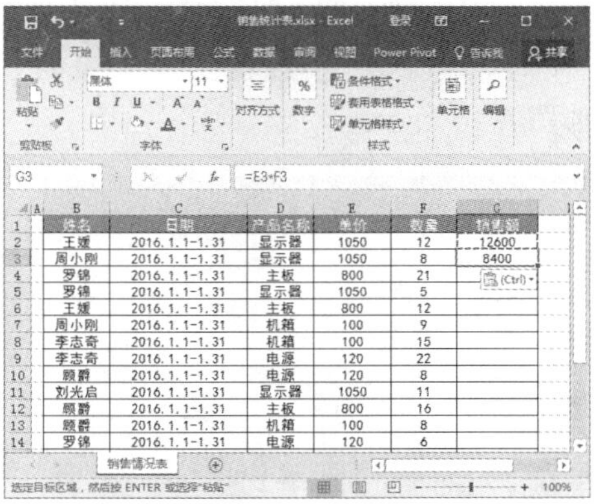

图 6-12　查看相对引用效果

6.2.2 绝对引用输入公式

使用绝对引用时，应在被引用单元格的行号和列标之前分别加入符号“$”。对于使用了绝对引用的公式，被复制或移动到新位置后，公式中引用的单元格地址将保持不变。

以“销售统计表”为例，使用绝对引用的方法如下。

步骤 01 在“G2”单元格中输入公式“=$E$2*$F$2”，如图 6-13 所示。

步骤 02 将“G2”单元格中的公式复制到“G3”单元格中，此时可发现两个单元格中的公式一致，并未发生任何改变，如图 6-14 所示。

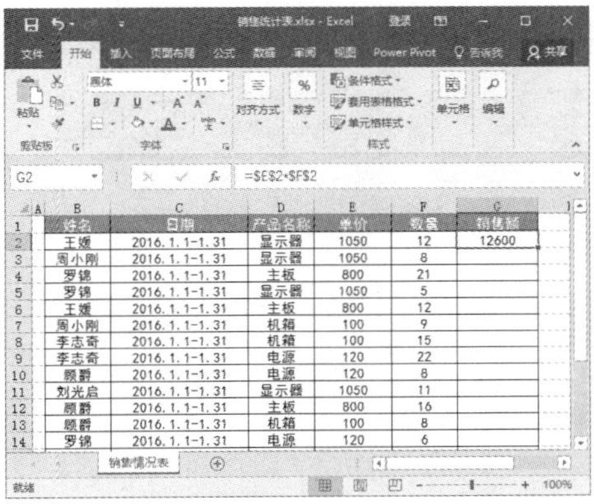

图 6-13　绝对引用输入公式

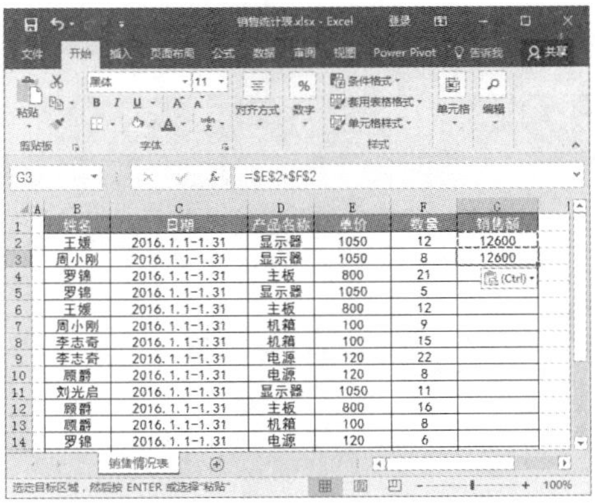

图 6-14　查看绝对引用效果

6.2.3 混合引用

相对引用与绝对引用同时存在于一个单元格的地址引用中，这种方式被称为混合引用。此时公式所在单元格的位置发生改变，相对引用部分会改变，而绝对引用部分不变。使用混合引用的方法如下。

步骤 01 打开工作表，在“G2”单元格中输入公式“=E2*$F$2”，如图 6-15 所示。

步骤 02 将“G2”单元格中的公式复制到“G4”单元格中，此时可发现公式中使用了相对引用的单元格地址发生了改变，而使用绝对引用的单元格地址则没有变化，如图 6-16 所示。

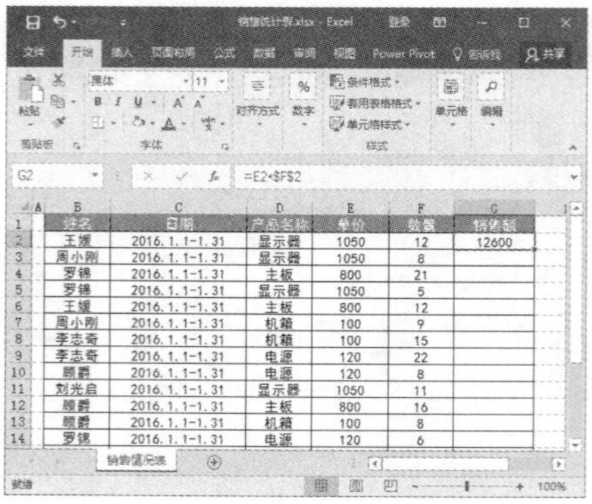

图 6-15 混合引用输入公式

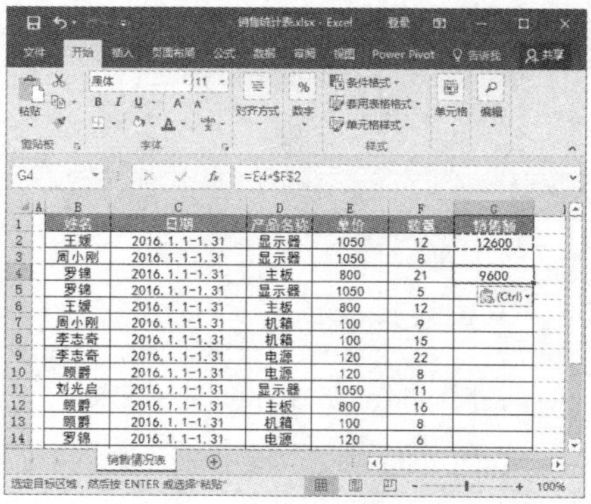

图 6-16 查看混合引用效果

课堂范例——引用其他工作簿中的单元格

步骤 01 同时打开“光盘 \ 素材文件 \ 第 6 章 \ 销售额 .xlsx”文件和“光盘 \ 素材文件 \ 第 6 章 \ 销售统计表 .xlsx”文件，在“销售额”工作簿的“Sheet1”工作表中选中“D2”单元格，输入“=”，如图 6-17 所示。

步骤 02 切换到“销售统计表”工作簿的“Sheet1”工作表，选中“G2”单元格，按下【Enter】键，即可将“销售统计表”工作簿的“Sheet1”工作表中“G2”单元格内的数据引用到“销售额”工作簿的 Sheet1 工作表“D2”单元格中，如图 6-18 所示。

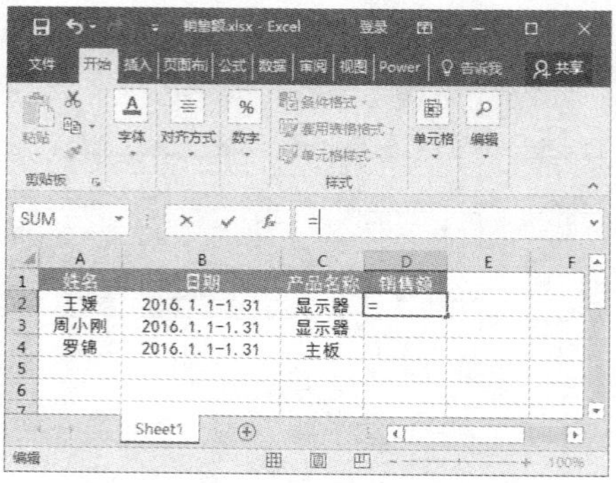

图 6-17 输入等于符号

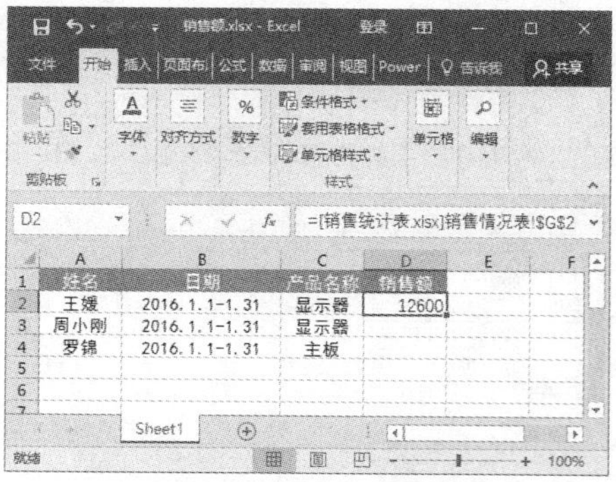

图 6-18 引用其他工作簿中的单元格内的数据

6.3 使用函数计算数据

在 Excel 中将一组特定功能的公式组合在一起，就形成了函数，利用函数可以轻松完成各种复杂数据的处理工作。本节将为大家简单介绍函数的相关操作。

6.3.1 认识函数

函数是一些预定义的公式，它们使用一些称为参数的特定数值按特定的顺序或结构进行计算。熟练使用函数处理电子表格中的数据，可以大大提高用户的工作效率。

1．函数式的组成

在 Excel 2016 中，一个完整的函数式主要由标识符、函数名称和函数参数组成。

（1）标识符：在 Excel 表格中输入函数式时，必须先输入等号“＝”，因此等号“＝”也被称为函数式的标识符。

（2）函数名称：函数名称通常是其对应功能的英文单词缩写，为函数要执行的运算，位于标识符的后面。

（3）函数参数：紧跟在函数名称后面的是一对半角圆括号“（）”，而被括起来的内容就是函数的处理对象，即参数表。

2．函数参数的类型

函数的参数既可以是常量，也可以是公式，还可以为其他函数。常见的函数参数类型主要有以下几种。

（1）常量参数：主要包括文本(如“姓名”)、数值（如“1800”）及日期（如“2016-4-1”）等内容。

（2）逻辑值参数：主要包括逻辑真、逻辑假及逻辑判断表达式等，如“TRUE”或“FALSE”。

（3）单元格引用参数：主要包括引用单个单元格（如 A1）和引用单元格区域（如 D2:G21）等。

（4）函数式：在 Excel 中可以使用一个函数式的返回结果作为另外一个函数式的参数，这种方式称为函数嵌套，如“=IF（A1>8," 优 ",IF（A1>6," 合格 "," 差 "））”。

（5）数组参数：函数参数既可以是一组常量，也可以为单元格区域的引用。

3．函数的分类

Excel 2016 的函数库中提供了多种函数，在“插入函数”对话框中可以查找到。按照函数的功能，可以将 Excel 函数分为以下几类。

（1）文本函数：用来处理公式中的文本字符串，如“LOWER”函数可将文本字符串的所有字母转换成小写形式。

（2）逻辑函数：用来测试是否满足某个条件，并判断逻辑值。逻辑函数的数量很少，只有 6 个，其中“IF”函数使用非常广泛。

（3）日期和时间函数：用来分析或操作公式中与日期和时间有关的值，如“TODAY”函数可以返回当天日期。

（4）数学及三角函数：用来进行数学和三角方面的计算。其中三角函数采用弧度作为角的单位，如“RADIANS”函数可以把角度转换为弧度。

（5）财务函数：用来进行有关财务方面的计算，如“IPMT”函数可返回投资回报的利息部分。

（6）统计函数：用来对一定范围内的数据进行统计分析，如“MAX”函数可返回一组数值中的最大值。

（7）查看和引用函数：用来查找列表或表格中的指定值，如“VLOOKUP”函数可在表格数组的首列查找指定的值，并返回表格数组当前行中其他列的值。

（8）数据库函数：主要用来对存储在数据清单中的数值进行分析，判断其是否符合特定的条件，如“DSTDEVP”函数可计算数据的标准偏差。

（9）信息函数：主要用来帮助用户鉴定单元格中的数据所属的类型或单元格是否为空。

（10）工程函数：此类函数主要用在工程应用程序中用来处理复杂的数字，并在不同的计数体系和测量体系中进行转换，使用工程函数必须执行加载宏命令。

（11）其他函数：Excel 还有一些函数没有出现在“插入函数”对话框中，它们是命令、自定义、宏控件和 DDE 等相关的函数，另外还有一些使用加载宏创建的函数。

6.3.2 输入函数

若要在 Excel 中使用函数，如果用户对所使用的函数及其参数类型比较熟悉，可直接输入函数，如果不熟悉，可通过“插入函数”对话框选择插入需要的函数。

1．通过编辑栏输入

如果用户知道函数名称及语法，可直接在编辑栏中按照函数表达式进行输入，首先选中要输入函数的单元格，将光标定位在编辑栏中输入等号“=”，接着输入函数名和左括号，紧跟着输入函数参数，最后输入右括号，输入完成后单击编辑栏上的【输入】按钮或按下【Enter】键确认即可。

例如，在单元格中输入“=SUM(A2:A10)”，是指对“A2”～“A10”单元格区域中的数值求和。

2．通过快捷按钮插入

对于一些常用的函数，如“求和”函数（SUM）、“平均值”函数（AVERAGE）、

“计数”函数（COUNT）等，可利用“开始”或“公式”选项卡中的快捷按钮来实现输入。

以输入“求和”函数为例，有两种输入方法，具体操作如下。

（1）通过【开始】选项卡的快捷按钮输入函数：选中需要求和的单元格区域，在【开始】选项卡的【编辑】组中单击【自动求和】下拉按钮，在弹出的下拉列表中选择【求和】命令，如图 6-19 所示，然后拖动鼠标选择作为参数的单元格区域，最后按下【Enter】键确认即可。

（2）通过【公式】选项卡的快捷按钮输入函数：选中要显示求和结果的单元格，切换到【公式】选项卡，在【函数库】组中单击【自动求和】下拉按钮，在弹出的下拉列表中选择【求和】命令，如图 6-20 所示，然后拖动鼠标选择作为参数的单元格区域，最后按下【Enter】键确认即可。

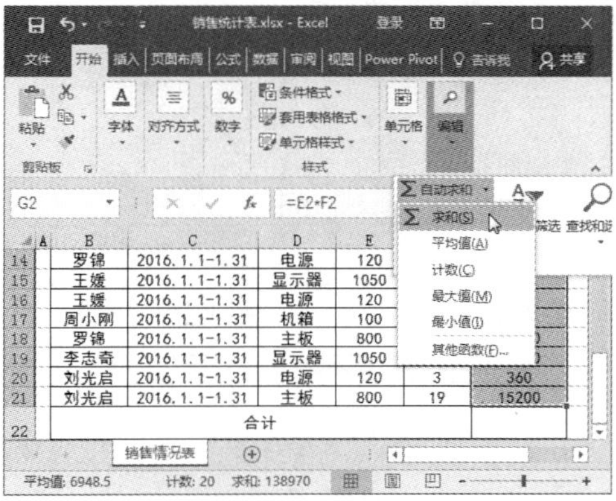

图 6-19　通过【开始】选项卡输入

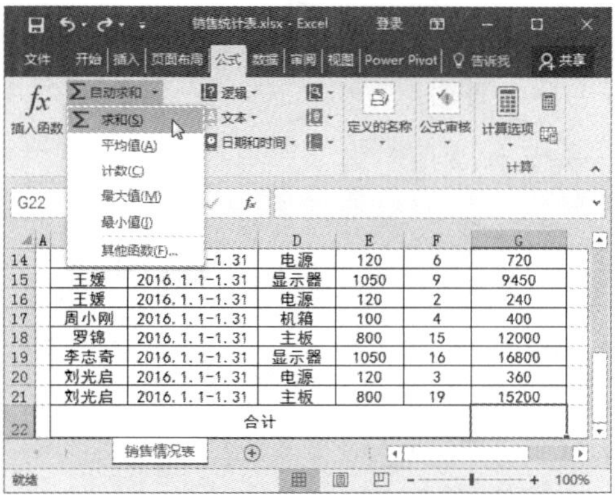

图 6-20　通过【公式】选项卡输入

3. 通过“插入函数”对话框输入

如果用户对 Excel 函数不熟悉，可使用“插入函数”对话框输入函数，具体操作方法如下。

步骤 01 打开“销售统计表.xlsx”工作簿，选中要显示计算结果的单元格，如“G22”单元格，接着单击编辑栏中的【插入函数】按钮，如图 6-21 所示。

步骤 02 弹出【插入函数】对话框，在【或选择类别】下拉列表框中选择函数类别，默认为“常用函数”，在【选择函数】列表框中选择需要的函数，单击【确定】按钮，如图 6-22 所示。

步骤 03 弹出【函数参数】对话框，默认在【Number1】文本框中显示了函数参数，可根据需要对其设置，单击【确定】按钮，如图 6-23 所示。

步骤 04 返回 Excel 工作表，即可在“G22”单元格中看到显示的计算结果，如图 6-24 所示。

图 6-21 单击【插入函数】按钮

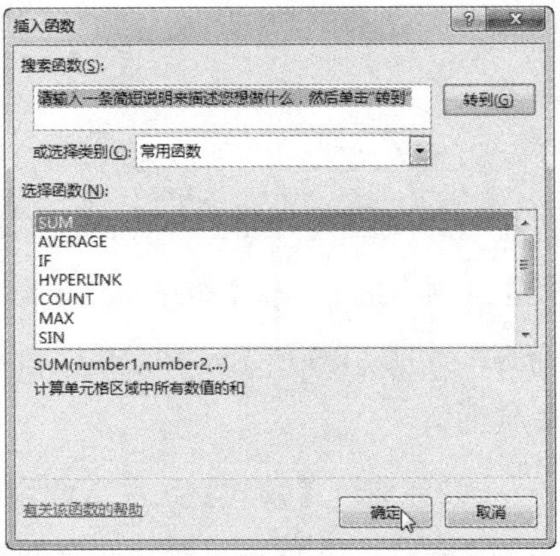

图 6-22 选择函数

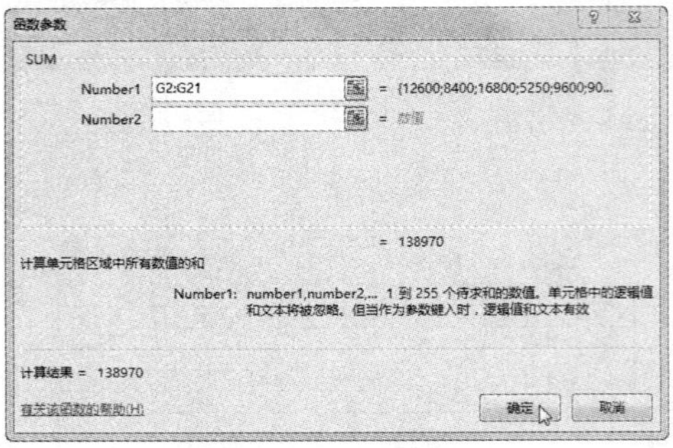

图 6-23 设置函数参数

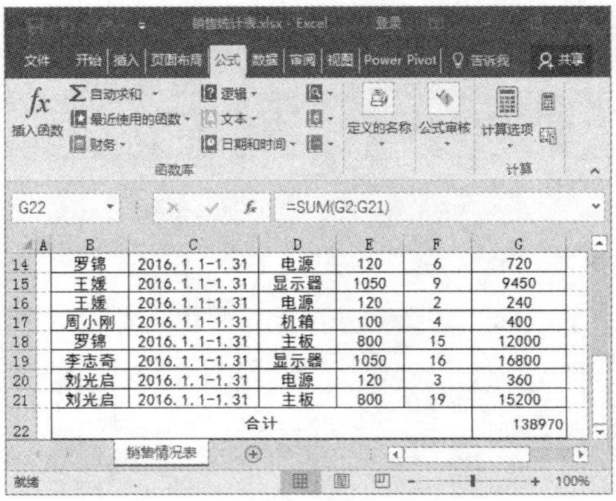

图 6-24 查看计算结果

6.3.3 使用嵌套函数

使用一个函数或多个函数表达式的返回结果作为另外一个函数的某个或多个参数，含有这种应用方式的函数称为嵌套函数。

例如，函数式“=IF(AVERAGE(A1:A3) >20, SUM(B1:B3),0)”，就是一个简单的嵌套函数表达式，该函数表达式的表达含义为：若“A1:A3”单元格区域中数字的平均值大于20，则返回单元格区域“B1:B3”的求和结果，否则将返回“0”，如图 6-25 所示。

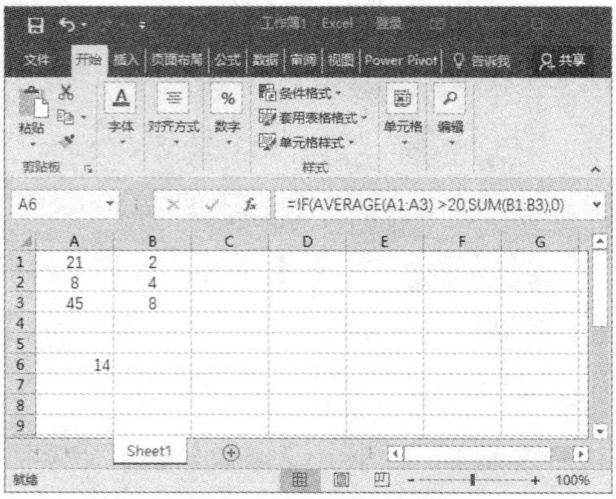

图 6-25 使用嵌套函数

嵌套函数一般通过手动输入，输入时可以利用鼠标辅助引用单元格。

以上面的函数式为例，输入方法为：选中目标单元格，输入“=IF()”，接着输入作为参数插入的函数的首字母“A”，在出现的相关函数列表中双击函数“AVERAGE”，此时将自动插入该函数及前括号，函数式变为“=IF(AVERAGE(”，手动输入字符“A1:A3) >20,”，然后仿照前面的方法输入函数“SUM”，最后输入字符“B1:B3),0)”，按下【Enter】键即可。

6.4 常用函数的使用

在对公式和函数的使用有了一定程度的了解之后，下面将为大家介绍一些在实际工作中可能用到的函数及使用方法。

6.4.1 使用 DAYS360 函数根据生日计算年龄

“DAYS360”函数的功能是假设每个月有 30 天，按照一年 360 天的算法计算两个日期间相差的天数。“DAYS360”函数的语法为“=DAYS360(start_date,end_date,[method])”，其中各个函数参数的含义如下。

（1）参数 start_date：表示要计算两个日期之间相差天数的起始日期。

（2）参数 end_date：表示要计算两个日期之间相差天数的结束日期。

（3）参数 method：该参数是一个逻辑值，用来指定在计算中是采用欧洲方法还是美国方法。若为“TRUE”，将采用欧洲方法，即起始日期和终止日期为一个月的 31 号，都将等于本月的 30 号；若为“FALSE”或省略，则采用美国方法，即如果起始日期是一个月的最后一天，则等于同月的 30 号，如果终止日期是一个月的最后一天，且起始日期早于 30 号，则终止日期为下个月的 1 号，否则终止日期等于本月的 30 号。

技能拓展

如果 start_date 在 end_date 之后，即第一个参数日期在第二个参数日期之后，则“DAYS360”函数将返回一个负数。

下面以“员工档案”工作簿为例，举例说明。

步骤 01 打开工作簿，选中“C2”单元格，输入公式“=ROUND(DAYS360(B2,TODAY())/360,0)”，完成后按下【Enter】键确认，如图 6-26 所示。

步骤 02 将鼠标指针指向“C2”单元格右下角，当指针变为“+”形状时利用填充柄功能将公式快速复制到“C3:C9”单元格区域中即可，如图 6-27 所示。

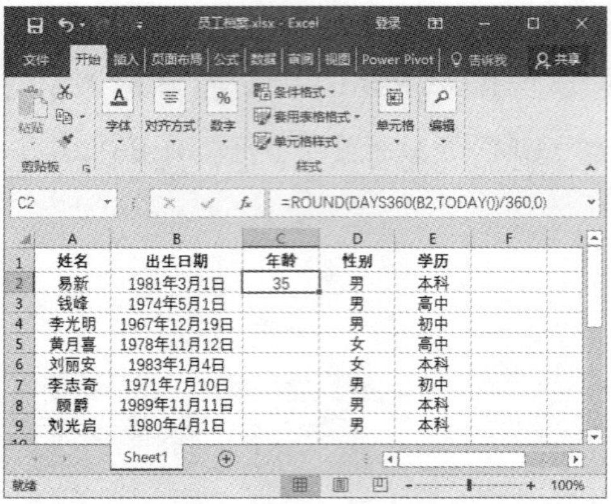

图 6-26　输入函数式

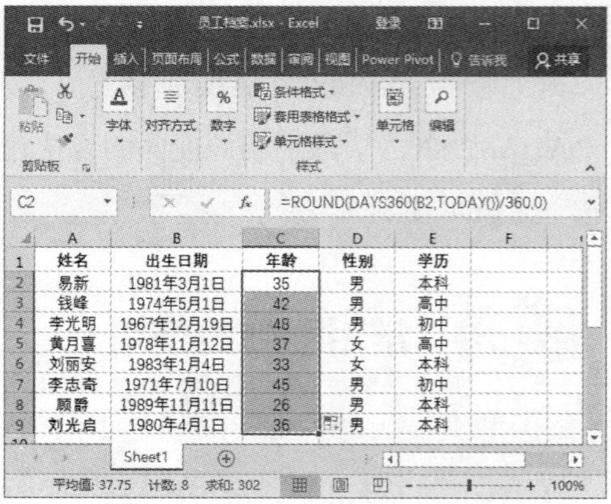

图 6-27　复制公式

在本例中，公式中使用的“ROUND”函数的功能是按要求进行四舍五入的，其语法为：=ROUND(number, num_digits)。其中参数“number”是需要四舍五入的数字。参数“num_digits”为指定的位数，数字将按此位数进行四舍五入，若“num_digits”大于“0”，则四舍五入到指定的小数位；若“num_digits”等于“0”，则四舍五入到最接近的整数；若“num_digits”小于“0”，则在小数点左侧进行四舍五入。

6.4.2 使用 COUNTIFS 函数计算符合分数范围的人数

“COUNTIFS”函数的功能是统计一组给定条件所指定的单元格数目，其语法为：=COUNTIFS(criteria_range1,criteria1,[criteria_range2,criteria2],…)，其中各个函数参数的含义如下。

（1）参数 criteria_range1：表示在其中计算关联条件的第一个区域。

（2）参数 criteria1：表示关联条件。条件的形式可以为数字、表达式、单元格引用或文本，如“>59”“D2”“姓名”或“312”。

（3）参数 criteria_range2,criteria2,...：表示附加的区域及其关联条件，这些区域无须彼此相邻，但最多允许 127 个区域 / 条件对。同时，每一个附加的区域都必须与参数“criteria_range1”具有相同的行数和列数。

下面以使用“COUNTIFS”函数统计“销售”工作表中“江北”区销售额大于“20000”的人数为例，具体操作如下。

步骤 01 打开“销售.xlsx”工作簿，在工作表中输入指定条件，如销售额“>20000”、区县为“江北”，如图 6-28 所示。

步骤 02 在“H4”单元格输入公式“=COUNTIFS(D3:D10,F4,A3:A10,G4)”，输入完成后按下【Enter】键确认即可，如图 6-29 所示。

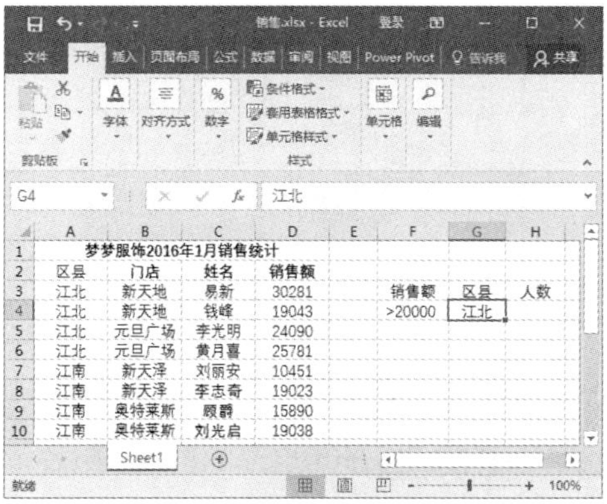

图 6-28 设置条件

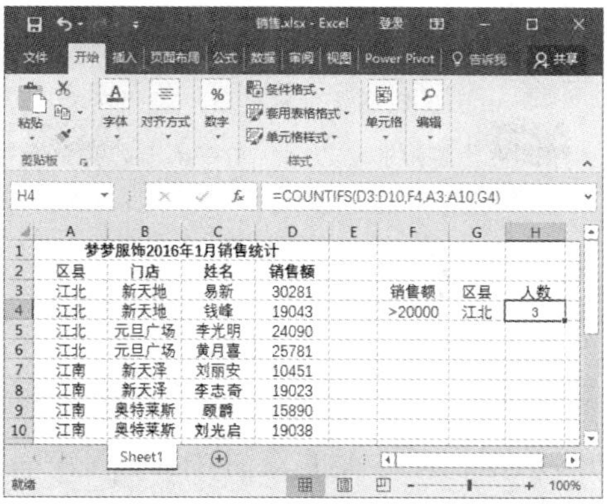

图 6-29 输入公式

6.4.3 使用 FV 函数计算投资的未来值

通过 Excel 的财务函数可轻松完成利息、支付额、利率和收益率等复杂的财务计算，如计算贷款的月支付额、累计偿还金额、计算年金的各期利率、计算资产折旧值及计算证券价格和收益等。

假如需要知道某项投资的未来收益情况，如 *n* 年后的存款总额，可通过“FV”函数来实现。FV 函数的语法为：=FV(rate,nper,pmt,pv,type)，各参数的含义如下。

（1）Rate：为各期利率。

（2）Nper：为总投资期，即该项投资的付款期总数。

（3）Pmt：表示各期所应支付的金额，其数值在整个年金期间保持不变，该参数通常包括本金和利息，但不包括其他费用及税款。如果忽略“pmt”参数，则必须要包括“pv”参数。

（4）Pv：为现值，即从该项投资开始计算时已经入账的款项，或一系列未来付款的当前值的累积和，也称为本金。如果省略“PV”参数，则假设其值为零，此时必须包括“pmt”参数。

（5）Type：为数字“0”或“1”，用来指定各期的付款时间是在期初还是期末。如果省略“type”参数，则假设其值为零。

假设给定条件：年利率为“6%”，总投资期为“10”年，各期应付“500”元，现值为“500”元，计算未来值的方法为：在“B1:B4”单元格区域中输入条件，在“B5”单元格中输入公式“=FV(B1/12,B2,B3,B4)”，按下【Enter】键确认，即可得到计算结果，如图 6-30 所示。

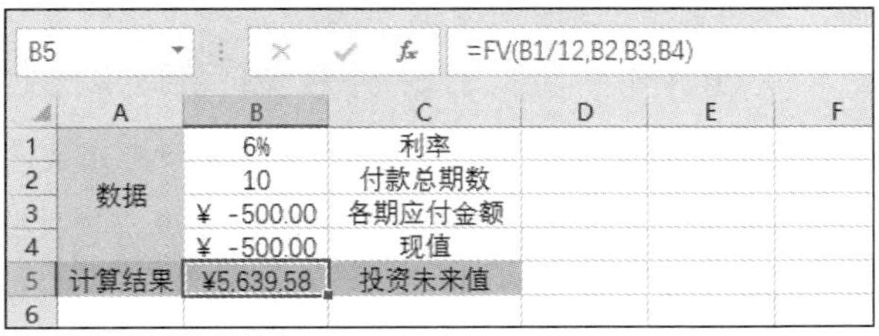

图 6-30 计算未来投资值

> **温馨提示**
>
> 由于投资是先付出金额，因此在输入计算公式时，参数“Pmt”和参数“Pv”应为负数，这样得出的计算结果才为正数，即未来的收益金额。

6.4.4 利用 CONCATENATE 函数合并电话号码的区号和号码

CONCATENATE 函数的功能是将多个文本字符串合并成一个，该函数的语法为“=CONCATENATE(text1, [text2], ...)”，其中各函数参数的含义如下。

（1）参数 text1：为要连接的第一个文本项，是函数中必需的参数。

（2）参数 text2, ...：是其他文本项，最多为 255 项，且项与项之间需用逗号隔开。

下面举例说明 CONCATENATE 函数的使用方法。

步骤 01 打开“客户资料 .xlsx”工作簿，在“C2:C7”单元格区域中输入区号，在“D2:D7”单元格区域中输入电话号码，接着选中“E2”单元格，输入公式“=CONCATENATE(C2,"-",D2)”，完成后按下【Enter】键确认，如图 6-31 所示。

步骤 02 选中“E2”单元格，利用填充柄将公式快速复制到“E3:E7”单元格区域中即可，如图 6-32 所示。

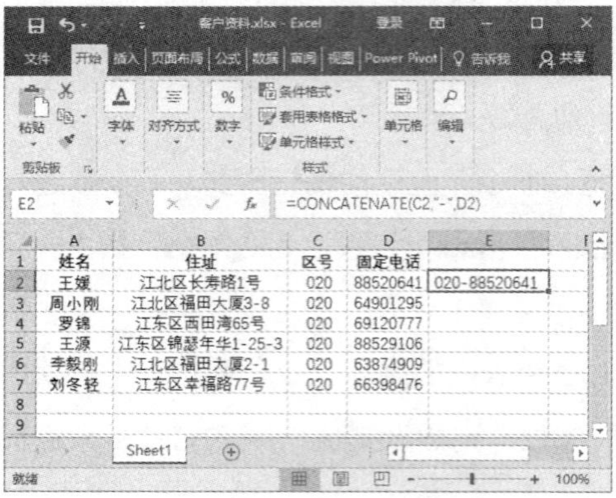

图 6-31　合并区号和电话号码

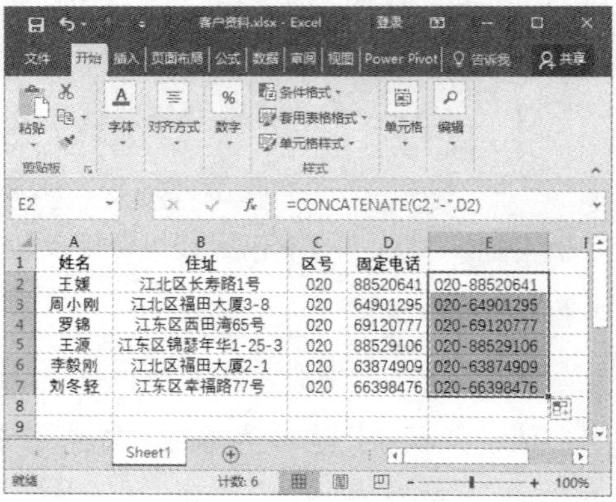

图 6-32　复制公式

课堂范例——计算个人所得税

缴纳个人所得税是收入达到缴纳标准的公民应尽的义务，要计算个人所得税，应了解个人所得税的纳税额的计算方法。

从 2011 年 9 月 1 日起，个税免征额调整为 3500 元，全月应纳税所得额为工资减去五险一金后再减去个税免征额所得的金额，如某人的月工资收入为 5000 元，他应缴纳的个人所得税为（5000－3500）×3%－0=45（元）。按照 7 级超额累进个人所得税税率实行，详情如下。

级数	全月应纳税所得额（含税）	全月应纳税所得额（不含税）	税率(%)	速算扣除数
1	不超过 1500 元	不超过 1455 元	3	0
2	超过 1500 元至 4500 元的部分	超过 1455 元至 4155 元的部分	10	105
3	超过 4500 元至 9000 元的部分	超过 4155 元至 7755 元的部分	25	555
4	超过 9000 元至 35000 元的部分	超过 7755 元至 27255 元的部分	30	1005
5	超过 35000 元至 55000 元的部分	超过 27255 元至 41255 元的部分	35	2775
6	超过 55000 元至 80000 元的部分	超过 41255 元至 57505 元的部分	45	5505
7	超过 80000 元的部分	超过 57505 元的部分	45	13505

综上，个人所得税应缴税额 = 全月应纳税所得额 × 税率 - 速算扣除数，而实发工资 = 应发工资 - 五险一金 - 缴税。下面举例说明。

步骤 01 打开“光盘 \ 素材文件 \ 第 6 章 \ 个人所得税 .xlsx”文件，选中“F3”单元格，在其中输入公式“=ROUND(MAX((E3-3500)*{0.03,0.1,0.2,0.25,0.3,0.35,0.45}-{0,105,555,1005,2755,5505,13505},0),2)”，如图 6-33 所示。

步骤 02 按下【Enter】键确认，接着使用填充柄功能将公式复制到其他需要的单元格区域中即可，如图 6-34 所示。

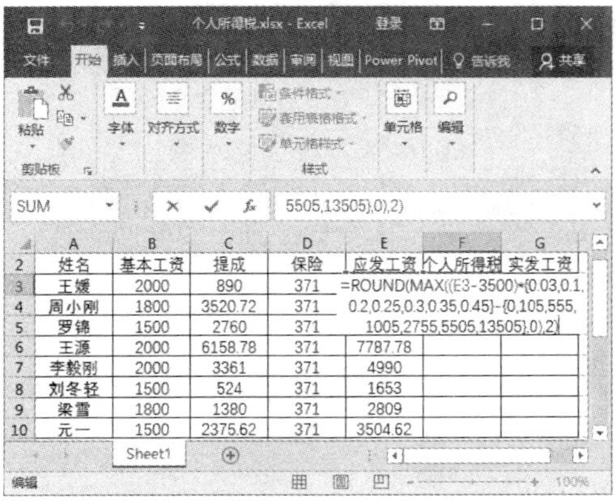

图 6-33 计算个人所得税

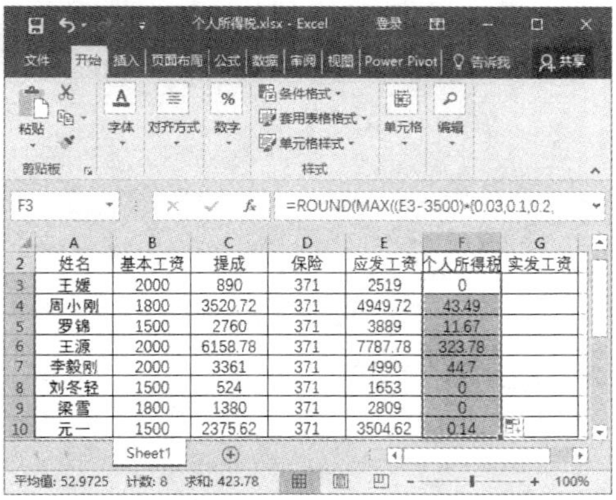

图 6-34 复制公式

课堂问答

通过本章内容的讲解，相信读者已经学会了 Excel 中数据的计算方法，下面列出一些常见的问题供学习参考。

问题 ❶：如何将公式计算结果转换为数值？

答：选中需要转换为文本的单元格，按下【Ctrl+C】组合键复制单元格，然后右击该单元格，在弹出的快捷菜单中选择【选择性粘贴】选项，在弹出的【选择性粘贴】对话框中选中【值】单选按钮，完成后单击【确定】按钮，即可将所计算的结果全部转换为数值。

问题❷：如何快速显示工作表中所有公式？

答：在 Excel 2016 中使用公式处理数据时，默认显示计算结果，如需将公式显示处理，首先选中要显示公式的单元格或区域，切换【公式】选项卡，然后单击【公式审核】组中的【显示公式】按钮即可。

问题❸：将数据区域转变为列表？

答：在 Excel 2016 中，可以将指定的数据区域转换为列表来使用，以方便对指定区域的数据管理及分析处理。首先选中需要转换为列表的数据区域，切换到【插入】选项卡，然后单击【表格】组中的【表格】按钮，在弹出的【创建表】对话框中单击【确定】按钮即可。

上机实战——制作现金流水表

通过本章内容的学习，为了巩固本章知识点，下面讲解一个技能综合案例，使大家对本章的知识有更深入的了解。

效果展示

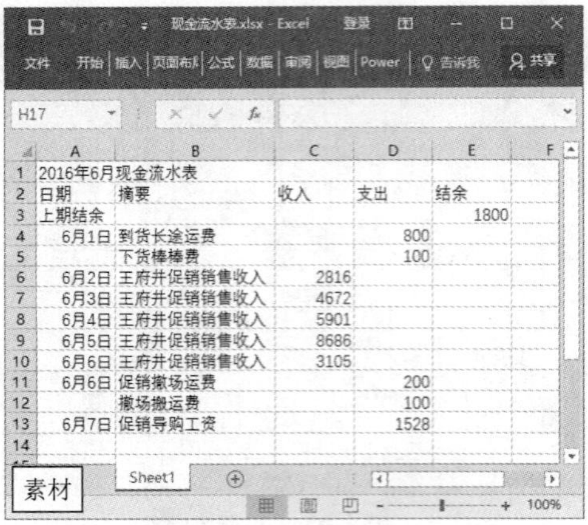

思路分析

现金流水表是财会人员最常用的表格之一，在 Excel 2016 中只需简单的公式计算，就能得到想要的结果。本例首先设置标题字体格式，接着使用简单的公式计算结余，最后添加简单的边框即可得到最终效果。

制作步骤

步骤 01 打开"光盘\素材文件\第 6 章\现金流水表 .xlsx"文件，选中标题文本，在【开始】选项卡的【对齐方式】组中单击【合并后居中】按钮，如图 6-35 所示，可将多个单元格合并，并让标题居中对齐显示。

步骤 02 在【开始】选项卡的【字体】组中，为标题文本设置合适的字体和字号，如图 6-36 所示。

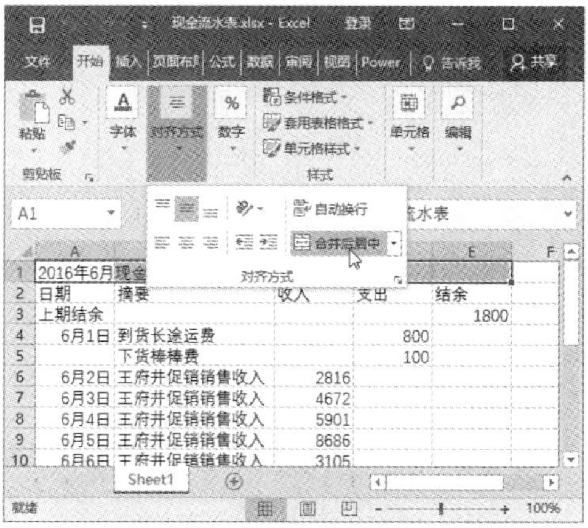

图 6-35 合并单元格

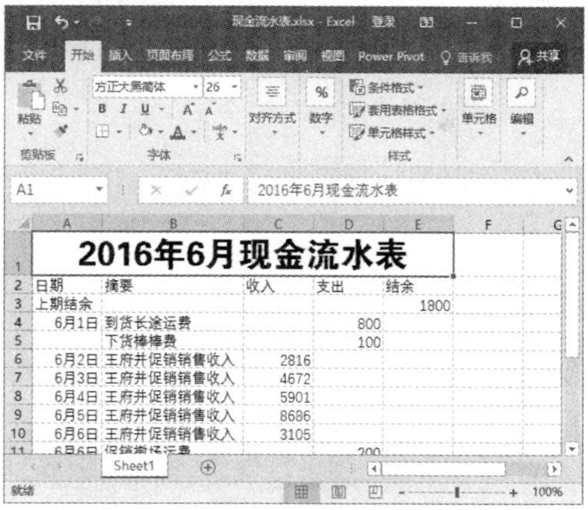

图 6-36 设置标题字体和字号

步骤 03 选中“E4”单元格，在其中输入公式“=E3+C4-D4”，如图 6-37 所示。

步骤 04 利用填充柄功能将“E4”单元格中的公式复制到下方的单元格区域中，如图 6-38 所示。

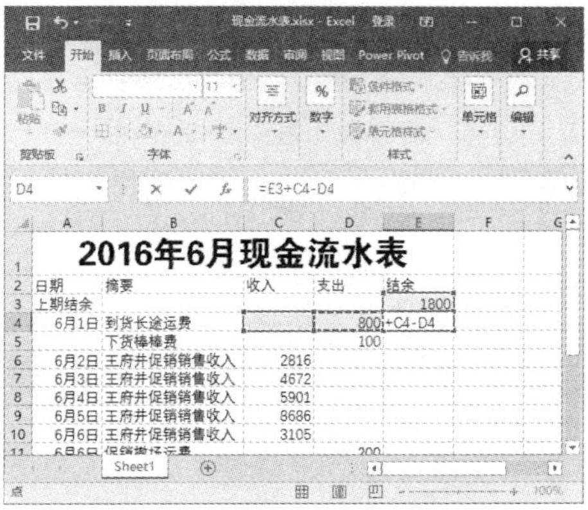

图 6-37 输入计算公式

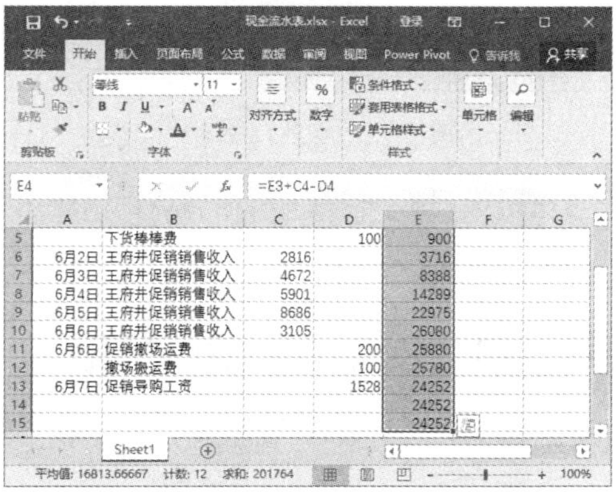

图 6-38 复制公式

步骤 05 选中要进行求和操作的单元格，在【开始】选项卡的【编辑】组中单击【自动求和】按钮，如图 6-39 所示。

步骤 06 程序将自动选择求和区域，按下【Enter】键得到计算结果，然后将公式复制到右侧单元格中，如图 6-40 所示。

步骤 07 选中工作表正文内容，在【开始】选项卡的【字体】组中单击【边框】下拉按钮田，在弹出的下拉列表中选择【所有框线】命令，添加边框，如图 6-41 所示。

步骤 08 按下【Ctrl+A】组合键，选中工作表全部内容，单击【对齐方式】下拉按钮，在弹出的下拉列表中单击【居中】对齐方式按钮☰，如图 6-42 所示。

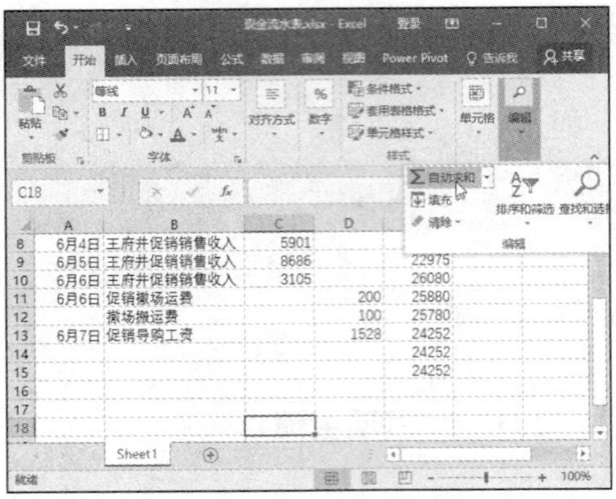

图 6-39　单击【自动求和】按钮

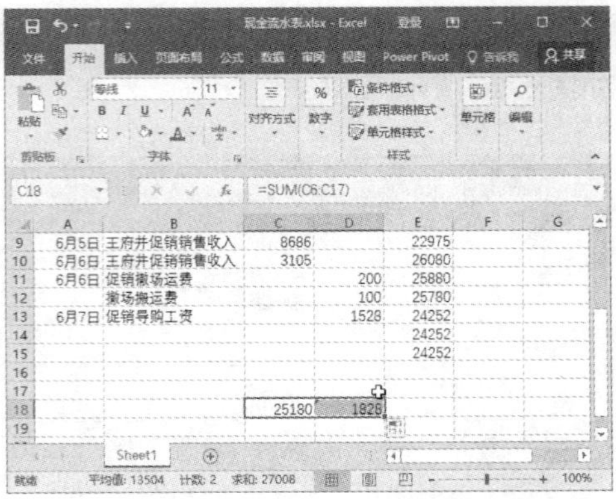

图 6-40　查看求和结果

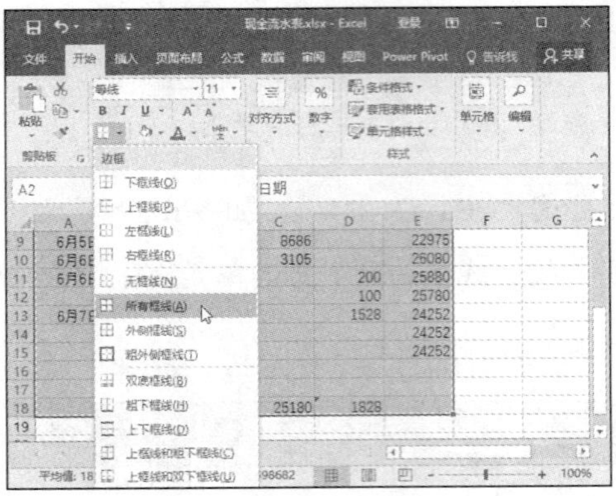

图 6-41　添加边框

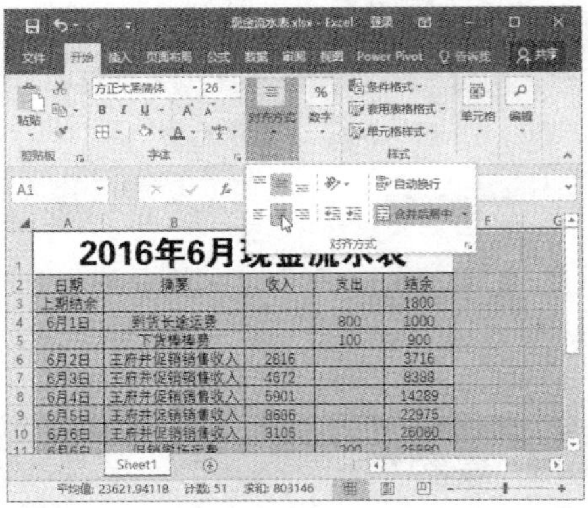

图 6-42　居中对齐

步骤 09 分别为工作表的标题栏和正文数据设置字体、字号，如图 6-43 所示。

步骤 10 完成设置后，在工作表中可看到最终效果，如图 6-44 所示。

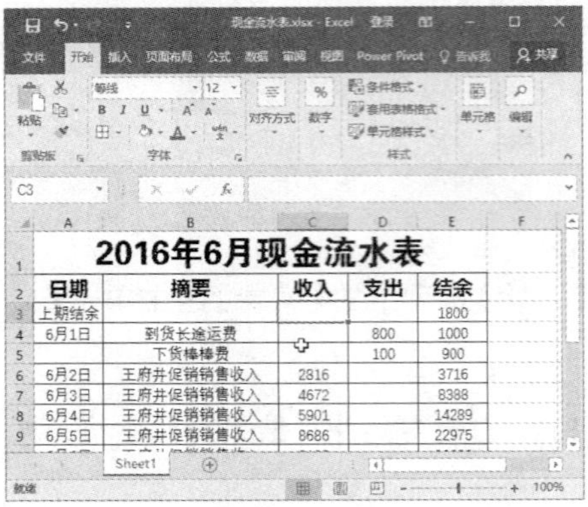

图 6-43　设置正文字体格式

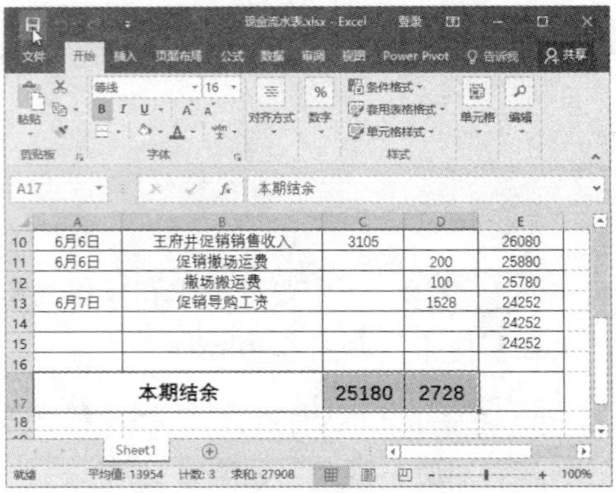

图 6-44　查看最终效果

同步训练——制作销售日报表

通过上机实战案例的学习，为了增强大家的动手能力，下面安排一个同步训练案例，以达到举一反三、触类旁通的学习效果。

图解流程

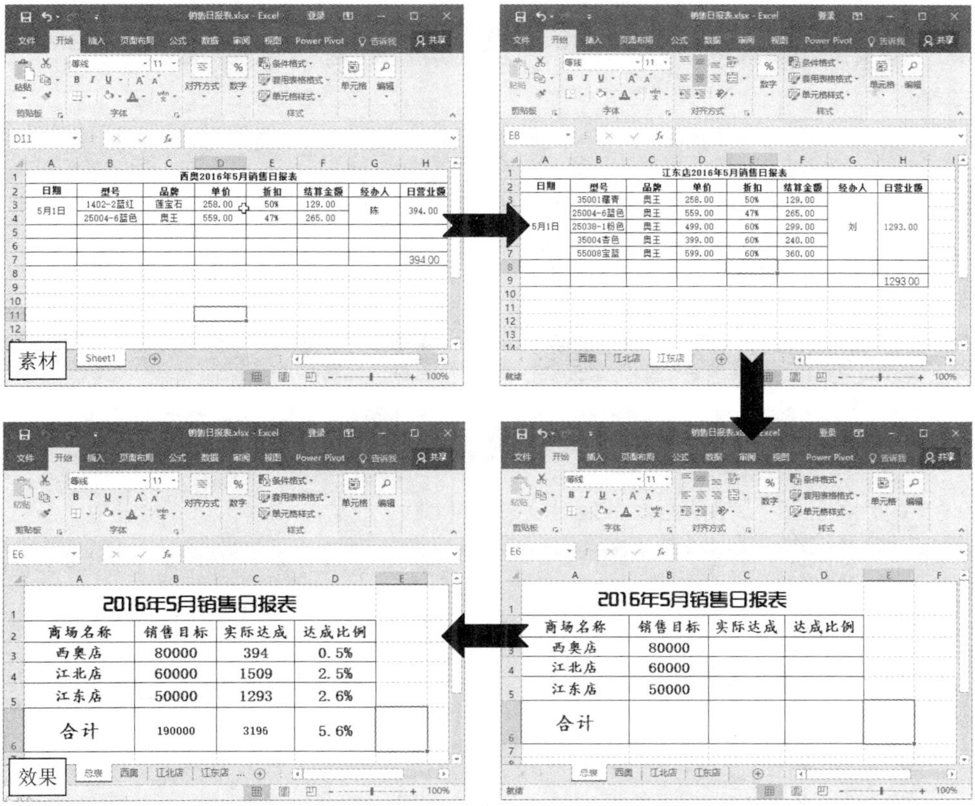

思路分析

销售日报表是销售人员常用的表格之一，其用途是汇报每日销售业绩，有助于分析销售情况。本例首先建立多个工作表，接着使用单元格引用将多个工作表中的数据汇聚在一个工作表中，得到最终效果。

关键步骤

步骤 01 打开“光盘\素材文件\第 6 章\销售日报表 .xlsx”文件，如图 6-45 所示。

步骤 02 双击工作表标签，此时工作表标签处于可编辑状态，删除原标签名称，输入需要的名称，按下【Enter】键确认，如图 6-46 所示。

步骤 03 新建多个工作表，将原工作表中的数据和格式复制到新建的表中，修改好数据，并设置好工作表标签名称，如图 6-47 所示。

步骤 04 新建一个工作表，将其命名为“总表”，然后将其拖动到工作表标签的最左侧，如图 6-48 所示。

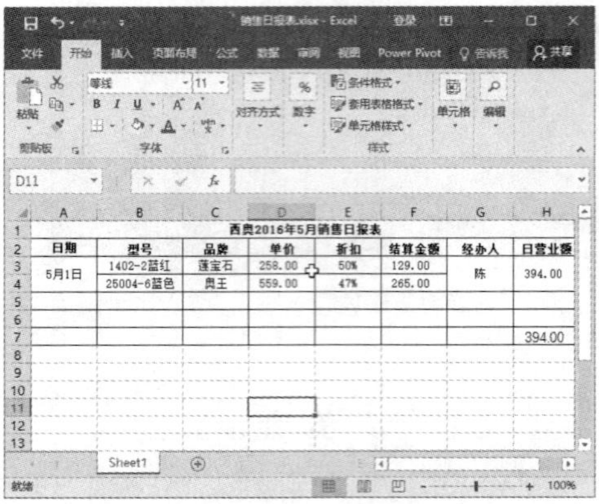

图 6-45　打开原工作表

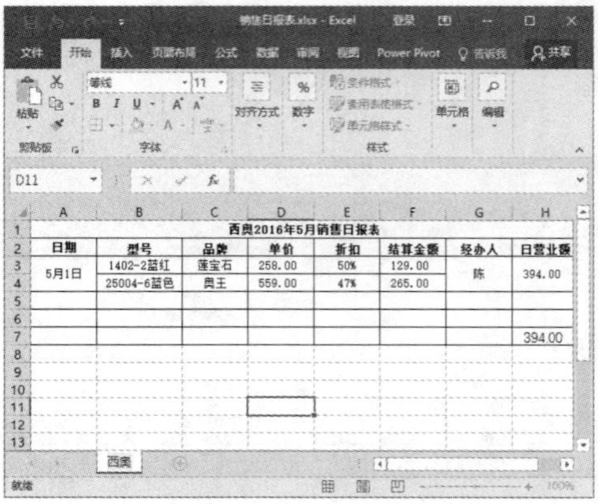

图 6-46　更改工作表标签

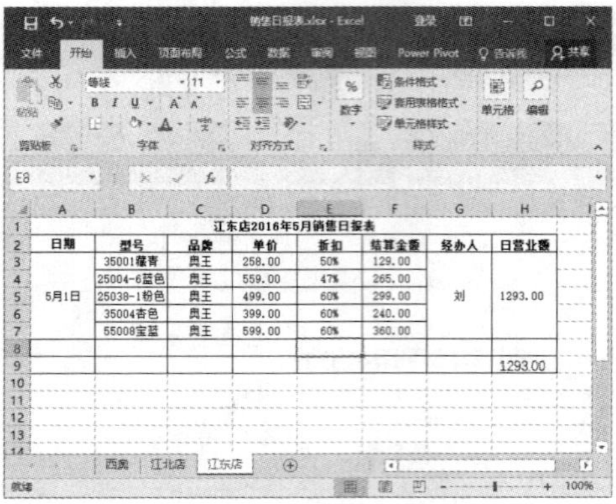

图 6-47　新建多个同格式工作表

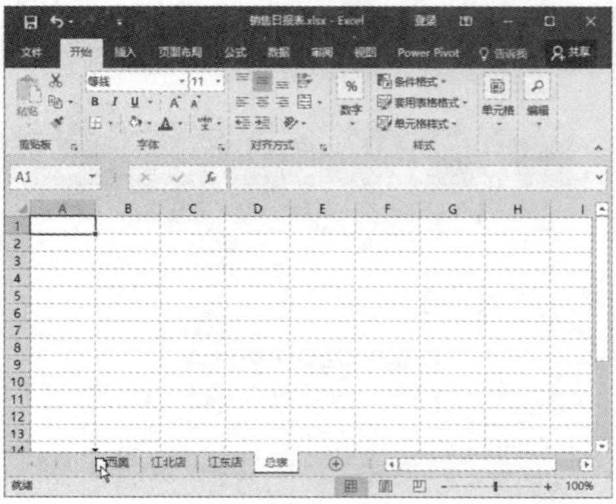

图 6-48　新建“总表”

步骤 05　在“总表”工作表中输入数据，设置好字体格式和边框，如图 6-49 所示。

步骤 06　在“C3”单元格中输入“=”，如图 6-50 所示。

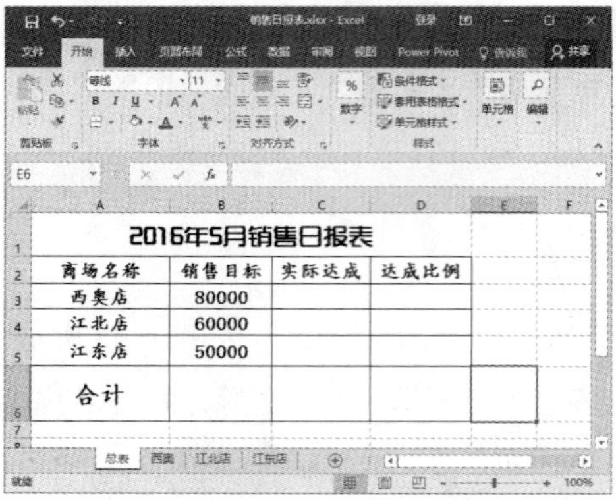

图 6-49　设置总表格式

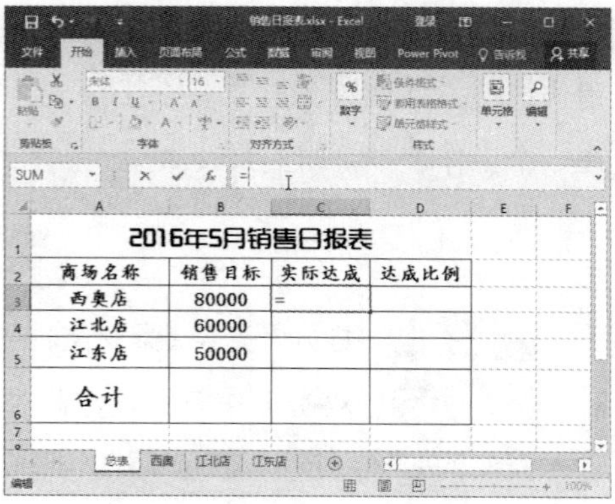

图 6-50　输入“=”

步骤 07　切换到“西奥”工作表，选中要引用的单元格，如图 6-51 所示。

步骤 08　按下【Enter】键确认，在返回的“总表”工作表中可看到引用的数据，如图 6-52 所示。

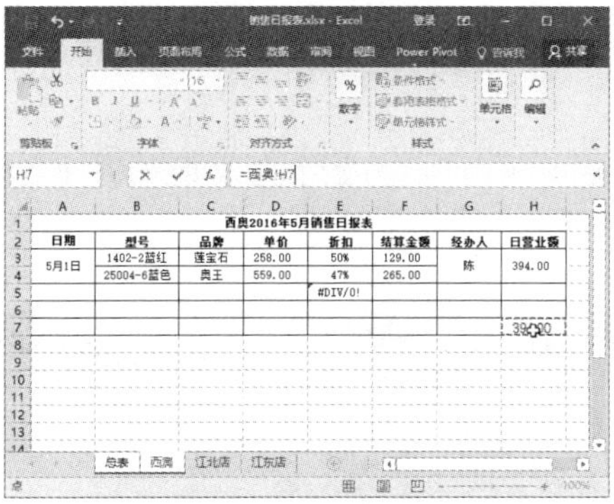

图 6-51　选中引用单元格

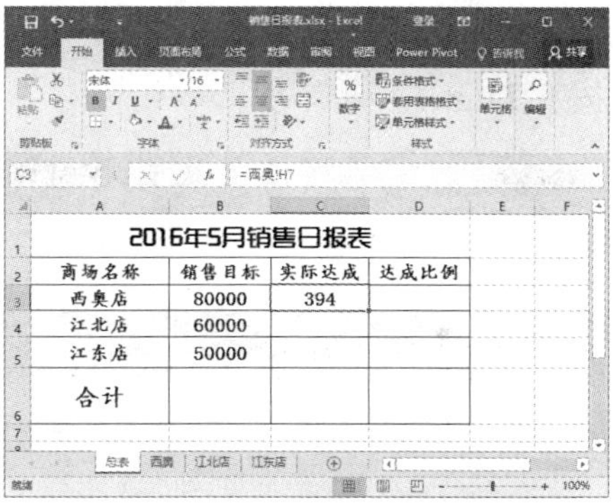

图 6-52　查看引用的数据

步骤 09　选中“D3”单元格，在其中输入公式“=C3/B3”，如图 6-53 所示。

步骤 10　按下【Enter】键确认，得到计算结果，选中该单元格，在【开始】选项卡的【数字】组中单击右下角的展开按钮，如图 6-54 所示。

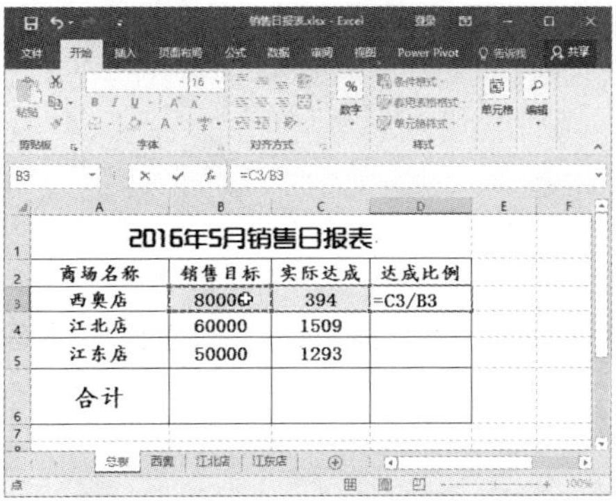

图 6-53　输入计算公式

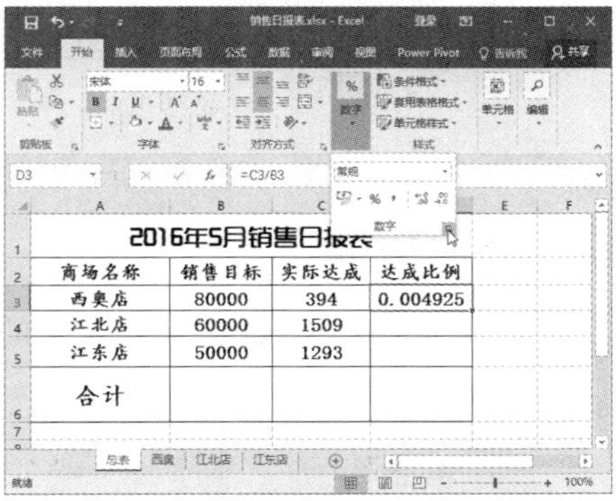

图 6-54　单击展开按钮

步骤 11　弹出【设置单元格格式】对话框，默认切换到【数字】选项卡，在【分类】列表框中选择【百分比】选项，在右侧的微调框中设置小数位数，完成后单击【确定】按钮，如图 6-55 所示。

步骤 12　将数字格式应用到该列其他单元格区域中，选中“B6”单元格，在【编辑】组中单击【自动求和】按钮，如图 6-56 所示。

图 6-55　设置数据格式

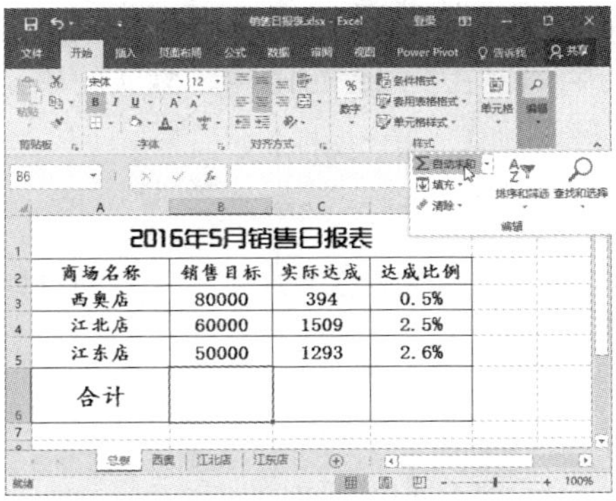

图 6-56　单击【自动求和】按钮

步骤 13　此时可看到默认计算的单元格区域，如图 6-57 所示，若保持默认设置可按下【Enter】键确认。

步骤 14　将该公式引用到该行其他单元格区域中，完成后的效果如图 6-58 所示。

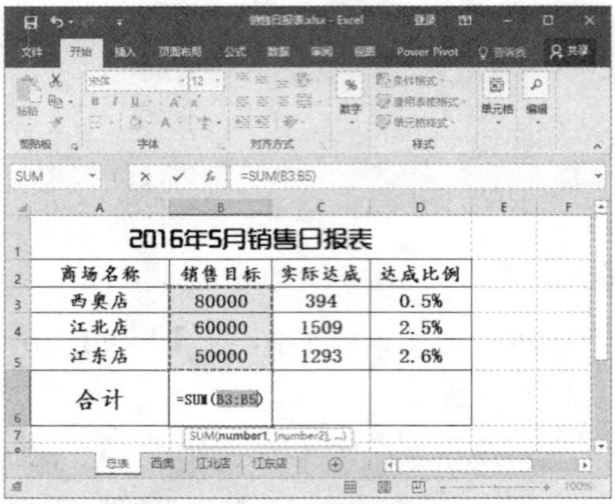

图 6-57　对数据求和

图 6-58　得到最终效果

知识能力测试

本章讲解了 Excel 公式和函数的使用，为对知识进行巩固和考核，布置相应的练习题。

一、填空题

1．在 Excel 2016 中，运算符分为____________、____________、____________、__________4 种类型。

2．在 Excel 2016 中，一个完整的函数式主要由____________、____________、____________组成。

3．函数的参数既可以是常量，也可以是公式，还可以为其他函数，常见的函数参数类型主要有___________、___________、___________、___________、___________等。

二、选择题

1．在 Excel 2016 中，默认的单元格引用方式为（　　）。

A．相对引用　　　　B．绝对引用

C．混合引用　　　　D．其他引用方式

2．下列函数中，（　　）为日期和时间函数，（　　）为逻辑函数，（　　）为统计函数。

A．TODAY　　　　B．IF

C．LOWER　　　　D．MAX

3．使用绝对引用时，应在被引用单元格的行号和列标之前分别加入符号（　　）。

A．!　　B．￥

C．$　　D．&

三、简答题

1．使用公式时需要注意运算符的优先级别吗？如何区分？

2．按照函数的功能，可以将 Excel 函数分为哪几类？各类函数的用途是什么？

Office
2016

第7章 分析和管理 Excel 数据

凭借 Excel 提供的强大的数据处理和分析功能，可以轻松完成数据处理和分析的工作。本章将详细介绍在 Excel 2016 中进行数据排序、数据筛选，以及数据分类汇总的相关知识。

学习目标

- 熟练掌握单条件对数据排序的操作
- 熟练掌握多条件对数据排序的操作
- 熟练掌握自动筛选数据的操作
- 熟练掌握多条件筛选数据的操作
- 学会分类汇总数据的方法

7.1 数据排序

在 Excel 2016 中，对数据排序是指按照一定的规则对工作表中的数据进行排列，以便进一步处理和分析这些数据。本节将介绍数据排序的多种方法。

7.1.1 单条件排序

对 Excel 中的数据进行分析时，通常需要对数据进行升序或降序排列。其中“升序”是指对选择的数字按从小到大的顺序排序，“降序”是指对选择的数字按从大到小的顺序排序。在 Excel 2016 中，按一个条件对数据进行升序或降序的排序方法主要有以下两种。

1. 通过快捷菜单排序

步骤 01 选中需要进行排序的数据列并右击，在弹出的快捷菜单中选择【排序】命令，在展开的级联菜单中选择【升序】或【降序】命令，如图 7-1 所示。

步骤 02 弹出【排序提醒】对话框，选中【扩展选定区域】单选按钮，单击【排序】按钮即可，如图 7-2 所示。

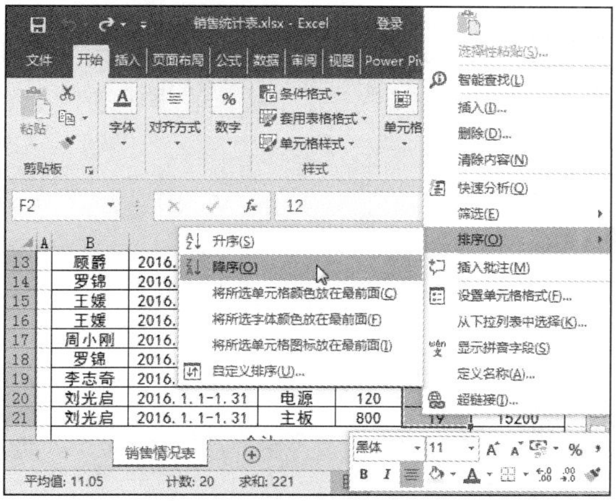

图 7-1 通过快捷菜单排序

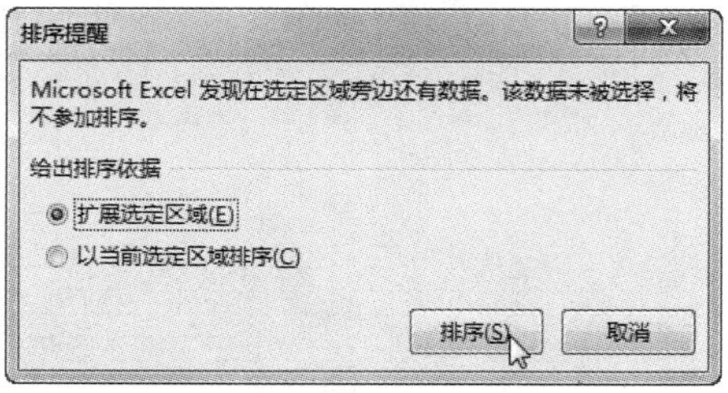

图 7-2 弹出【排序提醒】对话框

2. 通过功能区排序

步骤 01 选中需要进行排序的数据列，切换到【开始】选项卡，在【排序与筛选】选项组中选择【升序】或【降序】选项，如图 7-3 所示。

步骤 02 弹出【排序提醒】对话框，选中【扩展选定区域】单选按钮，单击【排序】按钮即可，如图 7-4 所示。

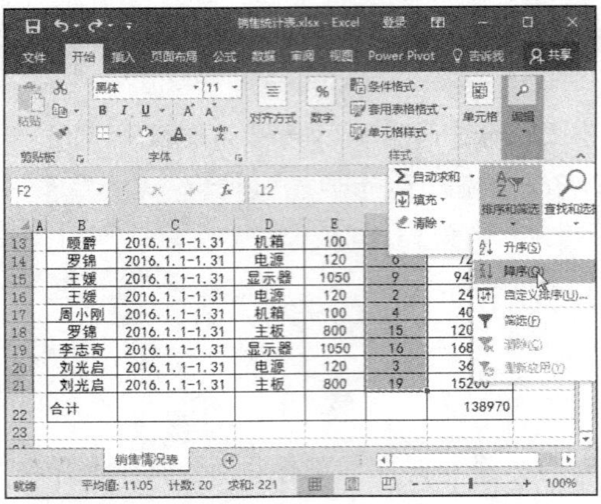

图 7-3 通过功能区排序

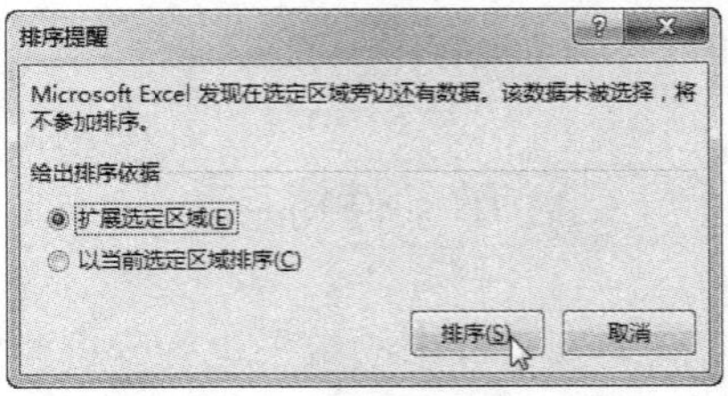

图 7-4 单击【排序】按钮

7.1.2 多条件排序

多条件排序是指依据多列数据规则对工作表中的数据进行排序操作。下面以在“销售统计表”中同时对“产品名称”和“销售额”进行“降序”排列为例进行介绍，具体操作如下。

步骤 01 打开“销售统计表 .xlsx”工作簿，选中整个数据区域，在【数据】选项卡中单击【排序和筛选】组中的【排序】按钮，如图 7-5 所示。

步骤 02 弹出【排序】对话框，在【主要关键字】下拉列表框中选择【产品名称】选项，在【排序依据】下拉列表框中选择【数值】选项，在【次序】下拉列表框中选择【降序】方式，如图 7-6 所示。

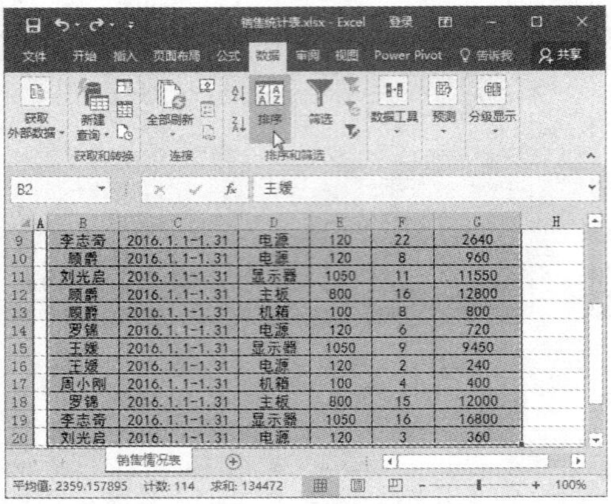

图 7-5 单击【排序】按钮

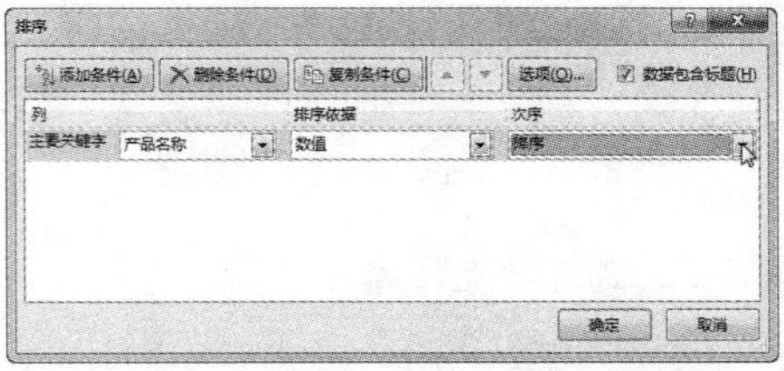

图 7-6 设置主要关键字和排序方式

步骤 03 单击【添加条件】按钮，在【次要关键字】下拉列表框中选择【销售额】选项，在【排序依据】下拉列表框中选择【数值】选项，在【次序】下拉列表框中选择【降序】方式，完成后单击【确定】按钮，如图 7-7 所示。

步骤 04 返回 Excel 工作表，即可看到按多个条件排序后的结果，如图 7-8 所示。

图 7-7 设置次要关键字和排序方式

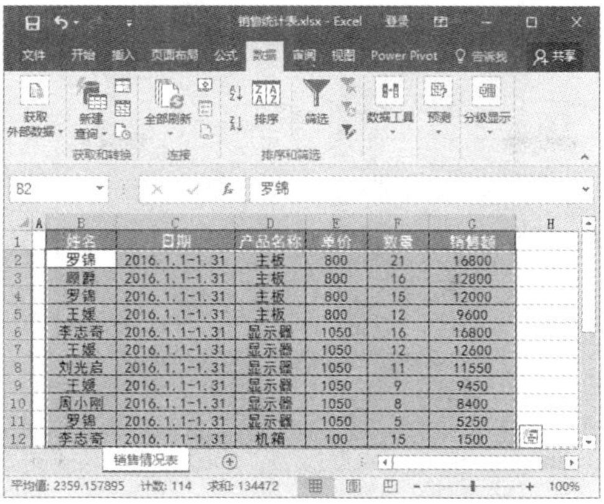

图 7-8 查看多条件排序结果

7.1.3 按汉字笔画排序

为了便于后期进行检索处理，在很多文本类型的电子表格中要求以汉字的笔画进行排列。

下面以对“员工档案”工作表中的“姓名”列按笔画进行“升序”排序为例进行介绍，具体操作方法如下。

步骤 01 打开“员工档案 .xlsx”工作簿，将光标定位到任一单元格中，在【数据】选项卡中单击【排序和筛选】组中的【排序】按钮，如图 7-9 所示。

步骤 02 弹出【排序】对话框，在【主要关键字】下拉列表框中选择【姓名】选项，在【排序依据】下拉列表框中选择【数值】选项，在【次序】下拉列表框中选择【升序】方式，单击“选项”按钮，如图 7-10 所示。

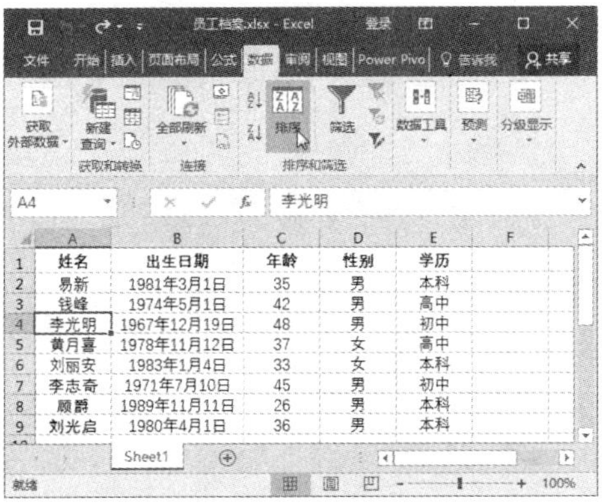

图 7-9 单击【排序】按钮

图 7-10 设置排序方式

步骤 03 弹出“排序选项”对话框，在“方法”栏选中“笔画排序”单选按钮，单击“确定”按钮，如图 7-11 所示。

步骤 04 返回 Excel 工作表，即可看到笔画排序后的结果，如图 7-12 所示。

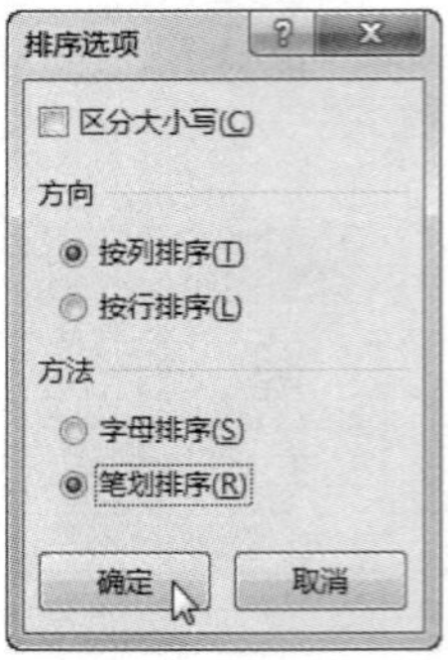

图 7-11　设置按笔画排序

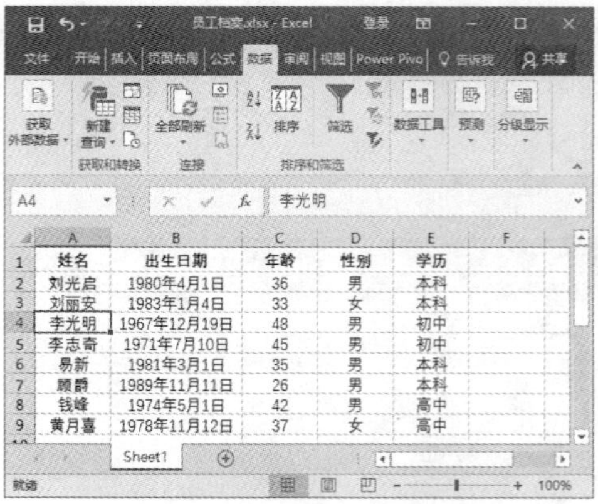

图 7-12　查看按笔画排序结果

课堂范例——自定义排序

步骤 01　打开“光盘 \ 素材文件 \ 第 7 章 \ 员工档案 .xlsx”文件，选中整个数据区域，单击【数据】选项卡的【排序和筛选】组中的【排序】按钮，如图 7-13 所示。

步骤 02　弹出【排序】对话框，在【主要关键字】下拉列表框中选择【学历】选项，在【排序依据】下拉列表框中选择【数值】选项，在【次序】下拉列表框中选择【自定义序列】选项，如图 7-14 所示。

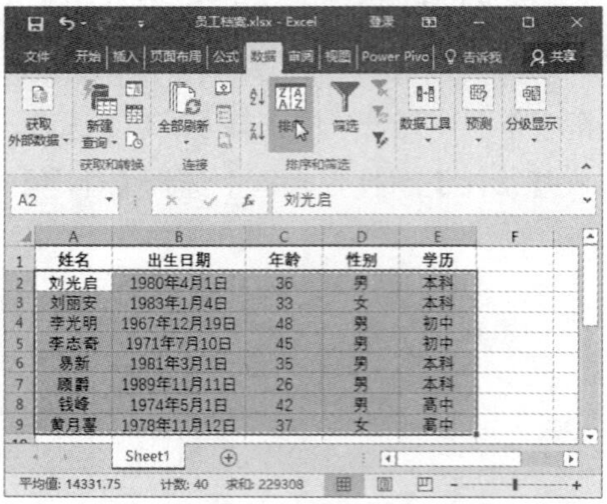

7-13　设置按笔画排序

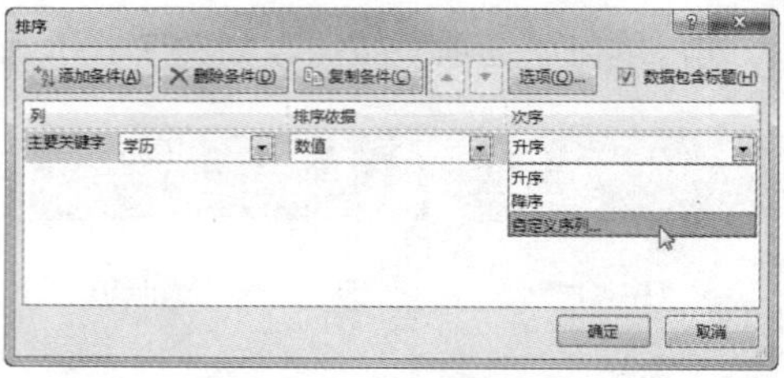

图 7-14　查看排序结果

步骤 03　弹出【自定义序列】对话框，在【输入序列】文本框中输入自定义序列，单击“添加”按钮。

步骤 04　输入的序列将添加到【自定义序列】列表框中，完成后单击【确定】按钮，如图 7-15 所示。

步骤 05　回到【排序】对话框，单击【确定】按钮，关闭该对话框，如图 7-16 所示。

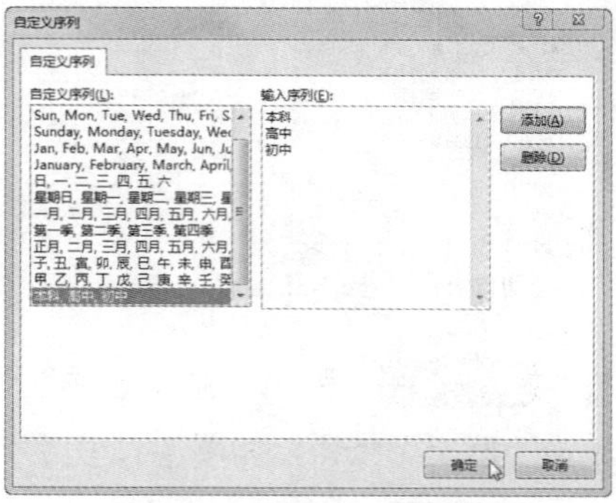

图 7-15　添加自定义序列

步骤 06　返回 Excel 工作表，即可看到该表中的数据已按照设置的自定义排序进行了排列，如图 7-17 所示。

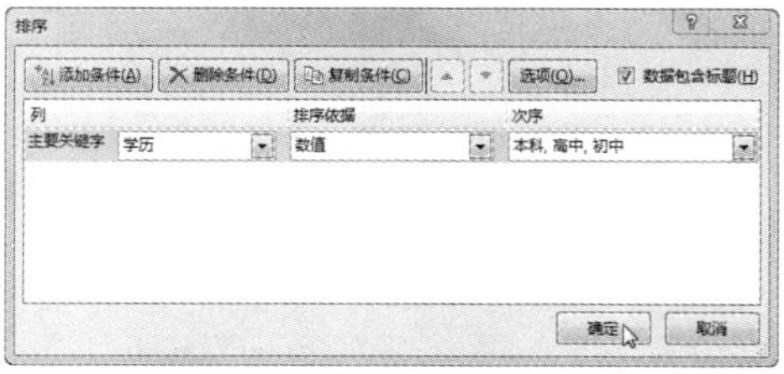

图 7-16　确认排序方式

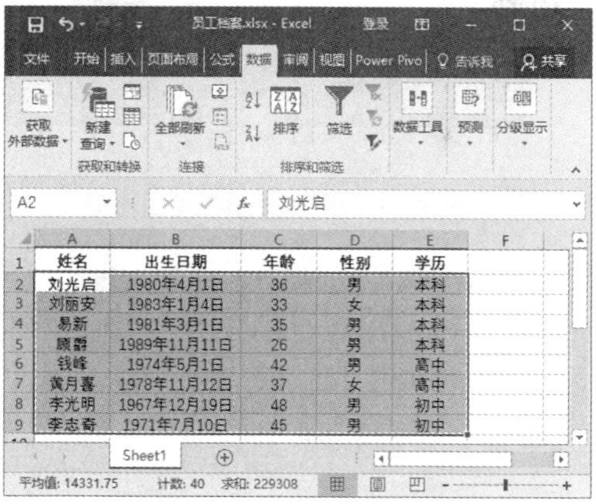

图 7-17　查看排序结果

7.2 数据分析

数据筛选是指只显示符合用户设置条件的数据信息，同时隐藏不符合条件的数据信息。在 Excel 2016 中，用户可以根据实际需要进行自动筛选、高级筛选或自定义筛选。

7.2.1 自动筛选

自动筛选是指按照选定的内容筛选数据，主要用于简单的条件筛选和指定数据的筛选。

1．简单条件的筛选

以在“销售统计表”工作簿中筛选名为“显示器”的产品为例进行介绍，方法如下。

步骤 01　打开工作表，将光标定位到工作表的数据区域中，切换到【数据】选项卡，单击【排序和筛选】组中的【筛选】按钮，如图 7-18 所示。

步骤 02　进入筛选状态，单击需要进行筛选的字段名右侧的下拉按钮，在弹出的下拉列表中选择要筛选的选项，完成后单击【确定】按钮，如图 7-19 所示。

步骤 03　返回工作表，即可看到其中只显示出了符合筛选条件的数据信息，同时字段名“产品名称”右侧的下拉按钮变为形状，如图 7-20 所示。

筛选数据后，如果需要重新显示出工作表中被隐藏的数据，可通过下面两种方法实现。

（1）单击【产品名称】字段右侧的按钮，在打开的下拉列表框中勾选【全选】复选框，单击【确定】按钮即可，如图 7-21 所示。

（2）在【开始】选项卡的【编辑】组中单击【排序与筛选】下拉按钮，在打开的下拉列表中再次单击【筛选】命令，即可重新显示工作表中被隐藏的数据，同时退出数据筛选状态。

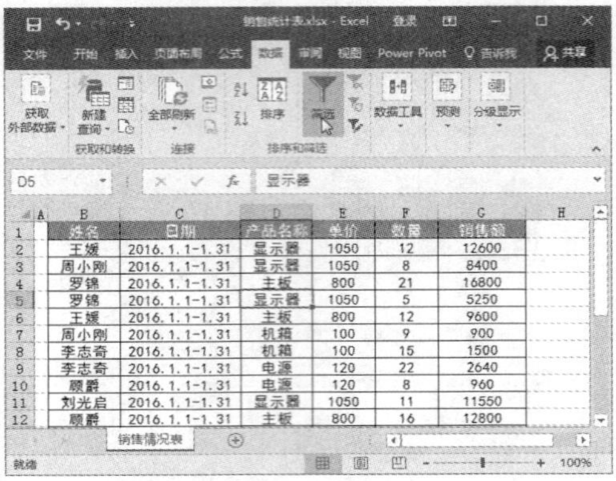

图 7-18　单击【筛选】按钮

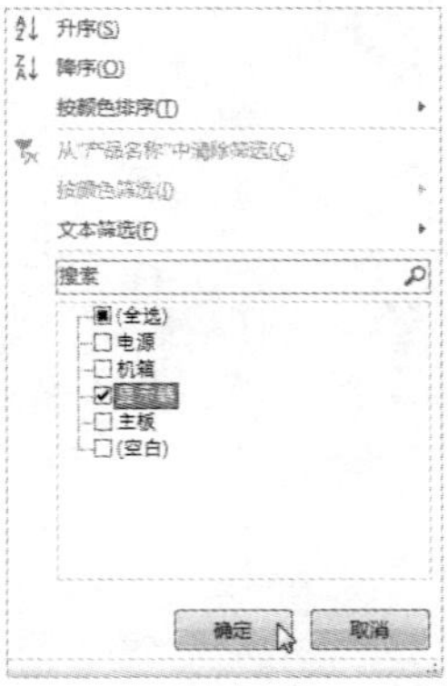

图 7-19　设置【筛选】选项

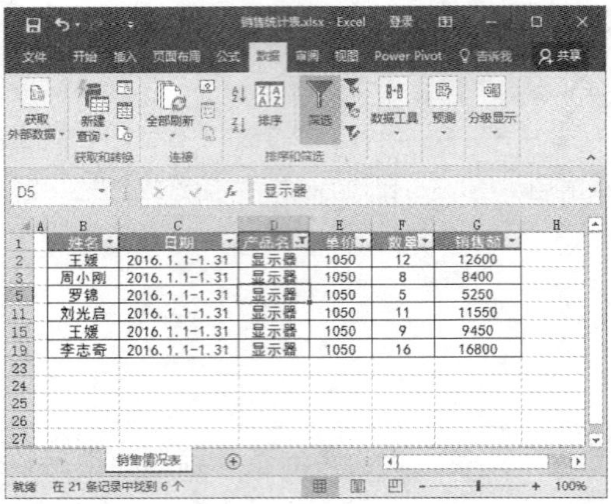

图 7-20　查看筛选结果

图 7-21　勾选【全选】复选框

2．对指定数据的筛选

以在“员工档案”工作簿中筛选年龄最大的“3”名员工为例，对指定数据进行筛选的方法如下。

步骤 01　打开工作表，将光标定位到工作表的数据区域中，切换到【数据】选项卡，单击【排序和筛选】组中的【筛选】按钮，如图 7-22 所示。

步骤 02　单击【年龄】字段名右侧的下拉按钮，在打开的下拉列表中选择【数字筛选】选项，在展开的级联列表中选择【前 10 项】命令，如图 7-23 所示。

步骤 03　弹出【自动筛选前 10 个】对话框，在【显示】组合框中根据需要进行选择，如本例选择显示【最大】的【3】项数据，单击【确定】按钮，如图 7-24 所示。

步骤 04　返回 Excel 工作表，即可看到工作表中的数据已经按照【年龄】字段的最大前 3 项进行筛选了，如图 7-25 所示。

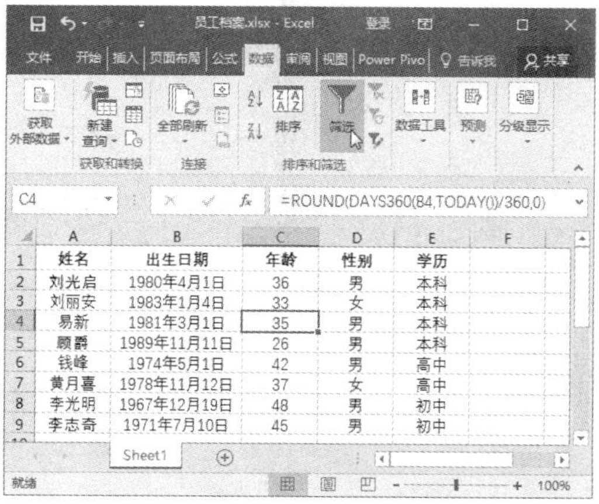

图 7-22　单击【筛选】按钮

图 7-23　选择【前 10 项】

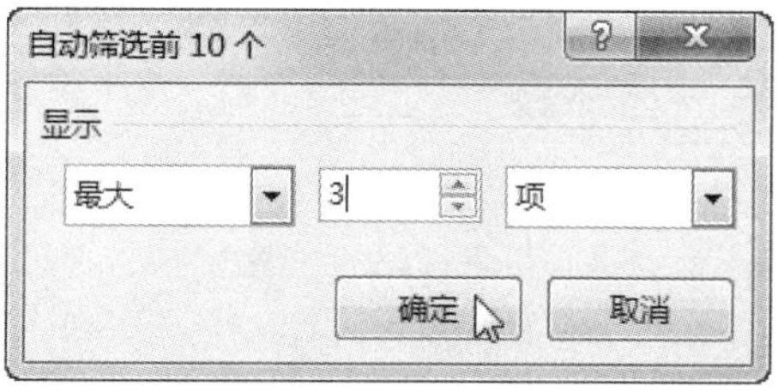

图 7-24　设置筛选条件

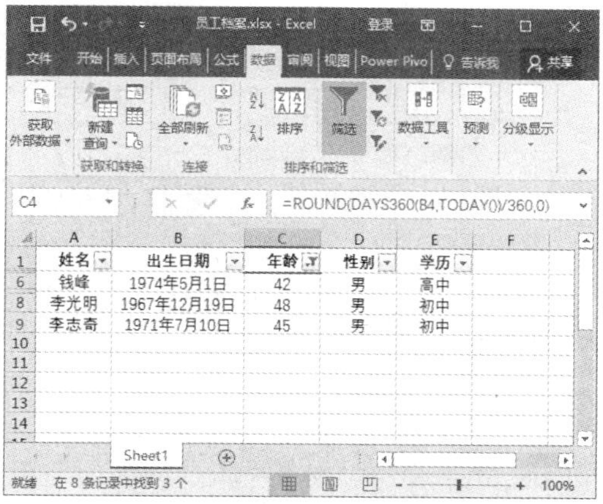

图 7-25　查看筛选结果

7.2.2 高级筛选

在实际工作中有时会遇到需要筛选的数据区域中数据信息很多，同时筛选的条件又比较复杂的情况，这时使用高级筛选进行筛选条件的设置能够提高工作效率，具体操作方法如下。

步骤 01 打开“销售统计表 .xlsx”工作簿，在空白单元格区域中建立一个筛选条件区域，在其中输入列标题和筛选的条件，如图 7-26 所示。

步骤 02 切换到【数据】选项卡，单击【排序和筛选】组中的【高级】按钮，如图 7-27 所示。

步骤 03 弹出【高级筛选】对话框，在“列表区域”文本框中默认显示工作表中的数据区域，将鼠标光标定位到“条件区域”文本框，单击右侧的折叠按钮，如图 7-28 所示。

步骤 04 拖动鼠标选中刚才设置的条件区域，如图 7-29 所示。

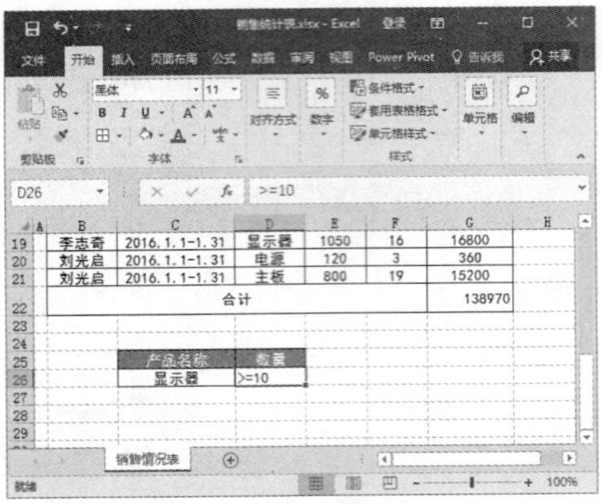

图 7-26 输入筛选条件

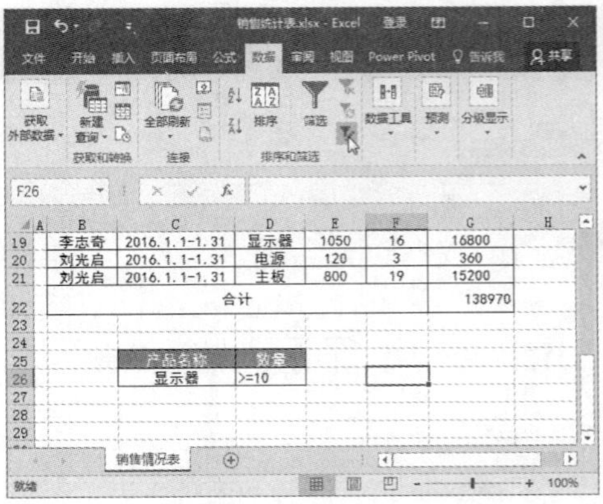

图 7-27 单击【高级】按钮

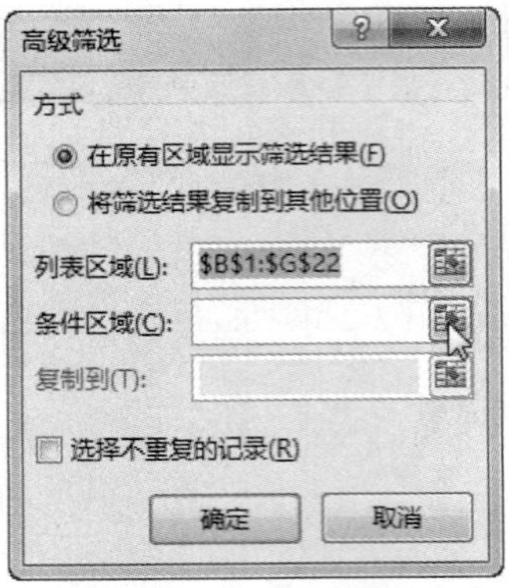

图 7-28 单击折叠按钮

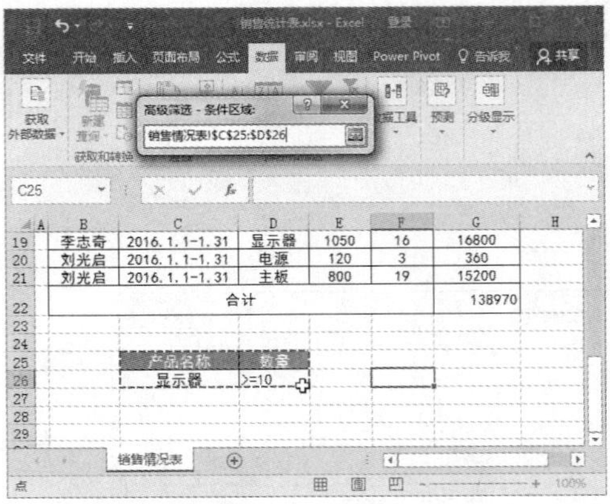

图 7-29 选中设置的条件区域

步骤 05 完成后再次单击折叠按钮，然后在返回的【高级筛选】对话框中单击【确定】按钮，如图 7-30 所示。

步骤 06 返回 Excel 工作表，即可看到符合条件的筛选结果了，如图 7-31 所示。

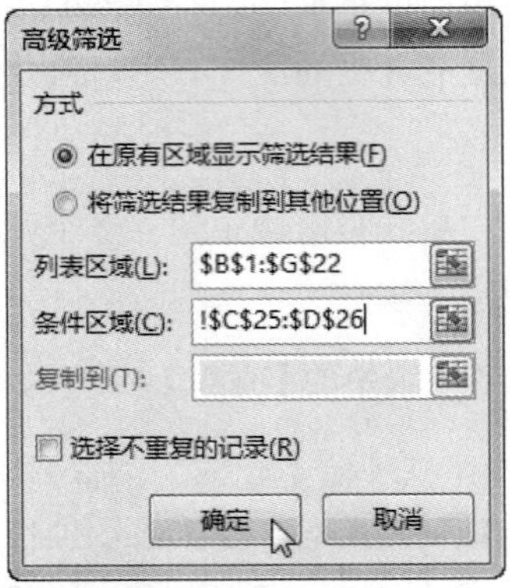

图 7-30 确认选择条件

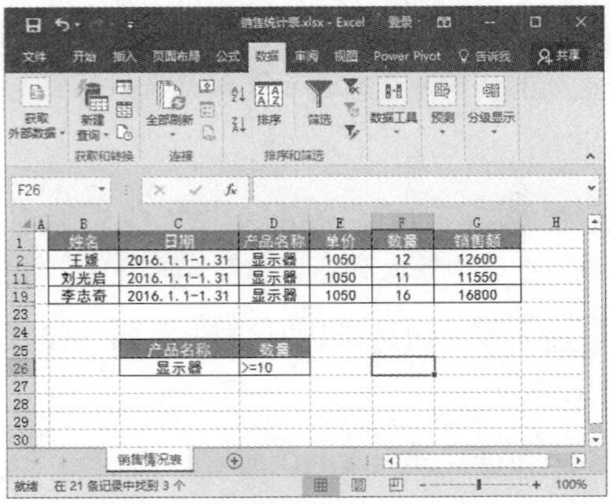

图 7-31 查看筛选结果

7.2.3 自定义筛选

在 Excel 2016 中，用户还可以根据实际情况自定义设置筛选条件，以获得需要的筛选结果，具体操作方法如下。

步骤 01 打开文件，将光标定位到工作表的数据区域中，切换到【数据】选项卡，单击【排序和筛选】组中的【筛选】按钮，如图 7-32 所示。

步骤 02 单击要进行自定义筛选的字段名右侧的下拉按钮，如单击【数量】字段名右侧的下拉按钮，在打开的下拉列表中选择【数字筛选】选项，在展开的级联列表中选择【自定义筛选】命令，如图 7-33 所示。

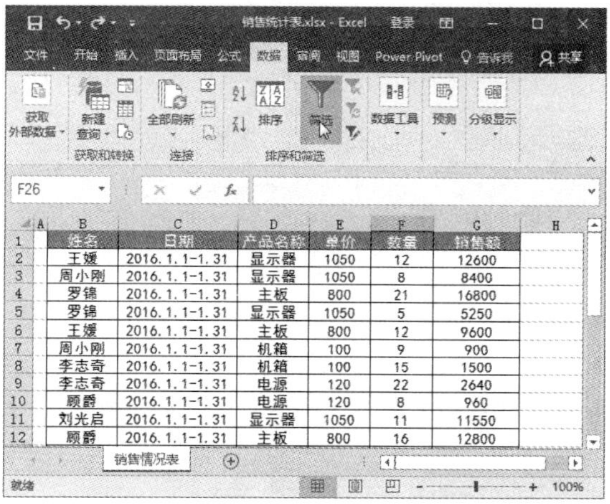

图 7-32 单击【筛选】按钮

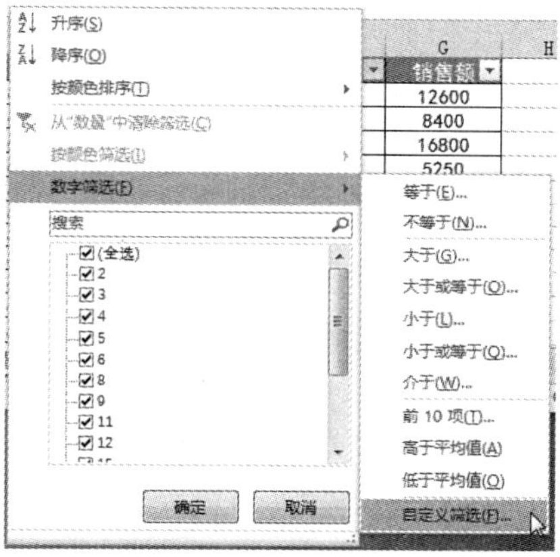

图 7-33 选择【自定义筛选】命令

技能拓展

使用自定义筛选功能可以对数据进行模糊筛选、范围筛选及通配筛选。通配符符号为"?"和"*"，应在英文状态下输入，其中"?"代表一个字符，"*"代表任意字符。

步骤 03 弹出【自定义自动筛选方式】对话框，在【数量】组合框中设置筛选条件，单击【确定】按钮，如图 7-34 所示。

步骤 04 返回 Excel 工作表，即可看到按照自定义设置的筛选条件在工作表中显示的筛选结果，如图 7-35 所示。

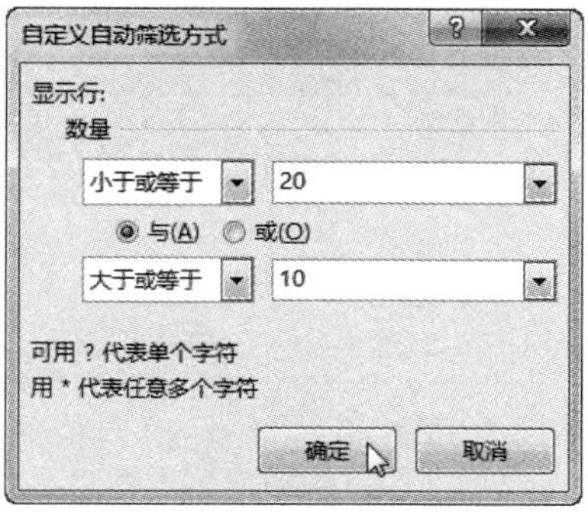

图 7-34 确认筛选条件

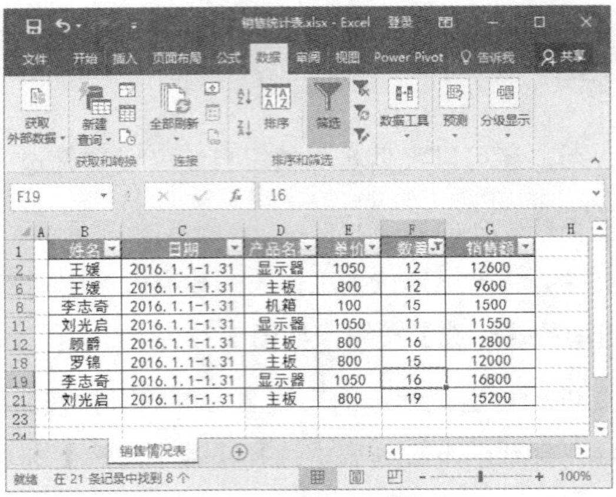

图 7-35　查看筛选结果

7.3 分类汇总

Excel 2016 为用户提供了分类汇总功能，利用此功能可将表格中的数据进行分类，然后再把性质相同的数据汇总到一起，使其结构更清晰，更利于用户查找数据。

7.3.1 简单分类汇总

简单分类汇总用于对数据清单中的某一列排序，然后进行分类汇总，具体操作方法如下。

步骤 01　打开工作簿，将光标定位到【姓名】列中，切换到【数据】选项卡，单击【排序和筛选】组中的【升序】按钮，即可将【姓名】列按升序排序，如图 7-36 所示。

步骤 02　切换到【数据】选项卡，在【分级显示】组中单击【分类汇总】按钮，如图 7-37 所示。

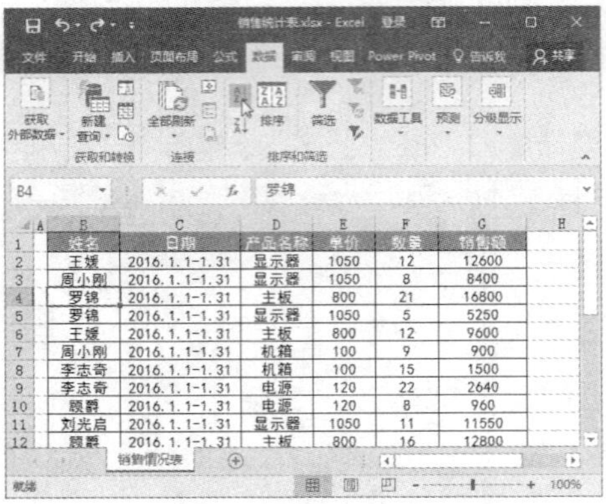

图 7-36　对【姓名】列排序

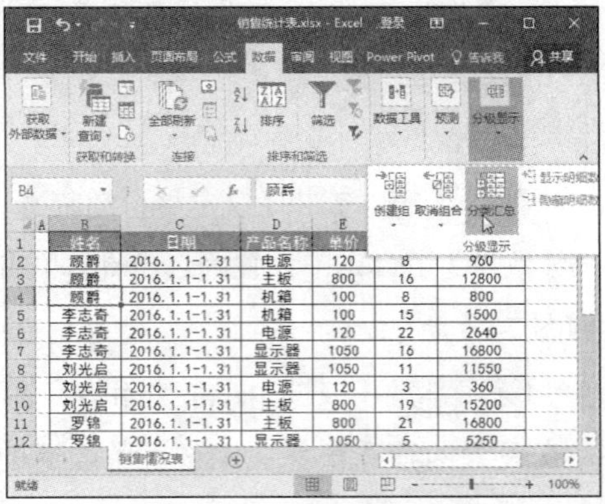

图 7-37　单击【分类汇总】按钮

步骤 03　弹出【分类汇总】对话框，在【分类字段】下拉列表框中选择【姓名】选项，在【汇总方式】下拉列表框中选择【求和】选项，在【选定汇总项】列表框中勾选【销售额】复选框，单击【确定】按钮，如图 7-38 所示。

步骤 04 返回 Excel 工作表，即可看到表中的数据按照前面的设置进行了分类汇总，并分组显示分类汇总的数据信息，如图 7-39 所示。

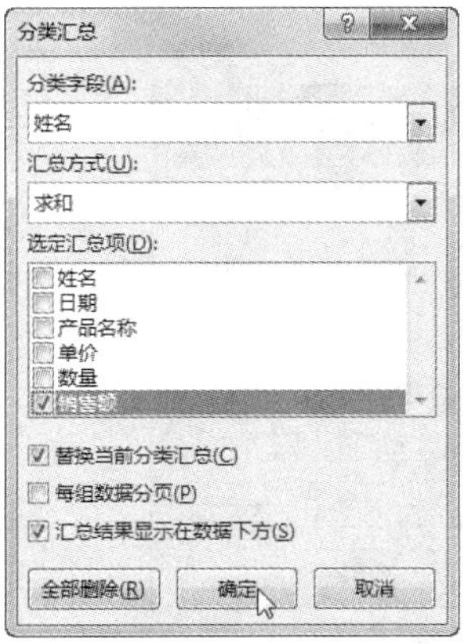

图 7-38 设置分类汇总条件

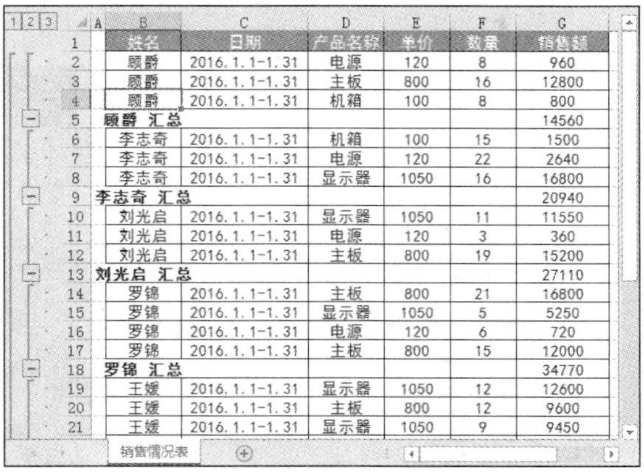

图 7-39 查看分类汇总结果

7.3.2 高级分类汇总

高级分类汇总主要用于对数据清单中的某一列数据进行两种方式的汇总。相对简单分类汇总而言，高级分类汇总的结果更加清晰，更便于用户分析数据信息，具体操作步骤如下。

步骤 01 打开"销售统计表.xlsx"工作簿，将光标定位到【产品名称】列中，在【数据】选项卡中单击【排序和筛选】组中的【升序】按钮，即可将【产品名称】列按升序排序，如图 7-40 所示。

步骤 02 在【数据】选项卡的【分级显示】组中单击【分类汇总】按钮，如图 7-41 所示。

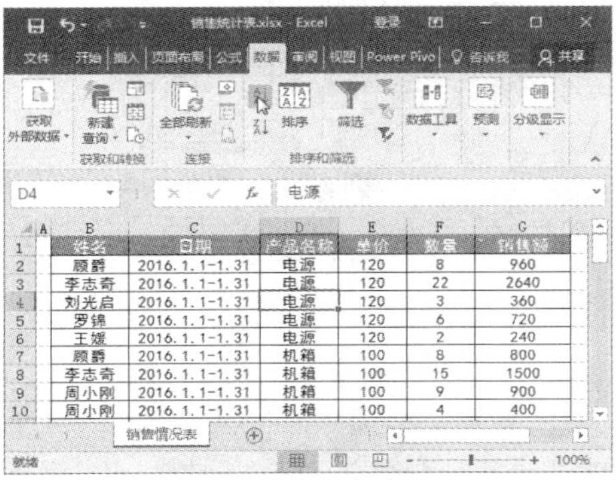

图 7-40 对【产品名称】列排序

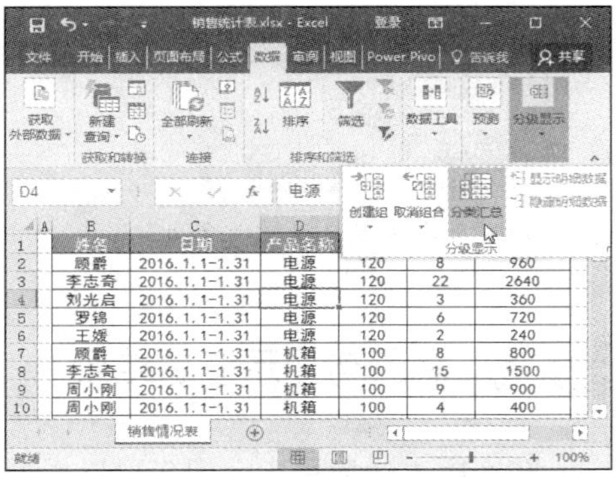

图 7-41 单击【分类汇总】按钮

步骤 03 弹出【分类汇总】对话框，在【分类字段】下拉列表框中选择【产品名称】选项，在【汇总方式】下拉列表框中选择【求和】选项，在【选定汇总项】列表框中勾选【销售额】复选框，单击【确定】按钮，如图 7-42 所示。

步骤 04 返回 Excel 工作表，将光标定位到数据区域中，再次在【数据】选项卡的【分级显示】组中单击【分类汇总】按钮，如图 7-43 所示。

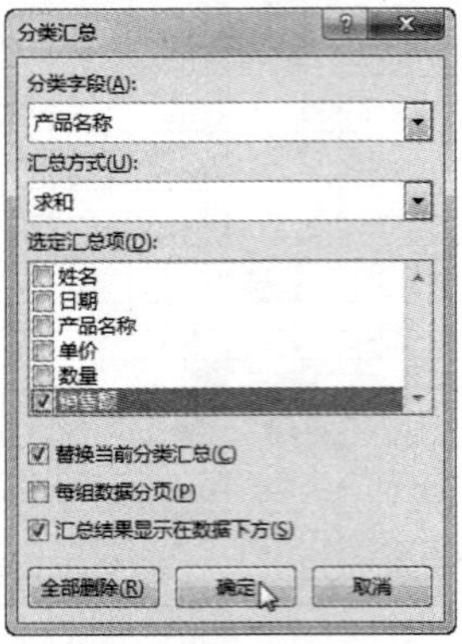

图 7-42　设置分类汇总条件

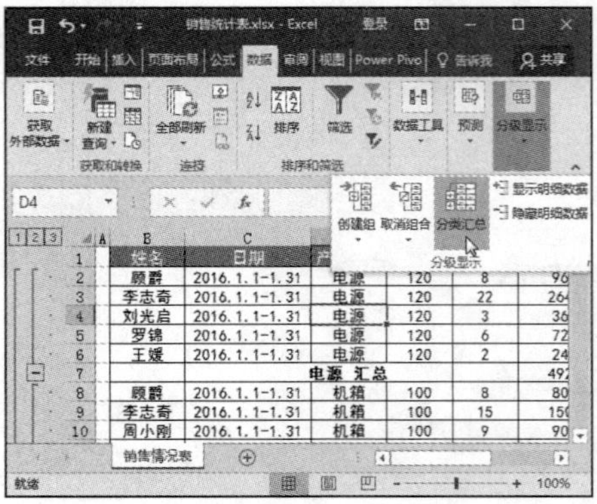

图 7-43　再次单击【分类汇总】按钮

步骤 05 弹出【分类汇总】对话框，在【分类字段】下拉列表中选择【产品名称】选项，在【汇总方式】下拉列表中选择【最大值】选项，在【选定汇总项】列表框中勾选【销售额】复选框，然后取消勾选【替换当前分类汇总】复选框，单击【确定】按钮，如图 7-44 所示。

步骤 06 返回 Excel 工作表，即可看到将数据区域两次汇总后的结果了，如图 7-45 所示。

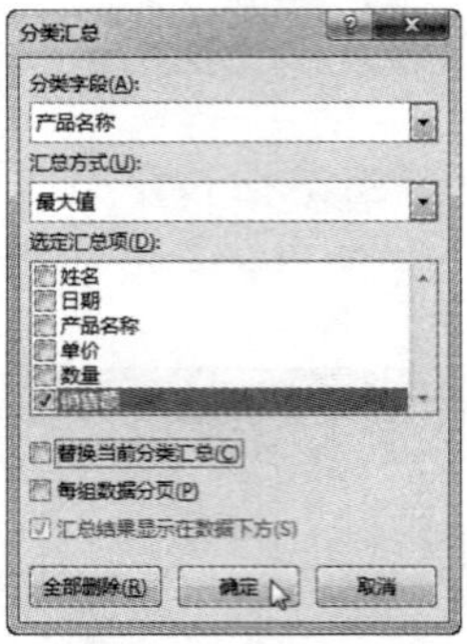

图 7-44　再次设置分类汇总条件

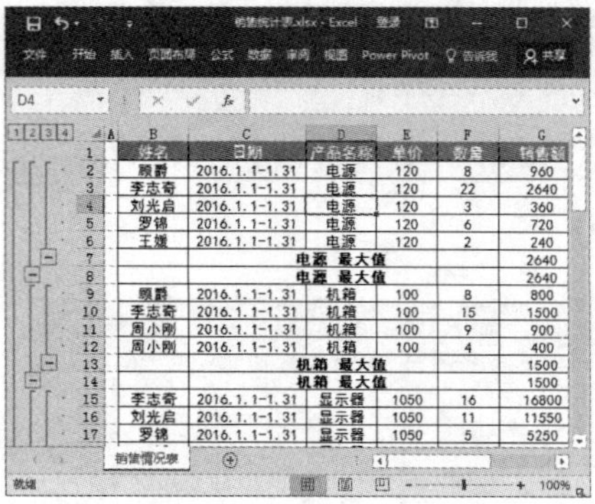

图 7-45　查看分类汇总结果

7.3.3 隐藏与显示汇总结果

在实际工作应用中，用户可以根据需要隐藏或显示部分分类汇总数据信息。下面介绍在 Excel 2016 中隐藏或显示分类汇总结果的具体操作方法。

对数据进行分类汇总后，在数据区域左侧会显示一些层次分明的分级显示按钮，单击这些按钮可以隐藏相应的汇总数据。例如，单击第一个分级显示按钮，此时按钮会变成形状，并隐藏其所控制的汇总数据信息，如图 7-46 所示，而再次单击按钮即可重新显示其控制的汇总数据信息，如图 7-47 所示。

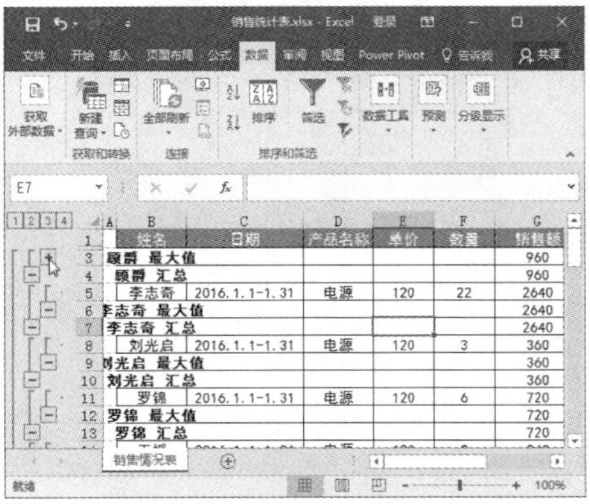

图 7-46 隐藏汇总数据

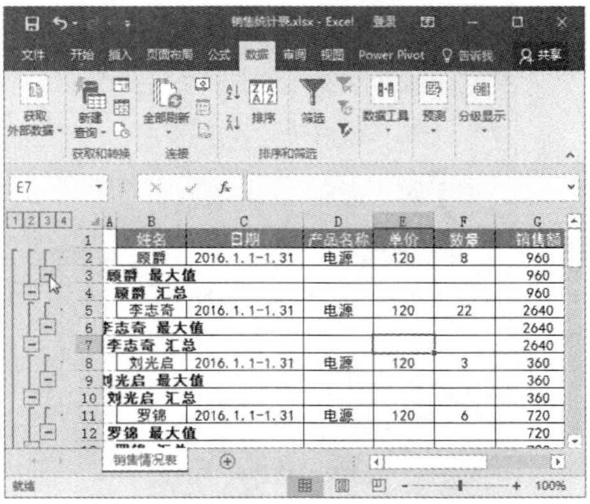

图 7-47 显示汇总数据

分级显示按钮上方有一行数据等级按钮1 2 3 4，它们将汇总结果自动显示为几个等级，如本例显示为四级，若单击数值按钮2，数据区域中将只显示前两级分类汇总的结果。

课堂范例——嵌套分类汇总

步骤 01 打开“光盘\素材文件\第 7 章\销售统计表 2.xlsx”工作簿，将光标定位到【产品名称】列中，在【数据】选项卡中单击【排序和筛选】组中的【升序】按钮，即可将【产品名称】列按升序排序，如图 7-48 所示。

步骤 02 在【数据】选项卡的【分级显示】组中单击【分类汇总】按钮，如图 7-49 所示。

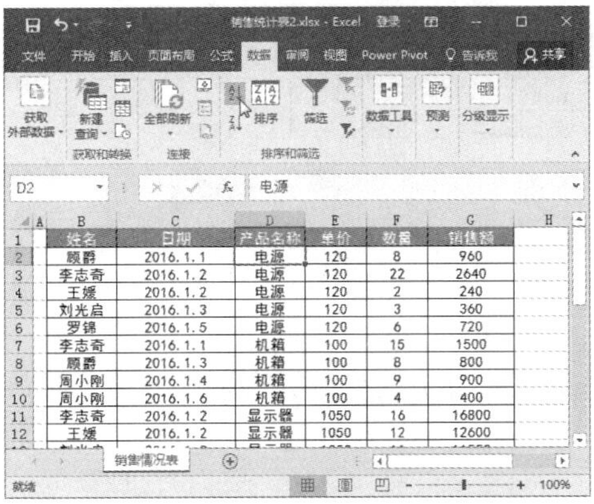

图 7-48 将数据按升序排列

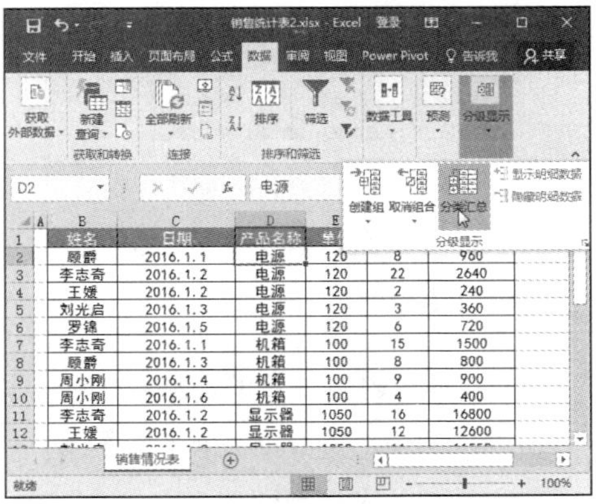

图 7-49 单击【分类汇总】按钮

步骤 03 弹出【分类汇总】对话框，在【分类字段】下拉列表框中选择【产品名称】

选项，在【汇总方式】下拉列表框中选择【求和】选项，在【选定汇总项】列表框中勾选【数量】和【销售额】复选框，单击【确定】按钮，如图 7-50 所示。

步骤 04 返回 Excel 工作表，此时可显示对数据区域中两列内容同时汇总的结果，如图 7-51 所示。

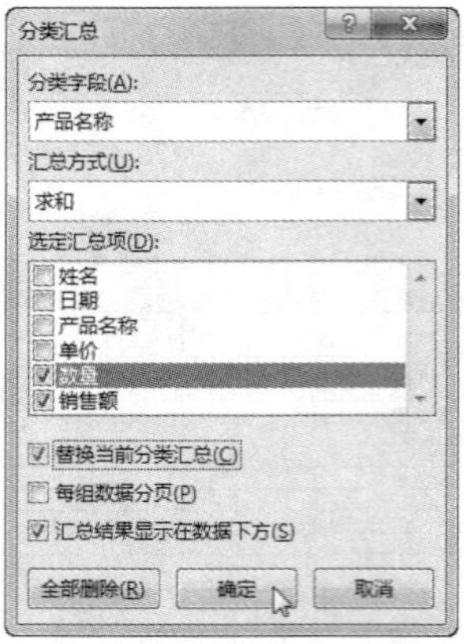

图 7-50　设置汇总条件

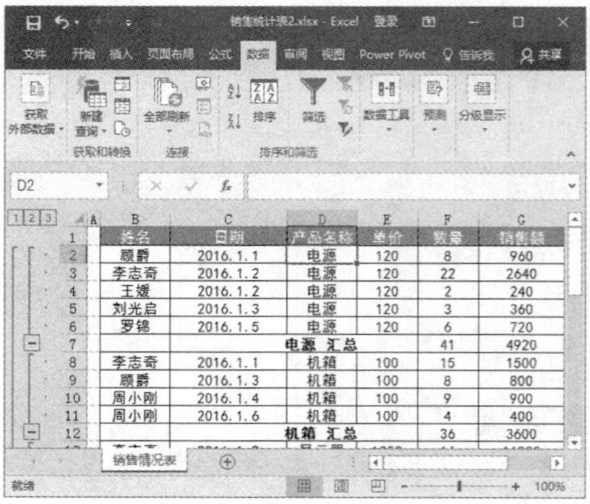

图 7-51　查看汇总结果

步骤 05 再次打开【分类汇总】对话框，在【分类字段】下拉列表框中选择【日期】选项，并取消勾选【替换当前分类汇总】复选框，单击【确定】按钮，如图 7-52 所示。

步骤 06 返回 Excel 工作表，即可看到数据区域的嵌套汇总结果，如图 7-53 所示。

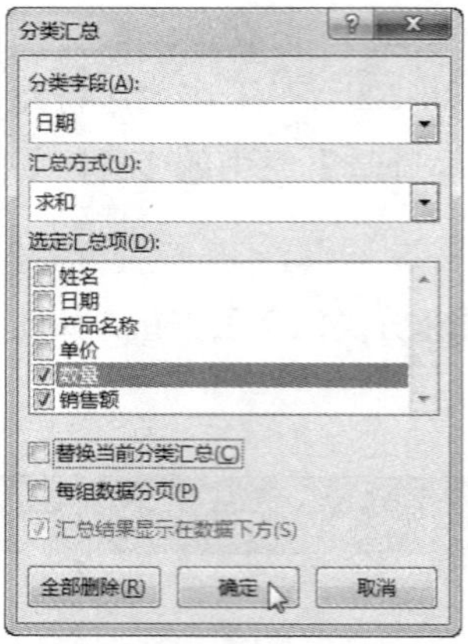

图 7-52　再次设置汇总条件

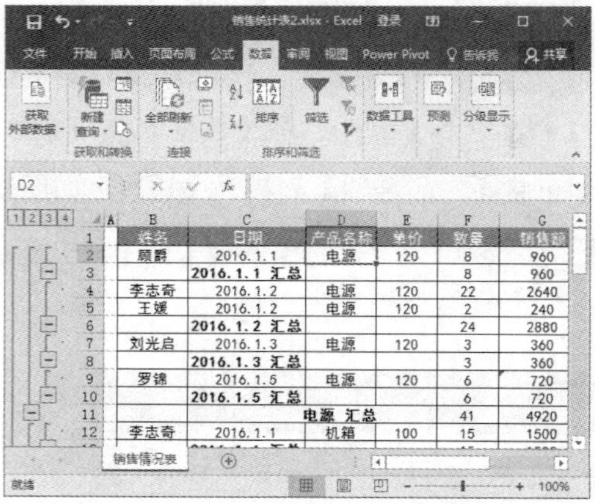

图 7-53　查看最终嵌套汇总结果

课堂问答

通过本章内容的讲解，大家对数据排序、筛选数据及分类汇总数据有了一定的了解，下面列出一些常见的问题供学习参考。

问题❶：如何取消汇总数据的分类显示？

答：取消汇总数据的分类显示的方法：将光标定位到数据区域中，单击“数据”选项卡“分级显示”组中的“取消组合”下拉按钮，在打开的下拉列表中选择“清除分级显示”命令即可。

问题 ❷：可以按单元格颜色进行排序吗？

答：设置了单元格颜色、字体颜色或条件格式后，需要按单元格颜色、字体颜色或图标进行排序。

解决方法：将光标定位在需要进行排序的列中，打开“排序”对话框，将【列】下的【主要关键字】下拉列表框中选择【产品名称】选项，在【排序依据】下拉列表框中选择【单元格颜色】选项，在【次序】下拉列表框中选择一种颜色，在右侧设置该颜色的单元格位置，如图 7-54 所示，单击“确定”按钮即可。

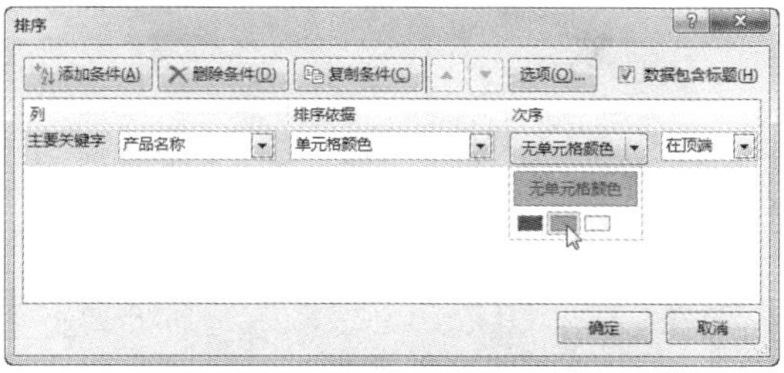

图 7-54　再次设置汇总条件

问题 ❸：如何将数据区域转变为列表？

答：在 Excel 2016 中，可以将指定的数据区域转换为列表来使用，以方便对指定区域的数据管理及分析处理。首先选中需要转换为列表的数据区域，切换到“插入”选项卡，然后单击“表格”组中的“表格”按钮，在弹出的“创建表”对话框中单击“确定”按钮即可。

上机实战——分析采购明细表

通过本章内容的学习，为了巩固本章知识点，下面讲解一个技能综合案例，使大家对本章的知识有更深入的了解。

效果展示

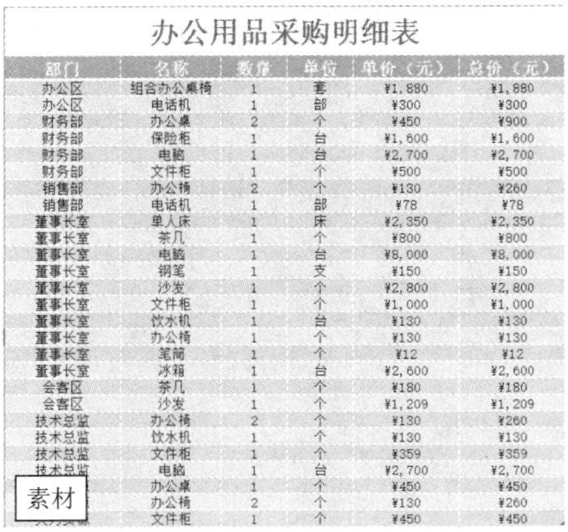

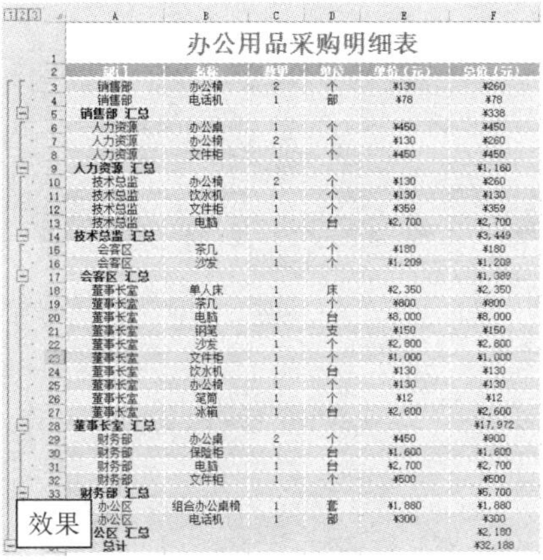

思路分析

在大多数行业中，物资采购都是必不可少的，不仅要学习物资采购明细表的制作方法，还要学会如何对表格进行分析。

本例首先对表格内容进行排序，接下来按照【部门】对采购物品的价格进行分类汇总，得到最终效果。

制作步骤

步骤 01 打开“光盘 \ 素材文件 \ 第 7 章 \ 采购明细表 .xlsx”工作簿，如图 7-55 所示。

步骤 02 选中数据区域，切换到【数据】选项卡，在【排序和筛选】组中单击【排序】按钮，如图 7-56 所示。

图 7-55 打开原工作表

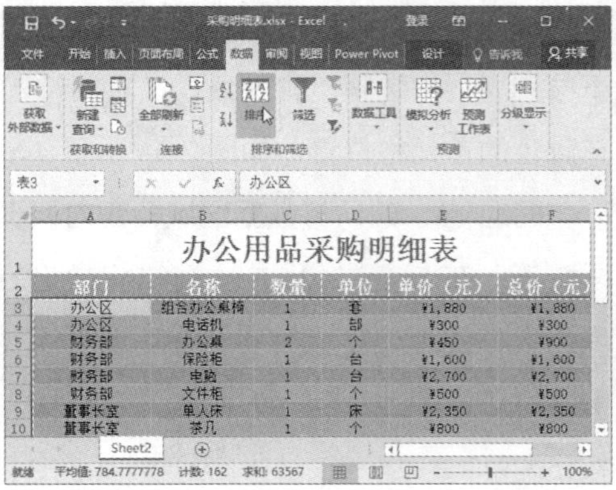

图 7-56 单击【排序】按钮

步骤 03 弹出【排序】对话框，将【主要关键字】设置为【部门】，将【排序依据】设置为【数值】，将【次序】设置为【降序】，单击【确定】按钮，如图 7-57 所示。

步骤 04 保持数据区域为选中状态，在【数据】选项卡中单击【分级显示】组中的【分类汇总】按钮，如图 7-58 所示。

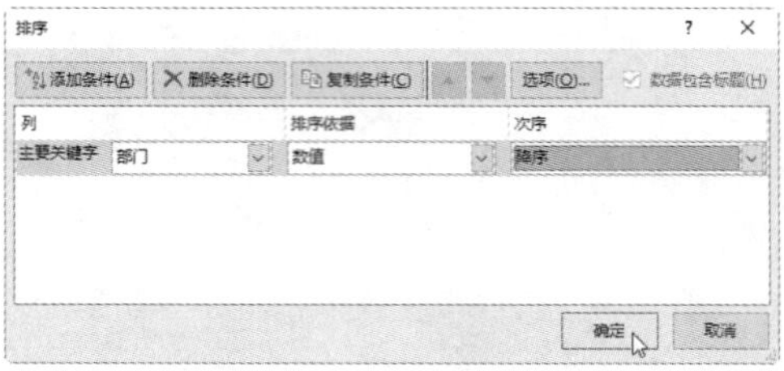

图 7-57 设置排序条件

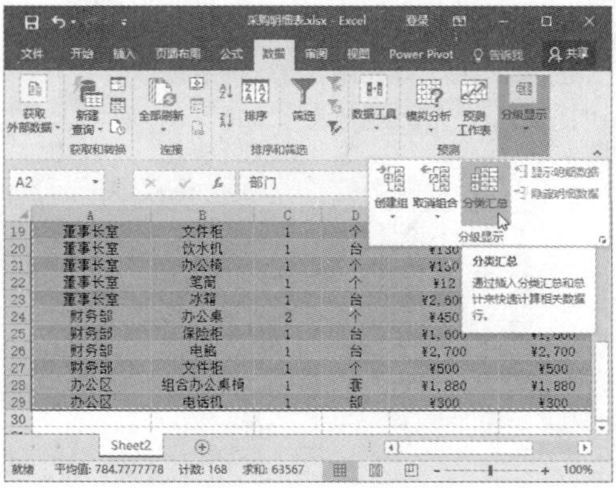

图 7-58 单击【分类汇总】按钮

步骤 05 弹出【分类汇总】对话框，将【分类字段】设置为【部门】，将【汇总方式】设置为【求和】，在【选定汇总项】列表框中勾选【总价】复选框，单击【确定】按钮，如图 7-59 所示。

步骤 06 返回 Excel 工作表，可看到按【部门】对采购【总价】进行【求和】汇总的最终效果，如图 7-60 所示。

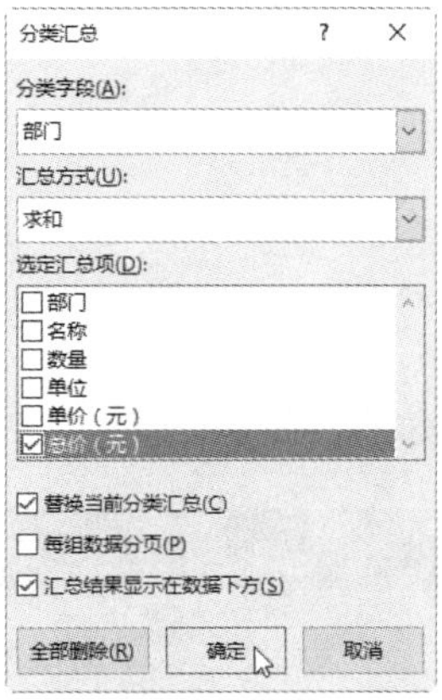

图 7-59 【分类汇总】对话框

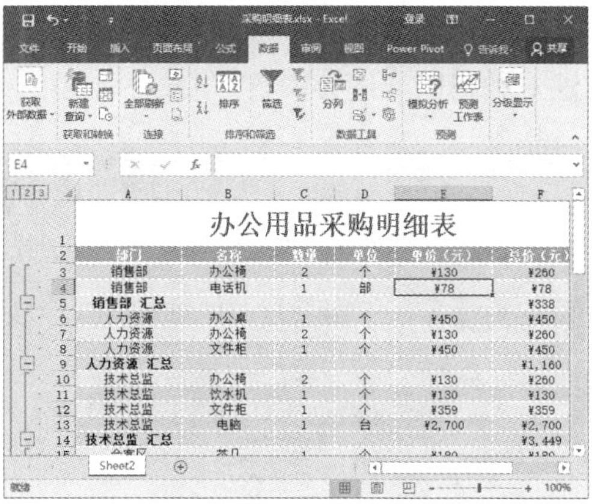

图 7-60 查看汇总结果

同步训练——分析销售报表

通过上机实战案例的学习，为了增强大家的动手能力，下面安排一个同步训练案例，以达到举一反三、触类旁通的学习效果。

图解流程

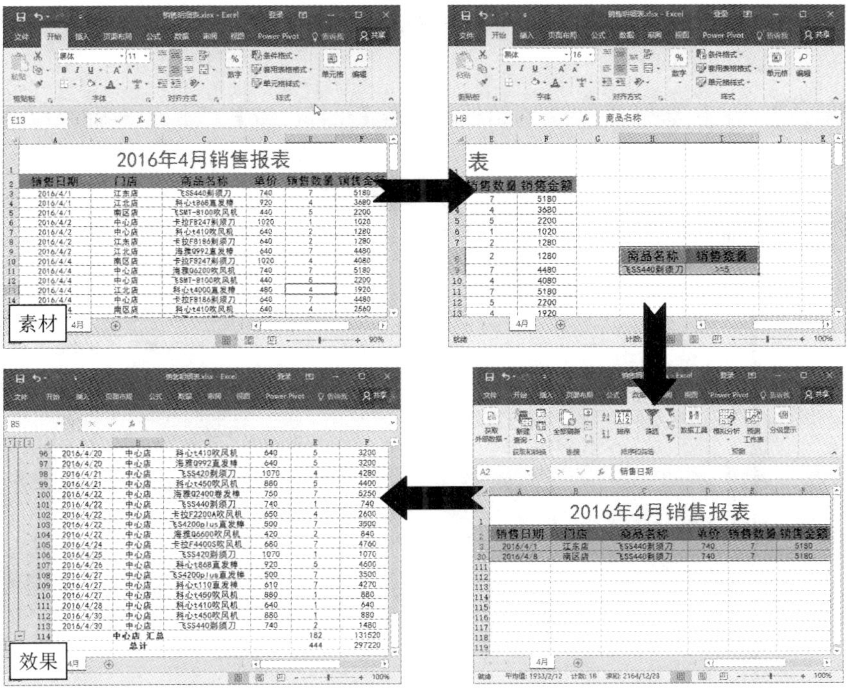

思路分析

销售明细表是决策者分析销售数据、预测销售目标的重要依据，因此需要掌握对销售报表排序、筛选和汇总的方法。

本例首先建立条件区域对符合条件的数据进行高级筛选，接着使用嵌套分类汇总方法对数据区域进行多条件汇总。

关键步骤

步骤 01 打开“光盘\素材文件\第 7 章\销售明细表 .xlsx”工作簿，如图 7-61 所示。

步骤 02 在工作表空白区域建立一个条件区域，如图 7-62 所示。

图 7-61 打开文件

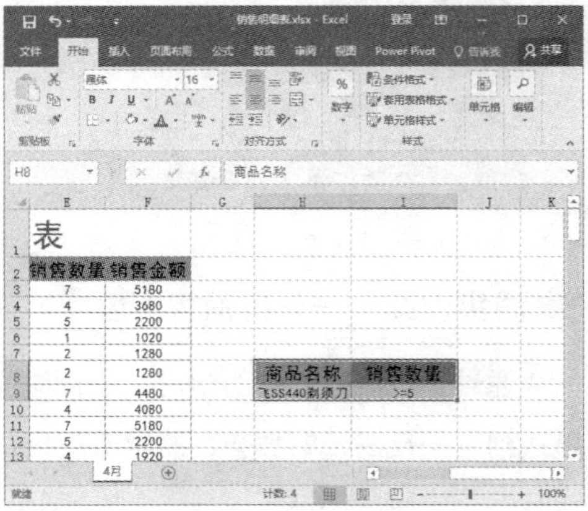

图 7-62 设置条件区域

步骤 03 选中数据区域，切换到【数据】选项卡，单击【排序和筛选】组中的【高级】按钮，如图 7-63 所示。

步骤 04 弹出【高级筛选】对话框，单击【条件区域】文本框右侧的折叠按钮，如图 7-64 所示。

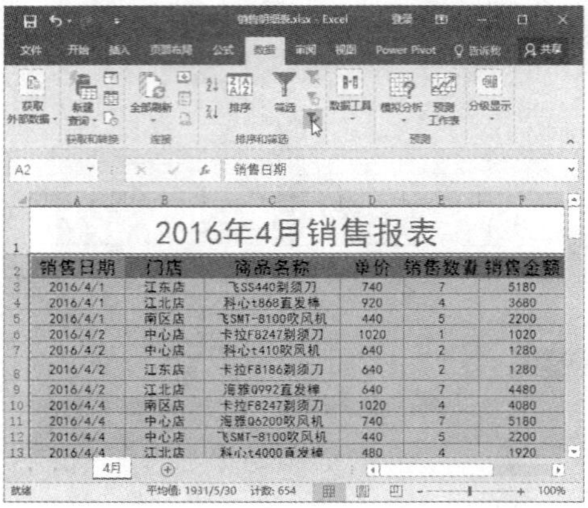

图 7-63 单击【高级】按钮

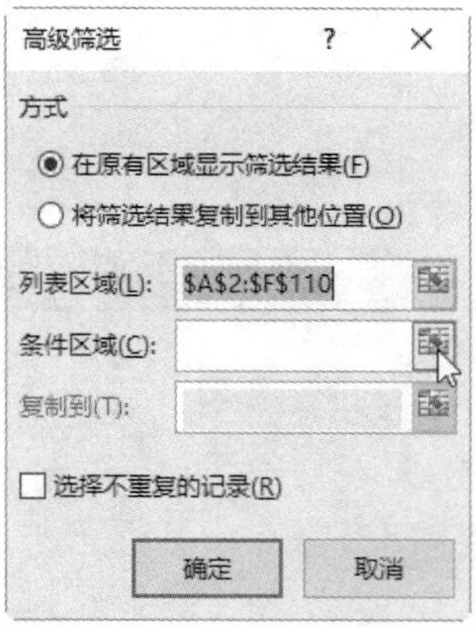

图 7-64 单击折叠按钮

步骤 05 拖动鼠标选择之前设置的条件区域，该单元格区域将自动引用到文本框中，再次单击【折叠】按钮，如图 7-65 所示。

步骤 06 返回【高级筛选】对话框，单击【确定】按钮，如图 7-66 所示。

图 7-65 选择条件区域

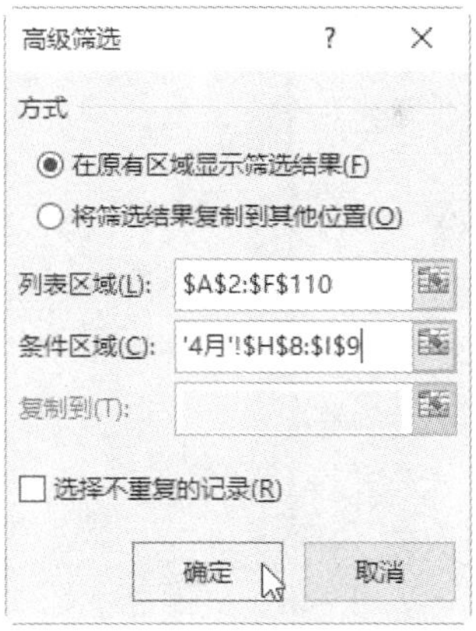

图 7-66 确认条件

步骤 07 在返回的 Excel 工作表中，可看到按自定义条件高级筛选的结果，在【数据】选项卡的【排序和筛选】组中单击【清除】按钮，如图 7-67 所示。

步骤 08 工作表将返回到筛选前的状态，单击【排序】按钮，即可查看汇总结果，如图 7-68 所示。

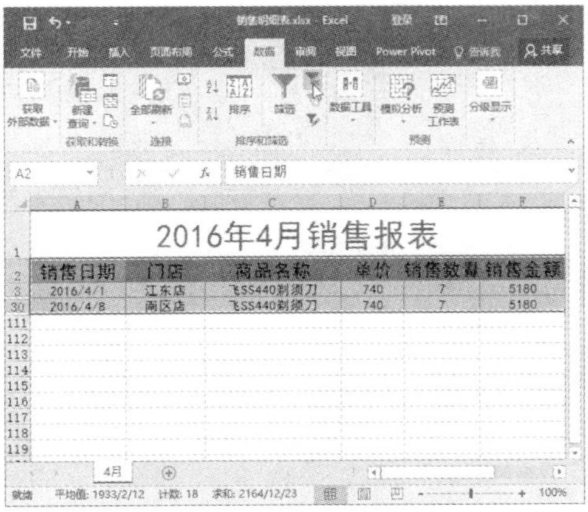

图 7-67 单击【清除】按钮

图 7-68 查看汇总结果

步骤 09 弹出【排序】对话框，将【主要关键字】设置为【门店】，将【排序依据】设置为【数值】，将【次序】设置为【升序】，单击【确定】按钮，如图 7-69 所示。

步骤 10 在【分级显示】组中单击【分类汇总】按钮，如图 7-70 所示。

步骤 11 弹出【分类汇总】对话框，将【分类字段】设置为【门店】，将【汇总方式】设置为【求和】，在【选定汇总项】列表框中勾选【销售数量】和【销售金额】两个复选框，如图 7-71 所示。

步骤 12 返回Excel工作表，可看到按【门店】将【销售数量】和【销售金额】进行【求和】汇总的结果，如图7-72所示。

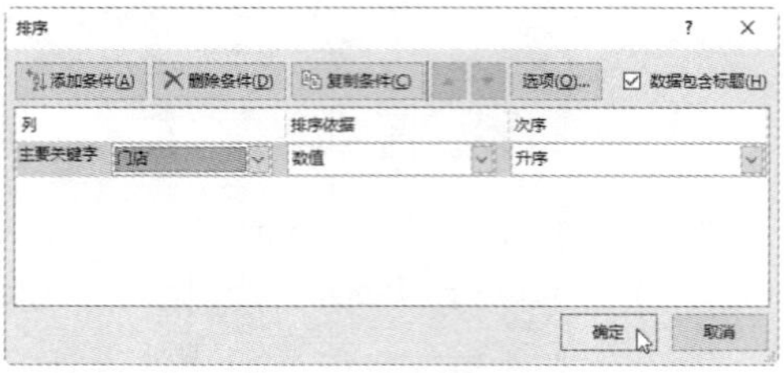

图 7-69 【排序】对话框

图 7-70 单击【分类汇总】按钮

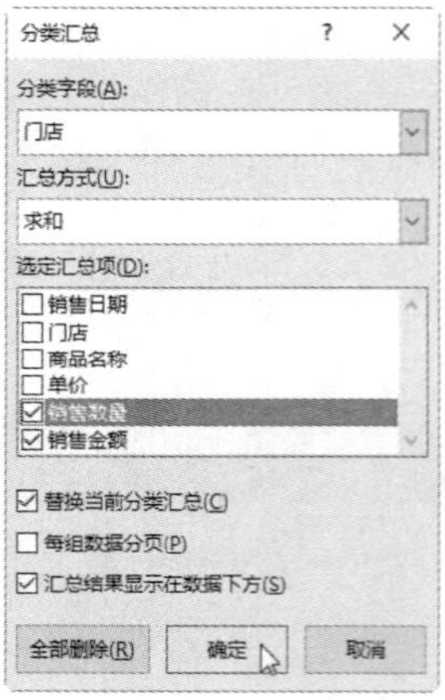

图 7-71 分类汇总

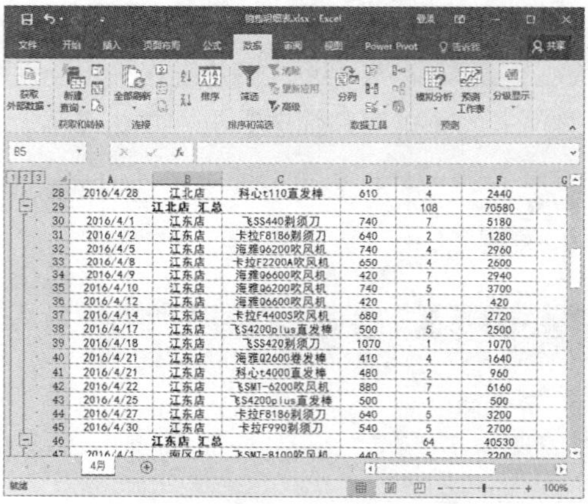

图 7-72 查看汇总结果

知识能力测试

本章讲解了Excel的数据分析与管理技能，为对知识进行巩固和考核，布置相应的练习题。

一、填空题

1．数据筛选是指只显示符合用户设置条件的数据信息，同时隐藏不符合条件的数据信息，Excel提供了______、______、______3种数据筛选方式。

2．按笔画多少排列数据时，若“姓”的笔画数相同，系统将按照______、_______、________、________、________的起笔顺序来排列。

3．对Excel工作表进行数据分析时，排序是最常用的操作，________是指对选择的数字按从小到大的顺序排序，而_______是指对选择的数字按从大到小的顺序排序。

二、选择题

1．在 Excel 2016 中可以使用通配符筛选数据，通配符应在英文状态下输入，其中（　　）代表一个字符，（　　）代表多个字符。

A．&　　　　B．?　　　　C．*　　　　D．^

2．为了便于后期的检索处理，对于“姓名”“名称”等文本型数据，可以使用（　　）方式进行数据排序。

A．字母排序　　　　B．笔画排序

C．单元格颜色排序　　　　D．按行排序

3．如果希望工作表中的某列数据按照指定的方式进行排序，可使用（　　）方式对该列数据进行排序。

A．按行排序　　　　B．笔画排序

C．字母排序　　　　D．自定义排序

三、简答题

1．自动筛选和高级筛选是 Excel 2016 常用的数据筛选方式，二者有何区别？

2．高级分类汇总和嵌套分类汇总有何区别？

Office
2016

第 8 章
使用 Excel 图表

Excel 向用户提供了强大的图表功能，利用图表可以更直观、生动、一目了然地展示出数据想要传达的信息，因而更利于用户对数据的理解和分析。本章将详细介绍在 Excel 2016 中创建图表、编辑图表及美化图表的相关知识。

学习目标

- 了解图表的类型
- 熟练掌握创建图表的方法
- 熟练掌握编辑图表的方法
- 熟练掌握美化图表的方法
- 学会创建迷你图的方法

8.1 创建与编辑图表

图表是重要的数据分析工具之一，它能将工作表中的数据用图形表示出来，从而清楚地显示各个数据的大小和变化情况。

8.1.1 认识图表

Excel 图表是由各图表元素构成的，以簇状柱形图为例，常见的图表构成如图 8-1 所示。

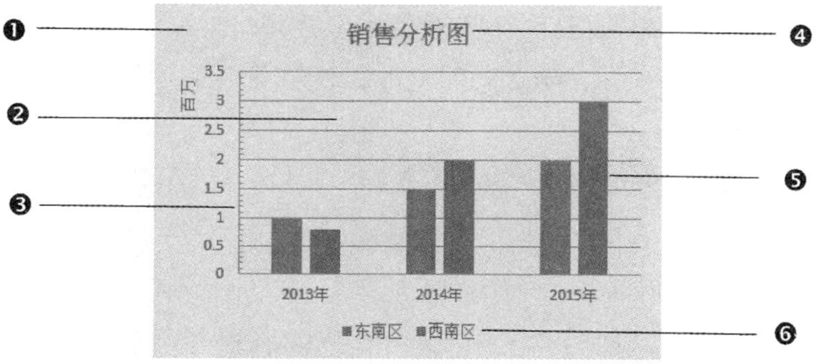

图 8-1　柱形图表

❶ 图表区	整个图表所在的区域
❷ 绘图区	包含数据系列图形的区域
❸ 坐标轴	包括横坐标轴（x 轴）和纵坐标轴（y 轴），坐标轴上有刻度线、刻度标签等，一个图标最多可以有 4 个坐标轴，即主 x 轴、y 轴和次 x 轴、y 轴
❹ 图表标题	在 Excel 2016 中默认使用系列名称作为图表标题，可根据需要修改
❺ 数据系列	根据源数据绘制的图形，用于生动形象的反映数据，是图表的关键部分
❻ 图例	标明图表中的图形代表的数据系列

此外，Excel 2016 还为用户提供了一些数据分析中很实用的图表元素，在“图表工具 / 设计”选项卡的“图表布局”组中，可以根据需要轻松添加这些图表元素。

（1）数据标签：用于显示数据系列的源数据的值，为避免图表变得杂乱，可以选择在数据标签和 y 轴刻度标签中择一而用。

（2）误差线：常见于质量管理方面的图表，用于显示误差范围，提供标准误差线、百分比误差线、标准偏差误差线等选项。

（3）网格线：有水平网格线和垂直网格线两种，分别与横坐标轴（x 轴）和纵坐标轴（y 轴）上的刻度线对应，是指用于比较数值大小的参考线。

（4）趋势线：用于时间序列的图表，是根据源数据按照回归分析法绘制的一条预测线，有线性、指数等多种类型。

（5）折线：在面积图或折线图中，显示从数据点到 x 轴的垂直线，是用于比较数值大小的参考线。

（6）涨 / 跌柱线：常见于股票图表，在有两个以上系列的折线图中，在第一个系列和最后一个系列之间绘制的柱形或线条，即涨柱或跌柱。

8.1.2 创建图表

Excel 中内置了大量的图表标准类型，如柱形图、折线图、饼图、条形图、面积图、散点图、股价图、曲面图、圆环图、气泡图和雷达图等。此外，Excel 2016 中还新增了树状图、旭日图、直方图、箱型图、瀑布图和漏斗图 6 种图表，用户可根据不同的需要选用适当的图表类型。

1．通过功能区快速插入图表

步骤 01 打开“光盘 \ 素材文件 \ 第 8 章 \ 图表 .xlsx”文件，选中用来创建图表的数据区域，如图 8-2 所示。

步骤 02 切换到【插入】选项卡，在【图表】组中选择要插入的图表类型，在打开的下拉列表中选择图表样式即可，如图 8-3 所示。

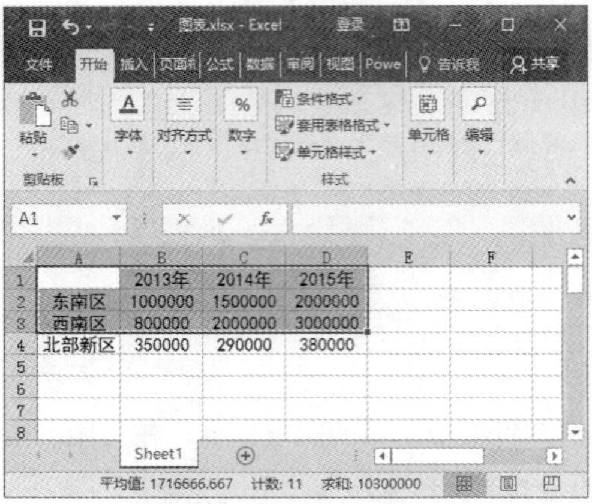

图 8-2 选择数据区域

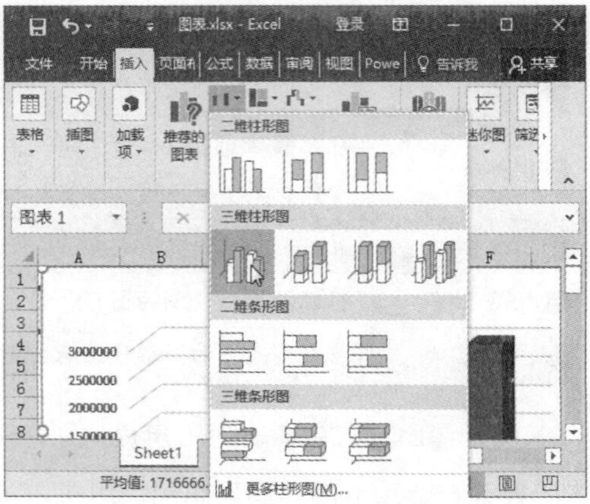

图 8-3 选择图表样式

2．通过对话框插入图表

步骤 01 选中用来创建图表的数据区域，切换到【插入】选项卡，单击【图表】组右下角的功能扩展按钮 ，如图 8-4 所示。

步骤 02 弹出【插入图表】对话框，在其中选择需要的图表类型和样式，然后单击【确定】按钮即可创建相应的图表，如图 8-5 所示。

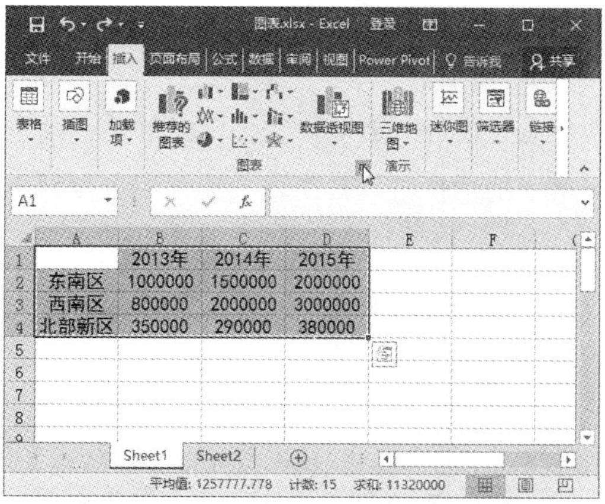

图 8-4 单击扩展按钮

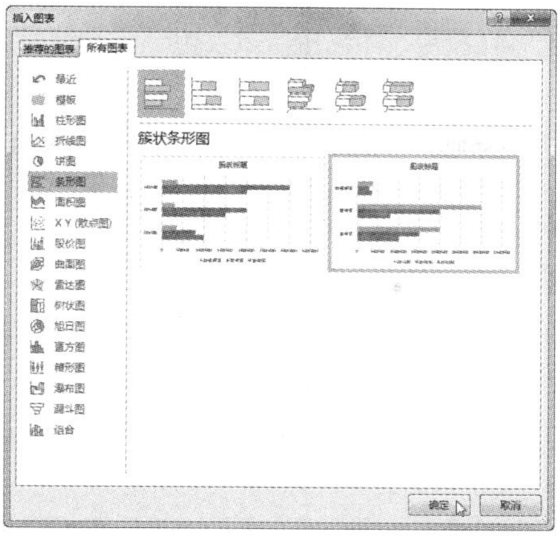

图 8-5 选择图表类型

技能拓展

在 Excel 2016 中，默认的图表类型为簇状柱形图，选中用来创建图表的数据区域，然后按下【Alt+F1】组合键，即可快速嵌入柱形图表。

8.1.3 调整图表大小和位置

创建图表后，单击图表上的空白区域选中整个图表，此时将显示图表的边框，在该边框上可见 8 个控制点，然后可以根据实际需要调整图表的大小和位置。

（1）调整图表大小：将鼠标指针指向控制点，当指针变为双向箭头形状时，按住鼠标左键拖动即可调整图表大小，如图 8-6 所示。

（2）调整图表位置：将鼠标指针指向图表的空白区域，当指针变为“$\updownarrow$”形状时按住鼠标左键，此时鼠标指针变为“✥”形状，拖动图表到目标位置，释放鼠标即可，如图 8-7 所示。

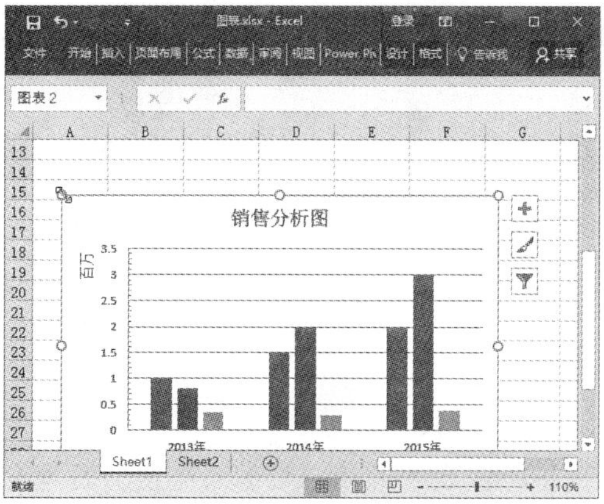

图 8-6 调整图表大小

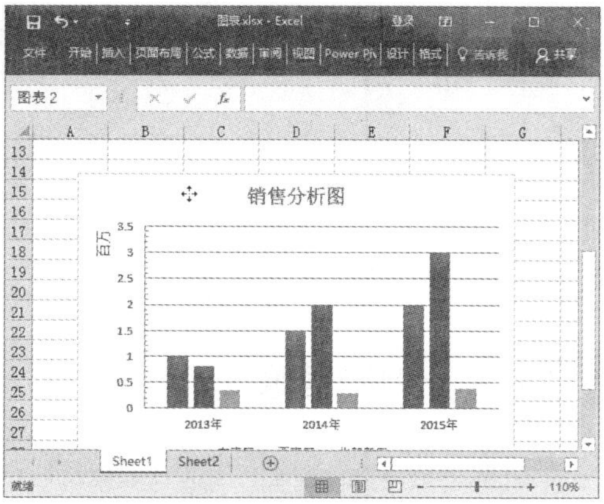

图 8-7 调整图表位置

8.1.4 修改图表数据

创建图表之后，有时需要对单元格中的数据进行修改或删除。需要注意的是，图表与单元格中的数据是同步显示的，即修改单元格中的数据时，其图表上的图形也在同步发生改变。下面举例说明。

步骤 01 打开“图表.xlsx”工作簿，在其中输入数据并创建一个图表，如图 8-8 所示。

步骤 02 选中要修改数据的单元格，在其中输入新的数据，如 500000，如图 8-9 所示。

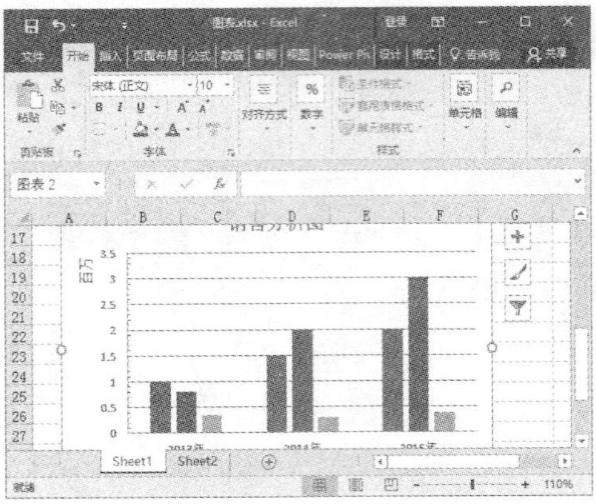

图 8-8 创建图表

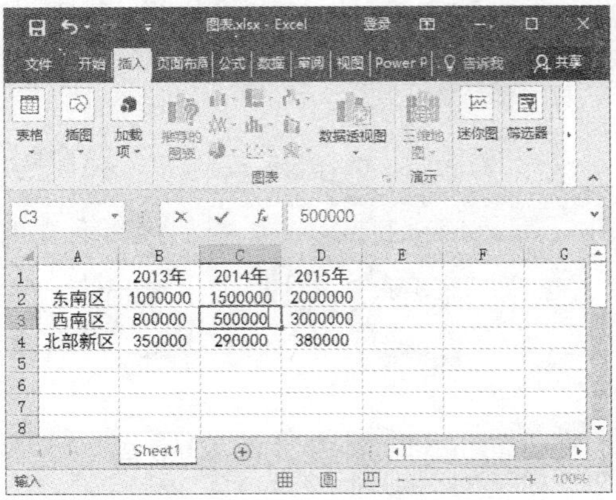

图 8-9 修改数据

步骤 03 选中另一个单元格，按下【Delete】键删除数据，如图 8-10 所示。

步骤 04 修改完成后，图表的内容发生了变化，具体效果如图 8-11 所示。

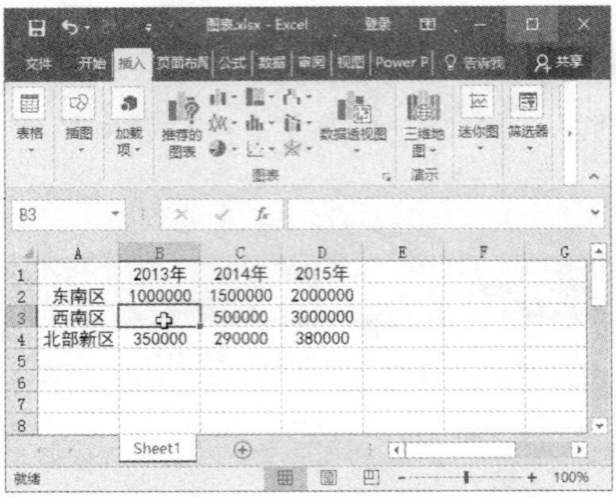

图 8-10 删除数据

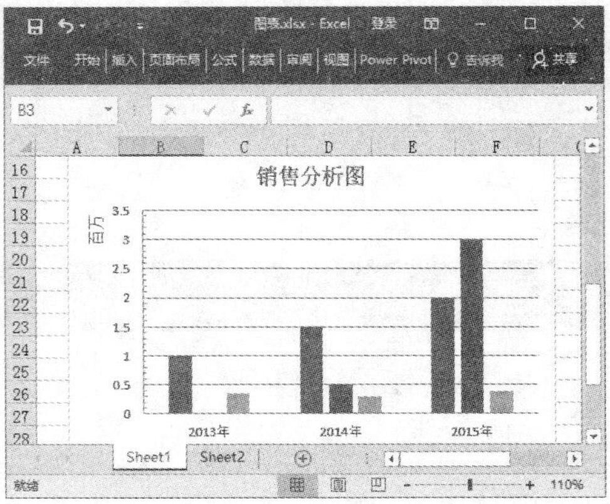

图 8-11 查看图表效果

8.1.5 更改数据源

如果需要重新选择工作表中的数据作为数据源，图表中的相应数据系列也会发生变化。下面举例说明。

步骤 01 打开“图表 .xlsx”工作簿，选中图表，然后切换到【图表工具 / 设计】选项卡，单击【数据】组中的【选择数据】按钮，如图 8-12 所示。

步骤 02 弹出【选择数据源】对话框，单击【图表数据区域】文本框后的折叠按钮，如图 8-13 所示。

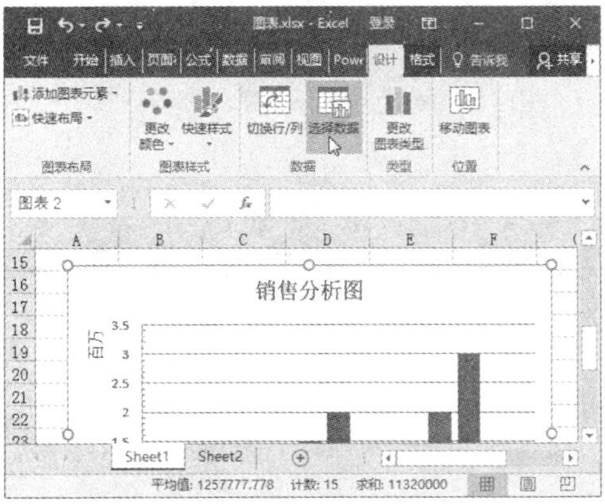

图 8-12 单击【选择数据】按钮

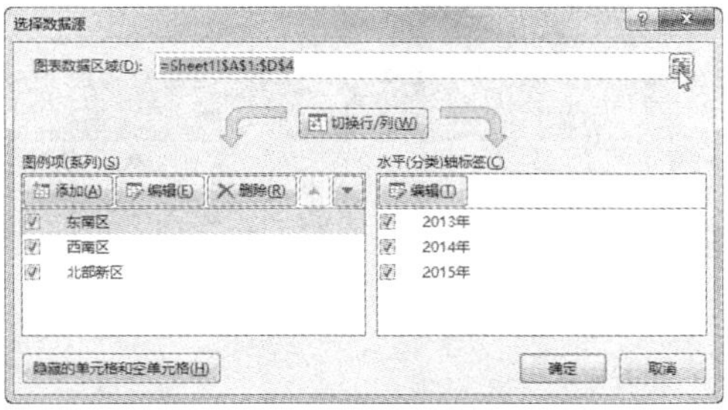

图 8-13 单击折叠按钮

步骤 03 返回工作表中重新选择单元格区域，然后在【选择数据源】对话框中再次单击折叠按钮，如图 8-14 所示。

步骤 04 返回【选择数据源】对话框后单击【确定】按钮，在返回的工作表中可看到更改数据源之后的图表效果，如图 8-15 所示。

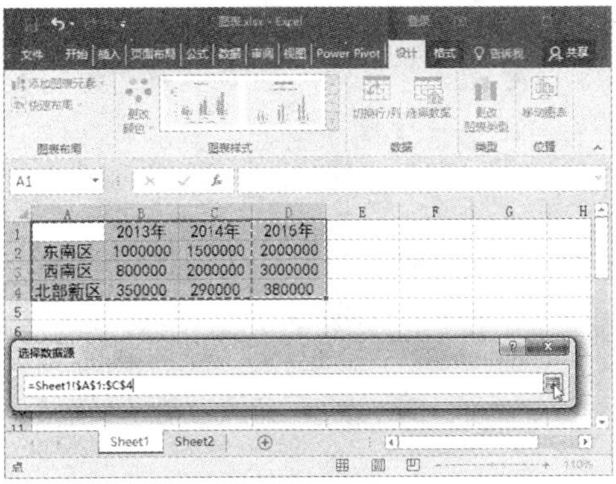

图 8-14 重新选择数据

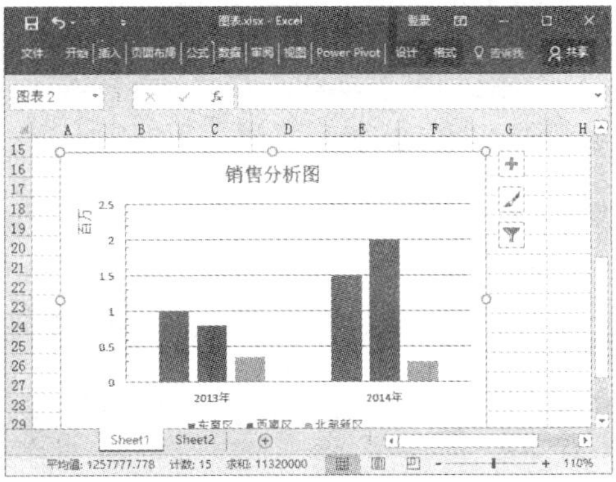

图 8-15 查看图表效果

8.1.6 添加并设置图表标签

为了使所创建的图表更加清晰、明确，用户可以添加并设置图表标签，方法为：选中整个图表，单击图表控制框右侧的按钮，在打开的快捷菜单中勾选【数据标签】复选框，接着单击扩展按钮在展开的级联菜单中，选择数据标签显示位置即可，如图 8-16 所示。

此外，在需要设置格式的数据标签上右击，在弹出的快捷菜单中选择【设置数据标签格式】命令，即可打开【设置数据标签格式】窗格，在其中可以对数据标签进行相应的设置，设置完成后单击【关闭】按钮即可，如图 8-17 所示。

技能拓展

如果默认插入的图表标题被删除，添加方法为：选中图表，单击控制框右侧出现的＋按钮，在快捷菜单中勾选【图表标题】复选框，在展开的级联菜单中设置图表标题的显示位置，然后在添加的文本框中输入需要的图表标题内容即可。

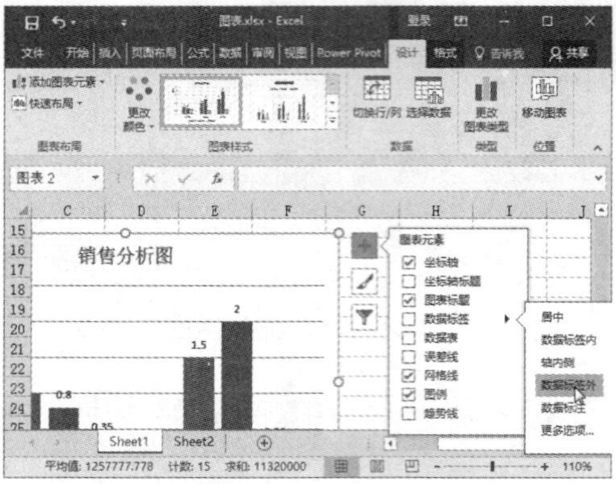

图 8-16　通过控制按钮设置

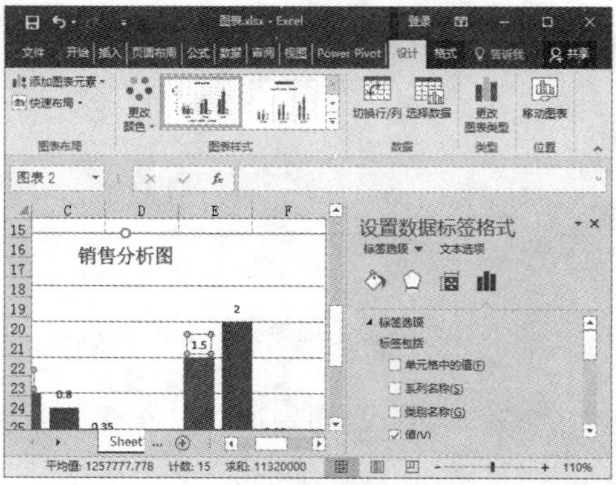

图 8-17　打开【设置数据标签格式】窗格

课堂范例——创建组合图表

步骤 01　打开“光盘 \ 素材文件 \ 第 8 章 \ 图表 .xlsx”文件，选中用来创建图表的数据区域，切换到【插入】选项卡，在【图表】组中单击【插入组合图】下拉按钮，在打开的下拉列表中选择【创建自定义组合图】命令，如图 8-18 所示。

步骤 02　弹出【插入图表】对话框，自动切换到【所有图表】→【组合】→【自定义组合】子选项卡，根据需要设置组合图表类型，最后单击【确定】按钮即可，如图 8-19 所示。

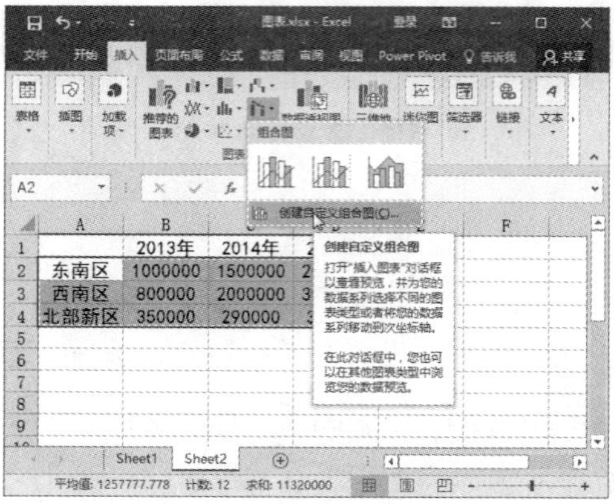

图 8-18　选择【创建自定义组合图】命令

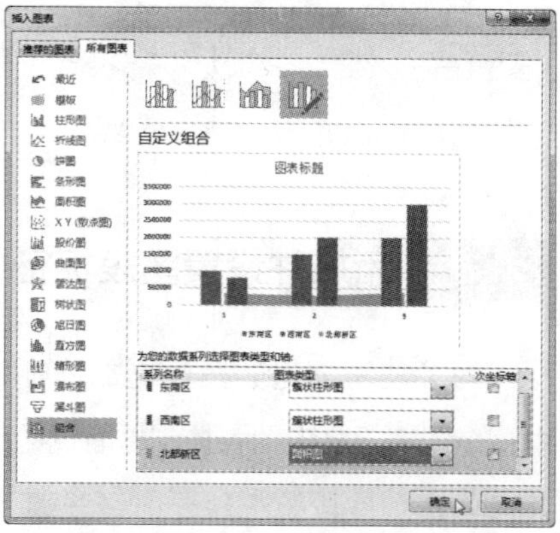

图 8-19　设置组合图表类型

8.2 定制图表外观

创建和编辑好图表后，用户可以根据自己的喜好对图表布局和样式进行设置。下面将为大家介绍设置图表布局和样式、更改图表文字、设置三维图表视图及设置图表背景等知识点。

8.2.1 设置图表布局

一个完整的图表通常包括图表标题、图表区、绘图区、数据标签、坐标轴和网格线等元素，合理布局可以使图表更加美观。

通过 Excel 2016 提供的内置布局样式，用户可以快速对图表进行布局，操作方法为：选中要更改布局的图表，切换到【图表工具 / 设计】选项卡，在【图表布局】组中单击【快速布局】下拉按钮，在弹出的下拉列表中选择需要的布局样式，即可将该布局方案应用到图表中，如图 8-20 所示。

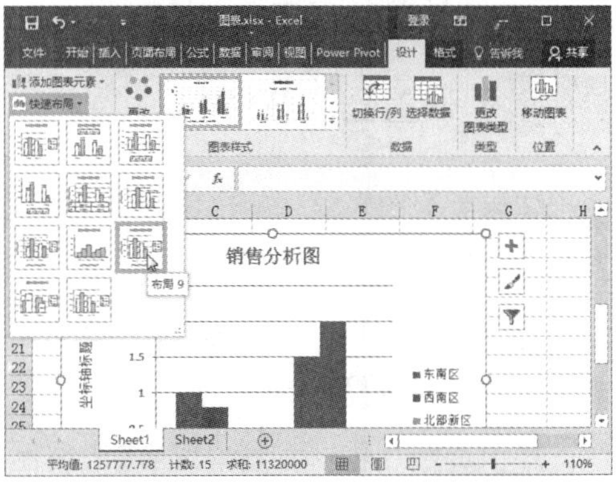

图 8-20　更改图表布局

8.2.2 设置图表文字

对图表进行美化操作过程中，用户可以根据实际需要对图表中的文字大小、文字颜色和字符间距等进行设置，方法如下。

步骤 01　右击图表，在弹出的快捷菜单中选择【字体】命令，如图 8-21 所示。

步骤 02　弹出【字体】对话框，对图表中文字的字体、字号和字体颜色等进行设置，完成后单击【确定】按钮，如图 8-22 所示。

步骤 03　返回 Excel 工作表，即可看到图表中的字体发生改变后的效果，如图 8-23 所示。

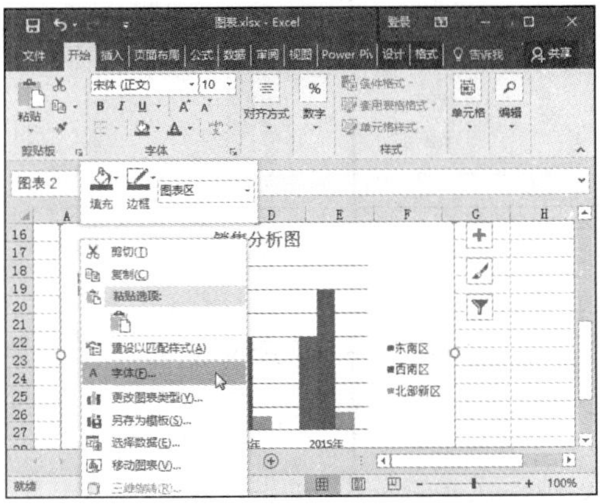

图 8-21　选择【字体】命令

图 8-22　设置字体格式

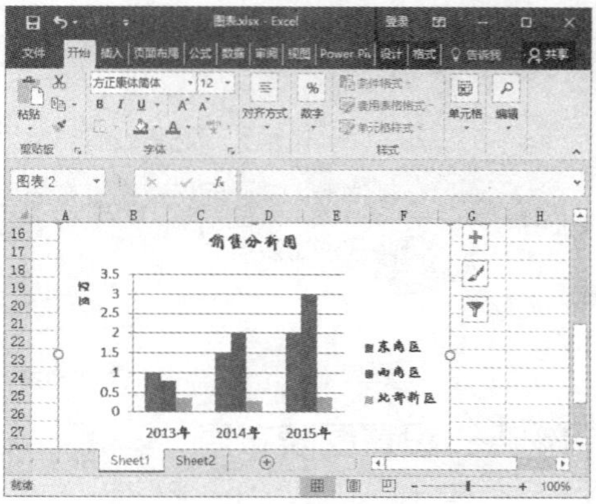

图 8-23　更改图表字体后的效果

8.2.3 设置图表背景

如果觉得图表默认的白色背景不美观，为了进一步美化图表，用户可将图表背景设置为合适的颜色，具体操作步骤如下。

步骤 01 打开工作表，右击图表，在弹出的快捷菜单中选择【设置图表区域格式】命令，如图 8-24 所示。

步骤 02 窗口右侧将显示【设置图表区格式】窗格，在【填充线条】选项卡的【填充】栏中进行相应设置，如选中【渐变填充】单选按钮，并设置渐变类型、方向等，完成后单击【关闭】按钮即可，如图 8-25 所示。

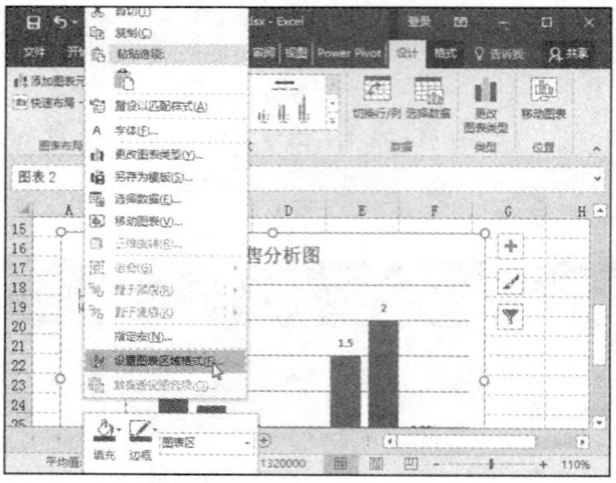

图 8-24　选择【设置图表区域格式】命令

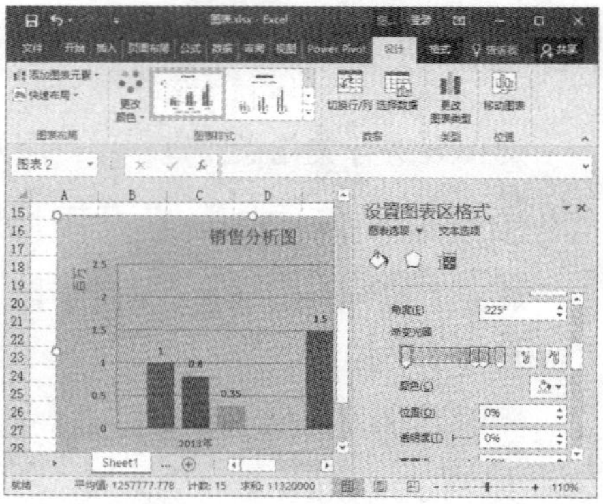

图 8-25　自定义图表背景

课堂范例——自定义图表模板

步骤 01 打开"光盘\素材文件\第 8 章\图表 1.xlsx"文件，根据需要设置好图表中各元素的格式，如图 8-26 所示。

步骤 02 右击图表，在弹出的快捷菜单中选择【另存为模板】命令，如图 8-27 所示。

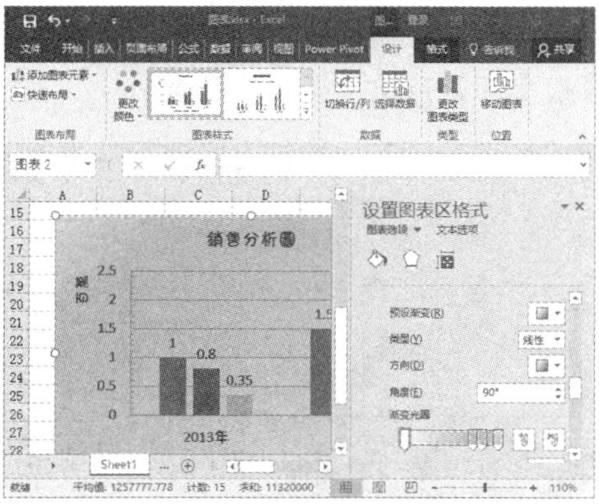

图 8-26 设置图表格式

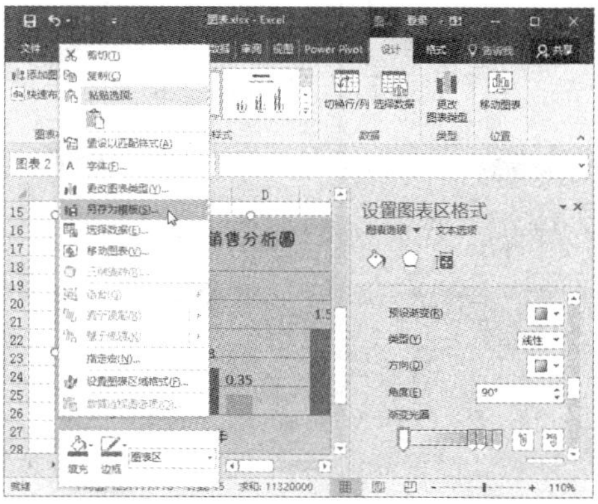

图 8-27 选择【另存为模板】命令

步骤 03 弹出【保存图表模板】对话框，图表模板默认保存在“C:\Users\Administrator\AppData\Roaming\Microsoft\Templates\Charts”路径下，接着设置好模板名称，单击【保存】按钮，如图 8-28 所示。

步骤 04 保存模板后，若需要创建自定义模板的图表，可在【插入】选项卡中单击【图表】组右下角的展开按钮，在弹出的【插入图表】对话框左侧切换到【模板】选项，选中刚自定义的图表模板，单击【确定】按钮即可，如图 8-29 所示。

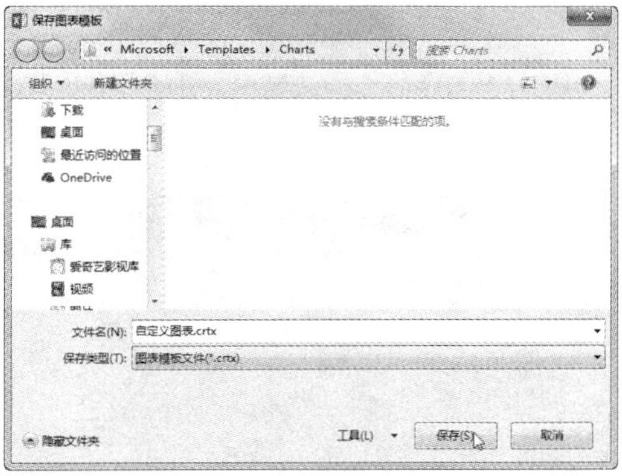

图 8-28 保存图表模板

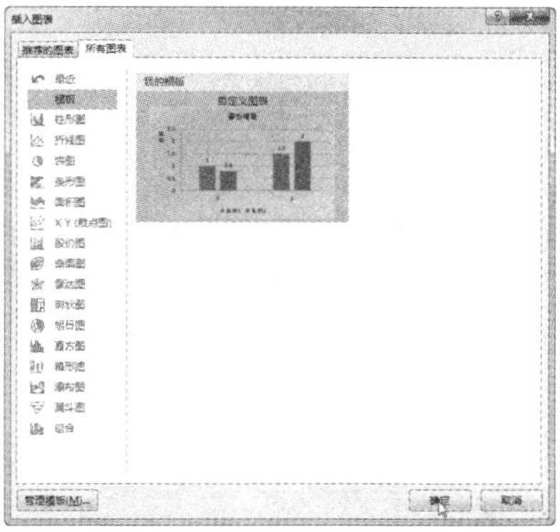

图 8-29 根据模板创建图表

8.3 使用迷你图

迷你图不是对象，而是一种放置到单元格背景中的微缩图表，这是它与 Excel 2016 中其他图表的不同之处。在数据旁边放置迷你图可以使数据表达更直观、更容易被理解。

8.3.1 创建迷你图

迷你图是创建在工作表单元格中的一个微型图表，可以直观的显示数据。下面以创建柱形迷你图为例，具体操作方法如下。

步骤 01　打开“图表.xlsx”工作簿，选中要显示迷你图的单元格，如“E2”单元格，在【插入】选项卡中单击【迷你图】组中的【柱形图】按钮，如图 8-30 所示。

步骤 02　弹出【创建迷你图】对话框，单击【数据范围】文本框右侧的折叠按钮，如图 8-31 所示。

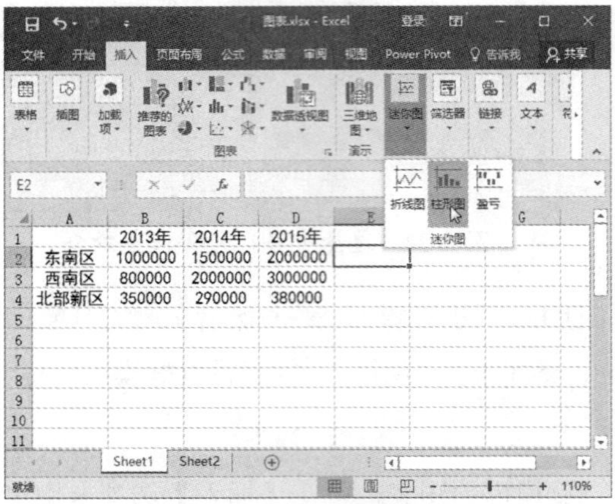

图 8-30　单击【柱形图】按钮

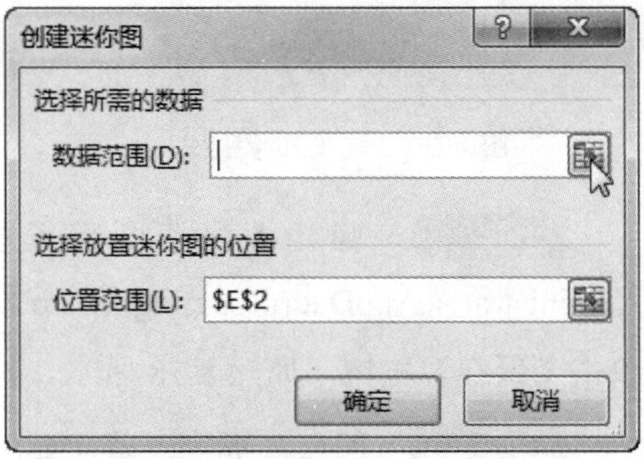

图 8-31　单击折叠按钮

步骤 03　拖动鼠标在工作表中选择迷你图的数据源，完成后单击折叠按钮，如图 8-32 所示。

步骤 04　在返回的【创建迷你图】对话框中单击【确定】按钮，然后在返回的工作表中即可看到当前单元格创建的迷你图效果，如图 8-33 所示。

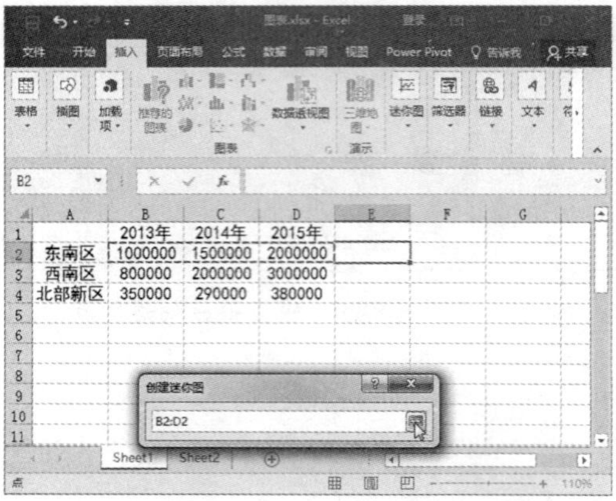

图 8-32　选择迷你图数据源

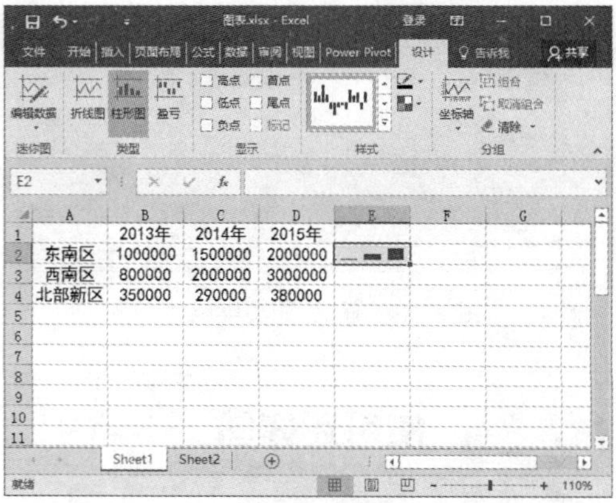

图 8-33　查看迷你图效果

技能拓展

创建迷你图时，其数据源只能是同一行或同一列中相邻的单元格，否则 Excel 会提示“位置引用或数据区域无效”错误，无法创建成功。

8.3.2 更改迷你图类型

创建迷你图后，如果需要更改迷你图的类型，可通过下面的方法实现。

步骤 01 打开工作表，选中迷你图组中的任意单元格或单个迷你图，在【设计】选项卡的【类型】组中选择其他迷你图类型，如图 8-34 所示。

步骤 02 选择完成后，迷你图类型即可更改，其效果如图 8-35 所示。

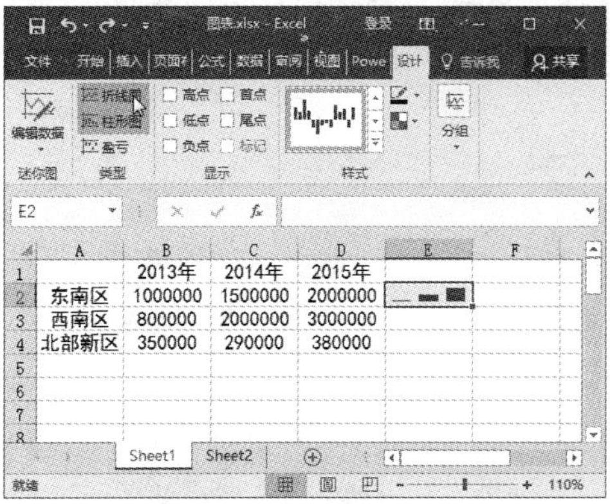

图 8-34 更改迷你图类型

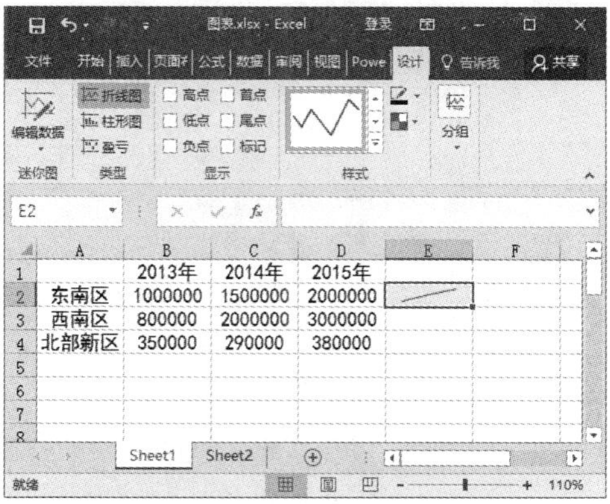

图 8-35 查看更改迷你图类型效果

8.3.3 突出显示数据点

在迷你图上标记数据点，可以让其中的数据显示更醒目，一目了然。

（1）标记数据点：标记数据点只能用于折线图类型的迷你图，操作方法为：选中需要设置数据点的单元格，在【设计】选项卡中勾选【标记】复选框，即可为迷你图标记数据点，如图 8-36 所示。

（2）突出显示高点和低点：突出显示高点和低点的操作方法，选中要设置的单元格，在【设计】选项卡中分别勾选【高点】复选框和【低点】复选框，即可完成一组迷你图的高点和低点突出显示，如图 8-37 所示。

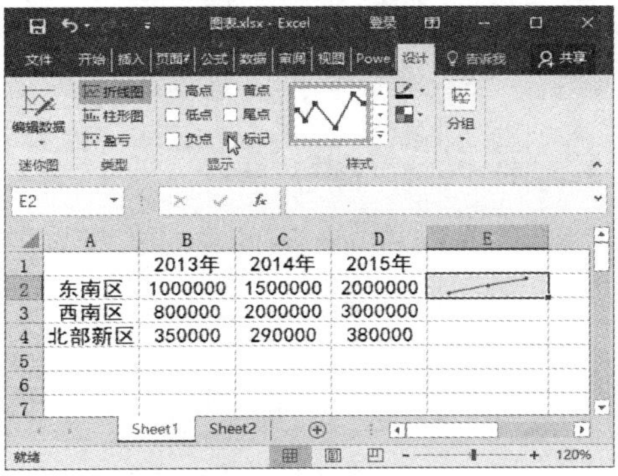

图 8-36 标记迷你图数据点

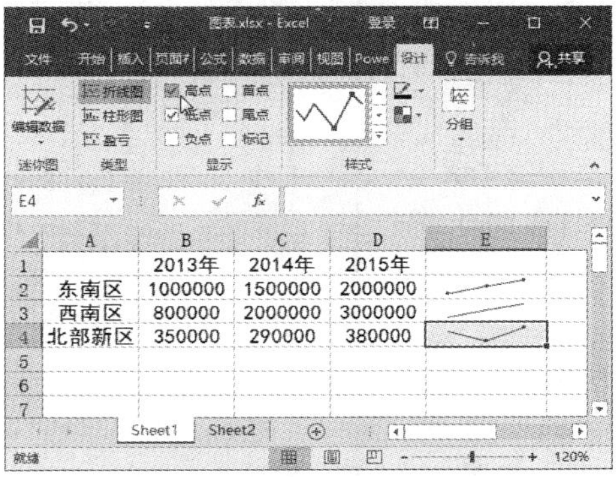

图 8-37 突出显示迷你图高点和低点

课堂范例——设置迷你图样式

步骤 01　打开“光盘 \ 素材文件 \ 第 8 章 \ 上年度销售统计表 .xlsx”文件，根据需要添加迷你图，如图 8-38 所示。

步骤 02　选中更改样式的迷你图，单击【设计】选项卡中的【样式】下拉按钮，在弹出的迷你图样式库中选择想要更改的迷你图样式，如图 8-39 所示。

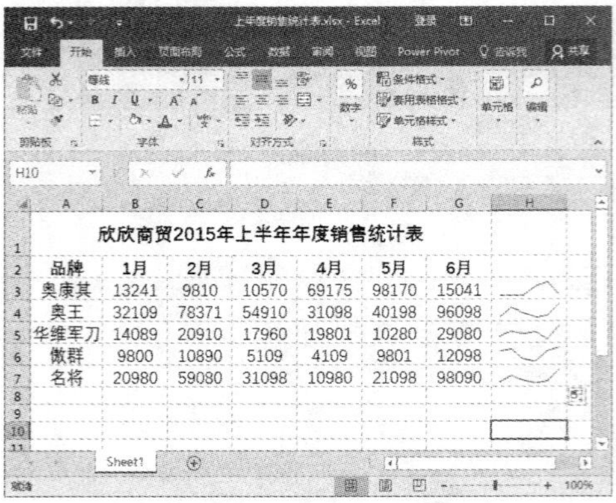

图 8-38　添加迷你图

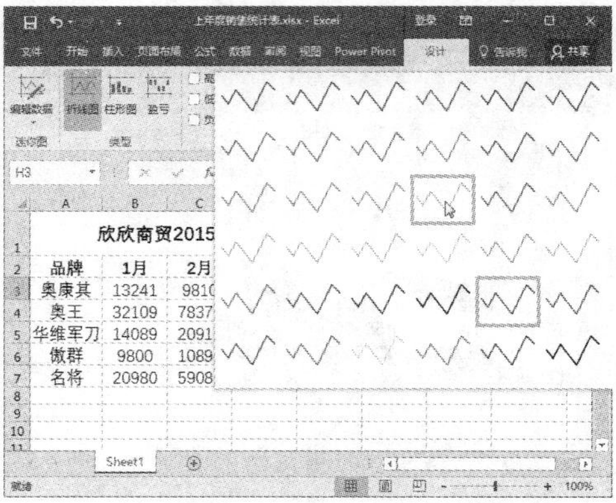

图 8-39　选择更改的迷你图样式

步骤 03　在【设计】选项卡中的单击【迷你图颜色】下拉按钮，在弹出的颜色面板中选择想要的颜色，如图 8-40 所示。

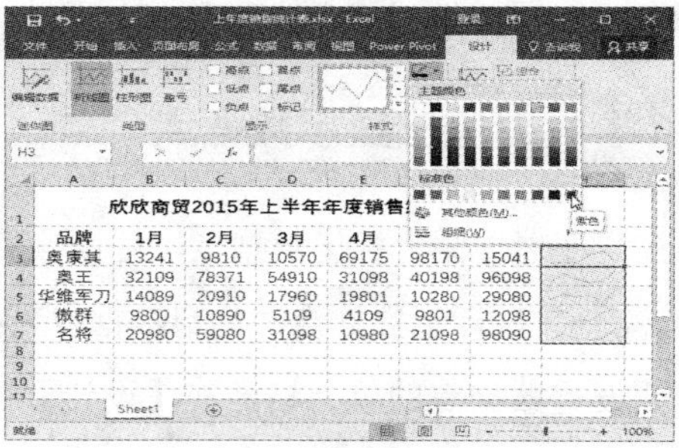

图 8-40　设置迷你图颜色

步骤 04　单击【样式】组中的【标记颜色】按钮，在弹出的下拉列表中选择【高点】选项，在展开的颜色面板中选择需要的颜色，如图 8-41 所示。

步骤 05　按照同样的方法对迷你图的低点颜色进行设置，完成后的效果如图 8-42 所示。

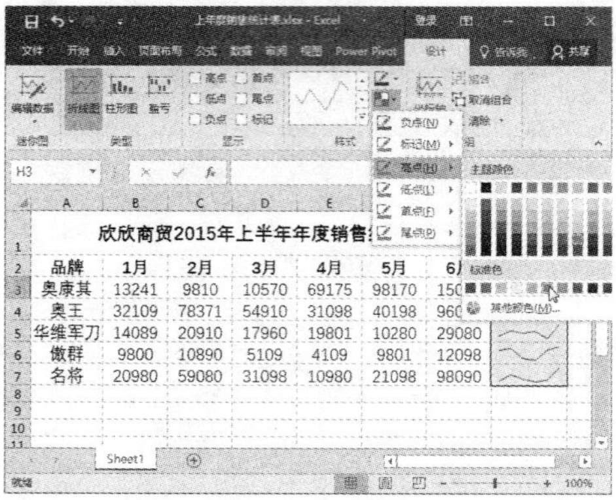

图 8-41　设置迷你图高点颜色

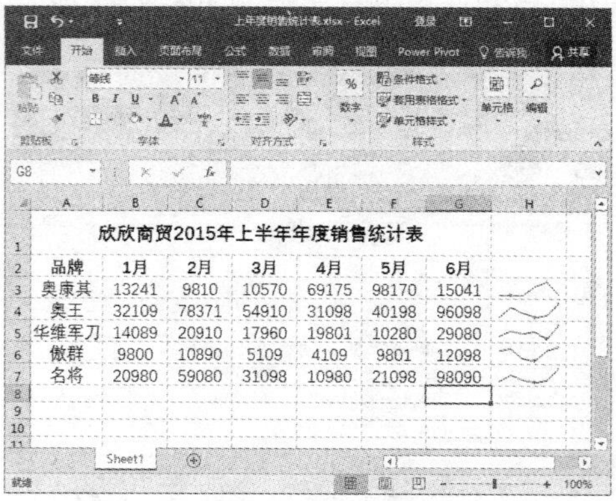

图 8-42　查看迷你图样式效果

课堂问答

通过本章的讲解，大家对 Excel 中图表的编辑和美化操作有了一定的了解，下面列出一些常见的问题供学习参考。

问题❶：如何快速撤销对图表设置的所有格式？

答：为图表设置了多种格式后，如果想取消所有格式，选中整个图表，切换到【图表工具 / 格式】选项卡，单击【当前所选内容】组中的【重设以匹配样式】按钮即可。

问题❷：如何突出显示柱形图中的某一柱形？

答：如果需要突出显示柱形图中的某一柱形，可以单独设置该柱形的格式，方法为：选中图表数据区，双击需要突出显示的柱形，选中该柱形，在单击【开始】选项卡的【字体】组中单击【填充】下拉按钮，在弹出的下拉列表中选择填充颜色，即可突出显示该柱形，如图 8-43 所示。

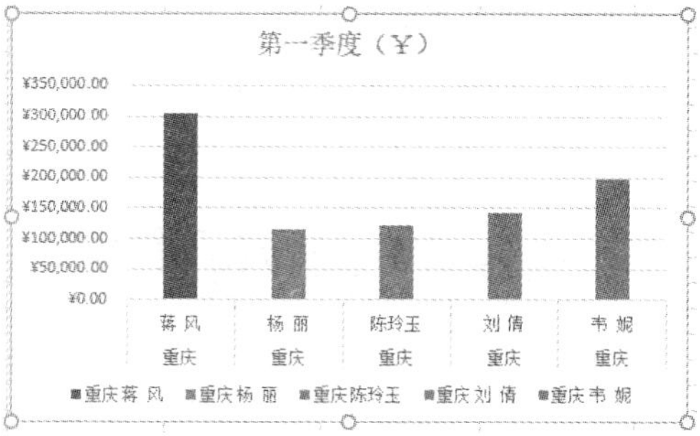

图 8-43 突出显示某个柱形

问题❸：如何更改条形图表排列顺序？

答：要将条形图表按顺序排列，可通过对数据排序的方法来完成，选中数据，单击【数据】选项卡中的【排序】按钮，在打开的【排序】窗口中设置好【主要关键词】，将【排序依据】设置为【数值】，将【次序】设置为【降序】，设置完成后单击【确定】按钮即可成功将图表排序。

上机实战——制作销售业绩分析图

通过本章内容的学习，为了巩固本章知识点，下面讲解一个技能综合案例，使大家对本章的知识有更深入的了解。

效果展示

思路分析

销售业绩表通常包含一大堆枯燥的文字，通过将数据转换为图表，可以更直观地看到数据的变化。本例首先将数据用折线图显示，接着将最大的数据和最小的数据在折线图中显示出来，得到最终效果。

制作步骤

步骤 01 打开“光盘\素材文件\第 8 章\销售业绩分析图.xlsx”文件，切换到【插入】选项卡，在【迷你图】组中单击【折线图】按钮，如图 8-44 所示。

步骤 02 弹出【创建迷你图】对话框，单击【数据范围】文本框右侧的折叠按钮，如图 8-45 所示。

图 8-44　单击【折线图】按钮

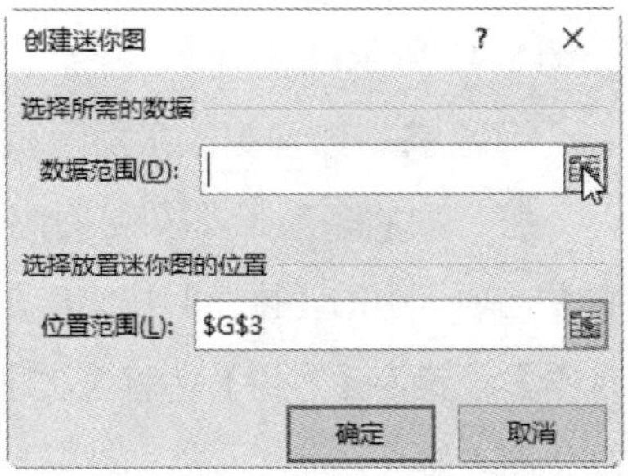

图 8-45　单击折叠按钮

步骤 03 选择要显示的数据区域，单击【创建迷你图】对话框右侧的折叠按钮，如图 8-46 所示。

步骤 04 在返回的【创建迷你图】对话框中单击【确定】按钮，如图 8-47 所示。

图 8-46　选择要显示的数据区域

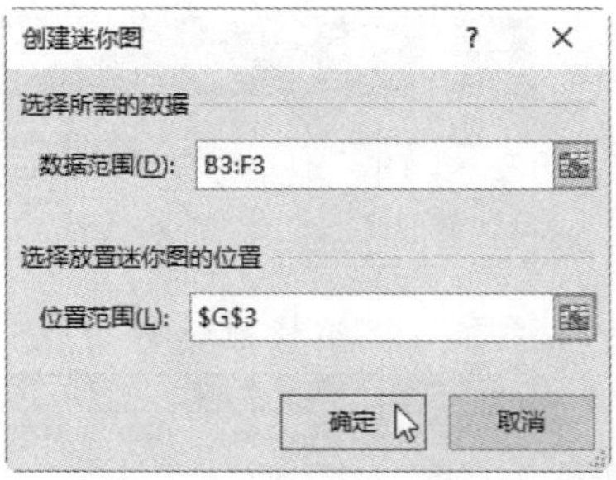

图 8-47　单击【确定】按钮

步骤 05 在工作表中可看到的迷你图，切换到【设计】选项卡，在【显示】组中勾选【高点】和【低点】复选框，如图 8-48 所示。

步骤 06 使用填充柄功能将折线图样式复制到该列其他单元格中，按下【Ctrl+S】组合键保存工作表即可，如图 8-49 所示。

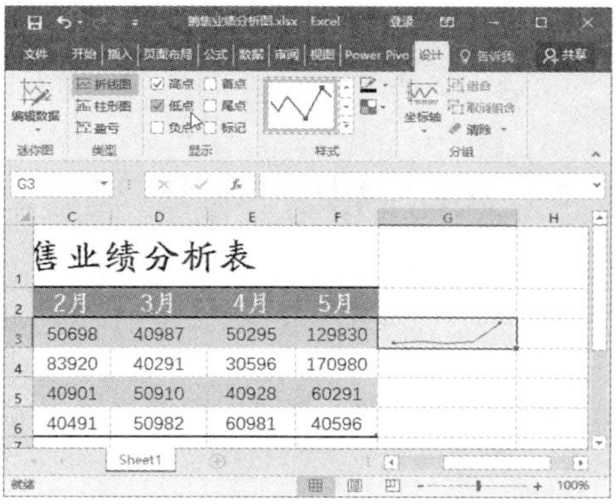

图 8-48 标记高点和低点

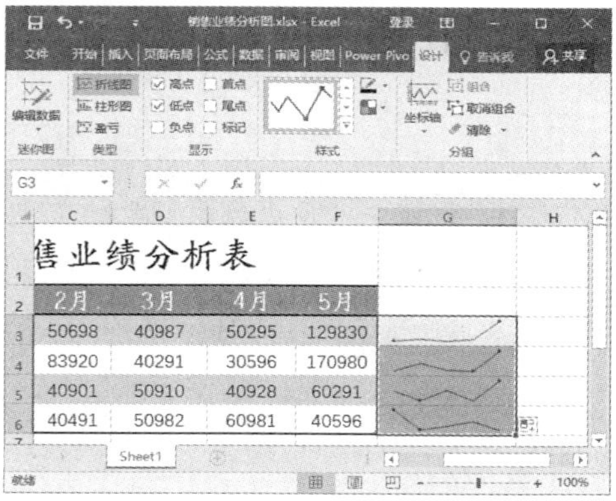

图 8-49 复制折线图

同步训练——制作库存成本分析图

通过上机实战案例的学习，为了增强大家的动手能力，下面安排一个同步训练案例，以达到举一反三、触类旁通的学习效果。

图解流程

思路分析

库存成本是制造和销售等行业必不可少的表格，将库存数据用图表的方式表示，可以让人一目了然地了解到各项指标的占比数量。

本例首先将所有数据用柱形图显示，接着将所有数据源更改为部分数据，并将图表更改为饼图，最后设置好图表样式，得到最终效果。

关键步骤

步骤 01 打开“光盘\素材文件\第 8 章\库存成本分析图 .xlsx”文件，选中所有数据，切换到【插入】选项卡，在【图表】组中单击【柱形图】按钮，在弹出的下拉列表中选择需要的图表类型，如图 8-50 所示。

步骤 02 将光标定位在图表标题中，删除原标题内容，输入需要的标题文字，如图 8-51 所示。

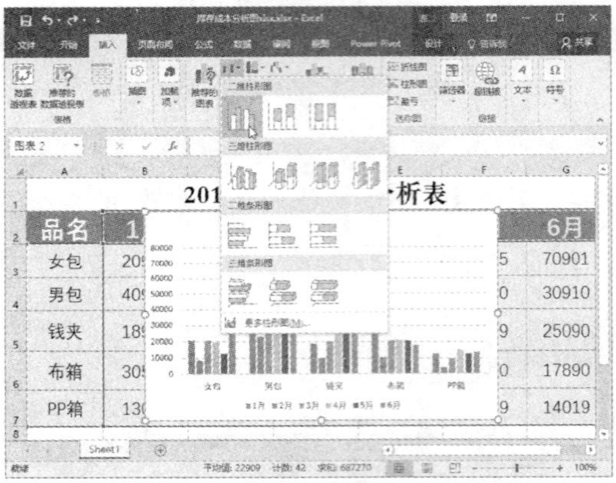

图 8-50 选择图表类型

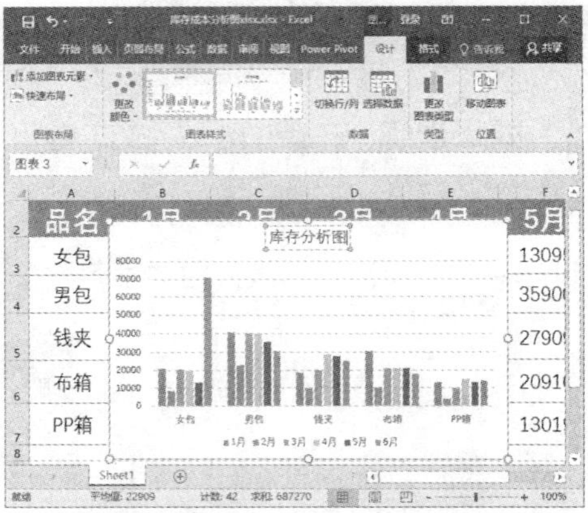

图 8-51 更改图表标题

步骤 03 右击图表区，在弹出的快捷菜单中选择【选择数据】命令，如图 8-52 所示。

步骤 04 弹出【选择数据源】对话框，在【图例项】列表框中只保留勾选需要显示的系列名称前的复选框，如图 8-53 所示。

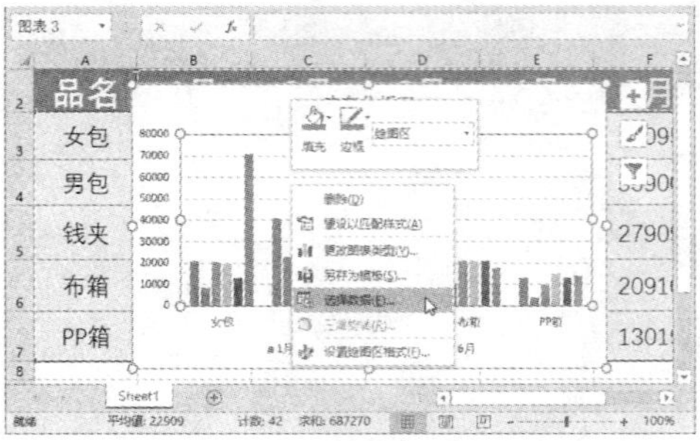

图 8-52 选择【选择数据】命令

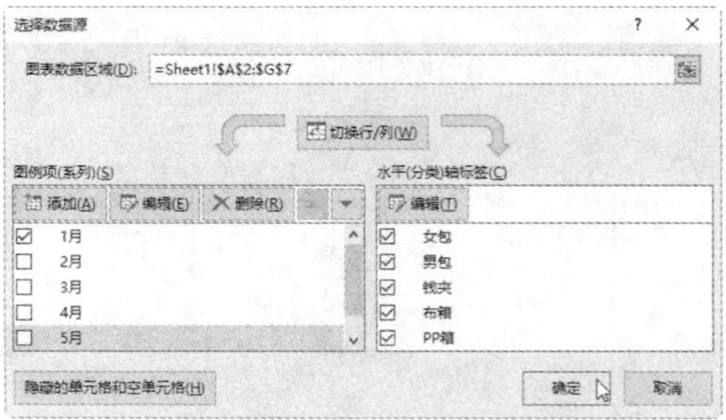

图 8-53 勾选需要显示的系列名称前的复选框

步骤 05 返回 Excel 图表，再次右击图表区，在弹出的快捷菜单中选择【更改图表类型】命令，如图 8-54 所示。

步骤 06 弹出【更改图表类型】对话框，在【推荐的图表】中选择需要的图表类型，单击【确定】按钮，如图 8-55 所示。

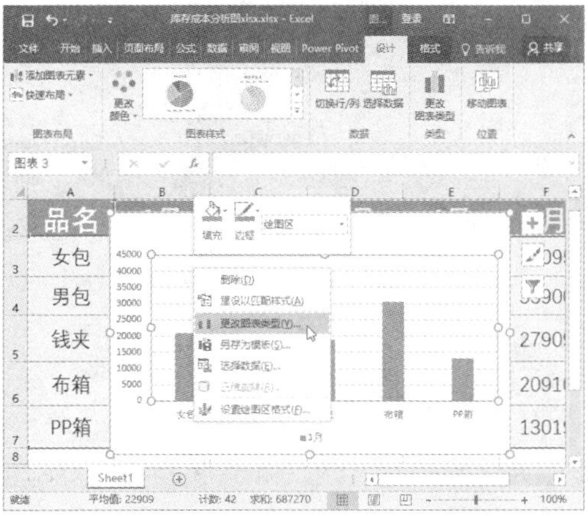

图 8-54 选择【更改图表类型】命令

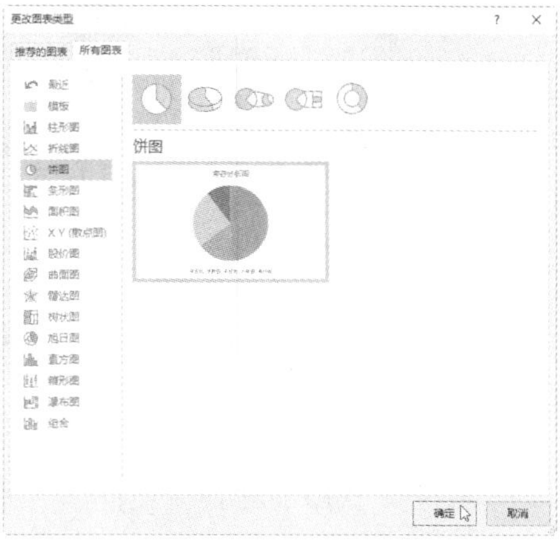

图 8-55 更改图表类型

步骤 07 切换到【设计】选项卡，在【图表样式】组中单击【快速样式】下拉按钮，在弹出的下拉列表中选择需要的图表样式，如图 8-56 所示。

步骤 08 右击图表区，在弹出的快捷菜单中选择【设置图表区域格式】命令，如图 8-57 所示。

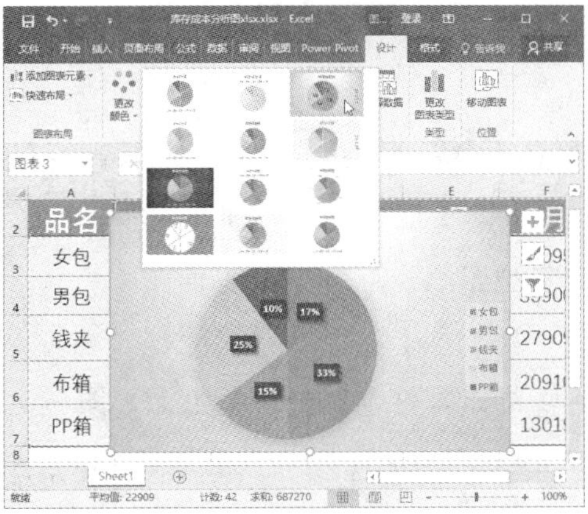

图 8-56 更改图表样式

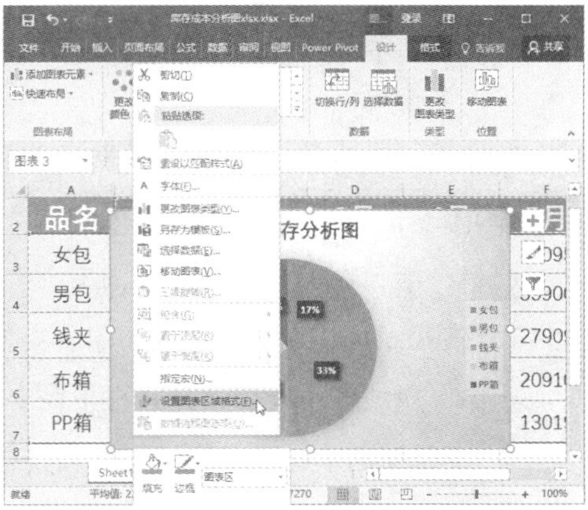

图 8-57 单击设置格式命令

步骤 09 窗口右侧将弹出【设置图表区格式】窗格，根据需要设置图表背景，如图 8-58 所示。

步骤 10 设置完成后关闭窗格，即可看到最终效果，如图 8-59 所示，保存工作表即可。

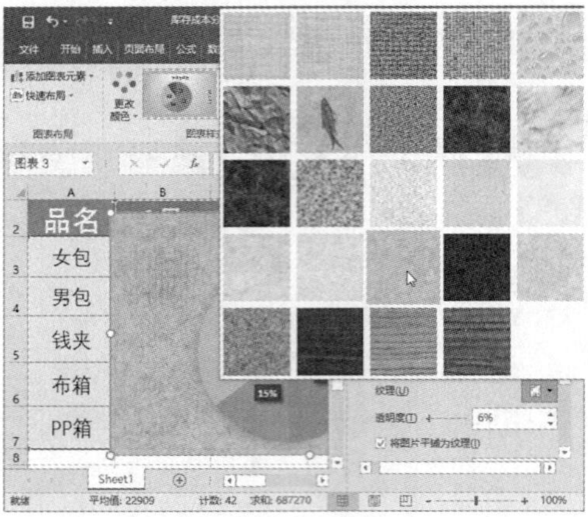

图 8-58　更改图表背景

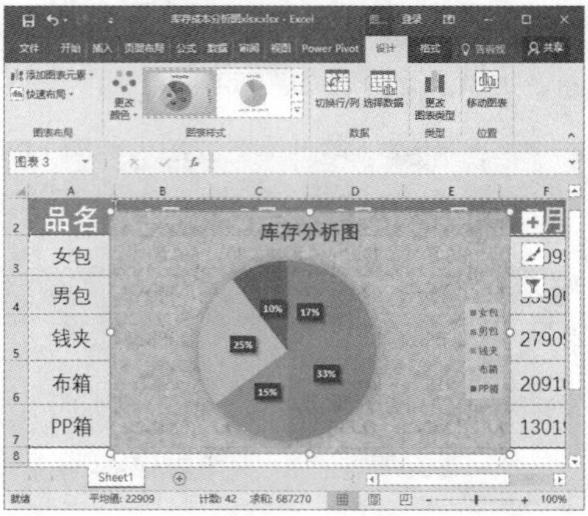

图 8-59　最终效果

知识能力测试

本章讲解了 Excel 图表的创建与编辑技能，为对知识进行巩固和考核，布置相应的练习题。

一、填空题

1．图表是重要的数据分析工具，Excel 图表主要由________、________、________、________、________、________等元素构成。

2．在 Excel 2016 中选中数据区域后，按下 ___________组合键，可以快速嵌入默认类型的图表。

3．___________是创建在工作表单元格中的一个微型图表，可以直观的显示数据。

二、选择题

1．Excel 中内置了大量的图表标准类型，下面的图表类型中，（　　）不是 Excel 2016 新增的图表类型。

A．旭日图　　B．直方图　　C．箱型图　　D．曲面图

2．在 Excel 2016 中，默认的图表类型为（　　）。

A．折线图　　B．簇状柱形图　　C．三维曲面图　　D．簇状条形图

3．坐标轴通常包含横坐标轴和纵坐标轴，在 Excel 2016 中，一个图表最多可以包含（　　）个坐标轴。

A．2　　B．3　　C．4　　D．6

三、简答题

1．Excel 2016 中有哪些图表类型？

2．在添加了一组迷你图的工作表中，如何更改其中某个迷你图的图表类型？

Office
2016

第 9 章 PowerPoint 基本操作

PowerPoint 也称 PPT，主要用于制作和播放多媒体演示文稿。本章将讲解 PowerPoint 2016 的一些基本操作，以及如何丰富幻灯片的内容等知识，以帮助读者快速掌握演示文稿的制作方法。

学习目标

- 熟练掌握幻灯片的基本操作
- 熟练掌握设计幻灯片的方法
- 学会在幻灯片中输入文字的方法
- 学会在幻灯片中输入对象的方法

9.1 幻灯片的基本操作

PowerPoint 是用于制作和处理演示文稿的软件，要使用 PowerPoint 2016 编辑演示文稿，首先要掌握一些必需的基础操作，如幻灯片的选择、添加、复制和移动操作等。

9.1.1 选择幻灯片

打开演示文稿的方法和打开 Word 文档和工作簿的方法是类似的，这里不再讲述。对演示文稿中的幻灯片进行相关操作前必须先将其选中，主要有选择单张幻灯片、选择多张幻灯片等几种情况。

1．选择单张幻灯片

在 PowerPoint 2016 中，选择单张幻灯片的方法主要有以下两种。

（1）在视图窗格中单击某张幻灯片的缩略图，即可选中该幻灯片，同时在幻灯片编辑区中将显示该幻灯片的内容。

（2）在视图窗格中单击某张幻灯片对应的标题或序列号，即可选中该幻灯片，同时在幻灯片编辑区中将显示该幻灯片的内容。

2．选择多张幻灯片

在 PowerPoint 2016 中，选择多张幻灯片时分以下两种情况。

（1）选择多张连续的幻灯片：在视图窗格中选中第一张幻灯片后按住【Shift】键不放，同时单击要选择的最后一张幻灯片，即可将第一张和最后一张幻灯片之间的所有幻灯片全部选中。

（2）选择多张不连续的幻灯片：在视图窗格中选中第一张幻灯片，然后按住【Ctrl】键不放，依次单击其他需要选择的幻灯片即可。

3．选择全部幻灯片

在 PowerPoint 2016 的视图窗格中按下【Ctrl+A】组合键，即可选中当前演示文稿中的全部幻灯片。

温馨提示

PowerPoint 2016 提供了普通视图、大纲视图、幻灯片浏览视图、备注页和阅读视图 5 种视图方式，其中，普通视图是 PowerPoint 2016 默认的视图模式，主要用于撰写或设计演示文稿。

9.1.2 添加和删除幻灯片

默认情况下，在新建的演示文稿中只有一张空白的幻灯片，而一篇演示文稿通常需要使用多张幻灯片来表达需要演示的内容，此时就需要在演示文稿中添加新的幻灯片。此外，若在演示文稿编辑过程中发现有多余的幻灯片，还可将其删除掉。

1．添加幻灯片

添加幻灯片的方法很简单，在视图窗格中选中某张幻灯片后，在【开始】选项卡的【幻灯片】组中直接单击【新建幻灯片】按钮，即可在该幻灯片的后面添加一张同样版式的幻灯片，如图 9-1 所示。

此外，还可通过以下几种方法添加新幻灯片。

（1）在视图窗格中右击某张幻灯片，在弹出的快捷菜单中选择【新建幻灯片】命令，即可在当前幻灯片的后面添加一张同样版式的幻灯片，如图 9-2 所示。

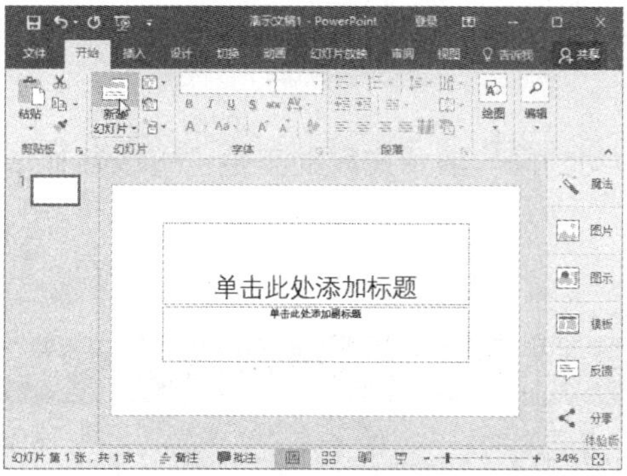

图 9-1　单击【新建幻灯片】按钮

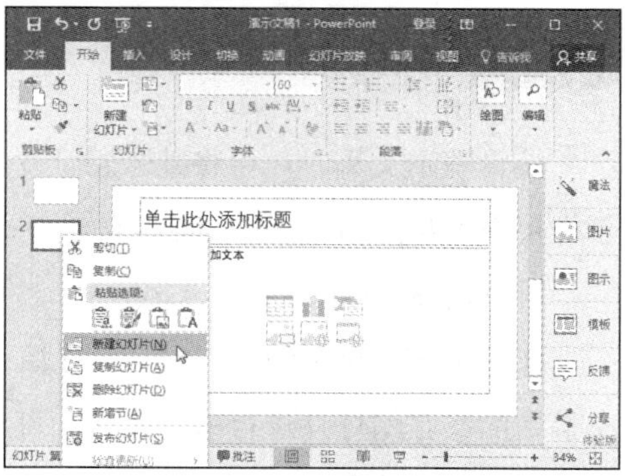

图 9-2　选择【新建幻灯片】命令

（2）在视图窗格中选择某张幻灯片后按下【Enter】键，可快速在该幻灯片的后面添加一张同样版式的幻灯片。

（3）在【幻灯片浏览】视图模式下选中某张幻灯片，然后执行上面任意一种操作，也可在当前幻灯片的后面添加一张新幻灯片，如图 9-3 所示。

（4）如果希望新建的幻灯片的版式与当前幻灯片的版式不同，可打开要进行编辑的演示文稿，在视图窗格中选择某张幻灯片，在【开始】选项卡的【幻灯片】组中单击【新建幻灯片】按钮下方的下拉按钮，在弹出的下拉列表中选择需要的幻灯片版式即可，如图 9-4 所示。

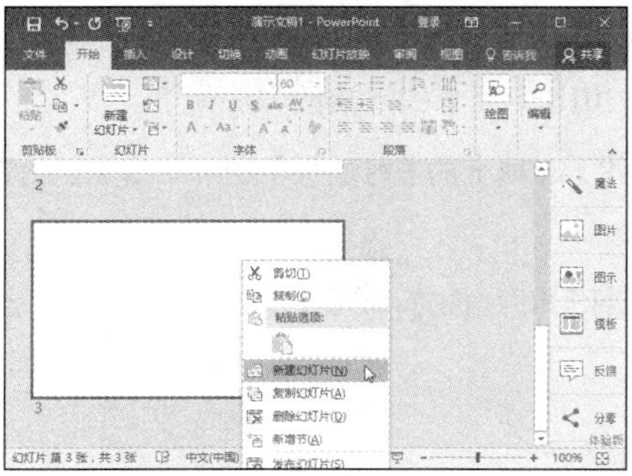

图 9-3　在【幻灯片浏览】视图中新建

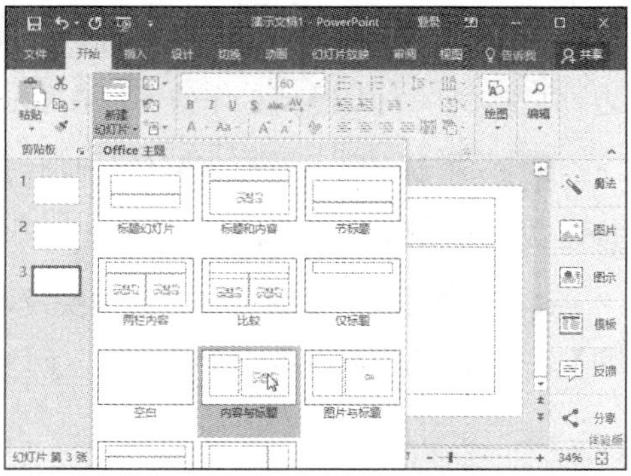

图 9-4　创建其他版式的幻灯片

2．删除幻灯片

在编辑演示文稿的过程中，对于多余的幻灯片，可将其删除。选中需要删除的幻灯片并右击，在弹出的快捷菜单中选择【删除幻灯片】命令即可，如图 9-5 所示。此外，选中需要删除的幻灯片后按下【Delete】键，也可快速删除幻灯片。

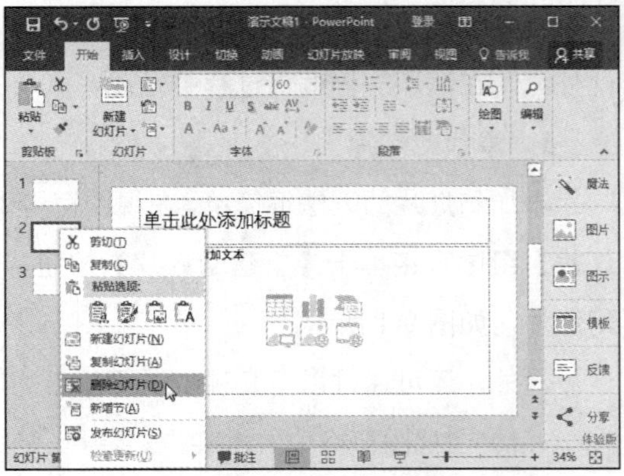

图 9-5　删除幻灯片

9.1.3 移动和复制幻灯片

编辑演示文稿时，可将某张幻灯片复制或移动到同一演示文稿的其他位置或其他演示文稿中，从而加快制作幻灯片的速度。

1．移动幻灯片

在 PowerPoint 2016 中，若要对演示文稿中的某张幻灯片进行移动操作，可通过下面两种方法实现。

（1）选中要移动的幻灯片，按下【Ctrl+X】组合键进行剪切，然后将光标定位在需要移动的目标幻灯片前，按下【Ctrl+V】组合键进行粘贴即可。

（2）选中要移动的幻灯片，按住鼠标左键的同时拖动鼠标，当拖动到需要的位置后释放鼠标即可，如图 9-6 所示。

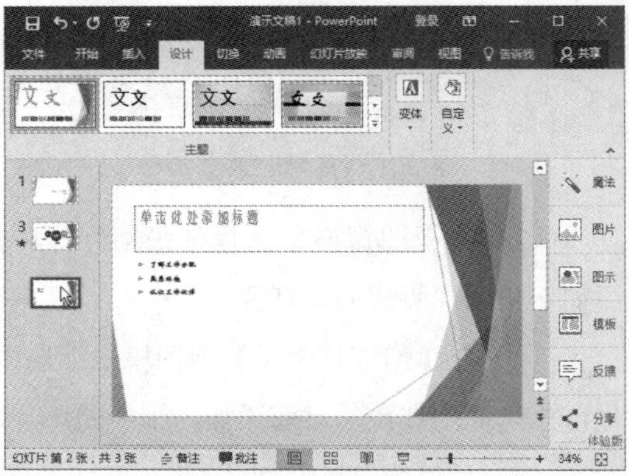

图 9-6　移动幻灯片

2．复制幻灯片

如果要在演示文稿的其他位置或其他演示文稿中插入一页已制作完成的幻灯片，可通过复制操作大大提高工作效率。在 PowerPoint 2016 中复制幻灯片的方法如下。

步骤 01　选中需要复制的幻灯片，在【开始】选项卡的【剪贴板】组中单击【复制】按钮，如图 9-7 所示。

步骤 02　在视图窗格中选中要复制到的目标幻灯片位置，单击【剪贴板】组中的【粘贴】按钮即可，如图 9-8 所示。

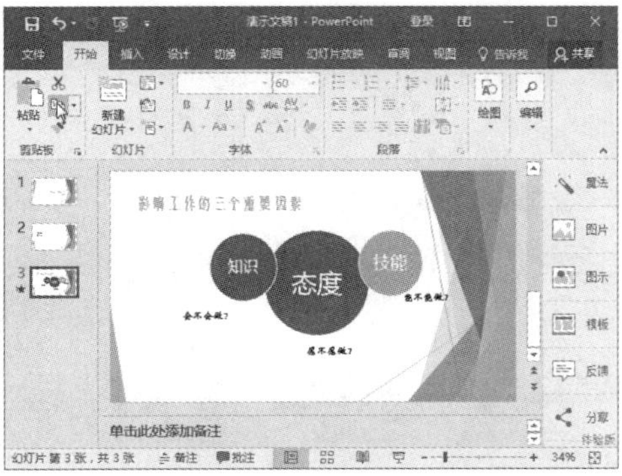

图 9-7 单击【复制】按钮

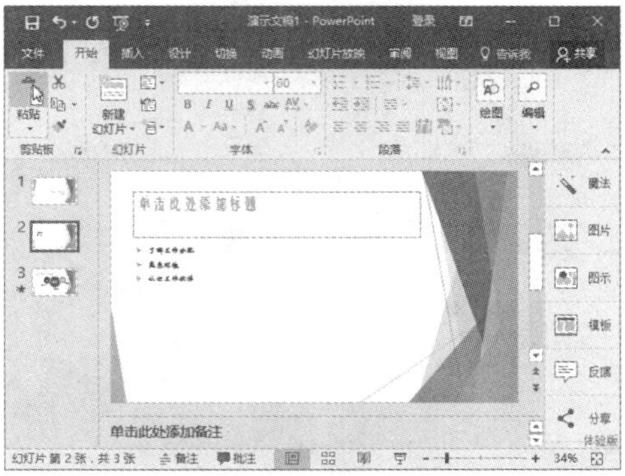

图 9-8 单击【粘贴】按钮

课堂范例——将幻灯片组织为逻辑节

步骤 01 打开“光盘\素材文件\第 9 章\演示文稿 2.pptx”演示文稿，单击状态栏中的【幻灯片浏览】按钮田，如图 9-9 所示，将演示文稿切换到【幻灯片浏览】视图模式。

步骤 02 对幻灯片的位置进行调整，即将要划分为同一类型的多张幻灯片放在连续的位置，如图 9-10 所示。

图 9-9 单击【幻灯片浏览】按钮

图 9-10 调整幻灯片位置

步骤 03 选中要开始从此处分节的幻灯片，在【开始】选项卡的【幻灯片】组中单击【节】按钮，在弹出的下拉列表中选择【新增节】命令，如图 9-11 所示。

步骤 04 此时在演示文稿中即可看到由选中的幻灯片开始划分为第二节，然后用同样的方法为演示文稿中的其他幻灯片划分节即可。若要对节进行重命名操作，可先选中要进行重命名的节名称并右击，在弹出的快捷菜单中选择【重命名节】命令，如图 9-12 所示。

步骤 05 在【重命名节】对话框中输入节名称，单击【重命名】按钮，如图 9-13 所示。

步骤 06 使用同样的方法为其他节进行重命名操作，完成后的效果如图 9-14 所示。

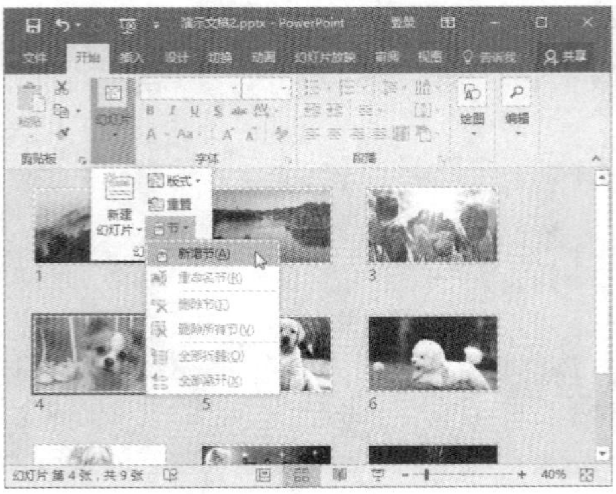

图 9-11　选择【新增节】命令

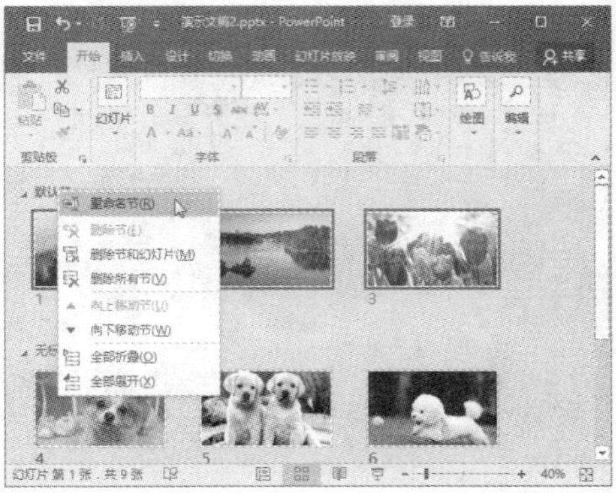

图 9-12　选择【重命名节】命令

图 9-13　输入节名称

图 9-14　查看最终效果

技能拓展

添加逻辑节后，在【开始】选项卡的【幻灯片】组中单击【节】按钮，在弹出的下拉列表中若选择【删除所有节】命令，将会清除幻灯片的分节，即还原为分节前的状态；若选择【删除节】命令，可清除当前节，即将当前节还原为分节前的状态。

9.2 在幻灯片中输入文字

文本在 PPT 内通常只有提示、注释和装饰的作用，所以在输入文字后，凡是不属于该类作用的文字都应予以处理。

9.2.1 使用文本框

新建一个 PPT 文档时，幻灯片上自动出现的文本框就是默认文本框，它主要包括标题框和内容框。

制作纯文本 PPT 时，使用默认文本框是非常合适的，制作起来也简单方便，若文字过多时，字号会自动进行调整，在大纲里就能清晰地看到幻灯片的文字内容。不过默认文本框中的文字格式比较单一，缺乏个性。

如果想要制作效果精美的 PPT，建议用户根据实际需要在制作幻灯片的过程中绘制任意大小和方向的文本框，下面举例说明。

步骤 01 新建一个空白演示文稿，选中默认文本框，按下【Delete】键将其删除，如图 9-15 所示。

步骤 02 在【插入】选项卡中单击【文本】组中的【文本框】下拉按钮，在弹出的下拉列表中选择【竖排文本框】命令，在展开的级联列表中选择需要的文本框类型即可，如图 9-16 所示。

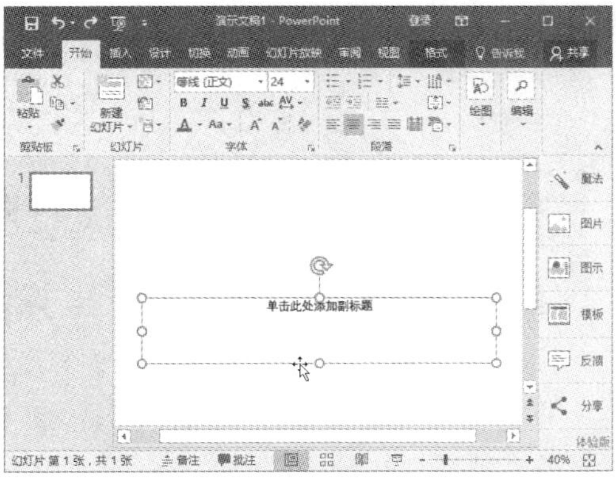

图 9-15 删除默认文本框

图 9-16 选择文本框类型

步骤 03 将鼠标指针移到需绘制文本框的位置处单击，拖动鼠标，释放鼠标即可完成文本框的绘制，如图 9-17 所示。

步骤 04 文本插入点自动定位到绘制的文本框中，输入文本，按照设置普通文本的方法，将文本更改为合适的格式即可，如图 9-18 所示。

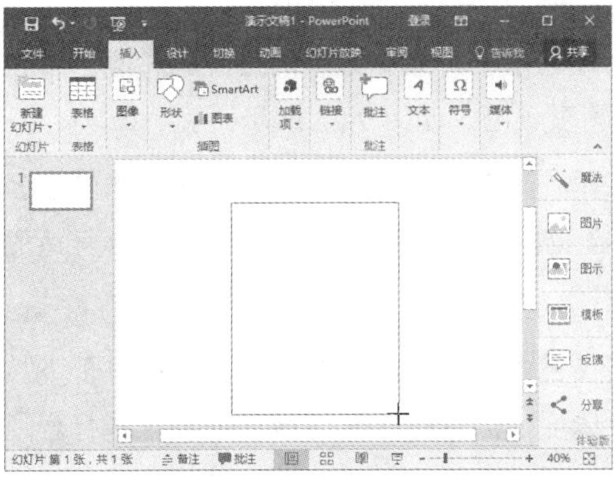

图 9-17 绘制文本框

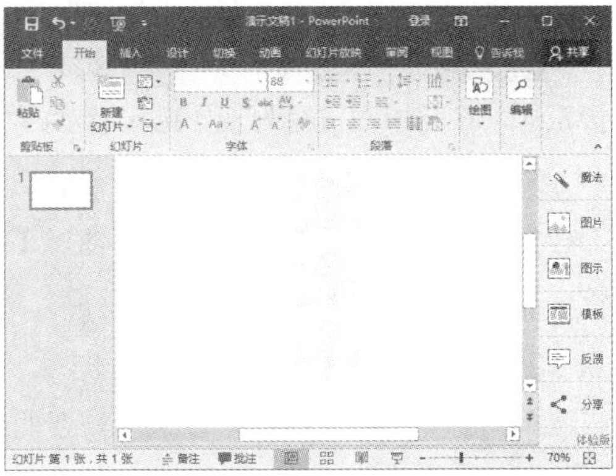

图 9-18 设置文本格式

9.2.2 添加艺术字

用户可以为已有的文本设置艺术字样式，也可以直接创建艺术字。下面以在演示文稿中添加艺术字为例进行讲解，具体操作方法如下。

步骤 01 打开演示文稿，在【插入】选项卡的【文本】组中单击【艺术字】下拉按钮，在弹出的下拉列表框中选择合适的艺术字样式，如图 9-19 所示。

步骤 02 保持艺术字文本框中文本的选中状态，根据需要输入合适的文字，并调整好文字大小即可，如图 9-20 所示。

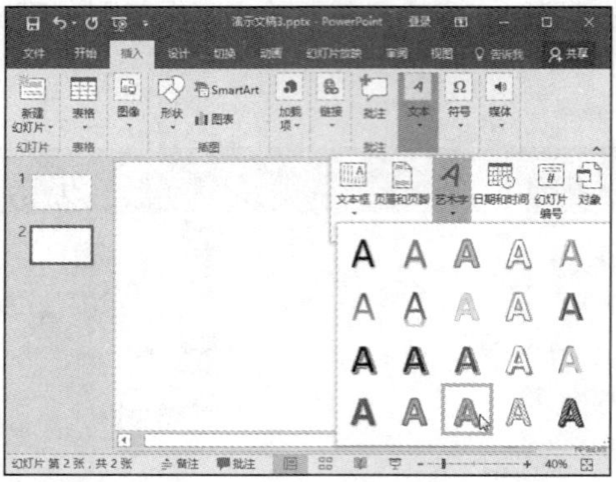

图 9-19 选择艺术字样式

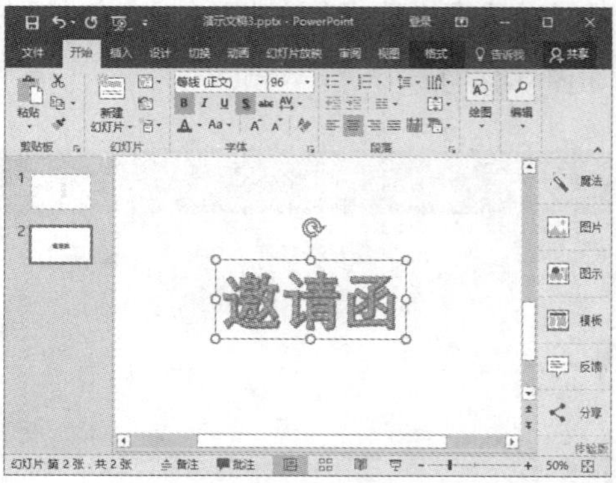

图 9-20 输入文字

9.2.3 编辑艺术字

在演示文稿中，为了体现更好的视觉效果，可以为艺术字设置特殊效果，下面举例说明操作方法。

步骤 01 打开演示文稿，选择已插入的艺术字，在【格式】选项卡的【艺术字样式】组中单击【文本填充】下拉按钮，在弹出的下拉列表中选择填充颜色，本例选择【渐变】选项，接着在展开的级联列表中选择需要的渐变效果，如图 9-21 所示。

步骤 02 保持艺术字为选中状态，单击【艺术字样式】组中的【文本轮廓】下拉按钮，在弹出的下拉列表中选择喜欢的文本轮廓颜色，如图 9-22 所示。

步骤 03 保持艺术字为选中状态，再次单击【艺术字样式】组中的【文本轮廓】下拉按钮，在弹出的下拉列表中选择【粗细】选项，在展开的级联列表中选择合适的轮廓线条粗细，如图 9-23 所示。

步骤 04 保持艺术字为选中状态，单击【艺术字样式】组中的【文字效果】下拉按钮，在弹出的下拉列表中选择需要的效果选项，然后在展开的级联列表中选择合适的文字效果即可，如图 9-24 所示。

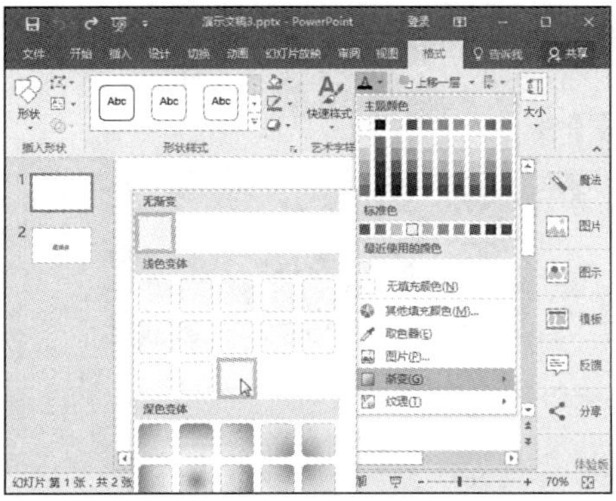

图 9-21 设置文本填充颜色

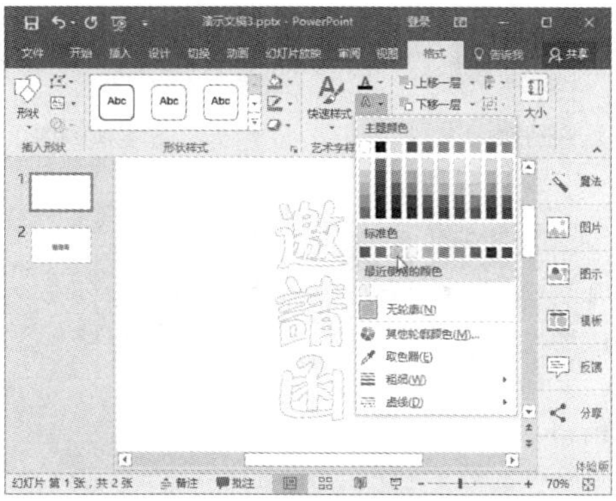

图 9-22 设置文本轮廓颜色

图 9-23 设置文本轮廓粗细大小

图 9-24 设置文字效果

9.3 设计幻灯片的基本操作

幻灯片的“母版”“模板”和“主题”共同构成幻灯片的外观，它们的关系是密不可分的。利用这些功能可以快速统一演示文稿的内容、格式及幻灯片配色，还能影响整个演示文稿的风格。

9.3.1 设置幻灯片主题

新建的空白演示文稿默认为“Office”主题，为白色背景，同时包含各种默认字体和不同深度的黑色。PowerPoint 2016 预置了许多好看的模板，可以直接使用，具体操作如下。

步骤 01 新建一个演示文稿，在【设计】选项卡中单击【主题】组右下角的【其他】按钮，在弹出的列表框中选择一种主题样式，如图 9-25 所示。

步骤 02 幻灯片中可看到应用新主题样式的效果，输入文本内容即可，如图 9-26 所示。

图 9-25 应用内置主题样式

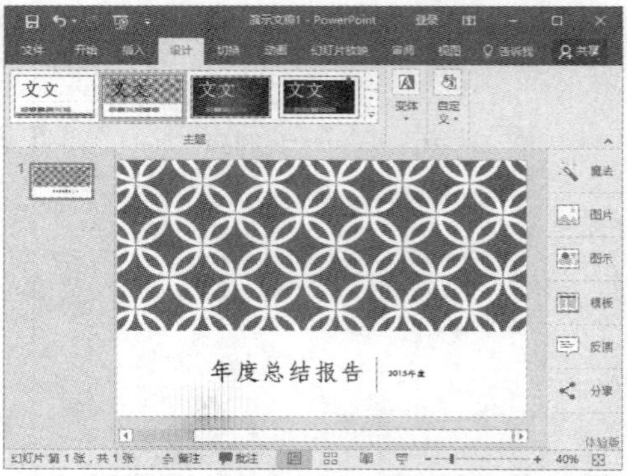

图 9-26 输入文本内容

9.3.2 自定义主题颜色和字体格式

幻灯片模板的颜色不是一成不变的，用户可以根据需要自定义设置主题的背景颜色和字体格式，具体操作如下。

步骤 01 打开演示文稿，切换到【设计】选项卡，单击【变体】下拉按钮，在弹出的下拉列表中选择需要的主题颜色，如图 9-27 所示。

步骤 02 若没有合适的主题颜色，可在下拉列表中选择【颜色】选项，在展开的级联列表中选择需要的主题颜色即可，如图 9-28 所示。

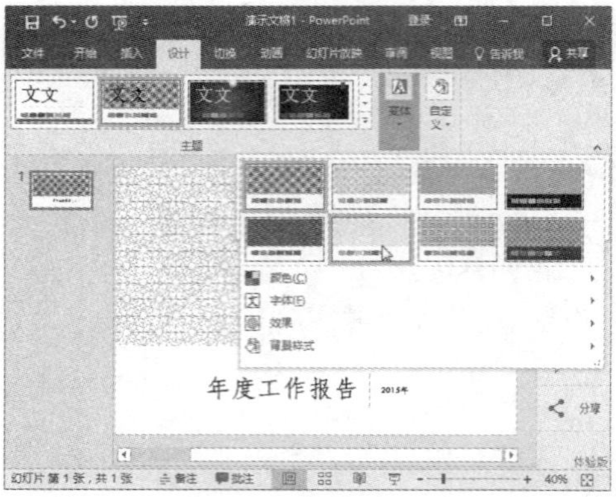

图 9-27 选择主题颜色

图 9-28 更改主题颜色

步骤 03 再次单击【变体】下拉按钮，在弹出的下拉列表中单击【字体】选项，在展开的级联列表中选择【自定义字体】命令，如图 9-29 所示。

步骤 04 弹出【新建主题字体】对话框，分别为主题设置标题字体格式和正文字体格式，完成后单击【保存】按钮即可，如图 9-30 所示，然后在返回的演示文稿中即可看到自定义后的主题颜色和字体效果。

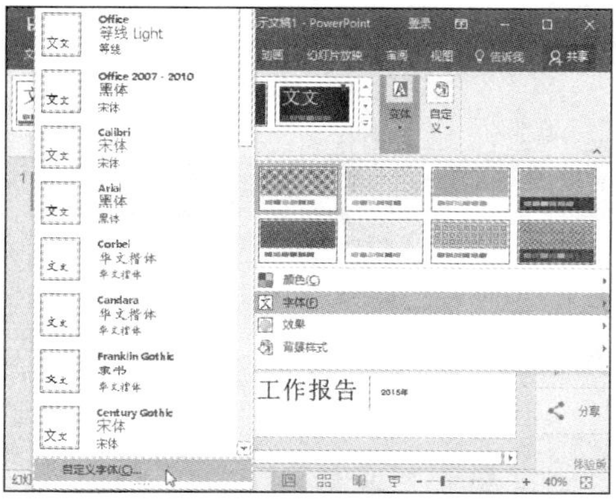

图 9-29　选择【自定义字体】命令

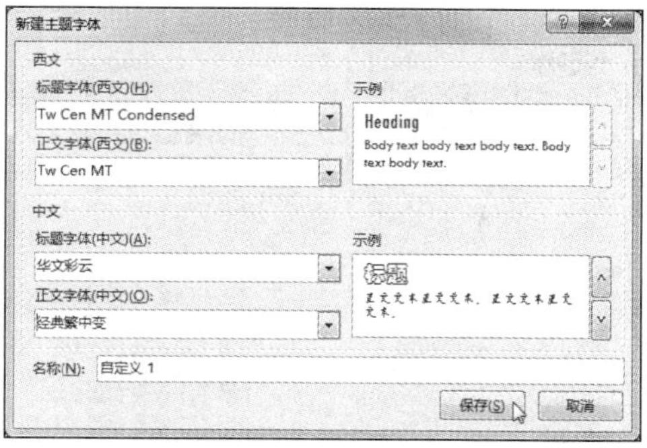

图 9-30　自定义主题字体格式

9.3.3 设置幻灯片背景

制作的幻灯片美观与否，背景十分重要，下面就以为幻灯片添加背景为例进行讲解，具体操作方法如下。

步骤 01 打开演示文稿，在【视图】选项卡的【母版视图】组中单击【幻灯片母版】按钮，如图 9-31 所示。

步骤 02 此时将自动切换到【幻灯片母版】选项卡，在左侧窗格中选中第一张幻灯片，单击【背景】下拉按钮，在弹出的下拉列表中可更改母版颜色，即快速为演示文稿中的所有幻灯片更换颜色。若没有合适的颜色，可选择【设置背景格式】命令，如图 9-32 所示。

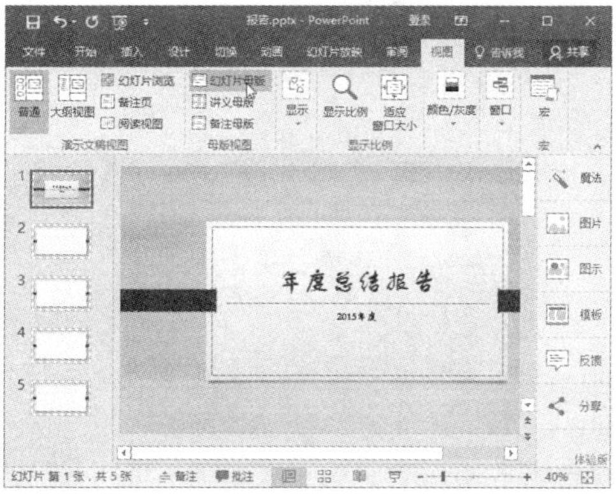

图 9-31　单击【幻灯片母版】按钮

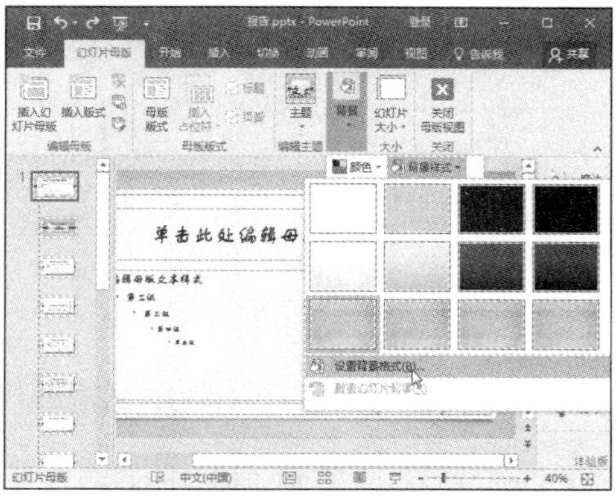

图 9-32　选择【设置背景格式】命令

步骤 03 弹出【设置背景格式】对话框，选择需要的填充选项，如选中【渐变填充】单选按钮，在下方对预设渐变、类型、方向等相关参数进行设置，如图 9-33 所示。

步骤 04 若需更改某一张幻灯片的背景，可在左侧窗格中选中该幻灯片，在【设置背景格式】窗格中选中【图片或纹理填充】单选按钮，单击【文件】按钮，如图 9-34 所示。

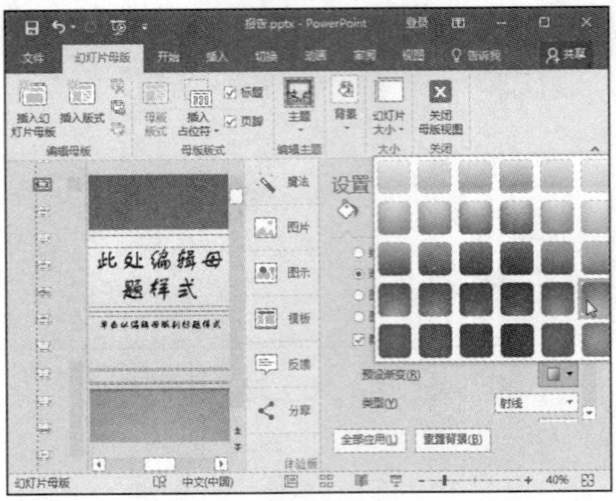

图 9-33　设置渐变背景颜色

图 9-34　单击【文件】按钮

步骤 05　弹出【插入图片】对话框，选择要设为背景的图片文件，单击【插入】按钮，如图 9-35 所示。

步骤 06　返回程序操作界面，用上面的方法为其他幻灯片设置背景，完成后的效果如图 9-36 所示。

图 9-35　选择要设为背景的文件

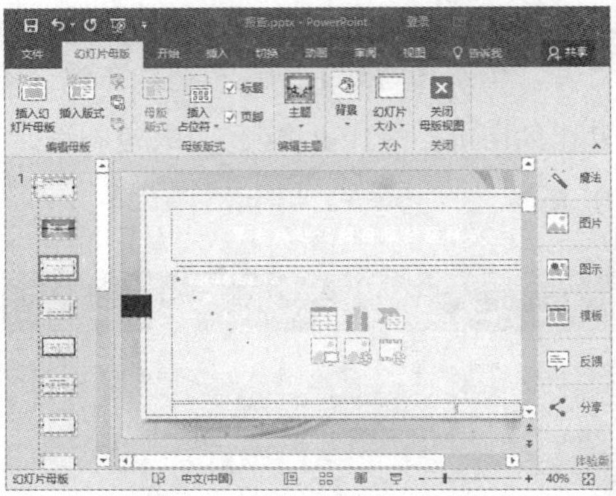

图 9-36　查看设置背景效果

课堂范例——在单个演示文稿应用多个主题

步骤 01　按住【Ctrl】键的同时，用鼠标依次单击选中需要设置的幻灯片，切换到【设计】选项卡，在【主题】组中右击要应用的主题，在弹出的快捷菜单中选择【应用于选定幻灯片】命令，如图 9-37 所示。

步骤 02　返回演示文稿，即可查看选中的多张幻灯片已应用主题样式，然后使用相同的方法为其他幻灯片应用不同的主题即可，如图 9-38 所示。

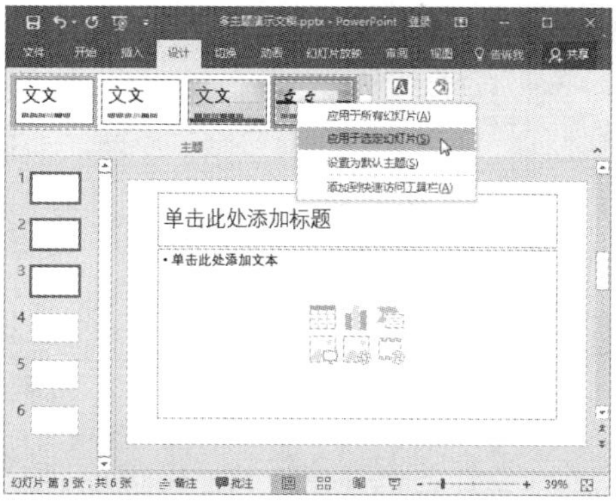

图 9-37 将主题应用于选定幻灯片

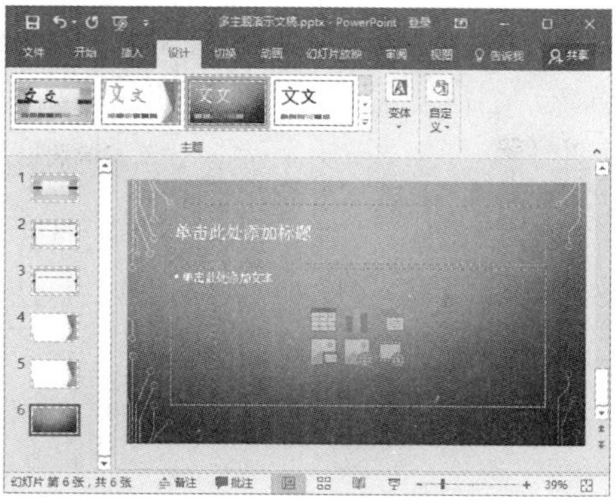

图 9-38 查看应用不同的主题效果

9.4 丰富幻灯片内容

通过前面的学习，可以制作一个简单的文本型演示文稿，为了使幻灯片更加美观，还需要对幻灯片内容进行进一步丰富，如在幻灯片中应用图片和图形。

9.4.1 使用图片

演示文稿以展示为主，除了文本外，图片是必不可少的。在演示文稿中插入图片的具体操作方法如下。

步骤 01 打开演示文稿，选中需要插入图片的幻灯片，在【插入】选项卡中单击【图像】组中的【图片】按钮，如图 9-39 所示。

步骤 02 弹出【插入图片】对话框，选中要插入的图片，单击【插入】按钮，如图 9-40 所示。

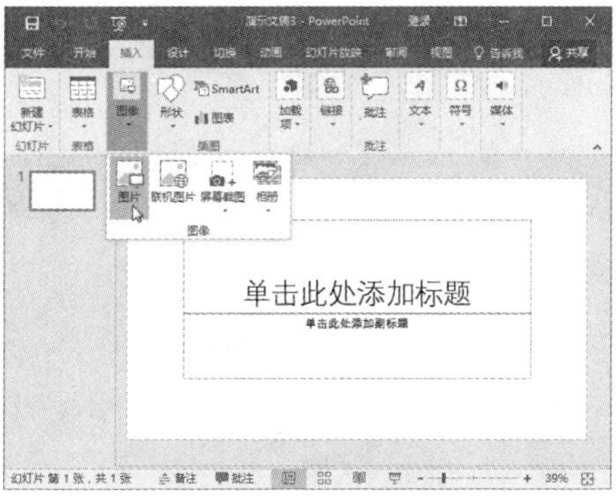

图 9-39 单击【图片】按钮

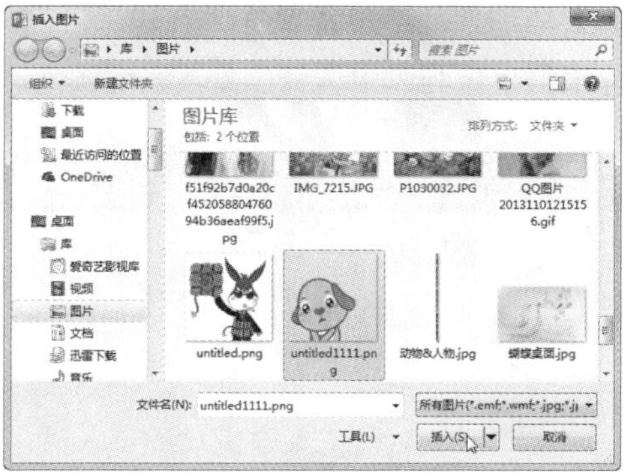

图 9-40 选中要插入的图片

步骤 03 所选图片将被插入到幻灯片中，根据需要调整图片的大小和位置即可，如图 9-41 所示。

图 9-41　调整图片大小和位置

9.4.2 使用自选图形

在 PPT 中非常实用的一种图表为概念图表，也就是多个形状组合后的效果，所以要掌握图表，首先需要熟练掌握各种图形的绘制。PowerPoint 2016 提供了多种类型的绘图工具，使用这些工具可在幻灯片中绘制应用于不同场合的图形，具体操作如下。

步骤 01 选中要绘制形状图形的幻灯片，在【插入】选项卡中单击【插图】组中的【形状】下拉按钮，在弹出的下拉列表中选择需要的形状，如图 9-42 所示。

步骤 02 此时鼠标指针呈“+”形状，按住鼠标左键并拖动即可绘制出图形，如图 9-43 所示。

步骤 03 选中绘制的图形，切换到【格式】选项卡，单击【形状填充】按钮，在弹出的下拉列表中选择需要填充的颜色，如图 9-44 所示。

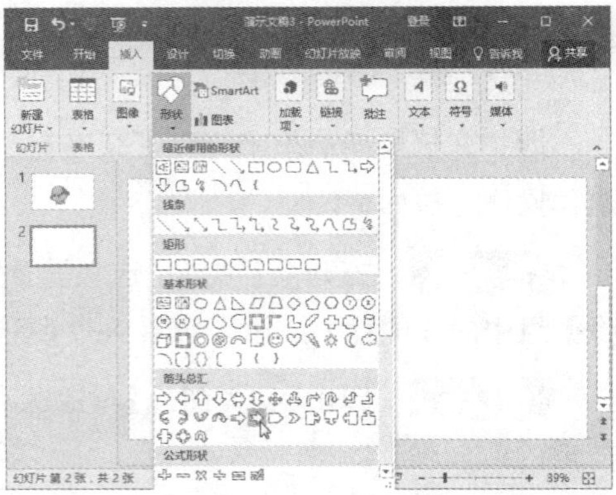

图 9-42　选择形状

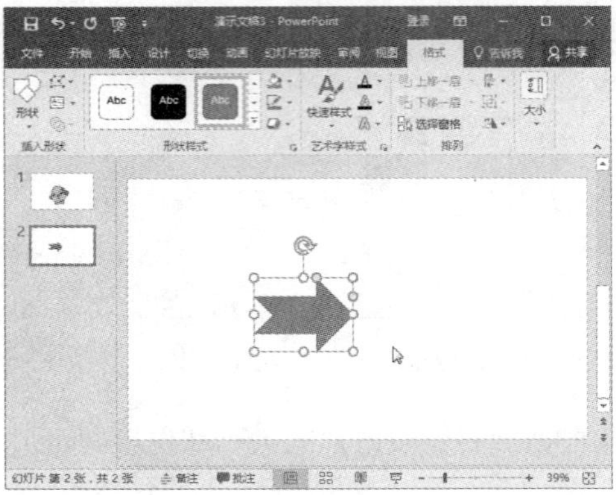

图 9-43　绘制图形

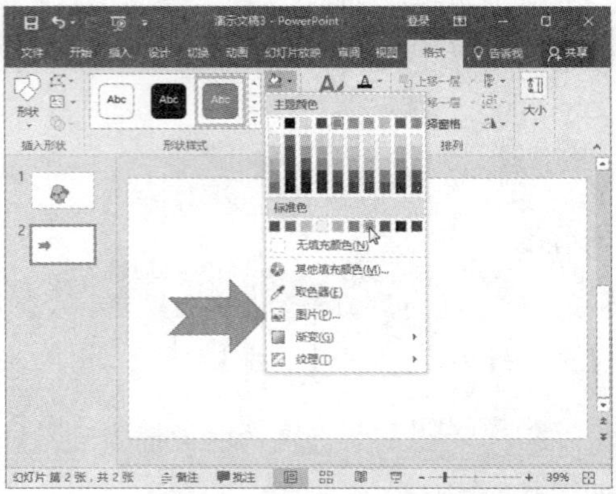

图 9-44　选择图形填充颜色

步骤 04 保持图形为选中状态，单击【形状效果】下拉按钮，在弹出的下拉列表中选择需要的效果选项，在展开的级联列表中选择合适的形状效果即可，如图 9-45 所示。

步骤 05 保持图形为选中状态，单击【形状轮廓】下拉按钮，在弹出的下拉列表中可设置轮廓的颜色、粗细大小和线条样式，本例选择【粗细】选项，在展开的级联列表中选择合适的粗细大小即可，如图 9-46 所示。

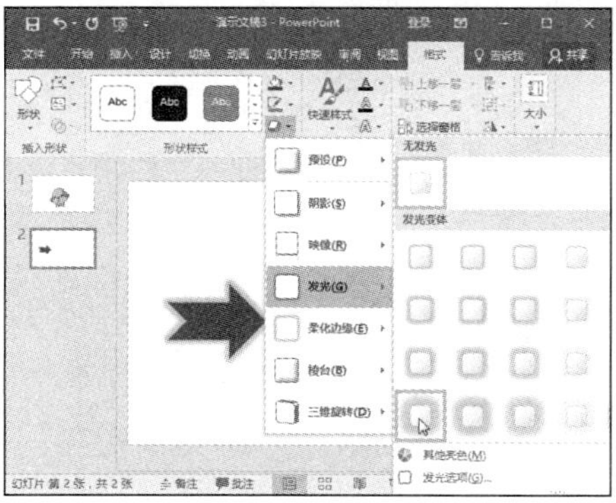

图 9-45 添加形状效果

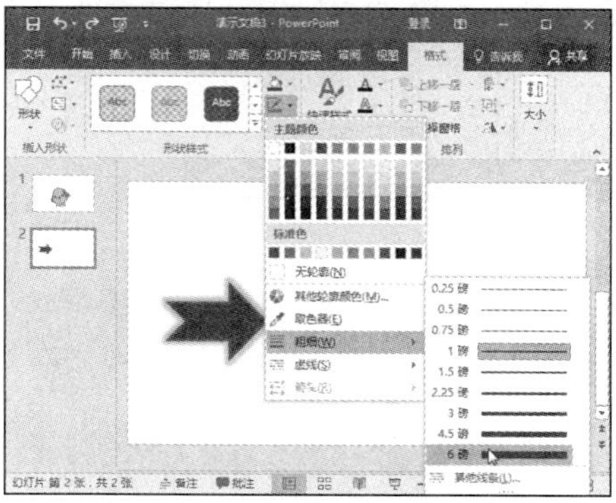

图 9-46 更改形状轮廓粗细

9.4.3 使用图表

在幻灯片中加入图表，可以更直观地对数据进行分析和比较，同时让演示文稿更具说服力。在 PowerPoint 2016 中插入图表的方法如下。

步骤 01 打开演示文稿，选中要插入图表的幻灯片，在【插入】选项卡中单击【插图】组中的【图表】按钮，如图 9-47 所示。

步骤 02 弹出【插入图表】对话框，在左侧窗格中选择要插入的图表类型，在右侧窗格中选择图表样式，单击【确定】按钮，如图 9-48 所示。

图 9-47 单击【图表】按钮

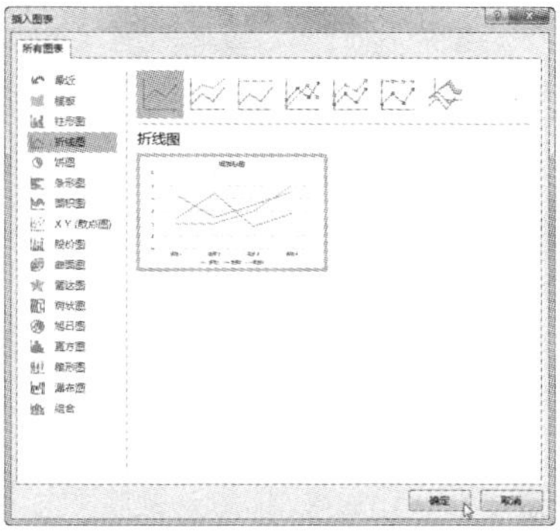

图 9-48 选择图表类型和图表样式

温馨提示

不同的图表类型适合表现不同的数据，选择图表时需要根据数据的特点来选用图表，例如，条形图用于强调各个数据之间的差别情况，折线图适用于显示某段时间内数据的变化及其变化趋势，圆环图用来显示部分与整体的关系等。

步骤 03　在弹出的窗格中输入需要的图表数据，完成后单击右上角的【关闭】按钮，如图 9-49 所示。

步骤 04　刚才输入的数据会同步显示在演示文稿中，其效果如图 9-50 所示。

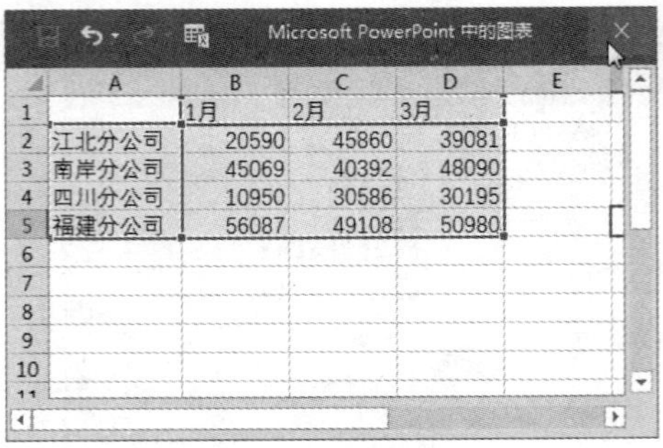

图 9-49　输入图表数据

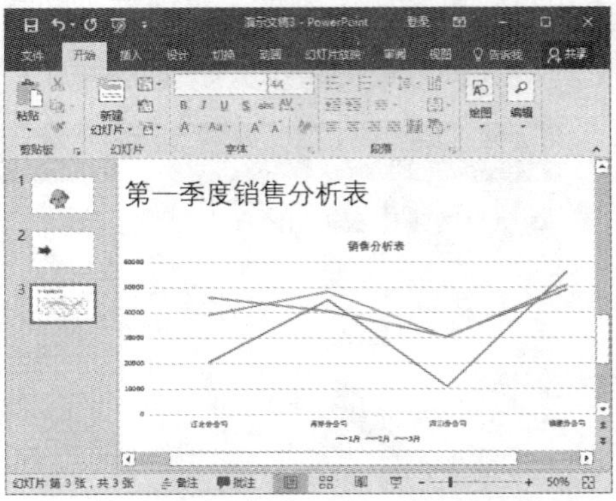

图 9-50　查看图表效果

9.4.4 插入音频文件

为了让演示文稿给阅读者带来听觉冲击，可以在幻灯片中插入背景音乐，具体操作如下。

步骤 01　打开演示文稿，选中要插入背景音乐的幻灯片，在【插入】选项卡的【媒体】组中单击【音频】下拉按钮，在打开的下拉列表中选择【PC 上的音频】命令，如图 9-51 所示。

步骤 02　弹出【插入音频】对话框，选择需要插入的声音文件，单击【插入】按钮，如图 9-52 所示。

图 9-51　选择【PC 上的音频】命令

图 9-52　选择需要插入的声音文件

温馨提示

背景音乐主要是营造气氛，应当为片头和内页设置不同的背景音乐，以示区分。例如，使用节奏感较强的音乐作为片头背景音乐，使用轻柔音乐作为内页背景音乐。

步骤 03 插入声音文件后，幻灯片中将出现声音图标，可根据需要调整其大小和位置，单击左侧的【播放】按钮即可播放文件，如图 9-53 所示。

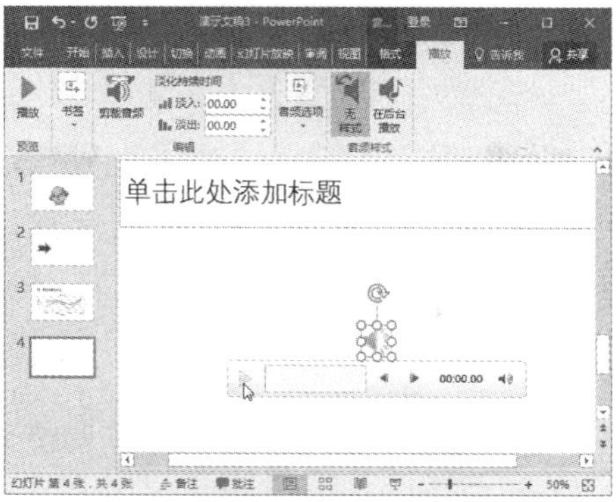

图 9-53 播放背景音乐

课堂范例——插入视频文件

步骤 01 打开演示文稿，选中要插入视频文件的幻灯片，在【插入】选项卡的【媒体】组中单击【视频】下拉按钮，在打开的下拉列表中选择【PC 上的视频】命令，如图 9-54 所示。

图 9-54 选择【PC 上的视频】命令

步骤 02 弹出【插入视频文件】对话框，选择需要插入的视频文件，单击【插入】按钮，如图 9-55 所示。

步骤 03 在幻灯片中可看到插入的视频文件，将鼠标指针指向四周的控制柄，按下鼠标进行拖动，可调整视频播放窗口的大小，此外，还可通过视频窗口底端的控制按钮对播放的视频进行控制，如图 9-56 所示。

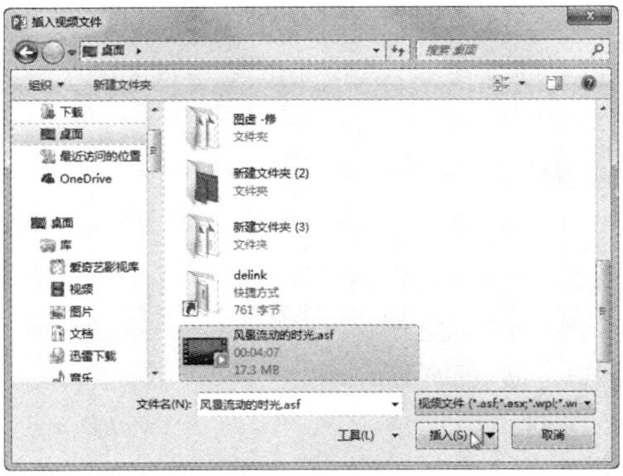

图 9-55 选择需要插入的视频文件

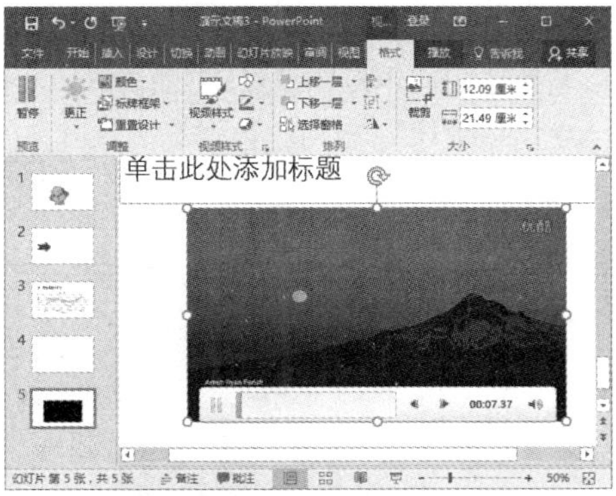

图 9-56 调整视频播放窗口的大小

课堂问答

通过本章内容的学习，大家对幻灯片的基本操作有了一定的了解，下面列出一些常见的问题供学习参考。

问题 ❶：文本框可以旋转吗？

答：为了契合演示文稿主题，让文字在幻灯片中更具灵活性，可以根据需要将文本框进行旋转。

解决方法：选中要旋转的文本框，将鼠标指针指向文本框上方的绿色锚点，此时鼠标指针变为“↻”形状，按下鼠标左键并拖动鼠标，使文本框旋转至合适位置，旋转完成后释放鼠标即可。

问题 ❷：如何禁止标题自动调整文本大小？

答：在演示文稿中输入文本时，PowerPoint 2016 会根据占位符框的大小自动调整文本的大小。

如果需要禁止自动调整，解决方法为：切换到【文件】选项卡，在左侧窗格中选择【选项】命令，在弹出的【PowerPoint 选项】对话框中切换到【校对】选项卡，单击【自动更正选项】栏中的【自动更正选项】按钮，在弹出的【自动更正】对话框中切换到【键入时自动套用格式】选项卡，取消勾选【根据占位符自动调整标题文本】复选框即可禁止自动调整标题文本的大小；取消勾选【根据占位符自动调整正文文本】复选框，即可禁止自动调整正文文本的大小，最后单击【确定】按钮即可。

问题 ❸：如何对音频文件进行剪切？

答：在演示文稿中插入音频后，如果只需音频中的部分内容，可对其进行剪切。选中幻灯片中的声音模块，切换到【播放】选项卡，单击【编辑】组中的【剪裁音频】按钮，在弹出的【剪裁音频】对话框中分别拖动进度条两端的绿色和红色滑块，可设置开始时间和结束时间，完成后单击【确定】按钮即可。

上机实战——制作相册

为了巩固本章知识点，下面讲解一个技能综合案例，使大家对本章的知识有更深入的了解。

效果展示

思路分析

用 PPT 制作相册，可以一次性插入多张图片，并通过设置主题样式对相册自动排版，比手动插入一张张图片并设置格式更方便。

本例首先通过新建相册功能设置好需要的图片，接着设置好相册版式，最后在演示文稿中调整好图片标题和大小等格式，得到最终效果。

制作步骤

步骤 01 启动 PowerPoint 2016，切换到【插入】选项卡，在【图像】组中单击【相册】下拉按钮，在弹出的下拉列表中选择【新建相册】命令，如图 9-57 所示。

步骤 02 弹出【相册】对话框，单击【文件 / 磁盘】按钮，如图 9-58 所示。

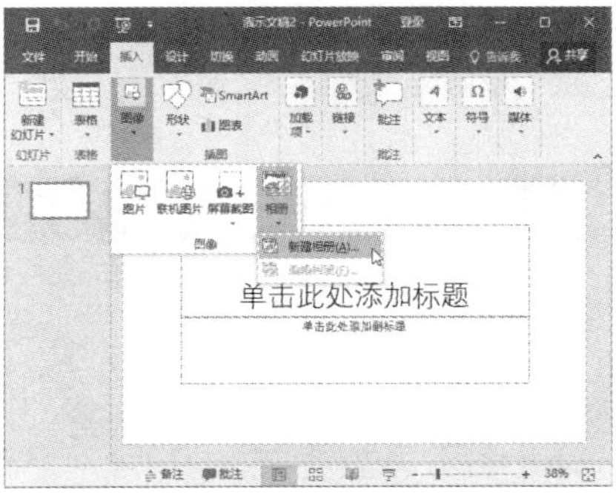

图 9-57　选择【新建相册】命令

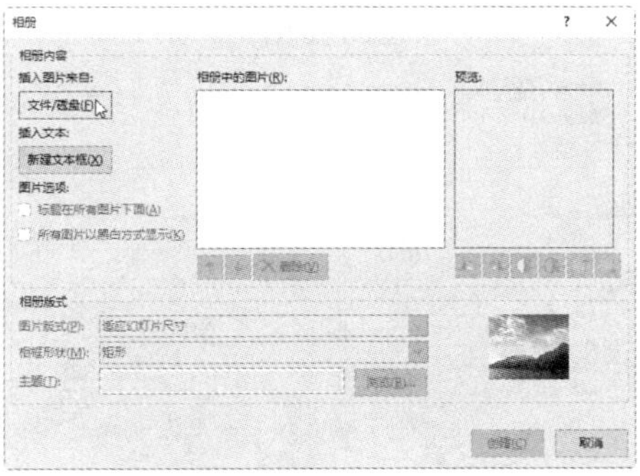

图 9-58　单击【文件 / 磁盘】按钮

步骤 03 弹出【插入新图片】对话框，选中要插入到相册中的多张图片，单击【插入】按钮，如图 9-59 所示。

步骤 04 返回【相册】对话框，在【相册中的图片】列表框中勾选某张图片文件前的复选框，通过下面的【上移】按钮 ↑ 或【下移】按钮 ↓ 可调整图片在相册中的顺序，如图 9-60 所示。

图 9-59　选择相册图片

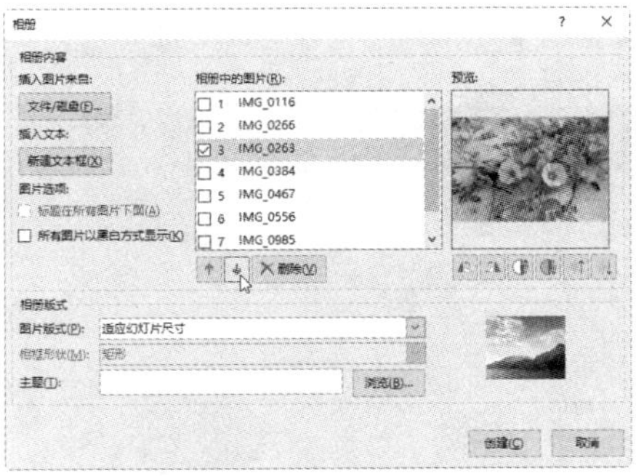

图 9-60　调整图片顺序

步骤 05 在【相册版式】栏中单击【图片版式】下拉列表框，选择图片在幻灯片中的版式，在【相框形状】下拉列表框设置图片形状，单击【浏览】按钮，如图 9-61 所示。

步骤 06 弹出【选择主题】对话框，选择合适的主题模板，单击【选择】按钮，如图 9-62 所示。

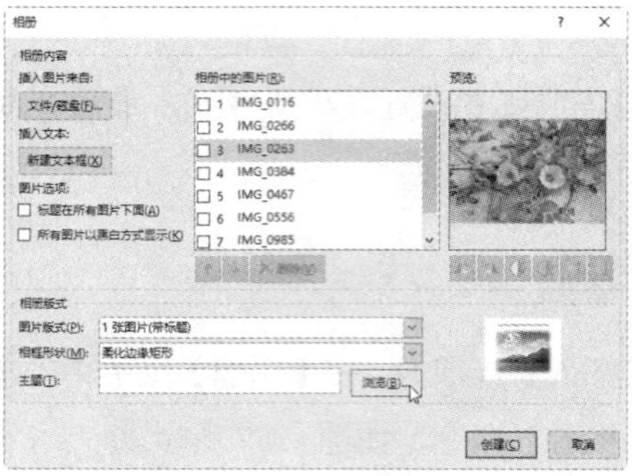

图 9-61 设置相册版式

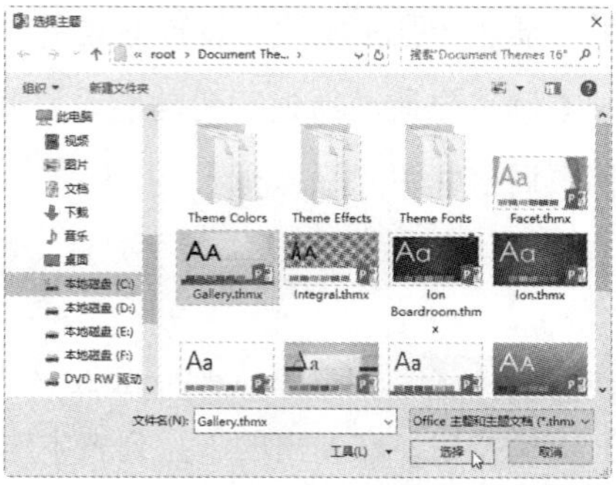

图 9-62 选择相册主题模板

步骤 07 返回【相册】对话框，单击【创建】按钮，如图 9-63 所示。

步骤 08 返回演示文稿，设置好首页标题文本及其字体格式，如图 9-64 所示。

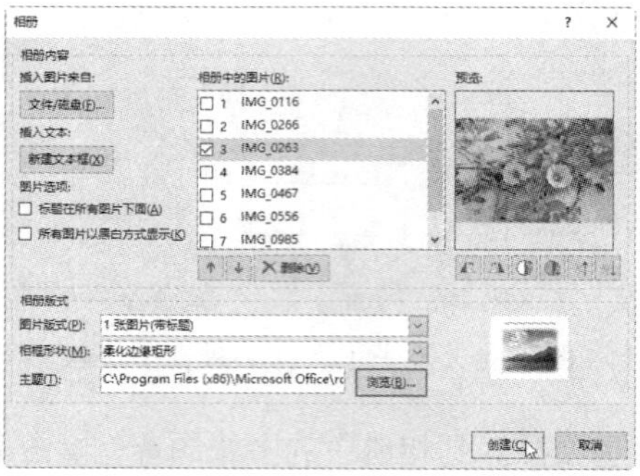

图 9-63 单击【创建】按钮

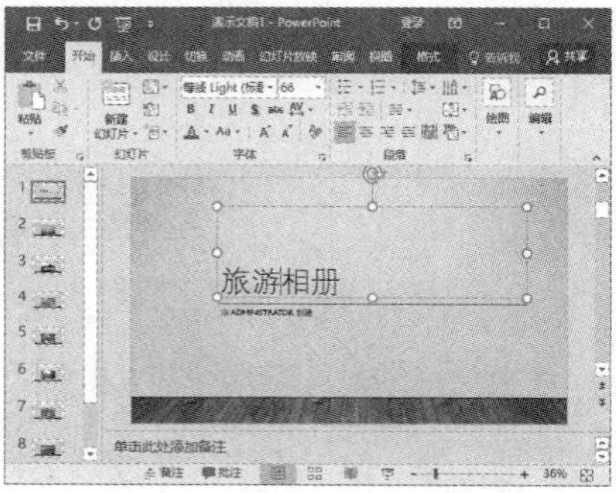

图 9-64 设置相册标题格式

步骤 09 切换到第二张幻灯片，设置好标题格式，并根据需要调整图片大小，如图 9-65 所示。

步骤 10 按照 步骤 09 的操作为其他幻灯片设置标题和图片大小，设置完成后单击【保存】按钮，如图 9-66 所示。

图 9-65 调整图片大小

图 9-66 单击【保存】按钮

步骤 11 程序左侧窗格将默认切换到【另存为】选项，在中间窗格选择【浏览】选项，如图 9-67 所示。

步骤 12 弹出【另存为】对话框，设置好演示文稿的保存路径和文件名，单击【保存】按钮即可，如图 9-68 所示。

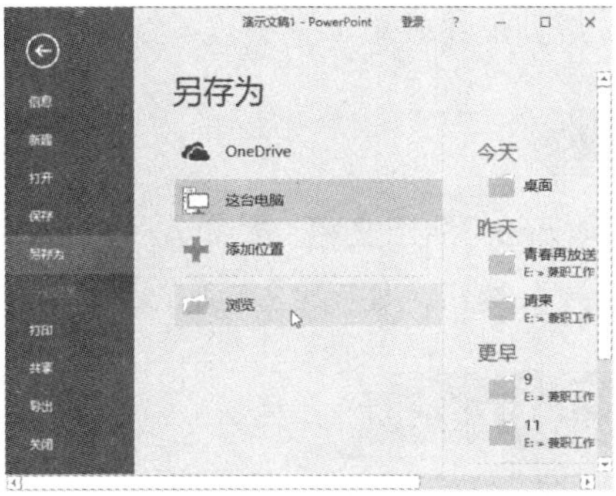

图 9-67 选择【浏览】选项

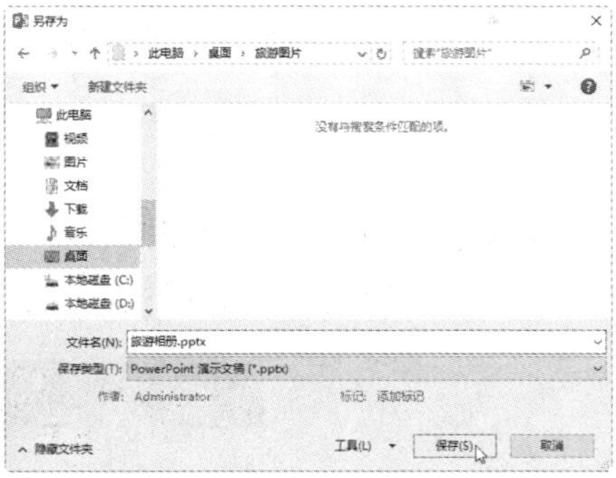

图 9-68 保存相册

同步训练——制作请柬

为了增强大家的动手能力，下面安排一个同步训练案例，通过上机实战案例的学习，让读者达到举一反三、触类旁通的学习效果。

图解流程

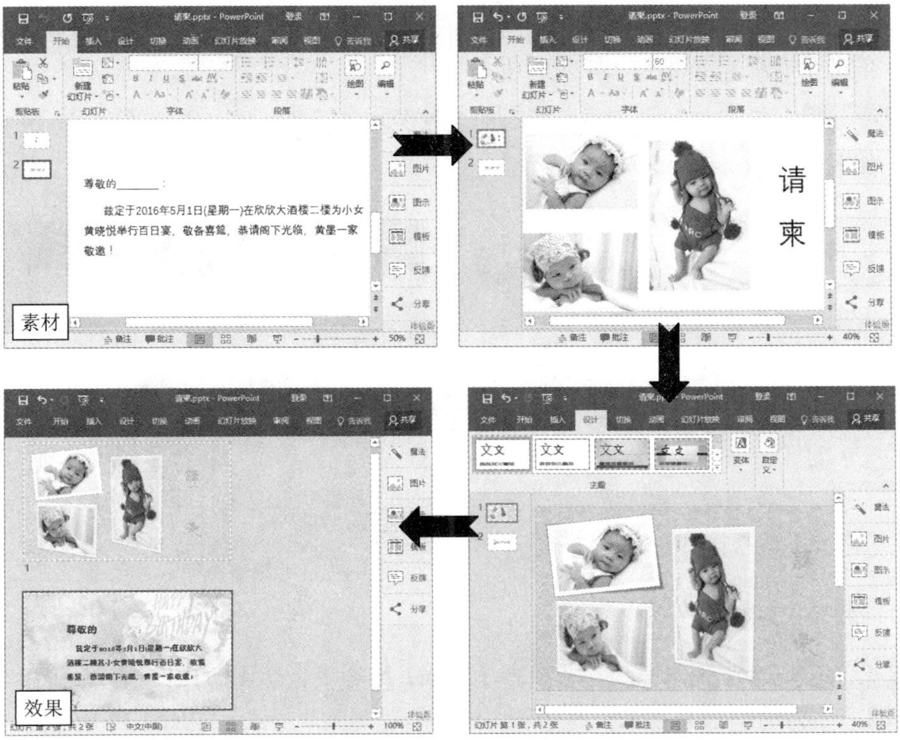

思路分析

请柬的内容简单明了，关键词为邀请人、邀请事由、事件、地点等。为了让请柬赏心悦目，可以适当地穿插图片和背景。

本例制作的是百日宴请柬，首先在封面页插入宝贝照片，并设置好照片格式和页面背景，然后在正文页设置好字体格式和背景图片，得到最终效果。

关键步骤

步骤 01 打开"光盘\素材文件\第 9 章\请柬.pptx"演示文稿，选中第一张幻灯片，切换到【插入】选项卡，在【图像】组中单击【图片】按钮，如图 9-69 所示。

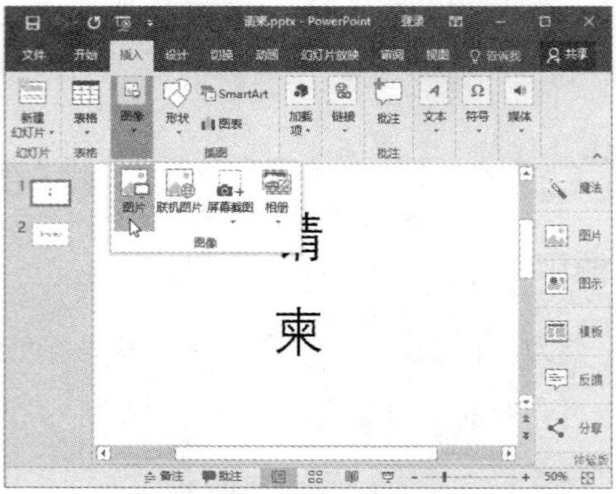

图 9-69　单击【图片】按钮

步骤 02 弹出【插入图片】对话框，选中要插入到第一张幻灯片中的一张或多张图片，单击【插入】按钮，如图 9-70 所示。

步骤 03 在幻灯片中可看到插入的多张图片，调整好每张图片的大小，并摆放好位置，如图 9-71 所示。

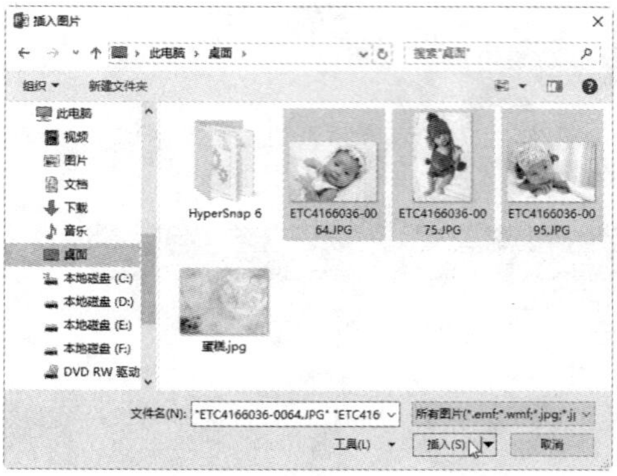

图 9-70　选择要插入的图片

图 9-71　调整图片大小和位置

步骤 04 选中某张图片，切换到【格式】选项卡，在【图片样式】组中单击【快速样式】下拉按钮，在出现的下拉列表中选择合适的图片样式，如图 9-72 所示。

步骤 05 按照 步骤 04 操作为其他图片设置样式，接着选中文本【请柬】，在【开始】选项卡的【字体】组中设置字体、字号和颜色，如图 9-73 所示。

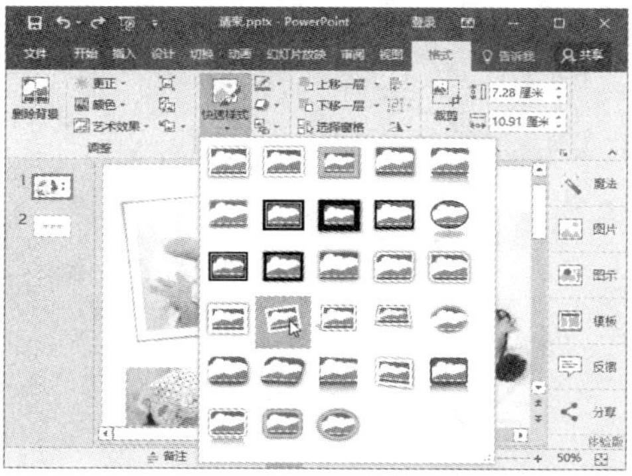

图 9-72 设置图片样式

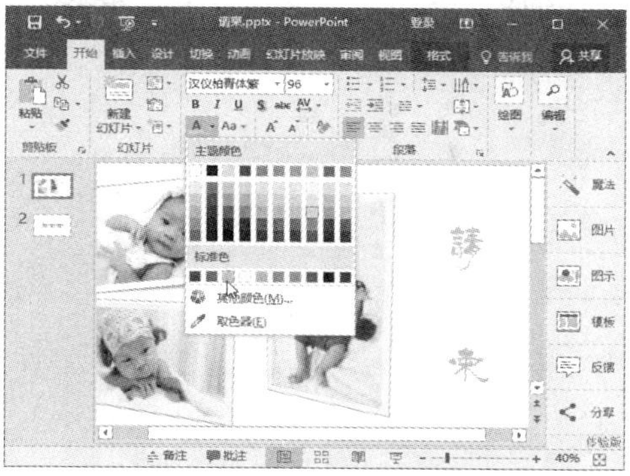

图 9-73 设置字体格式

步骤 06 切换到【设计】选项卡，在【自定义】组中单击【设置背景格式】按钮，如图 9-74 所示。

步骤 07 弹出【设置背景格式】窗格，选中【图片或纹理填充】单选按钮，设置好纹理样式和透明度等选项，如图 9-75 所示，完成设置后关闭【设置背景格式】窗格。

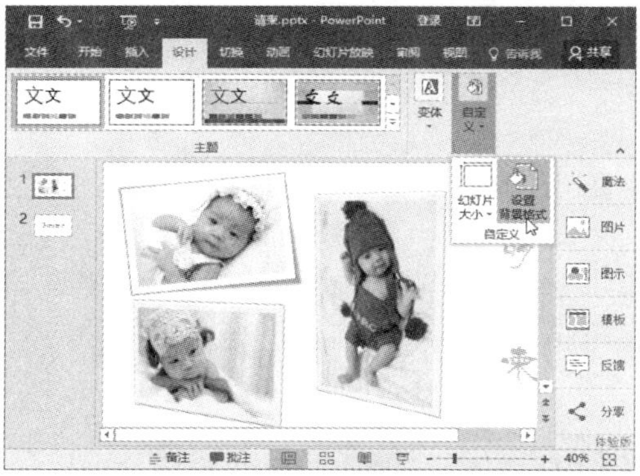

图 9-74 单击【设置背景格式】按钮（1）

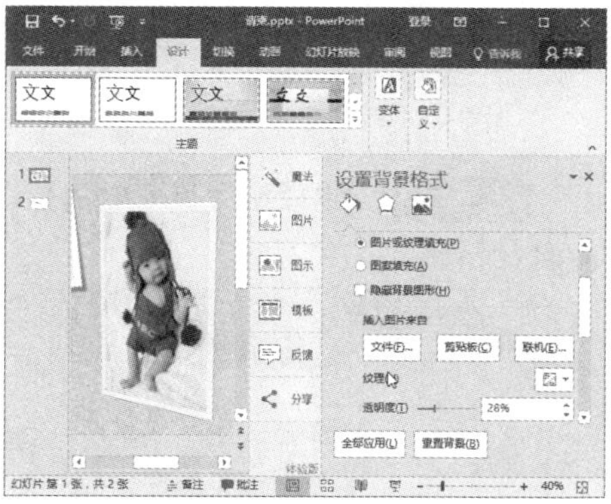

图 9-75 设置背景填充

步骤 08 选中第二张幻灯片，切换到【设计】选项卡，在【自定义】组中单击【设置背景格式】按钮，如图 9-76 所示。

步骤 09 弹出【设置背景格式】窗格，选中【图片或纹理填充】单选按钮，单击【文件】按钮，如图 9-77 所示。

步骤 10 弹出【插入图片】对话框，选中要设置为背景的图片，单击【插入】按钮，如图 9-78 所示。

步骤 11 选中正文内容，在【开始】选项卡的【字体】组中设置正文字体格式，如图 9-79 所示。

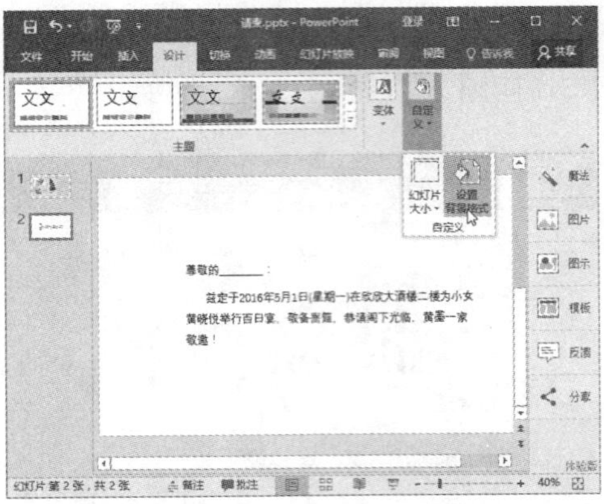

图 9-76　单击【设置背景格式】按钮（2）

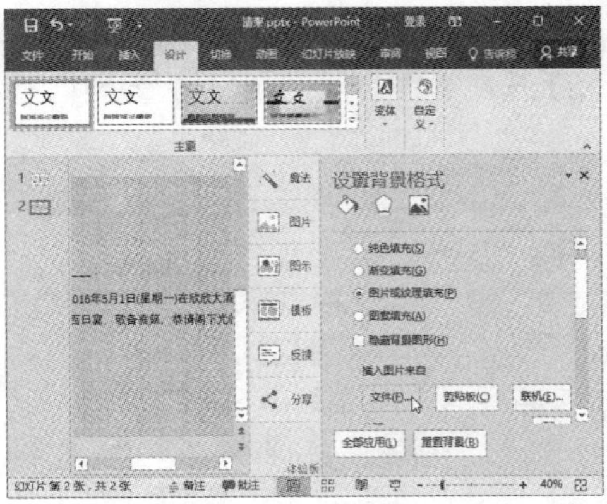

图 9-77　单击【文件】按钮

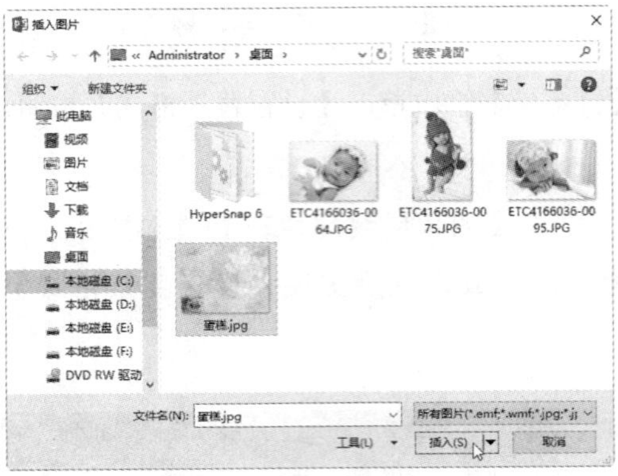

图 9-78　选中要设置为背景的图片

图 9-79　设置正文字体格式

步骤 12　字体格式设置完成后，根据需要调整好正文文本框的位置，其最终效果如图 9-80 所示。

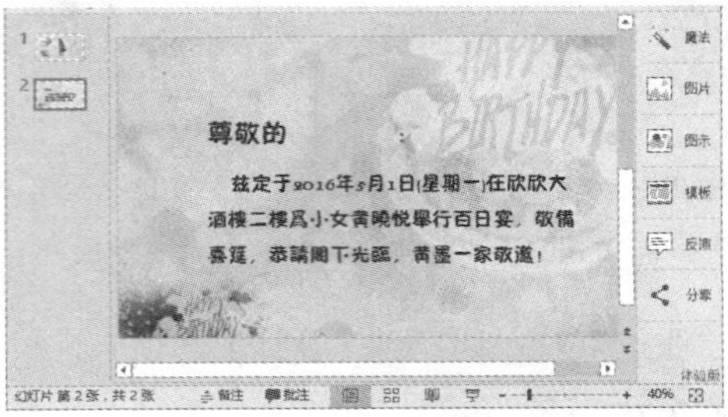

图 9-80　最终效果

知识能力测试

本章讲解了演示文稿的基本操作，为对知识进行巩固和考核，布置相应的练习题。

一、填空题

1．PowerPoint 2016 提供了__________、__________、__________、__________、

__________5 种视图方式。

2．在 PowerPoint 2016 中，新建的空白演示文稿默认为__________背景，字体颜色为__________。

3．演示文稿中可以插入图表对数据进行直观分析，PowerPoint 2016 新增了______、_________、_________、_________和 _________等图表类型。

二、选择题

1．在 PowerPoint 2016 中，（　　）是默认的视图模式。

A．普通视图　　B．大纲视图

C．幻灯片浏览视图　　D．阅读视图

2．在 PowerPoint 2016 的视图窗格中选择某张幻灯片后，按下（　　）键，可快速在该幻灯片的后面添加一张同样版式的幻灯片。

A．【空格】　　B．【Ctrl+ 空格】组合

C．【Enter】　　D．【Ctrl+Enter】组合

3．在视图窗格中选中第一张幻灯片后，按住（　　）键不放，同时单击要选择的最后一张幻灯片，可将第一张和最后一张幻灯片之间的所有幻灯片全部选中。

A．【Enter】　B．【Shift】　C．【Alt】　D．【Tab】

三、简答题

1．为了美化幻灯片，可以在幻灯片中插入哪些对象？

2．在 PowerPoint 2016 中可以通过添加背景音乐来给阅读者增添视觉冲击，添加背景音乐时需要注意什么？

Office 2016

第 10 章 幻灯片的动画和交互

为了增加幻灯片的趣味性，可以通过设置动画效果和交互效果让幻灯片中的各个对象呈动态演示。本章将详细介绍切换幻灯片、设置幻灯片动画效果和互动效果等的相关知识。

学习目标

- 学会设置切换效果的方法
- 学会设置切换方式的操作
- 熟练掌握动画效果的设置
- 学会在幻灯片中插入超链接
- 熟练掌握互动效果的设置方法

10.1 设置幻灯片切换方式

幻灯片的切换方式是指在放映幻灯片时，一张幻灯片从计算机屏幕上消失，另一张幻灯片随之显示在屏幕上的动画效果。

10.1.1 选择幻灯片的切换效果

放映幻灯片时，从一个幻灯片移到下一个幻灯片时出现的动画效果称为幻灯片的切换效果，设置方法如下。

步骤 01 打开演示文稿，选择要设置的幻灯片，在【切换】选项卡中单击【切换效果】下拉按钮，在弹出的下拉列表中选择需要的切换效果，如图 10-1 所示。

步骤 02 在【预览】组中单击【预览】按钮，即可查看刚设置的幻灯片切换效果，如图 10-2 所示。

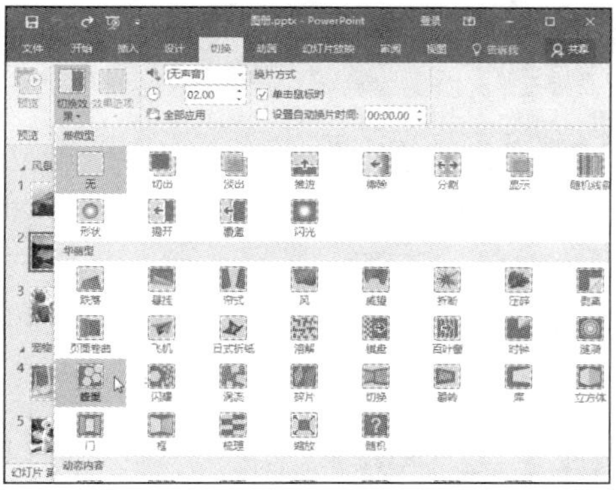

图 10-1 设置切换效果

图 10-2 查看幻灯片切换效果

技能拓展

在【切换】选项卡中若单击【全部应用】按钮，可将设置的切换方式应用到所有幻灯片中。

10.1.2 设置幻灯片切换方式

所谓切换方式，是指在放映幻灯片时通过哪种方式调整到下一张幻灯片。可以设置单击鼠标时自动调整，也可以自定义设置幻灯片的自动换片时间。

设置幻灯片切换方式的操作很简单：选择需要进行设置的幻灯片，切换到【切换】选项卡，在【计时】组中勾选【单击鼠标时】复选框，可在放映时手动单击幻灯片达到切换目的；若勾选【设置自动换片时间】复选框，可在右侧的数值框中输入具体时间，从而在放映时可经过指定秒数后自动切换到下一张幻灯片，如图 10-3 所示。

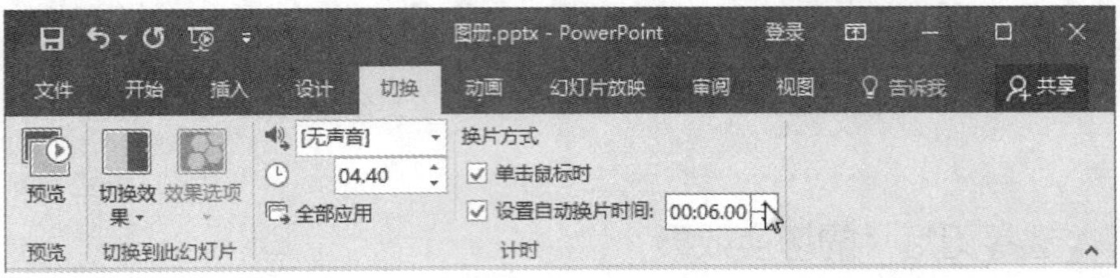

图 10-3　设置幻灯片切换方式

10.1.3 删除切换效果

为幻灯片添加切换效果后，如果觉得没有必要，希望将其删除，就可以采取如下操作。选中设置了切换效果的幻灯片，切换到【切换】选项卡，在【切换到此幻灯片】组中单击【无】按钮，然后在【计时】组中单击【全部应用】按钮即可，如图 10-4 所示。

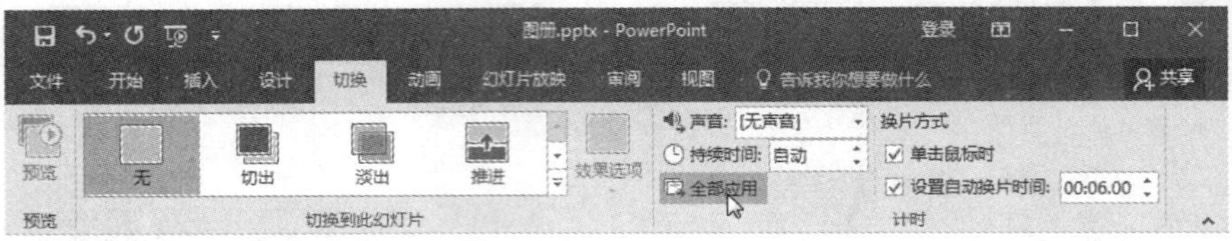

图 10-4　删除切换效果

10.2 设置幻灯片动画效果

一份精美的演示文稿除了要有丰富的内容外，还要有合理的排版设计、鲜明的色彩搭配及得体的动画效果进行衬托。

10.2.1 添加动画效果

所谓动画效果，是指在幻灯片放映时，利用一种或多种动画方式让对象出现、强调及消失的一个过程。在 PowerPoint 2016 中添加动画效果的方法如下。

步骤 01 在演示文稿需要设置动画效果的幻片中选中需要设置动画效果的对象，切换到【动画】选项卡，单击【动画】组中的【动画样式】下拉按钮，在弹出的下拉列表中选择合适的动画效果，如图 10-5 所示。

步骤 02 此时【动画】组中的【效果选项】下拉按钮变为可选择状态，单击该按钮，在弹出的下拉列表中选择需要的效果选项，如图 10-6 所示。

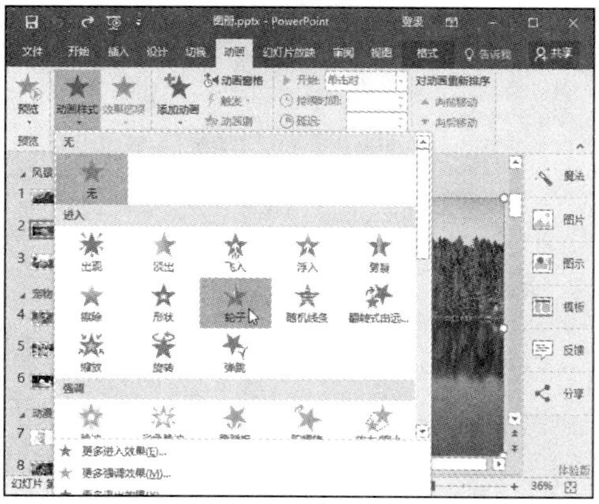

图 10-5 选择动画样式

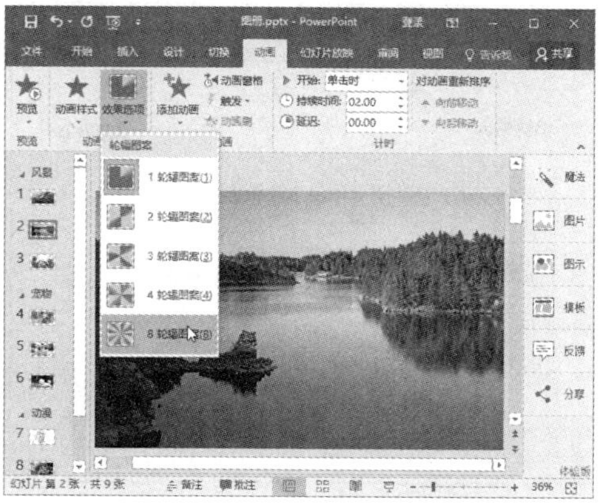

图 10-6 选择效果选项

步骤 03 若需要更精确的效果设置，可单击【动画】组右下角的展开按钮，在弹出的【轮子】效果设置对话框中根据需要对【效果】选项卡和【计时】选项卡中的选项进行设置，完成后单击【确定】按钮，如图 10-7 所示。

步骤 04 返回演示文稿，即可预览设置后的动画效果，如图 10-8 所示。

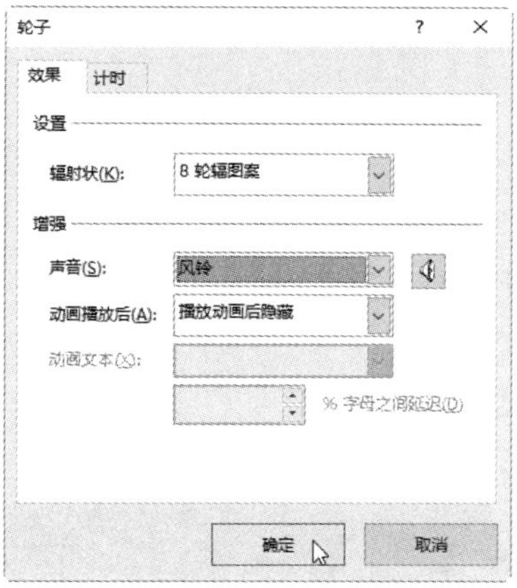

图 10-7 精确设置效果选项

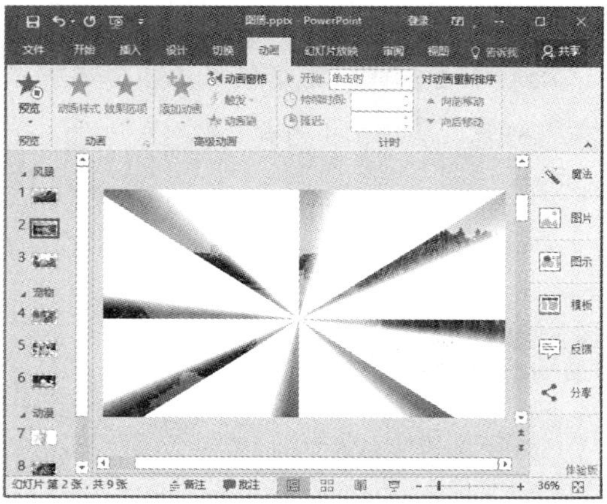

图 10-8 预览动画效果

10.2.2 让对象沿轨迹运动

为了让指定对象沿轨迹运动，还可以为对象添加路径动画，PowerPoint 2016 内置了几十种动作路径，用户可以直接使用这些动作路径，具体操作如下。

步骤 01 打开演示文稿，选中需要设置动画效果的对象，切换到【动画】选项卡，在【动画】组中单击【动画样式】下拉按钮，在弹出的下拉列表中选择【动作路径】栏中的任意动作效果，如图 10-9 所示。

步骤 02 用同样的方式为幻灯片中的其他对象设置动作路径，如图 10-10 所示。

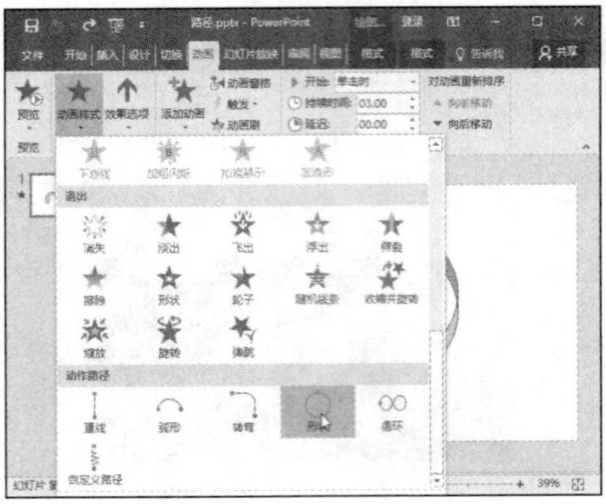

图 10-9 设置路径效果

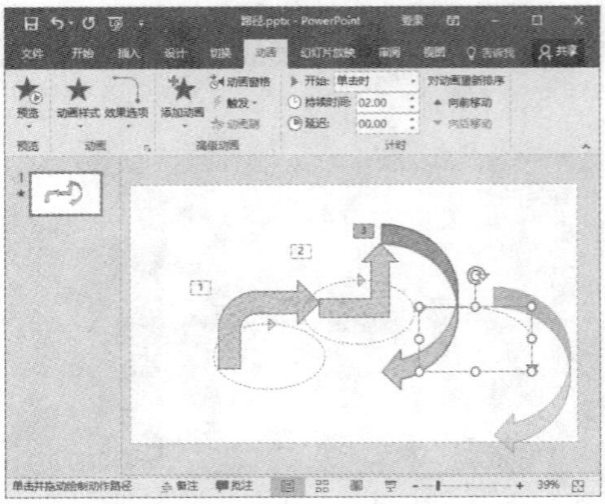

图 10-10 设置路径轨迹

步骤 03 设置完成后，在【动画】选项卡的【预览】栏中单击【预览】按钮，即可预览路径动画效果，如图 10-11 所示。

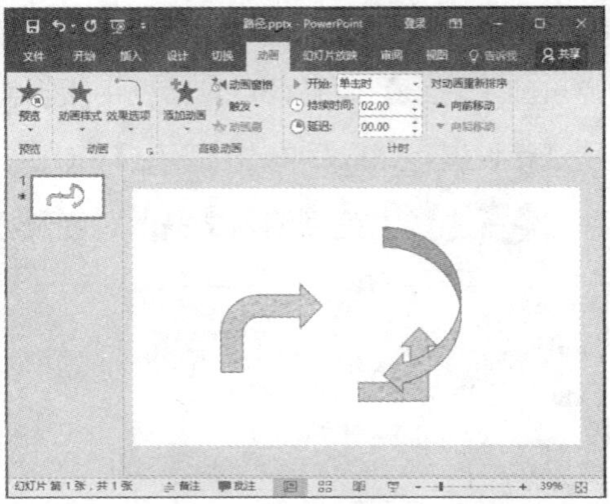

图 10-11 预览路径动画效果

技能拓展

在【动画样式】的【动作路径】栏中单击【自定义路径】选项，还可以根据需要绘制出自定义路径。

10.2.3 设置路径效果

路径设置完成后，如果对效果不满意，还可以通过下面的方法手动设置路径效果。

（1）更改路径长度：选中要更改的路径，将鼠标指针指向绿色或红色图标，拖动鼠标即可调整动作的开始或结束位置及路径长度，如图 10-12 所示；将鼠标指针移到上方的方向图标处，还可以调整路径方向。

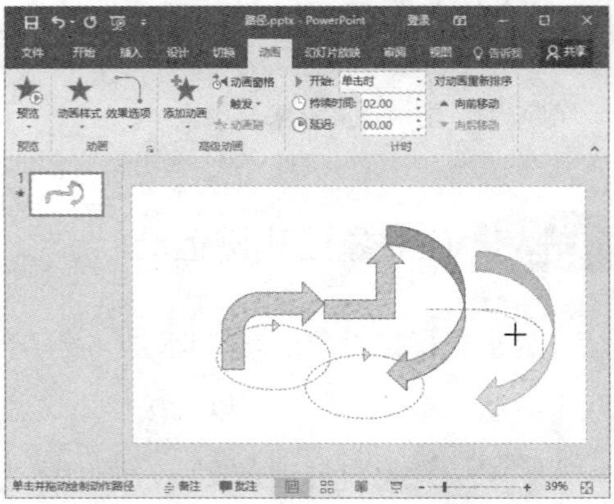

图 10-12 更改路径长度

（2）锁定对象：移动对象时，如果不需要路径随着对象的位置变化而改变，可选中该对象，单击【动画】组中的【效果选项】下拉按钮，在弹出的下拉列表中选择【锁定】命令即可。

（3）反转路径：选中要更改的路径并右击，在弹出的快捷菜单中选择【反转路径方向】命令，即可将路径的起始点和结束点对调，如图 10-13 所示。

（4）更改路径轨迹：选中要更改的路径并右击，在弹出的快捷菜单中选择【编辑顶点】命令，然后拖动顶点可更改路径轨迹，如图 10-14 所示。

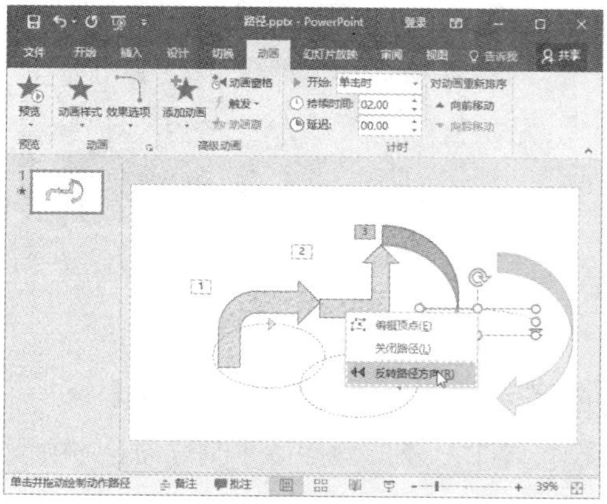

图 10-13 反转路径

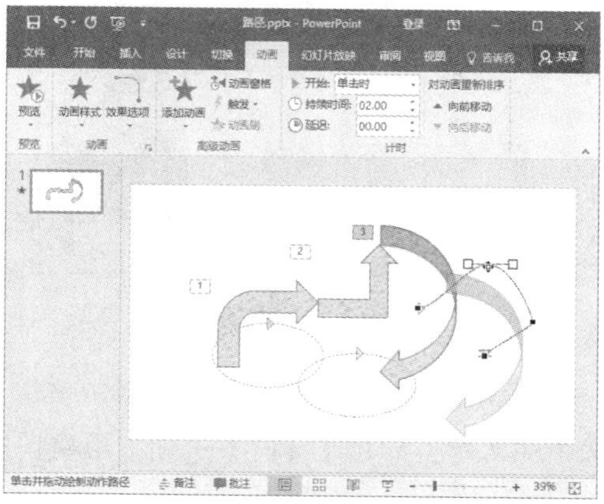

图 10-14 更改路径轨迹

课堂范例——制作动态黑板擦动画效果

步骤 01 打开“光盘 \ 素材文件 \ 第 10 章 \ 黑板擦动画效果 .pptx”演示文稿，选中文本框，在【动画】选项卡的【动画】组中单击【动画样式】下拉按钮，在弹出的下拉列表中选择【擦除】命令即可退出动画，如图 10-15 所示。

步骤 02 选中已设置动画的对象，在【动画】组中单击【效果选项】按钮，在打开的下拉列表中即可选择需要的效果，如本例设置方向【自左侧】且序列为【按段落】，如图 10-16 所示。

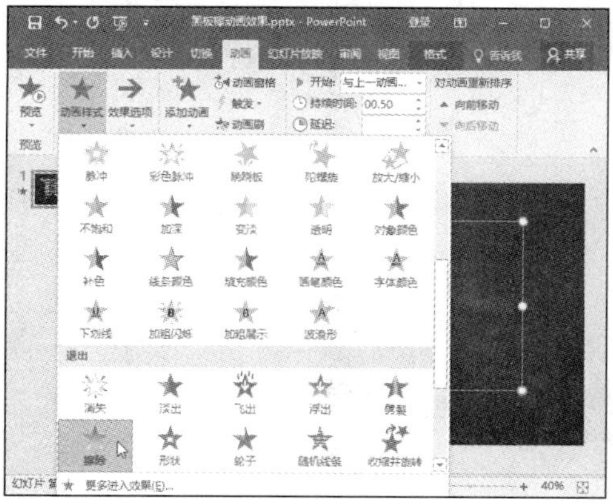

图 10-15 设置【擦除】效果

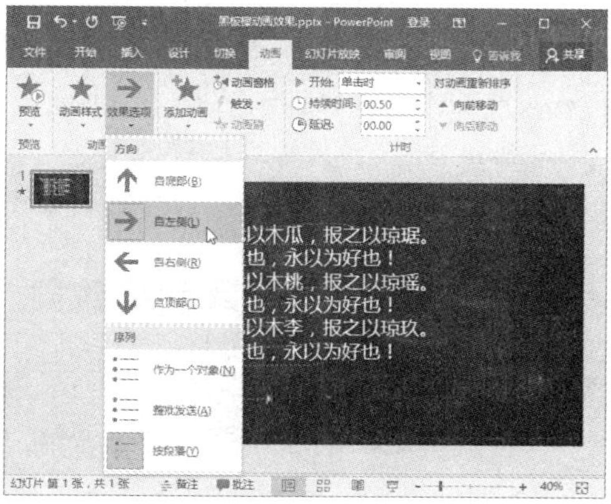

图 10-16 设置效果选项

步骤 03 选中需要实现擦除功能的图片，在【动画】选项卡的【动画】组中单击【动画样式】下拉按钮，在弹出的下拉列表中选择【自定义路径】选项，如图 10-17 所示。

步骤 04 在幻灯片中绘制动作路径，如图 10-18 所示。

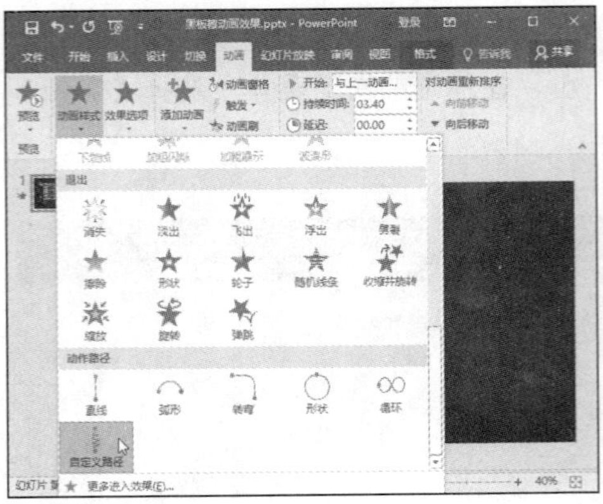

图 10-17　选择【自定义路径】选项

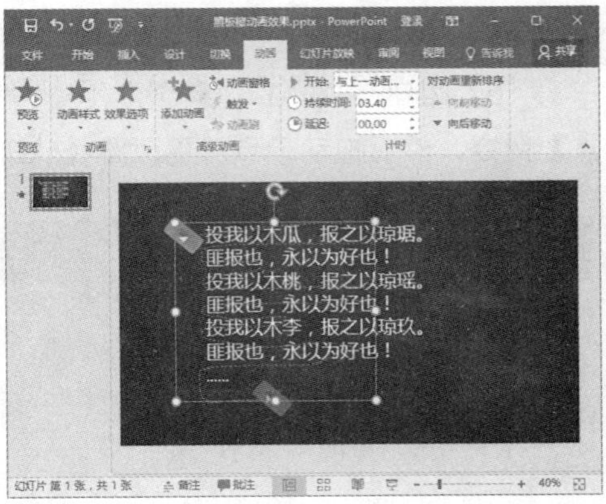
投我以木瓜，报之以琼琚。
匪报也，永以为好也！
投我以木桃，报之以琼瑶。
匪报也，永以为好也！
投我以木李，报之以琼玖。
匪报也，永以为好也！

图 10-18　绘制动作路径

步骤 05　在【高级动画】组中单击【动画窗格】按钮，打开【动画窗格】面板，选中文本对象，在【计时】选项卡中根据需要设置每个对象的动画效果持续时间和延迟时间，如图 10-19 所示。

步骤 06　完成设置后，在【动画】选项卡中单击【预览】按钮，即可查看最终效果，如图 10-20 所示。

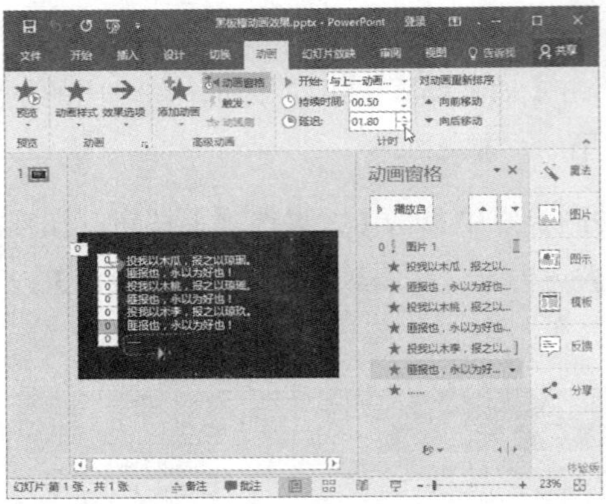

图 10-19　设置效果发生时间

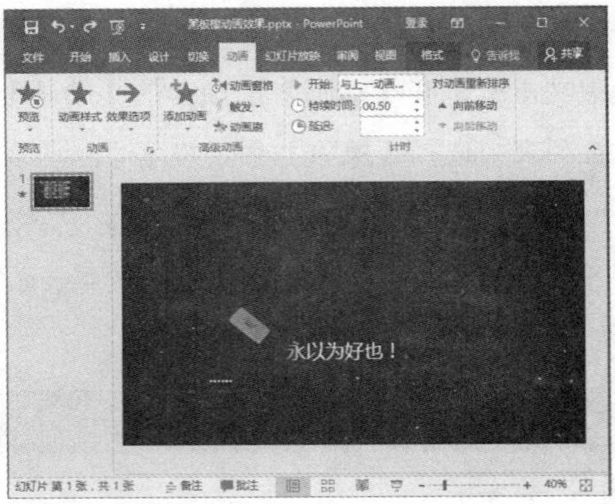
永以为好也！

图 10-20　查看最终效果

10.3 设置幻灯片互动效果

放映幻灯片前，可在演示文稿中插入超链接、动作按钮等，从而实现放映时从幻灯片中某一位置跳转到其他位置的互动效果。

10.3.1 设置超链接

在演示文稿中，若对文本或图片、表格等对象添加超链接，此后单击该对象时可直接跳转到其他位置。在 PowerPoint 2016 中添加超链接的方法如下。

步骤 01 打开演示文稿，在要设置超链接的幻灯片中选择要添加链接的对象，如本例选择文本对象，在【插入】选项卡中单击【链接】组中的【超链接】按钮，如图 10-21 所示。

步骤 02 弹出【插入超链接】对话框，在【链接到】栏中选择链接位置，在【请选择文档中的位置】列表框中选择链接的目标位置，单击【确定】按钮，如图 10-22 所示。

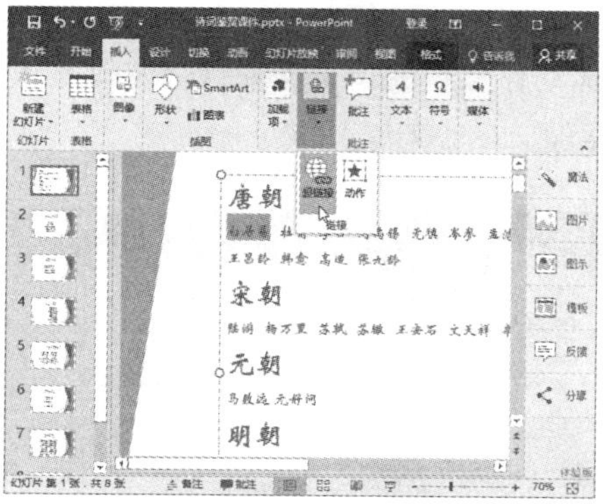

图 10-21 单击【超链接】按钮

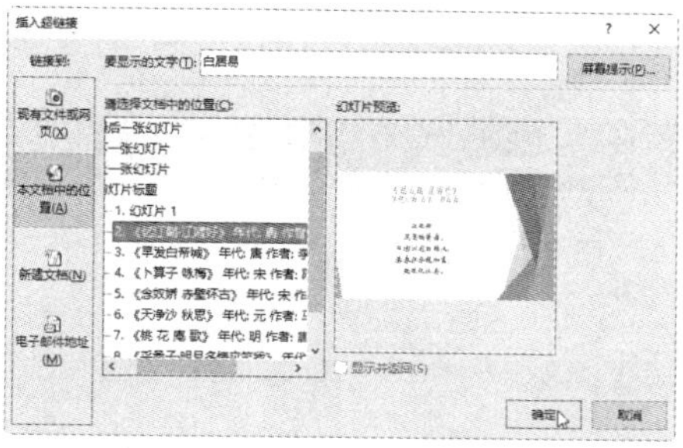

图 10-22 设置超链接对象

步骤 03 返回幻灯片，可看到所选文本的下方出现下画线，且文本颜色也发生了变化，单击状态栏中的【幻灯片放映】按钮，进入幻灯片放映模式，如图 10-23 所示。

步骤 04 当演示此幻灯片时，将鼠标指针指向设置了超链接的文本，鼠标指针会变为“☝”形状，此时单击该文本可跳转至目标位置，如图 10-24 所示。

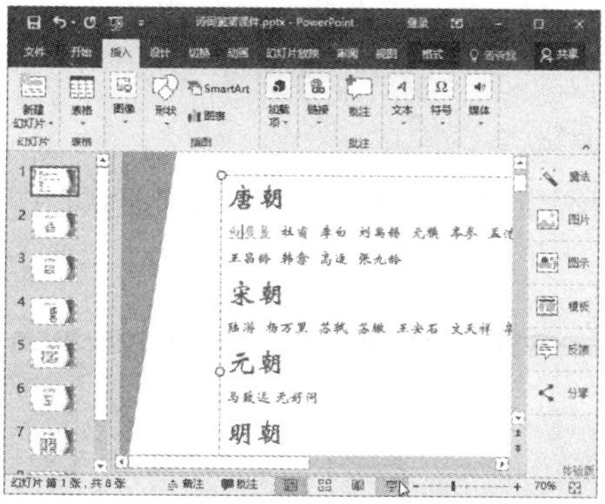

图 10-23 单击【幻灯片放映】按钮

图 10-24 单击超链接

技能拓展

右击设置了超链接的对象，在弹出的快捷菜单中选择【取消超链接】命令即可取消超链接。

10.3.2 插入动作按钮

为了便于用户在放映幻灯片过程中跳转到其他幻灯片，或者激活声音文件、视频文件等，除自选图形外，PowerPoint 2016 额外提供了一组动作按钮，可供用户任意添加。插入动作按钮的方法如下。

步骤 01 打开演示文稿，选中演示文稿中要添加动作按钮的幻灯片，在【插入】选项卡中单击【插图】组中的【形状】下拉按钮，在弹出的下拉列表中选择需要的动作按钮，如图 10-25 所示。

步骤 02 此时光标将呈“+”形状，在要添加动作按钮的位置按住鼠标左键不放并拖动，以绘制动作按钮，如图 10-26 所示，绘制完成后释放鼠标。

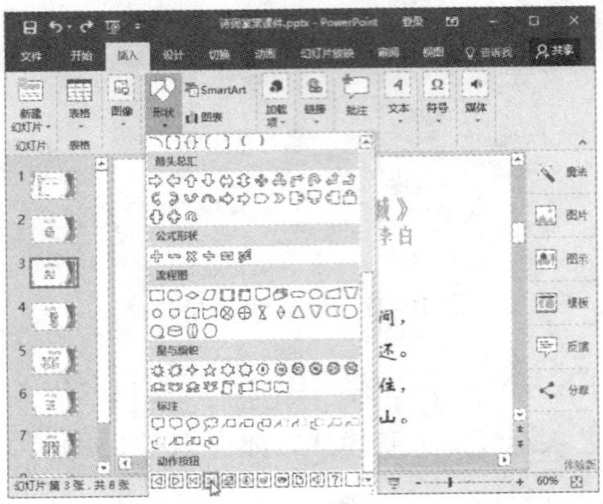

图 10-25　选择动作按钮

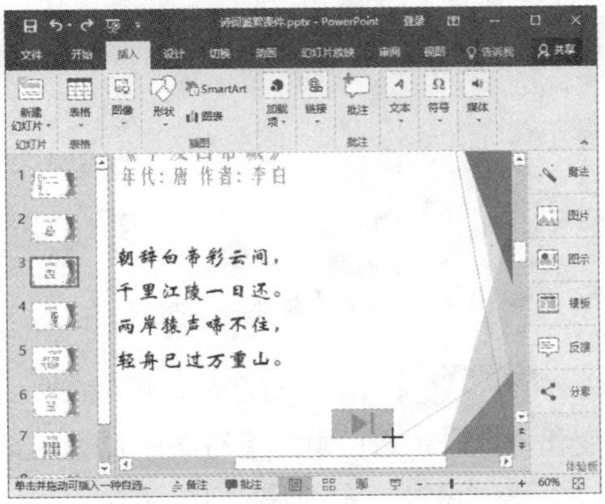
年代：唐 作者：李白
朝辞白帝彩云间，
千里江陵一日还。
两岸猿声啼不住，
轻舟已过万重山。

图 10-26　绘制动作按钮

步骤 03 释放鼠标后将自动弹出【操作设置】对话框，并定位在【单击鼠标】选项卡中，根据需要设置动作按钮的相关参数，完成设置后单击【确定】按钮，如图 10-27 所示。

步骤 04 切换到幻灯片放映状态，当放映该幻灯片时，单击设置的动作按钮，即可按照刚才的设置进行跳转，如图 10-28 所示。

图 10-27　设置动作按钮参数

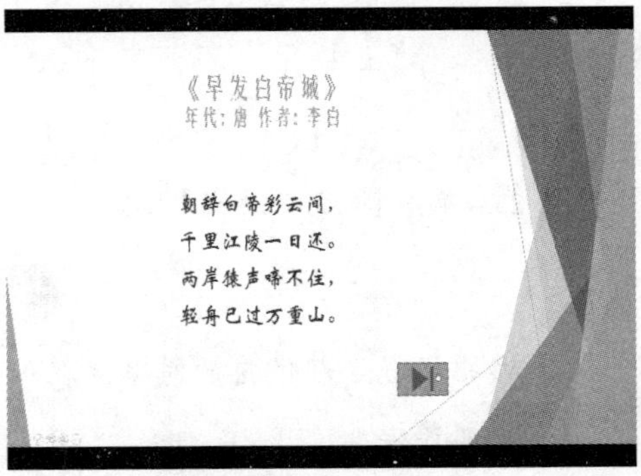
《早发白帝城》
年代：唐 作者：李白
朝辞白帝彩云间，
千里江陵一日还。
两岸猿声啼不住，
轻舟已过万重山。

图 10-28　查看效果

10.3.3 设置触发点

所谓交互动画效果是指幻灯片的动画不是事先指定好的顺序，而是根据放映时的需要，利用触发对象激发出相应动画。在 PowerPoint 2016 中，利用“触发器”功能就可以制作出带有交互效果的幻灯片动画，具体操作如下。

步骤 01　打开演示文稿，选中正文文本，在【动画】选项卡中设置需要的动画效果，如本例选择【脉冲】强调效果，如图 10-29 所示。

步骤 02　返回演示文稿，在【动画】选项卡中单击右下角的展开按钮，如图 10-30 所示。

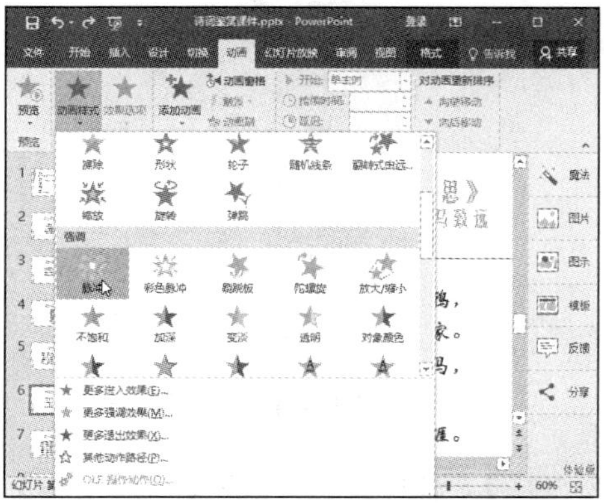

图 10-29　设置动画效果

图 10-30　单击展开按钮

步骤 03　弹出【脉冲】对话框，切换到【计时】选项卡，根据需要设置动画效果的播放时间，然后单击下方的【触发器】按钮，如图 10-31 所示。

步骤 04　在【脉冲】对话框下方展开的选项组中，选中【单击下列对象时启动效果】单选按钮，在右侧的下拉列表框中选择触发对象，设置完成后单击【确定】按钮即可，如图 10-32 所示。

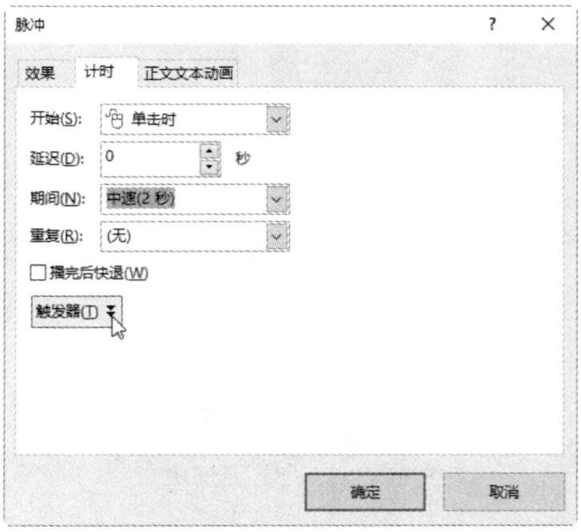

图 10-31　单击【触发器】按钮

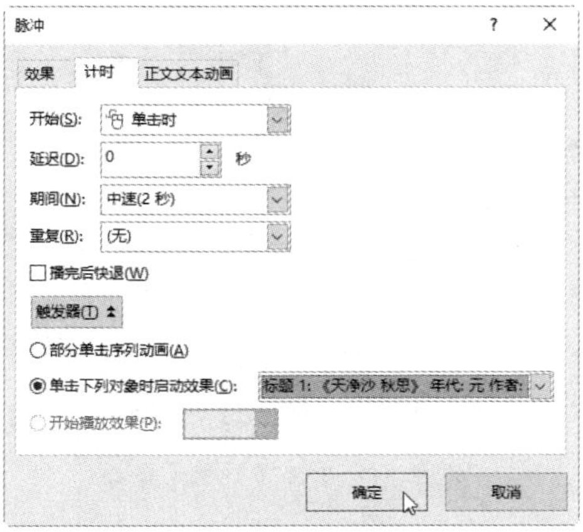

图 10-32　选择触发对象

课堂范例——制作连续闪烁的文字效果

步骤 01 打开“光盘\素材文件\第 10 章\诗词鉴赏课件 .pptx”演示文稿，选中需要添加【闪烁】动画效果的文字，在【动画】选项卡中单击【动画】组中的【动画样式】下拉按钮，在弹出的下拉列表中选择【更多强调效果】命令，如图 10-33 所示。

步骤 02 弹出【更改强调效果】对话框，在【华丽型】栏中选择【闪烁】选项，单击【确定】按钮，如图 10-34 所示。

图 10-33 选择【更多强调效果】命令

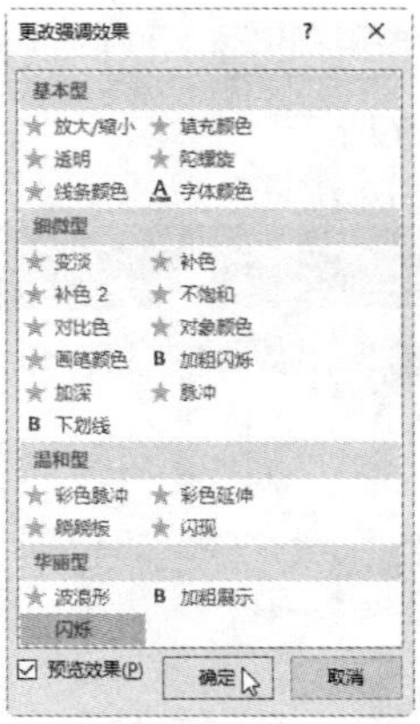

图 10-34 选择闪烁效果

步骤 03 单击【高级动画】组中的【动画窗格】按钮，在打开的【动画窗格】面板中单击【闪烁】动画效果右侧的下拉按钮，在弹出的下拉列表中选择【计时】命令，如图 10-35 所示。

步骤 04 在弹出的对话框中自动切换到【计时】选项卡，设置好效果播放时间，在【重复】下拉列表框中设置效果重复次数，完成设置后单击【确定】按钮即可，如图 10-36 所示。

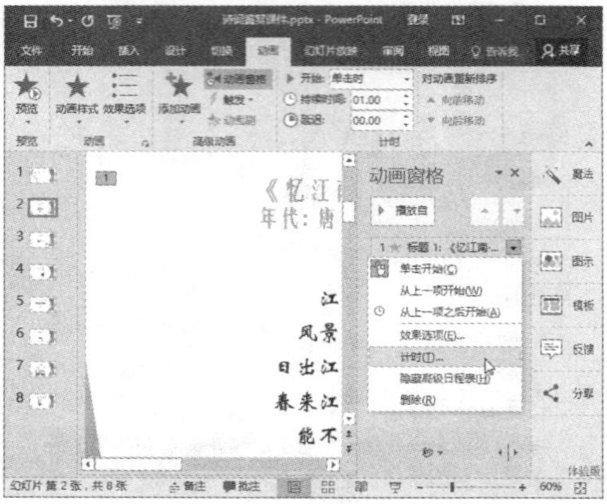

图 10-35 选择【计时】命令

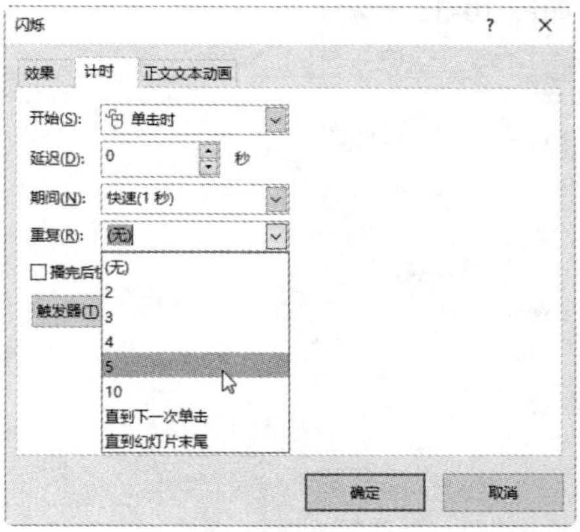

图 10-36 设置闪烁次数

课堂问答

通过本章的讲解，大家对设置幻灯片的切换效果、动画效果和互动效果有了一定的了解，下面列出一些常见的问题供学习参考。

问题❶：如何设置超链接不变色？

答：通常情况下，在 PPT 中对文字设置超链接后，文字会带下画线，且单击超链接后字体颜色会发生变化，为了使文档统一，可以通过设置图形或图片超链接达到不变色的目的。

解决方法有两种。第一种：绘制一个自选图形，将需要创建超链接的文字输入其中，将形状填充和形状轮廓分别设置为“无填充颜色”和“无轮廓”，然后为该自选图形添加合适的超链接即可；第二种：将要设置超链接的文字另存为图片，将该图片粘贴到合适位置后，为图片添加超链接即可。

问题❷：如何删除添加的超链接？

答：如果要删除添加的超链接，在插入了超链接的对象上右击，在弹出的快捷菜单中选择【取消超链接】命令，即可取消超链接。

问题❸：如何设置电影字幕式效果？

答：如果需要将幻灯片中的文本设置为如电影字幕式的“由上往下”或“由下往上”的滚动效果，首先选中要设置为字幕式滚动的文本内容，切换到【动画】选项卡，单击【动画】组中的【其他】按钮，在弹出的下拉列表中选择【更多进入效果】命令，接着在弹出的【更改进入效果】对话框的【华丽型】栏中选择【字幕式】选项，单击【确定】按钮确认设置即可。

上机实战——制作策划书

为了巩固本章知识点，下面讲解一个技能综合案例，使大家对本章的知识有更深入的了解。

效果展示

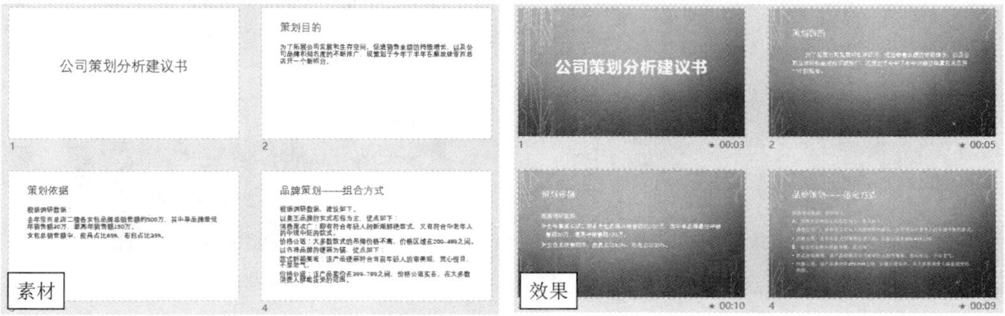

思路分析

如果演示给领导看的策划书的背景为单色，画面给人带来的冲击力不够强烈，通过设置主题颜色和幻灯片的切换效果，可以起到锦上添花的效果。

本例首先对幻灯片应用主题样式，接着设置文本格式，最后设置切换效果，得到最终效果。

制作步骤

步骤 01 打开“光盘\素材文件\第 10 章\策划书 .pptx”演示文稿，切换到【设计】选项卡，在【主题】组中单击下拉列表按钮，在弹出的下拉列表中选择需要的主题样式，如图 10-37 所示。

步骤 02 选中第一张幻灯片中的标题文字，在【开始】选项卡的【字体】组中单击【字体】右侧下拉按钮，在弹出的下拉列表中选择合适的字体，如图 10-38 所示。

图 10-37　选择主题样式

图 10-38　设置标题字体

步骤 03 保持标题文字为选中状态，在【开始】选项卡的【字体】组中单击【字号】右侧下拉按钮，在弹出的下拉列表中选择合适的字号，如图 10-39 所示。

步骤 04 选中第二张幻灯片中的正文内容，单击【段落】组右下角的展开按钮，如图 10-40 所示。

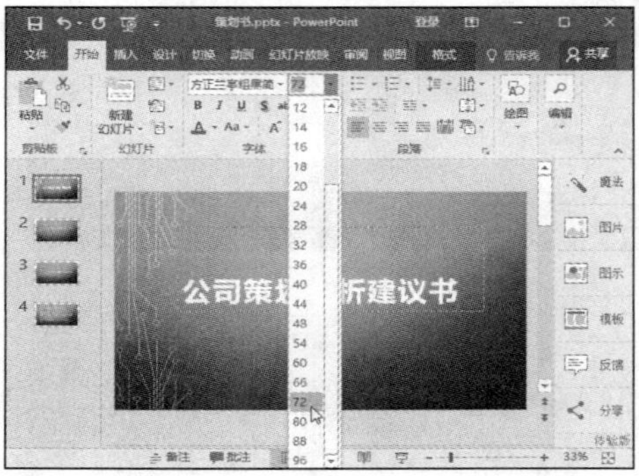

图 10-39　设置标题字号

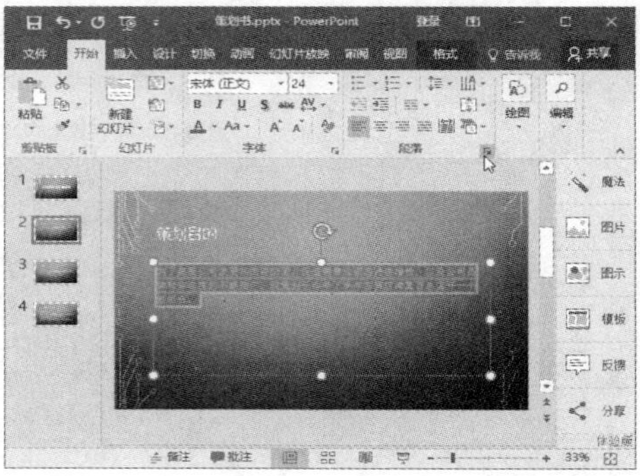

图 10-40　单击展开按钮

步骤 05 弹出【段落】对话框，根据需要设置段落缩进格式和段间距，设置完成后单击【确定】按钮即可，如图 10-41 所示。

步骤 06 选中第三张幻灯片中的文本，在【开始】选项卡的【段落】组中单击【项目符号】下拉按钮，选择需要的项目符号样式，如图 10-42 所示。

图 10-41 设置段落格式

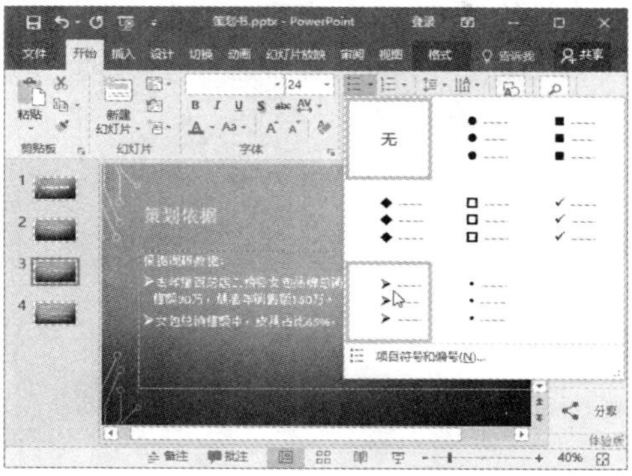

图 10-42 设置项目符号

步骤 07 切换到第四张幻灯片，根据需要设置编号样式和项目符号样式，如图 10-43 所示。

步骤 08 选中第一张幻灯片，切换到【切换】选项卡，单击【切换效果】下拉按钮，在弹出的下拉列表中选择需要的切换效果，如图 10-44 所示。

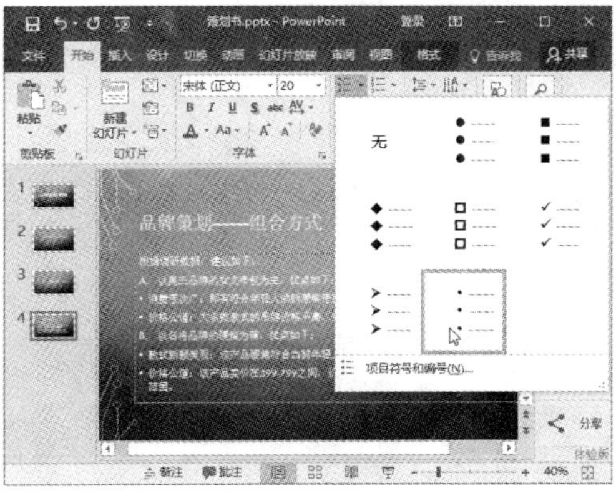

图 10-43 设置项目符号和编号

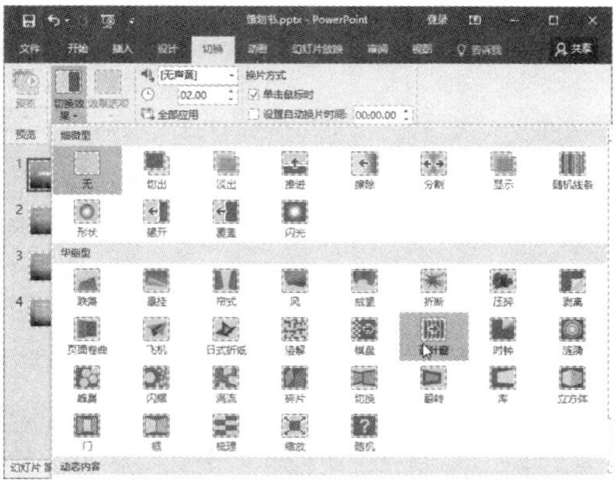

图 10-44 设置切换效果

步骤 09 在【计时】组中单击【声音】下拉列表框，选择合适的切换声音，勾选【设置自动换片时间】复选框，在右侧的微调框中设置换片时间，如图 10-45 所示。

步骤 10 按照 步骤 09 的操作为其他幻灯片设置合适的切换效果和相关选项，设置完成后单击【保存】按钮保存演示文稿即可，最终效果如图 10-46 所示。

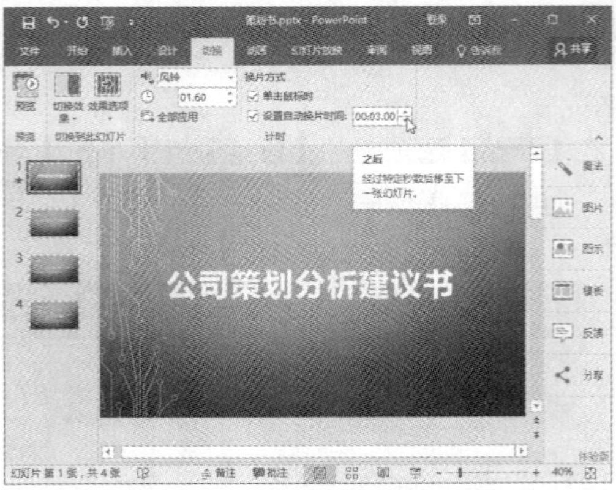

图 10-45　设置换片时间

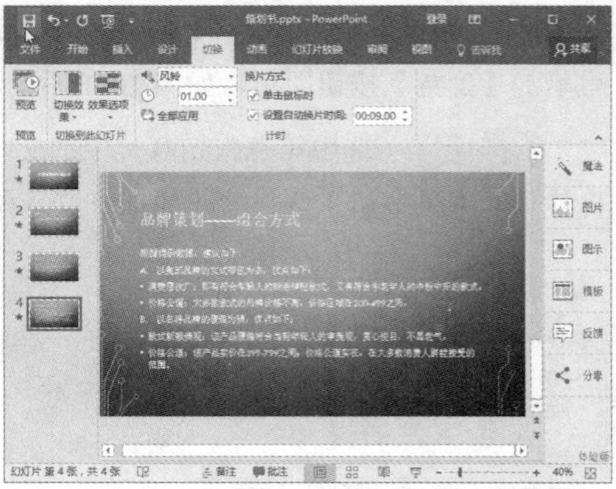

图 10-46　最终效果

同步训练——制作公司宣传册

为了增强大家的动手能力，下面安排一个同步训练案例，通过上机实战案例的学习，让读者达到举一反三、触类旁通的学习效果。

图解流程

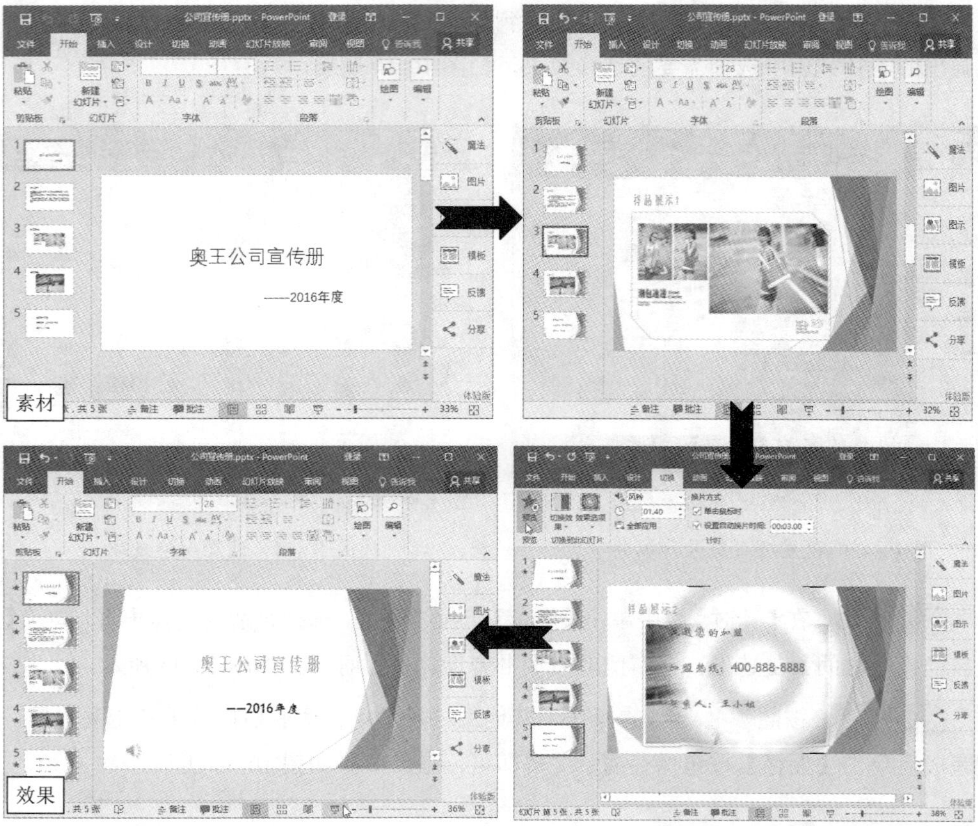

思路分析

公司宣传册通常包含企业介绍、产品展示及联系方式等内容，仅仅靠文字和图片并不能引起读者的强烈反应，还需要通过效果、动画等达到画龙点睛的目的。

本例首先应用主题样式，接着设置文字和图片效果，然后应用切换和动画效果，最后为宣传册加上背景音乐，得到最终效果。

关键步骤

步骤 01 打开“光盘\素材文件\第 10 章\公司宣传册 .pptx”演示文稿，切换到【设计】选项卡，在【主题】组中单击下拉列表框，在弹出的下拉列表中选择需要的主题样式，如图 10-47 所示。

步骤 02 在幻灯片中选择正文文本，在【开始】选项卡的【字体】组中单击【颜色】下拉按钮，在弹出的颜色面板中更改字体颜色，如图 10-48 所示，然后用同样的方法为其他文本内容设置字体颜色。

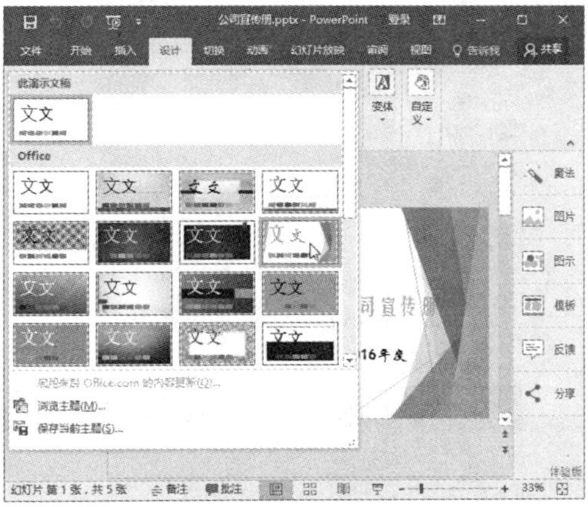

图 10-47 应用主题样式

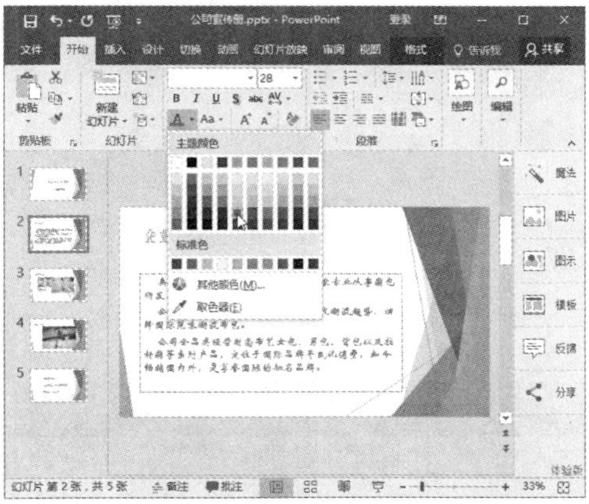

图 10-48 更改字体颜色

步骤 03 选中幻灯片中的某张图片，切换到【格式】选项卡，在【图片样式】组中单击【快速样式】下拉按钮，在弹出的下拉列表中选择需要的图片样式，如图 10-49 所示。

步骤 04 选中第一张幻灯片，切换到【切换】选项卡，单击【切换效果】下拉按钮，在弹出的下拉列表中选择合适的切换效果，如图 10-50 所示。

步骤 05 在【计时】组中设置切换声音和换片方式等相关选项，如图 10-51 所示。

步骤 06 按照 **步骤 05** 的操作为其他幻灯片设置切换效果，设置完成后单击【预览】按钮可预览设置效果，如图 10-52 所示。

步骤 07 选中幻灯片中的某个对象，切换到【动画】选项卡，单击【动画样式】下拉按钮，在弹出的下拉列表中为该对象设置动画样式，如图 10-53 所示。

步骤 08 在【计时】组中设置动画的开始计时方式及持续时间等相关选项，如图

10-54 所示，然后按照同样的方法为其他幻灯片设置动画效果。

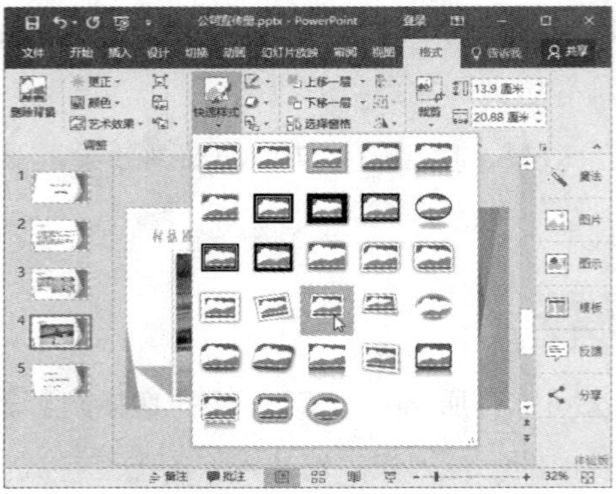

图 10-49　设置图片效果

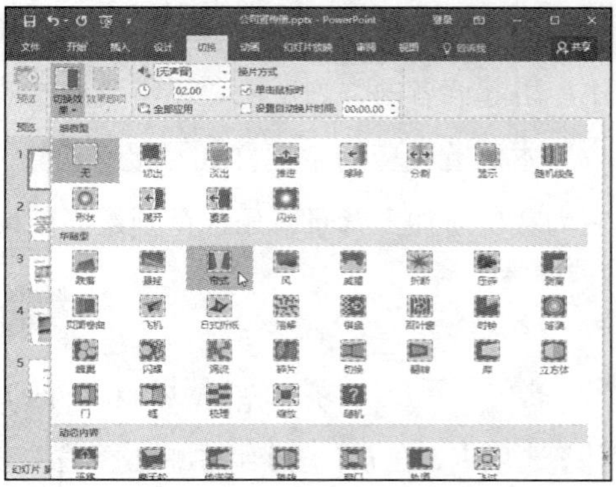

图 10-50　设置切换效果

图 10-51　设置切换声音和换片方式

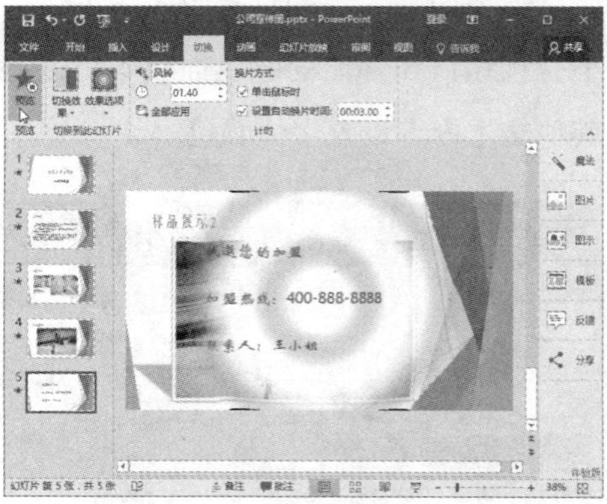

图 10-52　预览设置效果

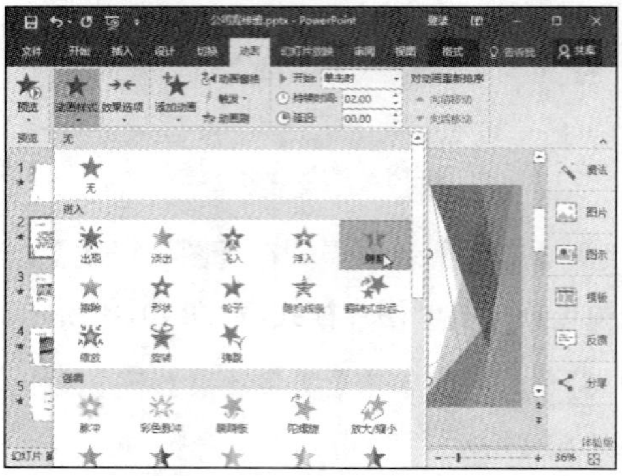

图 10-53　设置动画效果

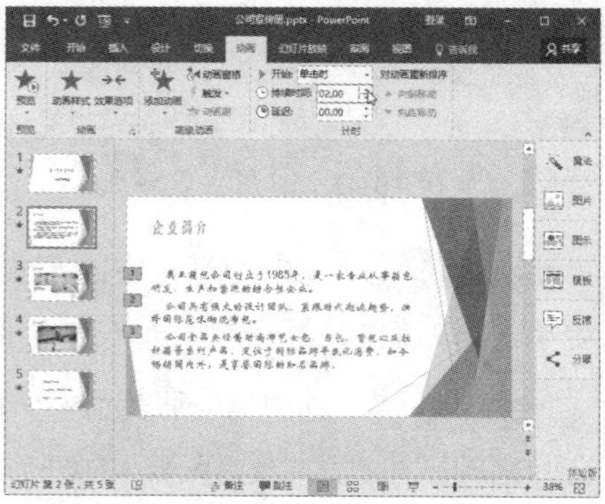

图 10-54　设置计时方式

步骤 09　选中第一张幻灯片，切换到【插入】选项卡，在【媒体】组中单击【音频】下拉按钮，在下拉列表中选择【PC 上的音频】命令，如图 10-55 所示。

步骤 10　弹出【插入音频】对话框，选中需要设置为背景音乐的文件，单击【插入】按钮，如图 10-56 所示。

图 10-55 选择【PC 上的音频】命令

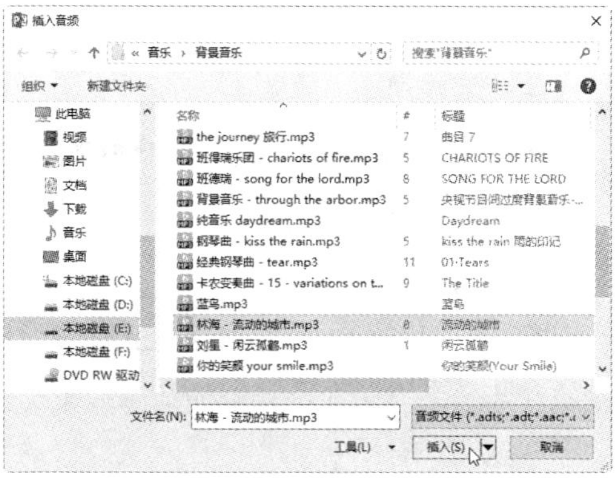

图 10-56 插入背景音乐

步骤 11 此时幻灯片中将显示声音图标，设置好图标的摆放位置，并调整好图标大小，如图 10-57 所示。

步骤 12 选中声音图标，在【播放】组中的【音频选项】组中单击【开始】下拉按钮，在弹出的下拉列表框中设置声音播放的开始动作，并勾选该组中的所有复选框，如图 10-58 所示，设置完成后保存演示文稿即可。

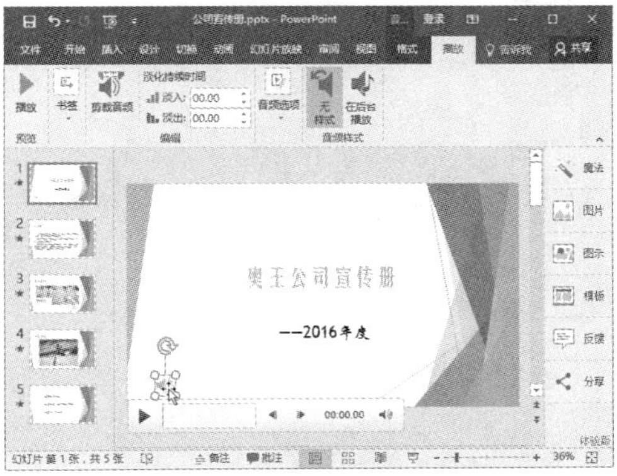

图 10-57 调整声音图标大小和位置

图 10-58 设置音频选项

知识能力测试

本章学习了设置幻灯片动画和交互效果的方法，为对知识进行巩固和考核，布置相应的练习题。

一、填空题

1. 在 PowerPoint 2016 中可以设置________、________、________和________4 种动画效果。

2. PowerPoint 2016 提供了__________ 自动切换和 __________两种切换幻灯片的方式。

3. 当一张幻灯片中包含多个对象时，可以通过使用_________来实现多个对象陆续出现。

二、选择题

1．将文本设置为连续闪烁的文字效果，是（　　）动画效果的其中一种效果。

A．进入　　B．强调

C．退出　　D．动作路径

2．幻灯片的（　　）是指在放映幻灯片时，一张幻灯片从计算机屏幕上消失，另一张幻灯片随之显示在屏幕上的动画效果。

A．切换方式　　B．动画效果

C．交互效果　　D．联机演示

3．通过添加（　　）动画，可以在放映幻灯片时让指定的对象沿轨迹运动。

A．进入　　B．强调

C．退出　　D．动作路径

三、简答题

1．什么是幻灯片的切换效果？什么是动画效果？二者有何区别？

2．什么是幻灯片的互动效果？如何实现互动效果？

Office

2016

第 11 章 放映与输出演示文稿

无论是对幻灯片进行美化，还是对其中的对象设置动画效果，其目的都是在放映时展示出最精美的效果，可以说演示文稿的放映是设置幻灯片的最终环节，也是最重要的环节。本章将具体介绍放映和输出演示文稿的相关操作。

学习目标

- 熟练掌握幻灯片放映的方法
- 学会快速定位幻灯片
- 学会播放时批注重点的方法
- 熟练掌握演示文稿的输出方法

11.1 幻灯片的放映设置

演示文稿制作完成后，需要通过设置放映方式来进行控制。放映前的幻灯片设置包括幻灯片放映时间的控制、放映方式的选择及录制旁白等。

11.1.1 设置幻灯片的放映方式

制作演示文稿的目的是演示和放映给观众看，因此，在放映幻灯片时，用户可根据自己的需要设置放映类型，具体操作如下。

步骤 01 打开演示文稿，切换到【幻灯片放映】选项卡，在【设置】组中单击【设置幻灯片放映】按钮，如图 11-1 所示。

步骤 02 弹出【设置放映方式】对话框，在【放映类型】选项组中选择需要的放映类型，如选中【观众自行浏览】单选按钮，在【放映选项】选项组中勾选【循环放映，按 ESC 键终止】复选框，然后单击【确定】按钮即可，如图 11-2 所示。

图 11-1　单击【设置幻灯片放映】按钮

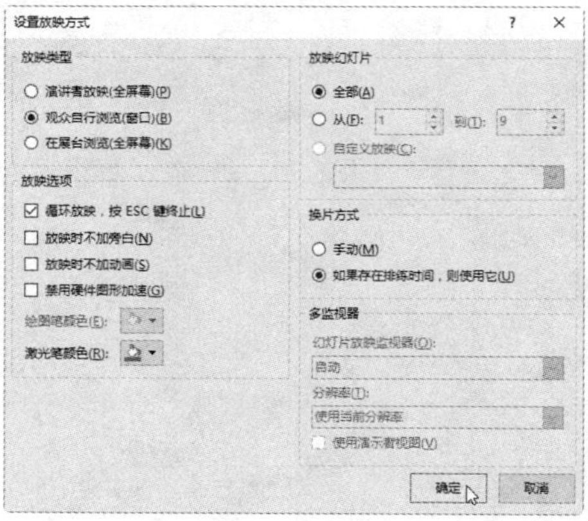

图 11-2　设置放映方式

11.1.2 指定幻灯片的播放

有时候根据场合的不同，或者放映时间的限制，演示文稿中的幻灯片无法一一放映，此时为了避免在放映时让观众看到这些没有必要放映的幻灯片，可以通过限定放映页数和隐藏幻灯片来达到播放指定幻灯片的目的。

1. 隐藏不需要放映的幻灯片

如果演示文稿中只有少数几张幻灯片不播放，或者需要播放的幻灯片不连续时，可以将不放映的幻灯片隐藏起来，具体操作如下。

步骤 01 选中需要隐藏的一张或多张幻灯片，切换到【幻灯片放映】选项卡，单击【隐藏幻灯片】按钮，如图 11-3 所示。

步骤 02 在程序左侧窗格中可看到被隐藏的幻灯片的页号被画上删除线，且缩略图呈半透明状态，如图 11-4 所示。此时若放映幻灯片，即可发现这些幻灯片不再播放。

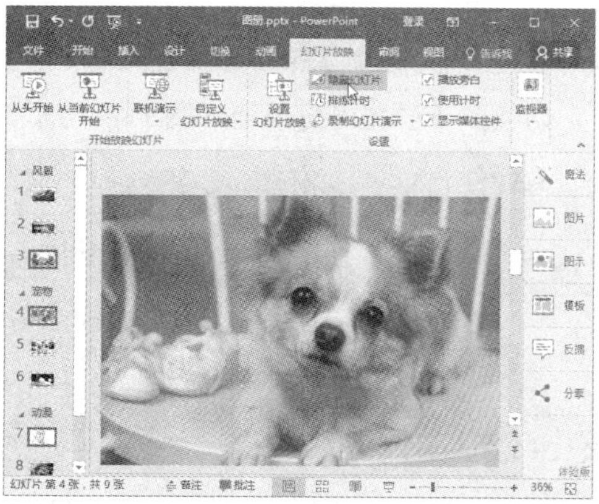

图 11-3 单击【隐藏幻灯片】按钮

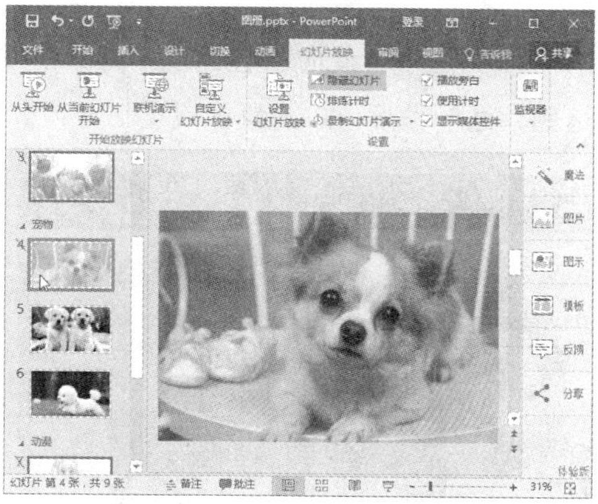

图 11-4 隐藏的幻灯片

2．限定幻灯片放映页

如果需要播放的幻灯片的页数是连续的，那么可以通过限定幻灯片放映的起始页和结束页来指定需要播放的幻灯片，具体操作如下。

步骤 01 打开演示文稿，切换到【幻灯片放映】选项卡，单击【设置幻灯片放映】按钮，如图 11-5 所示。

步骤 02 弹出【设置放映方式】对话框，选中【从…到…】单选按钮，在微调框中分别设置需要放映的幻灯片的起始页码和结束页码，单击【确定】按钮即可，如图 11-6 所示。

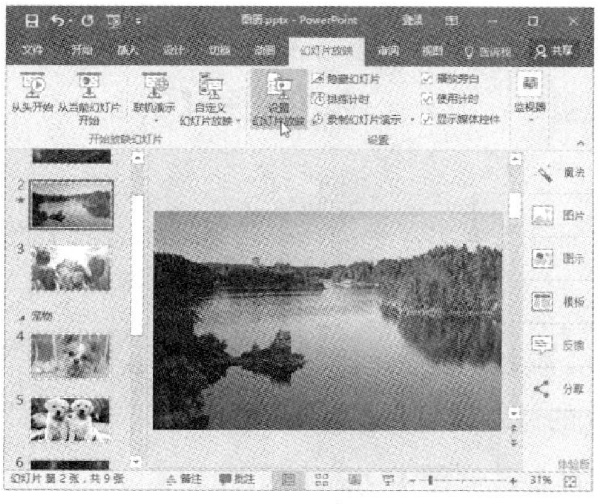

图 11-5 单击【设置幻灯片放映】按钮

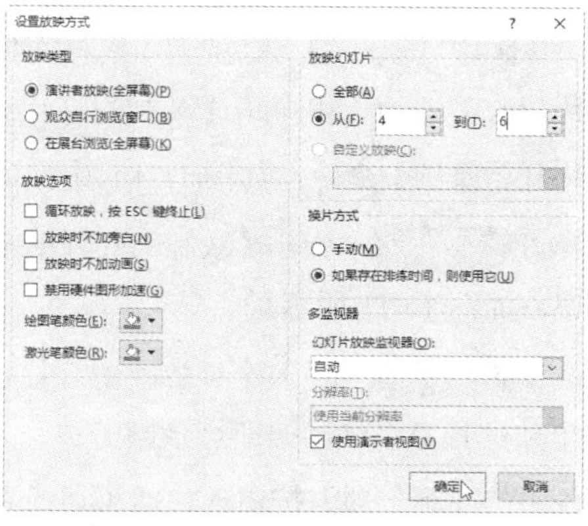

图 11-6 设置播放起始页和结束页

11.1.3 使用排练计时放映

排练计时是指在正式放映前手动对幻灯片进行切换，然后将手动换片时间记录下来。使用排练计时放映功能后，就可以按照设定的时间自动放映幻灯片了，设置方法如下。

步骤 01 打开演示文稿，切换到【幻灯片放映】选项卡，在【设置】组中单击【排练计时】按钮，如图 11-7 所示。

步骤 02 此时将会出现幻灯片放映视图，同时出现【录制】工具栏，当放映时间达到合适的秒后，单击鼠标或【下一项】按钮➔，切换到下一张幻灯片，如图 11-8 所示。

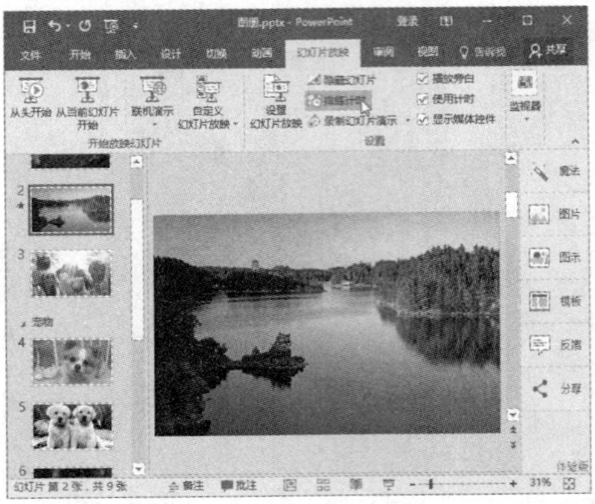

图 11-7 单击【排练计时】按钮

图 11-8 计时放映时间

步骤 03 重复步骤 02 的操作，当到达幻灯片末尾时，在弹出的提示对话框中单击【是】按钮保留排练时间，下次播放时就会按照记录的时间自动播放幻灯片了，如图 11-9 所示。

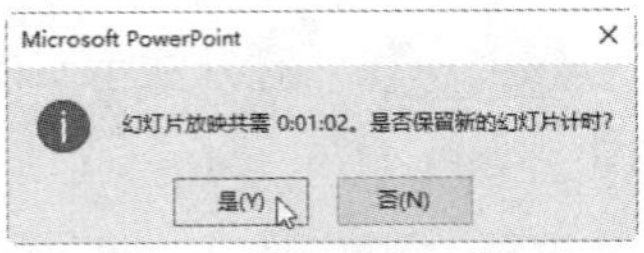

图 11-9 保留排练计时时间

课堂范例——录制幻灯片旁白

步骤 01 打开“光盘 \ 素材文件 \ 第 11 章 \11.1\ 图册 .pptx”演示文稿，在【幻灯片放映】选项卡中单击【录制幻灯片演示】下拉按钮，在下拉列表中选择【从当前幻灯片开始录制】命令，如图 11-10 所示。

步骤 02 弹出【录制幻灯片演示】对话框，勾选全部复选框，单击【开始录制】按钮，如图 11-11 所示。

步骤 03 进入全屏放映幻灯片状态，同时屏幕上还会显示【预演】工具条进行计时，此时对着麦克风讲话即可录制旁白，当前幻灯片的旁白录制完成后，单击【预演】工具条中的【下一项】按钮➔，即可切换到下一张幻灯片，如图 11-12 所示。

步骤 04 用同样的方法为其他幻灯片录制旁白，结束旁白录制后，在演示文稿中可看到设置了旁白的幻灯片右下角将添加一个声音图标🔈，如图 11-13 所示。

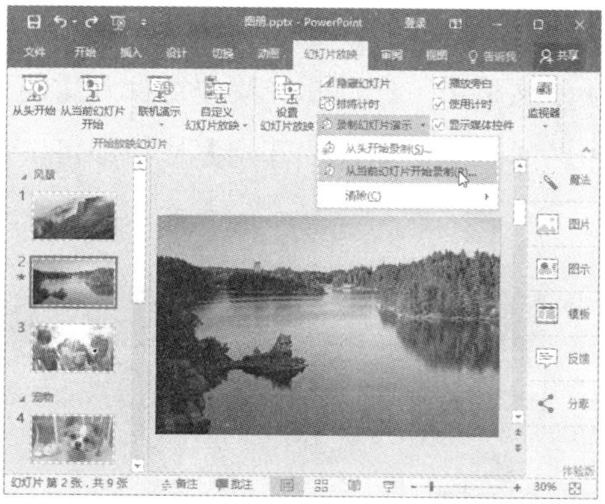

图 11-10 选择【从当前幻灯片开始录制】命令

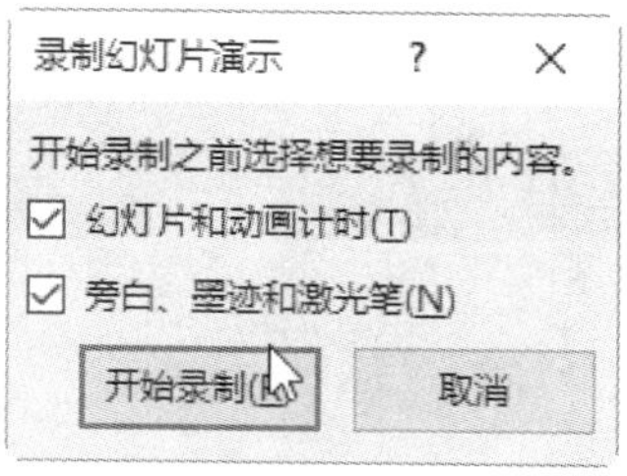

图 11-11 选择要录制的内容

图 11-12 录制旁白

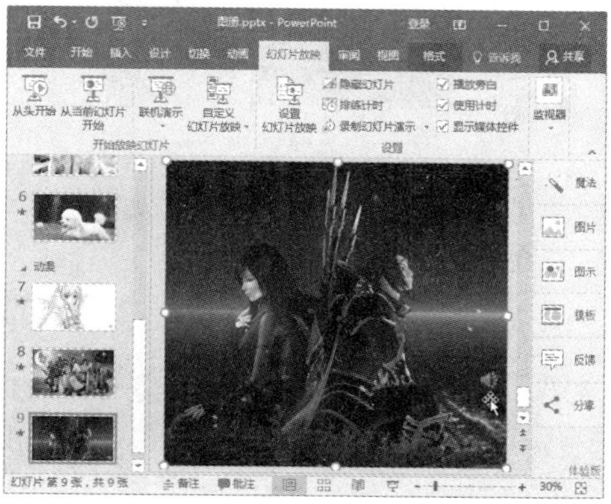

图 11-13 结束旁白录制操作

11.2 幻灯片的放映控制

放映幻灯片时，为了将演示文稿更好地展示给观众，还需要掌握一定的放映控制技巧，如定位幻灯片、跳转等。

11.2.1 放映演示文稿

在 PowerPoint 2016 中，幻灯片的放映方式主要有“从头开始”“从当前幻灯片开始”“联机演示”和“自定义幻灯片”放映 4 种。

1．从头开始

如果希望从演示文稿的第 1 张幻灯片开始依次放映幻灯片，首先切换到【幻灯片放映】选项卡，然后单击【开始放映幻灯片】组中的【从头开始】按钮即可，如图 11-14 所示。

2．从当前开始

如果希望从当前选中的幻灯片开始放映演示文稿，可在演示文稿中切换到【幻灯片放映】选项卡，单击【开始放映幻灯片】组中的【从当前幻灯片开始】按钮即可，如图 11-15 所示。

图 11-14　单击【从头开始】按钮

图 11-15　单击【从当前幻灯片开始】按钮

技能拓展

按下【F5】键，可从第一张幻灯片开始放映演示文稿；按下【Shift+F5】组合键，可从当前选中的幻灯片处放映演示文稿。

3．联机演示

使用联机演示功能可以让演示者在任意位置通过网络与任何人共享幻灯片放映，在 PowerPoint 2016 中使用联机演示幻灯片的方法如下。

步骤 01 打开演示文稿，在【幻灯片放映】选项卡的【开始放映幻灯片】组中单击【联机演示】按钮，如图 11-16 所示。

步骤 02 弹出【联机演示】对话框，单击【连接】按钮，如图 11-17 所示。

图 11-16　单击【联机演示】按钮

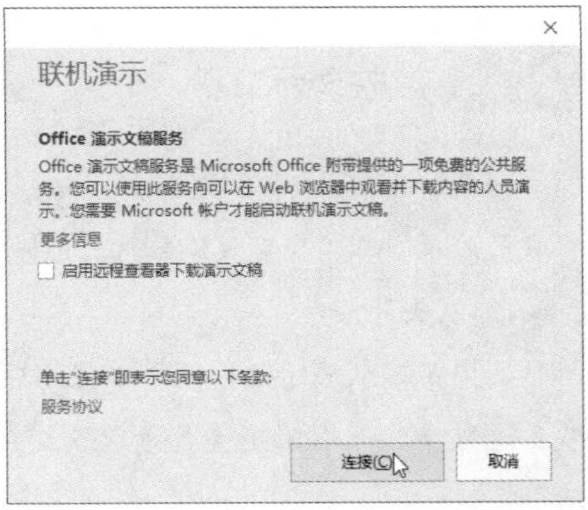
联机演示
Office 演示文稿服务
Office 演示文稿服务是 Microsoft Office 附带提供的一项免费的公共服务。您可以使用此服务向可以在 Web 浏览器中观看并下载内容的人员演示。您需要 Microsoft 帐户才能启动联机演示文稿。
更多信息
启用远程查看器下载演示文稿
单击"连接"即表示您同意以下条款:
服务协议
连接(C)
取消

图 11-17　单击【连接】按钮

步骤 03 连接完成后，将对话框中显示的连接地址复制下来告知访问群体，单击【启动演示文稿】按钮即可实现联机演示，如图 11-18 所示。

4. 自定义幻灯片放映

针对不同的演示场合，幻灯片的放映顺序有可能会不一样，此时可以自定义放映顺序及放映内容，具体操作如下。

步骤 01 打开演示文稿，在【幻灯片放映】选项卡中单击【自定义幻灯片放映】下拉按钮，在其下拉列表中选择【自定义放映】命令，如图 11-19 所示。

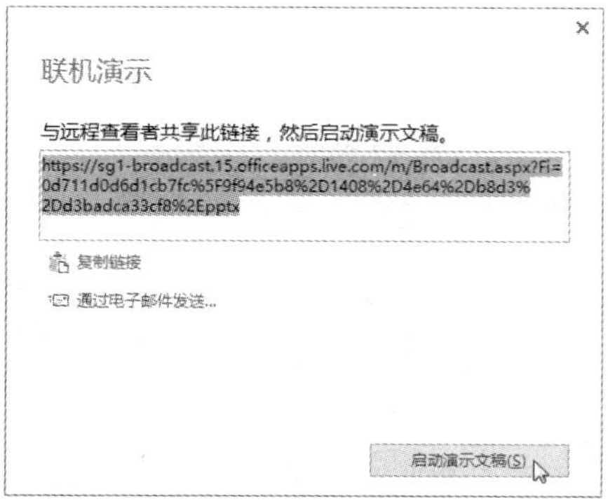

图 11-18 单击【启动演示文稿】按钮

图 11-19 选择【自定义放映】命令

步骤 02 弹出【自定义放映】对话框，单击【新建】按钮，如图 11-20 所示。

步骤 03 弹出【定义自定义放映】对话框，在文本框中输入自定义名称，在左侧列表框中勾选需要放映的幻灯片前的复选框，单击【添加】按钮，如图 11-21 所示。

图 11-20 单击【新建】按钮

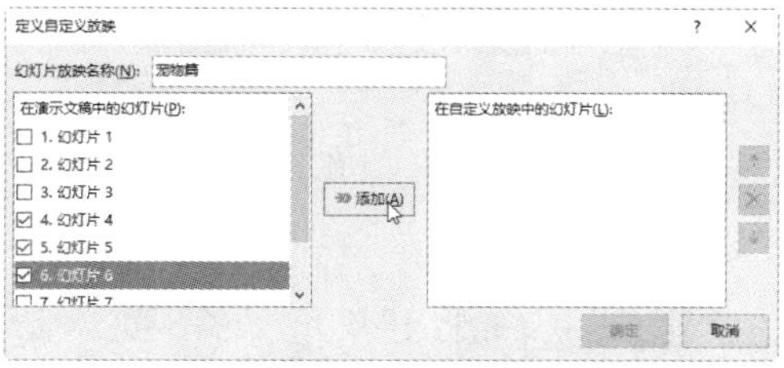

图 11-21 自定义要放映的幻灯片

步骤 04 此时在右侧的列表框中可看到添加的幻灯片，单击【确定】按钮，如图 11-22 所示。

步骤 05 返回【自定义放映】对话框，单击【放映】按钮即可，如图 11-23 所示。

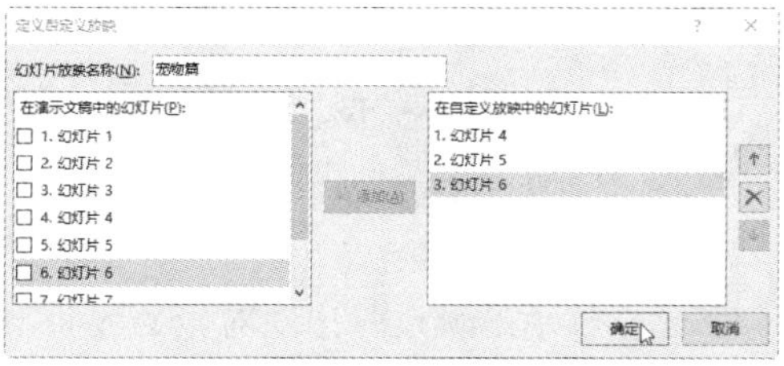

图 11-22 确认添加幻灯片

图 11-23 单击【放映】按钮

11.2.2 快速定位幻灯片

播放演示文稿时，很可能遇到需要快速跳转到某一张幻灯片的情况，如果当前演示文稿中包含的幻灯片数目较多，采用单击鼠标左键的方式进行切换就太麻烦了，此时可使用快速定位幻灯片功能进行跳转，具体操作如下。

步骤 01 在幻灯片放映过程中，右击幻灯片，在弹出的快捷菜单中选择【查看所有幻灯片】命令，如图 11-24 所示。

步骤 02 此时所有幻灯片将呈缩略图显示，单击对应幻灯片即可进入指定的幻灯片放映画面，如图 11-25 所示。

图 11-24 选择【查看所有幻灯片】命令

图 11-25 单击指定幻灯片进行切换

11.2.3 在放映过程中勾画重点

为了配合演讲，在幻灯片放映过程中可能会遇到需要勾画重点内容的情况，具体操作方法如下。

步骤 01 打开演示文稿，进入幻灯片放映模式，在需要标注或勾画的幻灯片中右击，在弹出的快捷菜单中选择【指针选项】选项，在弹出的级联菜单中选择所需的指针，如“笔”，如图 11-26 所示。

图 11-26 选择需要的指针

步骤 02 再次右击，在弹出的快捷菜单中选择【指针选项】选项，在弹出的级联菜单中选择【墨迹颜色】选项，在展开的颜色条中选择需要的颜色，如图 11-27 所示。

步骤 03 此时在需要标注的地方拖动鼠标，鼠标移动的轨迹就出现对应的线条，如图 11-28 所示。

图 11-27 设置墨迹颜色

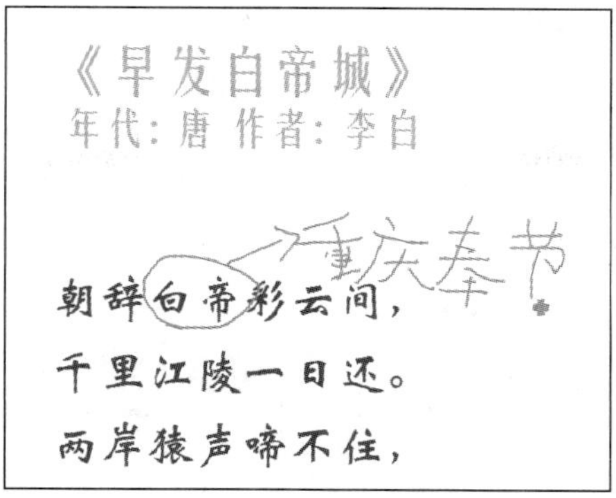

图 11-28 标注主要内容

步骤 04 若不小心画错，可右击，在弹出的快捷菜单中选择【指针选项】选项，在弹出的级联菜单中选择【橡皮擦】命令，如图 11-29 所示。

步骤 05 此时鼠标指针变为橡皮擦状，单击画错的线条即可将其擦除，如图 11-30 所示。勾画完成后，按下【Esc】键可退出鼠标标注模式。

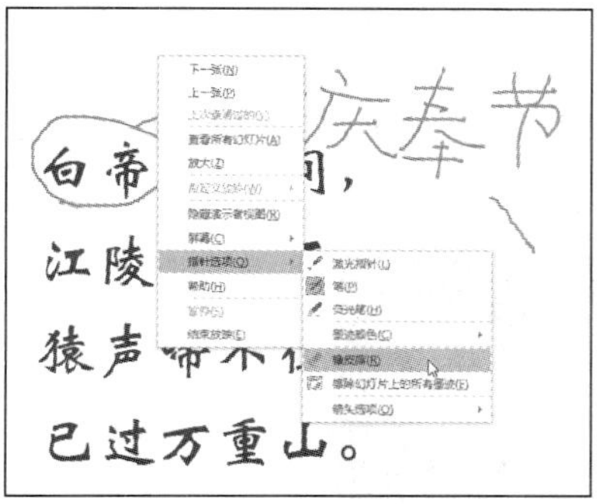

图 11-29 选择【橡皮擦】命令

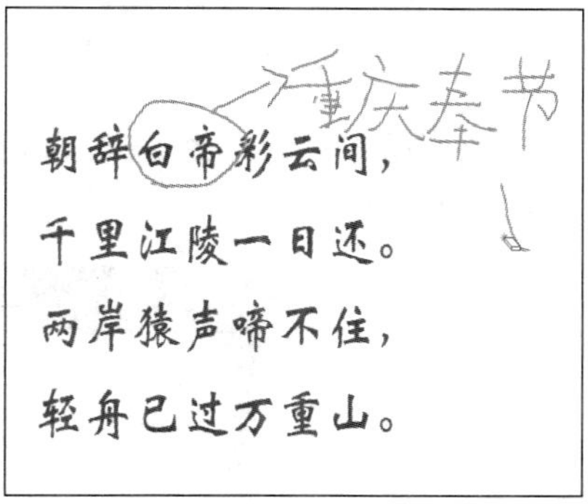

图 11-30 擦除画错的线条

11.2.4 黑 / 白屏的使用

在 PPT 演示开始之前和演示过程中，若需要观众暂时将目光集中在其他地方时，可以为幻灯片设置显示颜色，让内容暂时消失。

操作方法为：右击正在放映幻灯片的任意处，在弹出的快捷菜单中选择【屏幕】选项，在弹出的级联菜单中根据需要选择【黑屏】或【白屏】命令即可，如图 11-31 所示。

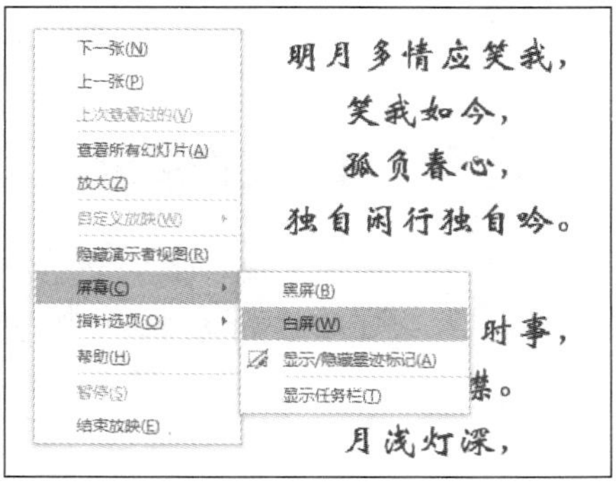

图 11-31 设置黑 / 白屏

课堂范例——幻灯片演示时显示备注

步骤 01 打开“光盘 \ 素材文件 \ 第 11 章 \ 诗词鉴赏课件 .pptx”演示文稿，在需要备注的幻灯片中单击状态栏中的【备注】按钮，在显示的【备注】栏中输入备注内容。

步骤 02 确认计算机已经与投影仪连接好，切换到【幻灯片放映】选项卡，单击【设置幻灯片放映】按钮，如图 11-32 所示。

步骤 03 弹出【设置放映方式】对话框，在【多监视器】栏勾选【使用演示者视图】复选框，在【幻灯片放映监视器】下拉列表中选择投影仪设备，完成后单击【确定】按钮，如图 11-33 所示。

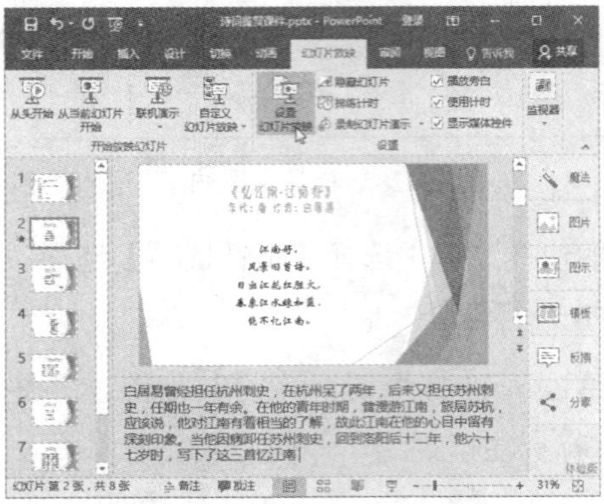

图 11-32 单击【设置幻灯片放映】按钮

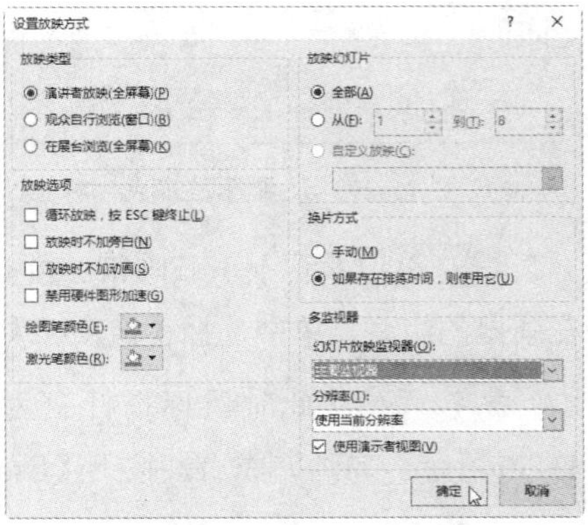

图 11-33 选择投影仪设备

步骤 04 放映演示文稿，此时投影仪会放映正片内容，而备注内容则会在计算机端显示，如图 11-34 所示。

图 11-34 放映时同步查看备注

11.3 演示文稿输出

通常制作的演示文稿不仅仅是供自己查看，还需要将其给其他人传阅，此时就要用到 PowerPoint 的输出功能。

11.3.1 将幻灯片输出为图形文件

PowerPoint 自身提供了另存为图片格式的功能，利用此功能可以将幻灯片输出为图形文件，方法如下。

步骤 01 打开演示文稿，切换到【文件】选项卡，选择【另存为】命令，在对应的子选项卡中单击【浏览】按钮，如图 11-35 所示。

步骤 02 弹出【另存为】对话框，设置好文件名称和保存路径，选择一种图片格式的保存类型，如“JPEG 文件交换式格式（*jpg）”，然后单击【保存】按钮，如图 11-36 所示。

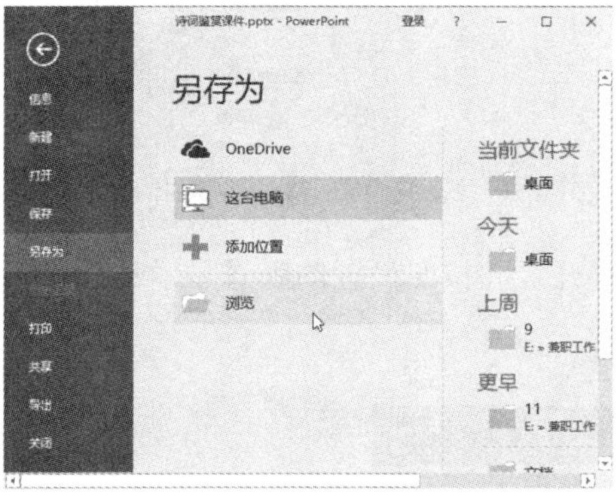

图 11-35 单击【浏览】按钮

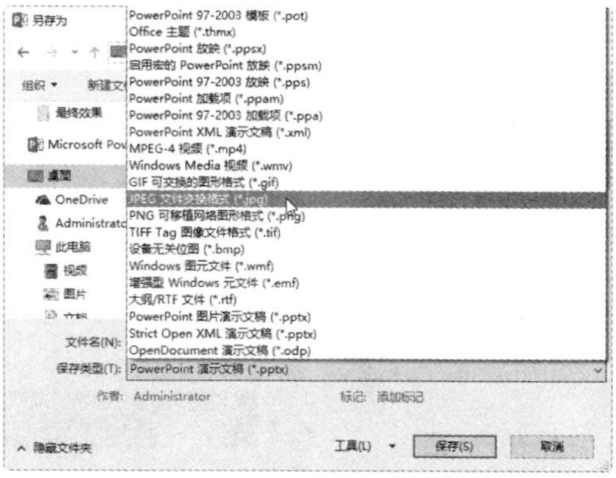

图 11-36 选择图片保存格式

步骤 03 在弹出的提示对话框中单击相应按钮选择要转换的幻灯片，如图 11-37 所示。

步骤 04 在弹出的信息提示框中单击【确定】按钮即可，如图 11-38 所示。

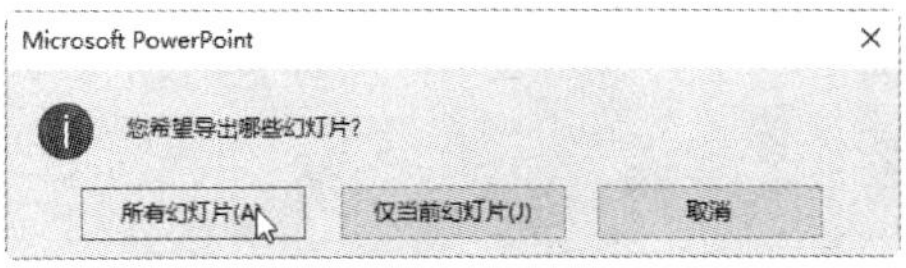

图 11-37 选择要转换的幻灯片

图 11-38 确认操作

进行上述操作后，路径下可出现一个包含所有幻灯片图片的文件夹，双击任意一个幻灯片图片，即可以图片形式进行浏览。

11.3.2 将演示文稿制作为讲义

所谓将演示文稿制作为讲义，实际上就是将其转换为 Word 文档模式，以便用户像处理 Word 文档一样对演示文稿内容进行编辑，设置方法如下。

步骤 01 打开需要操作的演示文稿，切换到【文件】选项卡，在左侧窗格中选择【导出】选项，在中间窗格中选择【创建讲义】选项，然后在右侧窗格中选择【创建讲义】命令，如图 11-39 所示。

步骤 02 弹出【发送到 Microsoft Word】对话框，选择演示文稿在 Word 中的版式，单击【确定】按钮，如图 11-40 所示。

图 11-39　选择【创建讲义】命令

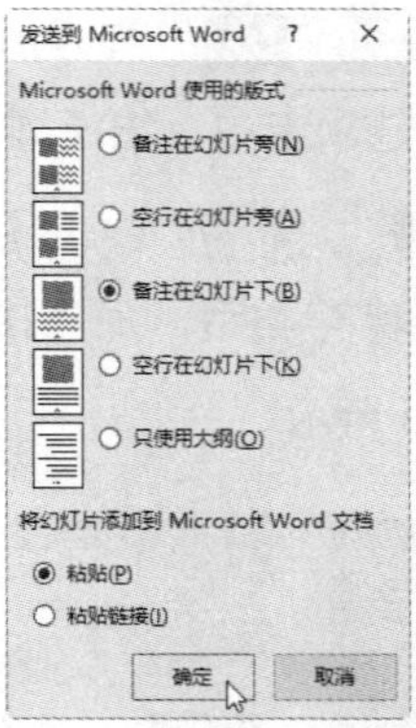

图 11-40　选择版式

步骤 03　稍后演示文稿将在 Word 程序中打开，并按照设置的版式显示幻灯片和备注信息，如图 11-41 所示。

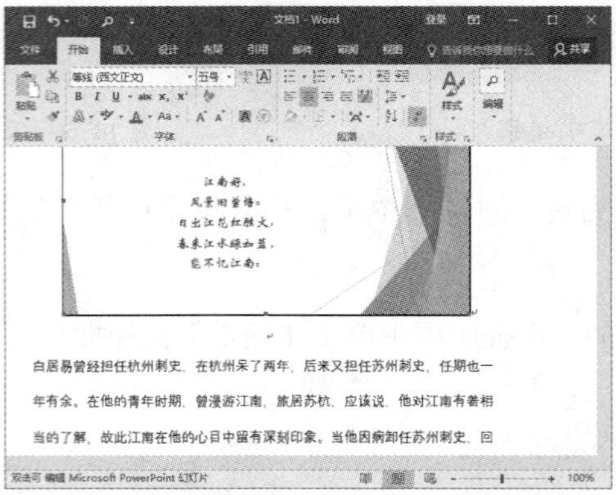

图 11-41　打开演示文稿

11.3.3 将演示文稿制作成视频文件

通过将演示文稿制作成视频文件，可以最大限度地呈现动画效果、切换效果和多媒体信息，具体操作如下。

步骤 01　打开制作的演示文稿，切换到【文件】选项卡，在左侧窗格中选择【导出】选项，在中间窗格中单击【创建视频】按钮，如图 11-42 所示。

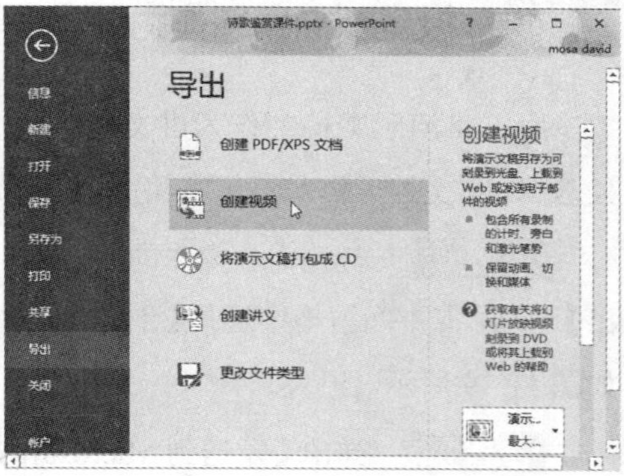

图 11-42　单击【创建视频】按钮

步骤 02　在右侧窗格中对将要发布的视频进行详细设置，包括视频大小、是否使用计时和旁白，以及每页幻灯片的播放时间等，完成后单击【创建视频】按钮，如图

11-43 所示。

步骤 03 弹出【另存为】对话框，默认的文件类型为“mp4”，设置好文件名及保存路径，单击【保存】按钮，如图 11-44 所示，程序即可自动制作视频文件。

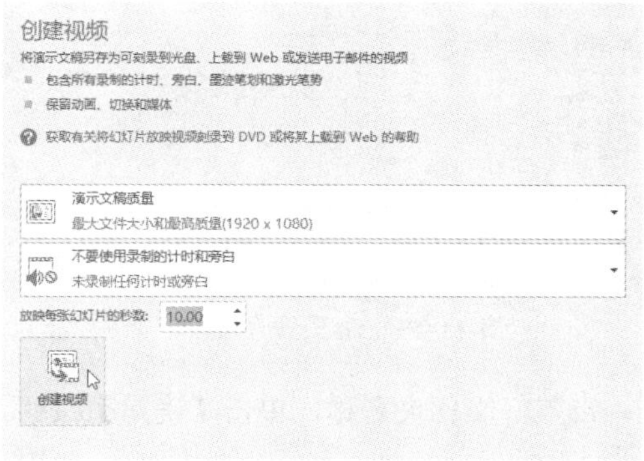

图 11-43 设置视频参数

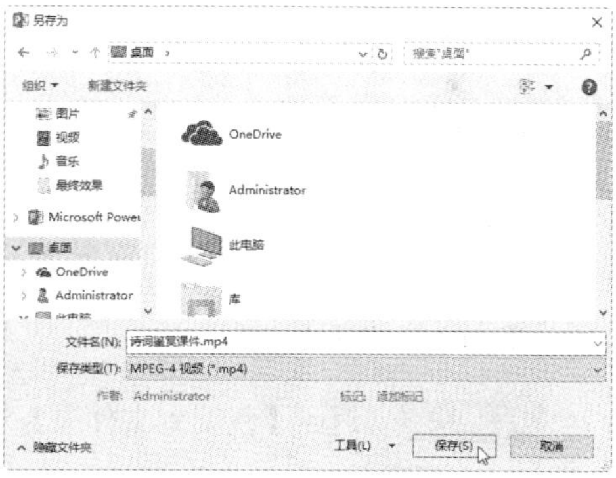

图 11-44 保存为视频文件

课堂范例——将演示文稿打包

步骤 01 打开“光盘\素材文件\第 11 章\诗词鉴赏课件 .pptx”演示文稿，切换到【文件】选项卡，在左侧窗格中选择【导出】选项，在中间窗格中选择【将演示文稿打包成 CD】选项，在右侧窗格中单击【打包成 CD】按钮，如图 11-45 所示。

步骤 02 弹出【打包成 CD】对话框，单击【复制到文件夹】按钮，如图 11-46 所示。

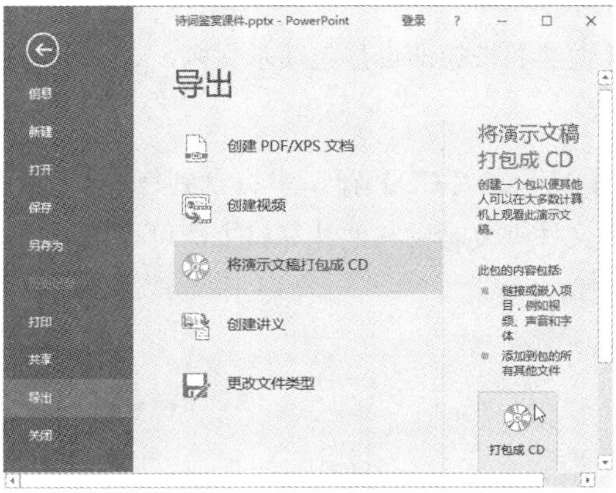

图 11-45 单击【打包成 CD】按钮

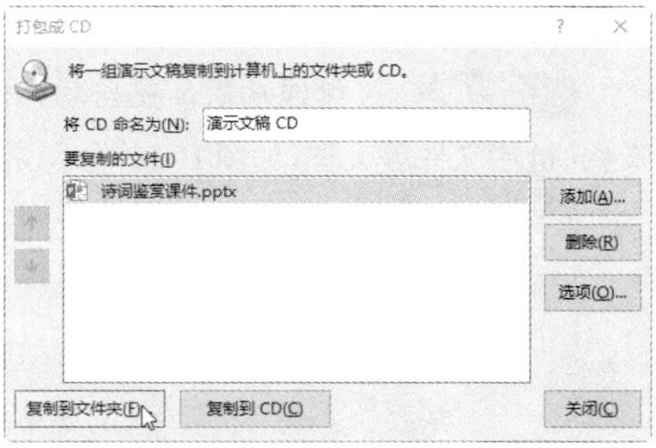

图 11-46 单击【复制到文件夹】按钮

步骤 03 弹出【复制到文件夹】对话框，如果对程序默认指定的位置不满意，可单击【浏览】按钮，如图 11-47 所示。

步骤 04 弹出【选择位置】对话框，设置好保存路径，单击【选择】按钮，如图 11-48 所示。

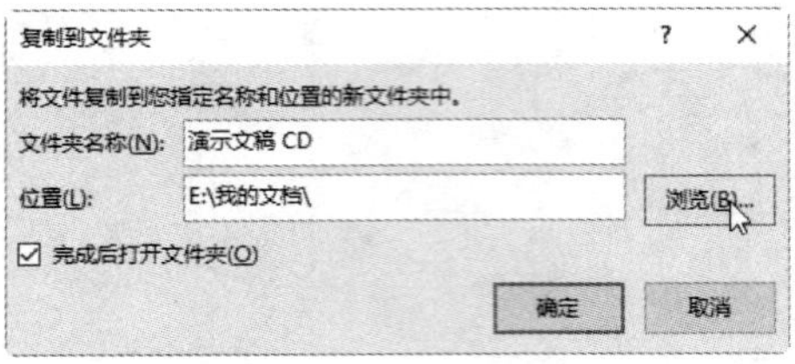

图 11-47　单击【浏览】按钮

图 11-48　设置保存路径

步骤 05　返回【复制到文件夹】对话框，设置好文件夹名称，单击【确定】按钮，如图 11-49 所示。

步骤 06　因为本例演示文稿中包含超链接，此时将弹出提示对话框，单击【是】按钮确认打包超链接文件，如图 11-50 所示。

图 11-49　确认设置

图 11-50　单击【是】按钮

步骤 07　由于本例包含墨迹内容，此时将弹出提示对话框，提示用户数据包中将不包含批注、修订和墨迹注释等内容，单击【继续】按钮即可打包演示文稿，如图 11-51 所示。

步骤 08　打包成功后，在自动弹出的【演示文稿 CD】窗口中将看到包含了演示文稿、链接文件等文件，如图 11-52 所示，将整个文件夹复制到其他计算机上即可正常播放。

图 11-51　单击【继续】按钮

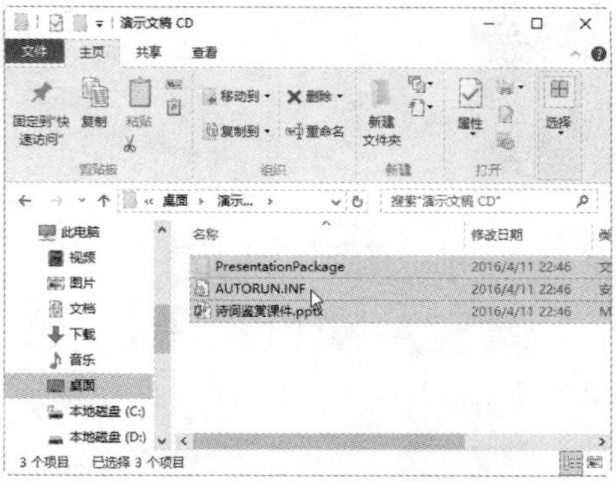

图 11-52　查看打包文件

课堂问答

通过本章内容的学习，大家对演示文稿的放映和输出方法有了一定的了解，下面列出一些常见的问题供学习参考。

问题❶：放映幻灯片时可以隐藏声音图标吗？

答：如果觉得放映幻灯片时声音图标显示出来不美观，可以将其隐藏，解决方法为：选中声音图标，切换到【播放】选项卡，在【音频选项】组中勾选【放映时隐藏】复选框即可。

问题❷：可以在幻灯片中显示当前日期吗？

答：如果想要在幻灯片中显示当前日期，方法为：首先切换到【视图】选项卡，单击【幻灯片母版】按钮，然后切换到【插入】选项卡，单击【页眉和页脚】按钮，在弹出的对话框中勾选【日期和时间】复选框，最后单击【全部应用】按钮即可，如图 11-53 所示。

图 11-53 显示当前日期

问题❸：如何取消以黑屏结束放映幻灯片？

答：如果对黑屏结束放映幻灯片的方式不满意，可设置为放映完后直接退出放映模式，解决方法为：切换到【文件】选项卡，选择【选项】命令，在弹出的【PowerPoint 选项】对话框中切换到【高级】选项卡，在右侧窗格中的【幻灯片放映】栏中取消勾选【以黑幻灯片结束】复选框，单击【确定】按钮即可。

上机实战——排练输出年度工作报告

为了巩固本章知识点，下面讲解一个技能综合案例，使大家对本章的知识有更深入的了解。

效果展示

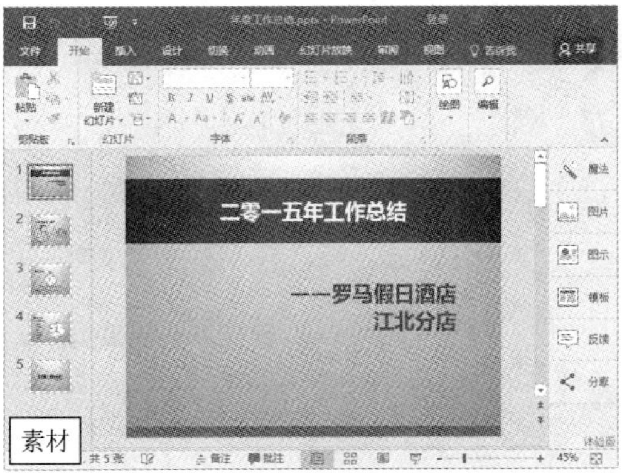

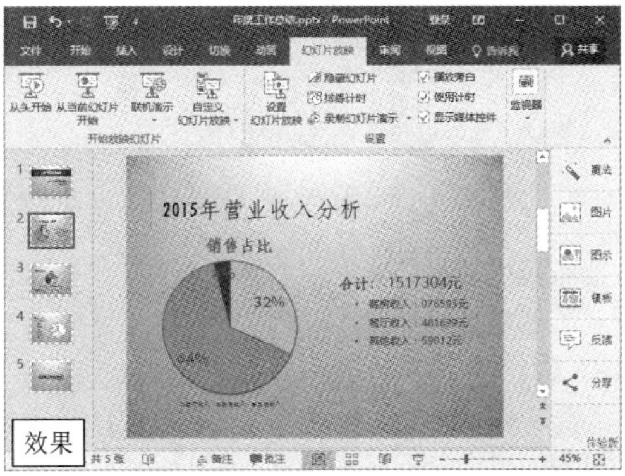

思路分析

放映总结报告时，通常会对报告作出讲解和批注，此时可以用笔在放映时画出来，并对放映时间作出预估。

本例用排练计时对幻灯片的放映时间进行控制，并在放映过程中对重点信息进行勾画和批注，最后对演示文稿进行保存，得到最终效果。

制作步骤

步骤 01 打开“光盘\素材文件\第 11 章\年度工作报告 .pptx”演示文稿，切换到【幻灯片放映】选项卡，在【设置】组中单击【排练计时】按钮，如图 10-54 所示。

步骤 02 幻灯片处于放映状态，在合适时间按下【录制】工具条中的【下一项】按钮 ➔，如图 10-55 所示。

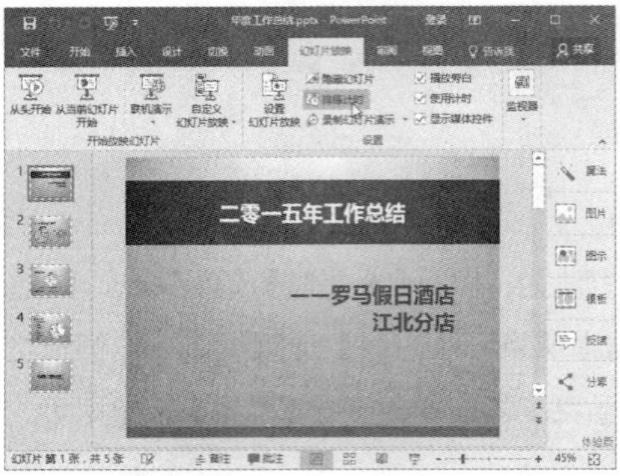

图 11-54 单击【排练计时】按钮

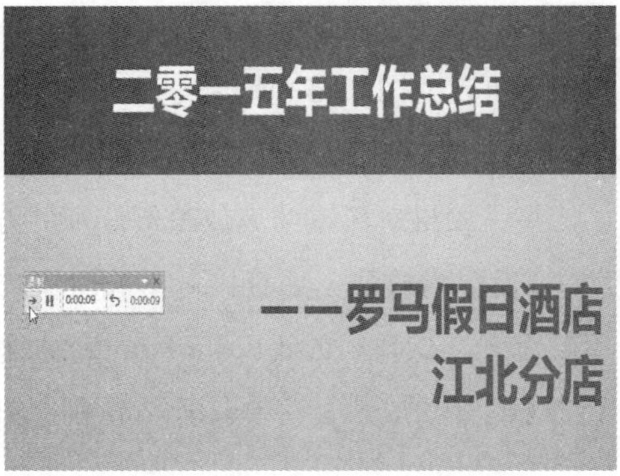

图 11-55 单击【下一项】按钮

步骤 03 当放映到需要勾画重点的幻灯片时，右击放映界面，在弹出的快捷菜单中依次执行【指针选项】→【笔】命令，如图 10-56 所示。

步骤 04 再次右击放映界面，在弹出的快捷菜单中依次选择【指针选项】→【墨迹颜色】命令，在弹出的颜色条中选择需要的颜色，如图 10-57 所示。

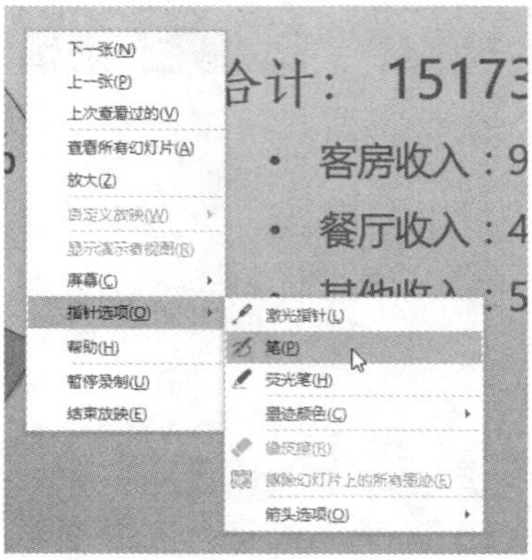

图 11-56 选择【笔】选项

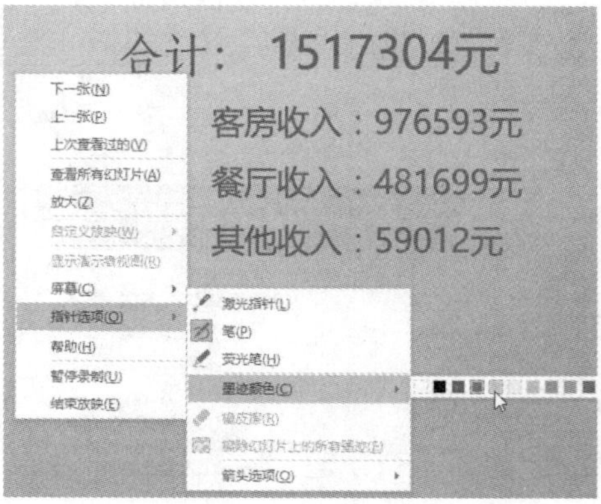

图 11-57 选择墨迹颜色

步骤 05　按下鼠标左键的同时在放映界面中进行拖动，在合适位置释放鼠标，即可进行勾画和写字操作，如图 10-58 所示。

步骤 06　如果不小心画错了，可右击，依次选择【指针选项】→【橡皮擦】命令，如图 10-59 所示。

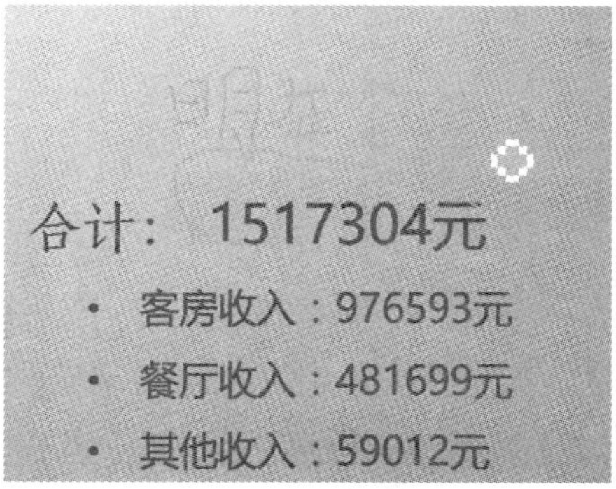

图 11-58　进行勾画和写字操作

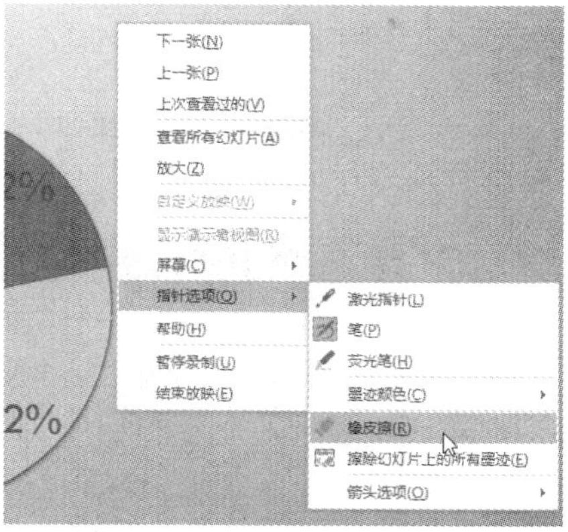

图 11-59　选择【橡皮擦】命令

步骤 07　此时鼠标指针变为橡皮擦形状，单击线条即可将画错的部分删除，如图 10-60 所示。

步骤 08　按照上面的操作继续排练计时和标注，当播放完最后一张幻灯片后，将弹出对话框，提示用户是否保留墨迹，单击【保留】按钮，如图 10-61 所示。

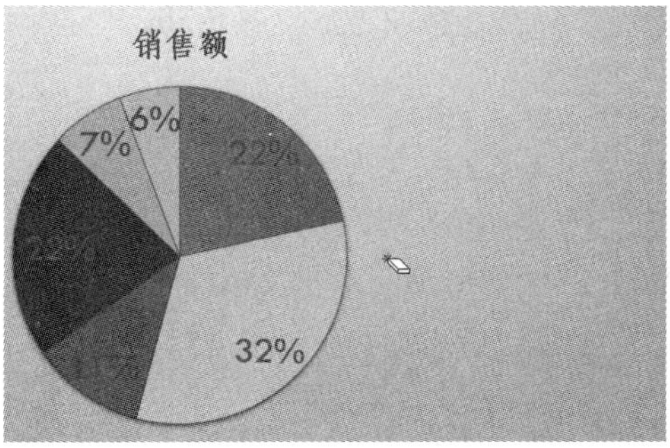

图 11-60　擦除墨迹

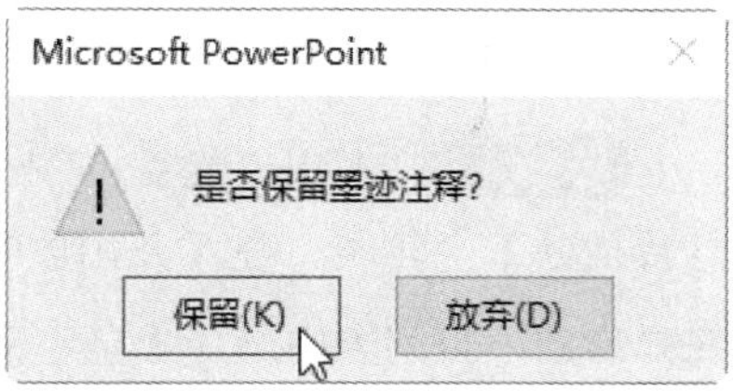

图 11-61　保留墨迹

步骤 09　在弹出的提示对话框中将显示排练计时的时间，单击【是】按钮保存幻灯片计时内容即可，如图 10-62 所示。

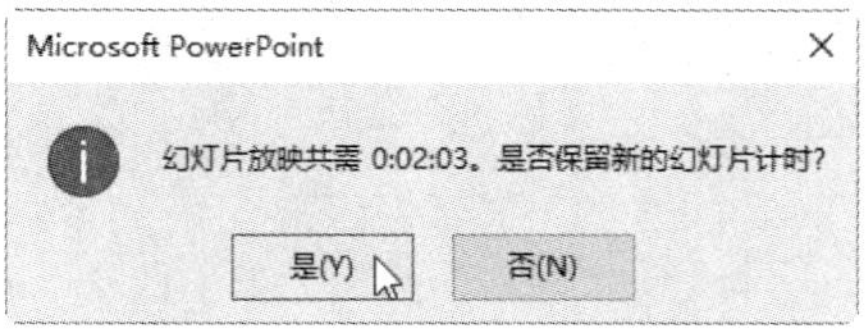

图 11-62　保留计时效果

同步训练——放映并创建旅游相册视频

为了增强大家的动手能力，下面安排一个同步训练案例，通过上机实战案例的学习，让读者达到举一反三、触类旁通的学习效果。

图解流程

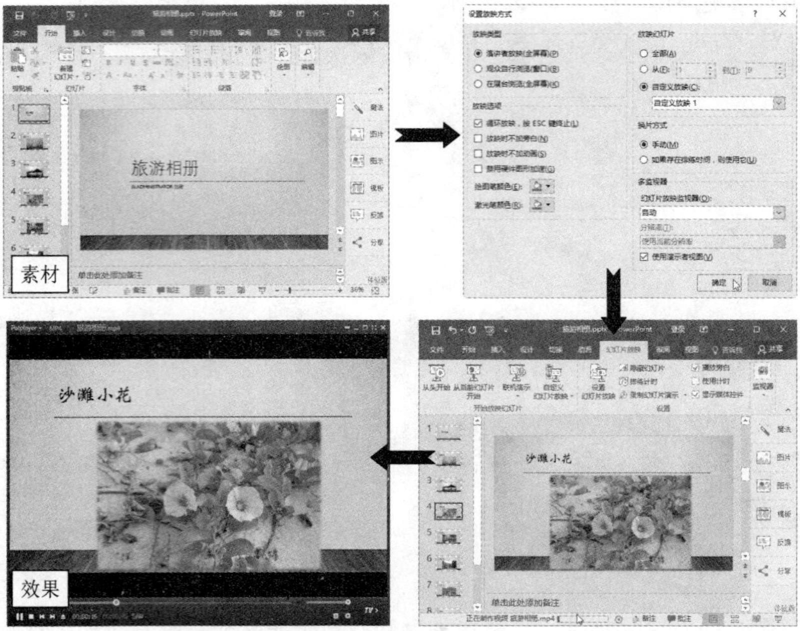

思路分析

如果演示文稿中的所有幻灯片无须全部放映，可以手动设置幻灯片的播放范围，还可以将演示文稿输出为视频文件进行保存。

本例首先设置需要播放的幻灯片，接着设置幻灯片循环播放方式，最后将幻灯片创建为视频文件，得到最终效果。

关键步骤

步骤 01 打开“光盘\素材文件\第 11 章\旅游相册 .pptx”演示文稿，切换到【幻灯片放映】选项卡，在【开始放映幻灯片】组中单击【自定义幻灯片放映】下拉按钮，在弹出的下拉列表中选择【自定义放映】命令，如图 11-63 所示。

步骤 02 弹出【自定义放映】对话框，选择【新建】命令，如图 11-64 所示。

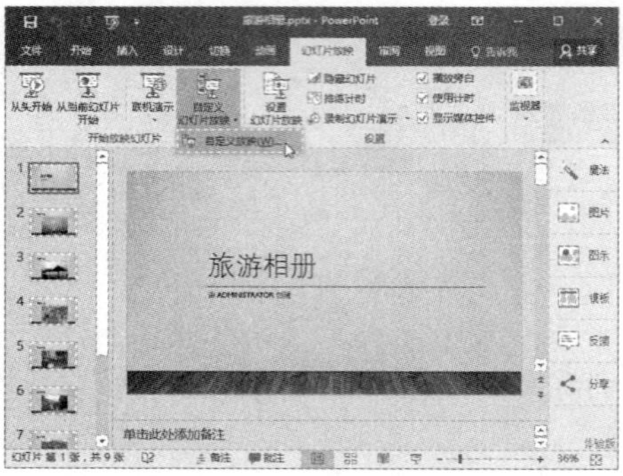

图 11-63 选择【自定义放映】命令

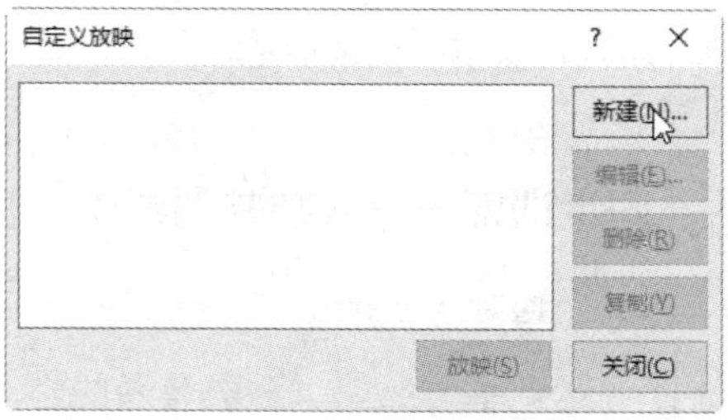

图 11-64 选择【新建】命令

步骤 03 在左侧列表框中勾选需要放映的幻灯片名称前的复选框，单击【添加】按钮，如图 11-65 所示。

步骤 04 在右侧列表框中可以看到自定义放映的幻灯片名称，单击【确定】按钮，如图 11-66 所示。

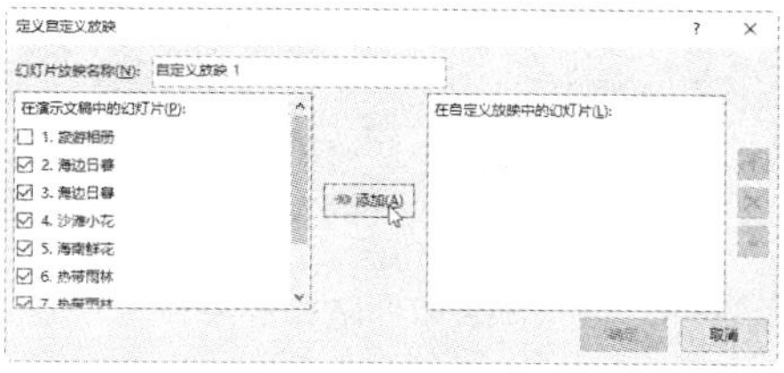

图 11-65 自定义要放映的幻灯片

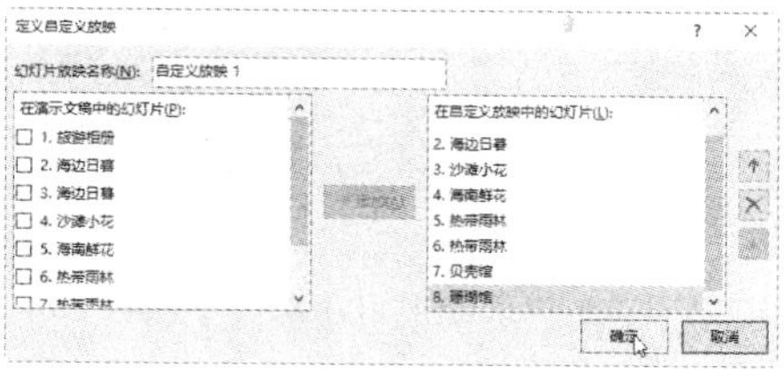

图 11-66 确认自定义设置

步骤 05 返回【自定义放映】对话框，单击【关闭】按钮，如图 11-67 所示。

图 11-67 【自定义放映】对话框

步骤 06 在演示文稿的【幻灯片放映】选项卡中单击【设置幻灯片放映】按钮，如图 11-68 所示。

步骤 07 弹出【设置放映方式】对话框，在【放映选项】选项组勾选【循环放映，按 ESC 键终止】复选框，在【放映幻灯片】选项组中选中【自定义放映】单选按钮，在【换片方式】选项组选中【手动】单选按钮，单击【确定】按钮，如图 11-69 所示。

图 11-68 单击【设置幻灯片放映】按钮

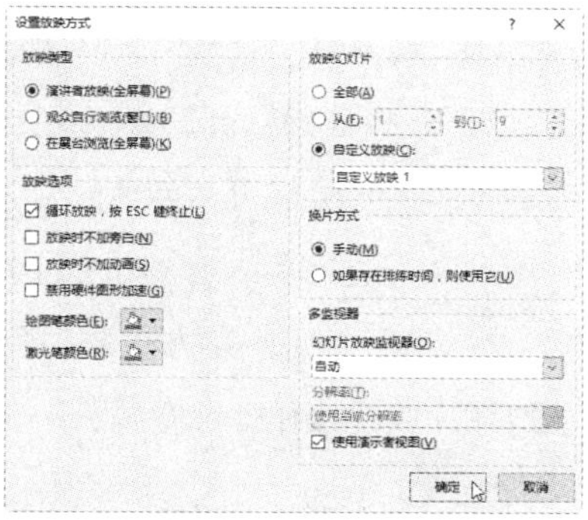

图 11-69 设置放映方式

步骤 08 设置完成后，切换到【文件】选项卡，选择【导出】选项，在中间窗格中选择【创建视频】选项，在右侧窗格中设置好相关参数，单击【创建视频】按钮，如图 11-70 所示。

步骤 09 弹出【另存为】对话框，设置好保存路径和文件名，单击【保存】按钮即可，如图 11-71 所示。如果演示文稿中的图片很多，创建视频的过程就会很慢，请耐心等待。

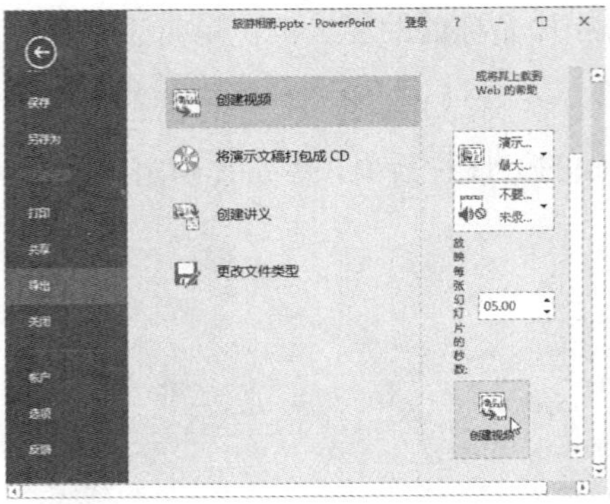

图 11-70 单击【创建视频】按钮

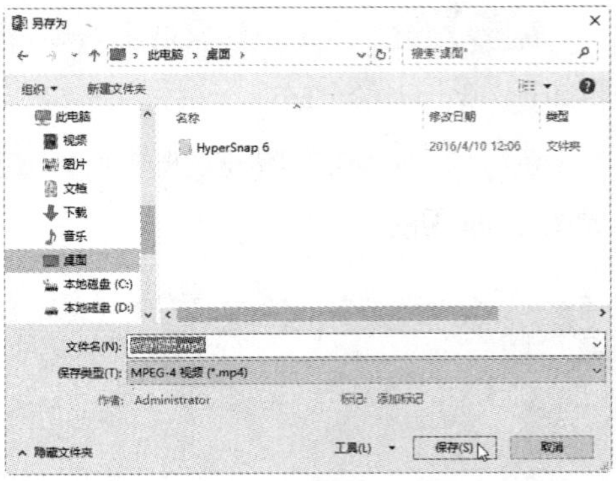

图 11-71 设置保存路径和文件名

知识能力测试

本章讲解了幻灯片放映和输出的相关操作，为对知识进行巩固和考核，布置相应的练习题。

一、填空题

1．在 PowerPoint 2016 中，幻灯片的放映方式主要有________、________、________、和______4 种。

2．与 Word 和 Excel 不同的是，PowerPoint 可将演示文稿输出为其他格式的文件，如__________、__________和__________等。

3．当放映完最后一张幻灯片时，单击鼠标左键，默认将以__________方式显示，此时再次单击鼠标左键可退出幻灯片放映状态。

二、选择题

1．在 PowerPoint 2016 中，按下（　　）键，可从第一张幻灯片开始放映演示文稿；按下（　　）键，可从当前幻灯片开始放映演示文稿。

A．【F5】　B．【F12】　C．【Shift+F5】组合　D．【Shift+F12】组合

2．使用（　　）方式放映幻灯片，可以让演示者在任意位置通过 Web 与任何人共享幻灯片放映操作。

A．从头开始　B．从当前幻灯片开始

C．联机演示　D．自定义幻灯片

3．将演示文稿输出为（　　）文件，可以最大限度地呈现动画效果、切换效果和多媒体信息。

A．PDF　B．视频　C．讲义　D．XPS

三、简答题

1．可以只播放演示文稿中的部分幻灯片吗？如何操作？

2．什么是排练计时？排练计时有何用途？

Office 2016

第 12 章 综合案例

Office 软件是 Microsoft 公司推出的主流办公软件，被广泛应用于各个领域，包括行政、文秘、财务、生产、销售等各个行业。本章主要通过几个实例的讲解，希望能够帮助用户加深对软件知识与操作技巧的理解，并熟练应用于案例中。

学习目标

- 熟练掌握调查问卷的制作方法
- 熟练掌握名片的制作方法
- 熟练掌握工资条的制作方法
- 熟练掌握企业利润表的制作方法
- 熟练掌握节日贺卡制作方法
- 数量掌握宣传手册的制作方法

12.1 使用 Word 制作调查问卷

通过所学内容，使用 Word 制作调查问卷。

效果展示

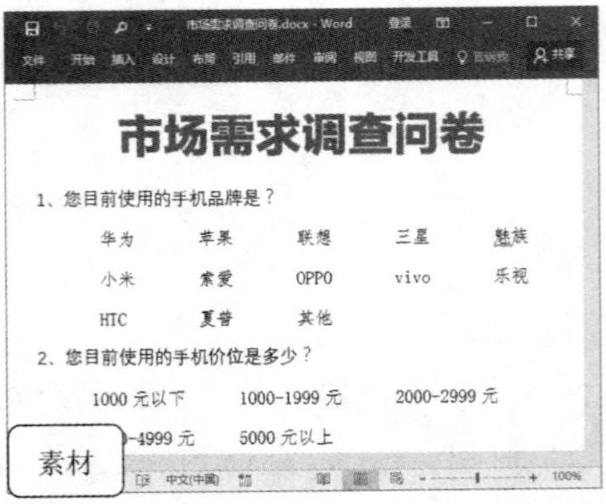

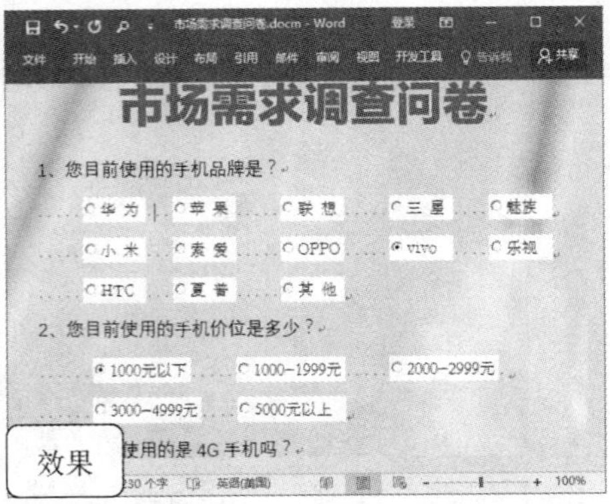

思路分析

调查问卷是了解客户需求的重要资料，具有极其重要的参考价值，因此在制作时一定要极为认真，不仅调查内容要贴近读者，而且页面也要干净清爽，才具有吸引力。

本例首先将文档保存为启用宏的文档，接着在文档中添加单选按钮、复选框、下拉列表框等相关控件，最后设置页面背景，得到最终效果。

制作步骤

步骤 01 打开“光盘 \ 素材文件 \ 第 12 章 \ 市场需求调查问卷 .docx”文件，切换到【文件】选项卡，选择【选项】选项，如图 12-1 所示。

步骤 02 弹出【Word 选项】对话框，切换到【自定义功能区】选项卡，在右侧列表框中勾选【开发工具】复选框，单击【确定】按钮，如图 12-2 所示。

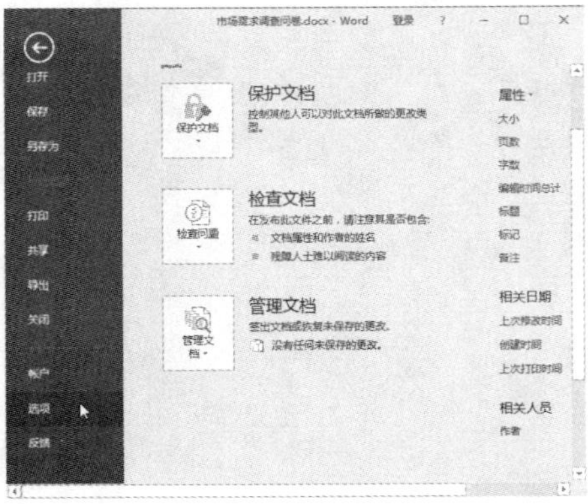

图 12-1 选择【选项】选项

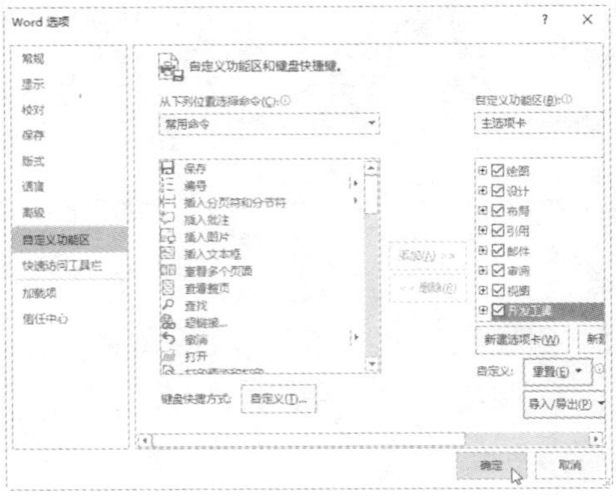

图 12-2 勾选【开发工具】复选框

步骤 03 再次切换到【文件】选项卡，选择【另存为】选项，单击【浏览】按钮，如图 12-3 所示。

步骤 04 弹出【另存为】对话框，设置好文件的保存位置和文件名，选择【启用宏的 Word 文档】保存类型，单击【保存】按钮，如图 12-4 所示。

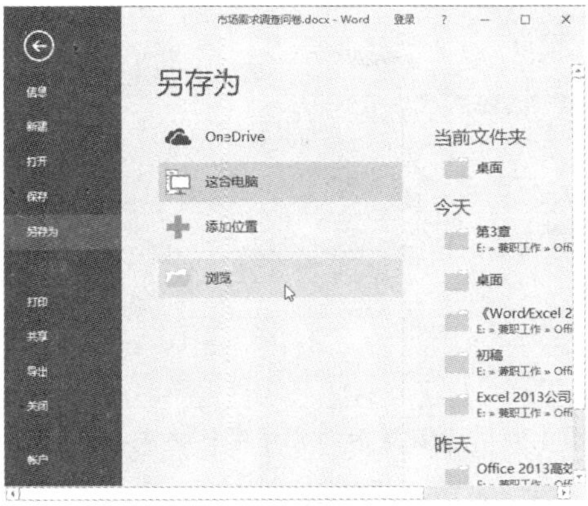

图 12-3 单击【浏览】按钮

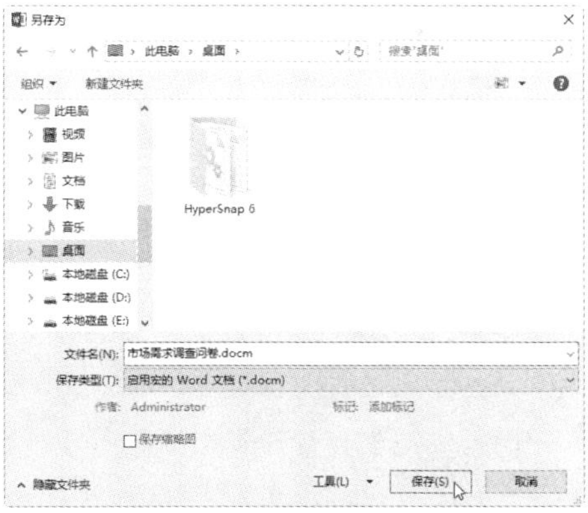

图 12-4 保存为启用宏的 Word 文档

步骤 05 将鼠标定位到目标位置，在程序窗口中切换到【开发工具】选项卡，在【控件】组中单击【旧式工具】下拉按钮，在弹出的下拉列表中选择【选项按钮】控件，如图 12-5 所示。

步骤 06 此时在文档中可看到插入的“单选按钮”控件，在【控件】组中单击【属性】按钮，如图 12-6 所示。

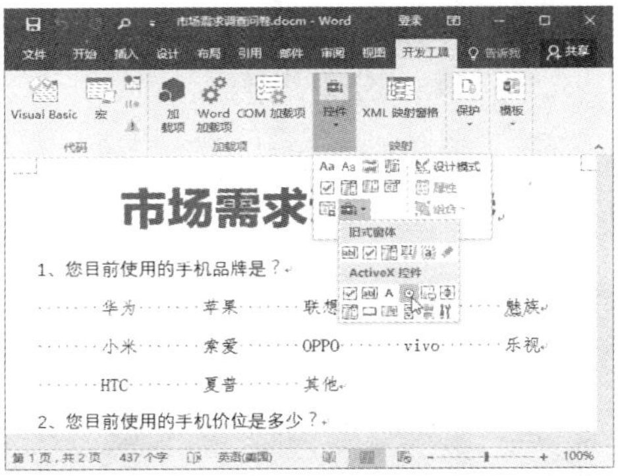

图 12-5 插入选项控件

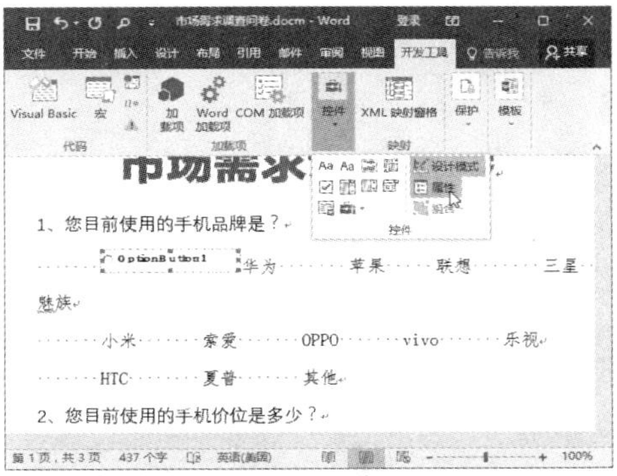

图 12-6 单击【属性】按钮

步骤 07 弹出【属性】对话框，在【Caption】选项右侧输入按钮显示的名称，选择【Font】选项右侧的选择按钮，如图 12-7 所示。

步骤 08 弹出【字体】对话框，设置好显示在控件上的文字的字体、字形和大小等格式，单击【确定】按钮，如图 12-8 所示。

步骤 09 在【GroupName】选项右侧设置该组单选按钮的名称，如图 12-9 所示。为确保每组单选按钮选择的单一性，应确保该组所有选项控件的【GroupName】为相同的名称。

步骤 10　删除多余文字，在返回的文档中可看到设置好的控件效果，调整好控件大小，如图 12-10 所示。

图 12-7　设置按钮显示名称

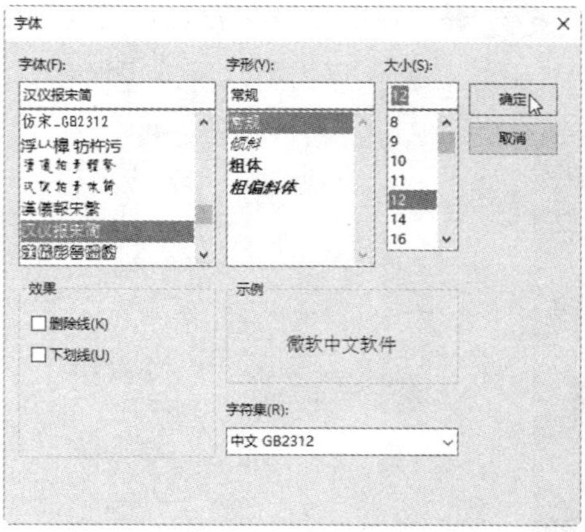

图 12-8　设置显示的文字字体格式

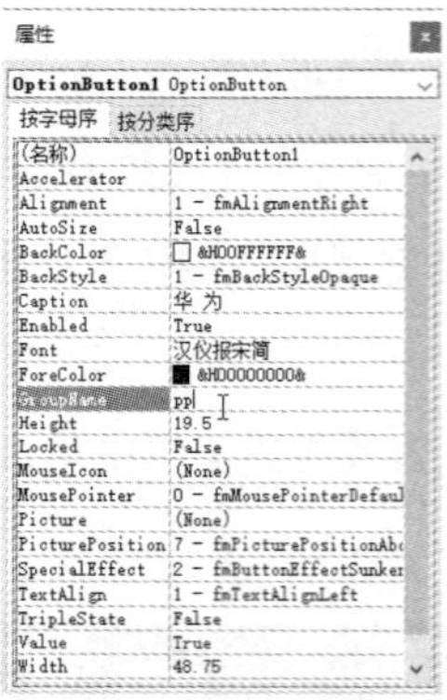

图 12-9　设置选项组名称

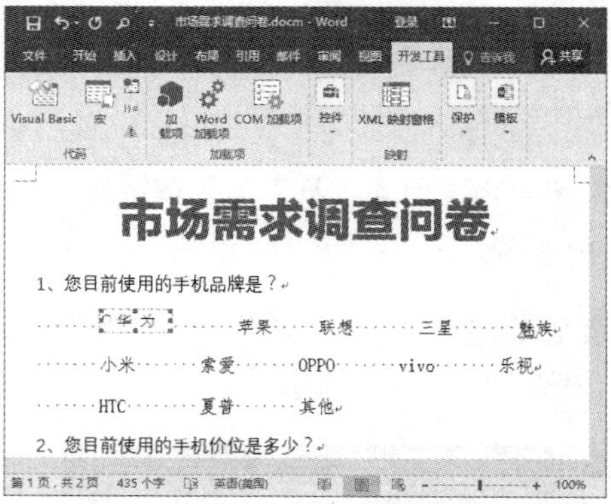

图 12-10　调整控件大小

步骤 11　将插入的选项控件复制到其他位置，设置好显示内容及相关参数，并调整好控件大小，如图 12-11 所示。

步骤 12　在【控件】组中单击【旧式工具】下拉按钮，在弹出的下拉列表中选择【复选框按钮】控件☑，如图 12-12 所示。

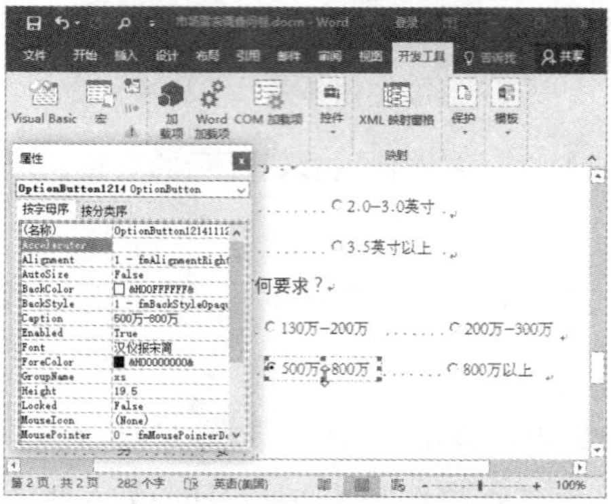

图 12-11　设置好显示内容及相关参数

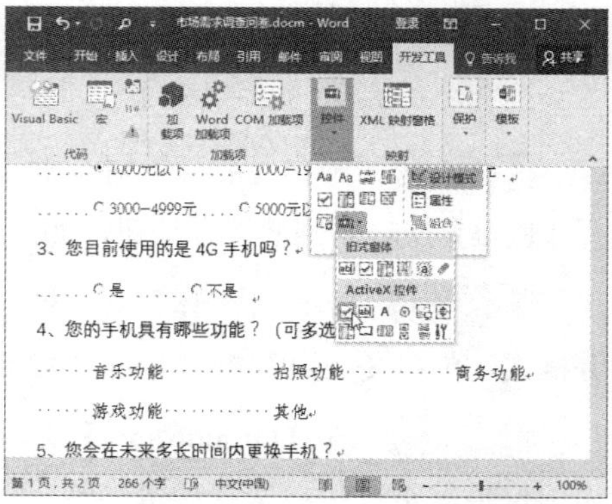

图 12-12　选择【复选框按钮】控件

步骤 13 在弹出的【属性】对话框中设置好相关参数，如图 12-13 所示。

步骤 14 将插入的复选框控件复制到其他需要的位置，设置好相关参数并调整好控件大小，如图 12-14 所示。

图 12-13 设置控件参数

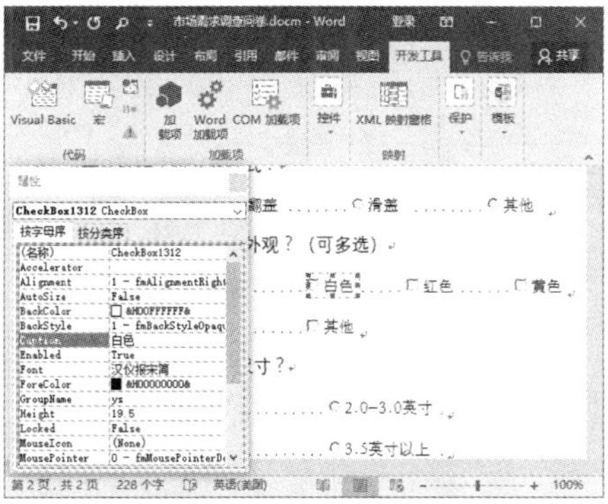

图 12-14 添加其他控件

步骤 15 在控件组中选择【下拉列表内容按钮】控件，如图 12-15 所示。

步骤 16 在文档中可看到插入的控件效果，在【控件】组中单击【属性】按钮，如图 12-16 所示。

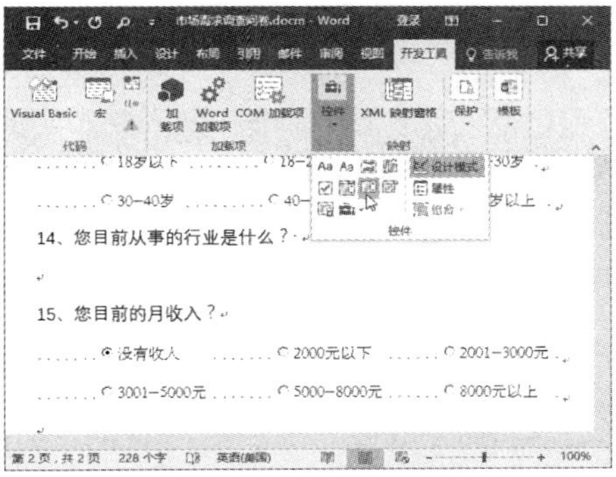

图 12-15 选择列表框控件

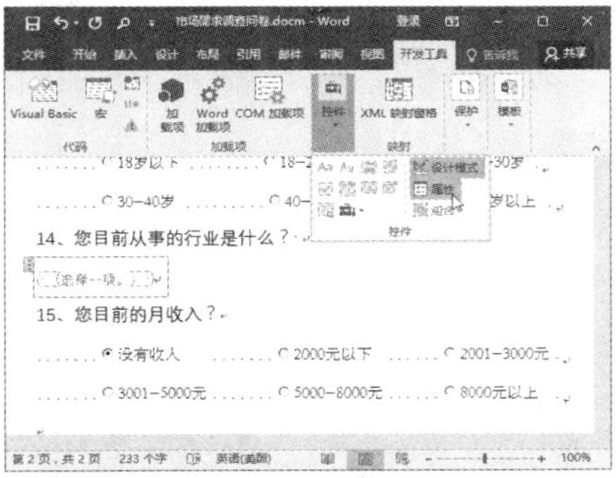

图 12-16 单击【属性】按钮

步骤 17 弹出【内容控件属性】对话框，在【下拉列表属性】栏中选择默认显示名称选项，单击【修改】按钮，如图 12-17 所示。

步骤 18 弹出【修改选项】对话框，在【显示名称】和【值】文本框中输入需要的内容，单击【确定】按钮，如图 12-18 所示。

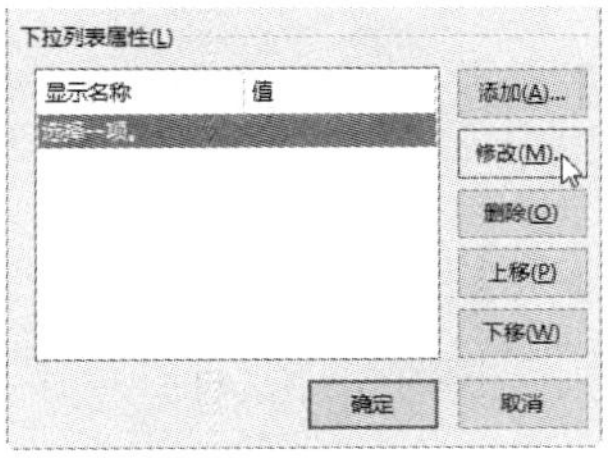

图 12-17 单击【修改】按钮

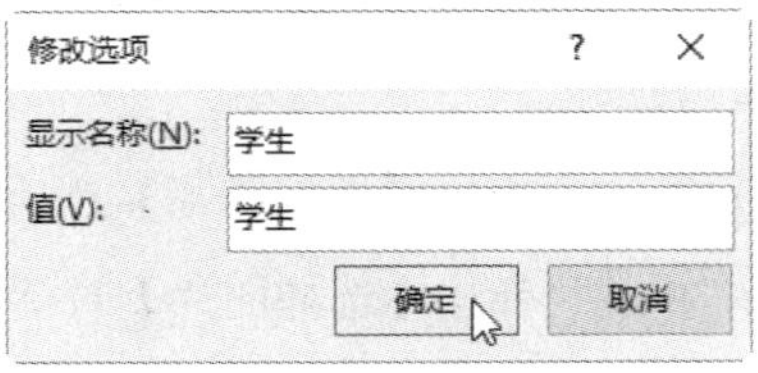

图 12-18 【修改选项】对话框

步骤 19　在【下拉列表属性】栏可看到更改后的内容，单击【添加】按钮，如图 12-19 所示。

步骤 20　弹出【添加选项】对话框，设置好显示名称和值，单击【确定】按钮，如图 12-20 所示。

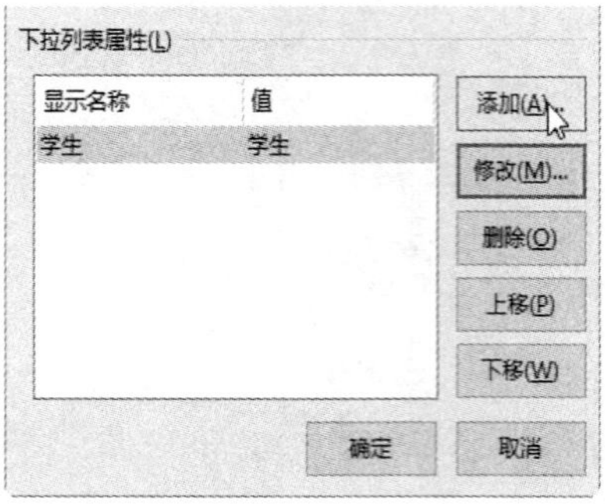

图 12-19　单击【添加】按钮

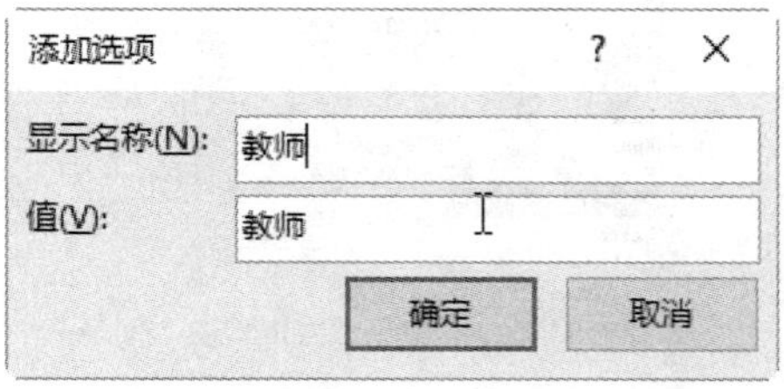

图 12-20　设置添加项

步骤 21　继续为内容控件添加选项，设置完成后单击【确定】按钮，如图 12-21 所示。

步骤 22　退出设计模式，在返回的文档中单击下拉列表框，可在弹出的下拉列表中进行选择，如图 12-22 所示。

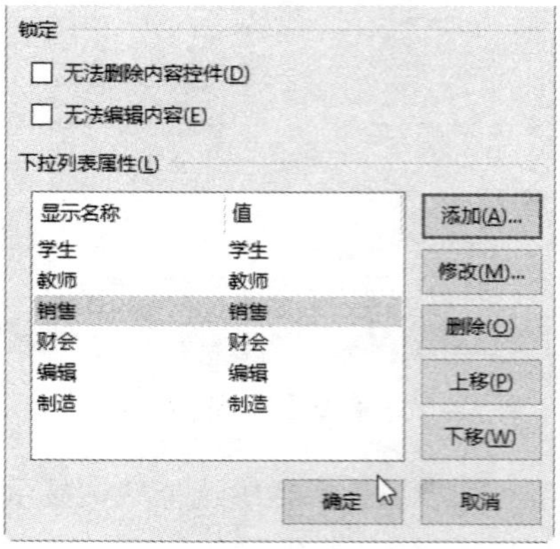

图 12-21　确认添加属性操作

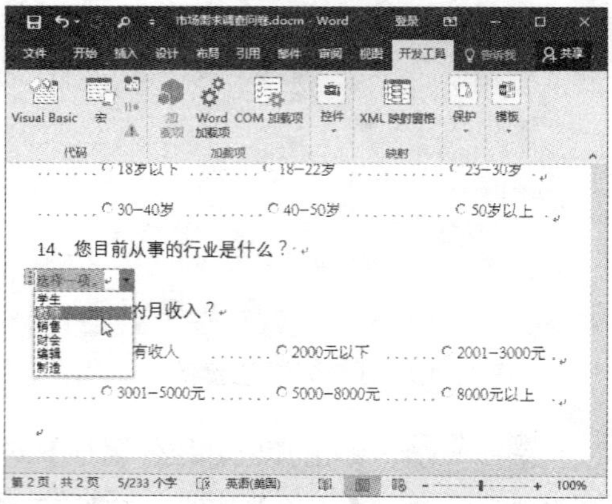

图 12-22　在下拉列表中进行选择

步骤 23　切换到【设计】选项卡，在【页面背景】组单击【页面颜色】下拉按钮，在弹出的下拉列表中选择【填充效果】命令，如图 12-23 所示。

步骤 24　弹出【填充效果】对话框，切换到【图片】选项卡，单击【选择图片】按钮，如图 12-24 所示。

步骤 25　弹出【插入图片】对话框，单击【浏览】按钮，如图 12-25 所示。

步骤 26　弹出【选择图片】对话框，选中要设置为背景的图片文件，单击【插入】按钮，如图 12-26 所示。

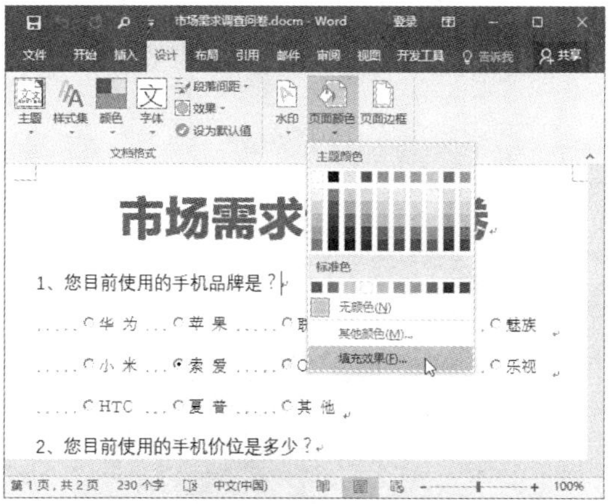

图 12-23 选择【填充效果】命令

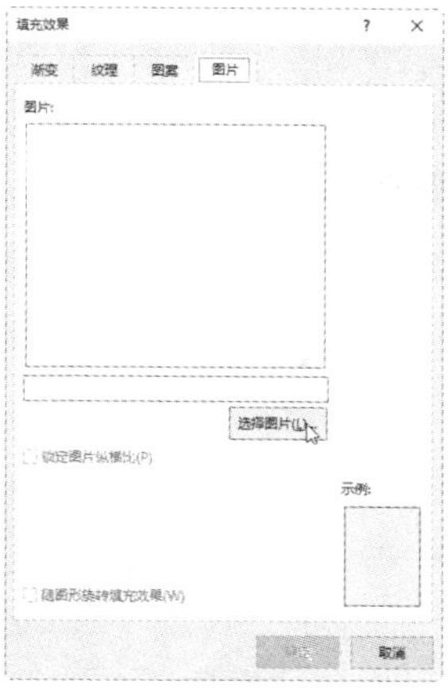

图 12-24 单击【选择图片】按钮

图 12-25 单击【浏览】按钮

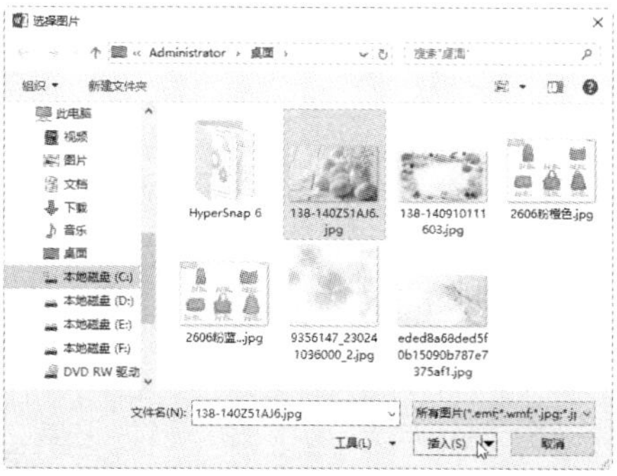

图 12-26 插入背景图片

步骤 27 在返回的【填充效果】对话框中单击【确定】按钮，文如图 12-27 所示。

步骤 28 在返回的文档中即可看到插入背景图片的效果，单击【保存】按钮保存文档即可，如图 12-28 所示。

图 12-27 确认填充

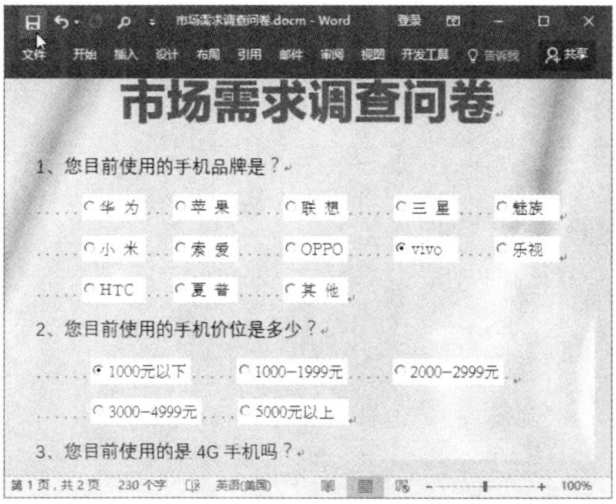

图 12-28 保存文档

12.2 使用 Word 制作名片

通过所学内容，使用 Word 制作名片。

效果展示

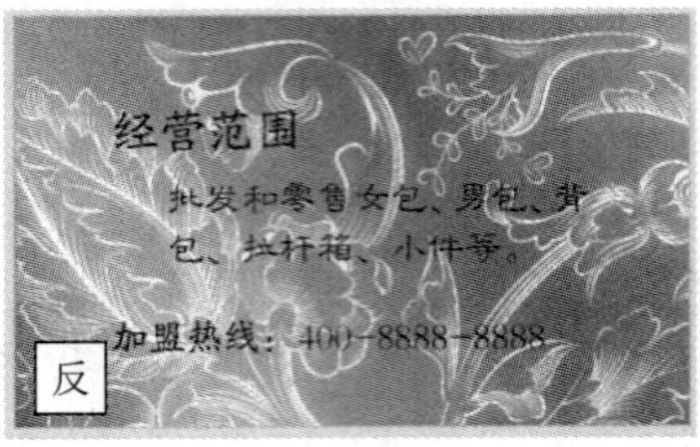

思路分析

名片通常包含个人姓名、职务、电话及公司信息等内容，但是单一的文本内容难免让人感觉枯燥，因此需要进行字体、页面等设置，让人眼前一亮才能印象深刻。

本例首先设置页面背景，接着通过添加并美化 Logo 图片、文本框及艺术字等对象，得到最终效果。

制作步骤

步骤 01 新建一个空白 Word 文档，单击【保存】按钮，在【另存为】页面中单击【浏览】按钮，如图 12-29 所示。

步骤 02 弹出【另存为】对话框，设置好文件名和保存位置，单击【保存】按钮，如图 12-30 所示。

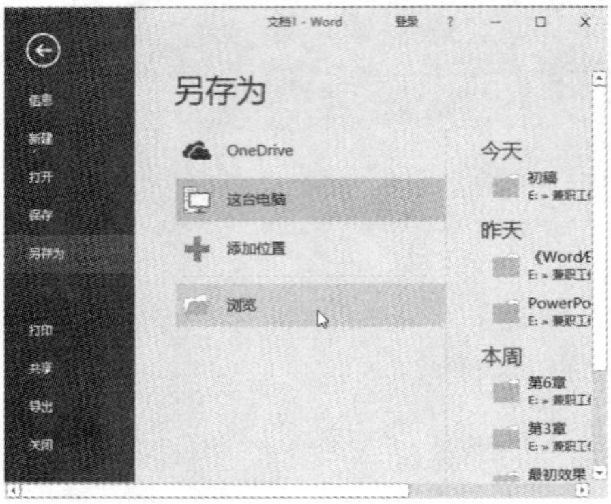

图 12-29 单击【浏览】按钮

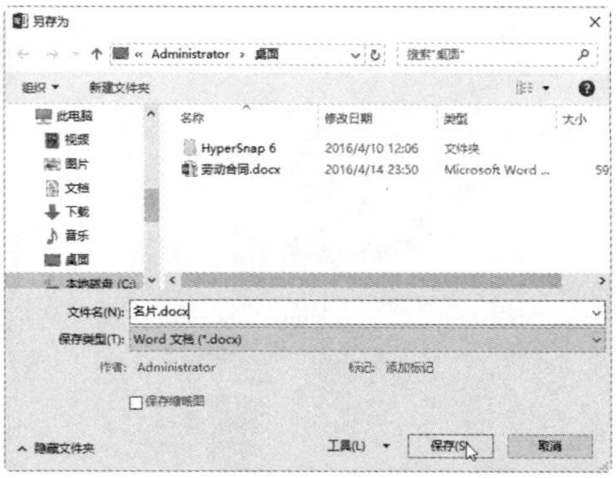

图 12-30 保存文档

步骤 03 返回 Word 页面，切换到【布局】选项卡，单击【页面设置】组右下角的展开按钮，如图 12-31 所示。

步骤 04 弹出【页面设置】对话框，在【页边距】选项卡中设置好上、下、左、右的页边距值，切换到【纸张】选项卡，如图 12-32 所示。

图 12-31 单击展开按钮

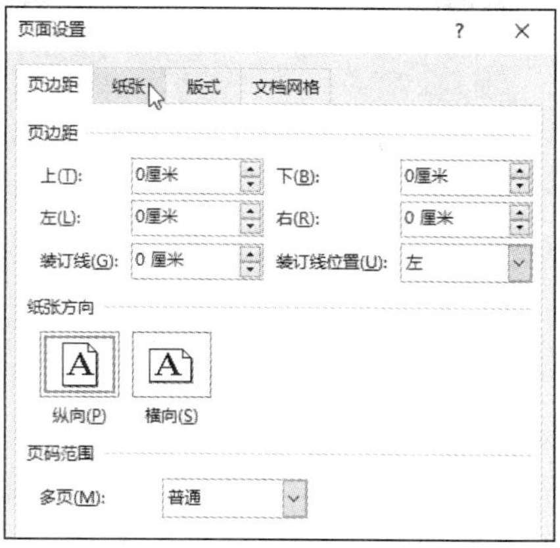

图 12-32 设置页边距

步骤 05 在【纸张大小】栏中分别设置名片的宽度和高度值，中式名片的纸张宽度一般为“9 厘米”，高度一般为“5.4 厘米”，如图 12-33 所示，设置完成后单击【确定】按钮。

步骤 06 在返回的 Word 页面中切换到【设计】选项卡，单击【页面颜色】下拉按钮，在弹出的下拉列表中选择【填充效果】命令，如图 12-34 所示。

图 12-33 设置纸张大小

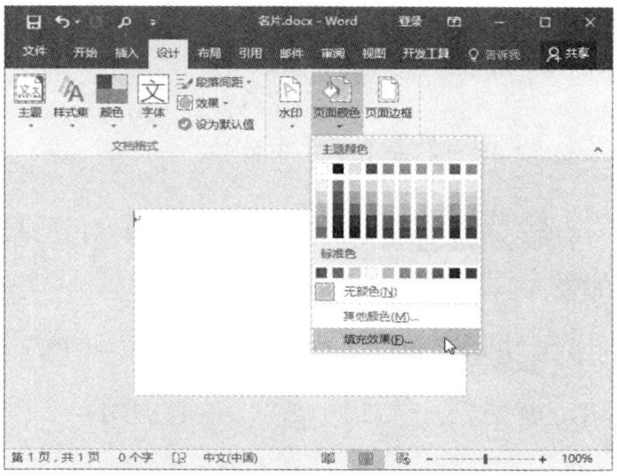

图 12-34 选择【填充效果】命令

步骤 07 弹出【填充效果】对话框，切换到【图片】选项卡，单击【选择图片】按钮，如图 12-35 所示。

步骤 08 弹出【插入图片】对话框，单击【浏览】按钮，如图 12-36 所示。

步骤 09 弹出【选择图片】对话框，选中需要设为背景的图片文件，单击【插入】按钮，如图 12-37 所示。

图 12-35 单击【选择图片】按钮

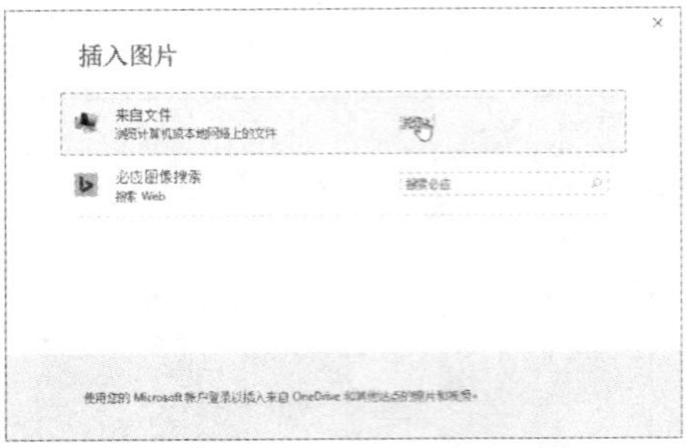

图 12-36　单击【浏览】按钮

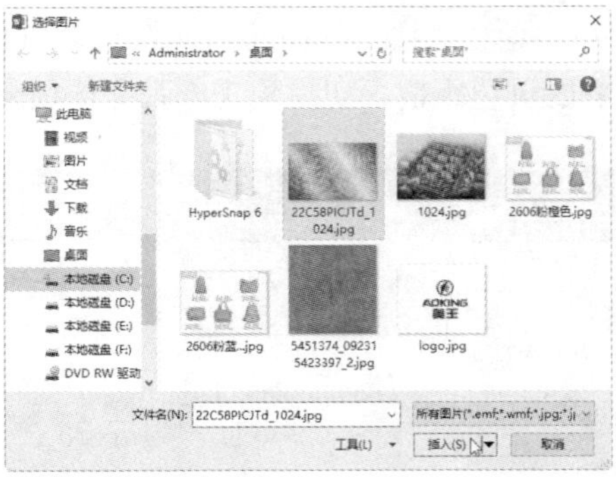

图 12-37　插入背景图片

步骤 10　返回【填充效果】对话框，单击【确定】按钮，如图 12-38 所示。

步骤 11　在返回的文档中可看到插入背景图片的效果，切换到【插入】选项卡，在【插图】组中单击【图片】按钮，如图 12-39 所示。

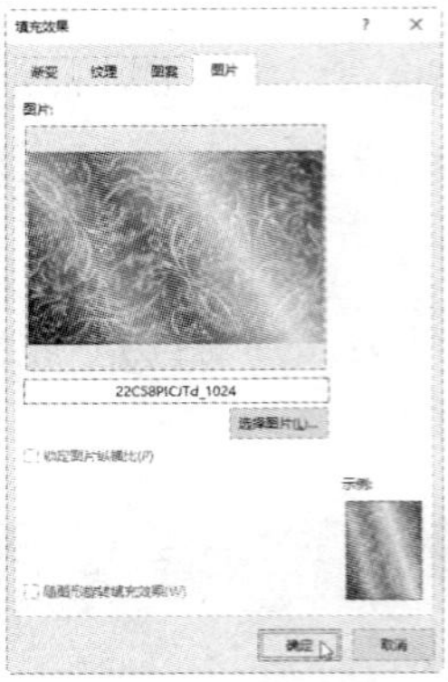

图 12-38　单击【确定】按钮

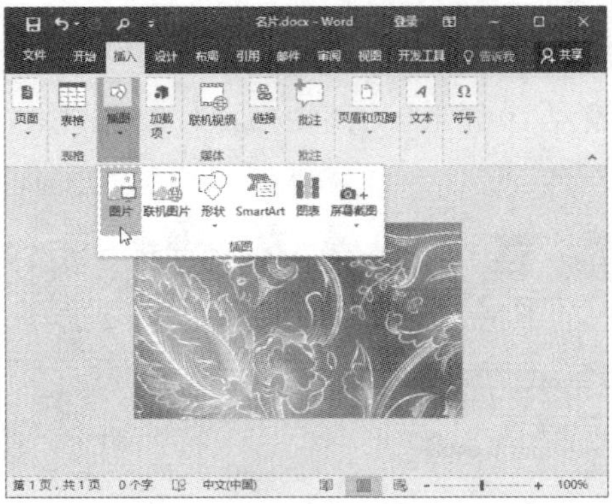

图 12-39　单击【图片】按钮

步骤 12　弹出【插入图片】对话框，选中要插入的图片文件，单击【插入】按钮，如图 12-40 所示。

步骤 13　在返回的文档中选中图片，当四周出现控制点后按下鼠标左键并进行拖动，调整图片大小，如图 12-41 所示。

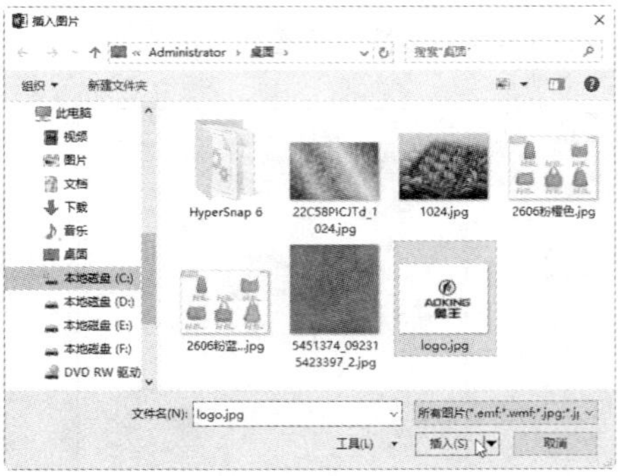

图 12-40　插入图片

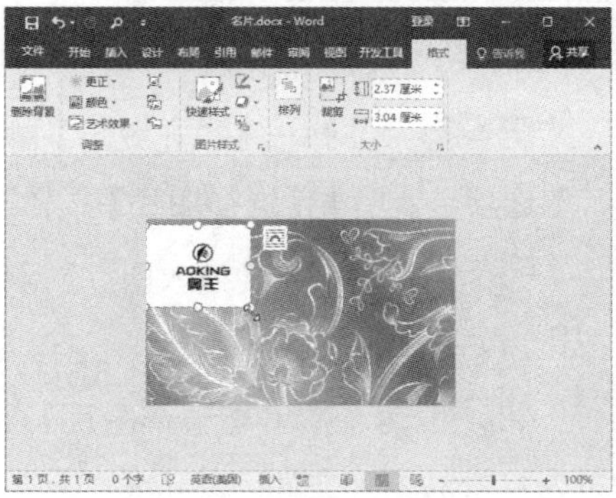

图 12-41　调整图片大小

步骤 14　保持图片为选中状态，切换到【格式】选项卡，在【调整】组中单击【颜色】下拉按钮，在弹出的下拉列表中选择【设置透明色】命令，如图 12-42 所示。

步骤 15　此时鼠标指针变为“✐”形状，单击要设置为透明色的图片部分，如图 12-43 所示。

图 12-42　选择【设置透明色】命令

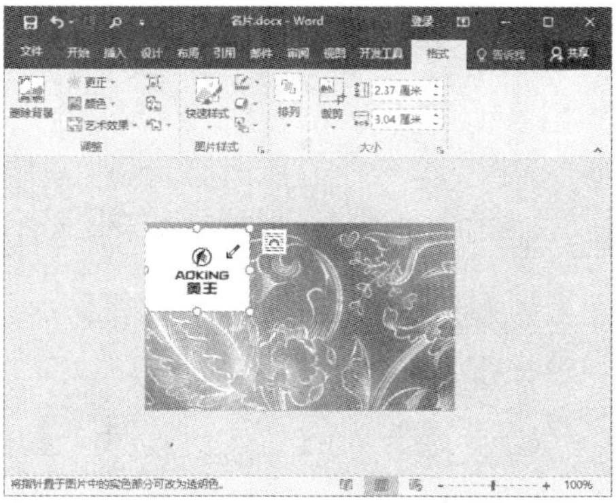

图 12-43　设置透明色

步骤 16　右击图片，在弹出的快捷菜单中选择【环绕文字】选项，在展开的级联菜单中选择【四周型】命令，如图 12-44 所示。

步骤 17　设置好图片环绕方式后，选中图片，按下鼠标左键拖动可调整图片位置，如图 12-45 所示。

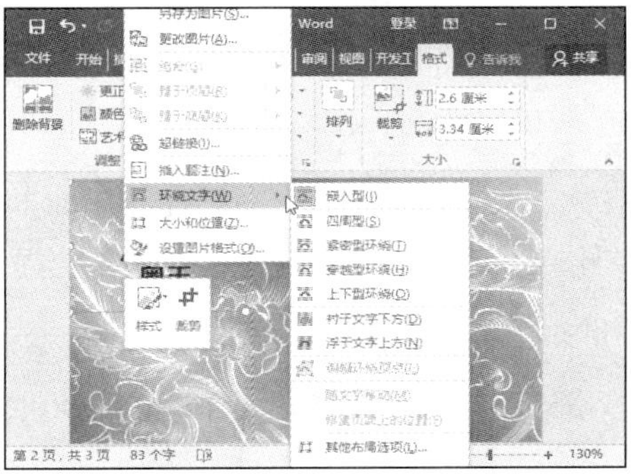

图 12-44　设置图片环绕方式

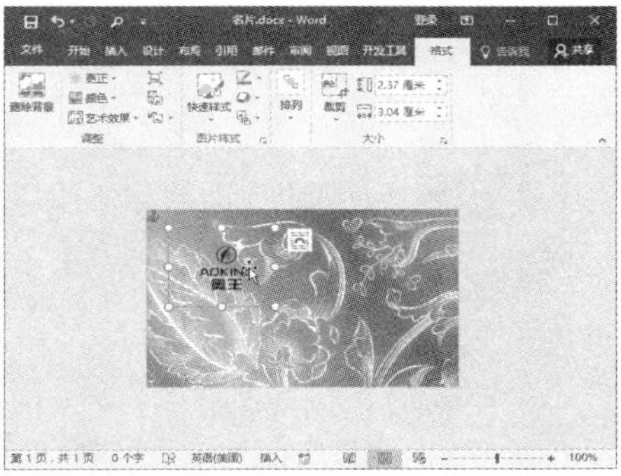

图 12-45　调整图片位置

步骤 18　切换到【插入】选项卡，在【文本】组中单击【文本框】下拉按钮，在弹出的下拉列表中选择【简单文本框】命令，如图 12-46 所示。

步骤 19　在插入的文本框中输入文本内容，并设置好字体、字号等格式，如图 12-47 所示。

步骤 20　右击插入的文本框，在弹出的快捷菜单中选择【设置形状格式】命令，如图 12-48 所示。

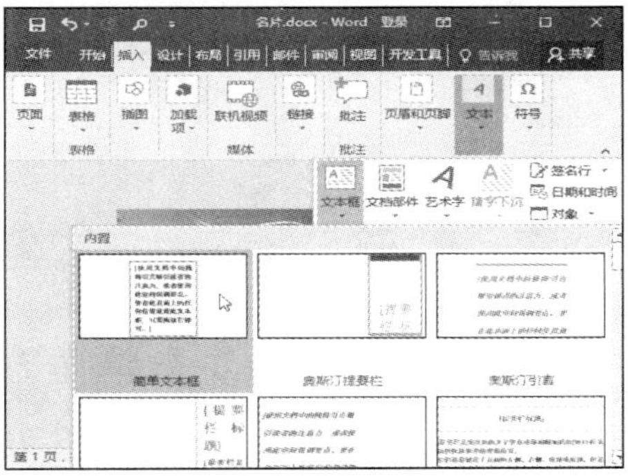

图 12-46　插入文本框

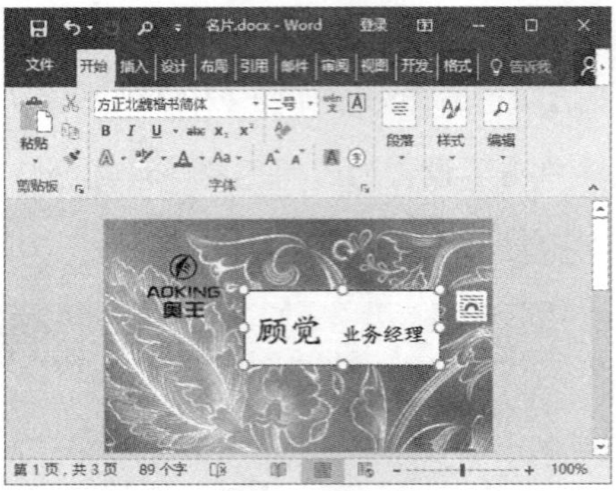

图 12-47　输入并设置文本框内容

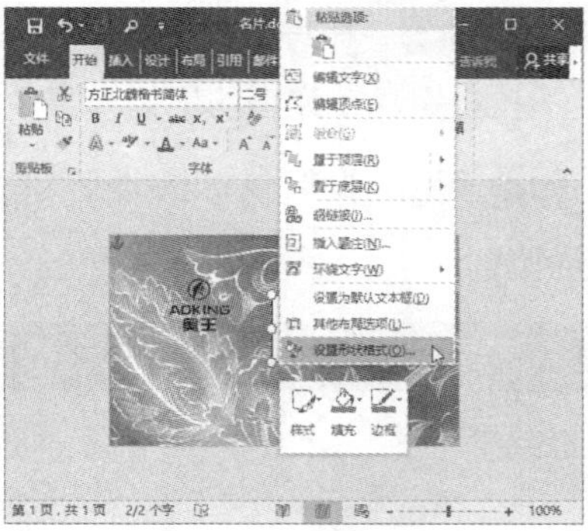

图 12-48　选择【设置形状格式】命令

步骤 21　程序窗口右侧将显示【设置形状格式】窗格，在【填充】栏选中【无填充】单选按钮，可去掉文本框背景，如图 12-49 所示。

步骤 22　在【线条】栏选中【无填充】单选按钮，可去掉文本框边框，如图 12-50 所示。

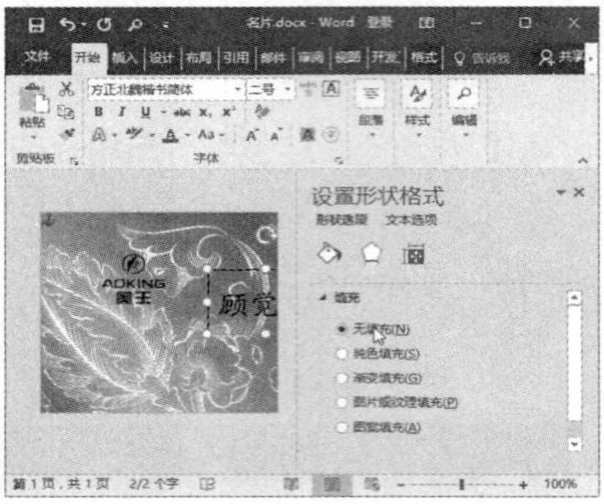

图 12-49　去掉文本框背景色

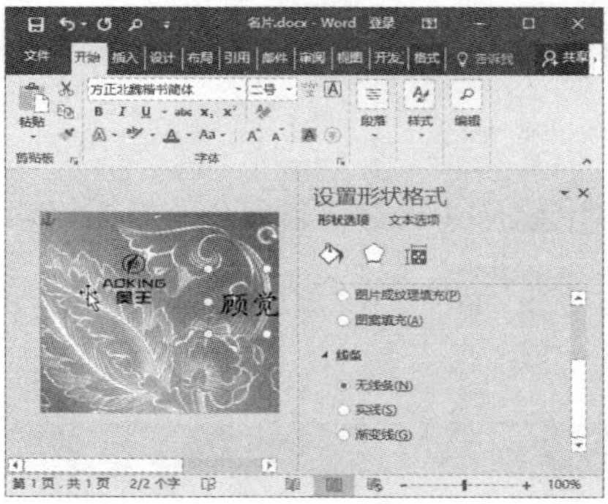

图 12-50　去掉文本框边框

步骤 23　按照前面的方法添加一个文本框，输入电话号码，并去掉文本框背景和边框，切换到【开始】选项卡，在【段落】组中单击【分散对齐】按钮，让文本分散显示在文本框中，并调整好文本框大小与上面的文本框相对应，如图 12-51 所示。

步骤 24　继续添加一个文本框，设置好字体格式，接着单击【段落】组右下角的展开按钮，如图 12-52 所示。

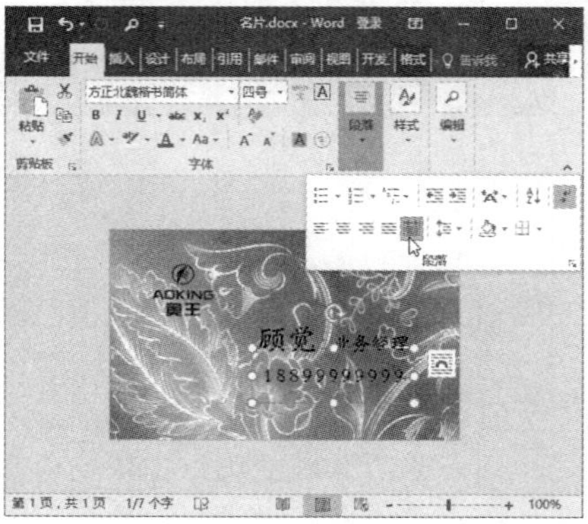

图 12-51　设置文本对齐方式

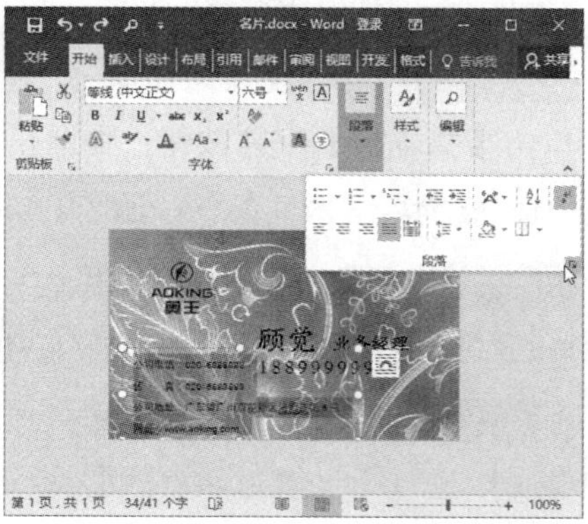

图 12-52　单击展开按钮

步骤 25 弹出【段落】对话框，设置好段间距和行距值，如图 12-53 所示，设置完成后单击【确定】按钮。

步骤 26 在返回的文档中可看到设置后的效果，如图 12-54 所示。

图 12-53 设置段间距和行距

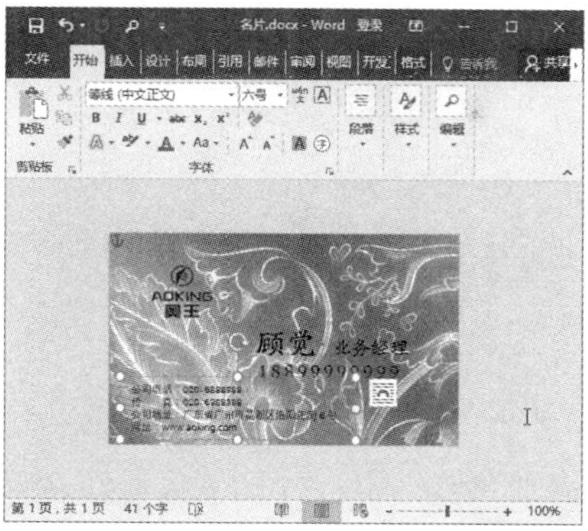

图 12-54 查看设置后的效果

步骤 27 切换到【插入】选项卡，在【文本】组中单击【艺术字】下拉按钮，在弹出的下拉列表中选择艺术字样式，如图 12-55 所示。

步骤 28 切换到【格式】选项卡，在【艺术字样式】组中单击【形状填充】下拉按钮，在弹出的下拉列表中选择【渐变】选项，在展开的级联列表中选择【其他渐变】命令，如图 12-56 所示。

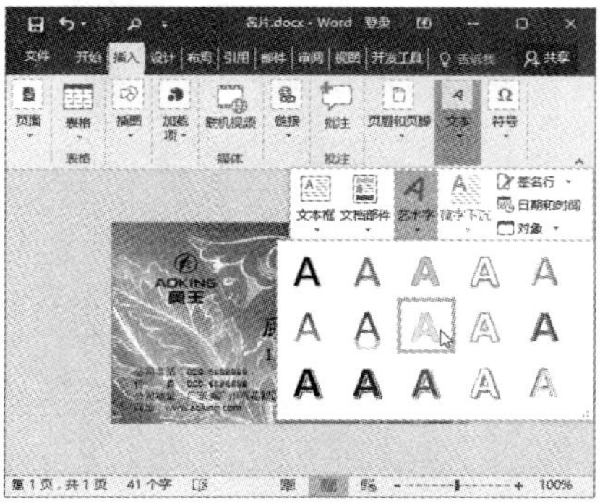

图 12-55 选择艺术字样式

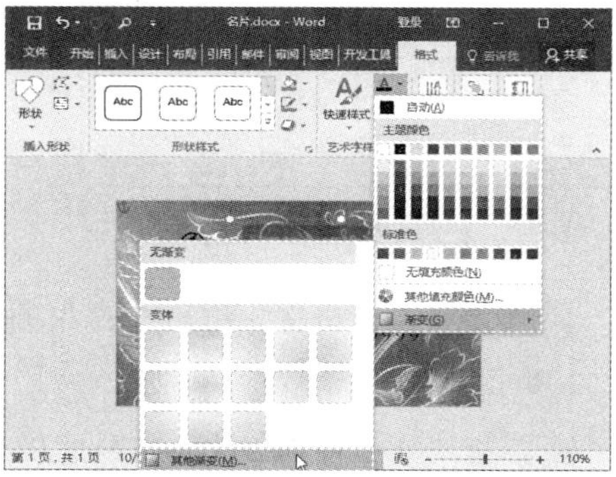

图 12-56 选择【其他渐变】命令

步骤 29 程序窗口右侧将弹出【设置形状格式】窗格，根据需要设置渐变颜色及相关参数，设置完成后关闭该窗格，如图 12-57 所示。

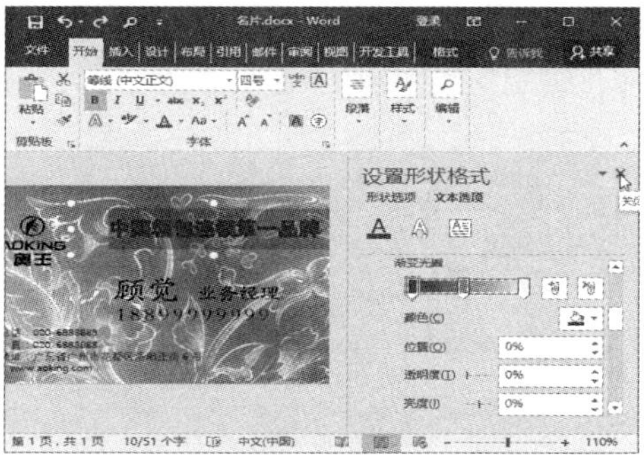

图 12-57 设置渐变效果

步骤 30 在文档中选中艺术字，在【开始】选项卡中设置艺术字的字体、字号等格式，如图 12-58 所示。

步骤 31 设置完成后切换到【插入】选项卡，在【页面】组单击【空白页】按钮，如

图 12-59 所示。

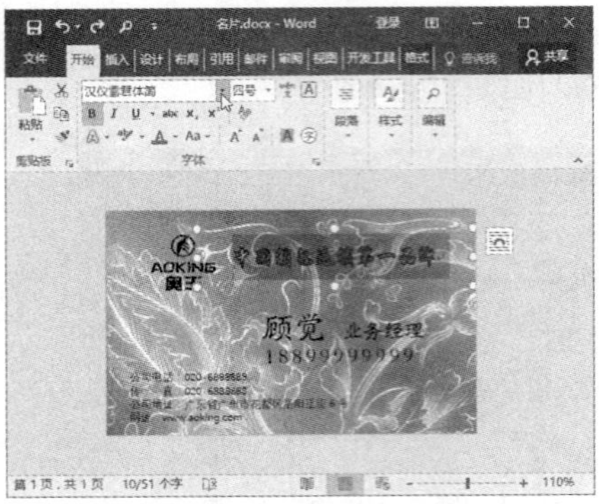

图 12-58　设置艺术字字体

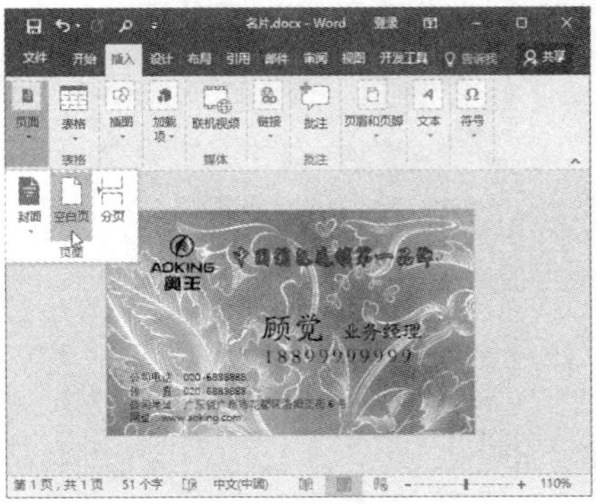

图 12-59　单击【空白页】按钮

步骤 32　此时文档中将自动插入一张带相同页面背景的页面，切换到【插入】选项卡，在【文本】组单击【文本框】下拉按钮，选择【简单文本框】命令，如图 12-60 所示。

步骤 33　在插入的文本框中输入文本内容，并设置好字体格式，如图 12-61 所示。

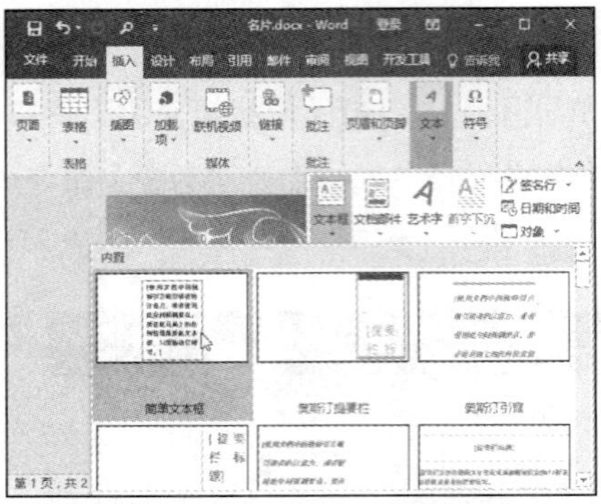

图 12-60　选择【简单文本框】命令

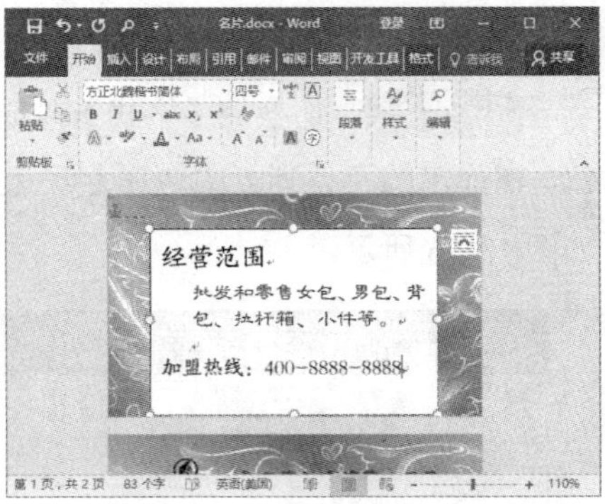

图 12-61　输入文本内容

步骤 34　右击文本框，在弹出的快捷菜单中选择【设置形状格式】命令，如图 12-62 所示。

步骤 35　右侧将弹出【设置形状格式】窗格，在【填充】栏中选中【无填充】单选按钮，可删除文本框背景色和边框，如图 12-63 所示。

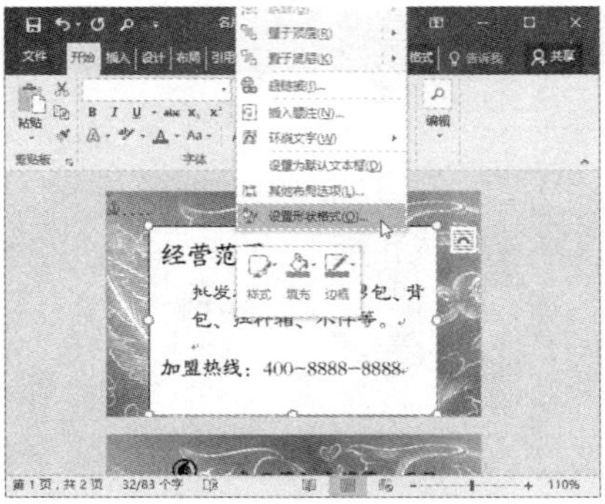

图 12-62　选择【设置形状格式】命令

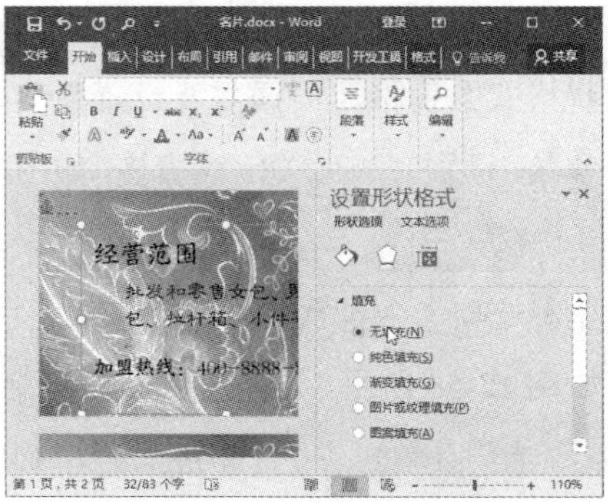

图 12-63　删除文本框背景和边框

步骤 36 设置完成后关闭【设置形状格式】窗格，单击【保存】按钮保存文档即可，如图 12-64 所示。

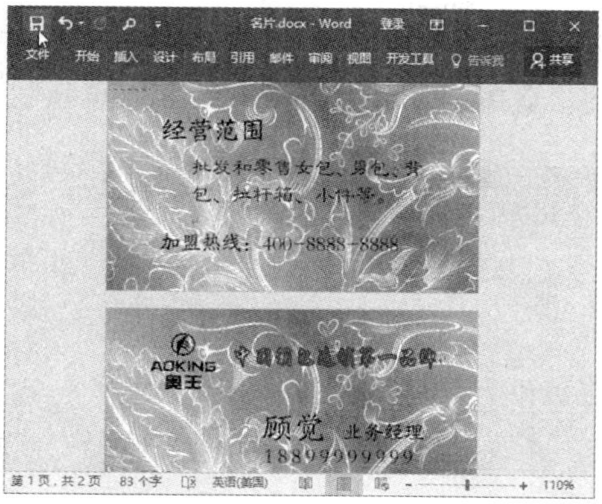

图 12-64　保存文档

12.3 使用 Excel 制作工资条

通过所学内容，使用 Excel 制作工资条。

效果展示

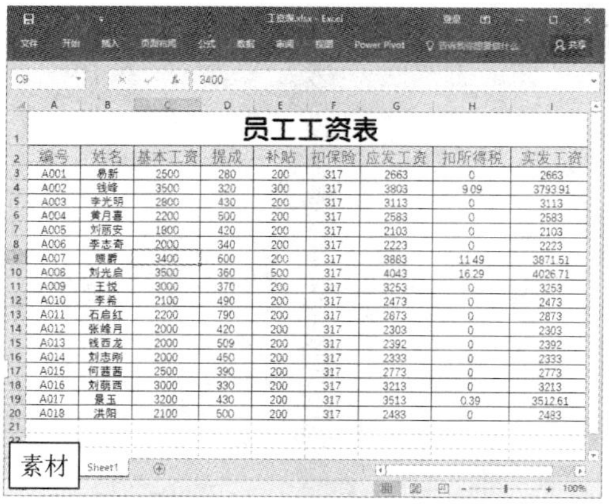

思路分析

发放工资时，公司不可能将所有的员工工资明细发给所有人，通过设置工资条可以将每个员工明确自己的各项收入和扣款。

本例首先将设置复制标题操作录制为宏，接着将宏的应用范围修改为包含数据的所有行，最后将文档保存为带宏格式的类型，得到最终结果。

制作步骤

步骤 01　打开“光盘 \ 素材文件 \ 第 12 章 \ 工资表 .xlsx”文件，切换到【文件】选项卡，如图 12-65 所示。

步骤 02　在左侧窗格选择【选项】命令，如图 12-66 所示。

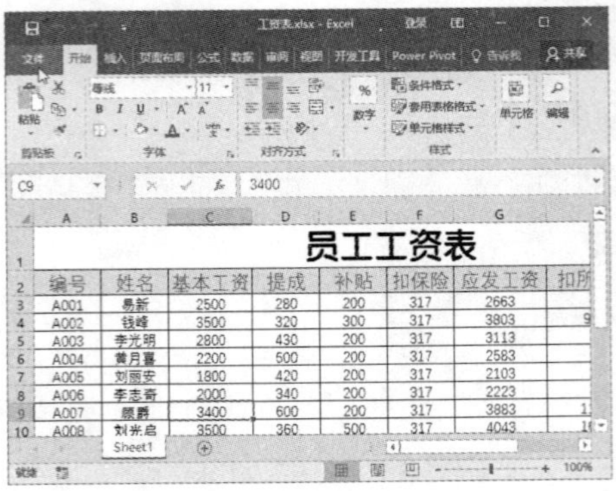

图 12-65　切换到【文件】选项卡

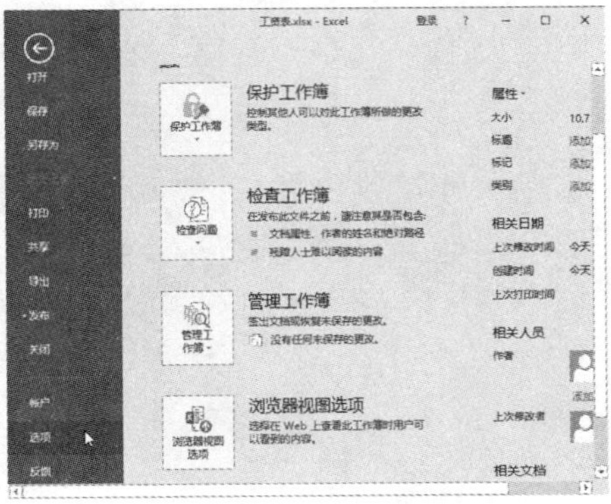

图 12-66　选择【选项】命令

步骤 03　弹出【Excel 选项】对话框，切换到【自定义功能区】选项卡，在【自定义功能区】下拉列表中选择【主选项卡】选项，在下方对应的列表框中勾选【开发工具】复选框，单击【确定】按钮，如图 12-67 所示。

步骤 04　在工作表中选中【A2】单元格，切换到【开发工具】选项卡，在【代码】组中单击【使用相对引用】按钮，使宏录制的操作相对于初始选定的单元格，如图 12-68 所示。

图 12-67　添加【开发工具】选项卡

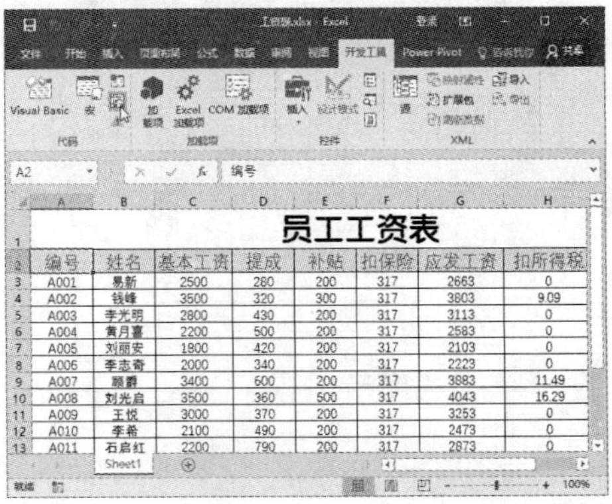

图 12-68　单击【使用相对引用】按钮

步骤 05　单击【代码】组中的【录制宏】按钮，如图 12-69 所示。

步骤 06　弹出【录制宏】对话框，在【宏名】文本框中输入宏名，在【快捷键】栏中设置运行宏的快捷键，在【保存在】下拉列表框中选择宏的保存位置，完成后单击【确定】按钮，如图 12-70 所示。

步骤 07 返回工作表，选中表头所在的【A2:I2】单元格区域，按【Ctrl+C】键复制单元格，如图 12-71 所示。

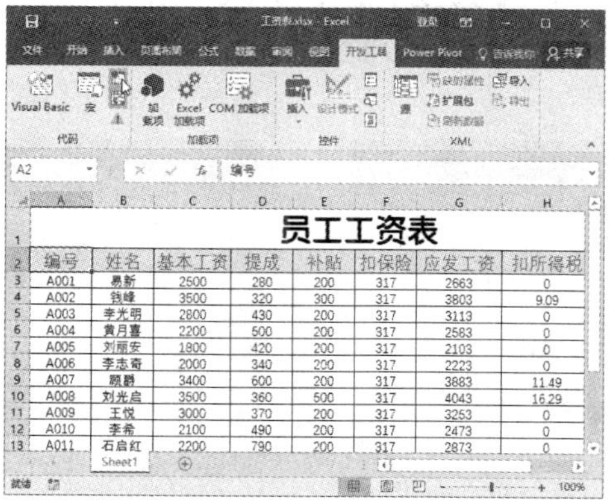

图 12-69 单击【录制宏】按钮

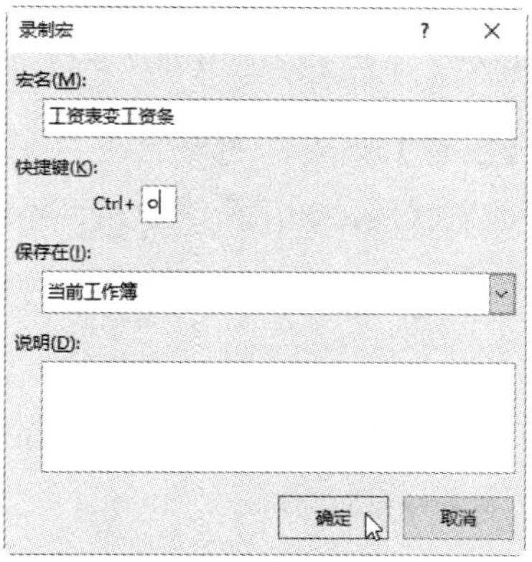

图 12-70 选择宏的保存位置

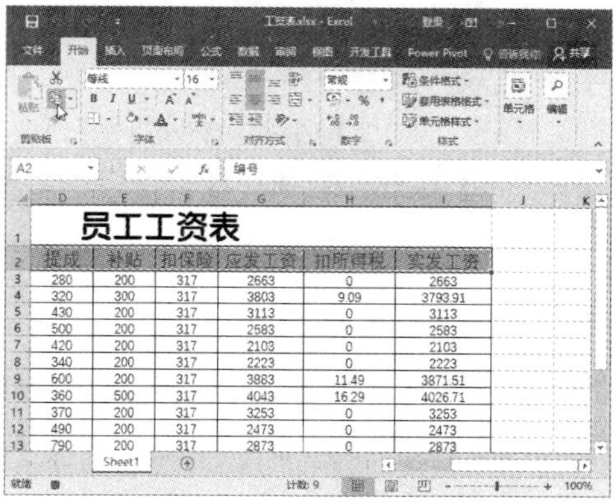

图 12-71 复制单元格

步骤 08 右击【A4】单元格，在弹出的快捷菜单中选择【插入复制的单元格】命令，如图 12-72 所示。

步骤 09 弹出【插入粘贴】对话框，选中【活动单元格下移】单选按钮，单击【确定】按钮，如图 12-73 所示。

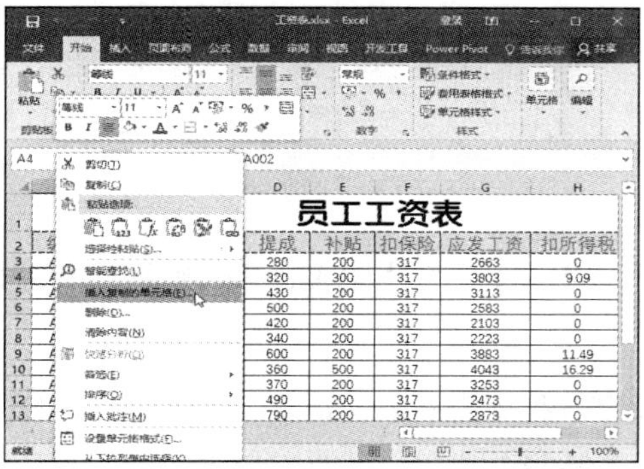

图 12-72 插入复制的单元格

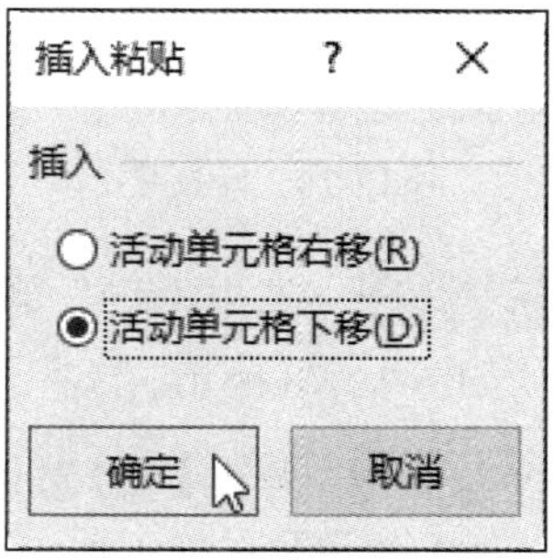

图 12-73 【插入粘贴】对话框

步骤 10　在返回的工作表中可看到为第 2 条工资条目添加了表头，在【开发工具】选项卡的【代码】组中单击【停止录制】按钮■，停止宏的录制，如图 12-74 所示。

步骤 11　在【开发工具】选项卡的【代码】组中单击【Visual Basic】按钮，如图 12-75 所示。

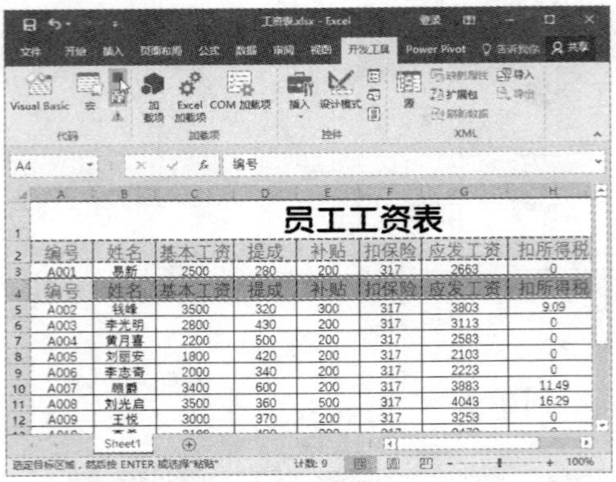
员工工资表

图 12-74　单击【停止录制】按钮

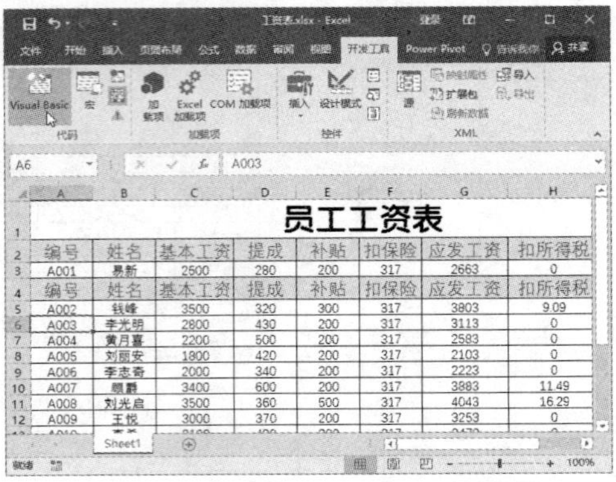
员工工资表

图 12-75　单击【Visual Basic】按钮

步骤 12　弹出【Visual Basic】窗口，在左侧【工程】列表框的宏所在工作表下双击【模块 1】选项，在【代码】窗口中根据需要修改宏代码，如工资表表格（不含表头）有 21 行，则代码为“For i = 3 To 21”，在代码“End Sub”前加上“Next”，如图 12-76 所示。

步骤 13　返回工作表，选中之前录制宏时添加的表头所在行并右击，在弹出的快捷菜单中选择【删除】命令，删除多余的表头，如图 12-77 所示。

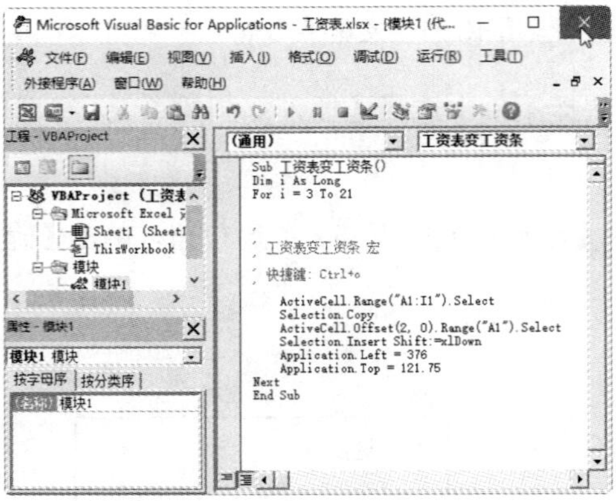
Sub 工资表变工资条()
Dim i As Long
For i = 3 To 21
' 工资表变工资条 宏
' 快捷键: Ctrl+o
ActiveCell.Range("A1:I1").Select
Selection.Copy
ActiveCell.Offset(2, 0).Range("A1").Select
Selection.Insert Shift:=xlDown
Application.Left = 376
Application.Top = 121.75
Next
End Sub

图 12-76　修改宏代码

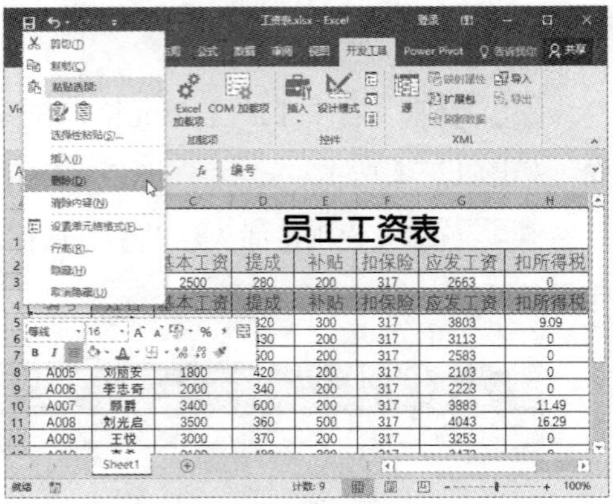
员工工资表

图 12-77　删除多余的表头

步骤 14　选中“A2”单元格，在【开发工具】选项卡中单击【代码】组中的【宏】按钮，如图 12-78 所示。

步骤 15　弹出【宏】对话框，在【位置】下拉列表框中选择要运行的宏所在的位置，在【宏名】列表框中选中要运行的宏，单击【执行】按钮，如图 12-79 所示。

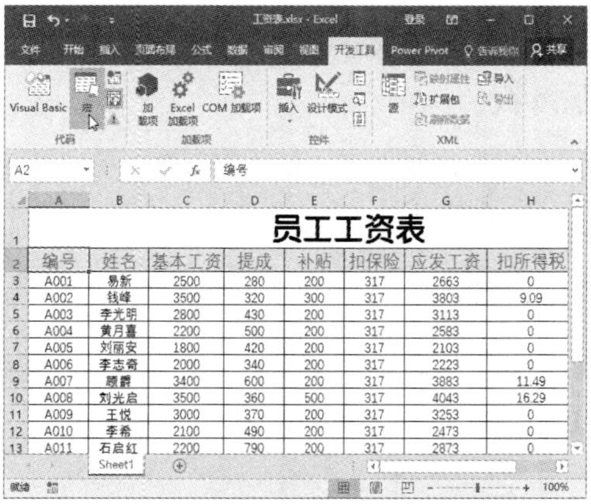

图 12-78 单击【宏】按钮

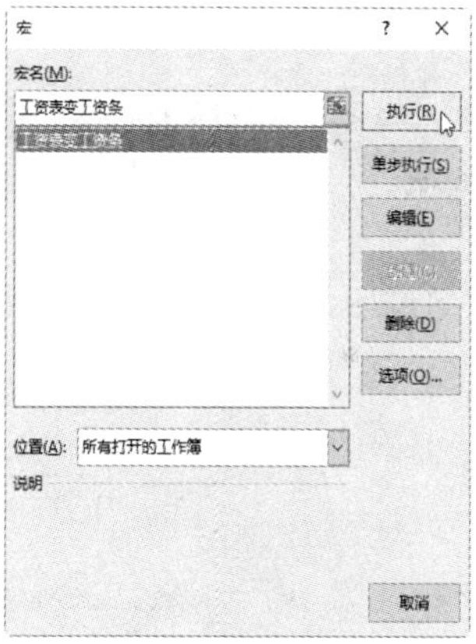

图 12-79 运行宏

步骤 16 返回工作表，可看到运行修改宏代码后的宏的效果，切换到【文件】选项卡，如图 12-80 所示。

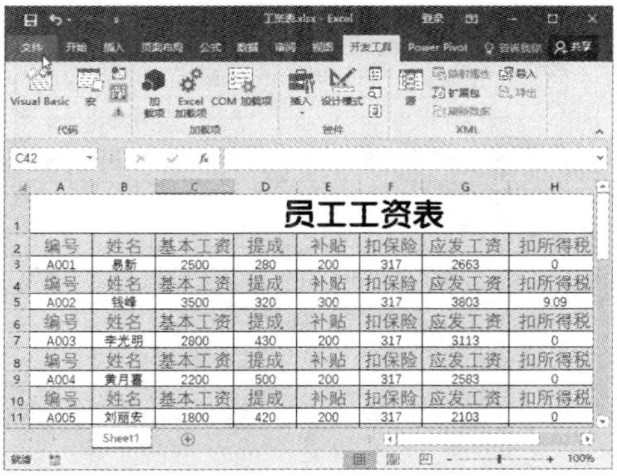

图 12-80 切换到【文件】选项卡

步骤 17 选择【另存为】选项，在中间窗格单击【浏览】按钮，如图 12-81 所示。

步骤 18 弹出【另存为】对话框，设置好保存路径和文件名，单击【保存类型】下拉列表框，选择【Excel 启用宏的工作簿】选项，选择【保存】命令即可，如图 12-82 所示。

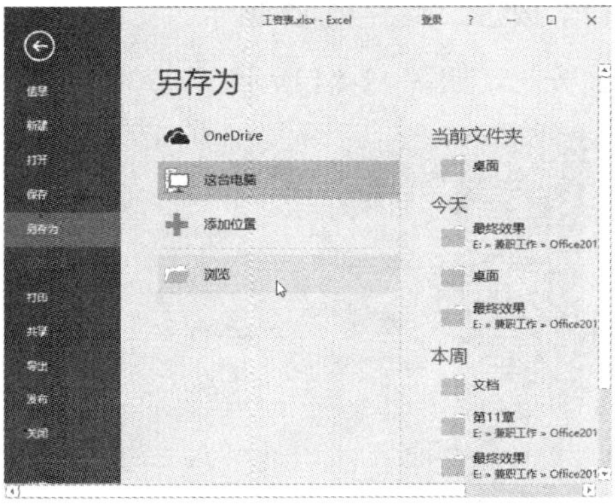

图 12-81 单击【浏览】按钮

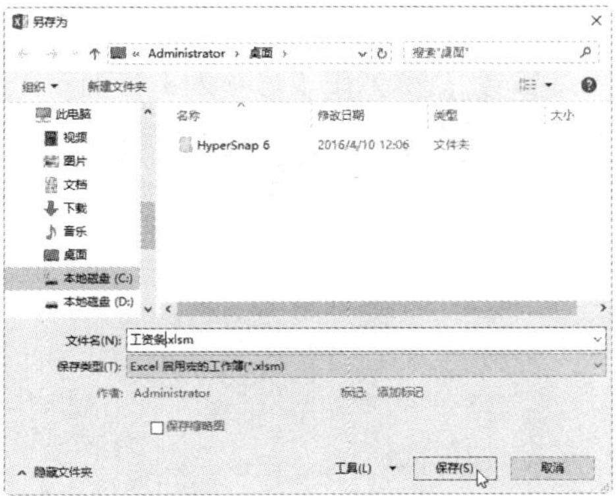

图 12-82 保存为启用宏的工作簿

12.4 使用 Excel 制作企业利润表

通过所学内容，使用 Excel 制作企业利润表。

效果展示

利润表

（适用执行企业会计制度的企业）

纳税人识别号：950010888888888888　　2016年01月　　会企02表

编制单位：重庆欣欣实业有限公司　　单位：元

项目	行次	本月数	本年累计数
一、主营业务收入	1	109085.60	0.00
减：主营业务成本	2	92199.51	0.00
主营业务税金及附加	3	116.72	0.00
二、主营业务利润（亏损以"-"号填列）	4	16769.37	0.00
加：其他业务利润（亏损以"-"号填列）	5	0.00	0.00
减：营业费用	6	0.00	0.00
管理费用	7	47204.04	0.00
财务费用	8	55.00	0.00
三、营业利润（亏损以"-"号填列）	9	-30489.67	0.00
加：投资收益（损失以"-"号填列）	10	0.00	0.00
补贴收入	11	10000.00	0.00
营业外收入	12	26574.00	0.00
减：营业外支出	13	13000.00	0.00
四、利润总额（亏损总额以"-"号填列）	14	-6915.67	0.00
减：所得税	15	0.00	0.00
五、净利润（净亏损以"-"号填列）	16	-6915.67	0.00
补充资料：			
项目		本年累计数	上年实际数
1.出售、处置部门或被投资单位所得收益		0.00	0.00
2.自然灾害发生的损失		0.00	0.00
3.会计政策变更增加（或减少）利润总额		0.00	0.00
4.[illegible]增加（或减少）利润总额		0.00	0.00
5.[illegible]		0.00	0.00
6.其他		0.00	0.00

效果

思路分析

企业利润表是财务人员常用的表格之一，即使不使用专业的财务软件，也可以用 Excel 轻松制作出来。

本例首先输入相关文字内容，接着通过设置边框、调整行高及设置数字格式等操作美化表格，最后设置好相关单元格的公式并输入数据，得到最终效果。

制作步骤

步骤 01 新建一个空白工作簿，单击【保存】按钮，如图 12-83 所示。

步骤 02 在【另存为】界面中单击【浏览】按钮，如图 12-84 所示。

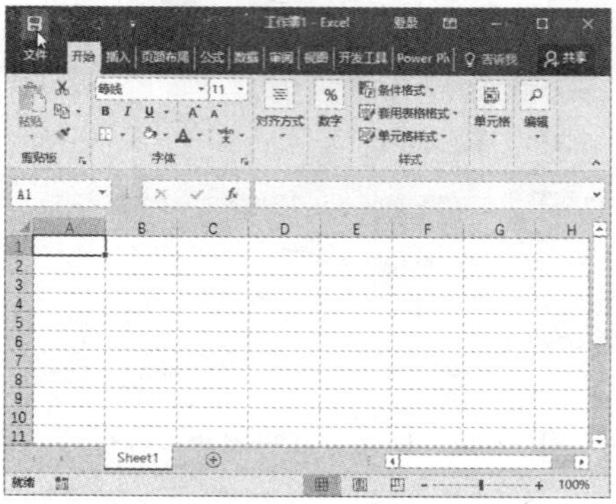

图 12-83　单击【保存】按钮

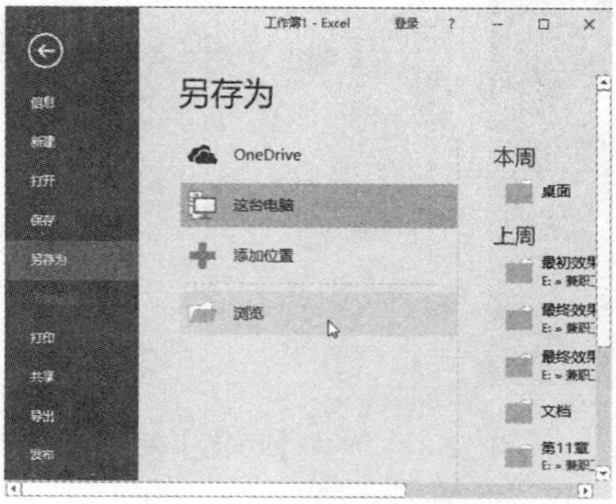

图 12-84　单击【浏览】按钮

步骤 03 弹出【另存为】对话框，设置好保存位置和文件名，单击【保存】按钮，如图 12-85 所示。

步骤 04 在 A1 单元格中输入文本“利润表”字样，在 A2 单元格中输入“适用执行企业会计制度的企业”字样，在【开始】选项卡的【字体】组中设置好字体格式，如图 12-86 所示。

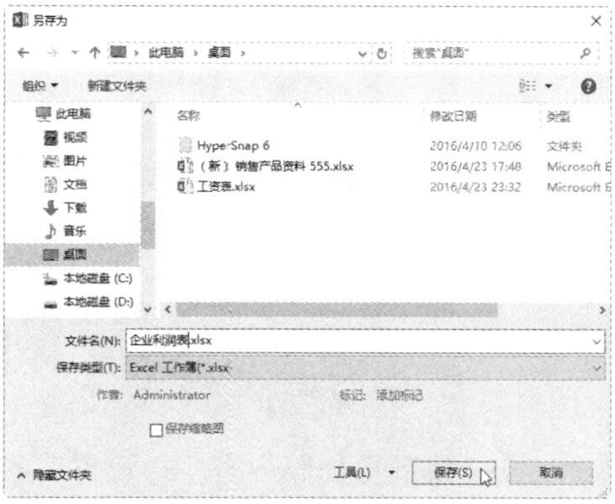

图 12-85 保存工作簿

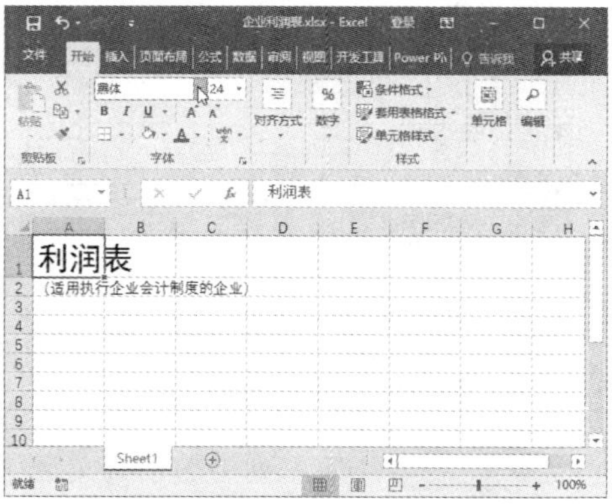

图 12-86 设置标题格式

步骤 05 在下面的单元格中输入计算利润表所需的相关文本内容，如图 12-87 所示。

步骤 06 选中要应用边框的单元格，在【开始】选项卡的【字体】组中单击【边框】下拉按钮，在弹出的下拉列表中选择【所有框线】命令，如图 12-88 所示。

步骤 07 此时在工作表中可看到添加边框后的表格效果，将鼠标指针移动到两个列标之间时，按下鼠标左键拖动可调整该列列宽，如图 12-89 所示。

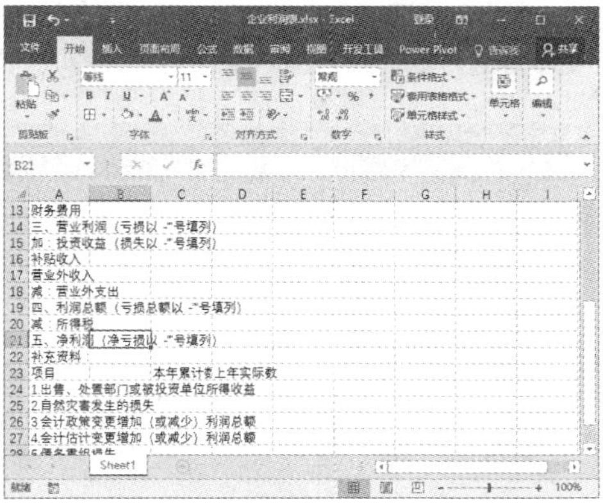

图 12-87 输入正文内容

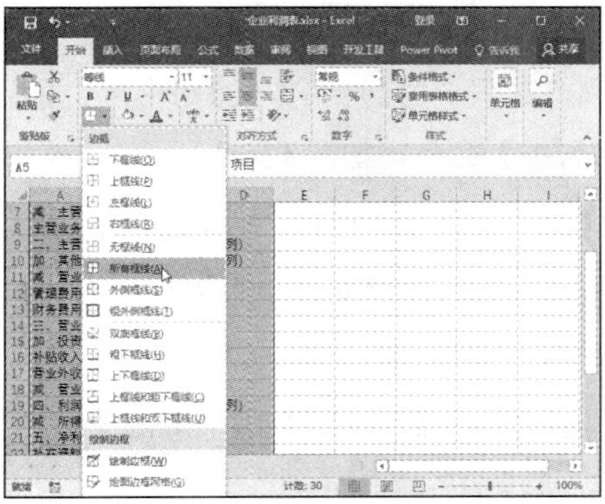

图 12-88 添加框线

图 12-89 调整列宽

步骤 08　按照 步骤 07 操作为工作表中的其他列设置合适的列宽，如图 12-90 所示。

步骤 09　选中第 5 行，在【开始】选项卡的【对齐方式】组中单击【居中】按钮，可将该行中的内容居中排列对齐，如图 12-91 所示。

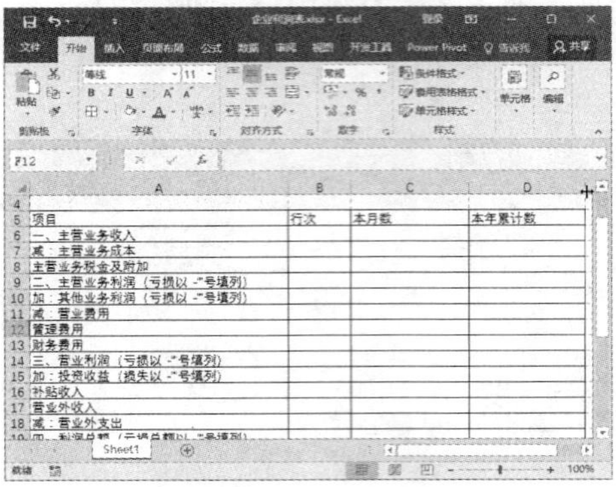

图 12-90　继续调整列宽

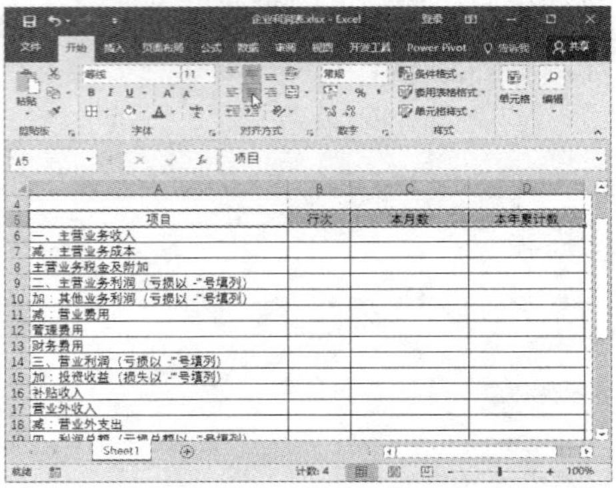

图 12-91　居中对齐文本

步骤 10　在 A 列中的相关文字前键入空格，让文本排列更加整齐有序，设置后的效果如图 12-92 所示。

步骤 11　选中第 23 行，在【开始】选项卡的【对齐方式】组中单击【居中】按钮，可将该行中的内容居中排列对齐，如图 12-93 所示。

图 12-92　添加空格排列文本

图 12-93　居中对齐文本

步骤 12　选中“A1:D1”单元格区域，在【开始】选项卡的【对齐方式】组中单击【合并】下拉按钮，在弹出的下拉列表中选择【合并后居中】命令，如图 12-94 所示。

步骤 13　选中“A2:D2”单元格区域，单击【合并后居中】按钮，如图 12-95 所示。

步骤 14　在第 3 行中输入纳税人识别号和报表日期，在第 4 行中输入报表编制单位和计量单位，并设置好相关格式，如图 12-96 所示。

步骤 15　选中工作表正文内容，在【开始】选项卡的【单元格】组中单击【格式】下拉按钮，在弹出的下拉列表中选择【行高】命令，如图 12-97 所示。

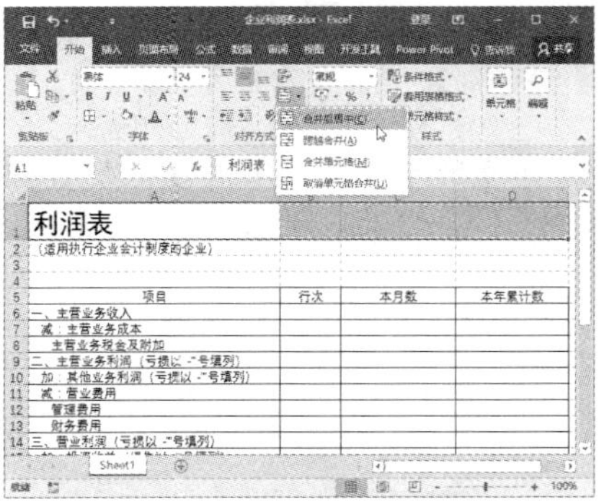

图 12-94 合并居中单元格（1）

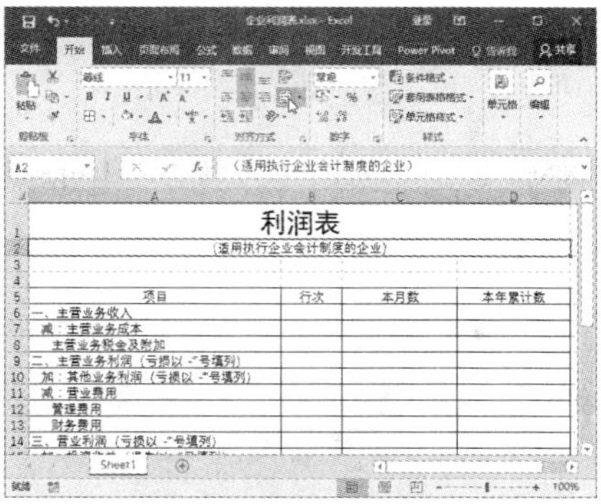

图 12-95 合并居中单元格（2）

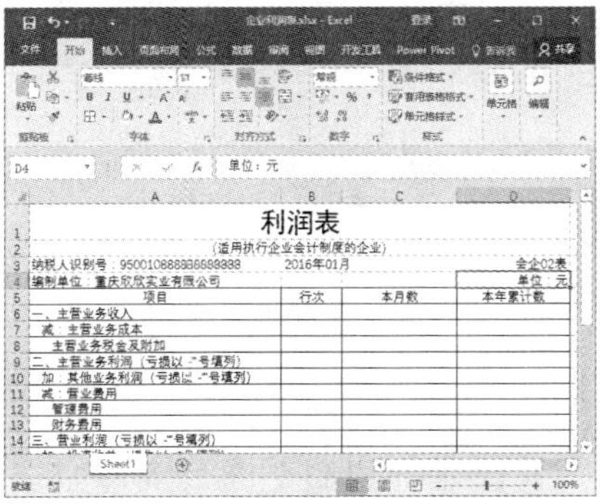

图 12-96 设置表头内容

图 12-97 选择【行高】命令

步骤 16 弹出【行高】对话框，在文本框中设置好行高值，单击【确定】按钮，如图 12-98 所示。

步骤 17 在“行次”列中依次输入数据信息，如图 12-99 所示。

步骤 18 在各项目对应的“本月数”和“本年累计数”列，以及下方各项目对应的“本年累计数”和“上年实际数”列中输入数字“0”，如图 12-100 所示。

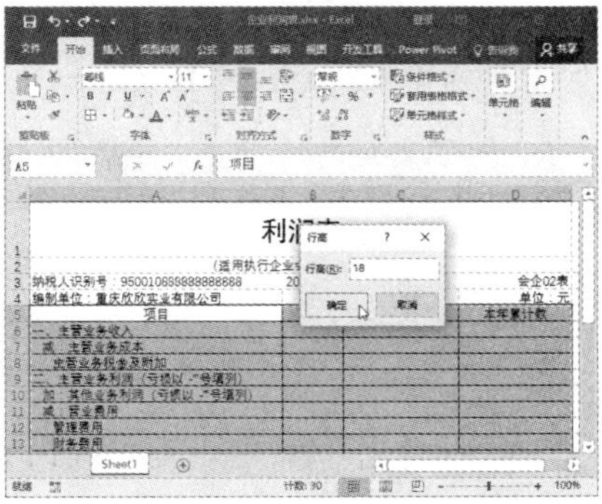

图 12-98 设置行高值

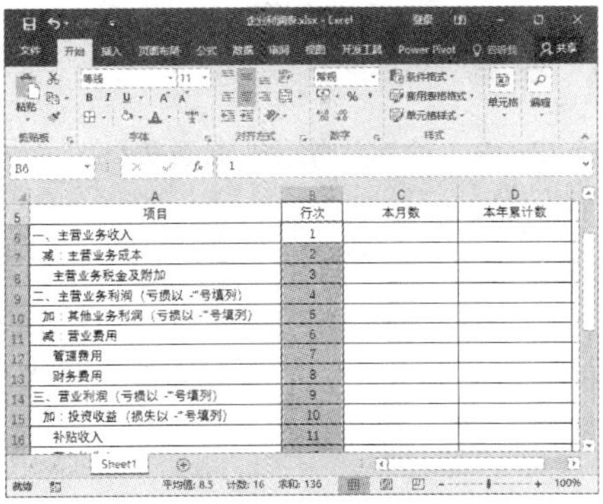

图 12-99 输入“行次”内容

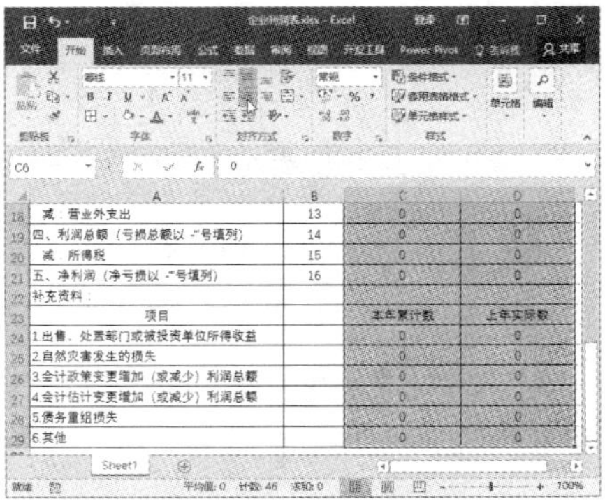

图 12-100 输入数字“0”

步骤 19 选中 C 列和 D 列，在【开始】选项卡的【数字】组中单击右下角的展开按钮，如图 12-101 所示。

步骤 20 弹出【设置单元格格式】对话框，在【数字】选项卡的【分类】列表框中选择【数值】选项，在右侧的【小数位数】微调框中输入数值为“2”，在“负数”列表框中设置负数的显示方式，单击【确定】按钮，如图 12-102 所示。

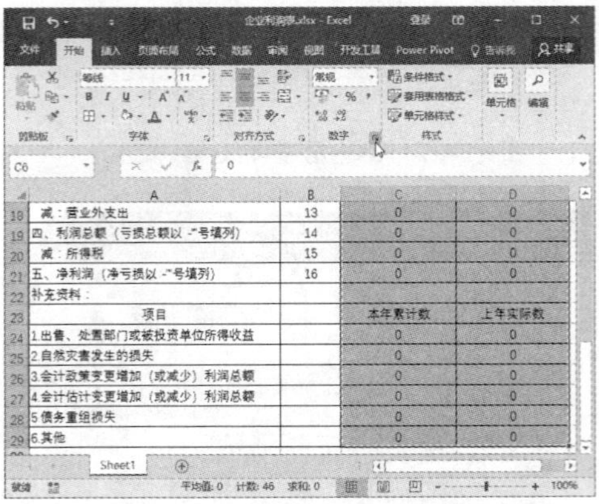

图 12-101　单击展开按钮

图 12-102　设置数值格式

步骤 21 选中“C9”单元格，设置计算“主营业务利润”的公式，如本例为“=C6-C7-C8”，如图 12-103 所示。

步骤 22 按下【Enter】键确认，选中“C14”单元格，输入计算“营业利润”的公式，如本例为“=C9+C10-C11-C12-C13”，如图 12-104 所示。

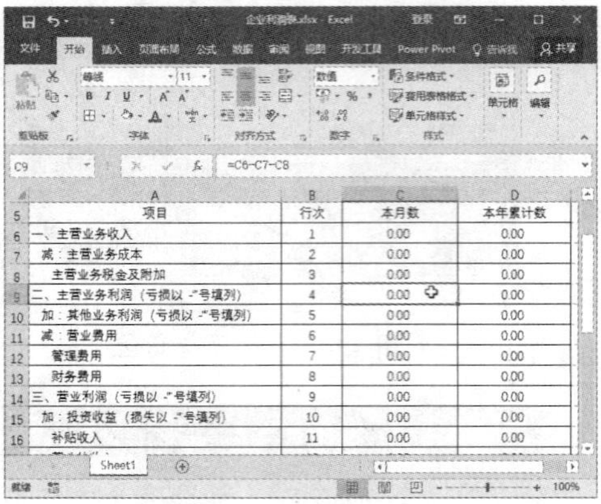

图 12-103　输入计算主营业务利润公式

图 12-104　输入计算营业利润的公式

步骤 23 按下【Enter】键确认，选中“C19”单元格，输入计算“利润总额”的公式，如本例为“=C14+C15+C16+C17-C18”，如图 12-105 所示。

步骤 24 按下【Enter】键确认，选中“C21”单元格，输入计算“净利润”的公式，如本例为“=C19-C20”，如图 12-106 所示。

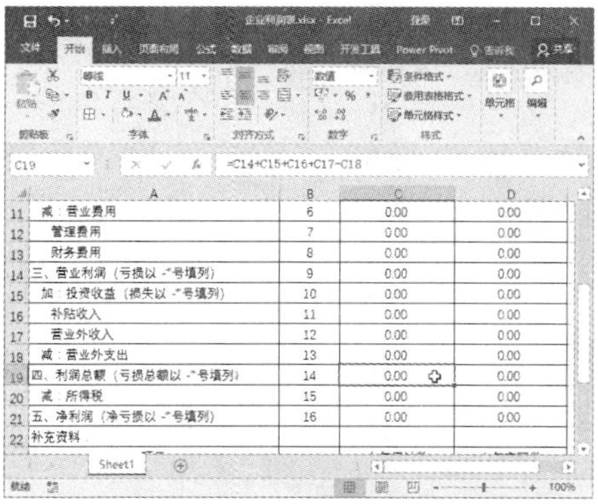

图 12-105　输入计算利润总额的公式

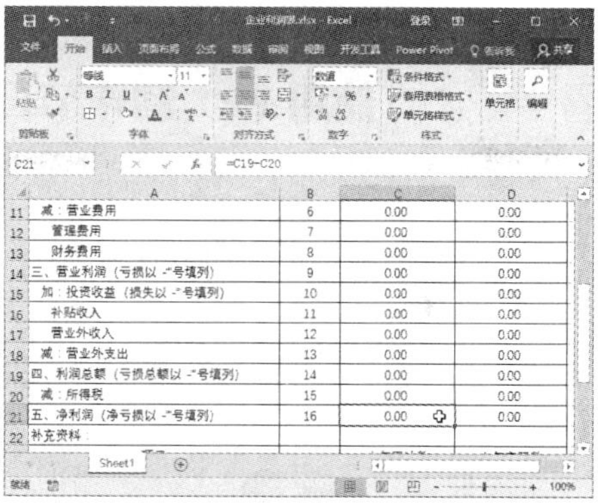

图 12-106　输入计算净利润的公式

步骤 25　按下【Enter】键确认，接着在“C6:C8”单元格区域中输入相关数值，此时“C9”单元格中将自动显示计算结果，如图 12-107 所示。

步骤 26　在“C10:C13”单元格区域中输入相关数值，此时“C14”单元格中将自动显示计算结果，如图 12-108 所示。

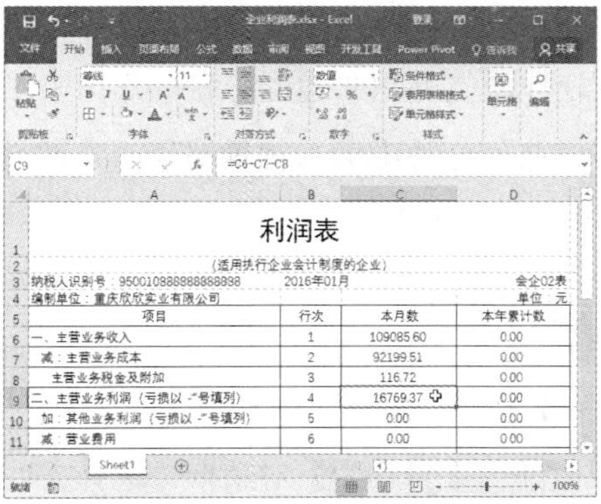

图 12-107　输入数值计算主营业务利润

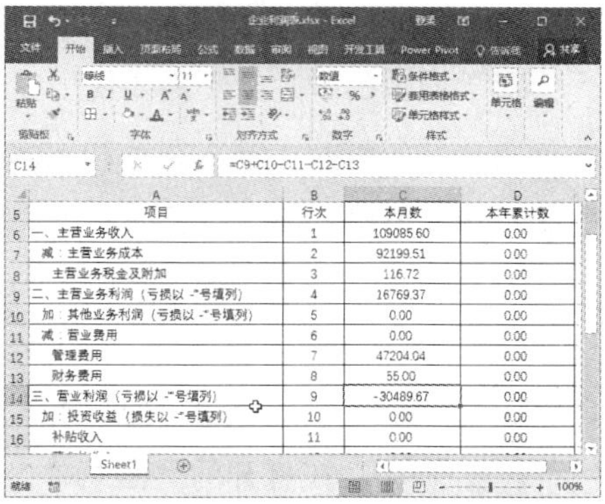

图 12-108　输入数值计算营业利润

步骤 27　在“C15:C18”单元格区域中输入相关数值，此时“C19”和“C21”单元格中将自动显示计算结果，如图 12-109 所示，设置完成后保存工作表即可。

图 12-109　计算利润总额和净利润

12.5 使用 PPT 制作节日卡片

通过所学内容，使用 PPT 制作节日卡片。

效果展示

思路分析

对于简单的卡片，不需要使用专业的图形图像软件，使用 PPT 也能轻松制作出来。本例首先在幻灯片中插入图片和艺术字，接着在下一张幻灯片中插入背景图片，并设置文本框填写节日贺词，最后插入艺术字进行装饰，得到最终效果。

制作步骤

步骤 01 新建一个空白演示文稿，单击【保存】按钮，如图 12-110 所示。

步骤 02 在打开的界面中单击【浏览】按钮，弹出【另存为】对话框，选择文件保存路径和保存类型，输入文件名，单击【保存】按钮，如图 12-111 所示。

图 12-110 单击【保存】按钮

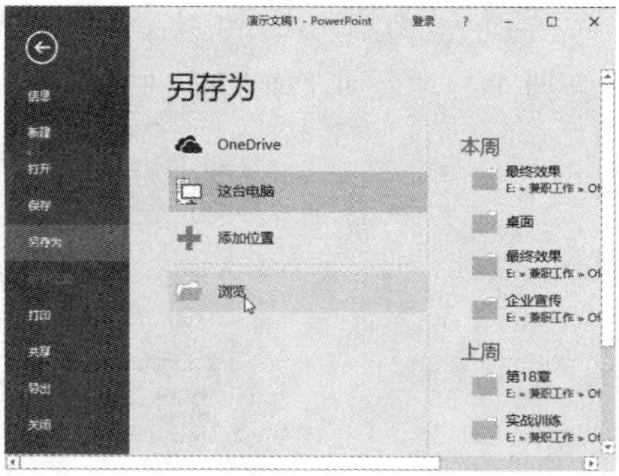

图 12-111 选择文件保存路径和保存类型

步骤 03 切换到【插入】选项卡，在【图像】组中单击【图片】按钮，如图 12-112 所示。

步骤 04 弹出【插入图片】对话框，选中要插入的图片，单击【插入】按钮，如图 12-113 所示。

步骤 05 选中插入的图片，将鼠标指针指向图片四周的控制柄，当鼠标指针变为双向箭头时按下鼠标左键拖动调整图片大小，如图 12-114 所示。

步骤 06 选中图片，切换到【格式】选项卡，在【调整】组中单击【颜色】下拉按钮，在弹出的下拉列表中选择需要的选项，如图 12-115 所示。

图 12-112 单击【图片】按钮

步骤 07 右击图片，在弹出的快捷菜单中选择【置于底层】选项，在展开的级联菜单中选择【置于底层】命令，如图 12-116 所示。

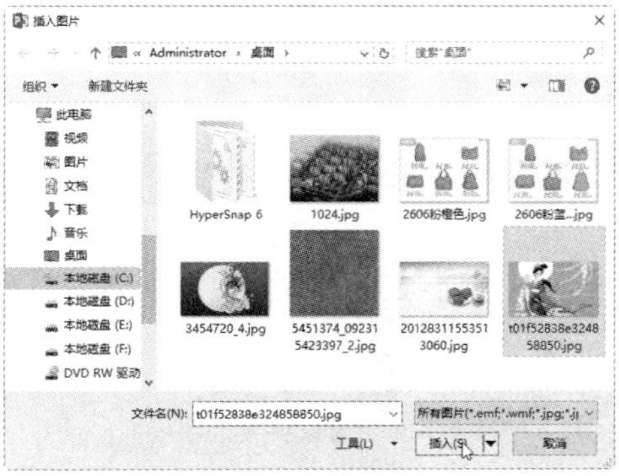

图 12-113 选中要插入的图片

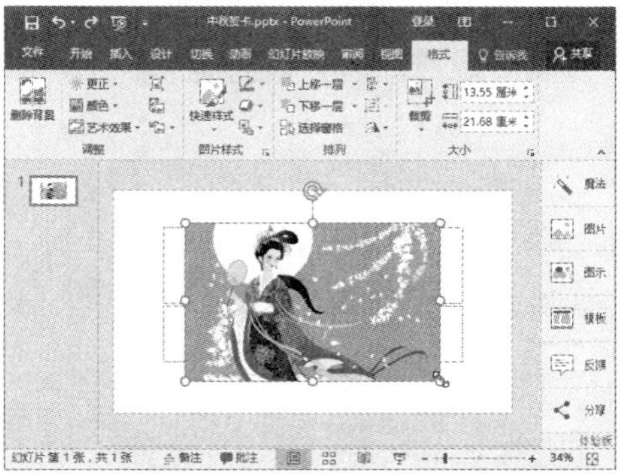

图 12-114 调整图片大小

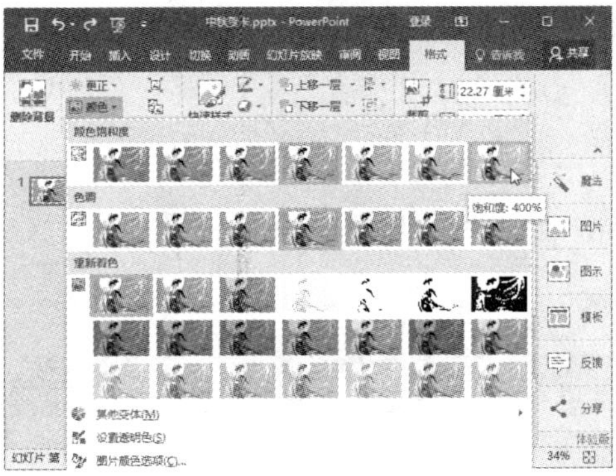

图 12-115 更改图片颜色

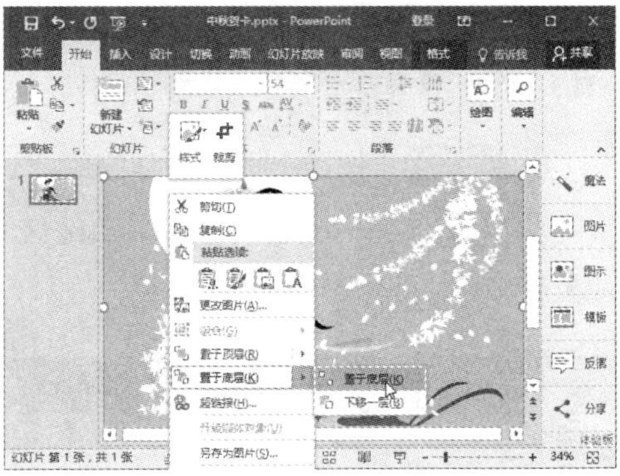

图 12-116 将图片置于底层

步骤 08 切换到【插入】选项卡，在【文本】组中单击【艺术字】下拉按钮，在弹出的下拉列表中选择艺术字样式，如图 12-117 所示。

步骤 09 输入需要的艺术字后将其选中并右击，在弹出的快捷菜单中选择【字体】命令，如图 12-118 所示。

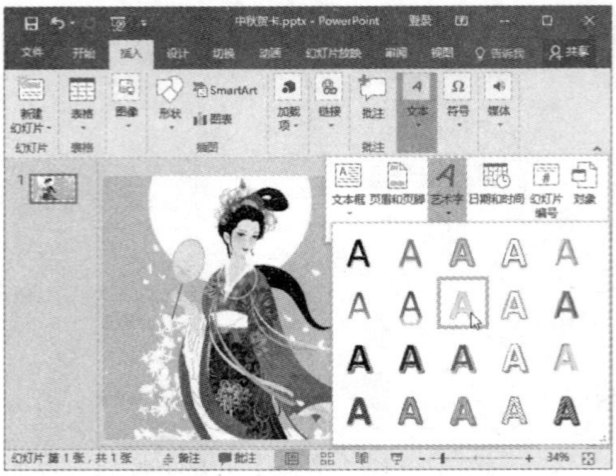

图 12-117　选择艺术字样式

图 12-118　选择【字体】命令

步骤 10　弹出【字体】对话框，设置好艺术字的字体、大小和字体颜色等格式，如图 12-119 所示，设置完成后单击【确定】按钮。

步骤 11　在返回的演示文稿中可看到该艺术字的效果，如图 12-120 所示。

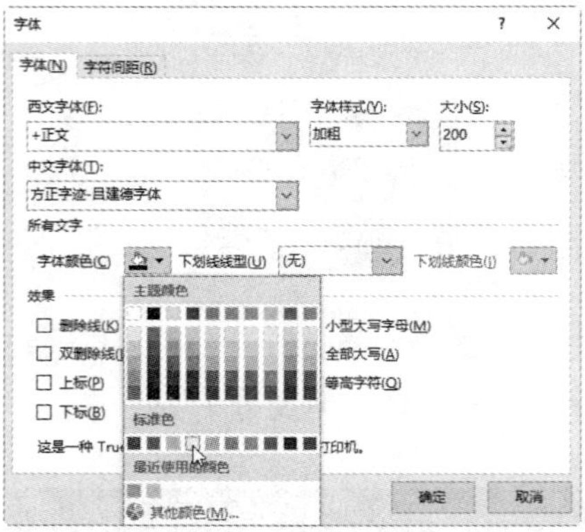

图 12-119　设置艺术字的字体格式

图 12-120　查看节术字效果

步骤 12　按照上面的操作继续添加艺术字，设置后的效果如图 12-121 所示。

步骤 13　右击左侧窗格中的幻灯片缩略图，在弹出的快捷菜单中选择【新建幻灯片】命令，如图 12-122 所示。

图 12-121　添加艺术字后的效果

图 12-122　选择【新建幻灯片】命令

步骤 14 选中新建的幻灯片，切换到【设计】选项卡，在【自定义】组中单击【设置背景格式】按钮，如图 12-123 所示。

步骤 15 弹出【设置背景格式】窗格，选中【图片或纹理填充】单选按钮，单击下方的【文件】按钮，如图 12-124 所示。

图 12-123 单击【设置背景格式】按钮

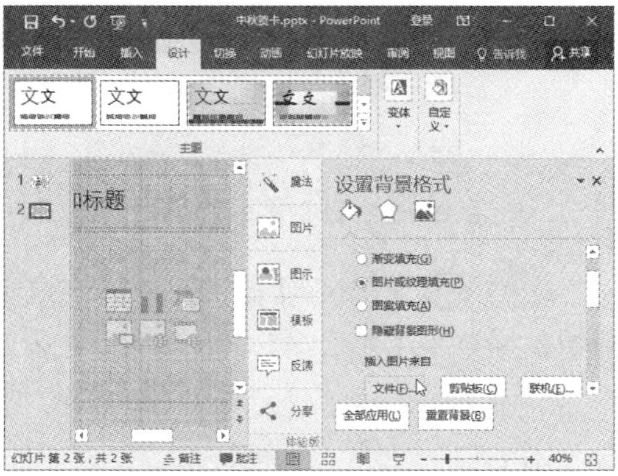

图 12-124 单击【文件】按钮

步骤 16 弹出【插入图片】对话框，选中要设置为背景的图片，单击【插入】按钮，如图 12-125 所示。

步骤 17 切换到【插入】选项卡，在【文本】组中单击【文本框】下拉按钮，在弹出的下拉列表中选择【竖排文本框】命令，如图 12-126 所示。

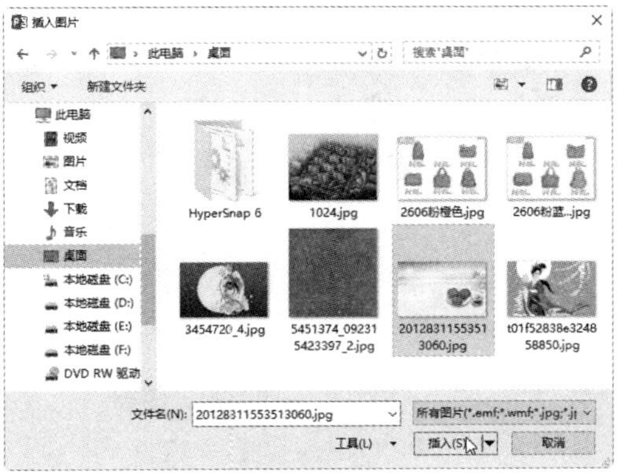

图 12-125 插入背景图片

图 12-126 插入竖排文本框

步骤 18 此时鼠标指针变为“+”形状，按下鼠标左键并拖动绘制一个文本框，如图 12-127 所示。

步骤 19 在插入的文本框中输入节日贺词，并在【开始】选项卡的【字体】组中设置好字体、字号和颜色等格式，如图 12-128 所示。

图 12-127　绘制文本框

图 12-128　输入文本

步骤 20　切换到【插入】选项卡，在【文本】组中单击【艺术字】下拉按钮，在弹出的下拉列表中选择要插入的艺术字样式，如图 12-129 所示。

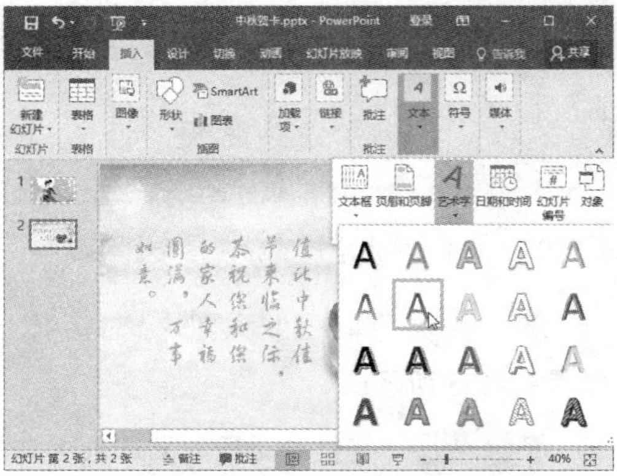

图 12-129　选择艺术字样式

步骤 21　在幻灯片中可看到插入的艺术字框，其中显示的文字为占位符，删除占位符内容，输入需要的文本内容，如图 12-130 所示。

步骤 22　在【开始】选项卡的【字体】组中设置好艺术字的字体、字号和颜色等格式，如图 12-131 所示。

图 12-130　删除占位符

图 12-131　设置艺术字的字体格式

步骤 23　艺术字默认为居中对齐方式，在首行艺术字前加上适当数量的空格，接着选中艺术字内容，在【开始】选项卡的【段落】组中单击【左对齐】按钮≡，如图 12-132 所示。

步骤 24　选中艺术字，切换到【格式】选项卡，在【艺术字样式】组中单击【文本效果】下拉按钮，在弹出的下拉列表中选择合适的选项，如本例选择【阴影】选项，在展开的级联列表中选项【阴影选项】命令，如图 12-133 所示。

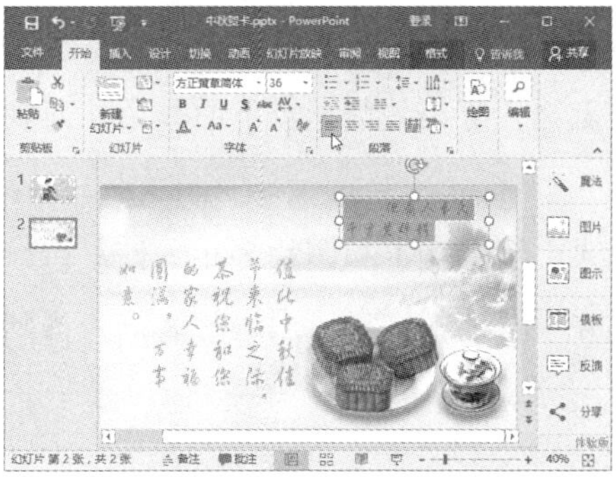

图 12-132　单击【左对齐】按钮

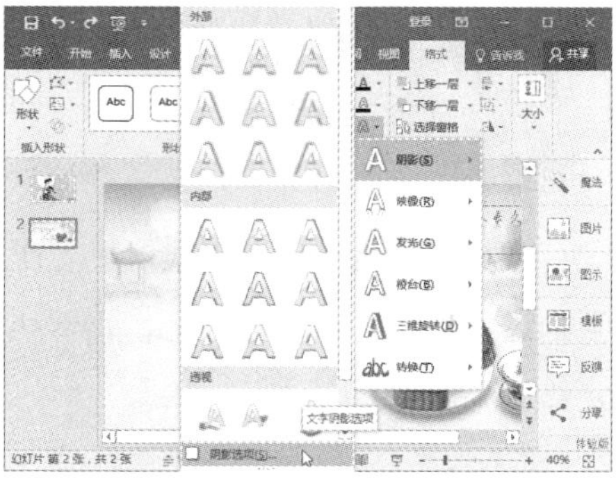

图 12-133　选择【阴影选项】命令

步骤 25　弹出【设置形状格式】窗格，根据需要设置相关参数，如图 12-134 所示。

步骤 26　设置完成后关闭窗格，并调整好艺术字的位置，单击【保存】按钮保存演示文稿即可，如图 12-135 所示。

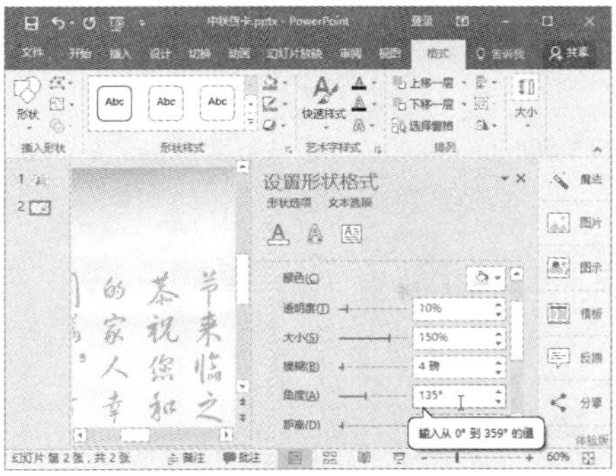

图 12-134　设置文本效果参数

图 12-135　最终效果

12.6 使用 PPT 制作楼盘宣传手册

通过所学内容，制作楼盘宣传手册。

效果展示

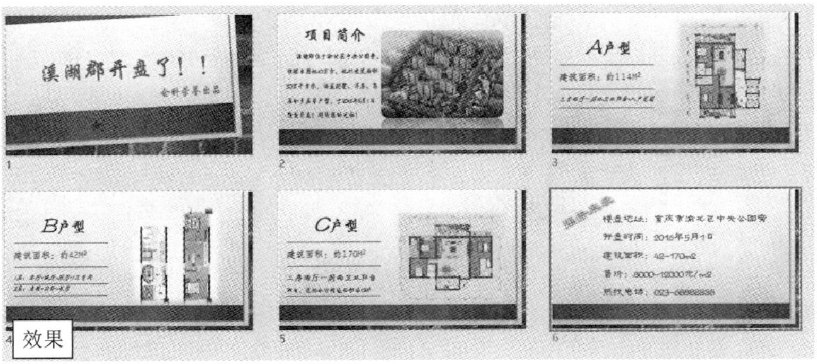

思路分析

楼盘宣传手册主要包括项目简介、户型图及楼盘地址等相关信息，下面介绍如何制作楼盘宣传手册。

本例首先应用主题样式，接着在应用的页面版式中设置文本和图片等相关信息，最后通过文本框输入楼盘地址、售价和电话等信息，并设置艺术字对页面进行装饰，得到最终效果。

制作步骤

步骤 01 启动 PowerPoint 2016，切换到【文件】选项卡，选择【另存为】选项，单击【浏览】按钮，如图 12-136 所示。

步骤 02 弹出【另存为】对话框，设置好文件名和保存位置，单击【保存】按钮，如图 12-137 所示。

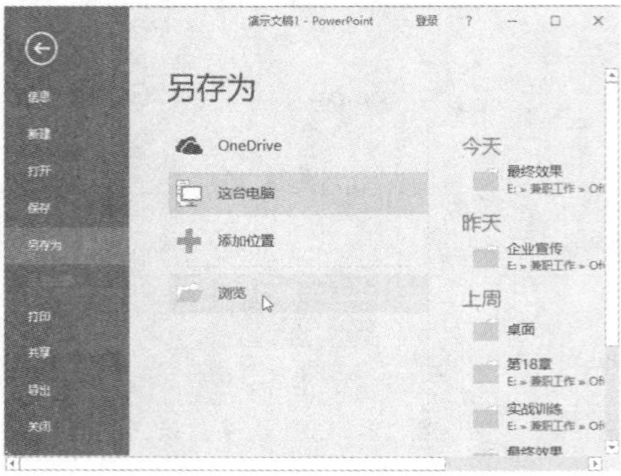

图 12-136 单击【浏览】按钮

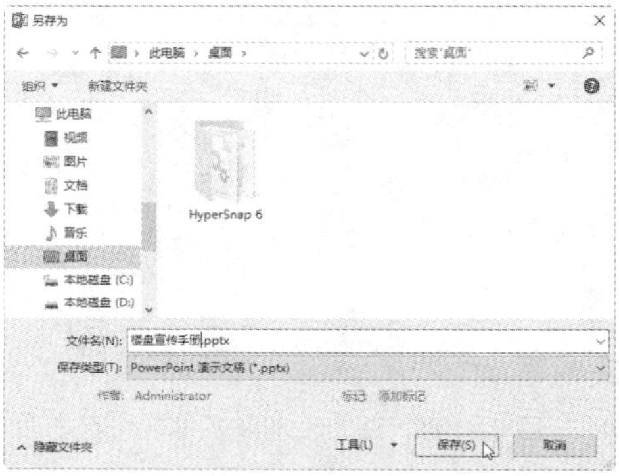

图 12-137 保存演示文稿

步骤 03 在演示文稿中切换到【设计】选项卡，单击【主题】下拉列表框，选择合适的幻灯片主题样式，如图 12-138 所示。

步骤 04 在第一张幻灯片中输入标题文字，并设置好字体格式，如图 12-139 所示。

图 12-138 选择主题样式

图 12-139 设置第一张幻灯片的内容

步骤 05 在左侧窗格中右击幻灯片缩略图，在弹出的快捷菜单中选择【新建幻灯片】命令，如图 12-140 所示。

步骤 06 右击新建的幻灯片缩略，在弹出的快捷菜单中选择【版式】选项，在展开的级联菜单中选择需要的版式，如本例选择“内容与标题”版式，如图 12-141 所示。

图 12-140 新建幻灯片

图 12-141 设置新幻灯片版式

步骤 07 在左侧文本框中输入该页标题和相关内容，在右侧文本框中单击【图片】按钮，如图 12-142 所示。

步骤 08 弹出【插入图片】对话框，选中要插入的图片，单击【插入】按钮，如图 12-143 所示。

步骤 09 选中插入的图片，切换到【格式】选项卡，单击【快速样式】下拉按钮，在弹出的下拉列表中选择需要的图片样式，如图 12-144 所示。

图 12-142 设置文本

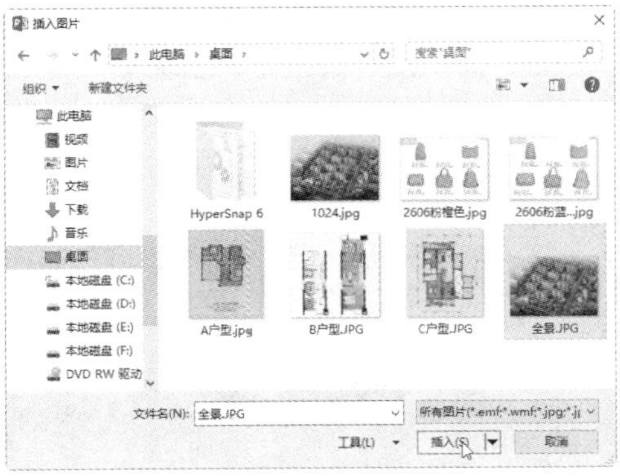

图 12-143 插入图片

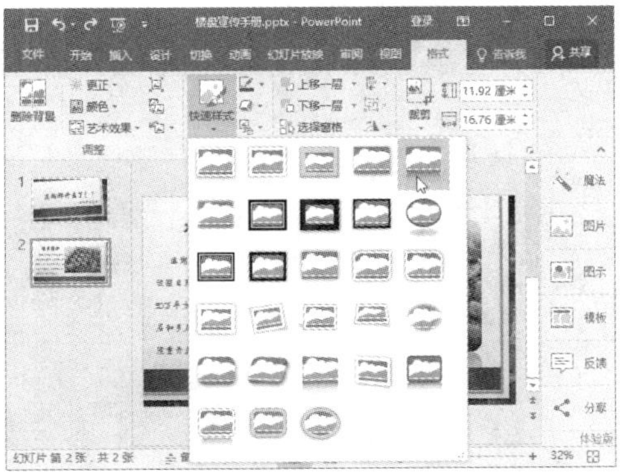

图 12-144 设置图片样式

步骤 10 在左侧窗格中右击第二张幻灯片，在弹出的快捷菜单中选择【新建幻灯片】命令，如图 12-145 所示。

步骤 11 在左侧文本框中输入文本并设置好字体颜色和字号等格式，由于要设置平方数，接着选中数字“2”并右击，在弹出的快捷菜单中选择【字体】命令，如图 12-146 所示。

图 12-145 新建幻灯片

图 12-146 选择【字体】命令

步骤 12 弹出【字体】对话框，在【效果】栏中勾选【上标】复选框，单击【确定】按钮，如图 12-147 所示。

步骤 13 切换到【插入】选项卡，单击【形状】下拉按钮，在弹出的下拉列表中选择【直线】选项，如图 12-148 所示。

步骤 14 此时鼠标指针变为“+”字形状，按下鼠标左键在幻灯片中画出一条直线，如图 12-149 所示。

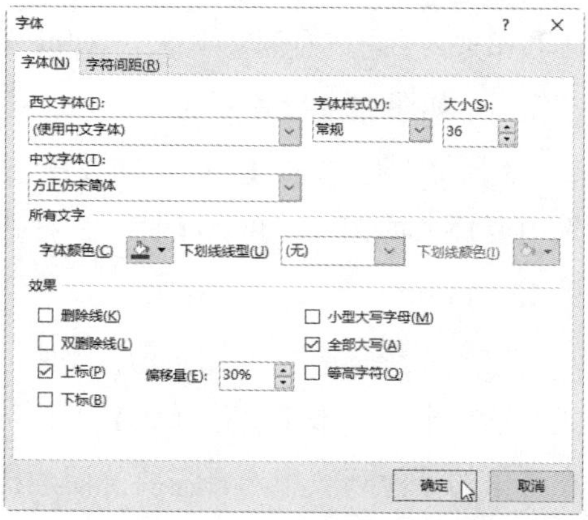

图 12-147 添加上标

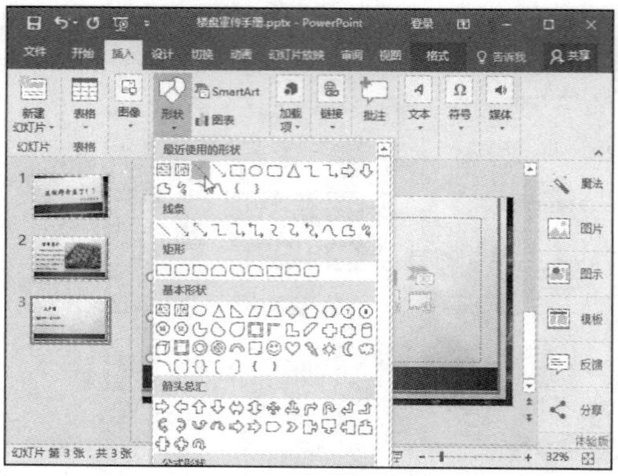

图 12-148 选择自选图形样式

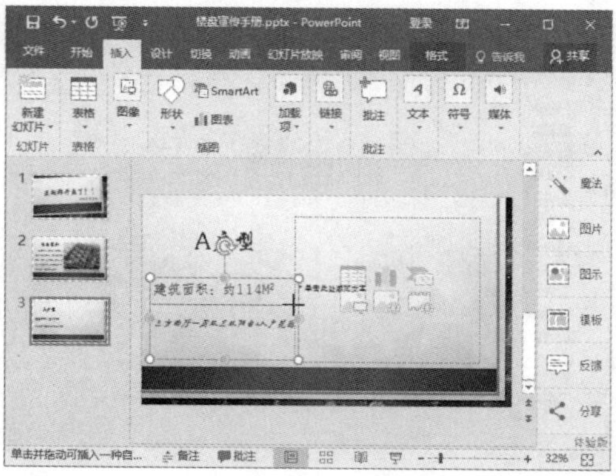

图 12-149 绘制直线

步骤 15 切换到【格式】选项卡，在【大小】组中设置直线的宽度，如图 12-150 所示。

步骤 16 右击绘制的直线形状，在显示的浮动工具条中单击【边框】下拉按钮，在弹出的下拉列表中选择合适的线条颜色，如图 12-151 所示。

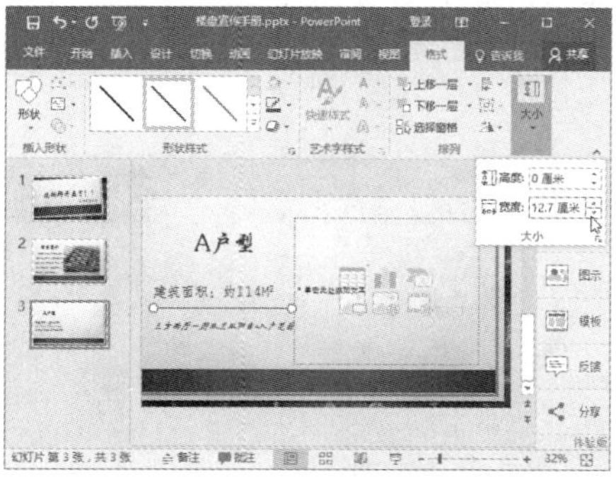

图 12-150 设置直线宽度

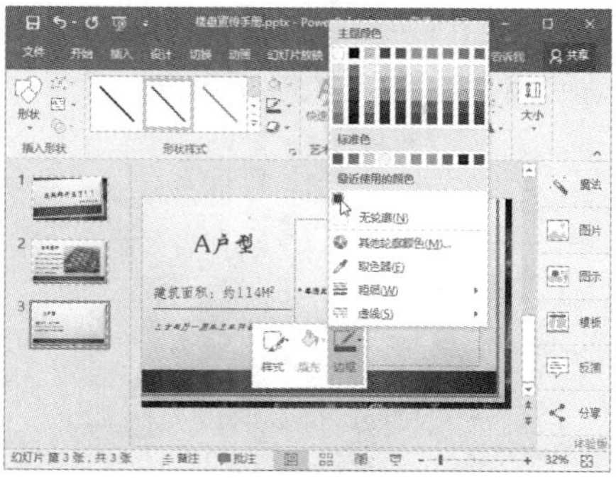

图 12-151 设置直线颜色

步骤 17 再次右击直线形状，在显示的浮动工具条中单击【边框】下拉按钮，在弹出的快捷菜单中选择【粗细】选项，在展开的级联菜单中选择需要的粗细大小，如图 12-152 所示。

步骤 18 设置完成后复制直线，将其粘贴到需要的位置，如图 12-153 所示。

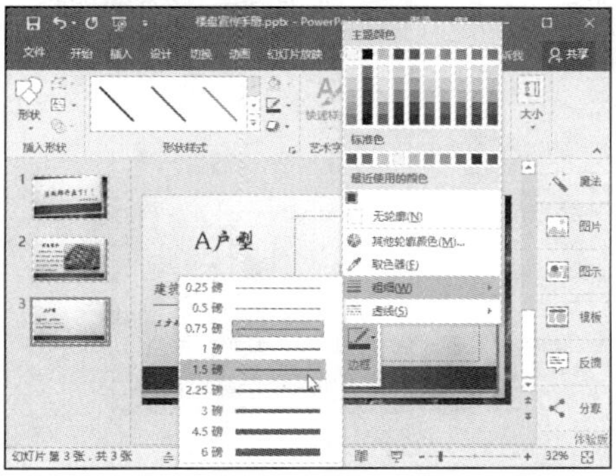

图 12-152 设置直线粗细大小

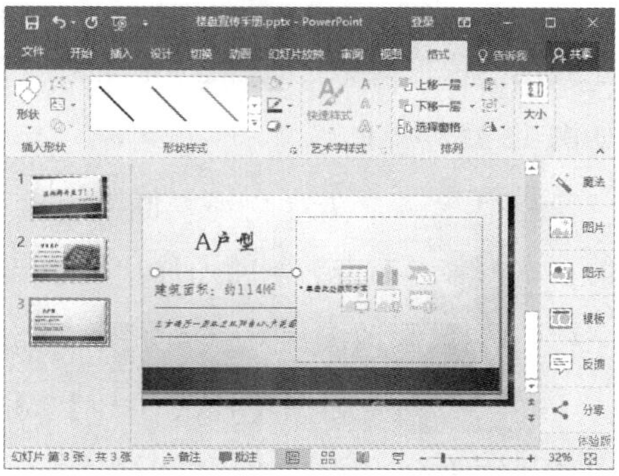

图 12-153 复制直线

步骤 19 为了突出显示字符，选择文本“A”，在【开始】选项卡的【字体】组中设置字体、字号和字形等格式，如图 12-154 所示。

步骤 20 在右侧文本框中单击【图片】按钮，如图 12-155 所示。

图 12-154 修改某个文字字体格式

图 12-155 单击【图片】按钮

步骤 21 弹出【插入图片】对话框，选中要插入的图片，单击【插入】按钮，如图 12-156 所示。

步骤 22 选中插入的图片，切换到【格式】选项卡，在【图片样式】组中单击【图片效果】按钮，在弹出的下拉列表中选择需要的选项，接着在展开的级联列表中选择合适的值，如图 12-157 所示。

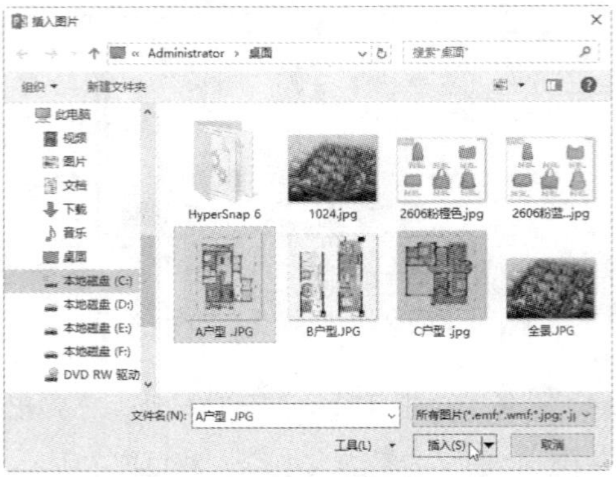

图 12-156 插入图片

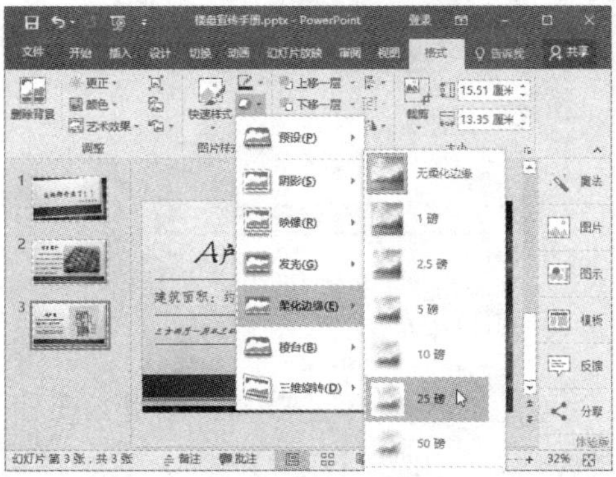

图 12-157 设置图片效果

步骤 23 右击第三张幻灯片缩略图，在弹出的快捷菜单中选择【复制幻灯片】命令，如图 12-158 所示。

步骤 24 在左侧列表框中更改好需要的文本内容，右击右侧的图片，在弹出的快捷菜单中选择【更改图片】命令，如图 12-159 所示。

步骤 25 弹出【插入图片】对话框，单击【浏览】按钮，如图 12-160 所示。

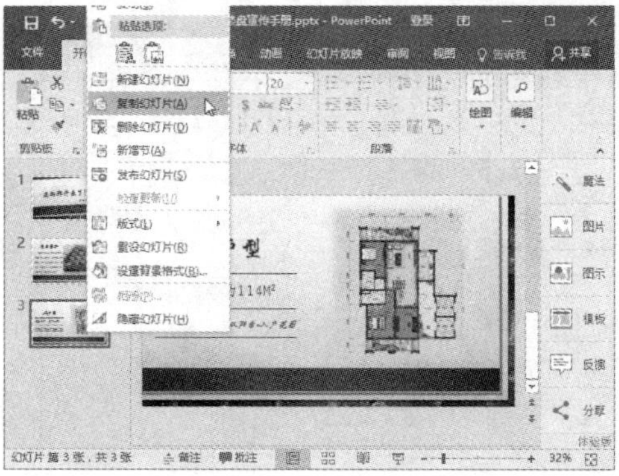

图 12-158 复制幻灯片

图 12-159 选择【更改图片】命令

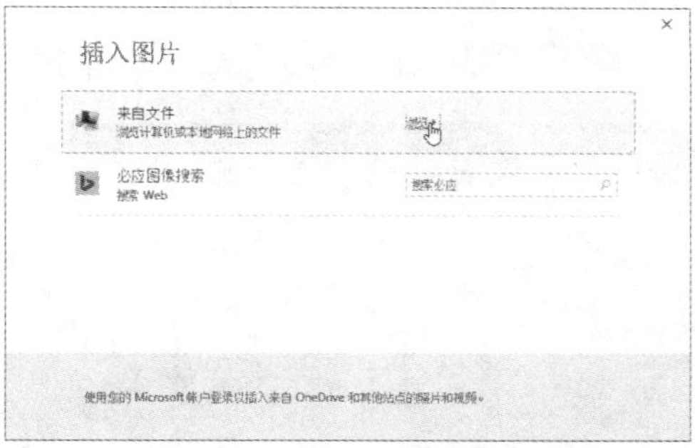

图 12-160 单击【浏览】按钮

步骤 26 在弹出的【插入图片】对话框中选中要插入的图片，单击【插入】按钮，如图 12-161 所示。

步骤 27 在【格式】选项卡中设置好合适的图片效果，如图 12-162 所示。

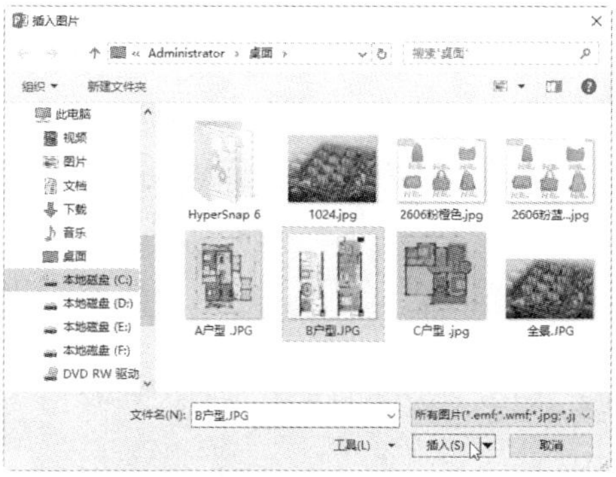

图 12-161 单击【插入】按钮

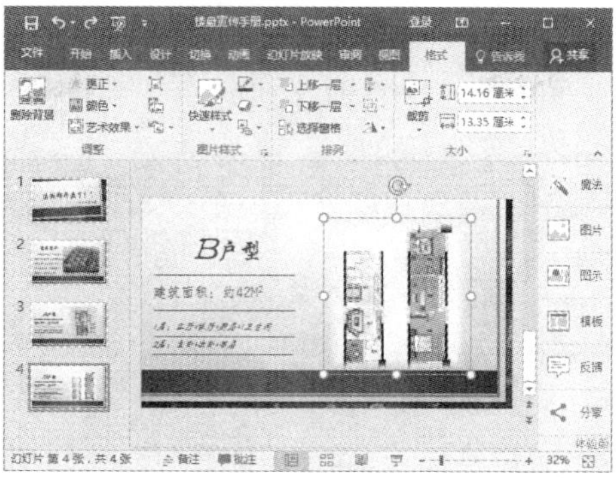

图 12-162 幻灯片效果

步骤 28 右击第四张幻灯片缩略图，在弹出的快捷菜单中选择【复制幻灯片】命令，如图 12-163 所示。

步骤 29 修改好左侧文本框中的文本内容，右击右侧的图片，在弹出的快捷菜单中选择【更改图片】命令，如图 12-164 所示。

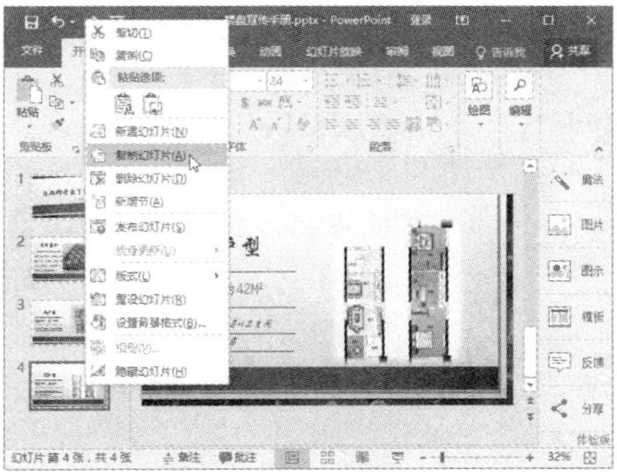

图 12-163 单击【复制幻灯片】命令

图 12-164 更改图片

步骤 30 弹出【插入图片】对话框，单击【浏览】按钮，如图 12-165 所示。

步骤 31 在弹出的【插入图片】对话框中选中要插入的图片，单击【插入】按钮，如图 12-166 所示。

图 12-165 单击【浏览】按钮

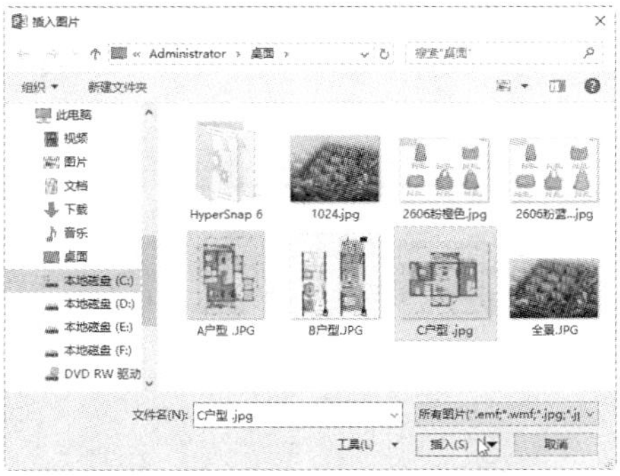

图 12-166 选中要插入的图片

步骤 32 设置好图片效果，幻灯片效果如图 12-167 所示。

步骤 33 在左侧窗格右击第五张幻灯片，在弹出的快捷菜单中选择【新建幻灯片】命令，如图 12-168 所示。

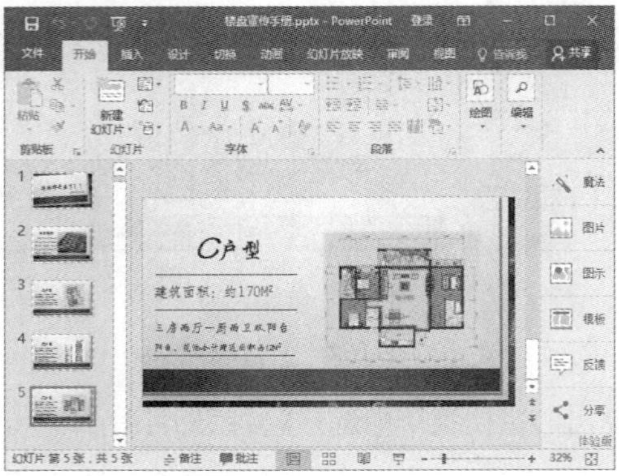

图 12-167 幻灯片效果

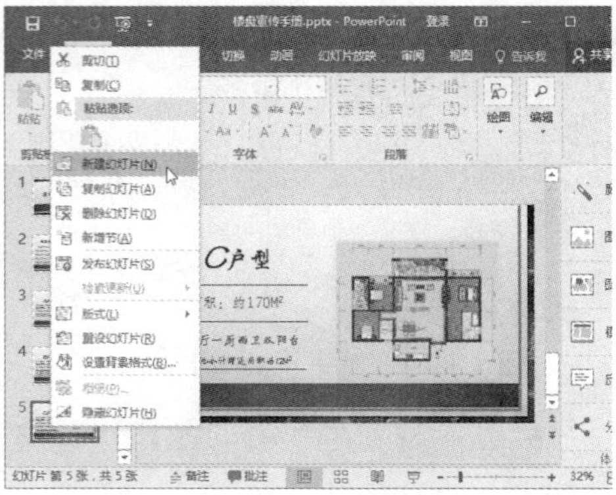

图 12-168 选择【新建幻灯片】命令

步骤 34 右击第六张幻灯片缩略图，在弹出的快捷菜单中选择【版式】选项，在展开的级联菜单中选择【空白】版式选项，如图 12-169 所示。

步骤 35 切换到【插入】选项卡，单击【文本】组中的【文本框】下拉按钮，选择【横排文本框】命令，如图 12-170 所示。

步骤 36 鼠标指针变为“+”字形状，在幻灯片中手动绘制一个文本框，如图 12-171 所示。

图 12-169 设置幻灯片版式

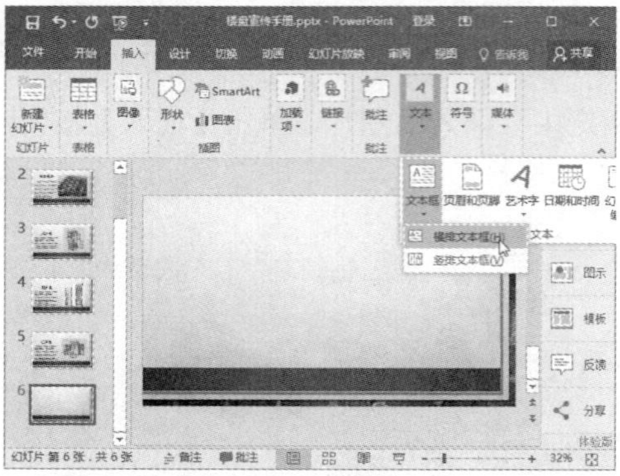

图 12-170 选择【横排文本框】命令

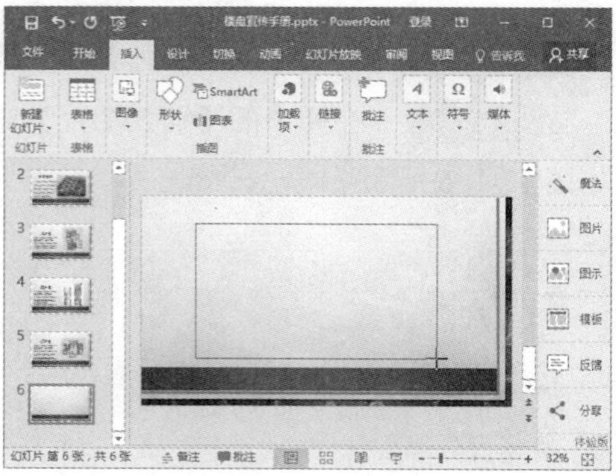

图 12-171 手动绘制文本框

步骤 37 在文本框中输入文本内容，并设置好字体格式，如图 12-172 所示。

步骤 38 在【插入】选项卡的【文本】组中单击【艺术字】下拉按钮，在弹出的下拉列表中选择一种艺术字样式，如图 12-173 所示。

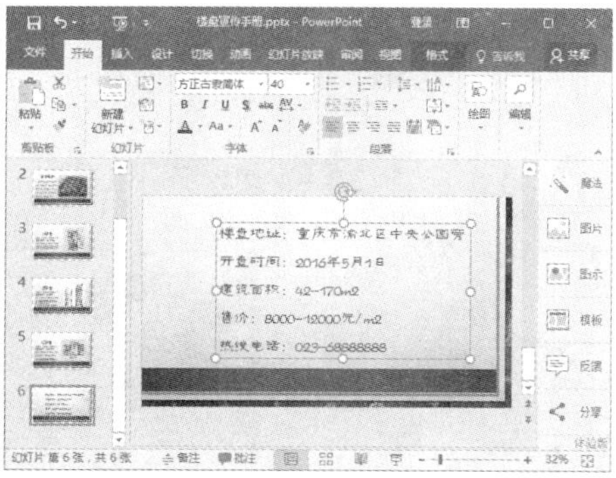

图 12-172　输入文本内容

图 12-173　选择艺术字样式

步骤 39 在艺术字文本框中输入文本，在【格式】选项卡中单击【艺术字样式】组右下角的展开按钮，如图 12-174 所示。

步骤 40 右侧窗口将显示【设置形状格式】窗格，设置好旋转角度，如图 12-175 所示，设置完成后关闭该窗格。

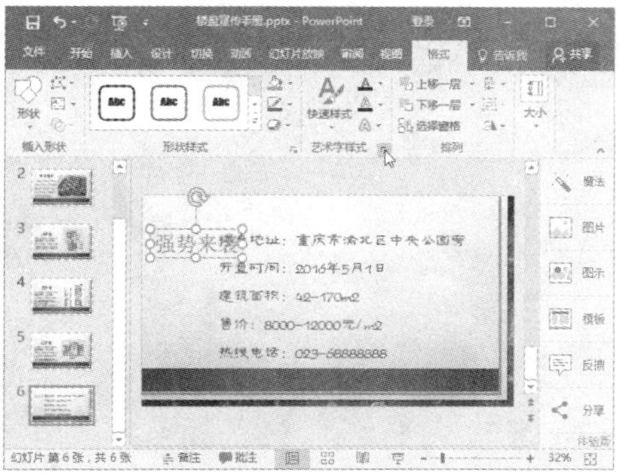

图 12-174　单击展开按钮

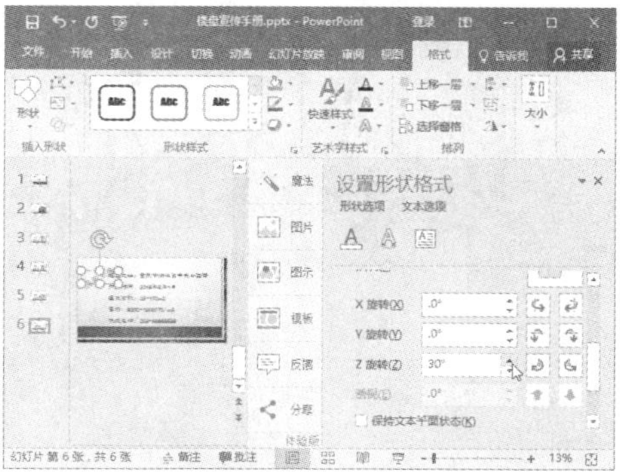

图 12-175　调整艺术字旋转角度

步骤 41 在【格式】选项卡的【艺术字样式】组中单击【文字效果】下拉按钮，在下拉列表中选择需要的效果选项，在展开的级联列表中选择需要的效果，如图 12-176 所示。

步骤 42 调整好艺术字的位置，设置完成后单击【保存】按钮保存演示文稿即可，如图 12-177 所示。

图 12-176　设置艺术字效果

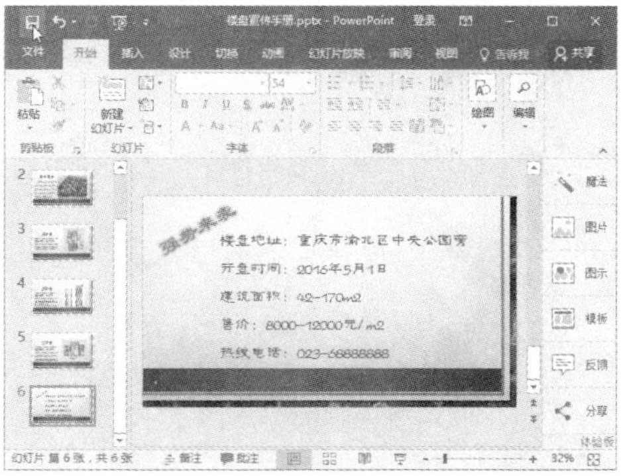

图 12-177　保存演示文稿

Office

2016

附录 A

Office 常用快捷键

1．Word 2016 快捷键索引

工具名称	快捷键	工具名称	快捷键
选中整篇文档	Ctrl+A	将所有字母设为大写	Ctrl+Shift+A
加粗	Ctrl+B	将所有字母设成小写	Ctrl+Shift+K
复制所选对象	Ctrl+C	切换到页面视图	Alt+Ctrl+P
段落居中	Ctrl+E	切换到大纲视图	Alt+Ctrl+O
弹出“导航”窗格	Ctrl+F	切换到普通视图	Alt+Ctrl+N
斜体	Ctrl+I	将光标移至本行开头位置	Home
左对齐	Ctrl+L	将光标移至整篇文档开头位置	Ctrl+Home
两端对齐	Ctrl+J	将光标移至本行末尾处	End
右对齐	Ctrl+R	将光标移至整篇文档末尾处	Ctrl+End
添加下划线	Ctrl+U	标记目录项	Alt+Shift+O
粘贴文本或对象	Ctrl+V	获得联机帮助	F1
剪切所选对象	Ctrl+X	激活菜单栏	F10
重复上一步操作	Ctrl+Y	取消操作	Esc
撤销上一步操作	Ctrl+Z	关闭当前窗口	Ctrl+F4
逐磅减小字号	Ctrl+[	将文档窗口最大化	Ctrl+F10
逐磅增大字号	Ctrl+]	弹出“打开”对话框	Ctrl+F12
缩小字号	Ctrl+Shift+<	退出 Word 文档	Alt+F4
增大字号	Ctrl+Shift+>		

2．Excel 2016 快捷键索引

工具名称	快捷键	工具名称	快捷键
选中整张工作表	Ctrl+A	获得联机帮助	F1
应用或取消加粗格式	Ctrl+B	弹出“定位”对话框	F5
复制数据（包括公式和格式）	Ctrl+C	在选定区域内从上往下移动	Enter
应用或取消倾斜格式	Ctrl+I	移动到行首	Home
插入超链接	Ctrl+K	隐藏或显示功能区	Ctrl+F1
应用或取消下划线	Ctrl+U	快速插入批注	Shift+F2
粘贴数据（包括公式和格式）	Ctrl+V	弹出【插入函数】对话框	Shift+F3
剪切单元格	Ctrl+X	弹出【查找】对话框	Shift+F5
重复上一步操作	Ctrl+Y	弹出右键菜单	Shift+F10
撤销上一步操作	Ctrl+Z	插入新工作表	Shift+F11
隐藏选定的列	Ctrl+0	移动到工作表的开头	Ctrl+Home
应用或取消加粗格式	Ctrl+2	在选定区域内从下往上移动	Shift+Enter
应用或取消倾斜格式	Ctrl+3	移动到工作簿中的上一张工作表	Ctrl+PageUp

续表

工具名称	快捷键	工具名称	快捷键
添加或删除下划线	Ctrl+4	移动到工作簿中的下一张工作表	Ctrl+PageDown
应用或取消删除线	Ctrl+5	选定当前工作表和上一张工作表	Ctrl+Shift+PageUp
隐藏选定的行	Ctrl+9	选定当前工作表和下一张工作表	Ctrl+Shift+PageDown
在不相邻的选定区域中，向左切换到上一个选定区域	Ctrl+Alt+ ←	在不相邻的选定区域中，向右切换到下一个选定区域	Ctrl+Alt+ →

3．PowerPoint 2016 快捷键索引

工具名称	快捷键	工具名称	快捷键
选中文本框中所有内容	Ctrl+A	移动到行首	Home
应用或取消加粗格式	Ctrl+B	将光标移至本行末尾处	End
复制所选对象	Ctrl+C	退出幻灯片放映	Esc
应用或取消斜体格式	Ctrl+I	在视图窗格中按下该键可新建一张同格式的幻灯片	Enter
添加或取消下划线	Ctrl+U	向左删除一个字符，或者在视图窗格按下该键可删除当前幻灯片	Backspace
立即隐藏指针和按钮	Ctrl+H	向左删除一个字词（前提是光标位于字词中间）	Ctrl+Backspace
重新显示隐藏的指针	Ctrl+P	向右删除一个字符	Delete
剪切所选对象	Ctrl+X	向右删除一个字词（前提是光标位于字词中间）	Ctrl+Delete
粘贴对象	Ctrl+V	弹出【另存为】对话框	Ctrl+Shift+S
重复最后一步操作	Ctrl+Y	增大所选文本字号	Ctrl+Shift+>
撤销操作	Ctrl+Z	缩小所选文本的字号	Ctrl+Shift+<
获得联机帮助	F1	进入幻灯片放映模式	F5 或 Shift+F5
弹出【另存为】对话框	F12	显示或取消网格线	Shift+F9
显示或隐藏功能区	Ctrl+F1	弹出右键菜单	Shift+F10
弹出【打开】对话框	Ctrl+F12		

Office
2016

附录 B
综合上机实训题

为了强化学生的上机操作能力，专门安排了以下上机实训项目，老师可以根据教学进度与教学内容，合理安排学生上机训练操作的内容。

实训一：制作招聘简章

在 Word 2016 中，制作如图 B-1 所示的“招聘简章”效果。

素材文件	光盘 \ 素材文件 \ 综合上机实训素材文件 \ 招聘 .png
素材文件	光盘 \ 素材文件 \ 综合上机实训素材文件 \ 鲜花 .png
结果文件	光盘 \ 结果文件 \ 综合上机实训结果文件 \ 招聘简章 .docx

图 B-1　招聘简章

操作提示

在制作“招聘简章”的实例操作中，主要使用了字体格式设置、图片插入和美化、文本框使用、表格使用以及页面设置等知识。主要操作步骤如下。

（1）新建一个四周页边距都为“2”的纵向文档，并将页面背景颜色设为浅绿色。

（2）插入图片，调整图片大小和位置，设置图片颜色。

（3）插入文本框和表格，输入相关文字并设置好字体格式。

（4）输入文本内容，设置字体、字号、底纹等字体格式。

（5）设置文本对齐方式和段落格式，完成对招聘简章的制作。

实训二：编排劳动合同

在 Word 2016 中，制作如图 B-2 所示的“劳动合同”文档效果。

素材文件	光盘 \ 素材文件 \ 综合上机实训素材文件 \ 劳动合同 .docx
结果文件	光盘 \ 结果文件 \ 综合上机实训结果文件 \ 劳动合同 .docx

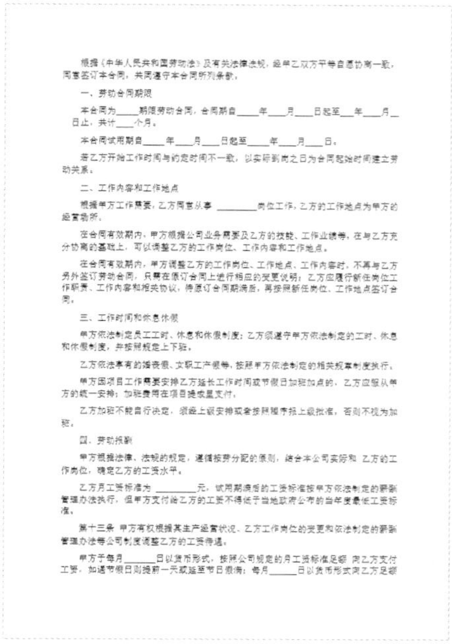

根据《中华人民共和国劳动法》及有关法律法规，经甲乙双方平等自愿协商一致，同意签订本合同，共同遵守本合同所列条款。

一、劳动合同期限

本合同为____期限劳动合同，合同期自____年____月____日起至____年____月____日止，共计____个月。

本合同试用期自____年____月____日起至____年____月____日。

若乙方开始工作时间与约定时间不一致，以实际到岗之日为合同起始时间建立劳动关系。

二、工作内容和工作地点

根据甲方工作需要，乙方同意从事 ________岗位工作，乙方的工作地点为甲方的经营场所。

在合同有效期内，甲方根据公司业务需要及乙方的技能、工作业绩等，在与乙方充分协商的基础上，可以调整乙方的工作岗位、工作内容和工作地点。

在合同有效期内，甲方调整乙方的工作岗位、工作地点、工作内容时，不再与乙方另外签订劳动合同，只需在原订合同上进行相应的变更说明；乙方应履行新任岗位工作职责、工作内容和相关协议，待原订合同期满后，再按照新任岗位、工作地点签订合同。

三、工作时间和休息休假

甲方依法制定员工工时、休息和休假制度；乙方须遵守甲方依法制定的工时、休息和休假制度，并按照规定上下班。

乙方依法享有的婚丧假、女职工产假等，按照甲方依法制定的相关规章制度执行。

甲方因项目工作需要安排乙方延长工作时间或节假日加班加点的，乙方应服从甲方的统一安排；加班费用在项目提成里支付。

乙方加班不能自行决定，须经上级安排或者按照程序报上级批准，否则不视为加班。

四、劳动报酬

甲方根据法律、法规的规定，遵循按劳分配的原则，结合本公司实际和 乙方的工作岗位，确定乙方的工资水平。

乙方月工资标准为 ________元，试用期满后的工资标准按甲方依法制定的薪酬管理办法执行，但甲方支付给乙方的工资不得低于当地政府公布的当年度最低工资标准。

第十三条 甲方有权根据其生产经营状况、乙方工作岗位的变更和依法制定的薪酬管理办法等公司制度调整乙方的工资待遇。

甲方于每月______日以货币形式，按照公司规定的月工资标准足额 向乙方支付工资，如遇节假日则提前一天或延至节日假满；每月______日以货币形式向乙方足额

（a）劳动合同 素材

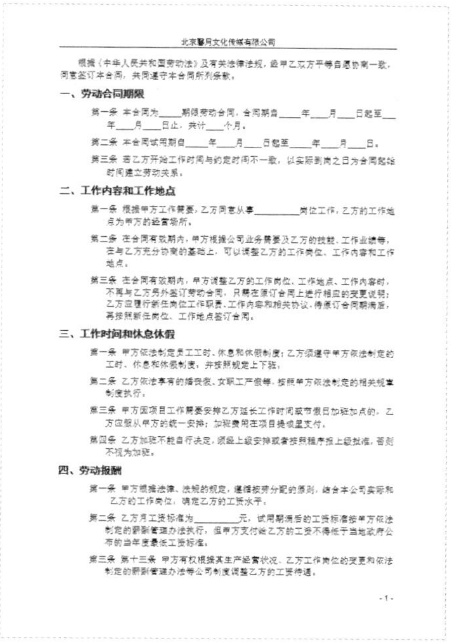

北京馨月文化传媒有限公司

根据《中华人民共和国劳动法》及有关法律法规，经甲乙双方平等自愿协商一致，同意签订本合同，共同遵守本合同所列条款。

一、劳动合同期限

第一条 本合同为____期限劳动合同，合同期自____年____月____日起至____年____月____日止，共计____个月。

第二条 本合同试用期自____年____月____日起至____年____月____日。

第三条 若乙方开始工作时间与约定时间不一致，以实际到岗之日为合同起始时间建立劳动关系。

二、工作内容和工作地点

第一条 根据甲方工作需要，乙方同意从事________岗位工作，乙方的工作地点为甲方的经营场所。

第二条 在合同有效期内，甲方根据公司业务需要及乙方的技能、工作业绩等，在与乙方充分协商的基础上，可以调整乙方的工作岗位、工作内容和工作地点。

第三条 在合同有效期内，甲方调整乙方的工作岗位、工作地点、工作内容时，不再与乙方另外签订劳动合同，只需在原订合同上进行相应的变更说明；乙方应履行新任岗位工作职责、工作内容和相关协议，待原订合同期满后，再按照新任岗位、工作地点签订合同。

三、工作时间和休息休假

第一条 甲方依法制定员工工时、休息和休假制度；乙方须遵守甲方依法制定的工时、休息和休假制度，并按照规定上下班。

第二条 乙方依法享有的婚丧假、女职工产假等，按照甲方依法制定的相关规章制度执行。

第三条 甲方因项目工作需要安排乙方延长工作时间或节假日加班加点的，乙方应服从甲方的统一安排；加班费用在项目提成里支付。

第四条 乙方加班不能自行决定，须经上级安排或者按照程序报上级批准，否则不视为加班。

四、劳动报酬

第一条 甲方根据法律、法规的规定，遵循按劳分配的原则，结合本公司实际和 乙方的工作岗位，确定乙方的工资水平。

第二条 乙方月工资标准为________元，试用期满后的工资标准按甲方依法制定的薪酬管理办法执行，但甲方支付给乙方的工资不得低于当地政府公布的当年度最低工资标准。

第三条 第十三条 甲方有权根据其生产经营状况、乙方工作岗位的变更和依法制定的薪酬管理办法等公司制度调整乙方的工资待遇。

- 1 -

（b）劳动合同 效果

图 B-2 制作劳动合同

操作提示

在编排“劳动合同”的实例操作中，主要使用了设置字体和段落格式、设置编号和添加页眉页脚等知识。主要操作步骤如下。

（1）打开劳动合同文档，对首页文字进行字体和段落设置。

（2）对一级标题设置编号格式和字体加粗设置。

（3）自定义二级标题的编号格式。

（4）添加页眉页脚，并设置相关内容及字体格式，完成对文档的编排。

实训三：制作新品促销海报

在 Word 2016 中，制作如图 B-3 所示的“新品促销海报”文档效果。

素材文件	光盘 \ 素材文件 \ 综合上机实训素材文件 \ 海报背景 .jpg
素材文件	光盘 \ 素材文件 \ 综合上机实训素材文件 \ 夏装 1.png
素材文件	光盘 \ 素材文件 \ 综合上机实训素材文件 \ 夏装 2.png
素材文件	光盘 \ 素材文件 \ 综合上机实训素材文件 \ 夏装 3.png
素材文件	光盘 \ 素材文件 \ 综合上机实训素材文件 \ 夏装 4.png
结果文件	光盘 \ 结果文件 \ 综合上机实训结果文件 \ 新品促销海报 .docx

图 B-3　新品促销海报

操作提示

在编排“新品促销海报”的实例操作中，主要使用了页面设置、图片编辑和美化、艺术字设置、文本框设置等知识。主要操作步骤如下。

（1）新建一个空白文档，对页边距进行相关设置。

（2）插入用作文档背景的图片，设置布局为衬于文字下方，调整图片大小和位置。

（3）插入文本框和艺术字，设置字体颜色、大小等格式。

（4）插入图片，去掉图片背景，调整大小和位置，完成对文档的制作。

实训四：问卷调查表

在 Word 2016 中，制作如图 B-4 所示的“问卷调查表”文档效果。

素材文件	光盘 \ 素材文件 \ 综合上机实训素材文件 \ 问卷调查表 .docx
结果文件	光盘 \ 结果文件 \ 综合上机实训结果文件 \ 问卷调查表 .docm

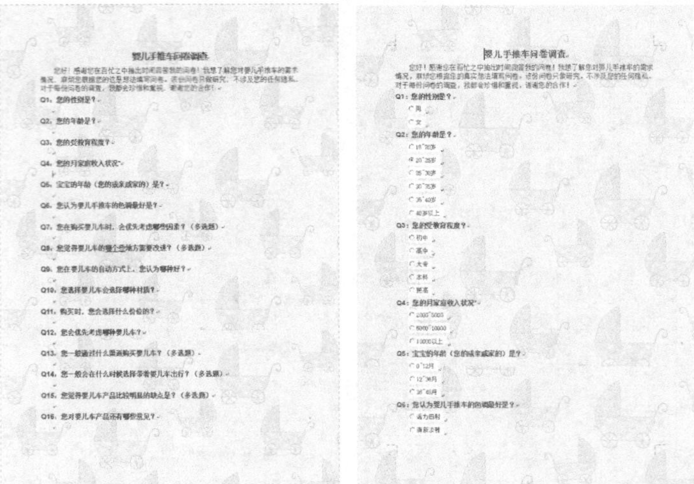

（a）人物素材　　（b）问卷调查 1

图 B-4　制作问卷调查表

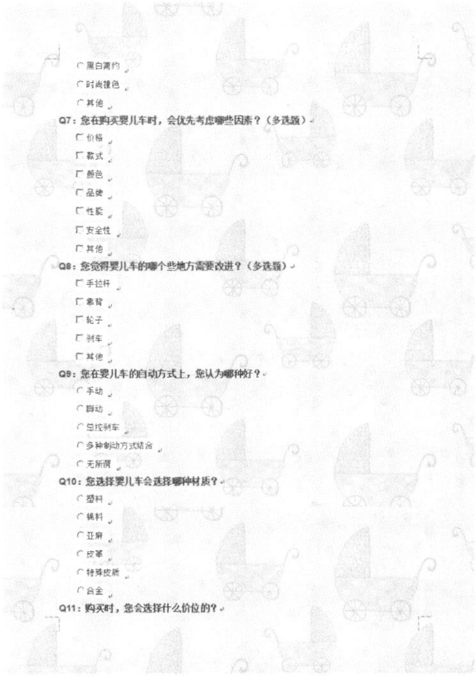
黑白简约
时尚撞色
其他
Q7：您在购买婴儿车时，会优先考虑哪些因素？（多选题）
价格
款式
颜色
品牌
性能
安全性
其他
Q8：您觉得婴儿车的哪个些地方需要改进？（多选题）
手拉杆
靠背
轮子
刹车
其他
Q9：您在婴儿车的自动方式上，您认为哪种好？
手动
脚动
总控刹车
多种制动方式结合
无所谓
Q10：您选择婴儿车会选择哪种材质？
塑料
棉料
亚麻
皮革
特殊皮质
合金
Q11：购买时，您会选择什么价位的？

（c）问卷调查 2

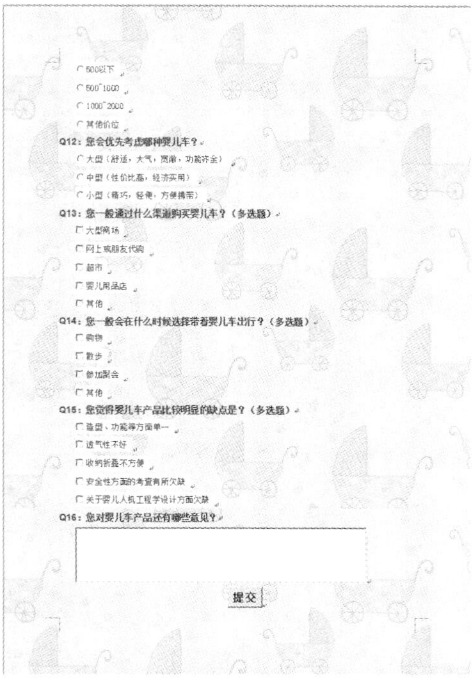
500以下
500~1000
1000~2000
其他价位
Q12：您会优先考虑哪种婴儿车？
大型（舒适，大气，宽敞，功能齐全）
中型（性价比高，经济实用）
小型（精巧，轻便，方便携带）
Q13：您一般通过什么渠道购买婴儿车？（多选题）
大型商场
网上或朋友代购
超市
婴儿用品店
其他
Q14：您一般会在什么时候选择带着婴儿车出行？（多选题）
购物
散步
参加聚会
其他
Q15：您觉得婴儿车产品比较明显的缺点是？（多选题）
造型、功能等方面单一
透气性不好
收纳折叠不方便
安全性方面的考虑有所欠缺
关于婴儿人机工程学设计方面欠缺
Q16：您对婴儿车产品还有哪些意见？
提交

（d）问卷调查 3

图 B-4　制作问卷调查表（续）

（1）打开素材文档，将文档保存类型设为“启用宏的 Word 文档（*.docm）”，设置好保存名称和路径。

（2）添加文本框、选项按钮、复选框以及命令按钮等 ActiveX 控件，并设置好相关参数。

（3）为“提交”按钮添加宏代码，让用户单击按钮后自动保存文件并发送至指定邮箱。

（4）设置限定编辑功能，以免调查表被随意修改，从而完成问卷调查表的制作。

实训五：制作员工工资条

在 Excel 2016 中，制作如图 B-5 所示的“员工工资条”表格效果。

素材文件	光盘 \ 素材文件 \ 综合上机实训素材文件 \ 员工工资表 .xlsx
结果文件	光盘 \ 结果文件 \ 综合上机实训结果文件 \ 员工工资条 .xlsx

	A	B	C	D	E	F	G	H	I	J	K	L	M
1	工号	姓名	部门	职务	工龄	绩效评分	基本工资	工龄工资	绩效奖金	岗位津贴	代扣保险	其它扣款	实发工资
2	0001	李清国	人事部	经理	9	81	¥1,200.00				¥161.00	¥468.00	
3	0002	周国庆	人事部	办事员	5	84	¥1,200.00				¥161.00	¥335.00	
4	0003	张思琼	人事部	办事员	4	61	¥1,200.00				¥161.00	¥46.00	
5	0004	王洋	财务部	经理	8	94	¥1,200.00				¥161.00	¥135.00	
6	0005	李林语	财务部	会计	7	97	¥1,200.00				¥161.00	¥185.00	
7	0006	刘万平	财务部	出纳	6	59	¥1,200.00				¥161.00	¥156.00	
8	0007	周小花	销售部	经理	3	49	¥1,200.00				¥161.00	¥175.00	
9	0008	白素容	销售部	业务员	0	96	¥1,200.00				¥161.00	¥302.00	
10	0009	刘伟	销售部	业务员	2	48	¥1,200.00				¥161.00	¥240.00	
11	0010	周波	销售部	业务员	5	48	¥1,200.00				¥161.00	¥510.00	
12	0011	王刚	办公室	主任	6	65	¥1,200.00				¥161.00	¥356.00	
13	0012	包小佳	办公室	干事	2	51	¥1,200.00				¥161.00	¥248.00	

（a）表格素材

图 B-5　员工工资条

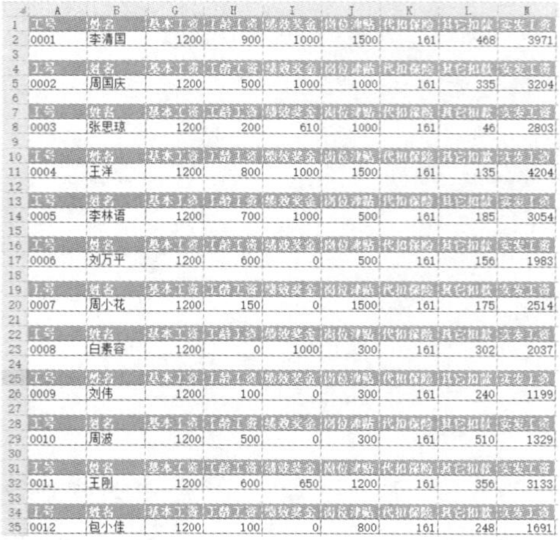

工号	姓名	基本工资	工龄工资	绩效奖金	岗位津贴	代扣保险	其它扣款	实发工资
0001	李清国	1200	900	1000	1500	161	468	3971
工号	姓名	基本工资	工龄工资	绩效奖金	岗位津贴	代扣保险	其它扣款	实发工资
0002	周国庆	1200	500	1000	1000	161	335	3204
工号	姓名	基本工资	工龄工资	绩效奖金	岗位津贴	代扣保险	其它扣款	实发工资
0003	张思琼	1200	200	610	1000	161	46	2803
工号	姓名	基本工资	工龄工资	绩效奖金	岗位津贴	代扣保险	其它扣款	实发工资
0004	王洋	1200	800	1000	1500	161	135	4204
工号	姓名	基本工资	工龄工资	绩效奖金	岗位津贴	代扣保险	其它扣款	实发工资
0005	李林语	1200	700	1000	500	161	185	3054
工号	姓名	基本工资	工龄工资	绩效奖金	岗位津贴	代扣保险	其它扣款	实发工资
0006	刘万平	1200	600	0	500	161	156	1983
工号	姓名	基本工资	工龄工资	绩效奖金	岗位津贴	代扣保险	其它扣款	实发工资
0007	周小花	1200	150	0	1500	161	175	2514
工号	姓名	基本工资	工龄工资	绩效奖金	岗位津贴	代扣保险	其它扣款	实发工资
0008	白素容	1200	0	1000	300	161	302	2037
工号	姓名	基本工资	工龄工资	绩效奖金	岗位津贴	代扣保险	其它扣款	实发工资
0009	刘伟	1200	100	0	300	161	240	1199
工号	姓名	基本工资	工龄工资	绩效奖金	岗位津贴	代扣保险	其它扣款	实发工资
0010	周波	1200	500	0	300	161	510	1329
工号	姓名	基本工资	工龄工资	绩效奖金	岗位津贴	代扣保险	其它扣款	实发工资
0011	王刚	1200	600	650	1200	161	356	3133
工号	姓名	基本工资	工龄工资	绩效奖金	岗位津贴	代扣保险	其它扣款	实发工资
0012	包小佳	1200	100	0	800	161	248	1691

（b）

图 B-5　员工工资条（续）

操作提示

在制作“员工工资条”的实例操作中，主要使用了设置单元格字体格式、单元格边框和底纹设置、函数的使用等知识。主要操作步骤如下。

（1）打开素材文件，设置单元格底纹、边框和字体等格式。

（2）使用函数计算工龄工资、绩效奖金、岗位津贴以及实发工资。

（3）新建“工资条”工作表，设置单元格格式。

（4）插入函数引用相关数据，设置完成后使用填充手柄进行复制。

（5）保存文档，完成对工资条的制作。

实训六：制作生产统计图表

在 Excel 2016 中，制作如图 B-6 所示的“生产统计图表”表格效果。

素材文件	光盘 \ 素材文件 \ 综合上机实训素材文件 \ 车间生产报告 .xlsx
结果文件	光盘 \ 结果文件 \ 综合上机实训结果文件 \ 生产统计图表 .xlsx

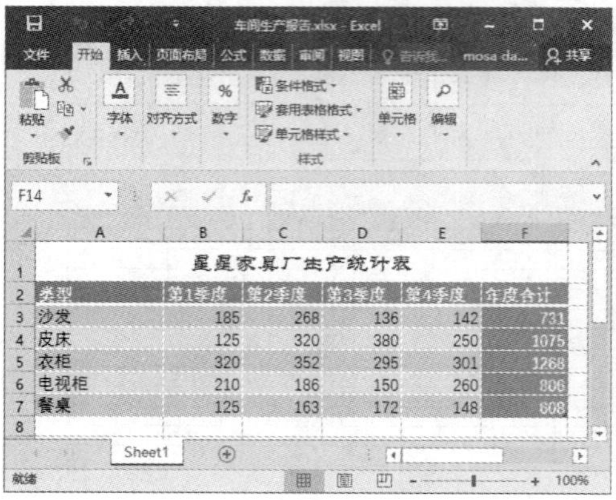

星星家具厂生产统计表					
类型	第1季度	第2季度	第3季度	第4季度	年度合计
沙发	185	268	136	142	731
皮床	125	320	380	250	1075
衣柜	320	352	295	301	1268
电视柜	210	186	150	260	806
餐桌	125	163	172	148	608

（a）素材表格

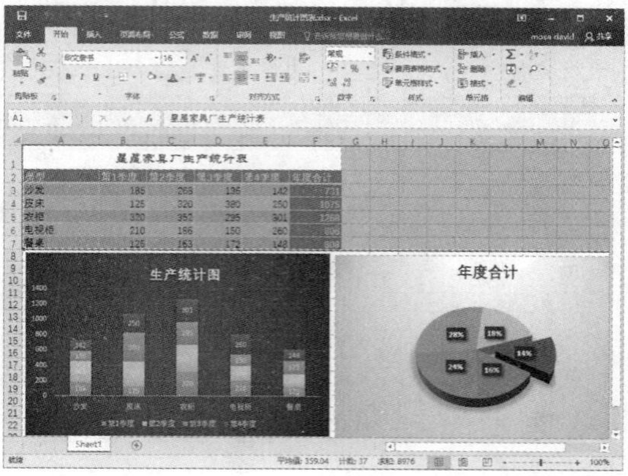

（b）图表效果

图 B-6　制作生产统计图表

操作提示

在制作“生产统计图表”的实例操作中，主要使用了插入图表、设置图表元素、美化图表等知识。主要操作步骤如下。

（1）打开“车间生产报告”素材文件，选定数据区域后插入柱形图表。

（2）调整图表位置和大小，设置好图表布局及相关元素。

（3）应用图表样式美化图表。

（4）插入饼图来创建年度合计对比图，设置好相关格式，将工作簿保存为“生产统计图表”，完成表格制作。

实训七：制作客户信息管理系统

在 Excel 2016 中，制作如图 B-7 所示的“客户信息管理系统”表格效果。

素材文件	无
结果文件	光盘 \ 结果文件 \ 综合上机实训结果文件 \ 客户信息管理系统 .xlsm

图 B-7　制作客户信息管理系统

操作提示

在制作“客户信息管理系统”的实例操作中，主要使用了设置字体格式、单元格边框和底纹、录入宏以及添加执行按钮等知识。主要操作步骤如下。

（1）新建工作簿，将工作表命令为“客户信息管理总表”，输入客户信息字段，并设置好单元格样式和字体格式。

（2）新建“客户信息表”工作表，设置好单元格格式和字体格式。

（3）对有规则的单元格设置数据验证，以防止录入数据时出现不必要的错误。

（4）添加公式对数据完整性进行检测。

（5）添加两个宏命令，一为录入数据的宏，二为清除录入信息的宏。

（6）添加宏命令执行按钮，并制定对应的宏，最后保存为启用宏的文档，从而完成对工作表的制作。

实训八：制作员工入职培训

在 PowerPoint 2016 中，制作如图 B-8 所示的“员工入职培训”演示文稿效果。

素材文件	光盘 \ 素材文件 \ 综合上机实训素材文件 \ 培训 .jpg
素材文件	光盘 \ 素材文件 \ 综合上机实训素材文件 \ 入职 .jpg
素材文件	光盘 \ 素材文件 \ 综合上机实训素材文件 \ 项目符号 1.png
素材文件	光盘 \ 素材文件 \ 综合上机实训素材文件 \ 项目符号 2.png
素材文件	光盘 \ 素材文件 \ 综合上机实训素材文件 \ 项目符号 3.png
结果文件	光光盘 \ 结果文件 \ 综合上机实训结果文件 \ 员工入职培训 .pptx

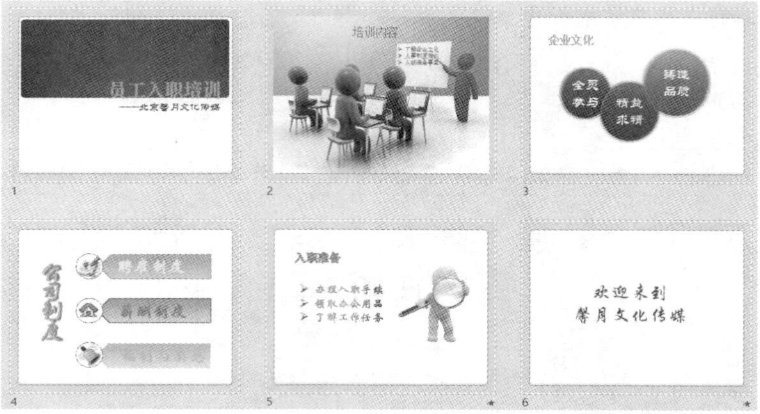

图 B-8　制作员工入职培训 PPT

操作提示

在制作“员工入职培训”的实例操作中，主要使用了插入图片等对象、美化对象、设置动画效果等知识。主要操作步骤如下。

（1）新建一个基于模板的演示文稿，在第一张幻灯片中设置好演示文稿标题，并设置好字体格式。

（2）在幻灯片中插入图片、文本框、形状等对象，并调整好位置大小和进行相关美化操作。

（3）根据实际需要输入文本内容，并设置好字体格式。

（4）为对象添加动画效果，完成对演示文稿的制作。

实训九：制作年终总结报告

在 PowerPoint 2016 中，制作如图 B-9 所示的“年终总结报告”演示文稿效果。

素材文件	光盘 \ 素材文件 \ 综合上机实训素材文件 \ 冰箱 .jpg
素材文件	光盘 \ 素材文件 \ 综合上机实训素材文件 \ 电视 .jpg
素材文件	光盘 \ 素材文件 \ 综合上机实训素材文件 \ 洗衣机 .jpg
结果文件	光盘 \ 结果文件 \ 综合上机实训结果文件 \ 年终总结报告 .pptx

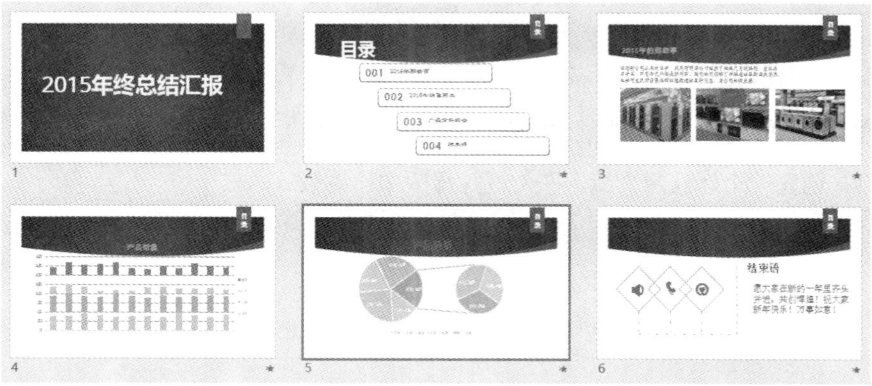

图 B-9　制作年终总结报告

操作提示

在制作“年终总结报告”的实例操作中，主要使用了图片、图表、文本框、形状等对象的插入和美化，使用动画效果以及设置超链接等知识。主要操作步骤如下。

（1）基于模板新建演示文稿，设置好文档首页标题格式。

（2）通过插入文本框、图片和图表等对象丰富演示文稿，设置相关文本内容和对象样式。

（3）为插入的对象添加动画效果。

（4）在幻灯片中添加可随时返回目录页的超链接，从而完成总结报告 PPT 的制作。

实训十：制作楼盘推广 PPT

在 PowerPoint 2016 中，制作如图 B-10 所示的“楼盘推广”演示文稿效果。

素材文件	光盘 \ 素材文件 \ 综合上机实训素材文件 \ 背景 1.jpg
素材文件	光盘 \ 素材文件 \ 综合上机实训素材文件 \ 背景 2.jpg
结果文件	光盘 \ 结果文件 \ 综合上机实训结果文件 \ 年终总结报告 .pptx

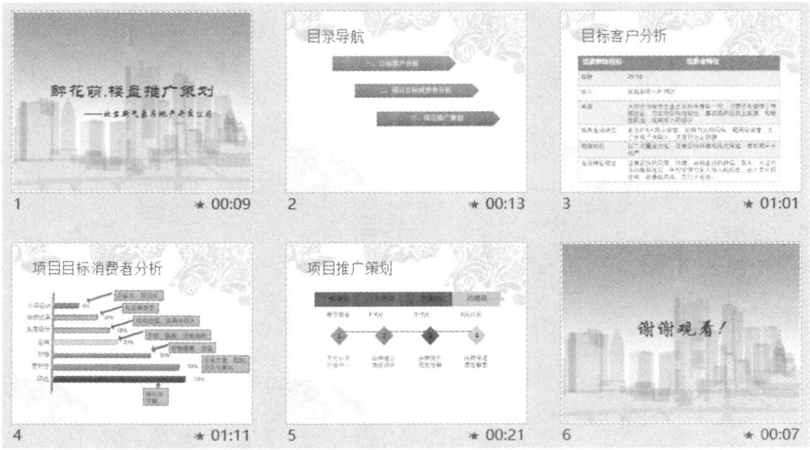

图 B-10　制作楼盘推广 PPT

操作提示

在制作“楼盘推广 PPT”的实例操作中，主要使用了文本框、形状以及 SmartArt 图形的插入和美化，添加动画效果，以及排练计时等知识。主要操作步骤如下。

（1）创建一个新演示文稿，在幻灯片母版中设置版式。

（2）插入文本框、形状以及 SmartArt 图形等对象，并设置好相关格式和文本内容。

（3）为对象添加动画效果。

（4）进行排练计时，以达到讲述和放映同步的目的，从而完成楼盘推广 PPT 的制作。

Office
2016

附录 C
知识与能力总复习题 1

一、选择题（每题 2 分，共 23 小题，共计 46 分）

1. 在 Word 2016 中，按下（　　）组合键，可将光标插入点移至整篇文档的开头位置。

A. 【Ctrl+Enter】　　B. 【Ctrl+Home】

C. 【Ctrl+End】　　D. 【Ctrl+Space】

2. 在 Excel 2016 中，按下（　　）组合键可以快速插入一张新的工作表。

A. 【Shift+F1】　　B. 【Shift+F4】

C. 【Shift+F9】　　D. 【Shift+F11】

3. 在 Office 2016 的系列组件中，默认的字体为（　　）。

A. 宋体　　B. 楷体　　C. 等线体　　D. 隶书

4. 要在 Excel 2016 的单元格中录入分数“5/8”，应键入数据（　　）。

A. 【5/8】　　B. 【0 5/8】　　C. 【'5/8】　　D. 【-5/8】

5. 要在 Excel 2016 的单元格中录入序号“007”，应键入数据（　　）。

A. 【007】　　B. 【-007】　　C. 【'007】　　D. 【^007】

6. 默认情况下，Word 2016 中添加的自选图形的填充颜色为（　　）。

A. 蓝色　　B. 绿色　　C. 红色　　D. 灰色

7. 在 Word 2016 中，将鼠标指针指向需要选择的某个段落左侧的空白处，当指针呈“↗”形状时，连续单击鼠标左键（　　）次，即可选中当前段落。

A. 1　　B. 2　　C. 3　　D. 4

8. 在 Word 中，将鼠标指针指向编辑区左侧空白处，当指针呈“↗”形状时，连续单击鼠标左键（　　）次，即可选中整篇文档。

A. 1　　B. 2　　C. 3　　D. 4

9. 要在 Word 文档中键入符号“《”，可将输入法切换到中文状态，在按住（　　）键的同时按下键盘上对应的键。

A. 【Shift】　　B. 【Ctrl】　　C. 【Alt】　　D. 【Ctrl+ Shift】组合

10. 下列图表类型中，（　　）不是 Excel 2016 新增的图表类型。

A. 树状图　　B. 旭日图

C. 雷达图　　D. 箱型图

11. 当下列运算符同在一个公式中时，假设没有括号，运算符（　　）的优先级是最高的。

A. :　　B. /　　C. ,　　D. =

12. 在 Word 2016 绘制矩形图形的同时按住（　　）键不放，可绘制出一个正方形。

A. 【Shift】　　B. 【Ctrl】

C. 【Alt】　　D. 【Ctrl+ Shift】组合

13．在 PowerPoint 中使用图表时，应根据数据特点来选用图表，在下列图表类型中，（　　）适用于显示某段时间内数据的变化及其变化趋势。

A．条形图　　B．折线图

C．饼图　　D．柱形图

14．设置段落缩进的目的是增强文档的层次感，一般来说，杂志和报刊多用（　　）方式设置段落。

A．左缩进　　B．右缩进

C．首行缩进　　D．悬挂缩进

15．默认情况下，在 Excel 2016 中选中数据区域后，按下【Alt+F1】组合键，即可快速创建（　　）。

A．条形图　　B．柱形图

C．面积图　　D．饼图

16．PowerPoint 2016 提供了多种视图方式，其中（　　）主要用于撰写或设计演示文稿。

A．普通视图　　B．大纲视图

C．幻灯片浏览视图　　D．阅读视图

17．Word 2016 中有个“插入表格”栏，该栏提供了一个（　　）的虚拟表格，用于帮助用户快速插入表格。

A．6 列 6 行　　B．8 列 8 行

C．10 列 8 行　　D．10 列 10 行

18．在 PowerPoint 2016 中按下（　　）组合键，即可从当前选中的幻灯片处开始放映演示文稿。

A．【Shift+F3】　　B．【Shift+F5】

C．【Shift+F8】　　D．【Shift+F9】

19．在一些特殊场合需要使用 Word 2016 设置特大号字体，若用输入磅值的方式进行设置，最大磅值为（　　）。

A．72 磅　　B．638 磅　　C．1638 磅　　D．1999 磅

20．在 Excel 2016 中，默认的图表类型是（　　）。

A．簇状柱形图　　B．簇状条形图

C．饼图　　D．三维曲面图

21．在下列单元格引用格式中，（　　）属于绝对引用。

A．=E2*F2　　B．=E2*$F$2

C．=$E2*$F2　　D．=$E$2*$F$2

22．将演示文稿制作成（　　），可以最大限度地呈现动画效果、切换效果和多媒体信息。

A．讲义　　B．视频　　C．PDF　　D．XPS

23．在放映幻灯片时，按下（　　）组合键可以立即隐藏鼠标指针和工具按钮。

A．【Ctrl+T】　　B．【Ctrl+K】

C．【Ctrl+H】　　D．【Ctrl+P】

二、填空题（每空 1 分，共 9 小题，共计 23 分）

1．Word 2016 默认的主题颜色为 _______，Excel 2016 默认的主题颜色为 _______，PowerPoint 2016 默认的主题颜色为 _______。

2．一般情况下，Word 2016 页面中的 _______ 常用来显示书名和章节，_______ 常用来显示页码。

3．为了增强文档的层次感，可对段落设置合适的缩进，段落的缩进方式有 _________、_________、_________ 和 _________4 种。

4．在 Excel 2016 中，由若干个连续的单元格构成的矩形区域称为 __________，用其对角线的两个单元格来标识。

5．在 Excel 2016 中，公式由一系列 __________、_________ 及 _________ 等组成，是对数据进行计算和分析的等式。

6．在 Excel 2016 中，一个完整的函数式主要由 ________、_________ 和 _________ 组成。

7．PowerPoint 2016 提供了 __________、__________、__________、__________ 和 __________5 种视图方式。

8．PowerPoint 2016 的 _________ 功能用于放映前手动换片并记录时间，以便放映时按照设置的时间自动放映幻灯片。

9．幻灯片的 _________ 是指在放映幻灯片时，一张幻灯片从计算机屏幕上消失，另一张幻灯片随之显示在屏幕上的动画效果。

三、判断题（每题 1 分，共 15 小题，共计 15 分）

1．在 Word 2016 中，默认的字体为“宋体”，字号为“五号”，字体颜色为“黑色”。（　　）

2．对齐方式是指段落在文档中的相对位置，Word 2016 默认对齐方式为居中对齐。（　　）

3．默认情况下，在 Word 中设置了编号样式的段落中，按下【Enter】键换到下一个段落时，下一段会自动产生连续的编号。（　　）

4．在 Word 2016 中按下【Home】键，可将光标插入点移至整篇文档的开头位置。（　　）

5. 在 Word 中按下【Ctrl+BackSpace】组合键，可删除光标插入点前一个单词或短语。 （ ）

6. 单元格是组成Excel表格的基本单位，一个工作表由多个单元格构成 。 （ ）

7. 迷你图不是图片，而是一种放置到单元格背景中的缩微图表。 （ ）

8. 在Excel 2016中，需要添加并安装Power Map插件后，才能使用地图功能。 （ ）

9. Excel 2016 中新增加了多个图表类型，如表示层级关系的树状图和旭日图、用于统计分析的直方图和箱形图等。 （ ）

10. 在 Excel 中使用“MAX”函数可返回一组数值中的最大值，因此该函数属于数学及三角函数。 （ ）

11. 在 PowerPoint 的视图窗格中，选中某张幻灯片后按下【Enter】键，可快速在该幻灯片后面添加一张同样版式的幻灯片。 （ ）

12. 在 PowerPoint 2016 中提供了进入、退出和动作路径三大类 100 多种的动画效果供用户选择使用。 （ ）

13. 所谓交互动画效果是指幻灯片的动画不是事先指定好的顺序，而是根据放映时的需要，利用触发对象激发出相应动画。 （ ）

14. 编辑好演示文稿后，按下【F5】键即可从第一张幻灯片开始放映演示文稿，按下【Shift+F5】组合键即可从当前选中的幻灯片处放映演示文稿。 （ ）

15. 在 PowerPoint 2016 中，幻灯片的放映方式主要有“从头开始”“从当前幻灯片开始”“联机演示”和“自定义幻灯片”放映 4 种。 （ ）

四、简答题（每题 8 分，共 2 小题，共计 16 分）

1. 在 Word 2016 中，对齐方式是指段落在文档中的相对位置，请简述“左对齐”方式与“两端对齐”方式的区别。

2. 简述 Excel 2016 的函数类型及其用途。

附录 D　知识与能力总复习题 2（内容见光盘）

附录 E　知识与能力总复习题 3（内容见光盘）